HÁBITOS
Y COSTUMBRES
DEL PASADO

Gaucho argentino

Lancero bengalí

Campesino de la Europa medieval

Habitante de las Fiji

Jeque árabe

Indio norteamericano

READER'S DIGEST

HÁBITOS Y COSTUMBRES DEL PASADO

Agricultor chino

Pastor tibetano

Correo de Creta

Geisha japonesa

Senador romano

Plañidero inglés

Guerrero águila azteca

Joven de la Antigua Grecia

Miembro de una tribu beduina

Policía londinense

Miembro de una tribu somalí

Reader's Digest México, S.A. de C.V.
Departamento Editorial de Libros

Director: Gonzalo Ang

Responsables de Libros Especiales: Irene Paiz (editora senior),
Patricia Dias Hirata, Arturo Ramos Pluma e Iván Vásquez
(editores asociados)

Responsables de Libros Condensados: Myriam Rudoy (editora senior)
y Sara Giambruno (editora asociada)

Auxiliares editoriales: Ma. Tereza Cava y Silvia Estrada

Supervisor de Arte: Rafael Arenzana

Traducción y adaptación de Reader's Digest México, S.A. de C.V.,
con la colaboración de Irving Roffe.

Esta obra ha sido traducida y adaptada
de *Everyday Life Through the Ages*, © 1992 The Reader's Digest
Association Limited, Londres, Inglaterra.

Av. Lomas de Sotelo 1102
Col. Loma Hermosa, Delegación Miguel Hidalgo
C.P. 11200, México, D.F.

Esta primera edición de 15.000 ejemplares, más sobrantes para
reposición, se terminó de imprimir el 20 de Marzo de 1995
en Printer Portuguesa – Indústria Gráfica, Lda.

ISBN 968-28-0200-8

Editado en México por Reader's Digest México, S.A. de C.V.

Impresso en Portugal
Printed in Portugal

Samurai japonés | Marinero británico del siglo XIX | Campesino alemán | Mercader musulmán | Habitante de las islas Salomón | Chino de Manchuria | Pescador holandés | Aborigen australiano | Cargadora de agua de Persia | Vendedor de manzanas turco | Músico hebreo de un templo

COLABORADORES DE LA EDICIÓN EN INGLÉS

Editor consultor: Asa Briggs. **Redactores:** Charles Allen, Hugh D.R. Baker; Keith Branigan, Michael Cannon, Graeme Decarie, Alan Duggan, Plantagenet Somerset Fry, Nigel Hawkes, Tim Healey, Kathleen Hulser, Sybil M. Jack, Stefan Kaiser, Nelson Kenny, Anthony Livesey, Rowena Loverance, Tim Low, Helen McCurdy, Anne E. Millard, Anne Pearson, Thomas L. Robinson, Richard Tames, Irwin Unger y Bernard A. Weisberger. **Consultores especializados:** Jens Firsching, George Hart, Nick Merriman, David Morgan, Lorna Oakes, Neil Parsons, P.G. Robb, Peter Sawyer y Patricia Vanags. **Ilustradores:** Ian Atkinson, Richard Bonson, Gino D'Achille, Terence Dalley, Sarah Fox-Davies, Brian Delf, The Grose Thurston Partnership, Vana Haggerty, Ivan Lapper, Malcolm McGregor, Robert Micklewright, Steven J. Smith, David Thorpe, Edward Williams y Malcolm Porter (mapas).

Ciclista de 1850

Guerrero masai

Albañil inglés

Jinete huno

Mujer mogola

Miembro de una tribu de Omán

Legionario romano

Barrendero ruso

Indígena peruano

Inglesa de la época victoriana

Así era entonces

Hay muchos hábitos y costumbres del pasado que nunca conoceremos. Nuestros antepasados tenían sus secretos, pero en la actualidad nosotros sabemos quizás más que ellos de algunos aspectos de su vida. En el mejor de los casos, ellos tenían un conocimiento limitado de su mundo —o de sus mundos—, pero nosotros poseemos una visión global. Además, contamos con la ventaja de saber qué ocurrió después, como las guerras y los desastres que interrumpieron la vida cotidiana.

Esta obra, que es muy original y pretende abarcar una amplia gama de acontecimientos, tiene el propósito de satisfacer nuestra curiosidad. Abarca todos los siglos y todos los continentes. Hay dos tipos de inquietudes a las cuales responde. En primer lugar, la natural curiosidad de aprender más acerca de la gente que fue —y sigue siendo— diferente de nosotros. Hábitos y costumbres del pasado *aborda lo común y lo extraño, sin adentrarse en los detalles de lo referente a todos los países y todas las épocas. Como documento histórico, tiene que ser selectivo.*

Algunos elementos de los hábitos y las costumbres cotidianos son recurrentes a lo largo de los siglos y en todo el mundo. En la continuidad de la vida han participado nuevas generaciones de hombres, mujeres y niños. Todos han sentido la necesidad de encontrar alojamiento, comida, bebidas y ropa. Todos han distribuido su tiempo en el logro de diversas metas, como el trabajo y el juego.

Estos elementales propósitos se han llevado a cabo de modo distinto en cada época y lugar, en los que han caracterizado a las sociedades. A menudo, la relación entre la necesidad y el método de cada generación ha sido muy compleja, pues ambos aspectos se han considerado interdependientes. La dificultad del trabajo realizado y los alcances de nuestras decisiones —o de nuestra respuesta a las necesidades— han variado dentro de cada generación.

El derrotero de la historia se puede trazar mediante una sucesión de generaciones y una secuencia de acontecimientos que provocan interrogantes acerca del cortejo y el matrimonio, así como de la crianza de los hijos. En este punto surge una pregunta: ¿Cuánto tiempo vivía la gente en el pasado? La respuesta no se relaciona solamente con la alimentación y la casa; más bien depende del desarrollo de la medicina, que apenas en épocas recientes se ha convertido en una actividad científica.

El advenimiento de la ciencia es uno de los grandes temas que no se agotan en este libro —pero influyó en el pensamiento de los hombres y las mujeres, así como en su conducta— y, como termina en los albores del siglo XX, *no aborda los temas relacionados con las mayores transformaciones que esta actividad ha causado en nosotros y en nuestras ideas acerca de las demás sociedades.*

Monja europea | Vendedor de bebidas egipcio | Arlequín con oso bailarín | Soldado holandés en Sudáfrica | Pastor rumano | Cortesano de la época isabelina | Campesino japonés | Morador de las Grandes Llanuras norteamericanas | Puritana inglesa | Granadero alemán

Ninguna investigación acerca de la vida cotidiana debe dejar de lado el interés de los pueblos antiguos por sus prioridades; tampoco debe omitir el origen de sus sentimientos ni el de sus ideas, así como las causas del dolor y el placer.

¿Cuáles eran sus valores? ¿Qué papel desempeñaba la religión en su modo de vida? Estas preguntas deben analizarse no sólo desde nuestro punto de vista, sino también considerando las circunstancias de nuestros más remotos antepasados, aquellos que vivían en cuevas y cazaban para poder alimentarse. En la vida de cada hombre y de cada mujer hay un drama, una escena de dificultades y sacrificios, pero también de rituales y romance.

Este drama ha encontrado su expresión en las imágenes y en las palabras, y ha dejado testimonios en pinturas rupestres, en bocetos, en fotografías de estudio y hasta en las instantáneas familiares. Por todo ello, este libro está profusamente ilustrado, pero las ilustraciones no son lo más importante: forman parte de un todo. El texto echa mano de una gran variedad de recursos que nos ayudan a imaginar e interpretar con viveza la vida cotidiana de un abanico de personajes del pasado, tanto comunes como excéntricos.

En las primeras páginas del libro aparecen ilustraciones que representan a algunos de esos personajes, y al adentrarnos en la lectura descubrimos personalidades tan disímiles como la de un centurión romano, un labrador sajón, un escolar sumerio, una monja medieval, un cazador norteamericano, un peregrino camino a Compostela, y un mendigo victoriano. Hay temas muy interesantes para todas las edades.

A veces, las personas, y los objetos que ellas producen, parecen tener la misma importancia. Algunas cosas eran sencillas, como las puntas de las flechas primitivas; pero otras se han transformado en tal magnitud que ya eran muy complicadas a fines del siglo XIX. *El ferrocarril es una de éstas: modificó la forma de transportarse rumbo al trabajo y a los lugares de diversión; redujo los costos de viaje para la gente y la carga... y transformó la actitud respecto al tiempo. Unos objetos fueron útiles; en este grupo se incluyen desde las herramientas y los arados hasta los motores de vapor. Otros tenían una importancia meramente decorativa; la vida cotidiana ha tenido, desde el origen, sus modas y su arte. Otros más han venido a destruir lo construido con tanto esfuerzo: se han empleado en las batallas y las guerras, compañeras inseparables del hombre en su devenir. Unas cosas se hicieron para perdurar; otras, para desecharse. Unas sirvieron para la ostentación; otras, para la comodidad en la vida diaria.*

Lo que sobrevive es testimonio del pasado. La imagen dice más que mil palabras, aparezcan éstas en documentos públicos o en privados. Cuando la curiosidad es el sello distintivo del historiador, todos los elementos son útiles en el análisis.

Monje budista

Esclavo en la zafra

Cosaco ruso

Guerrero vikingo

Indígena boliviana

Cantinera francesa

Líder religioso turco

Cosechadora irlandesa de patatas

Guía alpino de Suiza

Sacerdote hindú

Contenido

Soldado británico del siglo XIX — Mujer del Antiguo Egipto — Campesino mexicano — Caballero francés medieval — Cacique maorí — Revolucionaria de París — Cazador inuit — Mujer marroquí — Boxeador inglés — Cazador y recolector — Mujer de la Antigua Grecia

Páginas 1 a 9: *Malcolm McGregor plasma la rica diversidad de la raza humana en esta galería de retratos que representan a hombres y mujeres de todo el mundo y de distintas épocas.*

Reparador de sillas inglés · Lechera rusa · Sacerdote shintoísta japonés · Alabardero inglés · Árabe con su asno · Deshollinador inglés · Mujer de las estepas · Trovador medieval · Miembro de un clan escocés · Mujer africana

Mundos antiguos

Los primeros hombres fueron cazadores y recolectores; dependían totalmente de sus habilidades y de la naturaleza. Tenían pocas opciones en cuanto a comida, vestido y refugio. Las pieles fueron sus primeras ropas; vivieron en cuevas antes de construir casas, y su preocupación era mantener encendido el fuego.

La primera gran revolución en la historia de la humanidad fue el desarrollo y la expansión de la agricultura, que data de los cultivos de trigo y cebada en el Medio Oriente. La agricultura significaba sedentarismo, pues requería planeación: cuándo y cómo sembrar o segar. La agricultura exigía trabajo arduo.

Las mujeres encontraron un nuevo lugar en ese sistema, y surgieron nuevos oficios, como la alfarería, la joyería y los textiles. Como la agricultura proporcionaba sustento a poblaciones más numerosas, cuando se introdujo a Europa, la población se decuplicó. No había desarrollo donde no había agricultura.

La palabra "cultura" está relacionada con la palabra que se refiere al cultivo de la tierra, "agricultura", y la palabra "civilización" proviene del latín civitas, *"ciudad". En las ciudades se desarrolló el arte de la escritura, lo que permitió registrar la historia mientras acontecía: historia no sólo de acontecimientos, sino también de transacciones entre escribas, campesinos, artesanos, religiosos y oficiales. Los registros se anotaban en piedra, arcilla, papiro, pieles y papel.*

La vida en la ciudad provocó contrastes entre pobres y ricos, contrastes que existieron aun en las ciudades-Estado de la refinada Grecia, cuyo pueblo fue el primero en reflexionar acerca de la condición humana, la verdad, la belleza y la calidad de la vida. La violencia ha formado parte de la condición humana desde tiempos muy remotos, cuando las ciudades se convirtieron en imperios a expensas de sus vecinos y lucharon contra otros imperios. Para la gente común, las guerras eran devastadoras. Los ciudadanos padecían la ambición de sus gobernantes, ya que junto con los ejércitos llegaban saqueo, violaciones y destrucción.

El último imperio de la Antigüedad, Roma, ofreció ley y orden dentro de los territorios conquistados por sus legiones. La riqueza de esas tierras, principalmente agrícolas, mantuvo una capital imperial que en su apogeo tuvo más de un millón de habitantes: sólo en el siglo XVIII *surgió otra ciudad europea de dimensiones semejantes.*

En Oriente existió otro gran imperio, con un estilo de vida distinto del europeo, tanto en la ciudad como en el campo: China. Los funcionarios que la gobernaban no eran religiosos sino burócratas, pero tenían un código moral basado en los preceptos de Confucio.

En el mundo antiguo surgieron otras grandes religiones que predicaron sus propios preceptos morales. Una de ellas, el cristianismo, se convirtió en la religión del Imperio Romano. La caída de Roma ante los llamados "bárbaros" marcó el fin del mundo antiguo. Pero el cristianismo sobrevivió a Roma, y la cronología cristiana aún se usa en casi todo el mundo. Los cristianos se enorgullecían de su herencia, cuyo efecto fue igualmente grande tanto en la vida cotidiana como en la espiritual.

DE LA CAZA AL CAMPO

Desde que aparecieron sobre la faz de la Tierra, los humanos demostraron que se quedarían en ella para siempre. Hábiles e ingeniosos, superaron a todo competidor en la lucha por la supervivencia en un medio arduo y severo. Inventaron el disparador de lanzas, el arpón, y el arco y la flecha, armas que usaron con eficacia al cazar. El hombre se convirtió en armado perseguidor de animales, pero era la mujer quien recolectaba raíces nutritivas, bayas y frutos secos. Además, los primeros pueblos descubrieron que golpear dos piedras era un método más rápido y eficaz que el anterior, de frotar dos varas, para encender el fuego con el que cocinaban, y que los calentaba y alumbraba. Luego, los grupos que vivían en los fértiles valles de los ríos del Medio Oriente construyeron casas de juncos y barro, agrupadas en aldeas fortificadas: fueron los primeros en criar ganado y arar la tierra, y en comerciar con estos productos para obtener otros bienes esenciales.

PRIMEROS HUMANOS 100,000 – 2500 A.C.

UNA FORTUNA EN UTENSILIOS DE PEDERNAL

El mundo existe desde hace 4,000 millones de años, y las formas de vida más primitivas aparecieron en la Tierra hace 3,000 millones de años. Pero el ser humano moderno y completamente evolucionado, el *Homo sapiens sapiens*, apareció hace apenas cien mil años.

Los humanos modernos tuvieron un éxito inmediato. Luego de desarrollarse en África, y posiblemente en Asia, se diseminaron por todo el globo. Algunos cruzaron el puente terrestre que entonces unía al Viejo Mundo con el Nuevo, y que ahora conocemos como Estrecho de Bering. Otros emigraron a Australia desde el sureste de Asia, de donde también partió una última ola migratoria hacia las islas del Pacífico, que con el tiempo arribaría a Nueva Zelandia. Sólo les faltó llegar al continente antártico, y eso porque la travesía era sumamente difícil.

Caza mayor *Esta pintura rupestre de un arquero y animales prehistóricos, hallada en Jabbaren, en el Sáhara, muestra gráficamente el papel de cazador del hombre primitivo.*

El mundo que nuestros ancestros heredaron de los Neandertal se hallaba en la que sería la última glaciación. Los enormes hielos se desplazaron de los polos al ecuador, y se extendieron tanto que cubrieron casi todo el norte de Europa, Rusia, América y la Antártida. Los Neandertal habían sobrevivido a ese medio hostil, pero los recién llegados lograron algo más: florecieron, se multiplicaron y alcanzaron tanto éxito que tuvieron tiempo libre para producir adornos, decorar los vestidos, componer música, crear obras de arte e incluso desarrollar complejos rituales y creencias religiosas.

Instrumentos de trabajo

Por cerca de un millón de años, los primitivos antepasados de los humanos fabricaron herramientas y armas de piedra, lo único que se ha conservado. Ese largo periodo temprano del desarrollo humano se conoce como Edad de Piedra.

Se han hallado restos de los Neandertal en África, Europa occidental e incluso en Asia central. Los utensilios son notablemente similares en todas esas regiones, y sufrieron muy pocos cambios durante más de 100,000 años. Luego llegaron los humanos modernos y, en un tiempo relativamente corto, mejoraron las técnicas e inventaron nuevas herramientas y armas.

El pedernal era la piedra más adecuada para hacer armas y herramientas y, para conseguirlo de buena calidad, la gente viajaba distancias considerables, para regresar a casa cargando las valiosas pero pesadas piedras. Por ejemplo, en Kostienki, Rusia, se han hallado herramientas hechas de pedernal llevado desde una distancia de 145 km. Cada individuo debía producir y cuidar sus propios utensilios: de nada le hubiera servido a un hombre salir de cacería y no saber cambiar una flecha rota, o no poder destazar un venado por no tener idea de cómo afilar un cuchillo.

Los humanos modernos llegaron a ser hábiles afiladores de pedernal. De ellos, los más diestros posiblemente fabricaban excelentes utensilios para los amigos, a cambio de regalos o de favores. Sin embargo, sólo una minoría, la élite, pudo haber producido piezas de tan alta calidad como las puntas llamadas "hojas de laurel": algunas tienen casi 30 cm de largo y unos 13 mm de espesor.

Aún es un enigma el uso que se daba a estas obras maestras. Las "hojas de laurel" eran demasiado largas y frágiles para ser usadas en la caza. Probablemente eran posesiones tenidas en tan alta estima que daban prestigio a su dueño, y por ello podían ser cambiadas por otras mercancías. El buril o cincel fue una de las herramientas más versátiles en poder de los humanos. Utilizado como formón y como barrena, fue la primera herramienta con la que se fabricaron otras herramientas; de hecho, fue la primera máquina-herramienta. Uno de los inventos más importantes fue el disparador de lanzas. Se trataba de un tramo de madera o cuerno, de hasta 60 cm de largo, que tenía un gancho o garfio en un extremo, en el que se insertaba el mango hueco de la lanza. Cuando el cazador arrojaba una lanza usando el disparador, éste daba a la lanza un impulso que le permitía llegar más lejos y con más velocidad que al ser arrojada solamente con la fuerza del brazo, por lo que penetraba con mayor profundidad.

El arpón fue otra de las armas de los primeros humanos; se hacía de hueso o cuerno. Las púas en uno o ambos extremos de la espigada cuchilla se afianzaban en la carne de la presa y le impedían liberarse. Además, algunas lanzas de hueso tenían los lados serrados. Esto hacía que el animal, herido, se desangrara y muriera más rápidamente.

Uno de los ejemplos más sorprendentes de la inventiva de los primeros seres humanos se encontró en Dolni Vestonice, en Europa central. Allí, unos ingeniosos artesanos mezclaron tierra con huesos molidos; luego modelaron figuras animales y humanas —especialmente de mujeres— y las cocieron en hornos hasta endurecerlas como piedras.

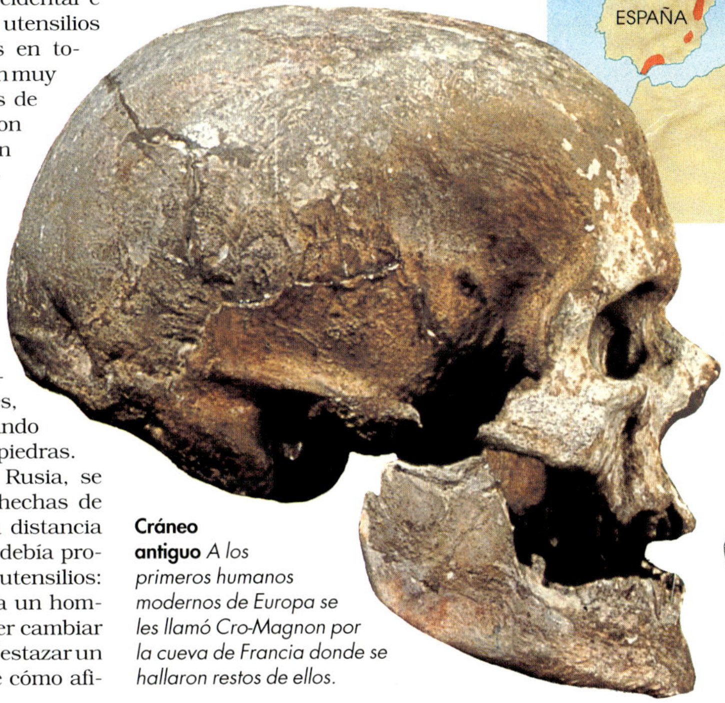

Cráneo antiguo *A los primeros humanos modernos de Europa se les llamó Cro-Magnon por la cueva de Francia donde se hallaron restos de ellos.*

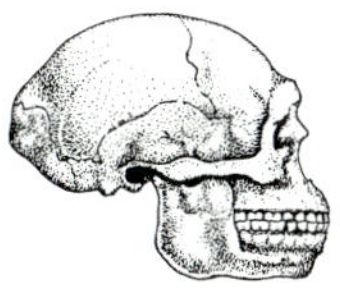

Homo erectus

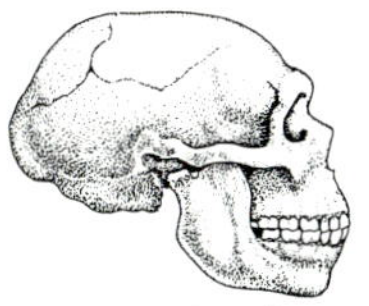

Hombre de Neandertal

De la cueva a la granja *Los primeros indicios humanos en Europa se hallaron en cuevas de España y Francia, y datan de hace 40,000 años. Cientos de cuevas con restos fueron descubiertas a ambos lados de los Pirineos y en el sur de España. Algunos Cro-Magnon vivieron en el oriente de Europa y en Rusia. También se asentaron en los fértiles valles de los ríos Tigris y Éufrates, donde se convirtieron en los primeros agricultores del mundo.*

UNA BUENA OPORTUNIDAD

La clave de la evolución humana ha sido siempre el ingenio. El *Homo erectus*, que vivió hace medio millón de años, conocía el fuego y las herramientas, y el hombre de Neandertal, que surgió hace 120,000 años, desarrolló habilidades más avanzadas. Pero, una vez que el humano moderno, el *Homo sapiens sapiens*, apareció en Europa, desplazó a las otras formas humanas. Los humanos modernos eran más altos y esbeltos que los Neandertal, y con ceños menos pronunciados. Sus cráneos eran más abovedados y las barbillas más puntiagudas. Aunque el cerebro de los Neandertal era tan grande como el de los humanos modernos, y aun mayor, los Neandertal se estancaron en la ruta evolucionaria. No pudieron competir con los recién llegados, que eran más listos, tenían mejores utensilios y reconocían las oportunidades, aprovechándolas en cuanto se presentaban.

Fabricantes de herramientas *Los artesanos tallaban el pedernal con buriles semejantes a cinceles, rebajándolo hasta formar hojas de cuchillos y puntas de lanzas. Cincelaban las puntas de las hachas de mano (der.) con trozos de hueso o madera dura.*

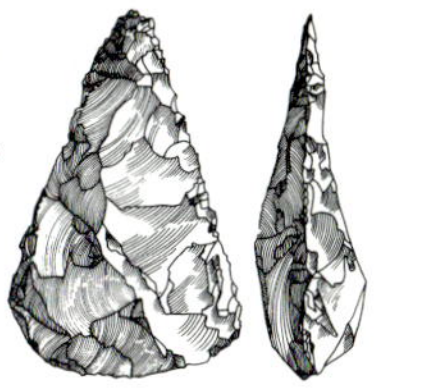

Arte en las cavernas *Un bisonte herido domina una pintura rupestre en Lascaux, Francia. Fue pintada hace 17,000 años, a la luz parpadeante de las lámparas, con pigmentos naturales como el rojo y el ocre. Los pintores molían los minerales y mezclaban los colores en paletas de piedra; los aplicaban con pinceles de ramas (cuyas puntas masticaban para ablandarlas); pelo de animales; plumas y trozos de piel, o musgo. Cazaban bisonte europeo, o buey salvaje (ab.), antepasado del actual ganado vacuno.*

PLANTAS Y ANIMALES A LA DESPENSA

Al igual que para el resto de las criaturas vivientes, la necesidad más apremiante de nuestros antepasados era conseguir comida, y la obtenían mediante una combinación de caza, pesca y recolección de lo que les proveía la naturaleza.

Los Cro-Magnon, primeros humanos de Europa y Rusia, eran nómadas, pero esto no significa que vagaran sin rumbo, día tras día. Es muy probable que grupos formados por unas cuantas familias recorrieran un territorio bien delimitado, en migraciones de temporada. Tal vez tenían bases de verano e invierno, y se desplazaban de una a otra durante primavera y otoño, recurriendo a varias fuentes de alimento de temporada.

Caza mayor y caza menor

Los huesos hallados en los lugares donde acampaban demuestran que los Cro-Magnon cazaban una gran variedad de presas: renos, bisontes, caballos, venados, alces, ganado salvaje, cabras, el majestuoso mamut y el rinoceronte lanudo. También cazaban presas más pequeñas, como liebres y aves, perdices, urogallos y aves acuá-

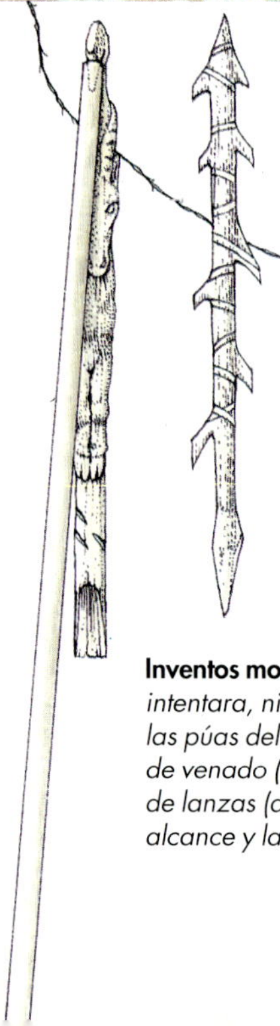

LA RÁPIDA Y FEROZ CAZA DEL RENO

Acechando entre los arbustos y pastos crecidos, un grupo de cazadores se acercan a la presa: un rebaño de renos. Con sus largos y esbeltos disparadores de lanzas, hechos de madera, los cazadores hieren a la víctima. El disparador de lanzas, atado a la muñeca del cazador con tiras de cuero o tendón, es un bastón corto con muescas donde se coloca el mango de la lanza antes de ser arrojada. Trabaja con el principio de la palanca, y aumenta el largo del brazo con el que el cazador lanza su arma; esto le da la oportunidad de herir con mayor efectividad. En caso de que el animal escape, un cazador con boleadoras está listo para arrojar su arma hacia las patas del reno y derribarlo. El ruido y la ferocidad de la cacería hacen que los pájaros huyan graznando.

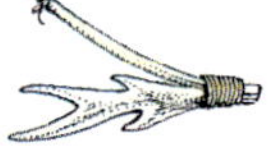

Hilo y anzuelo *Para pescar, se ataban ganchos de hueso, de doble punta, a largos hilos de cuero.*

Inventos mortales *Por más que lo intentara, ningún pez se liberaba de las púas del arpón, hecho de cuerno de venado (arr., der.). El disparador de lanzas (arr., izq.) aumentó el alcance y la penetración de las lanzas.*

ticas. Los Cro-Magnon eran cazadores sumamente hábiles e ingeniosos, que variaban sus técnicas según la temporada y las presas. Probablemente los varones se encargaban de casi toda la caza, por la sencilla razón de que como la mayor parte de las mujeres adultas se encargaban de los niños, el llanto de un bebé podía asustar a las presas antes de que se iniciara la cacería.

Los cazadores, en grupo, acechaban a un rebaño de renos, bisontes o caballos; elegían a la víctima más adecuada, la perseguían y la lanceaban. Sin embargo, esta técnica tenía sus fallas. Un leve cambio en el viento o un ruido apenas audible podían delatar la presencia de los cazadores, y el rebaño huía. Era especialmente peligroso acercarse a un animal grande, sobre todo si tenía cuernos. Y era doblemente peligroso acercarse a un animal herido.

Las posibilidades de éxito de los Cro-Magnon —y de salir sanos y salvos— aumentaron con el advenimiento del disparador de lanzas, y el arco y la flecha. Estas armas permitieron a los cazadores iniciar los ataques desde una distancia segura. Además, dado que perseguir a una presa requería el esfuerzo combinado de todos los hombres del grupo, las nuevas armas permitieron que uno o dos hombres fueran suficientes para cazar incluso a los animales más grandes.

En estas expediciones los hombres aprovechaban toda ocasión de caza que se les presentaba. Sin embargo, algunas cacerías eran planeadas con un tipo específico de presa en mente, con precisión y habilidad militares.

Cuerpo y alma *El muro de una cueva de Lascaux está decorado con estas poderosas imágenes de caballos y cabras salvajes. Los dibujos rectangulares tal vez representan trampas, con las que el artista simboliza la captura física y espiritual de la presa.*

Tras el mamut

Por ejemplo, excavaban fosas en senderos muy transitados y las cubrían de ramas. Entonces la presa caía y le era imposible salir. De esta manera, hasta un poderoso mamut podía ser cazado, aunque seguramente tras una maniobra prolongada y sangrienta.

Los renos siguen rutas muy definidas en sus dos migraciones anuales. Así pues, los cazadores los emboscaban en los momentos en que eran más vulnerables, como al cruzar un río. Los rebaños de animales que pacen, como caballos y bisontes, siempre están alertas, y atacan al sentir el más leve indicio de peligro. Los cazadores también aprovechaban esto: acechaban al rebaño desde tres lados, se acercaban y, al dar una señal, saltaban y gritaban tirando piedras y tal vez agitando antorchas encendidas. El rebaño huía por el lado descubierto y que aparentemente los ponía a salvo, pero en realidad eran conducidos hacia el borde de un precipicio o un cañón, donde los animales eran masacrados.

Quienes vivían cerca del mar o visitaban las costas tenían otra abundante fuente de alimento: pescado, focas, aves marinas, mariscos y algas. Los que vivían tierra adentro disfrutaban de salmón, trucha, anguila y lucio. Otro de sus ingeniosos inventos fue el anzuelo: una astilla de hueso con carnada unida a un hilo de cuero o a un tendón. Cuando un pez mordía la carnada, el anzuelo se le atoraba en la garganta, y entonces era arrastrado. No se han conservado redes hechas de fibras de plantas o de cuero, pero se cree que existieron porque se han encontrado piedrecitas con muescas que posiblemente sirvieron de contrapeso de las redes. Los pescadores también inventaron el arpón de tres dientes. El pez era atravesado con el largo diente central, y los dientes curvos laterales impedían que escapara.

En la primavera, el salmón nadaba corriente arriba para reproducirse, lo cual significaba bonanza gastronómica para los Cro-Magnon. Así lo confirman los abundantes depósitos de escamas y huesos hallados en algunos lugares. El salmón era lanceado al subir contra corriente, y los ingeniosos Cro-Magnon tal vez ponían trampas apilando piedras: los peces nadaban por la entrada en forma de embudo hacia un estanque cuya única salida eran los dientes del arpón. Posteriormente se secaba, ahumaba y almacenaba una buena parte de la pesca.

LA ACTIVIDAD DE LAS MUJERES

Aparte de comer carne y pescado en grandes cantidades, a los pueblos de la Edad de Piedra también les gustaban los alimentos de origen vegetal: así lo revelan las diminutas marcas de sus dientes. Las mujeres y muchachas del grupo eran las encargadas de recolectar frutos secos, bayas y raíces. Salían casi todos los días, equipadas con hachas de pedernal, varas de madera para escarbar (endurecidas por un tratamiento especial con fuego), cuchillos y bolsas de cuero o canastas de caña. Disponían de un vasto conocimiento, transmitido por tradición, acerca de hojas, hierbas, raíces, flores, bayas y frutos secos comestibles, así como de los lugares y temporadas del año en que podían encontrarlos. Las mujeres también buscaban otros comestibles, como huevos, aves y animales pequeños, lagartijas y miel. Posiblemente llevaban consigo lanzas para protegerse de los animales salvajes.

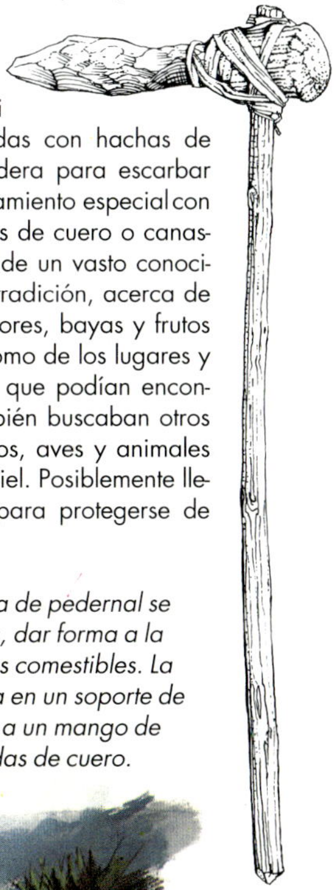

Utensilio versátil *El hacha de pedernal se usaba para talar árboles, dar forma a la madera y escarbar raíces comestibles. La hoja del hacha encajaba en un soporte de hueso, que se amarraba a un mango de madera con fuertes bandas de cuero.*

CALOR, HOGAR Y EL MÁS ALLÁ

Los Cro-Magnon descubrieron que cuando una piedra de pirita de hierro golpea pedernal se producen chispas suficientemente calientes como para encender yesca. Este método era mejor para encender fuego que el de frotar dos varas.

La fogata era el centro de la vida familiar, tanto en verano —cuando muchos vivían en tiendas de madera y pieles— como en invierno, cuando las cuevas eran el refugio. La hoguera proporcionaba luz y calor, así como un lugar para cocinar; el fuego ahuyentaba a los depredadores hambrientos que pudieran atacar a las comunidades. Reunir combustible para el fuego y acumular una buena reserva para el invierno eran tareas esenciales. En la mayor parte de los lugares, ello implicaba recolectar madera, pero en las planicies de Europa oriental y en Rusia, donde los árboles son escasos, se usaban huesos. Éstos no arden fácilmente, por lo que se escarbaban canales para que entrara más aire al fondo de la fogata.

Posiblemente los pueblos se desplazaban durante una parte del año, viajando entre sus campamentos de verano y de invierno. Los cazadores de renos, por ejemplo, pasaban los meses de invierno refugiados en las cuevas de la región de Dordoña, en Francia, y en los Pirineos; en verano seguían las migraciones de los rebaños hacia los pastizales, que estaban en las costas atlánticas o del Mediterráneo. En vísperas del otoño, los rebaños y sus perseguidores regresaban a los lugares invernales de apacentamiento.

Al desplazarse, los pueblos primitivos debían cargar sus pertenencias y a los hijos más pequeños. Por consiguiente, llevaban pocos objetos pesados o frágiles. Una vez que se instalaban en el campamento, los cazadores y los recolectores se dispersaban por los lugares circundantes para no agotar los recursos naturales ni ahuyentar a las presas con una matanza excesiva.

Retrato de la Edad de Piedra

Posiblemente los Cro-Magnon dieron los primeros pasos para domar caballos. Tal vez algunos grupos capturaban potros y los criaban, tratándolos prácticamente como mascotas, y luego los usaban como señuelo para atraer caballos salvajes a las trampas de los cazadores. Otro animal que acompañaba a los cazadores era el perro doméstico. Los Cro-Magnon, a lo largo de los siglos, adoptaron lobeznos que mediante cruzas fueron cambiando sutilmente hasta resultar en un perro claramente reconocible como tal. Un típico grupo humano de cazadores y recolectores estaba generalmente integrado por cuatro a seis familias: un total de 20 a 30 personas.

Debido a que varios grupos dependían del mismo recurso alimenticio, como renos y bisontes, se reunían de modo natural en ciertas épocas y lugares donde las presas solían congregarse. En el invierno, varios grupos se dirigían a las regiones donde tenían más posibilidades de encontrar cuevas.

Pocas personas llegaban a los 30 años, y aquellos que cumplían 40 eran considerados longevos. Una niña de ese periodo posó para una cabecita de marfil cuyos rasgos, bien definidos, muestran el aspecto que tenía la gente de la Edad de Piedra. Hallada en el suroeste de Francia, la figura fue tallada hace más de 20,000 años.

Muchas mujeres morían al dar a luz, y las que sobrevivían amamantaban a sus bebés por lo menos durante tres años, o hasta que tuvieran dientes que les permitieran comer como los adultos. Era alta la mortalidad de bebés y niños, por lo que la población aumentaba muy lentamente. Se calcula que a fines de la Edad de Hielo, la población humana del mundo entero ascendía a un total de entre 5 y 10 millones de seres humanos.

Las niñas seguían a las mujeres, aprendían a recolectar comida y desempeñar otras labores: cuidar a los bebés; cocinar; limpiar y curtir las pieles de animales; hacer ropa, tiendas y recipientes con dichas pieles; tejer canastas; practicar las formas adecuadas de almacenar la comida para el invierno, y posiblemente preparar medicamentos a base de hierbas.

Música en la Edad de Hielo

En el tiempo libre, especialmente en las noches y en los largos días invernales, se contaban las historias que luego transmitirían, a las generaciones futuras, las tradiciones del grupo y el conocimiento de los espíritus que los guiaban y cuidaban, o que revivían los triunfos de cacerías pasadas. Con toda certeza, los pueblos primitivos disfrutaban de cantos y danzas, especialmente cuando tenía lugar un encuentro entre dos grupos o se celebraba algún ritual.

En estas ocasiones se tocaba música. Se han hallado flautas y silbatos hechos de huesos de la pierna; y un objeto excavado en una cueva francesa es semejante al "rugidor" de los aborígenes australianos, que emite sonido cuando se le hace girar. En Mezen, Ucrania, se halló un "tambor" (un omóplato de mamut, que se tocaba con un cuerno), unas "castañuelas", varios "cascabeles" (quijadas de mamut) y un "xilófono" (los huesos de la cadera de un mamut, que emitían "notas" distintas según el lugar en que se les golpeaba).

Gracias a su habilidad como cazadores y a su inventiva, nuestros antepasados tenían cierto tiempo libre y la inteligencia para pensar y considerar conceptos abstractos como la vida y la muerte, así como para preguntarse acerca de los poderes sobrenaturales que regían al mundo y lo que ocurría en él.

HOGAR, DULCE HOGAR

Dentro de una espaciosa cueva, un grupo de familias de la Edad de Piedra han instalado sus tiendas para guarecerse durante los meses de invierno. Una puerta de piel, tensada con postes, se abre brevemente cuando unos cazadores entran con una presa. Frente a los cazadores, dos mujeres preparan la cena en la fogata, bordeada de piedras. Junto a ellas, un hombre estira una cuerda en un bastidor de madera, iniciando la laboriosa confección de una red de pesca.

Alzando un brazo, en el centro de la cueva, un narrador fascina a los niños con historias tradicionales de cacerías, pescas y juegos de este mundo y del próximo; algunos adultos oyen las historias. Tras de los niños, una mujer teje una estera. Alrededor de la lámpara de aceite, en primer término, dos hombres tocan flautas hechas con huesos de reno. Junto a ellos hay una piel clavada en el suelo, lista para ser curtida: es un valioso trofeo traído por los cazadores.

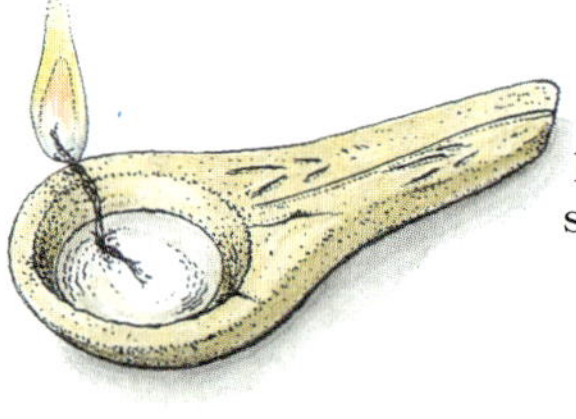

Lámpara de aceite
En una lámpara de piedra con mecha de musgo se quemaba grasa de animales.

Cuerpos de arcilla *Los escultores de la Edad de Piedra se internaron decenas de metros bajo tierra, por un río y entre una madeja de tortuosos túneles, para tallar estos modelos de arcilla de dos bisontes, cada uno de 60 cm de largo. Los bisontes están en una cámara de techo bajo de la cueva Le Tuc d'Audoubert, en los Pirineos, al suroeste de Francia. Fueron hallados a principios del siglo xx por tres niños que exploraban la cueva a pie y en balsa, alumbrándose con lámparas. No se ha podido explicar por qué los escultores eligieron un lugar tan oscuro e inaccesible para su obra. Posiblemente las figuras formaban parte de un rito religioso.*

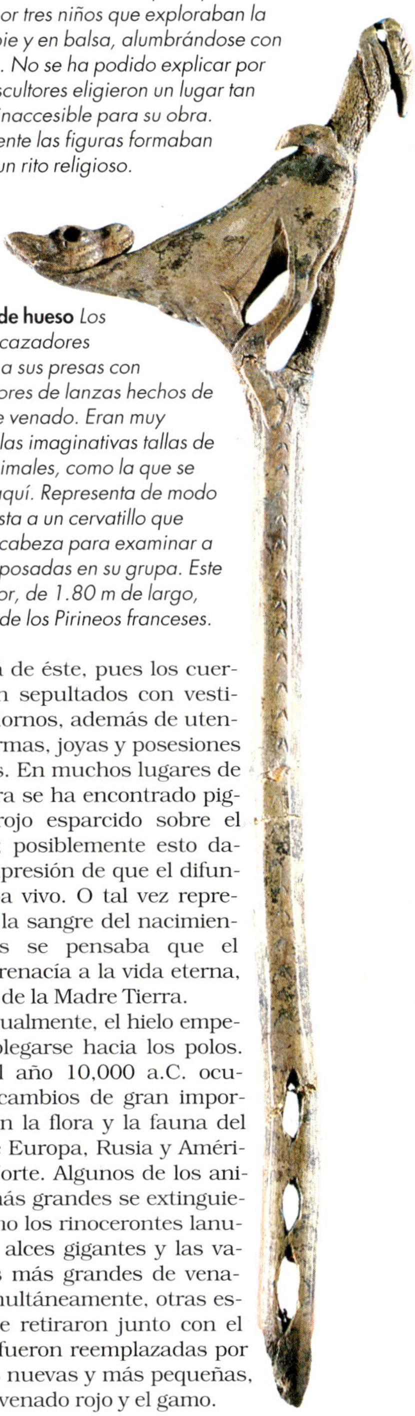

Cabezas de hueso *Los primeros cazadores mataban a sus presas con disparadores de lanzas hechos de cuerno de venado. Eran muy comunes las imaginativas tallas de aves y animales, como la que se muestra aquí. Representa de modo muy realista a un cervatillo que vuelve la cabeza para examinar a dos aves posadas en su grupa. Este disparador, de 1.80 m de largo, proviene de los Pirineos franceses.*

Figura de la fertilidad *Esta figurita de piedra caliza, llamada "Venus de Willendorf", mide 10 cm de largo y fue tallada en Austria hace 30,000 años. Simboliza la fertilidad: los exuberantes senos, las nalgas y el abdomen representan la sexualidad y el embarazo, y quizá encarna a una diosa madre adorada en la Edad de Piedra.*

Arte en las catedrales naturales

Mientras se desarrollaba el lado intelectual y espiritual de la vida, ocurría otro avance importante: los individuos adaptaron la destreza manual adquirida al hacer utensilios, y de ello surgieron los artistas. Sus pinturas —la mayoría ocultas en las partes más oscuras e inasequibles de las cuevas— quizá fueron parte integral de algún olvidado ritual religioso, llevado a cabo entre susurros en las profundidades de estas catedrales naturales, en las entrañas de la Tierra.

Los más espectaculares ejemplos de los impulsos artísticos de los Cro-Magnon (y tal vez de sus creencias religiosas) están en las cuevas del suroeste de Francia y el norte de España, donde se pintaron animales en los muros y techos, a veces con gran profusión de detalles, como en Lascaux y Altamira. En contraste, hay relativamente pocas figuras humanas.

Se han encontrado algunas piezas de hueso y cuerno que están grabadas con puntos y rayas distribuidas aparentemente al azar. Un experto que examinó los puntitos con un potente microscopio descubrió que fueron hechos en épocas distintas y con diferentes utensilios. Eso le hizo pensar que eran un registro de los días de cada fase de la Luna; en otras palabras, estas marcas aparentemente aleatorias tal vez sean un sistema de notación, por lo cual en realidad sería el primer calendario del mundo.

Aunque algunos especialistas se muestran muy escépticos ante esto, a los cazadores y recolectores les pudo haber sido de gran utilidad un calendario lunar (cuyas rítmicas fases son fácilmente observables) y de las estaciones; ello coincidiría con los demás logros que obtuvieron y con el desarrollo intelectual.

Respeto a los muertos

Cuando un Cro-Magnon moría, no se abandonaba su cuerpo al descubierto para que simplemente se descompusiera. Aun los Neandertal parecían tener algún concepto en cuanto a que la muerte no era el fin, y que había que hacerse cargo del cuerpo. Los Cro-Magnon enterraban a sus muertos dentro o cerca de las cuevas y chozas donde vivían. Era claro que esperaban una nueva vida en un mundo más allá de éste, pues los cuerpos eran sepultados con vestidos y adornos, además de utensilios, armas, joyas y posesiones favoritas. En muchos lugares de sepultura se ha encontrado pigmento rojo esparcido sobre el cadáver; posiblemente esto daba la impresión de que el difunto estaba vivo. O tal vez representara la sangre del nacimiento, pues se pensaba que el muerto renacía a la vida eterna, a través de la Madre Tierra.

Gradualmente, el hielo empezó a replegarse hacia los polos. Hacia el año 10,000 a.C. ocurrieron cambios de gran importancia en la flora y la fauna del norte de Europa, Rusia y América del Norte. Algunos de los animales más grandes se extinguieron, como los rinocerontes lanudos, los alces gigantes y las variedades más grandes de venados. Simultáneamente, otras especies se retiraron junto con el hielo, y fueron reemplazadas por especies nuevas y más pequeñas, como el venado rojo y el gamo.

LOS PRIMEROS HOGARES SEGUROS

Un grupo de cazadores y recolectores recorren la muy irrigada planicie del norte del Medio Oriente. Aunque en esa zona el clima nunca fue tan extremoso como en el norte de Europa, de todas formas el repliegue de las capas de hielo hacia los polos produjo condiciones más benignas, haciendo que la vida del hombre fuera más cómoda, y la flora, más variada. En sus migraciones regulares para buscar comida, estos pueblos primitivos se las arreglaban para encontrar pastizales, cuyas semillas eran una buena contribución a su dieta. Cierto año, el grupo se topa con una gran extensión de pastizales, cuyas espigas están llenas y maduras.

Acampan y, durante los siguientes días, las mujeres recolectan todas las gramíneas que pueden. El grupo tiene tanto grano que permanece muchas semanas comiendo lo almacenado y sólo al terminar reanudan la marcha. Al año siguiente, regresan al mismo lugar y encuentran otra extensión de pastizales.

Guardar y cosechar

Los hombres primitivos convierten los fértiles valles y planicies en un punto de escala del grupo. "Su" grano es una fuente de alimento tan valiosa que están tentados a permanecer por periodos cada vez más largos, para asegurarse de que nadie más lo tome.

Las mujeres, con una herencia de miles de años de observación de las plantas, reconocen que los granos que caen al suelo se convierten en nuevas plantas. Más tarde, algunas de las mu-

LABORES Y JUEGOS EN UNA ALDEA FORTIFICADA

El centenar de habitantes de Hacilar, una aldea fortificada de Turquía, inicia sus diarias labores desde el alba. Aquí se representa el tiempo de la cosecha en el año 6000 a.C.; un grupo de hombres sale por la puerta del norte para recoger trigo y cebada en los campos. Un vigía mira la salida desde el techo de una casa de adobe de dos pisos. En el tejado del granero de la esquina cercana, dos mujeres muelen maíz para cocerlo en el horno oblongo de abajo. En el patio, otras dos mujeres preparan el grano para secarlo en el horno, y luego quitarle la cascarilla antes de almacenar las semillas.

Mientras tanto, un grupo de hombres y mujeres cruzan el patio norte, y los alfareros ponen sus vasijas en el patio de alfarería, donde hay una escalera apoyada en un muro defensivo de 1.5 m de grosor. Media docena de vasijas de barro, con franjas rojo y crema, son puestas a secar frente a una casa pequeña de un solo piso, cuyo techo, como los del resto de la aldea, está hecho de troncos cubiertos de cañas y paja sobre los cuales se extendieron capas de lodo. Un complejo de edificios más altos, con su propio patio interior, alberga la alfarería. En el techo del edificio principal hay alfombras y algunas vasijas; dentro de poco, las mujeres subirán para esparcir fruta y secarla al sol.

Frente a la alfarería, en la esquina noreste de la aldea, está uno de los dos templos donde los devotos adoran a sus dioses. El otro templo está diagonalmente opuesto, en la esquina suroeste de la aldea. Los aldeanos se abastecen de agua sacándola de un pozo de piedra que está al lado del templo noreste. Frente al templo, una mujer prepara comida en un horno exterior en forma de colmena; sobre el muro, un aldeano carga una jarra, de fabricación local, llena de provisiones, y la lleva a la cocina comunal, que consta de un solo piso. Dos pieles se secan al sol en el techo de la cocina de dos pisos; mientras, en el patio de la cocina, una mujer prepara comida que será cocida en otro horno exterior. Por arriba, en el borde del muro, tres alegres niños corren cuesta abajo.

En el patio sur se ordeña a una vaca, mientras que otras dos esperan dócilmente su turno. Mientras tanto, bastón en mano, un pastorcillo conduce su rebaño de cabras hacia la puerta sur, donde lo esperan otros dos pastores para salir al campo. Un aldeano descansa junto a la puerta, recargado en un muro. Parece ser el único que tiene tiempo libre en la rutina diaria del campo y la aldea, que era el trajín de los primeros campesinos.

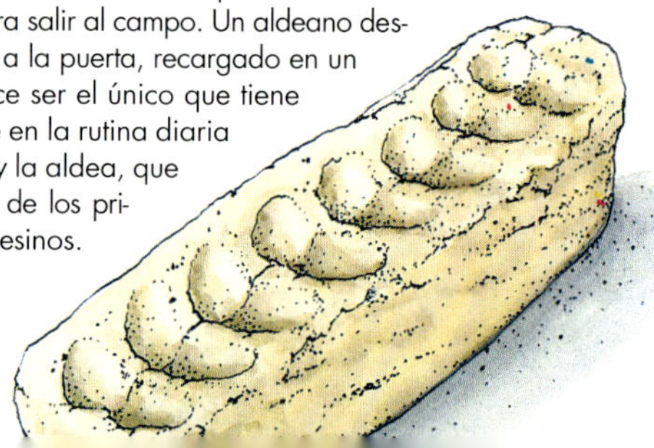

Ladrillo *Se usaron adobes para construir las primeras casas. Éste lo hicieron en Jericó, hace más de 5,000 años.*

jeres deliberadamente ponen algo del grano recolectado en la tierra, para garantizar la cosecha del año siguiente.

Ahora los miembros del grupo ya tienen un interés manifiesto en ese lugar: es su cosecha y es su tierra. Toman la trascendental decisión de quedarse y concentrar esfuerzos en cuidar su valiosa propiedad. Siguen siendo cazadores y recolectores, pero se han asentado y cuidan sus cosechas. Éste es uno de los puntos cruciales en la historia de la humanidad. Sin saberlo, se han convertido en los primeros agricultores del mundo.

Debido a una mutación natural, algunos de los pastos "sembrados" por estos primeros campesinos no produjeron semillas tan rápida o tan fácilmente como los otros. Por composición genética, eran sutilmente distintos. De manera inevitable, el grano de esas plantas constituyó un porcentaje muy grande de la cosecha recogida y vuelta a sembrar por las mujeres. Cada año se incrementaba la proporción de granos en mutación hasta que, con los años, surgió una nueva variedad "doméstica". Procesos similares de explotación y domesticación ocurrieron en otras variedades de pasto, así como en verduras y frutas.

Alimento en cuatro patas

Ya había perros domesticados, pero se les unieron ovejas, cabras, vacas y cerdos, que los cazadores habían capturado desde que eran crías, y que crecieron en el campamento para garantizar el abasto de carne. Cuando esos animales crecieron lo suficiente para aparearse, se acabó la necesidad de salir al campo a buscar más crías.

De este modo se desarrolló la parte ganadera de la actividad en el campo. Se mataba a los animales grandes y agresivos antes de que se volvieran peligrosos y se aparearan; las variedades domesticadas que surgieron fueron más pequeñas y dóciles que sus antepasados salvajes, y tenían cuernos y colmillos menos desarrollados. Aunque cultivar la siembra y cuidar el ganado era una labor muy intensa, las familias ya podían tener alimento suficiente, incluso excedente, para satisfacer sus necesidades: obtenían leche y lana de sus animales, así como carne y cuero. Una zona reducida, que anteriormente había abastecido a un solo cazador y recolector, ahora proporcionaba sustento a una comunidad de unas 150 personas. La población se expandió con mayor velocidad, y la gente se reunió en grupos cada vez más grandes; así se formaron las primeras aldeas.

Segadora *Esta hoz con mango de hueso tiene dientes serrados de pedernal; fue usada por los primeros campesinos del Medio Oriente en el año 4000 a.C., para cosechar trigo y cebada.*

Los nuevos aldeanos del Medio Oriente fabricaron nuevas herramientas para satisfacer nuevas necesidades: hoces con dientes de pedernal para cortar las espigas, y arados para la tierra en lugar de varas para escarbar. Aprendieron a construir hornos para cocer pan y cocinar otros alimentos. Poco después, se adaptó el principio del horno para producir vasijas de barro en las cuales almacenar grano y otros alimentos.

Posteriormente se descubrió cómo extraer las fibras de la planta del lino, cómo hacer hilo con ellas y con la lana, y cómo, con el hilo, hacer lienzos para vestidos, sábanas y otros artículos domésticos. Luego, con el tiempo, aprendieron a fabricar velas para balsas pequeñas, canoas y lanchas de cañas. Supieron que la cebada también podía usarse para una agradable bebida —la cerveza—, y que el jugo de uva podía convertirse en una bebida aún más fuerte y embriagante. Como la gente ya no estaba obligada a moverse y cargar todas sus pertenencias, ya no había límite en la cantidad de mercancías que podían adquirir. Así comenzaron a acumular propiedades personales, no sólo equipo básico como herramientas, armas y vasijas de alfarería, sino también muebles. También tenían la posibilidad de pagar a otros, con comida, para que les produjeran las mercancías que querían. O podían intercambiar los bienes producidos por ellos mismos por vidrio volcánico para los cuchillos, o por telas de alta calidad. Así, los agricultores adoptaron una ocupación más: el comercio.

Trigo silvestre *Las primeras cosechas fueron de trigo del tipo carraón, que crecía silvestre en Turquía y el Medio Oriente, hace 10,000 años.*

ALFARERÍA ARTÍSTICA

Los alfareros que vivieron en la aldea turca Hacilar produjeron vasijas de ornato que reflejan su fascinación por el mundo que los rodeaba. Desde el año 6000 a.C. utilizaron dos recursos: una tradicional destreza alfarera y la abundante y maleable arcilla local. Usando la imaginación, se aseguraron de que ninguno de sus productos fuera igual a los demás.

Los diseños más populares eran las flores con forma de cruz de Malta, que quizá simbolizaban lo fructífero; y figuras, rostros y gestos animales o humanos. Los toros de largos cuernos, por ejemplo, tal vez simbolizaban la fertilidad, y las manos con tres o cuatro dedos alzados eran para ahuyentar los malos espíritus.

Vasijas del horno *Estas vasijas de barro, de vivos colores, están agrupadas junto a un horno de Hacilar. Sus decorados son las tradicionales franjas crema y rojo, modelos abstractos y flores de cuatro pétalos.*

CIUDADES EN VALLES FLUVIALES

Las primeras civilizaciones del mundo se establecieron en planicies irrigadas por caudalosos ríos. El Tigris y el Éufrates, el Indo y el Nilo corrían por regiones de clima similar, donde el limo tibio, alimentado y abastecido por las inundaciones, rindió cosechas sin precedentes. Estas cosechas alimentaron poblaciones crecientes y posibilitaron asentamientos urbanos mucho mayores que los que hasta entonces habían existido.

En Mesopotamia, con sus tierras irrigadas por el Tigris y el Éufrates, funcionaron desde 3500 a.C. las primeras ciudades del mundo. Tenían talleres, escuelas, casas construidas con ladrillos, majestuosos palacios y templos. Sus habitantes usaban la rueda, el arado, un sistema aritmético y un calendario anual. Sobre todo, desarrollaron la habilidad de la escritura. En el valle del Indo, donde se sitúa el actual Pakistán, surgió una sociedad altamente organizada, con poblaciones planificadas y una religión que posiblemente fue precursora del hinduismo.

LAS PRIMERAS CIUDADES 3500 – 1500 A.C.

RUEDAS DE CARRETA Y DE ALFARERÍA

El río que se desbordaba era un amo caprichoso. En Mesopotamia, el Éufrates tendía a cambiar su curso; convertía los campos en desiertos y obligaba a los aldeanos a abandonar sus casas. Las inundaciones ocurrían en primavera, y los campesinos aprendieron a construir diques para proteger los cultivos. También excavaron estanques y canales para almacenar agua y distribuirla a los campos más alejados del río.

Bardear el río y excavar canales era una labor continua. Año con año se daba mantenimiento a las represas, y los canales debían ser dragados para evitar que rebosaran de limo. Los sistemas de irrigación cubrían distritos enteros.

Se requirieron gobiernos con formas fuertes y duraderas para mantener la continuidad de la empresa y asegurar una justa distribución, o para evitar que algún campesino robara el agua destinada a otro. Las obras de irrigación hicieron algo más que incrementar las cosechas: formaron el hábito de la obediencia a la autoridad política, a partir del cual se desarrollaron y florecieron las ciudades-Estado.

Un arado para el campesino

Las palmeras de dátiles bordeaban los canales, y los campos de trigo y cebada producían dos cosechas al año. Los pueblos mesopotámicos también eran buenos pastores, mantenían ganado lechero y lograban que las ovejas proliferaran: la falda de lana de borrego se convirtió en indumentaria tradicional. Las cosechas de cereales representaron la verdadera prosperidad de la región. Se inventó el arado como instrumento de cultivo. Posiblemente se desarrolló a partir de varas de ex-

Culto silencioso *Una campesina sumeria sostiene una pequeña jarra, tal vez hecha con la recién inventada rueda de alfarería. La base de la primera vida urbana fueron las vasijas para almacenar las cosechas. Esta figura de alabastro, de casi 19 cm de altura, data del año 3000 a.C. Los sumerios eran representados con las manos sujetas en actitud de homenaje a sus dioses.*

cavación con contrapesos, similares a remos, que eran jalados por hombres, mujeres e incluso niños. Pero en 4000 a.C. se introdujo un instrumento más eficiente, arrastrado por dos bueyes, delante de un conductor, que era quien guiaba el arado y enterraba la hoja de madera en la tierra.

Al principio, el travesaño del arado se amarraba a los cuernos de los bueyes; después se introdujo la yunta, y con el tiempo la hoja de madera fue reemplazada por la reja de bronce. A pesar de las inundaciones, caía poca lluvia en Mesopotamia, y el suelo se endurecía en verano. Gracias al arado se abrieron nuevas zonas de cultivo, aumentando el abastecimiento de grano.

Se inventó una sembradora remolcada por bueyes. Era un instrumento para plantar semillas en hileras, en vez de "sembrar al voleo", es decir, esparcirlas a mano. Este instrumento, parecido a un arado, cavaba un surco en el suelo, y las semillas caían desde un embudo. Este instrumento agrícola aparece claramente en un sello de piedra tallada de Sumeria, la región sur de Mesopotamia, cuyas 12 o más ciudades-Estado formaron el núcleo de la civilización del Medio Oriente.

Ruedas para la carreta

Bueyes y asnos entraban y salían de las ciudades tirando de otra brillante invención: la carreta con ruedas. La rueda en sí, base de mucha de la tecnología subsiguiente, tal vez apareció en Mesopotamia en forma de rueda del alfarería, un disco que se hacía girar a mano y que permitía una producción de vasijas más rápida.

Aunque las primeras ruedas de alfarería datan de 3500 a.C., fueron adaptadas para su uso en el transporte unos 250 años después. Las primeras carretas eran pesadas y macizas: las ruedas, que no tenían rayos, eran planchas redondas de madera, protegidas con cuero. Las carretas eran vehículos de cuatro ruedas, tirados por bueyes o asnos (aunque conocían los caballos, en Mesopotamia aún no los usaban), que llevaban mercancía de las granjas a los mercados. Servían también para que los funcionarios viajaran durante las procesiones ceremoniales.

Las grandes ciudades sumerias —entre ellas Ur, Eridu, Lagash y Nipur— guerrearon entre sí con frecuencia, y nunca se unificaron en un Estado fuerte como lo fue Egipto. Las ciudades estaban circundadas por tierra fértil e irrigada, y prosperaban por la agricultura y la ganadería. En las lodosas planicies mesopotámicas escaseaban los materiales como piedra, metales y madera, pero como poseían copiosas reservas de grano y algodón, los sumerios las exportaron para llevar de otras regiones las materias primas vitales que necesitaban.

Ur —la bíblica "Ur de los caldeos", junto al río Éufrates— era un gran centro bodeguero a donde llegaban mercancías por tierra, río y mar. Cientos de tablillas de arcilla muestran gráficamente la organización del vital comercio exterior. Se llevaba plomo y plata por el Éufrates desde las montañas de la actual Turquía. La madera llegaba de Siria y de las mesetas del noreste. Los comerciantes llevaban, desde Afganistán, piedras semipreciosas como el lapislázuli.

La piedra y el cobre eran llevados desde Omán, y los barcos de Ur bajaban por la costa de Arabia para transportar oro e incienso. En el próspero puesto comercial de Dilmun, en la isla Bahrein del golfo Pérsico, se administraban algunas de estas mercancías. Así, los "reyes del mar" de Ur realizaron un próspero comercio de exportación e importación. La flota mercante sumeria incluía barcazas y naves con mástil, cubierta, cabina y remeros. Algunas podían cargar hasta 36 ton de mercancía, y los marineros se aventuraron más allá del Estrecho de Ormuz e Irán para hacer negocios con los pueblos del valle del río Indo.

En 1977, el antropólogo noruego Thor Heyerdahl construyó una barcaza de cañas a la usanza sumeria y navegó a bordo de la nave, llamada *Tigris*. Logró cruzar el tempestuoso océano Índico y demostrar que tan larga y azarosa travesía era posible.

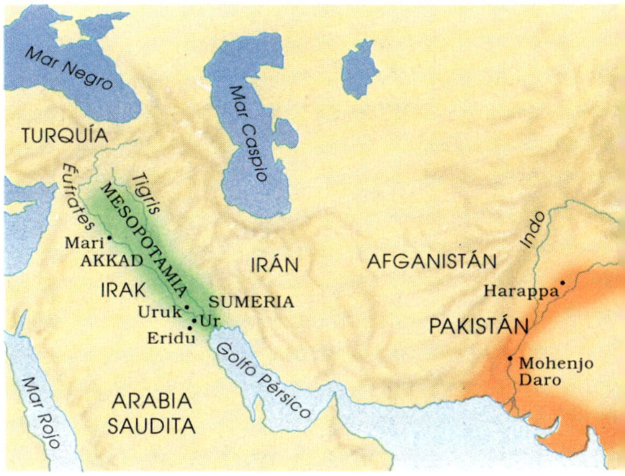

Cuna de la civilización *Las primeras ciudades del mundo surgieron en dos regiones similares: los valles de los ríos Tigris y Éufrates en el Medio Oriente (en verde), y el valle del Indo (en naranja). Estas bien irrigadas regiones eran ideales para la agricultura.*

AVANCE DE LA RUEDA

Los primeros en usar la rueda fueron probablemente los alfareros mesopotámicos, quienes, hacia 3500 a.C., elaboraban vasijas en mesas giratorias. Unos 250 años después, las carretas ya contaban con sólidas ruedas de madera. Las primeras ruedas de vehículo consistían en dos o tres tablas cortadas para formar un disco, unidas con travesaños de madera o cobre. Se fijaban con chavetas en los extremos del eje. Las ruedas con rayos, más ligeras, surgieron hacia 2000 a.C. Los rayos partían desde el centro y se mantenían fijos a un borde de madera hecho de una sola pieza.

Enjaezado *Esta carreta con ruedas, una miniatura de Mohenjo Daro, se asemeja a las carretas de bueyes aún en uso en Pakistán.*

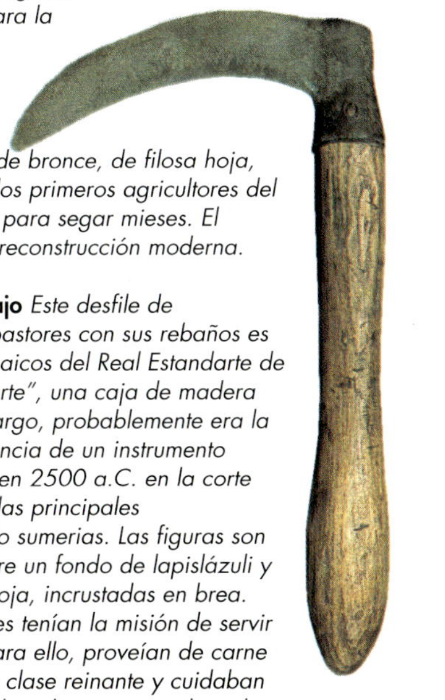

Apero primitivo
Esta guadaña de bronce, de filosa hoja, fue usada por los primeros agricultores del Medio Oriente para segar mieses. El mango es una reconstrucción moderna.

Rumbo al trabajo *Este desfile de pescadores y pastores con sus rebaños es uno de los mosaicos del Real Estandarte de Ur. El "estandarte", una caja de madera de 46 cm de largo, probablemente era la caja de resonancia de un instrumento musical usado en 2500 a.C. en la corte de Ur, una de las principales ciudades-Estado sumerias. Las figuras son de concha sobre un fondo de lapislázuli y piedra caliza roja, incrustadas en brea. Los trabajadores tenían la misión de servir a los dioses. Para ello, proveían de carne y pescado a la clase reinante y cuidaban de las bestias de trabajo, que tiraban de las carretas y transportaban la carga.*

En círculo *Este modelo de arcilla muestra un edificio sumerio circular, que tal vez fue un templo o un fuerte.*

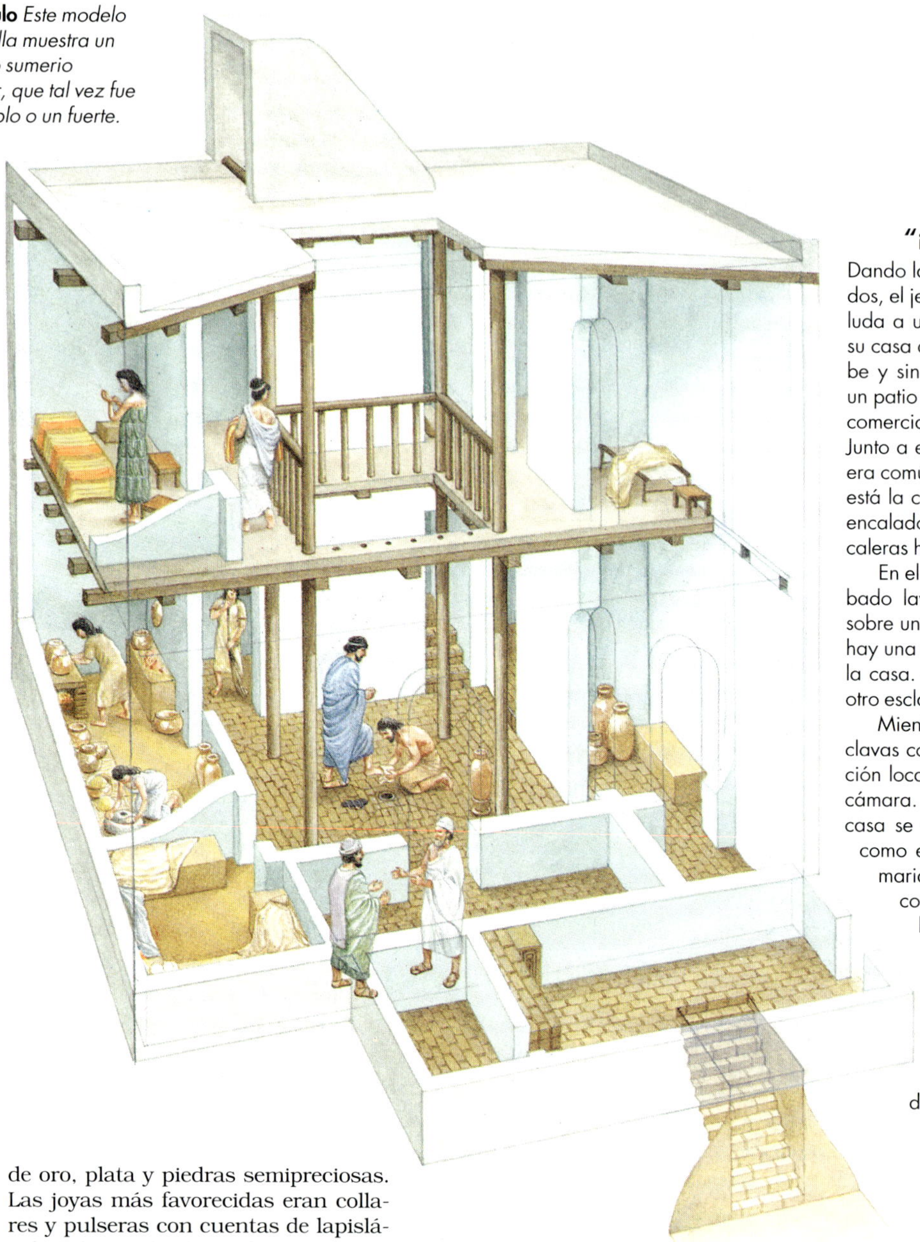

"¡BIENVENIDO A CASA!"

Dando la bienvenida con los brazos extendidos, el jefe de la casa, con túnica blanca, saluda a un recién llegado en el recibidor de su casa de dos pisos en Ur. La casa, de adobe y sin ventanas, construida alrededor de un patio central, es la típica residencia de un comerciante adinerado, como este joyero. Junto a ellos, hay una cripta familiar, lo que era común en estas casas. Cerca de la cripta está la capilla, con el altar empotrado en el encalado muro divisorio. Del altar salen escaleras hacia una bodega.

En el patio de adoquines, un esclavo barbado lava los pies a otro recién llegado, sobre una coladera de drenaje. Junto a ellos hay una de las muchas vasijas con aceite de la casa. Cerca del invitado, de túnica azul, otro esclavo barre el piso.

Mientras, en la estrecha cocina dos esclavas cocinan en ollas de barro de producción local. Al lado de la cocina hay una recámara. En la planta alta, la señora de la casa se viste en su habitación. Tan pronto como esté lista, bajará para ayudar a su marido a atender a los invitados. En el corredor, una sirvienta lleva unas toallas al baño en la parte trasera de la casa. Luego ordenará el cuarto del niño de la casa, que salió apuradamente a la escuela. Tras el dormitorio, unas escaleras conducen a la azotea, donde, a veces, la familia duerme bajo las estrellas.

CERVEZA, BRONCE Y BELLEZA

A los nómadas del desierto que vivían en tiendas —y cuyo deambular los llevó hasta Mesopotamia—, la antigua Ur debió parecerles una metrópolis de asombrosa grandeza. Irguiéndose sobre la fértil planicie del Éufrates, con sus exuberantes campos cultivados, la ciudad era visible a kilómetros de distancia. Rodeada de canales y represas, Ur fue construida sobre una elevación para evitar las inundaciones; había en el centro una pirámide de adobe, escalonada, con un templo en la cima.

Alrededor del recinto sagrado se extendían las casas de 24,000 habitantes, amontonadas en tortuosos y estrechos callejones donde había tiendas, bazares y tabernas. En los muelles de las dos bahías de Ur se descargaban exóticas mercancías, y por sus calles sin pavimento caminaban comerciantes y esclavos, artesanos, sirvientes del palacio y procesiones de devotos que adoraban a la deidad lunar Nana, patrona de la ciudad.

Pechos desnudos, vestidos ceñidos

Los hombres sumerios transitaban descalzos y con el pecho desnudo, vestidos únicamente con el tradicional faldón anillado. Posteriormente, usaron una prenda similar a una camisa, a veces con chales orlados. Las mujeres vestían túnicas o vestidos ceñidos, y vistosos tocados. Se peinaban con trenzas que se enrollaban en la cabeza; o usaban el pelo suelto, con una cinta como diadema. También iban tocadas con sombreros con forma de casco.

Los joyeros sumerios producían ornatos extraordinariamente elegantes de oro, plata y piedras semipreciosas. Las joyas más favorecidas eran collares y pulseras con cuentas de lapislázuli, color azul celeste, frecuentemente usadas con cornalinas rojas para dar contraste.

La gente dormía generalmente en esteras, pues aunque en algunas casas había camas, el mobiliario en las de adobe era austero: consistía en arcones, mesas bajas, bancos y sillas. En contraste, la loza —en forma de ollas, jarras y vasos— era abundante, y el barro era la materia prima vital para hacerla.

Debido a las abundantes cosechas de grano, el platillo principal de los sumerios eran las hogazas de pan sin levadura. También comían un potaje

Contrastes culinarios *Aun los hogares más humildes de Sumeria contaban con simples ollas de arcilla, perforadas para cernir o colar. Pero sólo los más ricos poseían costosas vasijas, como esta jarra de bronce con pico ornamental. Aunque parece una tetera actual, posiblemente la vasija era usada para filtrar agua sin hervir.*

de trigo y cebada, así como cebolla, poro, pepinos, frijol, ajo y lentejas. Las cabras de los ganaderos aportaban leche, mantequilla y quesos. Las palmeras que tan abundantemente crecían junto a los canales de irrigación daban dátiles que podían comerse frescos, secos o en forma de una espesa melaza. La carne de res y carnero daba más variedad a la dieta, y el pescado era muy popular. Había muchas pescaderías, e incluso restaurantes donde se podía comprar pescado frito.

La bebida sumeria era la cerveza. Tal vez la preparaban poco después de la cosecha de cereales, pues originalmente era labor de las amas de casa, quienes también se encargaban del potaje de trigo y cebada y del pan. Los textos mesopotámicos describen 19 clases de cerveza, que variaban según el tipo de grano (trigo, cebada, o mezclas de ambos), las plantas aromáticas usadas para darle sabor y preservarla, y la miel y malta que contenía. Había vino, aunque en mucho menor cantidad, y sólo lo bebían los más pudientes. Las clases holgadas gozaban de diversiones refinadas como la poesía y la música de liras, arpas y tambores. También había juegos de mesa: de la antigua Sumeria sobrevivió uno que consta de 20 cuadros de concha, con dibujos incrustados en pasta negra y roja. Se le conoce como "Juego de Ur", y tenía un cajón para guardar las fichas, que se movían luego de tirar dados o arrojar varas.

Juego de Ur, para dos contendientes

Amo y ama

Tanto en los hogares de los pobres como en los de los ricos, en el padre recaía toda la autoridad. Tenía el derecho legal para divorciarse de una mujer estéril, para tener concubinas, e incluso para vender a esposa e hijos como esclavos. Estos derechos fueron legitimados en el código legal escrito más antiguo del mundo, compilado bajo el reinado de Ur Nammu en 2111 a.C. Pero las mujeres de Ur podían poseer ciertas propiedades y se les permitía dar testimonio en los juicios legales.

Los sumerios también gustaban de proverbios nobles y hogareños como: "Respeta la palabra de tu madre, como si se tratara de la palabra de dios." Con un tono más cínico, existía la siguiente reflexión: "El matrimonio existe para placer del hombre; al pensarlo mejor, existe el divorcio."

Los proverbios hacían frecuentes referencias a la riqueza: "Estamos destinados a morir, así que gastemos. Quizá vivamos mucho, así que ahorremos", decía un refrán. Otro, alusivo a los dolores de cabeza que provienen de tener propiedades, rezaba: "Quien posee mucha plata puede ser feliz. Pero quien no posee nada puede dormir pacíficamente por la noche."

El desarrollo de la agricultura y las ciudades condujo a la posesión de bienes y dinero, y a excedentes de mercancías, como el maíz. Éstos daban sostén a artesanos especializados cuyas tecnologías transformaban la vida cotidiana. Los alfareros producían vasijas en abundancia gracias a la rueda, mientras que los herreros desarrollaban nuevas y vitales habilidades al experimentar en los talleres, y al intercambiar ideas. Al usar hornos perfeccionados para fundir las reservas importadas de cobre y estaño, los herreros sumerios descubrieron el bronce, material más resistente que el cobre puro. La Edad de Bronce se inició en Mesopotamia hacia 3500 a.C. Los herreros también aprendieron el arte del vaciado del bronce con el método de la cera perdida. Mientras tanto, los joyeros dominaron el arte de martillar los metales preciosos hasta hacer delgadas láminas, o finos hilos, para crear delicadas obras de filigrana. Los carpinteros sumerios usaban sierras y taladros para dar forma a la madera. Los constructores, a su vez, usaron ladrillos en forma de cuña con los que hicieron los primeros arcos, diseñando acueductos para los sistemas de agua y drenaje.

Joyas de vidrio

Con gran inventiva, los sumerios también aprovecharon las reservas petrolíferas de su país, usando la brea que salía del suelo para unir ladrillos y sellar barcos. Nadie sabe quién descubrió cómo hacer vidrio con arena, bicarbonato y piedra caliza. Bien pudo ser un joyero de Mesopotamia que experimentara con cuentas y barnices. Pero lo cierto es que esta habilidad se conocía tanto en Sumeria como en Egipto antes de 2000 a.C.

Sin embargo, no fue sino hasta el siguiente milenio cuando se hicieron las primeras vasijas de vidrio. En esta etapa, el vidrio era considerado una piedra preciosa, sintética.

OJOS NEGROS Y BARBAS FALSAS

El concepto de belleza para los sumerios consistía en tener los ojos, las manos y los rostros muy maquillados; sobre todo, los ojos: hombres y mujeres usaban antimonio negro azulado para delinearlos y resaltarlos. Además, se oscurecían las cejas y las pestañas, lo que les daba un aspecto que actualmente se consideraría algo siniestro. Los reyes del Medio Oriente usaban a veces barbas postizas, para parecer más dignos y graves.

Las mujeres sumerias, y a veces los hombres, se pintaban los rostros con plomo blanco para semejar máscaras. Contrastaban esto al pintarse los labios y mejillas con alheña (henna), de rojo intenso, que también aplicaban en uñas y manos. Limpiaban la piel con piedra pómez; se rizaban y perfumaban el pelo; se daban baños aromáticos, y se untaban el cuerpo con aceite, para ahuyentar a los insectos.

Las mujeres tenían estuches de oro en forma de concha para los cosméticos; pinzas para cejas; palillos de metal, y pequeños "empujacutículas" metálicos.

Cosméticos *Hombres y mujeres sumerios usaban sombras de color carbón, azul y castaño para maquillarse los ojos. Las pastas de pintura se guardaban en estuches de oro y en conchas pequeñas, como éstas, halladas en tumbas de Ur que datan de 5000 a.C.*

Aretes de oro de una tumba de Ur

Hojas de oro *Diadema con hojas de oro, que penden de un doble collar de cuentas de lapislázuli y cornalina. La diadema data de 2600 a.C., y fue hallada en una tumba en Ur.*

VIDA COTIDIANA DE UN ESCOLAR SUMERIO

Shunnu corre a toda prisa por los callejones que conducen al palacio y la escuela anexa; llega apenas a tiempo y toma su lugar en una de las bancas de adobe. Durante la mañana, se ejercita en la escritura con sus condiscípulos. El maestro les preparó tablillas de arcilla con una lista de palabras: deben copiarlas lo mejor que puedan.

La lista de hoy es de gemas. Como Shunnu es hijo de un joyero, reconoce algunas de las palabras. Pero los dedos se le entumen de tanto apoyar la pluma de caña sobre la arcilla, y su vista se vuelve borrosa al concentrarse en los danzarines patrones de la escritura cuneiforme. Mientras, el maestro pasea entre las bancas: "Vamos, Shunnu, tienes que mejorar", refunfuña, y el niño siente en los hombros un golpecito de la vara del maestro. En el almuerzo, Shunnu come los panes e higos secos que preparó su madre, y platica con los demás alumnos: muchos de ellos son hijos de funcionarios del palacio. Por la tarde, hay exámenes orales y multiplicaciones. Dos de los niños de palacio reciben bastonazos por equivocarse en las sumas; a Shunnu le palpita el corazón cuando llega su turno, pero el maestro lo aprueba. Al anochecer, Shunnu está cansado, pero aún faltan tres días para el siguiente asueto. Regresa a casa, a contarle a su padre cómo pasó el día.

MUEREN LOS REYES, NACE EL SABER

Un rey de Ur, la ciudad-Estado sumeria, cuando moría, no iba solo a la tumba: lo acompañaba su comitiva de sirvientes, compuesta de unas 70 personas, que tomaban veneno para seguir al soberano a la otra vida, donde seguirían sirviéndole con la misma lealtad que le debían en vida. Los preparativos de este sepelio colectivo eran meticulosos. Se excavaba un largo corredor en pendiente hasta llegar a un pozo que serviría de cámara mortuoria, en la cual se depositaban ricas ofrendas y se colocaba el cuerpo del rey, junto con algunos sirvientes personales. Luego se sellaba la cámara, y una gran procesión del séquito bajaba por el corredor: en ella iban cortesanas con resplandecientes tocados de oro; guardias con dagas envainadas; músicos con liras; nobles con carros tirados por bueyes, y soldados armados con lanzas de cobre.

Todos llevaban la taza de la que beberían la poción letal, antes de yacer en la cámara mortuoria y prepararse para la eternidad. Los músicos pulsaban sus liras hasta el final, cuando tomaban el veneno y sucumbían. Luego se llenaba el corredor con varias capas de tierra y arcilla, mientras seguían las ofrendas rituales y las libaciones. El

ENTRE EL CIELO Y LA TIERRA

El monumental zigurat (templo piramidal) de Ur fue construido hacia 2100 a.C., para adorar a Nana, diosa de la Luna. El zigurat era considerado un lazo entre la Tierra y el cielo; se creía que la diosa iluminaba la cúspide del templo y descendía al templo mayor, en la base, para departir con sus fieles.

El zigurat —de la palabra asiria zikuratu, "cumbre"— tenía una empinada escalera triple que conducía a la cúspide, a 24 m de altura. El núcleo del edificio era de sólidos adobes, reforzados con trabes de madera y unidos por esterillas de caña; estaba revestido de tabique, adobes horneados y brea. Tenía 213 m de contorno, y en sus tres plataformas estaban las viviendas de los sacerdotes, los altares y las bodegas.

El zigurat era el centro de la vida religiosa de Ur, y tenía un constante movimiento de sacerdotes, funcionarios, esclavos y fieles. Por su altura, también servía de refugio en caso de inundación.

Señor de la guerra *Esta barbada y serena máscara de cobre, hallada cerca de Nínive, representa a uno de los reyes acadios, una dinastía que conquistó toda Mesopotamia en 2300 a.C., incluidas todas la ciudades-Estado sumerias. La dinastía guerrera, fundada por el rey Sargón, formó el primer imperio unificado que se estableció entre los ríos Tigris y Éufrates.*

que los cortesanos no opusieran resistencia indica una obediencia fatalista hacia los dioses y el rey. La evidencia sugiere que la religión era sumamente importante para los sumerios. Creían que los dioses gobernaban la Tierra, y que los hombres habían sido creados para servirlos. Se consideraba que cada ciudad pertenecía a un dios o una diosa en particular, cuyo hogar en la Tierra era el templo de la ciudad.

Cientos de deidades regían sobre cada aspecto de la vida y la muerte. An, el dios del cielo que vivía en el paraíso y que daba poca importancia a los asuntos terrenales, era el principal. Entre los sacerdotes había rangos, así como entre los ejércitos de trabajadores laicos y esclavos que los secundaban. La deidad patrona de una ciudad era dueña tanto de la comunidad urbana como de los campos y aldeas que formaban la ciudad-Estado.

"Puedes tener un dios, puedes tener un rey, pero a quien temerás es al recaudador de impuestos."

PROVERBIO SUMERIO

Los aldeanos cultivaban algunas tierras que eran propiedad de los dioses, y eran supervisados por funcionarios del templo. Parte de la cosecha estaba destinada al personal del templo, como pago por sus servicios; una buena cantidad les quedaba a los campesinos, pese a que cedían al templo parte de su producción como renta. Los sacerdotes eran los principales recaudadores de impuestos.

Palabras y cifras

Los sumerios fueron los primeros en desarrollar un sistema aritmético. Sumar, restar y multiplicar eran habilidades importantes cuando se manejaban cantidades como sacos de grano y cabezas de ganado; también desarrollaron un eficiente sistema de pesas y medidas. Pero su invención suprema —la escritura— surgió de la necesidad práctica de llevar un registro de las mercancías para el comercio y la recaudación de impuestos.

Estos registros se iniciaron del modo más simple: eran dibujos del artículo —como una cabeza de toro— y puntos que indicaban la cantidad. Los símbolos se dibujaban con una caña afilada en una tablilla de arcilla suave. Luego se horneaba la tablilla para endurecerla. Originalmente, las listas de artículos se ordenaban en columnas verticales, a partir del lado derecho superior. Pero, hacia 3000 a.C., los escribas notaron que era mejor girar las tablillas para escribir de derecha a izquierda, en hileras horizontales.

Simultáneamente se abandonó la plumilla con punta afilada y se adoptó la punta en forma de cuña, pues si una punta afilada raspaba la tablilla, se podían dejar marcas indeseadas; la punta de cuña podía ser presionada para dejar marcas más nítidas. Las imágenes estilizadas, compuestas de marcas de cuña, o cuneiformes, formaron el sistema de escritura utilizado en Mesopotamia.

Signos y símbolos

Hacia 2500 a.C., los dibujos originales se redujeron a un simbolismo tan estilizado que los objetos originales apenas podían ser reconocidos. Los escribas también empezaron a usar los caracteres para representar no solamente objetos concretos, sino también ideas, acciones y sentimientos. A veces, esto producía ambigüedades: el dibujo de un pie, por ejemplo, significaba ir, o venir, o detenerse.

La solución llegó al usar los signos fonéticamente: en vez de objetos, indicarían sonidos. Con este método, por ejemplo, un concepto abstracto como "maravilla" sería representado por, digamos, una imagen del "mar" junto a la de una aldea, o "villa".

A partir de un repertorio relativamente limitado de sílabas, fue posible construir cualquier palabra. El sistema sumerio constaba de unos 600 signos que debían ser memorizados. Los escribas no pudieron condensar aún más el sistema, o sea, no supieron dividir las sílabas entre las dos docenas de letras que aproximadamente componen el alfabeto moderno. Sin embargo, aquel método demostró ser notablemente flexible; permitía que junto con los textos cotidianos, como contratos legales y recibos de venta, floreciera una literatura extensa. El sistema aritmético sumerio se basó en el número 60, en vez del 10; y sobrevive en la hora de 60 minutos y en el círculo de 360 grados.

En las primeras épocas, los médicos sumerios "curaban" exorcizando los demonios por medio de ritos mágicos, pero también existían remedios prácticos. Había pociones, cataplasmas y enyesados para cerrar heridas e impedir la infección. Esto incluía el uso de la sal como antiséptico y el salitre como astringente, para endurecer la piel y reducir el sangrado. Una de las primeras recetas del mundo, para tratar una extremidad infectada, data de 2100 a.C.: "Ciérnanse y luego amásense conchas de tortuga, sal y mostaza. Lávese la parte enferma con cerveza y agua caliente, y luego frótese con la mezcla. Después, frótese con aceite y cúbrase con una cataplasma de pino molido."

Se ponía especial atención a la astrología y a los horóscopos. Al estudiar el cielo para descubrir el transcurso de las estaciones —de vital importancia para los campesinos—, los astrónomos también concibieron un calendario basado en las fases de la Luna. Los ciclos de 28 días resultaron en un año de 12 meses, en el que sobraban algunos días. La Luna tiene cuatro fases en cada mes: estos cuartos produjeron el concepto de la semana de siete días.

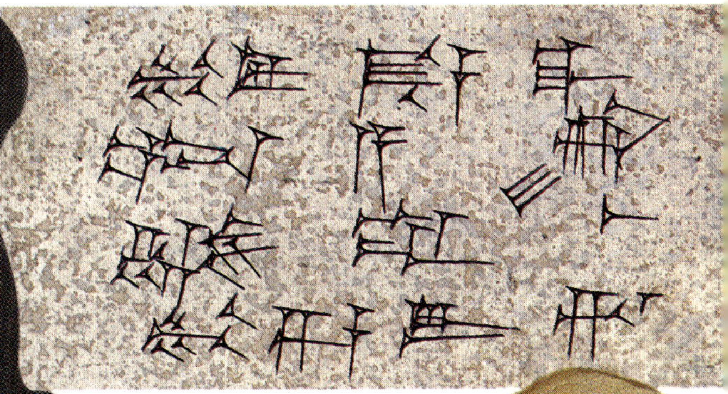

Un letrado de la época *Esta figura de arcilla de un maestro y escriba sumerio, hallada en Lagash, muestra la dignidad encarnada en los educadores.*

ESCAPE DE LA INUNDACIÓN

Las primeras inscripciones en las tablillas de arcilla sumerias narran las historias épicas de sus héroes legendarios. Incluyen la leyenda del rey Gilgamesh, que buscaba el secreto de la vida eterna. Sale en busca de un sabio llamado Utnapishtim, y lo halla luego de cruzar el Océano de la Muerte. Utnapishtim cuenta a Gilgamesh que una gran inundación, enviada por los dioses para castigar a la humanidad, destruyó a su pueblo. Asistido por Ea, dios de la sabiduría, Utnapishtim se salvó con su familia construyendo un arca, en la que flotaron siete días hasta que llegaron a ese lugar. Este episodio tiene un claro origen común con la leyenda bíblica de Noé y el Diluvio. Utnapishtim dice a Gilgamesh que la inmortalidad es un regalo otorgado por los dioses.

Héroe popular *Escultura mural de Gilgamesh, el legendario rey héroe de Sumeria. Porta un hacha y un cachorro de león, que es un símbolo de poder. La escultura proviene de Jorsabad.*

Marcas del saber *Los futuros escribas de Mesopotamia aprendían con el ejemplo: el tutor escribía un texto (arr.) en una tablilla (der., arr.), el alumno lo memorizaba y lo copiaba en el reverso de la tablilla (der., ab.). La escritura constaba de marcas romboides llamadas cuneiformes, y a veces tomaba la forma de refranes y proverbios. Estos caracteres en particular aconsejan: "Un hombre toma como botín lo que sale de las puertas de la ciudad." Tal vez esto era una advertencia para que la gente guardara sus valores y dinero en la casa.*

CIUDAD DEL SOL PLANIFICADA

A mediodía el sol cae a plomo sobre las calles largas, rectas y estrechas de Mohenjo Daro, en el valle del Indo. Comerciantes y compradores se abren camino por las dos avenidas principales, llenas de establos, bazares y talleres, hacia los muros de ladrillo de la ciudadela. Tras los muros se yerguen los silos de la ciudad, donde se negocia activamente la compra y venta de trigo.

La ciudadela es, en realidad, una ciudad dentro de la ciudad. En su centro está el Gran Baño, un tanque central a 2.4 m bajo el suelo del patio. Lo rodean pequeños baños donde los sacerdotes, que viven en la segunda planta, bajan a horas fijas para sus abluciones privadas. Grupos de personas privilegiadas pasan por solemnes inmersiones comunales en el Gran Baño.

Para escapar del calor, los apiñados edificios de dos pisos no tienen ventanas exteriores. Sus muros de adobe encalado sólo tienen aberturas para ventilar las cocinas, y para las puertas que conducen a los callejones laterales, perpendiculares a las avenidas. El centro de las casas es un patio, y los balcones de madera de la planta alta proyectan sombra hacia abajo. En el centro de casi todas las casas hay escaleras que van al techo, donde la gente duerme al fresco de la noche.

En algunos patios, las palmeras, cuyas verdes ramas se alzan sobre los techos, añaden su sombra a la de los muros calcinados por el ardiente sol.

Hecho a la medida *Los alfareros del valle del Indo se destacaban por hacer delicadas miniaturas, como esta paloma de arcilla, los dados de barro y las decorativas jarras de agua.*

CIUDADES A ORILLAS DEL RÍO INDO

Cuando la gente comenzó a reunirse en ciudades, en vez de en aldeas, enfrentó una serie de nuevos problemas: si alguien quería tirar sus desperdicios o satisfacer ciertas necesidades, ya no podía usar, como antes, el campo o la zanja más cercanos. En Mohenjo Daro, una de las grandes ciudades de la civilización del valle del Indo, los gobernantes solucionaron esto ingeniosamente: construyeron el primer sistema de drenaje.

Los hogares de Mohenjo Daro contaban con baños y excusados. Las aguas residuales salían por medio de tubos de barro hacia los drenajes de la ciudad, que corrían bajo las calles. Había pozos negros y alcantarillas colocados a intervalos, lo que permitía a los trabajadores municipales entrar a destapar las cañerías. Con el tiempo, los residuos fueron saliendo hacia los vertederos lejos de la ciudad.

La civilización del Indo surgió hacia 2500 a.C., cuando pequeñas comunidades de campesinos colonizaron los fértiles valles del río, en lo que hoy es Pakistán. Aquí, al igual que en Mesopotamia, el clima era sofocante y las escasas lluvias implicaban que la irrigación fuera vital para la agricultura.

El Indo era propenso a inundaciones, aunque con una fuerza especialmente aterradora y errática, alimentada por los deshielos del Himalaya. Los diques y canales que controlaban las inundaciones requerían constante atención, y tal vez esto condujo al desarrollo de una forma especialmente fuerte de gobierno central.

Los primeros urbanistas

Todo parece sugerir que los gobernantes tenían un inmenso poder, no sólo para regir las poblaciones, sino para construirlas a partir de casi nada. Además del drenaje central, los pueblos del Indo hicieron otra revolucionaria aportación: la planificación urbana. Mientras que las ciudades de Mesopotamia crecieron de manera caprichosa, las del río Indo se construyeron con base en patrones establecidos.

Esta titánica labor seguramente requirió supervisores que coordinaron los trabajos de miles de albañiles e ingenieros. Más de un centenar de ciudades han sido identificadas; de ellas, las más notables son las que se construyeron sobre gigantescos terraplenes para elevarlas sobre el nivel de inundación. Las ciudades más grandes fueron Harappa y Mohenjo Daro, cada una con más de 5 km de circunferencia, incluyendo una ciudadela fortificada y una ciudad baja.

Policía en las calles

Unas calles muy rectas, en dirección norte-sur, se cruzaban con otras de sentido este-oeste. Las calles principales eran de hasta 10 m de ancho, lo que sugiere un tránsito intenso y la celebración de desfiles. Pero las calles laterales eran más estrechas, entre ellas serpenteaban callejones que pasaban por los conjuntos de viviendas.

En las principales esquinas había chozas de una sola estancia: tal vez fueran puestos de guardia de un cuerpo policiaco. Nuestro conocimiento de esta civilización tiene fascinantes lagunas, pues aunque los pueblos del Indo tenían un sistema de escritura, sólo sobrevivieron algunos fragmentos de texto, aún no descifrados.

Su forma de gobierno sigue siendo un misterio. Quizá tuvieron reyes, pero no se han descubierto tumbas reales. Algunos historiadores sugieren que existía un poder sacerdotal, en tanto que otros hablan de una especie de junta militar. Ciertamente, en estas ciudades muchos indicios sugieren una disciplina y regimentación soldadescas. Aun los innumerables adobes tenían un tamaño estándar: los cimientos y edificios municipales se construían con ladrillos de barro horneados, y las casas, con adobes secados al sol.

Piedra giratoria *Rueda giratoria de barro del valle del Indo. Se usaba para confeccionar vestidos y capas de vivos colores. Redonda y plana, la piedra servía de contrapeso en las bases de las ruecas de madera, que se hacían girar a mano.*

Los pueblos del Indo disfrutaban de la vida. Gustaban de jugar a los dados y tocaban silbatos de barro en forma de pájaros. Había juguetes para niños, como monos de cerámica que bailaban sobre cuerdas, en tanto que los monos reales eran mascotas. Los pájaros enjaulados cantaban en muchos hogares, y los pueblos del Indo posiblemente guardaban grillos y otros insectos sonoros en vasijas. Perros y gatos también eran mascotas populares, según lo revela el hallazgo de un adobe puesto a secar al sol y que tiene la huella de un gato sobre la cual se encima ligeramente la del perro que lo perseguía a toda prisa.

Transporte por tierra y agua

Los ríos eran surcados por barcas bien proporcionadas, de proas y popas altas, con mástil central y largos remos. En tierra transitaban camellos y caballos, y las cargas más pesadas eran transportadas en las carretas de bueyes con dos ruedas, como las que en la actualidad se ven en las aldeas de la India. Tenían las mismas redilas altas a los lados, e incluso la misma distancia de 1.06 m entre las ruedas.

Los excedentes de riqueza que producían estos campesinos revelan que los comerciantes hacían pingües negocios con Mesopotamia. También llevaban cobre de Baluchistán; plata y plomo de Rajastán; oro, latón y lapislázuli de Afganistán; plomo y conchas del sur de India; turquesas de Irán y jade del Lejano Oriente.

No se han hallado templos fastuosos, y se sabe muy poco de las creencias religiosas de los pueblos del Indo, quienes al parecer cayeron ante las invasiones arias en 1500 a.C. Se han hallado figuras de arcilla de una diosa de la fertilidad, así como de una figura masculina sentada y con un tocado de cuerno, que tal vez sea una versión primitiva de Siva, dios de la destrucción y renovación de la religión hinduista.

Bailarina *Estatuilla de bronce, hallada en Mohenjo Daro, de una bailarina que posa sensualmente. La figura, de 11.5 cm de alto, está desnuda, excepto por el collar y las pulseras en los brazos.*

NAVAJAS, ESPEJOS, PULSERAS Y CUENTAS

Los pueblos del valle del río Indo no eran ajenos a la vanidad personal. Los hombres se afeitaban con navajas y usaban espejos de cobre. Las mujeres se embellecían con elaborados peinados, y usaban collares y pulseras en brazos y tobillos: collares de saponita o pasta; aretes y anillos de cobre. Los pueblos del río Indo fueron los primeros en cultivar algodón, con el que hacían telas que teñían de vivos colores.

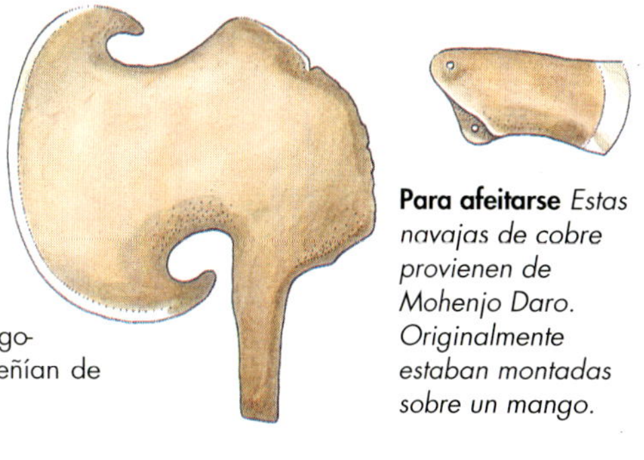

Para afeitarse *Estas navajas de cobre provienen de Mohenjo Daro. Originalmente estaban montadas sobre un mango.*

EL NILO: FUENTE DE RIQUEZAS

Los antiguos egipcios sabían que eran los favoritos de los dioses. Año tras año, las aguas del río Nilo inundaban sus tierras y depositaban un fértil limo que convertía el desierto en tierra de cultivo. El río también les daba pescado y aves acuáticas para comer, barro para el adobe, papel de las cañas de papiro que crecían en sus riberas. El Nilo también era una ancha avenida por la que viajaban personas y mercancías. Más allá del valle del río se extendía un desierto que solamente los enemigos más obstinados se atrevían a cruzar; el paraje, aparentemente yermo, era una fuente de riquezas: oro y cobre, piedras semipreciosas y una gran variedad de rocas para la construcción. Exceptuando las maderas de buena calidad, parecía como si los dioses hubiesen dotado generosamente al pueblo egipcio con todo lo que necesitaran.

La historia de Egipto es larga. El valle del Nilo fue colonizado durante siglos, hasta que los estados del Alto y Bajo Egipto se unificaron bajo un solo rey en 3000 a.C. Desde entonces, Egipto conservó su cultura distintiva hasta el año 30 a.C., cuando pasó a formar parte del Imperio Romano. Esta larga historia, mil años más larga que la de la actual era cristiana, incluyó varios periodos de grandeza. Durante el periodo de 500 años conocido como Imperio Nuevo, que se inició hacia el año 1570 a.C., Egipto llegó a tener su máxima extensión y disfrutó de la cúspide de su prosperidad.

ANTIGUO EGIPTO 3000 – 30 A.C.

La buena tierra *Una esclava carga una canasta de jarras de vino y un ave para la mesa de su amo. Muestra el deleite de los egipcios por los adornos: las muñecas, los tobillos y el cuello de la esclava lucen joyas, y ésta mira hacia adelante con ojos realzados por el maquillaje.*

DE HOMBRES, MUJERES Y NIÑOS REALES

El pueblo egipcio sentía tal respeto por su rey que consideraban irreverente referirse a él directamente. Por eso decían "la Gran Casa decidió...", de un modo similar al que ahora nos referimos a "el Gobierno" o "el Congreso". Las palabras egipcias que significaban "Gran Casa" se pronunciaban aproximadamente como *per a'o:* de ahí se deriva la palabra "faraón".

El faraón tenía poder absoluto. Era dueño de todas las tierras, jefe de la administración del país, comandante del ejército; ideaba todas las políticas, tanto internas como externas. Era fuente de ley y justicia, líder de los cultos a todos los dioses, e intermediario entre el cielo y la tierra.

El faraón no era un ser humano común. Los egipcios creían que los primeros reyes fueron el dios Sol Ra y sus descendientes, Shu, Geb, Osiris y Horus. El reinado fue luego transmitido a los humanos, pero el rey siguió siendo un ser único: cuando se posaba en el trono, vestido con su indumentaria ceremonial, el espíritu del dios Horus entraba en él y se convertía en la encarnación terrena del dios, en gobernante cuyos decretos tenían el peso de las palabras divinas. Así, el rey, y en menor grado su familia, se separaban de los demás mortales, y los reyes desposaban a sus hermanas o medio hermanas para conservar la pureza de la sangre divina.

Inicios hogareños

La vida familiar del individuo común se iniciaba con el matrimonio, celebrado cuando los hombres tenían 20 años y las mujeres un poco menos. Supuestamente, los padres elegían a los cónyuges de sus hijos, pero la abundante poesía amorosa egipcia sugiere que los jóvenes también tenían opinión propia en la elección de pareja. Sostener la casa era responsabilidad del esposo, pero algunas parejas vivían con los suegros o en una casa propiedad de la mujer.

La esposa proporcionaba al nuevo hogar una dote de bienes personales y muebles, y el esposo otorgaba a su mujer una asignación de manutención. La pareja formaba un fondo matrimonial: el hombre aportaba dos tercios; la mujer, el resto. El fondo pasaba a los hijos en caso de que los padres murieran o se divorciaran.

Amuleto con escarabajo

La importancia de los hijos

Los egipcios querían tener hijos no solamente por el amor y la felicidad que llevaban al hogar. Los hijos eran una especie de seguro: trabajaban para sus padres, a quienes cuidaban en la vejez. Lo que era más importante: daban a los padres el sepelio adecuado y llevaban ofrendas a las tumbas; con ello se aseguraba a los padres un paso tranquilo al otro mundo y una eternidad feliz.

Una pareja sin hijos probaba varias medicinas, hechizos y plegarias para obtener al tan deseado bebé. Si esto fallaba, adoptaban un hijo, que generalmente era un pariente o el hijo de una pareja que tenía más progenie de la que podía sostener. Una vez que llegaba el infante, por medio natural o por adopción, los aprensivos padres lo protegían con todos los amuletos, plegarias y hechizos a su alcance.

Derechos de la mujer

En Egipto la esposa administraba el hogar y la familia, y tenía derecho al respeto y la consideración. Aun si el esposo tenía concubinas, los derechos de esposa e hijos eran inamovibles.

La mujer casada conservaba, bajo su tutela, toda propiedad personal. Podía permitir que el marido administrara las tierras en su lugar, pero él no podía disponer de ellas. Las mujeres podían dejar testamentos y legar sus propiedades a quien quisieran.

Esposas o esposos podían iniciar el divorcio. Una mujer divorciada recuperaba la dote y las propiedades personales, y mantenía la custodia de los hijos, quienes recibían el fondo matrimonial. Las viudas y divorciadas podían casarse de nuevo, si lo querían.

Las mujeres no tenían puestos gubernamentales, pero si un funcionario se ausentaba por motivos de trabajo, su esposa lo sustituía durante la ausencia. Las mujeres tenían cargos en la corte y en los templos; podían poseer casas y granjas, y desempeñaban oficios especializados como perfumería y textiles, así como otras funciones más obvias: bailarina, música o nana. Contraían deudas de negocios bajo su propia responsabilidad. También estaban facultadas para servir como testigos en la firma de contratos.

La frecuencia y entusiasmo con que los egipcios comunes asistían a los juicios demuestra que tenían una gran fe en el sistema legal. En su mejor momento, la justicia egipcia tuvo normas éticas muy elevadas, y no se conocían el soborno ni el favoritismo. Egipto no tenía un cuerpo de policía en su sentido moderno, pero un grupo llamado *medjay* cumplía con algunas funciones policiacas: vigilaban las fronteras y los cementerios, y perseguían a los criminales. Como vivían en comunidades vecinales, conocían a los villanos de la zona, pero a veces actuaban con base en informes acerca de los sospechosos. Ser informante era una función respetable.

La mayoría de los juicios se realizaban ante las cortes que existían en todas las poblaciones, pero las apelaciones podían llegar hasta las cortes superiores. No había abogados, por lo que acusados y demandantes tenían que hacer sus propios alegatos. El acusado era considerado inocente hasta que se demostrara lo contrario. Los testigos prestaban juramento en nombre del dios Amón y del rey. Los jueces interrogaban a los testigos y examinaban documentos.

Los castigos para los acusados que se declaraban culpables incluían amonestaciones, azotes y trabajos forzados. En caso de que el delito fuera el robo, la pena era devolver el valor, o más del valor, de la propiedad robada. Si se trataba de delitos mayores, los jueces dictaban exilio, mutilación, o pena de muerte en caso de robo de tumbas, asesinato o traición.

A toda vela *Los botes del Nilo tenían velas, remos y un timón en la popa. Los vientos soplaban del norte: al navegar hacia el sur usaban velas; hacia el norte se remaba con la corriente. Los botes eran de madera y, los mejores, de cedros del Líbano.*

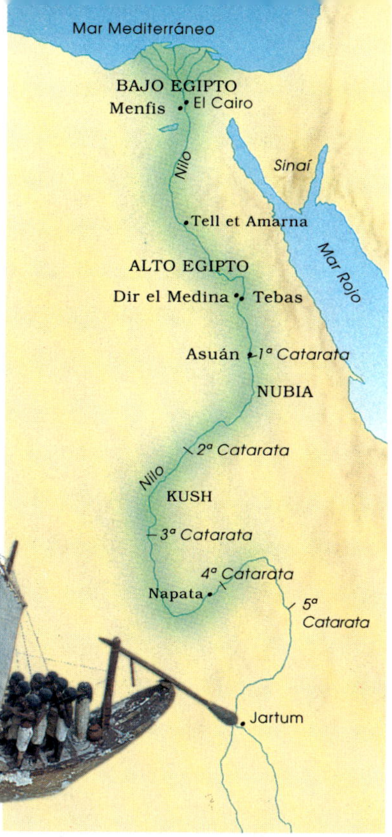

Valle de la abundancia *Durante el Imperio Nuevo, el Nilo formó una franja de 1,930 km de tierra fértil en medio del desierto.*

FLUJO DE RIQUEZA

Los egipcios cantaban himnos al "creador de lo que es bueno", pues agua, cosechas y animales provenían del Nilo. Cada año, los deshielos y las lluvias de las mesetas etíopes enviaban enormes cantidades de agua al río, cuyas aguas subían de nivel hasta desbordarse, a mediados de julio.

La existencia de Egipto dependía de las inundaciones anuales, que humedecían los campos y los enriquecían con limo. En Asuán, el agua subía 7.6 m. Si crecía 1 m menos, significaba penurias, y si se trataba de 1.50 m menos, había hambrunas. Si el río crecía 30 cm más, el agua dañaba los canales de irrigación; con 1.20 m de más se inundaban aldeas y campos.

El agua de las inundaciones era almacenada en canales y estanques para usarla en el riego; los canales que llevaban el agua de los estanques a los campos podían ser cerrados o abiertos según la necesidad.

Cubo de riego *Tras la inundación, el suelo se secaba gradualmente, y entonces los egipcios usaban un* shaduf *para regar sus huertos. Sumergían los cubos en las zanjas de irrigación, y luego el peso del otro extremo del poste elevaba el cubo lleno.*

Jornada *Vacas, bueyes o seres humanos tiraban del arado.*

COSECHAS EN LA FÉRTIL RIBERA DEL RÍO

El Nilo estaba bordeado por ordenadas parcelas en las que trabajaban casi todos los egipcios. Los límites de los campos estaban marcados por piedras especiales, y durante la inundación anual las aguas del Nilo destruían todas las marcas, excepto estas piedras. El campesino deshonesto tenía entonces la mejor oportunidad de mover las señales a su favor, pero esta forma de robar tierras estaba considerada como uno de los peores pecados que podía cometer un egipcio.

Cuando las aguas del río retrocedían, la primera tarea de los campesinos era poner en su lugar las piedras que se habían movido, y reparar los daños en los diques. Entonces se iniciaba el ciclo anual de cultivo. Los agricultores rompían los terrones con varas de excavación; les seguían los arados tirados por bueyes y los sembradores que esparcían las semillas al voleo, y las cabras o carneros que enterraban las semillas al pisarlas.

Luego se trabajaba arduamente para desherbar y regar los cultivos. Éstos debían protegerse de las aves, del ganado perdido e incluso de los hipopótamos.

Una visita del recaudador

Los cultivos más importantes de Egipto eran el trigo, la cebada y el lino, del que extraían hilo y aceite. Los campesinos pagaban parte de sus impuestos en especie, y cuando los cultivos estaban a punto de ser cosechados, recibían la indeseable visita de los recaudadores de impuestos, que calculaban el rendimiento de las cosechas y fijaban la cantidad que debía ser entregada como impuesto. El grano era cosechado en marzo o abril. El trabajo en los campos y en la trilla era comunal, y los terratenientes a veces pagaban músicos para que tocaran la flauta durante las faenas. Luego llegaban los recaudadores, y lo que quedaba tras esa visita se almacenaba en graneros y silos. En cada silo —que tenía forma de colmena— se almacenaba determinado tipo de grano; a veces, una granja pequeña podía tener varios silos. Al terminar la cosecha, los campesinos festejaban a Renenutet, diosa guardiana de la cosecha. A mediados de marzo, se iniciaban el verano, la sequía y el calor. En este periodo era vital reparar los canales de irrigación dañados, antes de que el suelo se endureciera y fuera difícil excavarlo. Antes de la siguiente inundación, los campesinos gozaban de algunas semanas de descanso.

Las copiosas cantidades de trigo cosechadas se convertían en unas 40 clases distintas de panes y pasteles, aunque moler el grano era una labor muy ardua. Generalmente era labor de las mujeres, que usaban dos piedras. Como se hacía al aire libre, a veces había arena y otros cuerpos extraños en la harina. Estas impurezas causaban daños en los dientes, y era común que los egipcios sufrieran infecciones y abscesos dentales.

> *"...en la tierra de Egipto, donde las ollas rebosaban de carne, y cuando comíamos pan a satisfacción."*
>
> ÉXODO 16:3

La masa de pan egipcio se hacía de harina y agua, pero sin levadura, por lo que el pan no se inflaba. Era cocinado en hogazas planas o en moldes, y se le añadían varios sabores, como miel, leche, huevos, fruta, mantequilla y hierbas de olor.

La cebada era el otro cultivo principal, y los egipcios la usaban para hacer la cerveza que todos bebían diariamente, incluidos los dioses. Tenía un contenido alcohólico de 8%. Para hacerla, los egipcios humedecían la cebada con agua, y la dejaban reposar. Después mezclaban en una jarra los granos húmedos con hogazas de cebada ligeramente horneadas, vertían más agua y dejaban que aquello fermentara. La cerveza era muy espesa, y debía ser colada antes de beberse.

Vino para los privilegiados

Los mejores viñedos eran los que se encontraban en el delta del río Nilo, y los egipcios hacían vino tinto y blanco, seco o dulce. Se aplastaban las uvas con los pies y de este primer prensado se obtenía el mejor vino. Luego se ponían los restos en lienzos unidos a postes, y se exprimían para hacer vino de menor calidad.

Siega de cosechas *Las espigas de trigo y cebada eran segadas con guadañas hechas con hojas de pedernal montadas en madera. Se dejaban secar las espigas, y luego se formaban esteras o pacas. Los niños y las mujeres llevaban la comida a los campesinos, y recogían el grano sobrante. En asno se transportaban las canastas con granos a la trilla, donde el ganado pisaba las espigas para aflojar el grano. Las mujeres usaban paletas para descascarar el grano al viento.*

Almacenaje *Un granero, como el que se muestra en esta miniatura de madera, almacenaba varias clases de grano en cajones separados; cada uno tenía una compuerta corrediza. Los escribas anotaban la cantidad de grano producido.*

Los jugos de los distintos prensados se vaciaban en las jarras para su fermentación, y luego se tapaban las jarras con hojas mojadas en barro. Se dejaba un agujero para una fermentación secundaria y posteriormente también se sellaba. Las jarras se etiquetaban con detalles de la calidad, el año y el viñedo de origen. Los egipcios apreciaban sus vinos. También hacían vino de dátil, granada y savia de palma.

La tierra era tan fértil y generosa que los agricultores se daban el lujo de cultivar flores. Este cultivo era muy popular para embellecer jardines y para hacer las guirnaldas con las cuales se adornaban gente y casas. Las flores también eran ofrendas para los dioses y materia prima para perfumes.

El delta del río Nilo era una excelente tierra de apacentamiento, y los egipcios criaban ganado para obtener leche, carne y cuero, y para tirar de arados y "trineos" para arena. Tenían varias razas —de cuernos largos o cortos, o sin cuernos— y durante el Imperio Nuevo se importó de Siria la raza cebú. En el Alto Egipto, escaseaban los pastizales, por lo que el ganado para carne era alimentado en establos. Algunas de estas bestias eran engordadas hasta que no podían moverse: un grabado muestra una monstruosa vaca llevada del establo al sacrificio sobre una plataforma con ruedas.

Cabras y carneros eran criados en pastizales de menor calidad. Se aprovechaba todo: lana, pelo, leche, carne y cuero. El carnero nativo tenía cuernos horizontales, pero en el Imperio Nuevo se le reemplazó con una variedad importada de cuernos curvos.

También se criaban cerdos, y su carne era un platillo popular aun cuando estaba prohibido, al menos para los sacerdotes, que lo consideraban impuro, producto del malvado dios Set.

La bestia de carga nativa era el burro, pues aún no se domesticaban camellos. El caballo fue introducido a Egipto por invasores asiáticos más de un siglo antes del Imperio Nuevo, pero se le consideraba lujo costoso, y sólo se usaba para tirar de carros.

Pesca del día *El pescado, que los egipcios comían fresco, salado o seco, abundaba en el Nilo.*

Año de cosecha *Las uvas eran cultivadas a espaldera. Las mejores eran aplastadas con los pies, pues así su jugo no se amargaba con semillas o tallos. Cinco hombres trabajan en la cuba, aunque las había con capacidad para seis personas.*

Jarra de bronce *Un hogar rico poseía vajilla de barro y también de oro, plata y bronce, como esta vasija.*

Cuentas claras *Los egipcios criaban gansos, patos y palomas en aviarios, y comían la carne y los huevos. En esta pintura, se reúnen los gansos para contarlos. La gallina les llegó de Siria en el siglo XV a.C.; se le describió como "un ave que se reproduce día a día" y durante mucho tiempo fue más una curiosidad que un alimento. Los cazadores atrapaban patos salvajes con redes.*

FRUTAS Y SABORES

El suelo egipcio era tan fértil que los campesinos cultivaban muchos tipos de plantas, por lo que la mayoría de la gente tenía una dieta variada. La cebada y el trigo daban pan y cerveza, y se cosechaban varias clases de frutas y verduras. Las comidas incluían cebolla, poro, ajo, chícharo y frijol; apio, lechuga, rábanos y pepinos. Se comían uvas y dátiles, frescos o secos. También había higos y melones, granadas, calabaza, y jengibre de la duma o palma africana. También había especias como mejorana, comino, cilantro, eneldo, menta y perejil. Aunque los aceites de ajonjolí y de azafrán eran muy comunes en las cocinas, los de oliva eran escasos.

La miel era el único edulcorante en Egipto, y las colmenas eran ollas cilíndricas. Los muchos peces y aves acuáticas del Nilo añadían variedad al menú de la cena, junto con liebres, gacelas y antílopes cazados en el desierto.

Los textos de la época hablan de sopas y salsas, y del uso de aceite, leche y mantequilla. La comida se cocinaba en braseros, en trípodes que sostenían ollas sobre el fuego, o en hornos de madera. Las cocinas bien equipadas contaban con piedras de moler, ollas, sartenes y jarras, cucharones y cuchillos, cernidores y batidores.

JOYAS, MUROS DE BARRO Y PELUCAS

Los hombres y las mujeres de Egipto cuidaban mucho el arreglo personal. Pelo, joyas, maquillaje y ropa eran de suma importancia. Casi toda la ropa era de lino, con el que se podían obtener desde finísimas telas hasta materiales ásperos, como el de los costales. La lana era considerada impura, y el uso del algodón se popularizó unos 2,000 años después.

Las primeras indumentarias egipcias fueron muy simples: los hombres se cubrían con taparrabos y faldones, y las mujeres usaban vestidos rectos sujetos por tirantes, hasta los tobillos. Sin embargo, durante el Imperio Nuevo los atavíos se volvieron más refinados. Para las ocasiones formales, los hombres usaban largas túnicas plisadas: un lienzo de tela con aberturas para la cabeza y los brazos, sostenido por una ancha faja en la cintura. Las mujeres llevaban ceñidos vestidos plisados que ajustaban con listones de colores vivos. Para las faenas duras, los hombres usaban taparrabos o iban desnudos, y las mujeres, un breve faldón: los egipcios no tenían inhibiciones hacia la desnudez. Los niños generalmente no usaban ropa.

Cuando refrescaba, los egipcios usaban chales o frazadas ligeras. Hombres y mujeres recurrían a las mascadas para proteger el cabello de la arena, y a los abanicos de caña o plumas para aliviar el calor. Las sandalias eran de caña o cuero, con una traba entre los dedos.

Peinados instantáneos

Los egipcios de todas las edades y de todas las clases sociales eran afectos a la joyería. Para los ricos había piezas de oro, plata y cobre, a veces con piedras semipreciosas y esmaltes. Los menos privilegiados compraban alhajas hechas con bonitos guijarros listados, conchas o marfiles.

La moda dictaba completar la indumentaria con una peluca hecha de cabello humano. Las mujeres usaban pelucas más largas que las de los hombres, pero ambas tenían elaborados peinados de rizos y trenzas. En ocasiones menos formales, prescindían de las pelucas, pero si el cabello era ralo, lo rellenaban con bucles pos-

De moda *La elegancia del Imperio Nuevo dictaba vestidos ceñidos y plisados.*

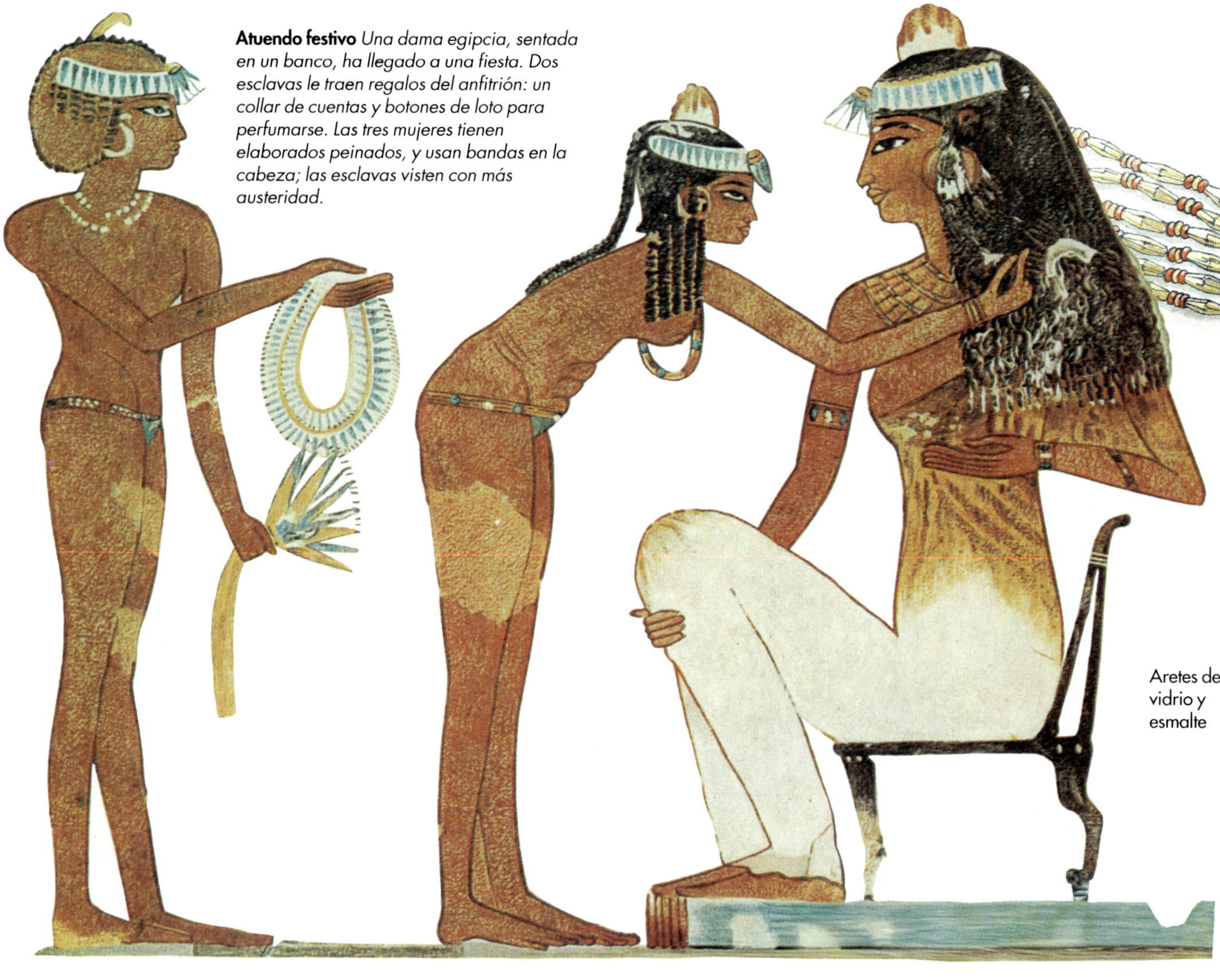

Atuendo festivo *Una dama egipcia, sentada en un banco, ha llegado a una fiesta. Dos esclavas le traen regalos del anfitrión: un collar de cuentas y botones de loto para perfumarse. Las tres mujeres tienen elaborados peinados, y usan bandas en la cabeza; las esclavas visten con más austeridad.*

JOYAS DE ORO FINO

De pies a cabeza, los egipcios se adornaban con joyas. En el cuello lucían collares, cuentas y pectorales que decoraban el pecho. Además, usaban aretes y anillos, y pulseras en brazos, muñecas y tobillos. Los hombres usaban cinturones muy ornamentados, y las mujeres llevaban faldellines de cuentas en las caderas.

tizos. Peinaban a los niños con un estilo distintivo: un bucle que caía sobre un lado del rostro, conocido como "mechón de la juventud".

Toques finales

Los egipcios cuidaban especialmente de la piel, y embellecían y realzaban las facciones naturales. Se limpiaban la piel con una crema hecha de aceite, lima y perfume, y se frotaban el cuerpo con aceite para combatir los efectos resecantes del intenso sol. Tenían pastas para depilar vellos de aspecto desagradable y para combatir los olores corporales indeseables.

Los egipcios tenían un arma más para oler bien: los perfumes. Los preparaban a base de flores y maderas aromáticas maceradas en aceites. En los banquetes, los comensales usaban sobre la cabeza unos conos con grasa animal perfumada; al derretirse, la grasa goteaba por cabeza y cuello, con un efecto refrescante.

La caja de cosméticos egipcia contenía espejo, navajas para afeitar, pelo facial y corporal, y pinzas para rizar las pestañas. Hombres y mujeres usaban pintura en los ojos, y se la aplicaban con varitas. Las pinturas se hacían de malaquita (compuesto del cobre) o galena (compuesto del plomo), que se pulverizaban y mezclaban con aceite para hacer *kehel.* El colorete y el lápiz labial se hacían de ocre rojo molido y mezclado con grasa en una pasta, que se aplicaban respectivamente con un paño y un pincel.

Se lograba mantener en buen estado el cabello con lociones que evitaban su caída o que ayudaban a tratar la caspa y a prevenir la calvicie. Los egipcios se teñían el pelo con alheña; con ella, las mujeres también se teñían las palmas de las manos y las plantas de los pies. Había fórmulas para combatir el acné juvenil, y las mujeres maduras usaban cremas contra las arrugas.

Los pies en la tierra

En marcado contraste con los elaborados ingredientes que los egipcios aplicaban a sus cuerpos, las casas estaban hechas de los materiales más simples. La piedra se usaba únicamente para templos y tumbas, que deberían durar eternamente. Pero las casas, tanto los palacios reales como las de los campesinos, eran de adobes, hechos de lodo y paja, y secados al sol. Las construcciones rurales tenían uno o dos pisos, pero las urbanas, a veces, tres e incluso cuatro pisos.

Los egipcios ricos utilizaban cedro importado para los pilares y las puertas, y piedra para escalones y marcos. Los demás usaban madera de la palma local, y hacían pilares de manojos de cañas unidas con lodo. Como la luz era intensa, sólo se necesitaban ventanas pequeñas que generalmente estaban a la altura del techo. Sobre los dinteles de puertas y ventanas se colocaban esterillas enrolladas, que se bajaban para ahuyentar las moscas o protegerse de la arena, y que permitían que circulara el aire.

Otra forma de ventilación era una abertura en el techo. Las familias pasaban mucho tiempo en la azotea, para disfrutar de la brisa, bajo la sombra de un toldo, en las noches de verano, muchas personas dormían allí.

Enjalbegaban y pintaban las paredes interiores y exteriores. Éstas eran blancas, pero las interiores estaban decoradas con colores simples, aunque a veces las adornaban con elaboradas escenas. Tal vez las casas de los adinerados tenían el piso encalado y pintado, o incluso vidriado, pero los humildes se conformaban con aplanar la tierra. Las lámparas egipcias podían ser simples jarras donde una mecha flotaba en aceite, o hermosas vasijas de alabastro.

Bañeras y retretes portátiles

Algunos egipcios contaban con pozo propio, aunque la mayoría obtenía el agua directamente del río o de los pozos públicos, en las calles. Cada familia debía encargarse de sus residuos: cavaban pozos para enterrarlos, los arrojaban al río, o los dejaban al descubierto para que los animales y las aves de rapiña se encargaran de ellos, y que el sol secara el resto.

Los egipcios eran devotos de la higiene personal. Los humildes se bañaban en el río, pero quienes contaban con recursos disponían de una bañera en casa. Los ricos incluso tenían cuartos de baño. Un tubo sacaba el agua sucia a través de las paredes, pero la guardaban en vasijas para reaprovecharla en el jardín.

Los ricos tenían retretes: un asiento de madera apoyado en ladrillos; debajo había una vasija que se lavaba una vez usada. En otras casas, había retretes portátiles: una banca de madera a la cual se le recortaba parte del asiento; debajo estaba la consabida vasija. En las zonas rurales, la gente aliviaba sus necesidades al aire libre.

Jardín del Edén *El sueño de todo egipcio era tener un jardín fresco. En esta pintura, palmas y árboles frutales rodean un estanque y dan sombra a su dueño.*

Vida sencilla *Las casas de la mayoría eran muy modestas, como esta miniatura de arcilla hallada en una tumba. En la azotea hay una abertura para ventilación.*

MUEBLES DE CASA

Los muebles egipcios eran austeros, aunque prácticos y, generalmente, elegantes. La mayoría estaban hechos de maderas locales y juncos, pero había piezas más caras, de cedro y ébano importados, incluso incrustadas de oro, plata, piedras semipreciosas o esmaltadas con polvo de cuarzo. La gente se sentaba en bancas y almohadones, y dormía en esteras sobre el piso. Sin embargo, los más ricos disponían de sillas y camas. La mayoría de los egipcios tenían mesas y guardaban sus pertenencias en arcones, cajas o canastas. Había estuches de joyas, cosméticos y pelucas. Los trastos de cocina eran funcionales, casi siempre de barro, aunque los había de oro y plata. Los cubiertos eran cucharas y cuchillos.

Banco plegable *Algunos tenían asientos de cuero, como éste, o de paja. Bajo el banco se muestran unas sandalias y una escoba de juncos.*

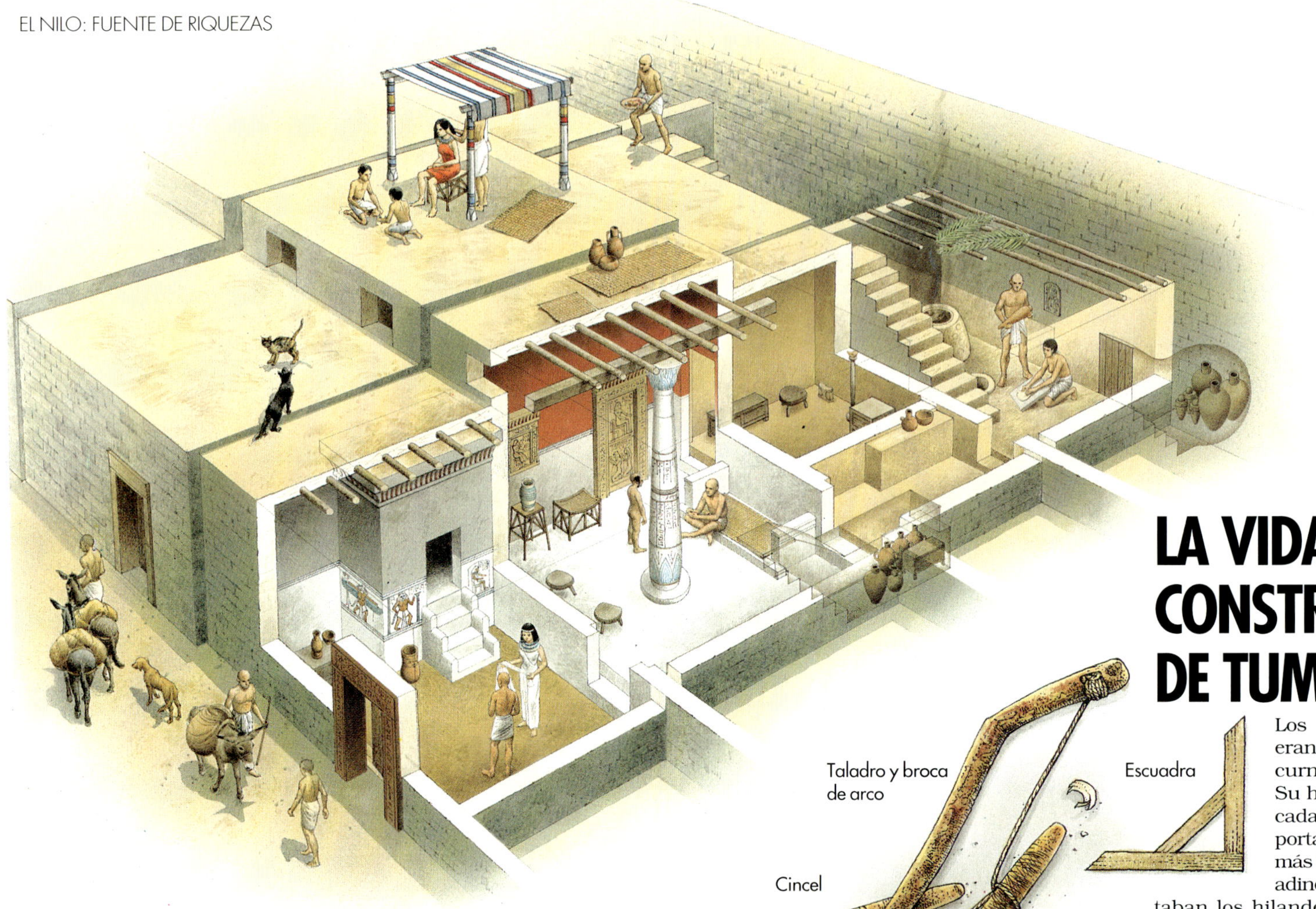

LA VIDA DEL CONSTRUCTOR DE TUMBAS

Los artesanos egipcios eran ciudadanos de alcurnia en la comunidad. Su hábil y a veces intrincada obra tenía gran importancia económica. Los más hábiles eran hombres adinerados; entre ellos estaban los hilanderos, pintores, joyeros, orfebres, talabarteros, trabajadores del vidrio o escultores que tallaban las piedras del desierto.

Un artesano principiante se iniciaba como aprendiz, pasaba a subalterno y, finalmente, obtenía la categoría de artesano. Los talleres de los nobles, de los templos y de los reyes contrataban a los más hábiles.

Turnos de trabajo y una huelga

Una comunidad de artesanos en Tebas, en la ribera oeste del Nilo, trabajó durante varios siglos en las tumbas del Valle de los Reyes. La vida en familia estaba en la aldea Dir el Medina: tenía templo, juzgado y médico propios. Incluso contaba con un "encantador de escorpiones" y estaba amurallada para protegerla de ataques.

La "semana" laboral egipcia era de diez días: ocho de trabajo y dos de descanso. En los días laborables, los hombres de Dir el Medina vivían en una villa cercana al trabajo. Se levantaban muy temprano para empezar la jornada aprovechando el frescor matinal. Un almacén central los proveía de lám-

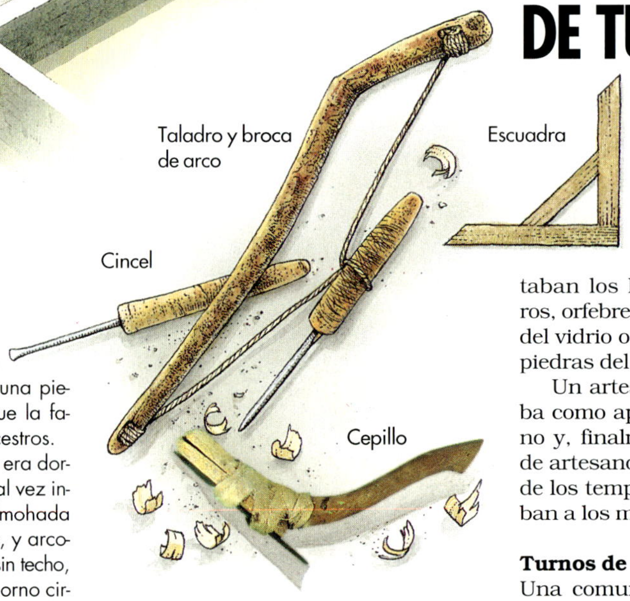

Carpintería *Con escuadras, taladros y cepillos, el carpintero egipcio unía tablas con junturas similares a las actuales, y decoraba objetos con incrustaciones y chapas.*

EL TECHO, OTRA HABITACIÓN

Dir el Medina, la aldea construida para alojar a los constructores de las tumbas reales, era un lugar próspero y sus habitantes vivían cómodamente. Las casas y las azoteas eran de adobe; el techo se apoyaba sobre un pilar en la sala principal, reforzado con vigas de palmera. Las casas tenían tres cuartos, cocina exterior y dos sótanos donde se guardaba vino, aceite y otros objetos de valor.

Desde un estrecho callejón se llegaba a la entrada principal, un recinto que se ocupaba para ciertas labores, como hilar. En este recinto también estaba el altar familiar, al que se llegaba por unos cuantos escalones. De ahí se pasaba a la sala de la casa, donde los muebles eran pocos: bancos, mesas, cofres, y una plataforma, especie de banco, donde comía la familia. El padre, sentado en la plataforma, habla con un niño desnudo, cuyo pelo está recogido hacia un lado. Debajo de la plataforma está la entrada hacia uno de los sótanos. A la izquierda del niño hay una puerta falsa, decorada con un dios y varios jeroglíficos, y una piedra tallada: ambas servían para que la familia reverenciara a sus dioses y ancestros.

Tras la sala había un recinto que era dormitorio y almacén, cuyo mobiliario tal vez incluyera una lámpara de pie, una almohada para descansar la cabeza al dormir, y arcones para guardar valores. La cocina, sin techo, en el traspatio de la casa, tenía un horno circular; de ella partían las escaleras al techo, donde un toldo proporcionaba algo de sombra. Un sirviente prepara pan en la cocina.

En el taller *Los alfareros muestran sus trastos; mientras, los joyeros empacan las mercancías y un herrero adorna una esfinge.*

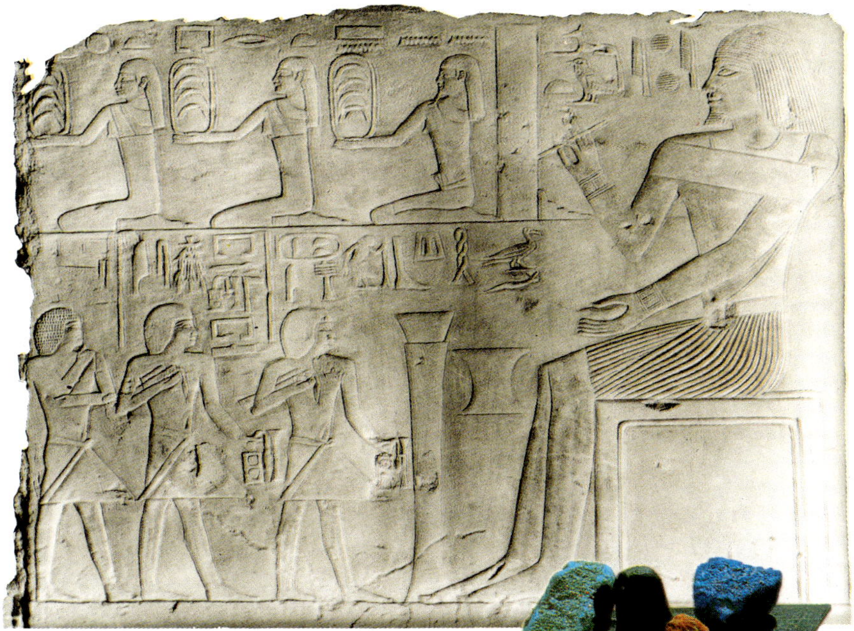

Utensilios *Relieve en el muro de la tumba de un funcionario. Muestra los beneficios de sus propiedades, que espera seguir recibiendo en el mundo venidero, estación tras estación. Escribe con un pincel hecho de junco o de hoja de palma, y lo moja en un plato de tinta. Los artistas bosquejaban este tipo de relieves en papiro, después pasaban el bosquejo a una retícula en el muro, y añadían los detalles.*

Paleta del pintor *Los egipcios molían minerales para obtener vivos colores.*

Caricaturas *Un gato es pastor de gansos y un león momifica un asno. Este mundo en desorden podría ser una sátira política.*

TRABAJOS FORZADOS

Como pago de impuestos, algunos egipcios libres realizaban labores en las minas, canteras y construcciones. Trabajaban cuando las inundaciones interrumpían la agricultura, pues ello les permitía transportar bloques de piedras en botes. Estos trabajadores eran empleados del faraón. Los criminales y prisioneros desempeñaban el resto de esta ardua labor.

Miniatura de albañiles moldeando ladrillos de barro

paras y herramientas. Los escribas registraban las jornadas y también supervisaban los salarios, escribían cartas y documentos para los aldeanos, y enviaban informes al visir, que era el funcionario más alto del faraón.

Se trabajaba un turno matinal, había un receso para comer y descansar del calor del día, y se regresaba a un segundo turno por la tarde, cuando refrescaba un poco. Lejos de ser explotados, como a veces se cree, los constructores de tumbas recibían buenos salarios, gozaban de tiempo libre e incluso podían ser activistas y militantes. La primera huelga conocida de la historia es la de los artesanos de Dir el Medina, que se negaron a trabajar cuando sus salarios se retrasaron.

Días libres y fiestas

Los sueldos se pagaban en especie; consistían en comida, aceite, lino y leña, con bonificaciones de sal, vino, carne adicional y plata. Los esclavos hacían los trabajos más pesados, como moler grano, acarrear agua desde el valle y cortar leña.

En los "fines de semana" los artesanos descansaban, hacían fiestas, o trabajaban en sus propias tumbas. Los "días santos" significaban otros 65 días libres, incluidos 4 días de la fiesta local y 5 por el Año Nuevo. Pero las fiestas oficiales no eran suficientes para algunos y el ausentismo era frecuente. Los escribas anotaban los pretextos: enfermedad; una pelea conyugal; preparar cerveza para un festival; asistir a un sepelio; las consecuencias de la "cruda" (resaca) o el cumpleaños de un niño.

Talladores de piedra

En el Valle de los Reyes, las tumbas estaban cortadas en la roca viva. En otros lugares, templos y tumbas se hacían de piedra caliza y arena llevada del desierto. El granito y el alabastro, que eran más difíciles de trabajar, se usaban para elementos decorativos, como los pilares, o en los pisos. Los trabajadores dejaban los bloques de piedra en las canteras, hasta que las inundaciones alcanzaban el máximo nivel; entonces, transportaban los bloques en botes tan lejos como podían.

Para los edificios de los vivos, quienes hacían tabiques extraían lodo del Nilo con un utensilio de madera y lo depositaban en una zanja; ahí, lo aplastaban con los pies hasta mezclarlo con agua y paja. Vertían la mezcla en moldes de madera y la dejaban secar al inclemente sol de Egipto.

No sólo las piedras eran transportadas por agua, pues el Nilo era el medio más sencillo para acarrear mercancías y pasajeros por todo Egipto. Las barcazas llevaban a los campesinos con sus productos y animales, mientras que los funcionarios viajaban en lanchas más rápidas. Otras barcazas, más grandes, trasladaban las mercancías más pesadas, mientras que los bruñidos barcos mercantes salían a otros países.

En tierra, los privilegiados eran llevados en palanquines, aunque casi todos viajaban a pie. Los campesinos y comerciantes cargaban a los asnos con mercancías; o las llevaban en canastas que pendían de yugos. Rara vez se usaban carretas: no eran eficaces para viajar sobre la arena del desierto ni el lodo de las zonas cultivadas durante las inundaciones.

El comercio en los mercados locales y tiendas pequeñas se hacía por trueque; las mercancías se tasaban en relación con las pesas de cobre llamadas *deben*. Durante el Imperio Nuevo, algunas compras se pagaban en *deben*, aunque los egipcios no dieron el paso final de convertirla en moneda oficial.

Concubinas a cambio de oro

La mayor parte del comercio exterior era organizado por el faraón, como parte de su política externa. Los reyes de otros países escribían al faraón y suplicaban que se les diera oro egipcio. Un faraón pidió a cambio 40 concubinas: "Todas ellas deberán ser inmaculadas, y ninguna tendrá voz estridente."

También los sacerdotes de los templos y algunos comerciantes hicieron transacciones con el exterior: exportaban oro, trigo, lino, papiro y mercancías manufacturadas. Se aventuraron en todas direcciones: a África, en el sur; a los oasis del Sáhara y Libia, al oeste; a las islas Egeas y a Grecia, al norte, y al este, a las costas orientales del Mediterráneo. Regresaban a su país con madera —especialmente cedro del Líbano y ébano de África— plata, cobre, esclavos, caballos, incienso, vino, ganado y muchas mercancías de lujo.

TIEMPO LIBRE Y UNA VISITA AL MÉDICO

A veces se piensa que los antiguos egipcios constituían un pueblo triste y solemne, debido a sus elaborados rituales fúnebres, y al tiempo y la energía que invertían en prepararse para la muerte. Nada más lejos de la verdad: los egipcios gozaban tanto de esta vida que querían continuar los placeres terrenos en la eternidad, y hacían cuidadosos preparativos para asegurar la futura felicidad.

Desde la más tierna infancia, los egipcios tenían varias formas de ocupar su tiempo libre. Si no estaban en la escuela, o aprendiendo futuros oficios, los niños jugaban con pequeñas lanchas y animales, pelotas, hondas, trompos, y muñecos que a veces eran articulados. También había ingeniosos juguetes con piezas móviles, como un león que cerraba las fauces, y enanos que bailaban al girar una manivela.

Los grabados muestran a niños que corren, saltan y giran entre ellos, o en juegos que parecen ser de equipo. Una pintura muestra a las niñas montadas sobre los hombros de sus amigos y jugando juegos de pelota.

Deporte y lectura

Una vez que los egipcios dejaban atrás los juegos infantiles, no les faltaban maneras de pasar sus ratos libres. Los nobles aventureros salían a cazar con otros compañeros, o paseaban con sus familias por el río. Ahí podían pescar, cazar aves salvajes, hacer un día de campo y tal vez nadar.

Los menos privilegiados hacían concursos de lucha o esgrima con espadas de madera. Había también competencias de lanchas: los concursantes, equipados con palos, se paraban sobre los botes y remaban, uno contra otro, a gran velocidad, tratando de derribar a su contrincante al agua.

Si un egipcio tenía la suerte de poseer un jardín, descansaba entre flores y árboles, junto a un estanque donde flotaban los lotos. Si esto lo hastiaba, entonces podía recurrir a los juegos de mesa. Estos juegos eran casi el deporte nacional de Egipto; se podía elegir entre una gran variedad, como "Sabuesos y chacales", o "Veinte cuadros". Pero el juego favorito era el Senet. En Egipto, todos tenían un tablero de Senet: los había modestos, de barro y cañas, para los campesinos; de loza y madera para los más acomodados, y lujosos tableros de ébano, marfil y oro para los ricos.

Los que sabían leer, y podían costearse "libros", se sentaban con un rollo de papiro y disfrutaban de historias de viajes, de las aventuras del Marino Náufrago, e incluso de relatos de naturaleza más picante. Leyeran o no, en Egipto todos disfrutaban al escuchar a los narradores profesionales. Pasaban otros momentos tranquilos mirando a sus mascotas: perros, monos, gansos y gacelas. Cuando los perros morían, se les enterraba con todo y correa, para que estuvieran listos al reunirse con sus amos en la otra vida.

Hombres y mujeres nobles aprendían a tocar instrumentos musicales y a cantar, pero también había músicos profesionales que, al igual que los bailarines y acróbatas, actuaban en fiestas y festivales religiosos,

Salida familiar *El Nilo bulle de peces y aves, y esta familia, hermosamente ataviada, sale a disfrutarlo. Pasean sobre una balsa de papiro, y bajo ella nadan los peces. El hombre sostiene un palo de caza en una mano, y en la otra, las aves capturadas. El gato tal vez era utilizado para "levantar" a las aves.*

CACERÍA Y PESCA

La caza era el deporte favorito de la nobleza egipcia, pues gozaban de aventuras y obtenían pieles de animales e interesantes platillos para su mesa. Armados con lanzas, arcos y flechas, y acompañados de perros de caza, recorrían los pantanos del Nilo en busca de toros salvajes; y los desiertos, en pos de gacelas, leones y liebres. Algunos cazadores construían trampas con redes y postes, y perseguían a las presas hasta que cayeran en ellas, para matarlas a su gusto. El Nilo era una fructífera fuente de presas de todos tamaños. Cazadores a bordo de botes de papiro arponeaban hipopótamos y cocodrilos. Pescaban con anzuelos y cañas, arpones y redes, y derribaban aves lanzándoles palos de cacería.

Arpón

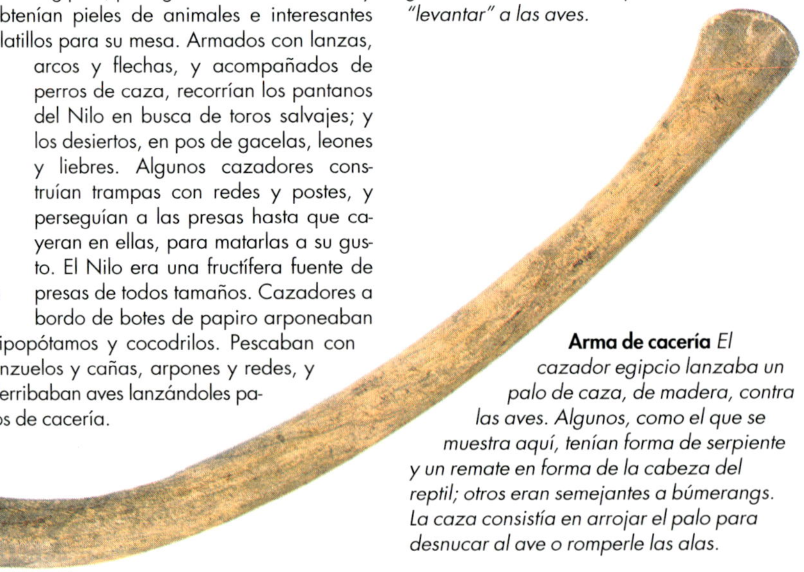

Arma de cacería *El cazador egipcio lanzaba un palo de caza, de madera, contra las aves. Algunos, como el que se muestra aquí, tenían forma de serpiente y un remate en forma de la cabeza del reptil; otros eran semejantes a búmerangs. La caza consistía en arrojar el palo para desnucar al ave o romperle las alas.*

Juego de mesa *Una pareja juega al Senet, moviendo piezas en un tablero de 30 cuadros, como el que se muestra aquí. Para determinar las jugadas, los participantes usaban varas en lugar de dados. Las varas eran planas por un lado y curvas en el otro: al tirarlas, se contaban los lados curvos y planos.*

o en las calles. Con frecuencia, los músicos eran ciegos; la música no estaba escrita, y por consiguiente la ceguera no significaba una desventaja.

En Egipto no había juegos públicos ni teatro, pero las grandes procesiones reales y religiosas daban un toque de colorido, distinción y júbilo. En los templos grandes, los sacerdotes y las sacerdotisas representaban dramas sagrados acerca de la vida de las deidades que adoraban.

Los egipcios gustaban de las fiestas y amaban la buena mesa. También eran muy propensos a la cerveza y al vino, y bebían en abundancia. Las cantidades generosas de alcohol eran uno de los atractivos de los festivales religiosos, pues se consideraba que los dioses egipcios aprobaban el hecho de que sus adoradores gozaran de la vida. Había vinaterías y burdeles, y por lo tanto, hombres jóvenes que tenían que trepar muros y escapar del arresto por sus escándalos y pleitos.

Demanda de médicos

Quienes se excedían en estos placeres bien podían necesitar un médico al día siguiente. La medicina egipcia llegó a tener un alto nivel, y su reputación se extendió a los países vecinos. Un estudiante aprendía de un médico establecido, que a veces era su padre, aunque al parecer también había escuelas de medicina anexas a templos. Se supone que por lo menos existía una escuela para parteras.

Muchos galenos egipcios eran "médicos generales" que trabajaban en sus propias comunidades, pero algunos se especializaban en una sola parte del cuerpo. Los textos médicos que sobrevivieron dan indicios del conocimiento egipcio. Había libros especializados en cada órgano, textos específicamente de ginecología, de cirugía, para dentistas, y de recetas.

Se instruía a los médicos para que al hacer un diagnóstico primero observaran de cerca al paciente, luego preguntaran, inspeccionaran, olieran, sintieran y sondearan. De cerciorarse que curarían al paciente, debían decir "Trataré este mal"; si por desgracia era un caso más difícil, de resultado incierto, debían decir: "Lucharé contra este mal."

El curso de un tratamiento

Los médicos egipcios estaban muy conscientes de sus limitaciones y se les instruía para no infligir sufrimientos innecesarios a sus pacientes. En muchos casos debían decir al paciente, o a sí mismos: "No trataré este mal." Se les recomendaba tomar nota de los tratamientos y medicamentos que usaban y los efectos que surtían, para contar en el futuro con antecedentes de casos similares.

Había medicamentos para ser ingeridos, otros para aplicarse sobre la piel, y otros más para ser inhalados. Los ingredientes egipcios que pueden ser identificados actualmente parecen ser efectivas hierbas medicinales. Pero algunos medicamentos contenían ratones, escarabajos y estiércol, que debían expulsar a los demonios causantes del mal.

Los egipcios tenían un notable conocimiento de cómo funciona el cuerpo, y conocían la disposición interna a partir de la momificación de sus muertos. Consideraban el corazón como el órgano más importante: sabían que bombeaba la sangre al cuerpo y que el pulso "decía los mensajes del corazón". También sabían que el daño en un lado del cerebro afectaba el lado opuesto del cuerpo.

Además de medicamentos, los médicos a veces recurrían a la cirugía para tratar a los enfermos; por ejemplo, abrían los cráneos lastimados para reducir la presión sobre el cerebro. Antes de una operación, el cirujano daba a su paciente una poción, posiblemente un anestésico, "para que el procedimiento no sea desagradable". Durante el Imperio Nuevo tal vez se usó opio, importado de Chipre. Debido a la importancia que daban los egipcios a la pureza ritual, el cirujano y los asistentes se lavaban, y purificaban con fuego su instrumental, antes de la operación. Esto reducía el riesgo de infección.

El pueblo egipcio era profundamente religioso, y los tratamientos siempre se acompañaban de plegarias, aun en los casos más simples. Para los más complicados se usaba la magia. También se visitaba el templo de una deidad asociada con la medicina, como Imhotep, cuyos sacerdotes además recibían instrucción médica. En algunos templos, los enfermos pasaban la noche junto al santuario del dios, a lo que se llamaba "incubación", en la que el paciente podía ser curado por la deidad, o soñar con ella y recibir instrucciones para su tratamiento. Aun si no recibía ayuda, el enfermo era reconfortado espiritualmente.

Música y danza *Dos bailarinas, apenas vestidas, danzan al compás de una flauta que toca una mujer impecablemente ataviada. También se tocaban otros instrumentos, como liras, platillos, tambores y arpas que tenían entre 4 y más de 20 cuerdas.*

Cena y reunión *Una mesa bien servida espera a los comensales de este banquete. Los conos de cera perfumada, sobre las cabezas, se derretirán durante la noche y los refrescarán. La esclava sirve comida y vino de las ánforas que están bajo la mesa.*

LOS DIOSES DICTABAN EL JUICIO FINAL

La religión tenía un papel vital en todos los aspectos de la vida egipcia. Había dioses de la tierra, del aire y del agua, y deidades responsables de todas las etapas de la vida, del nacimiento a la muerte. Los dioses más poderosos, como Amón, Hator y Osiris, eran adorados en todo el país y tenían enormes templos en sus ciudades "sede". Otros, como Meretseguer, que vivía en la cima oeste desde la que se domina el Valle de los Reyes, tenían cultos locales en los distintos distritos.

Había dioses menores, relacionados con aspectos domésticos y acontecimientos como un nacimiento. Estas deidades no tenían templos, pero las adoraba gente de todas las clases, y se les rendía culto en los altares que había en cada hogar.

Los numerosos dioses y diosas egipcios tenían varias formas. Algunos eran representados como humanos, pero vestían un atuendo y ornatos característicos. Otros tenían la forma de los animales o aves asociados con ellos, o cuerpo humano con la cabeza del animal sagrado. Sobek, el dios del agua, estaba representado por un cocodrilo, y Anubis, dios de los momificadores, tenía cabeza de chacal.

Los templos egipcios eran la casa terrena de la deidad, donde los dioses hacían contacto con los humanos por medio de estatuas, cuidadas por leales sirvientes.

Junto al templo, donde estaba el santuario —pues ahí vivía el dios—, había oficinas; estaba la "Casa de la Vida", donde se copiaban y guardaban los libros, y había talleres y un estanque sagrado, del que se extraía agua pura para las ceremonias. Un alto muro rodeaba todo el conjunto.

Servidores del dios

Los templos eran administrados por los sacerdotes. No se apartaban de la comunidad, pues podían casarse y ocupar puestos seglares. Los templos más grandes tenían un sumo sacerdote residente y varios ayudantes. En los templos regionales, a veces campesinos y artesanos actuaban como sacerdotes.

El sacerdote servía durante un mes, tres veces al año. Al cumplir su función, debía mantenerse totalmente puro: se afeitaba todo el vello del cuerpo, se bañaba varias veces al día, evitaba vestirse de lana y se abstenía de comer ciertos alimentos. Cuando no oficiaban en rituales, los sacerdotes cumplían labores como dirigir las propiedades del dios y sus talleres, y organizar empresas comerciales y mineras. Algunos sacerdotes eran especialistas en materias como astronomía y astrología, o interpretación de los sueños.

El templo tenía otros empleados: sacerdotisas que cantaban himnos y tocaban cascabeles de metal, llamados *sistra*, durante las ceremonias, y también músicos profesionales, así como cantantes y bailarines. Había panaderos, vinateros, carniceros y cocineros que preparaban los alimentos que se ofrecían al dios. En los talleres trabajaban los artesanos; el trabajo manual era desempeñado por empleados de limpieza y un ejército de esclavos. Las sumas para pagar sueldos, impuestos y mantenimiento provenían, en su mayor parte, de las rentas que pagaban los campesinos por cultivar las tierras del templo.

Los egipcios comunes entraban al templo sólo en ocasiones muy especiales, para las cuales tenían que purificarse ritualmente. Por lo general, rezaban en la entrada del templo, desde donde dirigían sus plegarias a enormes estatuas del faraón reinante, quien, como hijo de los dioses, actuaba de intermediario entre éstos y su pueblo. Aun los devotos más humil-

Amuleto en forma de la faja de Isis

Llanto de dolor *Las plañideras se echan polvo al cuerpo. Al igual que la tierra se oponía a la limpieza —aspecto importante para los egipcios—, la muerte era lo opuesto a la vida.*

El barco de los muertos *El Nilo y los barcos eran de tal importancia para los egipcios que los barcos míticos figuraban en sus rituales. Los muertos eran llevados sobre el río de la muerte hacia el inframundo. A veces los parientes del difunto dejaban miniaturas de barcas fúnebres. El hijo del difunto usaba dos largos remos para dirigir la barca, de costados verdes como los cultivos, para simbolizar la vida en el futuro. La momia yace bajo un toldo, y a sus pies y cabeza están los dolientes que representan a las diosas Isis y Neftis. Isis era la esposa de Osiris, dios del inframundo y de las inundaciones del Nilo. Daba a todo egipcio, sin importar su clase social, la esperanza de vivir en el mundo venidero. Los egipcios creían que el dios Sol navegaba en el cielo de día, desembarcaba por la tarde y se internaba en el inframundo por la noche, para llevar la luz a los muertos.*

El juez chacal *En la prueba final contra la Pluma de la Verdad, un corazón pecador pesaba demasiado: su dueño era devorado por un feroz monstruo y condenado a la desolación eterna. Pero los hombres de vida virtuosa equilibraban la balanza: les esperaba la dicha eterna con los seres amados, en el Campo de los Benditos.*

des confiaban en que los grandes dioses escucharían y accederían a sus peticiones. Era común que pusieran en las paredes del templo una piedrecilla decorada con asas: era una ofrenda al dios y, al mismo tiempo, un recordatorio.

Todo egipcio consultaba oráculos: era una forma de resolver problemas familiares y de trabajo, así como de dirimir disputas legales cuando ninguno de los bandos cedía. En la puerta del templo, un escriba anotaba las preguntas, formulándolas cuidadosamente para que fueran respondidas con un sí o un no. Un sacerdote llevaba la pregunta ante la estatua del dios en el santuario, y posteriormente el dios la respondía.

En los festivales, la estatua del dios era sacada del templo y puesta en una barca, para que todos le hicieran una pregunta. La respuesta era dada por medio de vaivenes de la barca, que a veces iba tan pesada que los pasajeros se mojaban hasta las rodillas.

Otros preferían consultar un animal sagrado. Si una deidad estaba estrechamente relacionada con un animal o ave, se conservaba en el templo un ejemplar vivo de la especie. Las respuestas a las preguntas se interpretaban a partir de sus movimientos.

Los sacerdotes veían objetivamente los problemas del devoto y, en los templos locales, conocían a la gente involucrada y el trasfondo del caso. Algunos sacerdotes aceptaban sobornos, pero la mayoría eran creyentes honestos que oraban y ayunaban, y se purificaban antes de cumplir su deber. Cuando daban consejos, creían que sus movimientos y gestos eran inspirados por los dioses.

Los festivales religiosos proporcionaban una salida espiritual y emocional, así se tratara de asuntos locales o de los ritos de grandes dioses del Estado, que atraían peregrinaciones de todo Egipto. El pueblo participaba en procesiones: adoraban al dios festejado, le hacían ofrendas y tal vez consultaban al oráculo. Asistir al festival significaba un punto a favor en el otro mundo y, en el caso de los enfermos, siempre existía la posibilidad de una cura milagrosa.

Hacia el otro mundo

Los egipcios dedicaban mucho tiempo, esfuerzo y recursos a prepararse para el otro mundo. Para ellos, la vida terrena solamente era un sueño fugaz y pasajero, en tanto que la vida en el oeste —el reino de Osiris, dios de los muertos— era eterna.

Para gozar de la eternidad, el cuerpo debía sobrevivir. Cuando moría un egipcio, los embalsamadores recogían el cuerpo y lo llevaban en bote a su taller, donde lo trataban.

Los embalsamadores extirpaban el cerebro y los órganos internos, y los guardaban en vasijas canopes. Secaban el cuerpo rellenándolo con una sal, llamada natrón, o lo untaban con conservadores. Preparaban el cuerpo para la tumba rellenándolo con lino: lo embellecían y lo envolvían con vendas.

Se ponían en la tumba comida y bebida, y las pertenencias personales del difunto, para asegurar su comodidad en el otro mundo. La tumba podía ser una simple fosa en la arena, un elaborado edificio de piedra o un conjunto de habitaciones talladas en la roca viva y decoradas con escenas de la vida diaria, del funeral y del mundo venidero. Estas escenas daban mágicamente al difunto lo necesario para satisfacer sus necesidades en el otro mundo. El funeral era una gran labor ritual destinada a que el difunto partiera con bien al otro mundo.

Mientras tanto, el fallecido era llevado sobre el río de la muerte, y debía pasar por el inframundo, enfrentando peligros y demonios en el camino. Para que pudieran sortearlos, los difuntos usaban los hechizos e instrucciones del "Libro de los Muertos" que se depositaba en su tumba. Quienes convencían a los 42 asesores de que no habían cometido ninguno de los 42 "pecados mortales", podían entrar a la sala de juicios de Osiris. Ahí se comparaba el peso del corazón del difunto con el de la Pluma de la Verdad, y finalmente se dictaba la sentencia.

DIOSES Y AMULETOS EN CASA

Muchas de las plegarias de los egipcios no se dirigían a los dioses de los templos, sino a las estatuillas de las deidades favoritas que tenían en casa. Dos deidades populares eran Bes, dios de la familia y de los recién nacidos, y Taweret, diosa de las mujeres embarazadas. Taweret tenía la forma de un hipopótamo hembra preñado, y a ella se le pedían partos sanos.

Los egipcios usaban amuletos para protegerse de daños en esta vida y en la venidera. Eran de distintos materiales y representaban deidades o símbolos sagrados. Algunas de las piedras semipreciosas con las que se hacían los amuletos, como el lapislázuli, tenían propiedades curativas. Los egipcios también usaban la magia en forma de hechizos para proteger a sus hijos o para atraer a la persona amada.

Dios familiar *El dios Bes era una criatura grotesca: parte enano y parte león. De pie, sobre una flor de loto, tiene un pandero en la mano izquierda. A veces, Bes portaba una espada para defender a la familia.*

A ELEGIR: SOLDADO O ESCRIBA

El Egipto de la época del Imperio Nuevo tenía un ejército grande y bien entrenado, que vigilaba las fronteras y patrullaba las provincias remotas del faraón. El rey era el comandante en jefe y visitaba personalmente el frente, acompañado de guardaespaldas y oficiales asesores.

Cada división del ejército egipcio tenía unos 5,000 hombres. De ellos, 4,000 eran soldados de infantería, agrupados en compañías de 200 hombres cada una. Las compañías, con nombres como "Toro de Nubia" o "Manifiesto de Justicia", se dividían en unidades de 50 soldados. El millar de hombres restante formaba una división de carros manejados, cada uno, por dos soldados.

Carro de guerra *El faraón, como jefe del ejército, debía combatir al lado de sus soldados. Aunque no fuera así, generalmente era mostrado como rey guerrero. El rey Tutankamón, que murió en 1323 a.C., a los 19 años, tal vez no tuvo mucha experiencia en batalla, pero esta pintura en su tumba muestra al joven monarca derrotando a enemigos asiáticos. La escena es más de cacería que de batalla, pues los perros del faraón arremeten contra el enemigo barbado. Unos esclavos abanican al rey por la espalda, y sobre él, la diosa-buitre lo protege contra los peligros de la guerra.*

Prisioneros de guerra *Durante el Imperio Nuevo, los egipcios tomaron muchos prisioneros en sus triunfantes campañas. Los cautivos, como estos peleset o filisteos, eran esclavizados.*

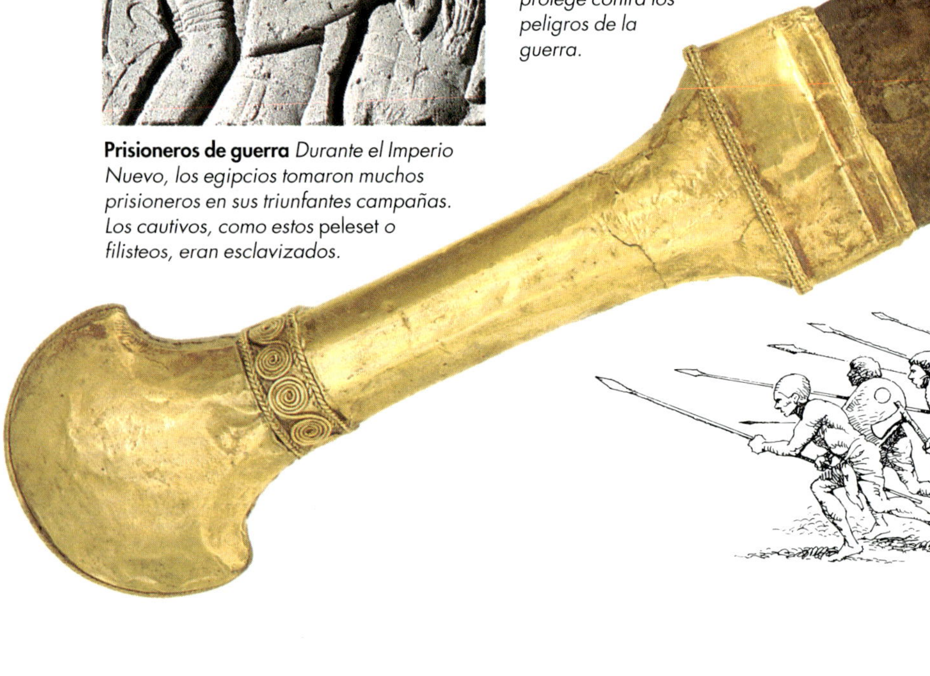

Filo mortal *Esta espada con empuñadura de oro era el arma de un oficial egipcio. La forma de la empuñadura hacía que la espada fuera fácil de maniobrar.*

También se contaba con mercenarios extranjeros, equipados con armas ligeras y de gran ayuda en el patrullaje del desierto. Al ejército no le faltaban voluntarios, pero en las emergencias había conscripciones, y se reclutaba a uno de cada cien hombres. Se cortaba el pelo a los reclutas, y se les equipaba

Ataque armado *Los soldados usaban lanzas, espadas, jabalinas, mazos y arcos y flechas. Iban acompañados por un portaestandarte y por un trompetero que transmitía las órdenes al tocar una clave en una larga trompeta. Un soldado con una cimitarra, o espada curva, sigue a otro que porta un hacha de combate. El resto de los soldados llevan lanzas.*

con armaduras de cuero, cascos y escudos. Aprendían a usar varias armas, pero se especializaban en una sola, para formar compañías de arqueros, de lanceros o similares.

Se enviaba a los reclutas a largas marchas de adiestramiento, pues, en campaña, el ejército cubría un promedio de 19 km diarios sobre terreno desértico. Como parte del adiestramiento, se hacían prácticas durísimas. Las batallas eran casi siempre una sucesión de maniobras tácticas realizadas con precisión, y los soldados debían responder a las órdenes impartidas con trompeta. En batalla, los soldados jóvenes e inexpertos formaban el segundo frente y la reserva, mientras que los soldados veteranos formaban la línea del frente. La élite del ejército estaba constituida por tropas de choque llamadas "valientes". Los carros jugaban una parte importante en la táctica del ejército egipcio: se les construía para que tuvieran velocidad y maniobrabilidad, y formaban un escuadrón de disparo que irrumpía en el combate y lograba dispersar al enemigo. Los soldados de los carros recibían un adiestramiento especial: casi todos eran jóvenes de la nobleza, y el cargo tenía cierto atractivo.

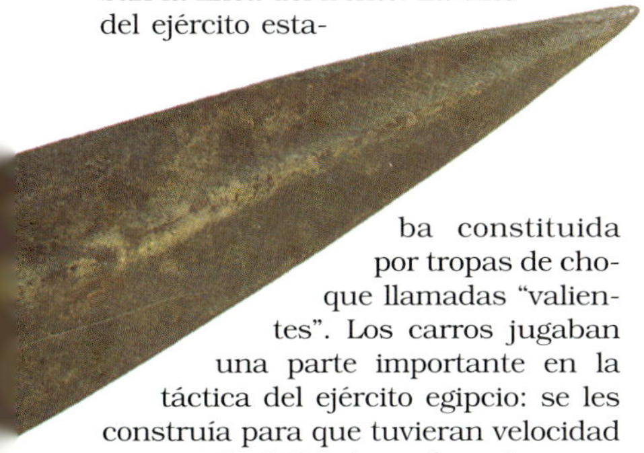

El ejército egipcio estaba bien organizado, al igual que las unidades de apoyo. Los heraldos llevaban los mensajes y repartían informes; los guías reconocían el terreno, y los caballerangos cuidaban de los caballos y asnos que transportaban el bagaje. Había médicos y veterinarios; escribas encargados de abastecimientos y sueldos, y de los registros de las campañas; sacerdotes y magos que daban apoyo espiritual; astrónomos y astrólogos; escuderos; cocineros, espías, y una hueste de sirvientes.

Cuando estaban en campaña, los soldados vivían en tiendas erigidas en ordenadas hileras, dentro de plataformas rectangulares de tierra, vigiladas por centinelas. La tienda del rey, y la que guardaba el altar portátil de Amón, principal dios del Imperio Nuevo, estaban en el centro del campamento. Las tiendas de los oficiales eran cómodas, con dos o más estancias, y catres y bancos plegadizos.

Los veteranos jubilados tenían preferencia para recibir tierras, y se les recompensaban los méritos en batalla. Había condecoraciones —"medallas" en forma de leones y moscas de oro— y posibilidades de ascenso, cuando el valor mostrado llamaba la atención de un general o del faraón. En campaña, el monarca —que normalmente era una figura distante rodeada de protocolo— trababa contacto con sus oficiales y decidía los nombramientos para sus favoritos.

Jety, un escriba del Imperio Nuevo, dejó una narración desalentadora de la vida militar, según la cual se sometía a los soldados a brutales adiestramientos, y la vida en el campamento era de constantes pleitos, rivalidades, borracheras y juegos de apuestas. Las campañas significaban hambre, sed, moscas y heridas mortales.

"Sé escriba, pues así te salvarás de ser soldado."

ESCRIBA ANÓNIMO, HACIA 1300 A.C.

Pero la intención de Jety, al escribir tan sombrío informe del ejército egipcio, era evitar que sus alumnos se enrolaran y, por lo tanto, que abandonaran la profesión de escribas. En el antiguo Egipto, un escriba tenía un empleo bueno y seguro, que ofrecía al joven con talento una magnífica oportunidad para llegar a la cumbre. Los escribas lograban que todos los engranajes del gobierno y la sociedad funcionaran; eran requeridos en todos los niveles. El hijo de un campesino tal vez no llegara a los altos rangos del gobierno, pero su nieto sí. La clave era la educación.

Los días más felices

Las familias pobres hacían lo posible por enviar a los hijos a la escuela; esperaban que con ello el muchacho hiciera su fortuna y la de la familia. Las escuelas rurales eran dirigidas por sacerdotes, o por escribas que aumentaban su ingreso enseñando el oficio. Los templos mayores tenían mejores escuelas, y fundaciones como la de Amón, en Karnak, enseñaban temas muy avanzados y al mejor nivel.

Los niños ingresaban a la escuela a los siete años; las niñas aprendían en casa. La disciplina escolar era cruel. "El niño tiene el oído en la espalda: escucha cuando se le pega", decía el papiro *Advertencia a los escolares.* Tal vez los maestros tenían que ser severos, pues aprender cientos de jeroglíficos, y su taquigrafía, debía de ser repetitivo y aburrido.

Palabra escrita *Las inscripciones en tumbas y monumentos se escribían con jeroglíficos, que requerían cientos de símbolos. La mayoría representaban consonantes, pero algunos no tenían valor fonético, y aparecían para que el significado fuera claro. Este pasaje incluye, dentro de la forma oval, el nombre de Nefertari, esposa de Ramsés II.*

Los alumnos copiaban una y otra vez textos en ostracas (trozos de piedra o de vasija), o en tablas de madera cubiertas de cera, que podían alisarse y volverse a usar. Cuando el alumno dominaba la lectura y la escritura, aprendía a redactar cartas en forma correcta, a hacer cuentas y a extender documentos legales.

Los jóvenes hábiles de padres ricos estudiaban temas más avanzados: matemáticas, historia, geografía, lenguas extranjeras, dibujo, cartografía, ingeniería, astronomía, medicina y literatura. Tras algún tiempo, se especializaban en uno o dos temas. Tal vez se les examinaba, pues se han encontrado ciertos documentos que plantean problemas y exigen la solución, con todas las características de un examen escrito.

Al salir de la escuela, los escribas profesionales seguían haciendo sus borradores en ostracas, pero el documento final se copiaba en rollos de papiro, que se hacía de cañas de hasta 3 m de alto. La blanca parte interna de la caña era cortada en tiras, que se empapaban y se colocaban una junto a otra. Se ponía sobre ellas una segunda capa, en la que las tiras eran perpendiculares a las primeras. Se machacaban y prensaban las dos capas hasta formar una sola. Las hojas de "papel" resultantes eran desbastadas y bruñidas: estaban ya listas para los pinceles y las tintas del escriba.

Jeroglífico que representa a un escriba

Labor de escriba *Imhotep —funcionario, escriba y arquitecto real— se convirtió en dios del conocimiento y la medicina. Junto a él, el jeroglífico del escriba muestra las herramientas de este oficio: una paleta con pigmentos, una olla de agua y un portapinceles. Los escribas de menor rango hacían listas y registros, escribían cartas y expedían documentos sencillos. Quienes escribían con gracia, pero no eran buenos administradores, trabajaban en la Casa de la Vida del templo, donde se guardaban los documentos, los cuales copiaban de nuevo cuando se desgastaban. Los escribas hábiles ocupaban puestos en la administración del Estado y supervisaban la recaudación de impuestos. Los más dotados y ambiciosos alcanzaban altos puestos oficiales y supervisaban a los escribas principiantes.*

DUEÑOS Y SEÑORES DEL EGEO

La primera civilización europea surgió hacia el año 2000 a.C. en la isla de Creta, en el Mediterráneo. Una comunidad de campesinos y pescadores, que amaban los rituales religiosos y los festejos, los atuendos coloridos y las joyas, vivían alrededor de decorados palacios. Esta civilización se llama minoica, por su legendario rey Minos. De él se contaba que en su laberíntico palacio de Cnosos vivía el Minotauro, mitad hombre y mitad toro, que murió a manos del héroe griego Teseo.

Los minoicos eran un pueblo pacífico que prosperó al comerciar con otros pueblos mediterráneos. Pero luego de un cataclismo —tal vez la erupción de la isla volcánica Thera, unos 120 km al norte— y el caos en sus rutas comerciales, los minoicos cedieron el dominio de los mares a los colonizadores micénicos de Grecia.

MINOICOS Y MICÉNICOS 3000 – 1100 A.C.

LA PRIMERA MARINA MERCANTE

Los minoicos, la primera potencia naval de la historia, desarrollaron habilidades navieras que los protegieron de piratas y les dieron pescado para comer y un próspero comercio. Como otros pueblos isleños, amaban y aprovechaban el mar que los rodeaba.

La costa cretense, con sus caletas protegidas por penínsulas bajas, era ideal para los marinos minoicos. Las aldeas costeras crecieron en las penínsulas, y los barcos paraban en cualquiera de los puntos protegidos contra el viento. Generalmente, los barcos atracaban con la popa dirigida a la costa, pero si una nave no necesitaba ser descargada, anclaba costa afuera. El "ancla" era una pesada piedra perforada y atravesada por una soga. No había muelles, aunque en algunas bahías se construyeron rompeolas con rocas, para dar protección adicional contra las tempestades.

Cuando una embarcación minoica atracaba, la tripulación bajaba a tierra por una pasarela sobrepuesta en la popa, y un grupo de estibadores descargaban las mercancías en carretas o mulas para transportarlas a las aldeas de tierra adentro. Casi no se usaban las bodegas portuarias. Tal vez la excepción fuera Komos —el puerto del palacio y de la aldea de Festos—, donde las excavaciones han revelado los cimientos de un macizo edificio construido en la playa. Los minoicos navegaban en diversas clases de barcos de vela o de remos,

Regalo del mar *El joven pescador egeo se enorgullece de sus macarelas en este fresco de la isla de Thera, actual Santorín. El fresco conserva la misma viveza que cuando fue pintado hace 4,000 años.*

cada uno destinado para un propósito determinado; los artistas minoicos labraron hermosos sellos y pintaron frescos que representaban sus embarcaciones. Las primeras embarcaciones minoicas eran impulsadas por 20 o 30 remeros, pero hacia 2000 a.C. los comerciantes ya navegaban en barcos dotados de mástiles centrales con velas rectangulares. Eran gobernados desde la popa, mediante largos remos.

En un fresco de 1500 a.C., hallado en Akrotiri, en Thera (actual Santorín), aparece la notable diversidad de navíos. Algunos son barcas ceremoniales con 30 o 40 remeros, que sólo visten taparrabos, sentados bajo un puente donde hay 8 o 10 figuras. Estas barcas tienen mástiles, pero sin velas desplegadas, y los aparejos están muy ornamentados. Hay botes pequeños, con sólo 8 o 10 remeros y sin mástiles. Pero el más importante es un barco con una sola vela, blanca y oblonga, sin remeros. Hay en su cubierta grandes recipientes castaños; obviamente, se trata de un buque mercante que transporta su carga hacia una aldea que se halla sobre una colina desde la cual se domina el mar.

Abejas y girasol en un pendiente de oro

Regalos para los faraones

En embarcaciones como ésas, los marineros minoicos surcaban el Mediterráneo para comerciar con países lejanos. Vendían vino, aceite de oliva y artículos de lujo que sobresalían por su belleza y acabado. Los ejemplares de alfarería minoica decorada que se hallaron en Chipre, Líbano, Siria, Jordania y Egipto, son ciertamente los que sobrevivieron de una muy extensa gama de exportaciones que incluía perfumes, artículos de lana y orfebrería fina. A cambio de esto, los minoicos llevaban a Creta materias primas que no había en la isla: latón de Persia, oro y perlas de Egipto, y marfil, quizá procedente de Siria.

Junto con estas materias primas llegaban algunos productos de lujo manufacturados: dijes, cerámica de las Cícladas o de Chipre, y vasijas de piedra provenientes de los talleres de Egipto. Algunas vasijas tienen los sellos del faraón, y quizá se tratara de regalos de un monarca a otro. Pinturas en tumbas egipcias muestran a emisarios que llevan regalos al faraón; entre ellos están los que en Egipto se llamaban *keftiu*, los cuales se piensa que eran cretenses. Los barcos que llevaban a representantes, comerciantes y mercancías minoicos al Medio Oriente tal vez viajaban al sureste, rumbo a Egipto, y luego hacia el norte, rumbo a la costa de Levante, para después navegar a Chipre, a la costa sur de Turquía, y finalmente enfilar de vuelta al mar Egeo.

Los minoicos llegaron como mercaderes a algunos lugares, para luego convertirse en colonos: establecieron aldeas costeras en las islas del Egeo y sobre las costas del sur de Grecia y Turquía. Se han encontrado frescos, arquitectura, estatuillas, alfarería y vasijas de piedra de inspiración o manufactura minoica en asentamientos de Thera, Melos y Kea. En las islas, también se han rescatado muestras de la escritura minoica, conocida como Lineal A, y muestras del sistema minoico de pesas y medidas. Ello sugiere que los negocios en las islas se llevaban a cabo de acuerdo con las tradiciones impuestas por los comerciantes minoicos.

Alimento del mar

Mientras los mercaderes regresaban de sus largos viajes por el Mediterráneo para atracar y descargar sus mercancías en las bahías cretenses, otros minoicos salían a pescar en pequeños botes de remos. Lanzas tridentes, redes cuyos pesos eran anillos de piedra perforada, y cuerdas con anzuelos eran las herramientas del pescador.

Las costas de Creta están bien provistas de peces, y en los frescos y sellos minoicos se representan atunes, labros, lisas y macarelas. También pescaban, para degustarlos, cangrejos, jibias y pulpos.

Centro de comercio *En el siglo XV a.C., los mercaderes minoicos dominaron el Mediterráneo oriental. Un siglo después fueron reemplazados por los micénicos.*

ARTE A LA NATURALEZA

Los minoicos sentían un amor casi pueril por los colores y los ornatos en la vida diaria. Los orfebres producían deslumbrantes alhajas, sorprendentes por los intrincados detalles grabados en espacios pequeños. Los artesanos prestaban mucha atención a la naturaleza: aun los más delicados collares de oro eran decorados con flores de papiro, lilas o crustáceos. En muchos diseños aparecen imágenes realistas de criaturas marinas, aves, plantas, animales e insectos. Figuraban algas y conchas en jarras, botellones y otras vasijas de arcilla, obsidiana y cristal de roca, materiales que abundaban en Creta.

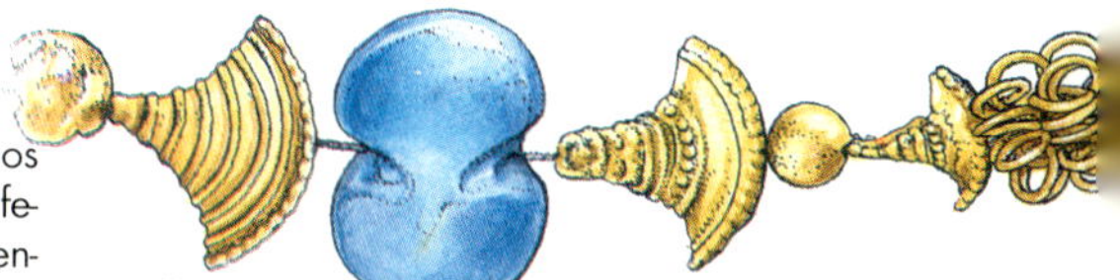

Collar *Oro y vidrio forman un delicado modelo.*

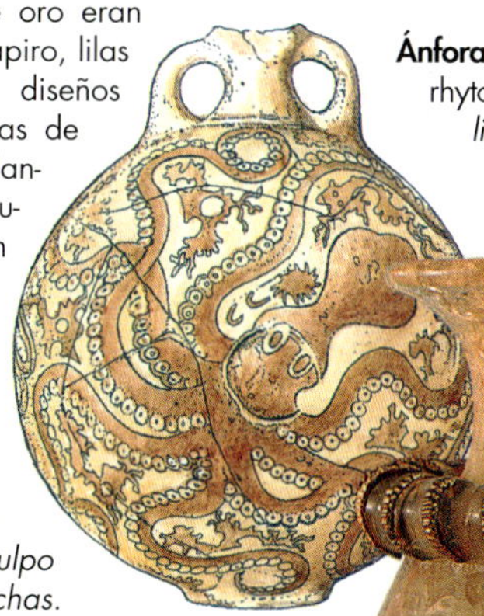

Original cántaro *Recipiente minoico decorado con un pulpo que nada entre algas y conchas.*

Ánfora cristalina *Este* rhyton, *para las libaciones, tiene asa de cristal.*

Poderío naval *Este friso de Akrotiri, en Thera, muestra la gloria de la flota marina minoica. Alegres delfines acompañan a las embarcaciones, algunas con mástiles y aparejos decorados. Los navíos eran impulsados por remeros y timoneados con remos largos.*

MERCADO EN LA CRETA ANTIGUA

En una colina se yergue un palacio, y de su patio frontal salen caminos hacia todas direcciones, caminos que rodean una pequeña aldea minoica. Desde el palacio baja una empinada calle empedrada, de 2 m de anchura, y a ambos lados se aglomeran las hileras de casas. De piedra y lodo, encalada y pintada, cada casa tiene una puerta que da a la calle, un pórtico de piedra que da a la planta baja y escaleras hacia la planta alta. El techo está sostenido por vigas de madera y columnas.

Un perro yace, perezoso, a la sombra de un muro: tiene demasiado sueño como para preocuparse por los transeúntes. Aquí y allá, los estrechos callejones corren entre las casas y llegan a otras construcciones que están a espaldas de las que dan al camino principal. Los transeúntes pueden ver por las puertas abiertas al alfarero que trabaja en su torno, o al agricultor que muele las aceitunas recién cortadas de los olivos.

En Gurnia, una aldea en una colina baja de la costa norte de Creta, el visitante de hoy aún puede caminar por las calles minoicas e imaginar cómo eran hace 4,000 años, con el bullicio de los 700 habitantes de la aldea. Las calles aún están empedradas y los muros bajos marcan los límites de las casas.

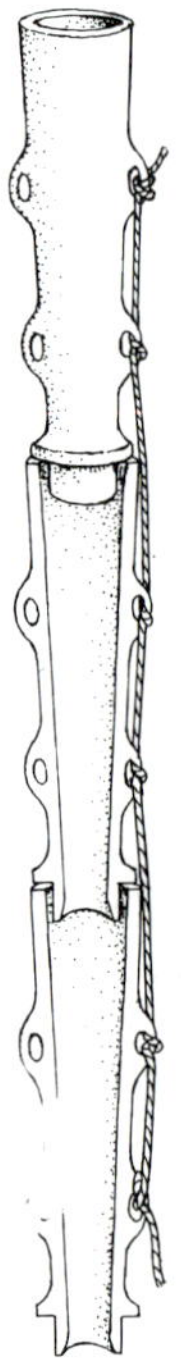

Cañería *Estos conductos de barro, segmentados, entrelazados y unidos con cuerdas, abastecían de agua los palacios minoicos.*

Una ofrenda en el templo

Es fácil imaginar a un campesino recorrer estas antiguas vías camino a casa, con un asno cargado de cestos llenos de uvas o aceitunas. Cuando un barco atracaba, un desfile de gente se encaminaría calle arriba, cargando bultos con cobre, marfil y otros materiales que se guardaban en las bodegas del palacio. En una esquina, se podía ver a un carpintero que, con su caja de herramientas, reparaba el barco carguero o el bote pesquero de algún vecino. Mientras tanto, el capitán del barco estaría en la aldea, rumbo a un callejón sin salida, donde se encontraba el único templo público del lugar: una construcción con una sola habitación, a la cual se llegaba por unos cuantos escalones. El viaje del barco, que resultó ser rápido y seguro, ameritaba una ofrenda al templo.

Gurnia era una de las típicas aldeas minoicas, donde vivía uno de cada tres de los 150,000 habitantes de Creta. Las aldeas no tenían fortificaciones, por cuanto el mar que las rodeaba era suficiente protección contra los enemigos. El resto de la población vivía en caseríos, chozas y granjas.

Lujosa vida en palacio

Cnosos fue siempre la población más grande e importante de la isla, con 20,000 habitantes. Su palacio era sede del gobierno, residencia de las familias gobernantes y escenario de ceremonias y rituales religiosos, como las corridas de toros. Las habitaciones del palacio de Cnosos tal vez estaban en los pisos altos, pues la cantidad y extensión de las que todavía hoy se encuentran en la planta baja son muy limitadas.

Las habitaciones dan la impresión de una vida lujosa. Tragaluces y puertas plegables entre los pilares permitían que la luz y el aire refrescaran las alcobas, pavimentadas con lajas de yeso y decoradas con coloridos frescos. Los residentes de palacio se bañaban en tinas de arcilla pintada, que los sirvientes llenaban con jarras. El agua, llevada mediante cañerías de arcilla, también hacía funcionar un eficiente sistema de retretes.

Muchos de los servidores y funcionarios vivían fuera de los muros del palacio, en casas cuyo diseño y decorado rivalizaban con los de aquél, aunque a una escala menos lujosa.

En los "suburbios" de poblaciones como Cnosos y Malia, las casas eran menos elaboradas, sin el fino piso y los artísticos frescos, pero seguían siendo hogares con cómodas instalaciones para las familias minoicas. Muchas de ellas contaban con dos y tres pisos: un bello mosaico hallado en Cnosos reproduce casas con muros reforzados con madera, puertas a la calle y ventanas en el primero y segundo pisos. Otras casas tenían una sola planta, pero aun así contaban con siete u ocho habitaciones. Una típica casa minoica tenía, separados, comedor y dormitorio, así como una cocina o un pequeño patio donde se preparaban los alimentos. Posiblemente en un rincón estaba una prensa de aceitunas y, en otro, un molino de harina. Quizá también hubiera una gran *pithos:* era ésta una vasija de barro en la que se recolectaba el agua de lluvia. Las estancias contaban con bancas empotradas en los muros, así como bancos plegadizos y mesitas bajas. Los dormitorios estaban amueblados con divanes bajos o simples colchones en el suelo, y cofres de madera donde se guardaban ropas y otras pertenencias.

La comida se servía en platos de cerámica y en tazones que generalmente tenían vívidas decoraciones de motivos abstractos. El platillo más común era la carne de cordero, aunque también se servía carne de cerdo, de res o mariscos. No escaseaban las hierbas para condimentar los platillos, ni tampoco los frijoles, chícharos y otras legumbres como guarnición. El postre más común eran las uvas, higos y peras; también la miel les encantaba a los minoicos. Los antiguos cretenses gustaban de acompañar las comidas con abundante vino.

En las aldeas, algunos jefes de familia eran artesanos y tenían su taller en casa; pero la mayoría de quienes no vivían en la aldea se sostenían labrando la tierra. El molino, la prensa de aceitunas y la colección de herramientas simples —hachas, hoces, cinceles y varios tipos de cuchillos— halladas entre las ruinas de las casas, revelan las ocupaciones cotidianas.

BULLICIO EN LA BAHÍA

Una batahola de ruidos callejeros resuena en la bahía. Es día de mercado y un carnicero pregona la calidad de lo que vende, tratando de competir con el forastero mercader que muestra un lienzo de púrpura tela. Tras ellos estalla un pleito entre un grupo de jóvenes, a la entrada del burdel local; para calmarlos, la encargada les echa agua desde la ventana de un segundo piso.

Ésta es Gurnia que, en 1500 a.C., fuera un próspero puerto cretense. A lo lejos, un palacio yace al pie de una colina, bañado por el sol matinal; mientras, la gente sale a su labor diaria. Las ovejas están pastando en las pendientes, al tiempo que unos botes pesqueros permanecen anclados en la bahía. Unos niños juegan en la hierba; otros tiran piedras al mar. Tras ellos, a la sombra de un pino del Mediterráneo, las mujeres hilan y tejen, serenas. Un estibador ayuda a descargar un buque mercante que acaba de llegar a la bahía; carga un colmillo de marfil: valiosa importación de Libia, uno de los muchos lugares incluidos en las extensas rutas comerciales de los mercaderes minoicos.

Mujeres con pechos desnudos, sentadas en el pasto, revisan los diversos pescados y pulpos que trajeron sus esposos. A sus espaldas, un vendedor de higos y aceitunas descarga el asno: baja la mercancía para ofrecerla en las calles. Por la ventana entreabierta, en la casa de la esquina, se ve a un alfarero elaborando una jarra. En Gurnia se han hallado más de cinco tornos. En la actualidad solamente queda el laberinto de las ruinas de los muros de la aldea: son testimonio de lo que antiguamente fue una bulliciosa y febril joya del mar Egeo.

Iluminación *Los minoicos iluminaban sus casas con lámparas de arcilla roja, con asas.*

Olla ritual

Tinaja de cuatro asas

Jarra de arcilla

Mano y mortero

Casas en miniatura *Estas placas de loza vidriada, que decoraban un arcón, dan una idea del aspecto de las casas de los minoicos comunes. Construidas con adobes, las casas tenían dos o tres pisos, y los muros exteriores estaban pintados de vivos colores. Incluso las casas de los menos pudientes estaban bien amuebladas.*

ÚTIL Y BONITO

Los artesanos minoicos dieron un toque artístico a objetos de uso cotidiano. Copas de vino, vasos, jarras, ollas, botellones de arcilla... todos estaban pintados de blanco, naranja, rojo o pardo; a veces con sinuosas franjas que seguían los contornos de las vasijas. Para calentarse, cuando anochecía en el Egeo, los isleños usaban "chimeneas" de arcilla: eran vasijas con agujeros en los costados —como braseros en miniatura— que eran llevados de una habitación a otra. Se alumbraban con lámparas de aceite, de arcilla roja. Para moler cereales, los minoicos usaban morteros, compuestos de una piedra y una olla cuidadosamente labrada, con patas para mantener la estabilidad. Los cuchillos de bronce eran generalmente curvos; se les biselaba hasta que ambos bordes quedaran muy afilados, y luego se les doblaba uno de los extremos para utilizarlo como mango.

Calentador portátil y cuchillo de bronce

Prensa de aceitunas *Los frutos se hervían en la jarra superior. El jugo goteaba a la jarra inferior, de la cual se vertía a vasijas. La olla con tres patas (der.) se usaba en la cocina.*

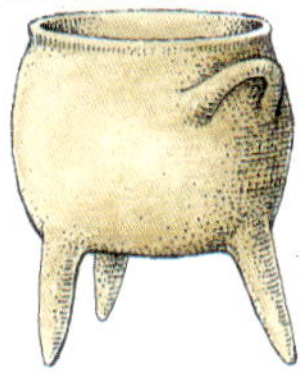

ACROBACIAS EN HONOR DE LOS DIOSES

La religión minoica proclamaba la alegría, y sus ceremonias se acompañaban de vigorosas acrobacias, danzas y luchas. Las deidades adoradas por los minoicos eran femeninas en su mayor parte; era un grupo de altivas diosas, con los pechos desnudos pero extravagantemente ataviadas, al igual que las sacerdotisas que celebraban muchas de las ceremonias en su honor.

Los dirigentes de las ciudades-Estado de la Creta minoica eran líderes tanto espirituales como seglares, y los palacios desde los que gobernaban eran también escenario de frecuentes ceremonias y ritos religiosos. El más sobresaliente de estos rituales era el llamado "salto del toro", en el cual hombres y mujeres jóvenes, vestidos con taparrabos, intentaban hacer piruetas sobre los lomos del astado.

Los toros, capturados con redes en el campo, eran soltados en una arena en el patio central del palacio. Uno tras otro, los jóvenes se acercaban a las bestias, frente a frente, las tomaban por los cuernos y rodaban sobre sus lomos; caían en tierra, detrás de ellas, y ahí un acompañante los recibía. Estos jóvenes acróbatas debieron de tener una gran fuerza muscular y muchísimo valor. Los toreros actuales dudan que tales lances fueran posibles, pero muchos frescos y miniaturas ilustran el momento mismo en que se ejecutaban, y ninguna de las imágenes describe accidentes. Sin embargo, el riesgo de que los acróbatas sufrieran heridas, algunas de ellas mortales, debió de haber sido enorme.

Se piensa que originalmente eran príncipes y princesas quienes realizaban estos saltos, pero después fueron reemplazados por atletas entrenados. Se ignoran el origen y significado exactos de la ceremonia, pero probablemente se creyera que la potencia viril del toro transmitía fertilidad y fuerza a los participantes.

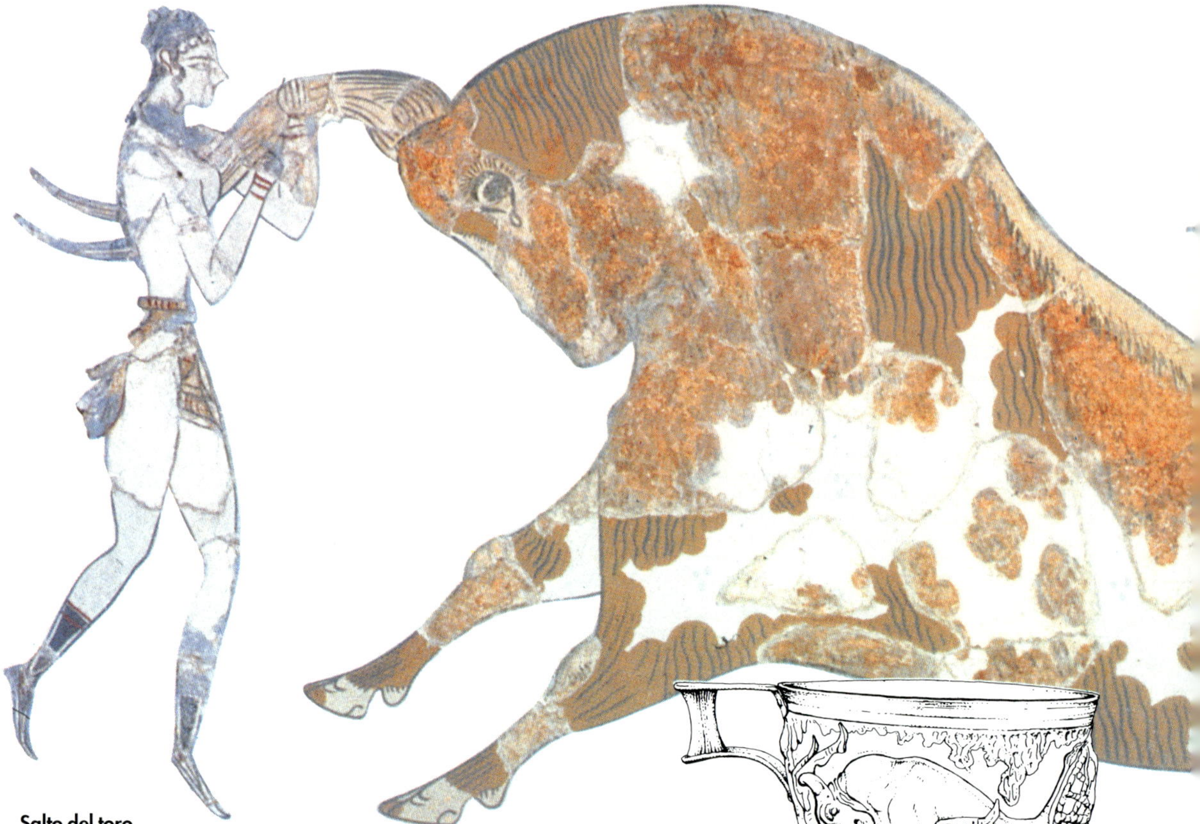

Salto del toro
Fresco de Cnosos de un joven saltando sobre el lomo de un toro. Una joven lo espera para recibirlo.

Cazando al toro *Cazar toros cretenses era tan peligroso como saltarlos. Un vaso de oro minoico muestra a un toro embistiendo y derribando a sus captores.*

Contrincantes en el ring

También había contiendas de boxeo y lucha para honrar a las deidades minoicas. Algunas de estas competiciones eran violentas: una ilustración de la época muestra a boxeadores usando manoplas metálicas y cascos protectores. Otro espectáculo que atraía a las multitudes eran las danzas, en las que compañías de mujeres minoicas, ataviadas con vistosos vestidos orlados y ceñidos corpiños, llevaban a cabo disciplinadas danzas en formación; a veces había espectáculos, algo frenéticos, realizados por pequeñas compañías de tres o cuatro bailarines. Los danzantes giraban al son de la música de flautas, liras y panderos.

Los mismos sacerdotes y sacerdotisas que oficiaban estas ceremonias religiosas públicas oficiaban rituales privados. En los oscuros atrios de cada palacio se construían pequeños altares a cuyos lados había hileras de bancas enlucidas, sobre las que se colocaban símbolos sagrados, como cuernos de toro, el *labrys* o hacha de doble hoja, figuras de aves y estatuillas de las deidades. Los sacerdotes o sacerdotisas entraban, a veces acompañados por músicos, y hacían libaciones de leche o vino. La principal deidad adorada en estos templos era la protectora del fogón y el hogar (conocida como la Diosa de las Serpientes, pues en frescos y estatuillas de marfil y oro aparece con serpientes en ambas manos). Tal vez algunas de las danzas representadas ante el público estaban dedicadas a ella. Quizá también se danzaba en honor a otras diosas minoicas, incluidas aquellas cuyo papel era vigilar las cosechas y animales de los isleños.

Un templo en la colina

Lejos de las poblaciones, los campesinos asistían, jubilosos, a informales ceremonias religiosas que se realizaban en el campo: en cuevas, en cimas de montañas, en claros de bosques o junto a los arroyos. Las cuevas naturales, que abundan en Creta, se convirtieron en el centro de algunos mitos y leyendas, mientras que muchas cimas se hicieron sede de templos al aire libre, simples terrenos demarcados por muros, en los que se hacían ofrendas y se encendían fogatas. En estos sitios se han hallado fragmentos de miles de estatuillas que representan vacas, carneros o cabras y que posiblemente fueron arrojadas a las fogatas.

En las poblaciones se realizaban otros rituales, especialmente en tiempos de cosecha. El Vaso de los Segadores, hallado en Hagia Triada, centro de una región productora de granos, muestra en sus elaboradas tallas la forma en que se realizaban estas ceremonias: los jóvenes de la aldea bailan una danza conmemorativa, alineados en hileras procesionales de tres y cuatro en fondo, con sus mayales y bieldos sobre los hombros.

En otras ocasiones, como en el caso de las bodas, se bailaban danzas más sobrias, aunque igualmente alegres. Una miniatura de arcilla de Kamilari representa unos hombres dis-

Niños pugilistas *Fresco de Thera que muestra a dos niños en prácticas.*

Culto a las serpientes *Esta deidad, hecha de cerámica vidriada, viste como las nobles minoicas. Sostiene serpientes, símbolos de la renovación de la vida, ya que mudan de piel.*

Bailarinas *Miniatura de arcilla de bailarinas con amplias faldas, y un músico que toca la lira.*

Templo *La Diosa de las Serpientes realiza un ritual. Dos pastores la miran desde el techo.*

"Los bailarines giraron con pies ligeros y graciosos... Una multitud presenciaba y gozaba de la apasionada danza; dos saltimbanquis, en medio de los danzantes, marcaban el ritmo del espectáculo."

HOMERO, *LA ODISEA*

puestos en círculo, con los brazos sobre los hombros de sus compañeros, de manera semejante a la de las danzas cretenses modernas. De una pared cuelgan unos simbólicos cuernos de toro, lo que sugiere que la danza era ritual, tal vez de carácter fúnebre, pues la miniatura fue hallada en una tumba.

No se sabe en qué medida creían los minoicos en la vida después de la muerte, pero algunos de ellos eran sepultados con objetos que pudieran necesitar en la otra vida. Entre los isleños ricos, estos objetos incluían alhajas de oro y baratijas, mientras que un carpintero de Cnosos fue enterrado con sierra y cinceles. Pero la gente común no se llevaba a la tumba más que una o dos vasijas de cerámica. De modo similar, mientras que los poderosos eran enterrados en criptas de esmerada mampostería, a la gente común se le daba sepultura, en el mejor de los casos, en un espacio tallado en la roca viva, junto con el resto de su familia.

Sacrificio *Un toro yace en una mesa, degollado. Su sangre se vierte a una jarra. Dos cabras correrán la misma suerte. Una figura con toga toca la flauta, y una mujer ofrece fruta en un altar.*

CAZADORES, FUNCIONARIOS Y REYES

En ciudades rodeadas de gruesos muros, sobre las cimas de las montañas, vivieron los micénicos, un pueblo guerrero que floreció en Grecia a partir del año 1500 a.C. y que reemplazó a los minoicos como potencia dominante del Egeo. Sus gobernantes eran reyes guerreros que vivían en grandes palacios, cuyas salas del trono estaban decoradas con frescos, y desde las cuales se dominaban las tierras conquistadas. Sus principales ciudades-Estado fueron Argos, Pilos, Tirinto y Micenas.

Aún hoy se yerguen las ruinas de Micenas sobre la planicie de la Argólida, en el sur de Grecia. Los visitantes entran por la imponente Puerta de los Leones, como lo hicieron, hace 3,500 años, los defensores de la fortaleza. La puerta recibe su nombre de las esculturas de dos leonas que la adornan. De la puerta salía un camino hacia el palacio real, que consistía en un conjunto de casas y un edificio principal con varias antecámaras, dormitorios y bodegas construidas alrededor de un *megaron*, o sala principal, sostenido por cuatro delgados pilares.

Muros pintados y piso de mosaico

La sala estaba dominada por el trono y por un hogar plano y circular, con chimenea de madera y fogón de barro. En las paredes había escenas de cacería pintadas en vivos colores. Piso y techo estaban cubiertos de mosaicos.

Aquí vivía el monarca, rodeado de cortesanos, guardaespaldas, hermosas mujeres con los pechos desnudos, criados y esclavos. Muchos hombres eran barbados —aunque sin bigote— y usaban el pelo hasta los hombros.

Adyacente al palacio, se construyó una serie de casas, de dos y tres pisos, sobre terrazas excavadas en un costado de la colina. Ahí vivían administradores, recaudadores de impuestos, terratenientes y los Seguidores, o sea los nobles y amigos más cercanos del monarca. Los Seguidores acompañaban al rey en los banquetes de carne de venado y mariscos del Mediterráneo, que digerían bebiendo generosas cantidades de vino del lugar. Tenían derecho a poseer carros y conductores para transportarse por la región, además

Ciudadela fortificada *Micenas consistió en dos ciudades construidas sobre un peñasco entre dos barrancas. La ciudad alta estaba entre el palacio y los muros hechos con numerosos ladrillos de roca; se creía que los Cíclopes, míticos gigantes con un solo ojo, habían construido los muros para Perseo, fundador y primer rey micénico. La ciudad baja se extendía por las laderas, fuera de los muros.*

Rumbo a la batalla *En esta vasija de 1200 a.C., soldados barbados portan lanzas.*

Guerrero *Armadura hecha con varias placas de bronce y sujeta por correas de cuero.*

LOS LEONES PULULABAN EN GRECIA

La cacería era uno de los pasatiempos favoritos de los terratenientes micénicos más acaudalados. Los leones, que abundaban en el campo, eran perseguidos por los cazadores subidos en carros, o por grupos de cazadores equipados con arcos, flechas y lanzas. También los soldados micénicos gustaban de la cacería de leones, y a ello dedicaban sus días francos. Asimismo, cazaban ciervos y patos salvajes, y los jabalíes eran perseguidos por su carne y colmillos, que luego se tallaban y perforaban para adornar los cascos de los guerreros. Los guerreros micénicos usaban armaduras de bronce, consistentes en una coraza que protegía el pecho y la espalda, una cubierta para el cuello, hombreras y franjas que cubrían el abdomen y las ingles. Las armas eran arcos y flechas, jabalinas, lanzas, hondas, espadas y dagas. Los nobles también usaban armaduras cuando embestían con sus carros de dos caballos.

Deporte de nobles *La caza del león representada en una daga de bronce.*

de esclavos y tierras cultivables. Estas últimas las arrendaban, al igual que el rey, a campesinos que las hicieran producir.

La casa de un mercader

Uno de los edificios descubiertos en Micenas, cuyos restos fueron excavados recientemente, es la Casa del Mercader de Aceite: una imponente mansión con 12 habitaciones en la planta baja y un sótano. Entre las ruinas de la casa se hallaron varios *pithoi*, o cántaros, llenos de aceite y listos para ser transportados. De manera similar, en la misma zona fueron excavadas la Casa del Vaso del Guerrero, la Casa de los Escudos, la Casa de las Esfinges, la Casa de las Columnas y el Granero. Todas reciben sus nombres de los principales objetos o los frescos que fueron hallados en su interior.

Máscara mortuoria de oro de un rey micénico

Al igual que el palacio, las casas con azoteas fueron construidas alrededor de espaciosas salas principales. Los muros tenían marcos de madera, enlucidos, para resistir los terremotos, y escaleras de madera que conducían a los dormitorios de la planta alta. A excepción de los templos rurales, los micénicos no contaban con templos ni adoratorios comunales. Sin embargo, en las casas más grandes se destinaba una habitación a alojar un altar, donde se adoraba gran variedad de dioses, incluidos Poseidón, dios del mar, los caballos y los terremotos; Deméter, diosa de las cosechas y el trigo; Ares, dios de la guerra; Dionisio, dios del vino, y Apolo, dios del Sol.

Las libaciones en honor a las deidades se bebían en copas de oro. Las tablillas halladas en Pilos y Tebas sugieren que se ofrecían a los dioses sacrificios humanos, junto con cerdos, cabras y corderos. En Micenas también se excavaron dos círculos de tumbas que formaban parte de un gran cementerio en la colina. El primer círculo estaba dentro de los muros de la ciudad, cerca de la Puerta de los Leones; el segundo estaba fuera. Se trataba de las tumbas del rey y sus familiares. El rey yacía con la túnica real y la corona de oro; su rostro estaba cubierto con una máscara mortuoria de oro repujado. Alrededor de él se colocaron sus pertenencias favoritas, tales como una daga de bronce incrustada con hoja de oro y plata.

Los difuntos yacían con la cabeza puesta sobre cojines de piedra. Las posesiones personales colocadas a su alrededor se consideraban necesarias para la siguiente vida: tazones, dagas, escudos y espejos, todos de bronce. También había copas de oro, flechas de piedra y estatuillas religiosas talladas en marfil. En tumbas posteriores —con forma de panal y conocidas como tumbas *tholos*—, un largo corredor de piedra, llamado *dromos*, conducía a la cámara mortuoria, donde los amigos del difunto bebían vino en su memoria antes de sellar el sepulcro.

La agricultura era muy importante para la economía micénica, y la mayoría de la población vivía y trabajaba en el campo. La ganadería también era importante: la producción de lana permitió que muchos granjeros vivieran en modestas pero cómodas casas de piedra, mientras que los campesinos tenían viviendas de una sola habitación, hechas de adobes crudos.

El almuerzo de un pastor

Junto con el oro y la confección de ropa, el aceite de oliva era un producto importante que se usaba para cocinar y alumbrar. La dieta básica se componía de trigo, cebada y otros granos, que a veces eran la moneda de los campesinos. Los escribas de palacio registraban las "raciones", y se estableció que la porción de cereal de un pastor no debía exceder en cinco veces la porción de un niño. Los cereales se condimentaban con hinojo, cilantro y berros; también se consumía leche y queso de cabra, y vino con miel.

Los nobles del ejército micénico se protegían con armaduras, escudos de piel de bovino sobre bastidor de madera, y varias clases de cascos, algunos de cuero adornado con colmillos de jabalíes. La fuerza naval del reino ocupó las colonias y puestos comerciales minoicos. Se piensa que, cuando salía en expediciones para capturar esclavos en otras islas, dicha fuerza ejecutaba a los hombres y se llevaba a las mujeres y a los niños, para someterlos a una esclavitud permanente.

La caída de Troya

Hacia el año 850 a.C., el poeta épico de Grecia, Homero, inmortalizó a los reyes guerreros de la Edad de Bronce micénica en su *Ilíada*. Escrita 400 años después de ocurridos los acontecimientos que describe, narra que, en 1200 a.C., los micénicos, comandados por el legendario rey Agamenón, tomaron la ciudad de Troya luego de sitiarla 10 años.

Pero ya estaban contados los días de los micénicos. En ese entonces, las gavillas de piratas mediterráneos, conocidas como Pueblos del Mar —cuyos asaltos fueron repelidos en Egipto—, cortaron las rutas comerciales con la Grecia continental. Esto, y las guerras intestinas, debilitaron esta civilización. Las ciudades fueron destruidas gradualmente y abandonadas: hacia 1100 a.C., la etapa micénica terminó.

Garabato del escriba *Algunas tablillas tienen dibujos como éste, hecho por un escriba aburrido de tan monótona labor.*

BURÓCRATAS QUE GOBERNARON CON LA ESCRITURA

Los gobernantes micénicos fueron los primeros burócratas del mundo, y usaron una enorme cantidad de escribas para regular cada detalle de la vida de los ciudadanos. Estos escribas llevaban un registro de los impuestos pagados y de las exenciones fiscales; de la lana que debía producir un campesino y del bronce que usaba un herrero para hacer puntas de flecha; de los niños que vivían en un pueblo y cuántos carros había en palacio. Los escribas también actuaban como vehículo para la transmisión de las órdenes de los funcionarios de estado. Se inventó una nueva escritura, la Lineal B, para mantener los registros: se llama así porque fue una de las primeras en escribirse en líneas. Descifrada en 1952 por el criptógrafo Michael Ventris, esta escritura usaba símbolos originados en jeroglíficos para representar sílabas.

Registro del bronce *Tablilla de arcilla de Pilos, al suroeste de Grecia, en la que se lista el tributo de bronce de 32 funcionarios de Micenas. Las barras verticales indican unidades; las horizontales, decenas, y los círculos, centenas.*

Dictado *Sentado en una banca de tres patas —de donde deriva la palabra trípode (arr.)—, un escriba sostiene una tablilla de arcilla húmeda y una plumilla de afilada punta. Registra cuidadosamente la información que le dicta un inspector de viñedos. El escriba corrige los errores de inmediato, pues si la tablilla se seca ya no podrán ser enmendados. Las tablillas terminadas se guardan en repisas.*

PUEBLOS DE ÉPOCAS BÍBLICAS

El Medio Oriente presenció el esplendor y la caída de una civilización tras otra, de las que sólo quedaron ruinas en la arena del desierto. Las tribus que buscaban un mejor lugar recorrieron la Media Luna, una fértil franja de tierra entre los ríos Tigris y Éufrates que une el golfo Pérsico con la costa oriental del Mediterráneo. Aquí, en la tierra de Canaán, se desarrolló el primer alfabeto, que los comerciantes difundieron en varias versiones por todo el mundo conocido. Desde Mesopotamia llegaron los hebreos a esta tierra, fundaron un reino y proclamaron su creencia en un solo dios verdadero.

Surgió un Imperio Babilónico, pero cayó bajo el poder de los asirios; una nueva Babilonia se convertiría en la más espléndida ciudad de su época, antes de caer ante los conquistadores persas. Un gobernador romano regía Judea cuando Jesús predicó el evangelio que se difundiría hasta los confines del mundo. En medio de esto, mientras los ejércitos marchaban y combatían, los campesinos y artesanos trabajaron en modos que han cambiado poco desde entonces.

HEBREOS, CANANEOS, BABILONIOS, ASIRIOS Y PERSAS 2000 A.C.–150 D.C.

HUELLAS DEL PASADO EN TIERRA SANTA

La sociedad palestina en la época de Jesús estaba marcada por los rastros de épocas pasadas. De la costa mediterránea al río Jordán, de Galilea a Judea, la compleja y colorida historia de esta tierra se manifestaba en la vida diaria de sus pueblos.

En poblaciones como Nazaret, en Galilea, matrimonios como el de María y José pugnaban por conservar una vida piadosa, mientras que en Escitópolis, junto al río Jordán, los maestros griegos estudiaban los cantos épicos de Homero. Escribas, fanáticos rebeldes, sacerdotes, soldados romanos, mercaderes fenicios, campesinos... todos se reunían en esta encrucijada del mundo.

Las herramientas usadas en la época de Jesús han cambiado poco. De niño, quizá Jesús ayudó a José en la carpintería, antes de reunirse con otros niños en la sinagoga para aprender las escrituras. La sinagoga, centro de la vida de la aldea, surgió de un doloroso pasado. Cuando los babilonios destruyeron Jerusalén y su Templo, y exiliaron a los judíos, éstos hallaron lugares de reunión para orar y ayudarse mutuamente. Las sinagogas funcionaron tan eficientemente que fueron introducidas a Palestina cuando los exiliados retornaron.

Otro resultado de la conquista babilónica y los siglos de dominación persa que le siguieron fue que Jesús y sus coterráneos hablaban la lengua aramea de Mesopotamia, en vez del hebreo del rey David y sus antepasados israelitas. Cuando Jesús recorrió Samaria, en el centro de Palestina, conversó con una mujer que sacaba agua del pozo de Jacob, labor que hacían las mujeres de la región, pero sus palabras reflejaban el ánimo de los sama-

Oriundo del norte *Los rasgos aguileños de los filisteos quedaron plasmados en este friso egipcio de 1180 a.C. Los egipcios sentían fascinación por las costumbres y atuendos de estos corsarios que, provenientes de Creta, se asentaron en la costa sur de Palestina y se convirtieron en los constantes enemigos de los judíos. También atacaron Egipto, pero fueron derrotados.*

Símbolo de fertilidad *Los toros simbolizaban fuerza y potencia. Este bronce cananeo fue hallado en un santuario de Biblos.*

ritanos, un pueblo que surgió de un desastre: en el año 722 a.C., un ejército asirio tomó la capital de Samaria, deportó a muchos de los habitantes y sustituyó a los exiliados por otros pueblos, a los que sometió bajo el mando de un gobernador asirio.

En Samaria se formó un estilo de vida que incorporó la ley mosaica, pero rechazó otras prácticas del judaísmo. Samaritanos y judíos eran vecinos, pero vivían siempre en conflicto. Esta dolorosa historia subyacía en el asombro que sintió la mujer cuando Jesús se dignó hablar con ella. El Evangelio de San Juan dice: "... los judíos no se tratan con los samaritanos."

> *"Porque el Señor os ha traído a tierra fértil... una tierra de olivos y miel."*
>
> DEUTERONOMIO 8:7,8

Ambas comunidades evitaban a los griegos paganos, que eran un resabio de otro gran conquistador, Alejandro Magno, quien subyugó la región en el año 332 a.C. En Cesarea y Ptolemais (Acre), en la costa mediterránea, en ciudades orientales como Pella, Escitópolis, Gadara, Filadelfia y Guerasa, y aun en Sebasta, construida sobre las ruinas de Samaria, los griegos y sus representantes seguían el estilo de vida de Grecia o de las ciudades helenizadas en las que triunfó Alejandro. Su cultura era cosmopolita, orgullosa de una larga tradición de gobiernos locales; arte, literatura, teatro y educación eran la envidia de los demás pueblos. Un mercader de Escitópolis o de Pella asistía al templo de Dionisio, participaba en la asamblea de la ciudad y aspiraba a enviar a su hijo a la universidad de Atenas. Tenía tratos con los judíos adinerados o con los samaritanos que hablaban el griego y compartían con él sus intereses comerciales.

Muchos aristócratas judíos, incluidas las familias reales asmoneas y herodianas, y los sumos sacerdotes con sus clanes, se sentían atraídos por la cultura y la educación griegas, especialmente por la disciplina atlética. Los atletas escandalizaron a los judíos tradicionalistas cuando vistieron la breve túnica griega. Algunos sacerdotes jóvenes adoptaron el *petasos*, o sombrero griego, e incluso asistían a un gimnasio donde se ejercitaban desnudos. Los ricos celebraban banquetes, mientras que los campesinos comían carne de cordero o cabra sólo en días festivos: la dieta era de pan, pescado seco o salado, verduras, frutas y queso. Sobre su vida diaria pendía el poder de Roma. Herodes Antipas, que era judío, gobernaba Galilea a satisfacción del César, y mantuvo en paz la región mediante recaudadores de impuestos (como Mateo, que luego fue discípulo de Jesús) y soldados (como el centurión cuyo criado sufría una parálisis que curó Jesús). Samaria y Judea eran administradas por gobernadores romanos, como Poncio Pilatos.

Las tropas romanas tenían derecho a obligar a los ciudadanos judíos a cargar los bultos romanos durante una milla (mil pasos). Jesús instó a sus seguidores a mostrar a los romanos una servidumbre extraordinaria: cargó los bultos una milla más.

Los legionarios casi siempre provenían de tierras lejanas, como Germania y las Galias, y la cultura romana los impresionaba; no entendían por qué los judíos querían combatir a esta benévola potencia. En las colinas había guerreros que hostilizaban a los invasores, mientras organizaban una rebelión. Uno de estos fanáticos, Simón, se hizo discípulo de Jesús. Muchos conquistadores pasaron por caminos que recorrió Jesús, y dejaron huella en el pensamiento y las esperanzas de los demás: Nabucodonosor de Babilonia, Sargón el Asirio, Alejandro Magno y Pompeyo el Romano.

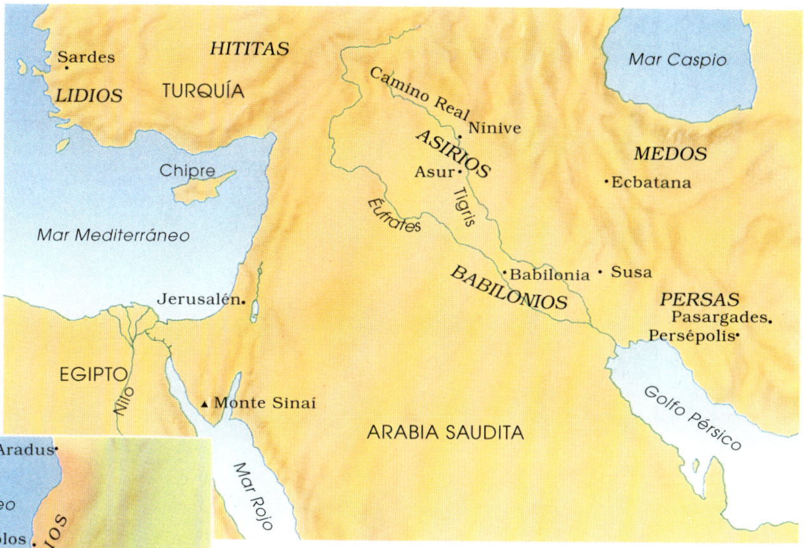

Un gran imperio *Los reyes persas del siglo VI a.C. unificaron a todos los pueblos del Medio Oriente en un solo imperio, que abarcó desde el mar Egeo hasta la India. El camino real, de 2,698 km, cruzaba el imperio, y por él transitaban los jinetes correo del rey.*

Cuna de la fe *Aunque pequeña, Tierra Santa fue escenario de acontecimientos cruciales durante miles de años. Sus habitantes originales fueron los primeros en beneficiarse de la agricultura, en el año 10,000 a.C., estimulando el crecimiento de ciudades que perduran hasta hoy.*

Imagen tallada *Los israelitas estaban rodeados de paganos que adoraban ídolos como esta talla en marfil fenicia de una diosa sedente (izq.). Moisés advirtió a su pueblo que, si querían gozar de la piedad divina y de la Tierra Prometida, debían abandonar el culto pagano. El profeta Jeremías les dijo que los dioses de madera no eran mejor protección que "un espantapájaros en un cultivo de pepinos".*

Leyes reales *El florecimiento de la civilización requirió leyes que regularan la complejidad de las actividades humanas. Hammurabi, que rigió Babilonia durante 42 años desde 1792 a.C., reunió un código de leyes y ordenó poner copias en los lugares públicos. En esta estela de 2 m hay 282 leyes que fijan penas para numerosos delitos; algunas se basan en el principio de "ojo por ojo y diente por diente". Arriba, Hammurabi comparece ante el dios Sol Samas.*

LOS HEBREOS, PUEBLO CON UN SOLO DIOS

Tres veces al año se interrumpía la rutina diaria de los antiguos hebreos. Los caminos se convertían en ríos de gente: campesinos y artesanos, ricos y pobres, se dirigían al Templo construido por Salomón en Jerusalén a celebrar los festivales que su historia marcaba, y las temporadas de siembra y cosecha.

La nación hebrea ganó orgullo y confianza durante la época del padre de Salomón, el rey David, que acabó con la dominación extranjera y transformó la tambaleante estructura tribal de los hebreos en un reino, cuya capital fundó en Jerusalén. El símbolo de su fuerza y unidad fue el Templo que terminó Salomón hacia el año 953 a.C. Resplandeciente, de cedro pulido y oro repujado, era una imagen extraterrena para la gente común, acostumbrada al tedio de sus aldeas.

En el Templo estaba el Santo de los Santos, habitación oculta donde Dios estaba presente y donde se guardaba la dorada Arca de la Alianza que contenía los Diez Mandamientos, escritos en tablillas de piedra. El Templo inspiraba a los fieles a imaginar la gloria de su dios y la importancia de la alianza con él. Durante gran parte de los casi mil años que existieron antes de la época de Salomón, los hebreos adoraron a su dios en altares portátiles y tiendas, pues habían sido errantes. Poco después de 2000 a.C., los pastores apostados en lo

MAGNÍFICO TEMPLO EN JERUSALÉN

En el gran templo de piedra caliza construido por Salomón, el culto se rendía fuera del edificio. En el patio, los sirvientes llenan de agua el enorme recipiente de bronce, conocido como Mar de Fundición, en el que se hacían las purificaciones rituales. A la derecha, un sacerdote oficia ante un altar de holocaustos. La entrada oriental está flanqueada por pilares de bronce de 12 m. En el interior está el santuario de 54 m de largo por 15 de alto. En el extremo oeste queda el Santo de los Santos, al que sólo entraba el sumo sacerdote una vez al año. El Templo duró en pie ocho siglos; Herodes lo declaró una de las glorias del mundo en el siglo I a.C. En los patios del interior se aglomeraban los fieles; afuera surgieron los mercados. En el Templo trabajaban cientos de sacerdotes, funcionarios y artesanos. Cuando los judíos se rebelaron contra los opresores romanos en el año 70 d.C., el Templo fue destruido, y junto con él, la mayor parte de Jerusalén.

Guardián alado *Esta criatura de una placa de marfil del siglo VIII a.C. tiene cabeza humana y alas en un cuerpo animal. Figuras como ésta flanquean el Arca de la Alianza.*

Caravana *El delta del Nilo era un imán, fuente de saqueo o de comercio legal para los pueblos que vivían en Asia occidental y en la fértil Media Luna. Esta pintura encontrada en una tumba egipcia de 1900 a.C. muestra a una tribu semita que viaja hacia Egipto en la época de los patriarcas. La caravana incluye a mujeres, niños y animales. Los hombres portan armas cananeas típicas de la época: lanzas y arcos de vientre doble. El guerrero de la izquierda también lleva un hacha de "pico de pato". Le precede un hombre que pulsa un instrumento de cuerda para aligerar el tedio de la larga marcha.*

Música divina *Sólo los nobles y los sacerdotes varones tocaban el arpa. Era pulsada en las ceremonias, y se creía que su música provenía del cielo.*

Arca de Dios *Las tribus cargaban las Tablas de la Ley en el Arca de la Alianza, generalmente mediante barras, pero David las llevó a Jerusalén en una carreta.*

que hoy es la meseta del Golán quizá vieron pasar a los primeros exploradores hebreos, seguidos de pastores con sus rebaños de ovejas y cabras, y de los asnos que cargaban a mujeres y niños: iban al sur, rumbo a Canaán.

Vestían túnicas de colores vivos, que los hombres usaban hasta las rodillas y las mujeres hasta los tobillos. Los hombres iban descalzos o usaban sandalias; las mujeres llevaban calzado de cuero. Los hombres adultos eran barbados, y el cabello les daba al cuello; las mujeres lucían trenzas sobre sus espaldas.

Al acampar, se agrupaban alrededor de la tienda de su patriarca, un anciano amorita llamado Abram, después conocido como Abraham. Él había dejado atrás, en la ciudad de Ur, al sur de Mesopotamia, el clan de su padre y hermanos para emigrar a territorio desconocido. Aquí da inicio la historia del nuevo pueblo hebreo, momento de incalculables consecuencias para el mundo. Tras abandonar el valle del Éufrates, el creciente clan de Abraham llegó a la árida tierra de Canaán, que no obstante poseía vegetación y pastizales. En la época de Abraham, su hijo Isaac y su nieto Jacob —después llamado Israel— prosperaron como pastores seminómadas.

Adorar a un solo dios

Como patriarcas, Abraham, Isaac y Jacob fueron siempre ricos, generosos, hospitalarios y poderosos. Para los cananeos, eran intrusos: nunca eran dueños de la tierra donde acampaban o apacentaban su ganado. En el mejor de los casos compraban terrenos sólo para sepultar a sus muertos. Aun sin tierra propia, los hebreos constituían una fuerza digna de tomarse en cuenta. De haber peligro, Abraham podía reclutar a 318 soldados de entre sus propios criados. La riqueza del clan eran sus ganados, pero si llegaban a un lugar fértil, acampaban y trabajaban la tierra para incluir en su dieta algo más que carne.

Estas tribus conservaban su identidad evitando la exogamia: Isaac y Jacob buscaron esposa entre su parentela en Mesopotamia, en vez de hacerlo con la gente local. La peculiaridad hebrea más notable era tener una religión con una deidad única y distinta de los dioses cananeos: los descendientes de Abraham afirmaban que Jehová, el "Dios de Abraham", les había prometido a sus descendientes darles la tierra de Canaán.

> *"Salid del país donde estáis, hacia una tierra que os mostraré."*
>
> GÉNESIS 12:1

Los hebreos eran vulnerables a la sequía y escasez que frecuentemente asolaban esta tierra. En el Génesis se relata cómo Abraham, luego de llegar a Canaán, partió hacia Egipto para escapar de la hambruna. Posteriormente, el hambre obligó a Jacob a llevar a los hebreos a Egipto, donde permanecieron durante generaciones.

Adaptaron su vida pastoril al estilo sedentario del delta del Nilo, y permanecieron en la región de Gosen, donde proliferaron. Los egipcios los emplearon en hacer ladrillos: los capataces del faraón "amargaron sus vidas con arduas labores".

La esclavitud en Egipto se prolongó hasta que Moisés guió a los hebreos al desierto entre las dos vertientes del Mar Rojo. Vivieron varios años como nómadas involuntarios en un medio severo, afrontando las exigencias de una libertad que no habían conocido hasta entonces. Durante las peregrinaciones iniciales, Moisés condujo a los hebreos al sagrado monte Sinaí, donde renovaron la alianza con Dios y recibieron una nueva serie de leyes, los Diez Mandamientos, por los que se estableció el ciclo semanal de seis días laborales por uno, sagrado, de descanso, y se reafirmó la santidad de la vida humana, el matrimonio, la justicia bajo la ley y los derechos básicos de la propiedad.

Los hebreos rendían culto en un templo portátil, una elaborada estructura de tiendas llamada tabernáculo. Llevaban consigo el Arca de la Alianza, creyendo no sólo que contenía las leyes que regían su comportamiento, sino también que simbolizaba la presencia de Dios entre ellos, su pueblo.

Hacia la Tierra Prometida

Los hebreos prosiguieron su viaje hasta el río Jordán, frontera natural de Canaán, listos para entrar a la tierra que le había sido prometida siglos antes a Abraham. Bajo el mando de Josué, sucesor de Moisés, dominaron gradualmente la región.

Constituyeron una confederación tribal en la que no había más autoridad central que la fe en las leyes comunes. Esta libertad condujo a la anarquía: como dice el Libro de los Jueces, "todo hombre hacía lo que a sus ojos estaba bien". Sus rivales los hostilizaron con ataques devastadores, destruyeron sus cosechas y asolaron sus aldeas. Finalmente, los patriarcas decidieron ceder su autoridad a un rey que pudiera unificar la nación y mantener un ejército lo suficientemente poderoso para impedir la dominación extranjera.

Saúl, el primer rey que gobernó la nación, sólo tuvo un éxito parcial, pues sus frecuentes depresiones, y aparente paranoia, desanimaron a los seguidores más hábiles, como ocurrió con su joven general David. Saúl murió en batalla y se inició una guerra civil en el país, de la que David emergió como un rey triunfante y poderoso.

David unificó a su pueblo, venció a las naciones vecinas y extendió las fronteras del reino de Israel. Ello permitió a su hijo Salomón gozar de prosperidad y reemplazar el tabernáculo con el magnífico Templo en Jerusalén, mil años después de que Abraham entrara por primera vez en Canaán.

La historia hebrea estuvo marcada por peregrinaciones y sufrimientos, y pasó por muchos triunfos y derrotas. Sin embargo, sus costumbres y creencias han perdurado a lo largo de diez siglos.

Tumba del patriarca *La actual Hebrón, al suroeste de Jerusalén, da una buena idea de lo que era una aldea en tiempos bíblicos. Aquí se encuentra la tumba de Abraham.*

LOS HEBREOS EN ALDEAS Y CIUDADES

Los ejércitos marchaban por las calles de la aldea; los gobiernos cambiaban; surgían y caían imperios..., pero los hebreos que vivían en las aldeas de Palestina apenas lo notaban. La vida y el trabajo de los pastores, campesinos, viñadores e hilanderos cambiaban poco: los hijos aprendían el oficio de sus padres; las hijas aprendían de las madres los quehaceres domésticos.

Aunque Palestina estaba salpicada de ciudades amuralladas muy importantes para la cultura e historia de Israel, la mayoría de la gente vivía en aldeas sin muros y labraba la tierra. El ciclo de siembra y cosecha se refleja en el calendario hebreo y en sus festividades religiosas.

Los campesinos trabajaban en granjas que incluían una pequeña parcela —sembrada de trigo si el suelo era fértil o, en caso contrario, de cebada—, un viñedo y un huerto de olivos para obtener aceite. Entre las viñas se sembraban higueras y verduras. Sus casas tenían una sola habitación de piedra o de adobe. Sobre el piso de tierra había una plataforma, en la que dormía la familia. El resto era un refugio para los animales. El trigo se almacenaba en un pozo revestido de piedras, y el fogón de la cocina ahumaba siempre la habitación.

Familias y clanes trataban de conservar la propiedad de las granjas, pero, en tiempos de Jesús, los terratenientes —que vivían en las ciudades— poseían la mayoría de las tierras, que eran labradas por campesinos arrendatarios. Se criaban asnos y camellos para bestias de carga, y bueyes para los arados. Predominaba el pastoreo de ovejas y cabras, sobre todo en lugares no aptos para cultivar grano. La solitaria vida de un pastor cambiaba poco. Por la noche encerraba su rebaño en corrales de piedra con puertas abiertas; con cayado y porra a la mano, se acostaba a la entrada e intentaba dormir: era una puerta humana que resguardaba a sus animales de las fieras. Las necesidades básicas determinaban los oficios más comunes. El alfarero hacía vasijas de arcilla para las actividades diarias; el herrero martillaba al fuego de carbones: forjando el hierro y el bronce hacía herramientas, hojas de arado, vasijas y herrajes.

Actividad hogareña *Una sirvienta abanica a una mujer elamita que devana hilo en un huso. Este relieve del siglo* VII *u* VIII *a.C. fue hallado en Susa, Irán. Los elamitas fueron derrotados por Abraham cuando invadieron el valle del Jordán.*

La herrería era estratégica, pues sólo los herreros podían hacer armaduras y armas. Cuando los hebreos intentaron establecer la monarquía, los dirigentes filisteos consiguieron desarmarlos al prohibirles ejercer la herrería: aun para afilar la cuchilla de un arado, los hebreos debían ir con los filisteos.

Junto al taller del herrero se oía al carpintero aserrando o haciendo rechinar su taladro de mano, que giraba mediante un arco y una correa. Los carpinteros generalmente trabajaban sentados en el piso de tierra, dando forma a la madera que sostenían con pies y rodillas. Hacían yuntas, arados y otras herramientas agrícolas, así como muebles, puertas y vigas.

"Alimentará a su rebaño cual un pastor: reunirá a las ovejas bajo su mando."
ISAÍAS 40:11

Muchos oficios se relacionaban con una región determinada. Los pescadores se reunían alrededor del Mar de Galilea; los albañiles y mamposteros, en cualquier proyecto de construcción real; Jerusalén y su Templo eran el centro de los clanes sacerdotales.

Las mujeres vestían y alimentaban al país, y criaban a la progenie. Cardaban la lana y la hilaban, teñían el hilo y tejían en telares verticales; confeccionaban la ropa y la lavaban "pisoteándola" en arroyos o estanques públicos. El ama de una casa grande tenía varios criados a su disposición, e incluso confeccionaba ropa para los mercaderes de la ciudad. Las mujeres ayudaban a los hombres segando, trillando y beldando el grano. En las aldeas, molían la harina con un molino manual o incluso con un simple mortero. Se levantaban antes del alba para encender el fuego; agregaban agua a la harina para amasarla; cocían pan en hornos de arcilla y cocinaban otros alimentos. Junto a las mujeres y los hombres libres trabajaban esclavos o sirvientes bajo contrato. Casi siempre eran prisioneros de guerra o descendientes de éstos, pero muchos campesinos pobres se vendían como esclavos para pagar sus deudas, y había quienes desde niños habían sido vendidos por sus padres. Una viuda cuyo marido había muerto endeudado suplicó la ayuda del profeta Eliseo porque "el acreedor vino a llevarse a mis dos hijos para que sean sus esclavos". Para escapar de la esclavitud, los hombres se unían a las bandas de salteadores, como aquella que David comandó cuando se escondió de Saúl.

En casi todas las comunidades, la autoridad la ejercían los ancianos: dirimían todos los asuntos comunitarios, desde cuestiones económicas hasta disputas civiles y crímenes, en procesos simples pero efectivos, aunque algunos profetas denunciaron injusticias y sobornos. No había fiscales ni abogados: cada bando presentaba su alegato, junto con sus testigos y pruebas. La ley y la tradición favorecían al acusado y exigían por lo menos dos testigos para aplicar penas por un crimen capital. Los casos difíciles llegaban hasta el rey o a las cortes de apelación, formadas por líderes civiles y religiosos.

Había poco tiempo para la diversión. La biblia hebrea no menciona deportes ni pasatiempos, aunque los arqueólogos han descubierto juegos de mesa hechos de madera, piedra e incluso de marfil. El descanso tal vez se manifestaba mediante fiestas, cantos y danzas, junto con narraciones y concursos para idear y resolver acertijos.

Túnel de agua fresca

Después de que David la nombrara capital, Jerusalén se convirtió en centro comercial. El suministro de agua se aseguró mediante un túnel —construido en tiempos del rey Ezequías— que corría por dentro de las murallas desde un manantial protegido.

La capital fue destruida por los babilonios en el siglo VI a.C., y renació lentamente durante el siglo siguiente, cuando los judíos regresaron del exilio en Babilonia para reconstruir el Templo y las murallas de la ciudad. Luego, cuando las comunidades judías se esparcieron en ciudades, desde Babilonia hasta Roma, Jerusalén se volvió más cosmopolita, porque muchos regresaban a la Ciudad Santa para celebrar fiestas como la Pascua judía, o simplemente para pasar sus últimos años cerca del Templo.

CASAS CON POCAS COMODIDADES

El hogar de un próspero ciudadano hebreo es una escena de actividad constante. Sus muros albergan a una familia que abarca varias generaciones, además de uno o dos esclavos. La puerta principal da a un patio pavimentado donde una mujer cocina: el clima cálido obliga a la gente a vivir al aire libre. Un asno espera en su pesebre, mientras que el otro asno de la casa ayuda a su amo a trabajar el campo o a llevar productos al mercado.

La estancia familiar en la planta baja está escasamente amueblada con una estera y una tosca silla. Los niños juegan junto al hoyo de la fogata, donde a veces se cocina. En la planta alta, a la que se llega por una escalera, la familia duerme cubierta con mantas, sobre esteras y almohadas. Una mujer subió a la azotea para hacer sus quehaceres en paz. En las noches de verano, la familia lleva sus esteras a la azotea para dormir con brisa fresca.

Cántaro de barro

Jarra de bronce de diseño simple

Cuchillo de hierro, un valioso objeto

Platos y cuchara de madera

ARDUA VIDA PARA LAS MUJERES

La vajilla era mínima: platos y tazones de madera o barro, una o dos jarras de bronce, cuchillos y cucharas. Los alfareros, carpinteros y herreros que elaboraban estos utensilios trabajaban en locales distintos; sus diseños eran más prácticos que artísticos. Pocas cosas había para facilitar la labor de las mujeres: cocinaban en el patio y acarreaban agua desde el pozo. Se alumbraban con la tenue luz de lámparas de grasa animal.

Ama de casa *Miniatura de arcilla hallada en una tumba de Galilea, de una mujer que amasa harina.*

REVOLUCIÓN ESCRITA EN CANAÁN

Todo niño que recita el abecé sigue una tradición que se remonta 3,500 años, hasta los cananeos. Fue este pueblo de la costa oriental del Mediterráneo el que desarrolló un alfabeto fonético. La palabra "alfabeto" proviene, a través del griego, de los nombres que dieron los cananeos a sus primeras letras: *alpu* y *betu*.

Se piensa que el nombre de la región de Canaán significaba "tierra de la púrpura", por el tinte púrpura que los cananeos extraían de un molusco de mar llamado múrice, y que usaban para teñir la lana que exportaban desde puertos como el de Tiro. De la palabra griega que designa a este color rojo púrpura, *fénix*, se deriva la palabra fenicio, que designa al pueblo que después heredó la tierra y cultura cananeas.

El tinte era obtenido de una glándula del múrice. Cada glándula proporcionaba una o dos gotas del líquido, que luego era procesado mediante prolongada cocción a fuego lento en un perol. Se necesitaban las glándulas de 60,000 múrices para producir 450 g de tinte, lo que explica por qué las telas teñidas con el "púrpura de Tiro" eran tan costosas y apreciadas. En las ciudades costeras de Canaán se distribuía un papiro hecho de la médula de un junco; se le utilizaba como material de escritura. Los mercaderes de Biblos, una de estas ciudades, lograron tal fama por la calidad de los juncos de papiro importados de Egipto, que los griegos emplearon el nombre de biblos para referirse a "libro"; la palabra *Biblia* (y *bibliografía*) se deriva también del nombre de esa antigua ciudad.

Aristócrata fenicia luciendo una rizada cabellera

La civilización de Canaán es sumamente antigua. Jericó, cercana al río Jordán, es la ciudad amurallada más antigua que se conoce: data del año 7000 a.C. Muchas otras ciudades surgieron durante los siguientes 4,000 años; protegieron a los agricultores en sus fértiles valles y los pusieron en contacto con las rutas comerciales. Los campesinos salían de las ciudades para trabajar; dentro de ellas, los comerciantes de otras aldeas vendían sus mercancías a lo largo de populosos mercados de estrechos callejones. Se podía comprar vino, aceite de oliva, granos, lana, alfarería, cedro, marfil, joyas de concha o plata y cristalería. Durante la invasión israelita del siglo XIII a.C., la ciudad de Jasor tenía entre 30,000 y 40,000 habitantes. Los cananeos eran obstinadamente independientes; con frecuencia sus poblaciones peleaban entre sí; por esto no consiguieron la unificación política que les hubiera dado la fuerza necesaria para rechazar a los invasores. Lo que unía a las tribus y ciudades cananeas era su cultura y una religión basada en mitos.

En cada población había numerosos templos y altares, y el ritual incluía ofrendas de granos, vino o aceite de oliva en el templo. El principal dios cananeo era Baal, que significa "Señor" o "Dueño", pues era propietario de las tierras y de la vida y prosperidad del pueblo. Baal era parte de una familia de deidades cuyo jefe era el creador El, que simplemente significa "dios". En la mitología, Baal era el hijo de Dagón, hermano de El. Dagón significa "grano". Baal ganó la posición de dios principal cuando salvó a su pueblo de la destrucción ocasionada por las aguas tempestuosas, y de la muerte provocada por la sequía. Baal murió, pero volvió a la vida mediante el amor de su hermana Anat. Este hecho marcó la fertilidad de la naturaleza, una historia mítica representada por el ciclo de las estaciones. Para un pueblo que vi-

INICIOS DEL ALFABETO

Los comerciantes del Medio Oriente que buscaban un modo sencillo para registrar sus transacciones inspiraron uno de los avances más revolucionarios de la historia: el alfabeto basado en el uso de un símbolo para cada sonido. Los jeroglíficos egipcios y la escritura cuneiforme mesopotámica usaban varios métodos para representar palabras y sílabas, lo que significaba memorizar una gran cantidad de signos. La innovación se produjo en el siglo XVI a.C., cuando los cananeos, hebreos y fenicios notaron que las palabras se forman con un reducido número de sonidos elementales. Bajo este principio fonético se originó una nueva escritura basada en las lenguas semitas de la región. Los comerciantes llevaron esta escritura al Mediterráneo occidental, y una variante que fue desarrollada en Grecia se convirtió en la base de los alfabetos modernos.

A la medida del rey *Este sarcófago de estilo egipcio pertenece a Esmunazar de Sidón, y tiene inscrita una loa al rey en la nueva escritura alfabética.*

vía entre el mar tempestuoso y el desierto estéril, los mitos reflejaban su anhelo por una vida estable en una tierra fértil. Ciertos pasajes tienen un notable parecido con determinados salmos.

Los albores del siglo XII a.C. llevaron calamidad a los cananeos. Mientras las tribus israelitas se infiltraban desde el oriente, otros grupos conocidos como Pueblos del Mar avanzaron costa abajo desde el norte y tomaron Sidón y Tiro. Otra rama de los Pueblos del Mar, los filisteos, ocuparon el suroeste de Canaán luego de un intento fallido por invadir Egipto. Un relieve triunfal tallado por los egipcios en un templo de Medinet Habu representa a los altos guerreros filisteos vistiendo faldones cortos y penachos, y empuñando espadas rectas y escudos redondos. Los filisteos organizaron los territorios recién conquistados en cinco ciudades confederadas: Azoto, Ascalón, Acarón, Gat y Gaza, y fueron la mayor potencia militar de la zona hasta los tiempos del rey David.

Los cananeos no resistieron a los israelitas y filisteos, que peleaban entre sí por la posesión de la tierra. Los cananeos se retiraron al norte hasta que sólo quedaron las ciudades de Tiro, Sidón, Beritus (Beirut), Biblos y Aradus como herederas de su antigua cultura, representada por sus descendientes fenicios.

Los fenicios forjaron una larga tradición de comerciantes marítimos utilizando sus recursos madereros y su habilidad en los astilleros y carpinterías. Proveyeron madera y artesanos para proyectos como el Templo de Salomón, en Jerusalén. Para proteger su marina mercante, idearon buques de guerra impulsados por hileras de remeros y armados con espolones que perforaban los barcos enemigos por debajo de la línea de flotación.

Los fenicios comerciaron en todo el Mediterráneo con cobre de Chipre, papiro, marfil y lino de Egipto, y lana de Asia Menor. Dominaron las artes de la navegación y aprendieron a orientarse con la Estrella Polar. Desde el año 850 a.C., fundaron puestos de avanzada que se convirtieron en ciudades, de las cuales la más notable es Cartago, en el norte de África. Llegaron a España y pasaron por las Columnas de Hércules (Estrecho de Gibraltar) para comerciar hacia el sur, por la costa de Marruecos, y hacia el norte, hasta Cádiz y quizá Gran Bretaña, donde a largo plazo formaron provechosos mercados. Fueron los primeros en circunnavegar África.

Su independencia terminó en el año 572 a.C., cuando Tiro cayó ante Nabucodonosor de Babilonia. El comercio prosiguió y prosperaron colonias como Cartago, pero la franja costera de la antigua Canaán pertenecería desde entonces a un imperio mayor. El siglo IV a.C. vio la destrucción de Sidón por los persas, y de Tiro a manos de Alejandro Magno. En el año 146 a.C., Cartago sucumbió ante el Imperio Romano.

Comercio de madera *Las galeras fenicias llevaban troncos de cedros del Líbano a puertos del norte y del sur, para usarlos en barcos, palacios y templos, como el que Salomón construyó en Jerusalén.*

Mujer en la ventana *Esta talla de marfil de una mujer con peluca egipcia alude al culto de Astarté, diosa fenicia de la fertilidad, en su papel de prostituta sagrada.*

CREADORES DE HERMOSOS OBJETOS

Pese a las dificultades políticas, los fenicios se las ingeniaron para prosperar, y adquirieron fama por su lujoso estilo de vida. Los productos de sus artesanos gozaban de gran demanda, y sus finos vidrios, vasijas, textiles, marfiles y orfebrería se difundieron por todo el Mediterráneo y el Medio Oriente.

Además de sus tintes, maderas, vinos, dátiles y granos, sus buques mercantes llevaron artículos de alta moda a los tocadores de las mujeres ricas. El espejo de plata de Biblos data de 1250 a.C.; su mango en forma de loto revela su influencia egipcia. La navaja en forma de pato, del año 250 a.C., es cartaginesa, y refleja la moda helénica de los siglos posteriores. Los fenicios aprendieron sus técnicas de fabricación de vidrio en Egipto y Mesopotamia, y desarrollaron gran habilidad para hacer abalorios y objetos de ornato. El collar, hallado en una tumba en Cerdeña, demuestra el difundido comercio de pequeños y delicados objetos de vidrio. La jarra de vidrio fue moldeada en barro azul, al que se le añadieron decoraciones.

TEMIBLE MAQUINARIA DE GUERRA

Uno de los imperios más temidos del mundo antiguo surgió entre los campesinos semitas que cultivaban un fértil valle, al norte del Tigris. Los asirios surgieron cuando las aldeas pidieron protección a la ciudad de Asur, nombrada así en honor de su dios principal. Su tierra, de llanuras productivas, pastizales y montañas ricas en mineral de cobre, piedra caliza, alabastro y mármol, estaba cruzada por las rutas de las caravanas hititas, desde Anatolia hasta el sur de Mesopotamia o, hacia el este, a través de los montes Zagros hasta la India.

Al principio, la guerra jugó un papel menor en la vida de los asirios, ocupados en enriquecerse. Los mercaderes viajaban libremente, comerciando con telas de Asur, y con cobre, materia prima de armas y herramientas; importaban estaño del este, esencial para convertir el cobre en bronce.

Los asirios tuvieron un breve apogeo bajo el rey Samsi-Adad I (1813-1781 a.C.), y se hicieron no sólo de riqueza, sino también de enemigos. La presión de los babilonios de Hammurabi y la expansión del Imperio Hitita desde el oeste fueron seguidas de cuatro siglos de dominio extranjero. Tras sacudirse éste, los asirios cambiaron su actitud hacia los intrusos. Los que antes habían sido campesinos y comerciantes se transformaron en guerreros. Vieron en los pueblos montañeses una amenaza continua, y adoptaron una política de ataque y exterminio o de recolonización forzada. Durante los siglos XIII y XII a.C., expandieron sus fronteras. La brutalidad que empleaban para intimidar a sus enemigos se convirtió en el sello distintivo de la estrategia guerrera asiria.

El Estado se desarrolló como una pirámide en la que el rey ocupaba la cúspide. Bajo él había una capa de nobles, y en la base estaba el pueblo, que recibía muy poco de la riqueza conquistada, pero que estaba estrechamente ligado a la tierra donde había nacido, la que trabajaba de por vida. Si la tierra era vendida, quienes la labraban eran vendidos junto con ella.

La organización social tenía como base a la aldea. No existía un sistema tribal ni clases sociales, excepto la división entre libres y esclavos. Incluso cuando el imperio se expandió, la vida de la aldea siguió siendo la misma: pagaba la protección de su señor con mercancías y servicios, y la vida de éste transcurría en la corte o en una de las ciudades principales, como Asur, Nínive, Erbil y Nimrud.

"Conquisté las aldeas de Luhuti... las destruí, derribé sus muros y las incendié; apresé a los sobrevivientes y los empalé con estacas, que coloqué frente a las aldeas."

ASURNASIRPAL II, HACIA 840 A.C.

Reyes y nobles competían entre sí por la opulencia de sus edificios. Nínive y Nimrud son muestras de la habilidad asiria. Los muros estaban decorados con bajorrelieves que describían las hazañas reales. Sargón II (721-705 a.C.) empleó a decenas de miles de trabajadores para construir una nueva capital al norte de Nínive. Sólo se habían construido unos cuantos edificios públicos, cuando Sargón murió en campaña: la nueva metrópolis nunca fue habitada.

La población urbana era heterogénea e incluía a muchos extranjeros llevados como cautivos. Sólo la fuerza mantenía la unidad de una mezcla tan volátil: si el rey era débil, las ciudades enfrentaban la crisis, e incluso la ruina. Estos periodos de desorden interno hacían de los asirios una plaga mortal para sus vecinos.

El éxito o el fracaso dependía del rey, que controlaba a la sociedad. No se le consideraba divino, pero se creía que su cuerpo emitía una luz que atemorizaba a los enemigos. El acceso al rey estaba rígidamente controlado. Aun el príncipe heredero pasaba por elaborados rituales, para cerciorarse de que los augurios fueran propicios, antes de ver a su padre. Como regente de los dioses, el rey vivía entre una multitud de deidades y demonios, con sacerdotes, adivinos, astrólogos y exorcistas. Sus actos estaban precedidos de augurios, para asegurarse de que concordaran con la tradición y no ofendieran a los dioses. En lo que a religión se refiere, los asirios eran muy conservadores.

Voluntad de los dioses

Al igual que otros pueblos del mundo antiguo, los asirios creían que una vez que un objetivo de guerra pasaba por todos los oráculos y augurios, conquistarlo era voluntad divina y como tal se le perseguía implacablemente. Cuando los reyes volvían de la guerra, registraban con orgullo sus triunfos en inscripciones. El rey Teglat-Falasar escribió en el siglo XI a.C.: "Por disposición de mi señor Asur I fui conquistador..."

Asurnasirpal II (859-833 a.C.) dio una fiesta de 10 días a 70,000 personas para conmemorar la reconstrucción de Nimrud. Tenía un zoológico privado, con toros salvajes, leones, avestruces y monos. El hijo de Sargón II, Senaquerib (704-681 a.C.), quien había reñido con su padre, combatió en Babilonia y reconstruyó Nínive con mano de obra prisionera. Tendió calles, plazas y jardines dentro de un muro de 13 km de circunferencia. Para la irrigación, desvió los manantiales montañosos mediante una red de canales de 10 km de longitud.

Asiria llegó a su esplendor bajo Asurbanipal (668-627 a.C.), hombre famoso por culto y por cruel, cuya biblioteca de tablillas de arcilla tenía gran renombre. Sus sucesores fueron débiles y el imperio cayó. El lugar de Asiria lo tomó la renaciente Babilonia.

Pocos lamentaron la caída del Imperio Asirio. El terror que evocaba en sus víctimas se refleja en las palabras que escribió el profeta hebreo Nahúm, cuando cayó Nínive: "¡Ay de ti, ciudad sanguinaria, toda de fraude, llena de violencia, y de rapiña que no acaba nunca! Escuchad: chasquido de látigos, estruendo de ruedas, galope de caballos, saltar de carros, avance de caballería, flamear de espadas, fulgurar de lanzas, montones de heridos, hacinas de muertos, infinidad de cadáveres en los que al andar se tropieza."

A todo galope *La cacería ayudó a los asirios a perfeccionar el arte de la guerra. Este relieve del palacio de Nínive junto al río Tigris muestra al rey Asurbanipal comandando una partida de caza.*

Agonía de prisioneros *Los asirios fueron célebres por su sed de sangre: acostumbraban empalar o desollar vivos a sus prisioneros. A mediados del siglo XIII a.C., el rey Salmanasar I se jactaba de haber exiliado y esclavizado a 10,000 soldados enemigos, no sin antes haberlos cegado a todos para volverlos más dóciles.*

ENTRENADOS EN EL TERROR

No es difícil imaginar el terror que inspiraban los asirios: su ejército era numeroso, bien entrenado y disciplinado; sus comandantes, expertos y bien pertrechados para cualquier forma de combate. Hacia 800 a.C., los asirios coordinaban un ejército de 20,000 soldados, 12,000 jinetes armados con arcos y lanzas, y 1,200 carros de combate.

La infantería, protegida con cotas de malla, empuñaba dagas y espadas de hierro, el nuevo metal que volvió las armas asirias más resistentes que las enemigas. La caballería, en sus inicios, irrumpía en carros de dos caballos, y desmontaba para disparar tras altos escudos de mimbre. Poco a poco, los arqueros dominaron la técnica de disparar desde los caballos a todo galope.

Persecución *Unos fugitivos usan pieles de cabra infladas para cruzar el río y huir de los asirios. Pero los despiadados arqueros están ya prestos a dispararles.*

Máquinas de guerra *Estas torres de asalto montadas sobre seis ruedas (arr.) eran usadas para atacar los muros de las ciudades. Sus arietes tenían puntas de hierro, y se podían dirigir a derecha o izquierda. El relieve (izq.) del palacio de Asurbanipal, en Nínive, muestra a soldados demoliendo un muro, al tiempo que de las torres brotan lenguas de fuego. Los aterrados ciudadanos son expulsados y obligados a cargar el botín de sus nuevos amos.*

GLORIA Y ESPLENDOR DE BABILONIA

En tiempos de Nabucodonosor, a principios del siglo VI a.C., Babilonia era una ciudad renaciente. Las recientes conquistas y la nueva riqueza restauraban el lustre perdido. Durante más de un milenio, la gran ciudad a orillas del Éufrates había vivido días de gloria, pero también había sido víctima de desastres, e incluso totalmente arrasada hacía menos de 100 años, tras haber promovido la resistencia contra el Imperio Asirio, a la sazón bajo el reinado de Senaquerib.

La primera era de esplendor de Babilonia, durante el largo reinado de Hammurabi (1792-1750 a.C.), era ya historia antigua en la época de Nabucodonosor. Al finalizar el reinado de Hammurabi, la ciudad dominaba un imperio que se extendía casi desde los veneros del Éufrates, al norte, hasta su desembocadura en el golfo Pérsico, al sur. Después de Hammurabi, Babilonia —que significa "Puerta de los dioses", en acadio— disfrutó de otros 400 años de independencia, hasta que un periodo de conflictos la hizo caer en manos de dueños más poderosos, como los asirios. En el año 612 a.C., Nabopolasar, padre de Nabucodonosor, aprovechó la debilidad de Asiria para conquistar el imperio, y elevó nuevamente a Babilonia a la categoría de capital imperial.

Nació una nueva época de esplendor. Había trabajo para todos, pues la riqueza fluía hacia la ciudad. Nabucodonosor decidió hacer de su capital una obra de arte y no escatimó nada para embellecerla. Los resultados debieron de ser deslumbrantes para quienes entraban a la ciudad por la nueva Puerta de Istar, de muros ricamente decorados con ladrillos y mosaicos esmaltados, cuyas superficies azules, amarillas, blancas y rojas resplandecían bajo el sol de Mesopotamia.

Se supone que dentro de la ciudad se hallaban los fantásticos Jardines Colgantes de Babilonia, que se elevaban a casi 25 m y que, según la leyenda, fueron construidos para complacer a una de las concubinas persas del rey, mujer que añoraba las montañas de su terruño natal. Los Jardines Colgantes estaban considerados como una de las Siete Maravillas del Mundo Antiguo; las multitudes de visitantes se asombraban ante las espléndidas terrazas plantadas de árboles y follaje, verdes y exuberantes gracias al agua bombeada desde pozos y manantiales.

La Puerta de Istar daba a una amplia avenida procesional cuyo nombre, en el idioma nativo, significaba: "Que el enemigo no conozca victorias." Pasaba por el palacio de Nabucodonosor y seguía hacia el centro de la ciudad, donde se erguía el gran templo Esagila, dedicado a Marduk, dios protector de Babilonia. Al este y oeste del gran templo, en ambas orillas del Éufrates, se extendían más de 400 Ha de casas densamente apiñadas, salpicadas de templos pequeños y mercados. Entre 150,000 y 200,000 personas habitaron esta ciudad-fortaleza, que además estaba protegida por un canal que el Éufrates alimentaba, y por muros de 5,m de grosor en la base, formando una circunferencia de 17 km.

La población era muy diversa, y reflejaba la historia de conquistadores y conquistados. Los babilonios nativos se entremezclaban con comunidades de hititas, asirios, arameos, caldeos, casitas, hurrianos y elamitas. A ellos se sumaron los miles de judíos que Nabucodonosor expulsó de Jerusalén.

Sacerdotes terratenientes

Como en muchas otras ciudades, existían notables diferencias entre las clases sociales, sobre todo entre libres y esclavos. Babilonia se dividía también entre los numerosos servidores de los

Deslumbrante acceso *La Puerta de Istar, bautizada en honor de la diosa del amor, alcanza una altura de 15 m, por arriba de la entrada norte a Babilonia. Las torres están cubiertas de ladrillos vidriados azules y adornadas con filas de toros —símbolo de Addad, el dios relámpago— y de dragones, emblema de Marduk, dios principal.*

TORRE DE BABEL EN BABILONIA, "PUERTA DE LOS DIOSES"

El gran zigurat, o pirámide escalonada, dedicado al dios Marduk, se eleva sobre los bulliciosos muelles de la capital de Nabucodonosor, en las riberas del río Éufrates. Camellos cargados recorren el callejón, mientras que los albañiles que están en la azotea construyen una "aldea nueva" sobre la ribera oeste del Éufrates, para alojar a la creciente población. Tan grande fue la ciudad que el muro exterior que la circundaba tenía 17 km de largo. En otra azotea, unas mujeres tiñen telas.

Tras la caravana de camellos, marcha un grupo de soldados, con sus escudos brillando al sol: cruzan el puente sobre el Éufrates para salir de la ciudad. El puente se apoya sobre pilotes de ladrillo y asfalto, recubiertos de piedra. Su construcción sobre el profundo y turbulento Éufrates representa un gran logro de ingeniería. El río, que ha cambiado su curso desde entonces, constituyó una defensa natural para Babilonia, así como una vía fluvial para las embarcaciones que transportaban mercancías desde países lejanos. Al otro lado del puente, los recién llegados entran a la ciudad por una puerta en el muro interior, el cual tiene 27 m de altura y torres dispuestas a intervalos. Más allá, otro muro rodea la ciudadela sagrada que contiene el templo de Marduk, en la base del gran zigurat.

Construido con millones de adobes, el zigurat de siete pisos tenía una presencia imponente en la planicie mesopotámica, y era visible desde varios kilómetros de distancia. Los babilonios lo llaman Etemenanki, que significa "la casa de la fundación del cielo y la tierra". En su cima, a más de 90 m del suelo, hay un altar donde se cree que Marduk baja del cielo para reunirse con su pueblo. En los días santos, el rey y los sacerdotes, ante cientos de ciudadanos, suben por la larga escalera hasta el altar para ganarse el favor de los dioses, especialmente el de Marduk, al que le pertenecen Babilonia, sus habitantes y su territorio.

El zigurat de Babilonia originó la descripción bíblica de la Torre de Babel cuando, según el Génesis, los descendientes de Noé intentaron erigir una torre que llegara al cielo. Hasta ese momento, en toda la Tierra "solamente existía gente de una sola lengua y un solo idioma". Pero, para castigar la soberbia de los constructores de la torre, Dios multiplicó las lenguas, para que la gente no pudiera entenderse entre sí. El contorno de la gran base rectangular se conserva hasta nuestros días.

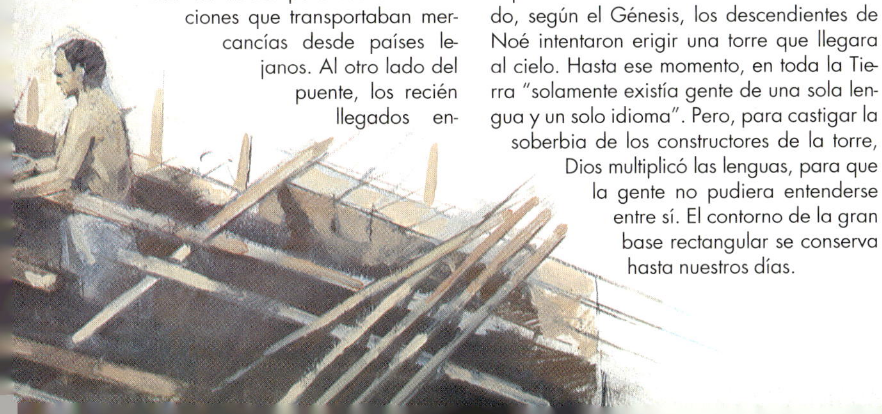

templos y la sociedad laica. Los sacerdotes de Marduk, en el templo Esagila, llegaron a controlar la mitad de las tierras y gran parte de la economía del imperio, incluidos toda clase de comerciantes y artesanos. Miles de campesinos labraban las tierras del templo a cambio de una parte de la cosecha. Los esclavos daban mantenimiento a los canales de los que dependían los embarques y la irrigación de los campos.

Paralela a la economía del templo estaba la fuerza de trabajo laica, que incluía muchas de las mismas profesiones y oficios que aquélla. Los documentos comerciales que persisten hasta hoy —en escritura cuneiforme, sobre tablillas de arcilla— hablan de artesanos, aprendices y gremios de oficiales: reposteros, barqueros, herreros del cobre, albañiles, talabarteros, dragadores de canales, cazadores de aves, destiladores y muchos otros. La educación formal estaba limitada casi exclusivamente para los niños que estudiaban para escribas en los templos o en la corte real, inclusive.

Los babilonios apreciaban la intimidad; la mayoría de las casas las construían en torno de un patio interior, con una sola puerta hacia la calle. Contigua al patio había una gran habitación familiar con varios dormitorios anexos. En el lado opuesto del patio estaba la cocina y, si se trataba de una familia próspera, había también habitaciones para los esclavos.

Los babilonios solían madrugar: los hombres y niños de las familias piadosas ya estaban bañados y vestidos antes del amanecer, subían a la azotea y se arrodillaban para recibir al naciente sol, tras lo cual bajaban para desayunar abundantemente.

Luego de la ronda matinal de actividades, la familia se reunía a mediodía para un almuerzo ligero, seguido de una siesta durante las horas más calurosas del día. El trabajo continuaba a media tarde y hasta el ocaso, cuando la gente regresaba a su casa para una segunda comida fuerte. Las actividades nocturnas incluían la narración de historias, la participación en cantos y danzas de alguna de las muchas fiestas religiosas, y la conversación. El día terminaba con una cena ligera antes de acostarse.

Cuenta el historiador griego Herodoto acerca de un próspero y elegante caballero babilonio: "Viste túnica de lino hasta los pies; sobre esto [...] otra túnica, de lana, y va envuelto en un manto blanco. Usa calzado de su país [...] Su cabellera es larga y la cubre con un bonete. Todo su cuerpo está perfumado."

> *"... se decía el rey: '¿No es ésta la gran Babilonia que yo he edificado para residencia real por el poder de mi riqueza y para gloria de mi majestad?'"*
>
> LIBRO DE DANIEL 4:27

Pese a su prosperidad, la ciudad padeció disturbios e intrigas, especialmente durante los decenios posteriores a la muerte de Nabucodonosor. Los periodos de debilidad permitieron que otros gobernantes, como Ciro el Persa, se apoderaran del imperio del mismo modo en que Babilonia se había apoderado de Asiria.

Dos siglos después, cuando Alejandro Magno venció a los persas, los babilonios dieron la bienvenida al conquistador macedonio. Conforme se fundaron nuevas ciudades, la fuerza de Babilonia se fue desgastando poco a poco, y para el siglo I de nuestra era, la gloriosa metrópolis se hallaba casi desierta.

Dioses guardianes *Los astrónomos anotaban todos los fenómenos celestes, pues los veían como augurios. Los símbolos grabados invocan a los dioses protectores de las propiedades: la luna simboliza al dios Samas, y la estrella de ocho brazos a la diosa Istar. El saber de los astrónomos babilonios subsiste hasta nuestros días, en los signos del zodíaco.*

LA GENEROSA CONQUISTA PERSA

Ciro el Grande de Persia y sus barbados soldados, vestidos con festivas túnicas blancas y doradas, marcharon rumbo a la conquista de Babilonia en el año 539 a.C., portando lanzas y llevando al hombro arcos y aljabas. Tomaron la ciudad con un asombroso ataque sorpresa. Refiere Herodoto que Ciro desvió las aguas del río Éufrates hacia un lago en las afueras de la ciudad y, mientras los babilonios celebraban un festival, los persas avanzaron sobre el lecho del río.

Ciro entró a Babilonia precedido de una reputación de clemencia, ganada durante su espectacular carrera de 20 años en la que, de gobernador de una región persa en el reino de los medos, pasó a dominar a todos los medos y persas. Al atacar al Imperio Babilónico, fue recibido como un libertador. Un cronista de la época narra que el pueblo puso ramas verdes a su paso, al sentirse "como los presos cuando las cárceles se abren". Ciro erigió su imperio con tolerancia y bondad.

Ya desde su niñez, Ciro era admirado por su sabiduría, arrojo y apostura. Como buen persa, estaba convencido de la superioridad de todo lo que su país producía. Según Herodoto, sin importar dónde estuviera, sólo bebía agua del río Caspes, cercano a la ciudad de Pasargada, la cual fundó para conmemorar su victoria sobre los medos. Cuando estaba en campaña, su provisión de agua era transportada en jarras de plata. En la cúspide de sus conquistas, se granjeó la lealtad de los babilonios al adorar a Marduk, su dios; pero también mostró clemencia hacia las naciones saqueadas por Babilonia. Devolvió imágenes sagradas a sus dueños y restauró los templos de su imperio. Sobre todo, autorizó el regreso de los judíos exiliados con todo y las vasijas sagradas que Nabucodonosor había confiscado, y les permitió reconstruir Jerusalén. No es de sorprender que un profeta bíblico se refiriera a Ciro como "pastor" de Dios, y narrara la forma en que Dios "allanaba las montañas a su paso".

El imperio siguió creciendo durante el atribulado reino de Cambises (530-522 a.C.), hijo de Ciro, y durante el largo y distinguido gobierno de Darío I el Grande (522-486). Sus súbditos pensaban que el imperio abarcaba

Ropa de viaje *Vestido para un largo y penoso viaje, pues visitará a un gobernador lejano, un noble del siglo V, modelado en plata, porta una túnica larga, pantalones persas y una capucha similar a la monacal.*

EL PALACIO DEL GOBERNADOR, BORDEADO DE PALMERAS

Una comitiva se dirige a la entrada de la villa del gobernador persa en Laquis, cerca de Jerusalén. La escena se desarrolla durante el siglo V a.C.

Soldados con lanzas custodian la entrada, que conduce a un patio con alberca al centro. Bodegas y cuartos para huéspedes y sirvientes flanquean dos de los costados del patio. Las columnas marcan la entrada a las habitaciones privadas de la villa. En la parte trasera, donde varias personas son autorizadas a entrar, está el recinto de los asuntos oficiales. Tanto éste como el recinto de recepción son de techo abovedado, invento arquitectónico que los persas aprendieron de los asirios; su principal ventaja era que permitía a los constructores cubrir superficies más grandes que las que abarcaban los techos planos, y sin necesidad de apoyos centrales.

Esta reconstrucción se basa en las ruinas de lo que tal vez fuera la casa de un sátrapa, o gobernador, de una de las provincias en las que se dividió el Imperio Persa.

Siempre en guardia *Este arquero, de tamaño natural y con túnica adornada, se yergue orgulloso en el palacio de Darío el Grande, en Susa. Este friso de ladrillos esmaltados es obra de artesanos babilonios.*

el mundo entero, pues se extendió desde Egipto, Libia y Macedonia, hasta las fronteras con la India y China. Darío fue un vigoroso administrador que perfeccionó el sistema iniciado por Ciro, consistente en 20 provincias regidas por gobernadores locales. Intentó corregir todas las injusticias fiscales y mantuvo los impuestos sobre la pesca, la agricultura, la minería y la manufactura textil en 20%. Los persas nativos no pagaban impuestos.

Darío y sus sucesores quisieron hacer del imperio una vasta zona de libre comercio. Usaron extensivamente un nuevo invento ideado por los lidios, la moneda oficial, y vieron que facilitaba notablemente tanto el comercio como el pago de impuestos. Se atendieron las vías comerciales fluviales, lo que incluyó una primera versión del Canal de Suez, construida por Darío I. Dirigidos por ingenieros persas, miles de obreros excavaron un canal de 200 km entre el Golfo de Suez y un afluente del río Nilo.

Prosperidad gracias al comercio

El comercio internacional creció junto con la prosperidad y la recaudación de impuestos. El vidrio egipcio era canjeado por especias de la India, plata de Anatolia, textiles y tintes púrpura fenicios, perfumes árabes, marfiles etíopes, madera cretense, y muchas más mercancías que llenaban los cargueros y las caravanas de camellos.

Incluso alimentos como granos, vino, aceite, pescado seco y miel eran enviados a lugares lejanos. En las crecientes ciudades se conocían las ropas de pueblos diversos; las polainas y el sombrero cónico, típicos de los persas,,eran familiares en todas partes. Como en casi todas las sociedades antiguas, la riqueza, movilidad y los logros de las clases acomodadas descansaban sobre la agricultura y la vida aldeana, que apenas cambiaba de una generación a otra. Por cada noble o comerciante internacional, había una multitud de artesanos, terratenientes, campesinos, siervos y esclavos, muy arraigados a su terruño.

En teoría, toda la tierra pertenecía al monarca, pero Darío y sus sucesores la parcelaron en feudos dirigidos por nobles: la extensión de cada feudo correspondía a la responsabilidad militar de su dueño. Quien poseyera una "tierra de arco" —20 Ha— debía proporcionar un arquero al ejército. Así, los terrenos mayores se llamaban "tierra de caballo", "tierra de carro", etc. Siervos y campesinos laboraban en propiedades que eran mundos casi autosuficientes, con pocas posibilidades de cambio o escape. Muchos de los nobles feudales, en especial los de las provincias alejadas del centro imperial, mandaban recaudar sus rentas, mientras ellos gozaban de las comodidades citadinas.

Los persas hicieron una notable aportación a la vida religiosa. En la época del surgimiento de Confucio en China, de Buda en la India, y de varios de los grandes profetas hebreos, Persia fue el hogar del profeta Zaratustra, o Zoroastro, quien desafió la religión politeísta tradicional y proclamó el culto monoteísta de un dios supremo, Ahura Mazda, "Sabio Señor".

Zoroastro concibió la vida como la lucha entre luz y oscuridad, bien y mal, verdad y mentira. Predicó que los hombres estaban en medio de esta lucha entre fuerzas espirituales, pero tenían la libertad de elegir entre el bien y el mal: a su muerte serían juzgados, y recompensados o castigados según su elección. A partir de Darío I, los reyes persas defendieron la fe de Zoroastro, y la difundieron.

Las dimensiones del imperio dificultaron su administración, especialmente a los reyes posteriores, que no poseían la personalidad y habilidad administrativa de Ciro o de Darío I. Pese a las complicaciones, el imperio perduró durante más de 200 años. Jerjes, sucesor de Darío I, invadió Grecia en el año 480 a.C., al mando de un enorme ejército, pero fue rechazado cuando los estados griegos, normalmente divididos, se unieron en la campaña. La flota persa fue destruida.

En el siglo IV a.C. apareció en escena un genio militar muy joven. Alejandro partió de Macedonia al mando de un disciplinado ejército y con tácticas nuevas. Nada pudo detenerlo. Darío III lo enfrentó en dos batallas, pero el macedonio lo superó y, en el año 331 a.C., Alejandro entró en Susa, en cuya tesorería real halló 270 ton de oro en monedas y 1,200 ton de plata en lingotes. El Imperio Persa tenía nuevos gobernantes y un nuevo futuro.

Regalos de otras tierras *Un africano carga un colmillo de elefante como tributo al rey. Los demás portan telas jónicas, metales de Lidia y polvo de oro del valle del Indo, en vasijas que penden de un yugo.*

CORREO POR EL CAMINO REAL

A todo galope, un jinete persa lleva un importante mensaje por el Camino Real, desde Susa, la ciudad imperial, a Sardes, en Lidia. Darío el Grande dio gran importancia a las comunicaciones, como estrategia para mantener unido al imperio. Sus ingenieros construyeron carreteras sobre los apenas visibles senderos de caravanas, y de ahí surgió el Camino Real, de 2,698 km de largo. Contaba con 111 postas donde los mensajeros cambiaban caballos; así cubrían la distancia en una semana, en vez de los tres meses que tardaba una caravana de camellos. Alejandro Magno y los romanos adoptaron este sistema. Cadenas de torres de fuego en los montes transmitían los mensajes más urgentes; se usaron hasta el siglo XIX.

UN MUNDO TRAS LA MURALLA

Los chinos comían con palillos en una época en la que los europeos comían con los dedos. Se saludaban de mano, antes de que otros pueblos lo hicieran, y tomaban sopa al final de la comida, mucho antes de que los europeos tuvieran orden alguno al ingerir sus alimentos. En otras partes del mundo, el contacto entre los pueblos produjo intercambio de ideas. Pero el pueblo chino estuvo aislado de otras culturas por mares, montañas y desiertos, durante los siglos en que surgieron la agricultura, el gobierno y la escritura.

Cuando China trabó contacto con otras civilizaciones, ya los chinos habían desarrollado una cultura que tal vez era la más peculiar del mundo, y creado un estilo de vida que no pensaban cambiar. Así, siguieron sonriendo cuando estaban tristes, consultando doctores cuando estaban sanos y creyendo simultáneamente en más de una religión. Para el año 220 d.C., la vida en China estaba tan firmemente arraigada que el imperio fundado durante las dinastías Ch'in y Han resistió todas las invasiones culturales por más de 2,000 años.

ANTIGUA CHINA 221 A.C.–220 D.C.

DURA LABOR QUE FORMÓ UN IMPERIO

Los chinos se llaman a sí mismos "los hombres de Han"; hablan la "lengua Han" y, si se quiere elogiar a un hombre amable o heroico, se le llama "buen Han". El nombre "Han" proviene de la gloriosa dinastía que rigió en China entre los años 202 a.C. y 220 de nuestra era. Pero el nombre designa, sobre todo, al pueblo chino, y lo distingue de los muchos otros pueblos que han vivido en esa tierra.

Los primeros chinos Han se asentaron en las fértiles riberas del río Amarillo hace unos 10,000 o 12,000 años. Los rodeaban tribus provenientes de árboles genealógicos distintos, con lenguas y modos de vida muy diferentes. Hacia 4700 a.C., los Han —pueblo de cazadores y pescadores— comenzaron a cultivar mijo, arroz y otros granos. Domesticaron perros, criaron cerdos, gallinas, ovejas, caballos y vacas, y elaboraron cerámica, decorada con pinturas y grabada con cordeles. Para 1500 a.C., los Han habían dominado el bronce, cultivado la seda e inventado el carro. Su peculiar forma de escritura les resultó tan útil que subsiste hasta nuestros días, en forma modificada. Rindieron culto a sus antepasados, a quienes consideraban dioses y con quienes se comunicaban mediante un método de adivinación que incluía la interpretación de fisuras en huesos de animales especialmente tratados. Las poblaciones rodeaban los palacios y oficinas de sus gobernantes, y estaban protegidas por muros de tierra apisonada.

Desde entonces los chinos evolucionaron rápidamente y colonizaron más tierras; con nuevas tecnologías, como la herrería y los hornos alfareros de alta temperatura, modificaron sus condiciones de vida. En el siglo v a.C., los soldados ya usaban armas de hierro y ballestas, y caballería en lugar del incómodo carro. Así equipados, y

Guardia en alerta *Este guerrero de terracota vigila la tumba del Primer Emperador de China, listo para defenderlo en la otra vida. Representa a los implacables soldados que unificaron al pueblo Han.*

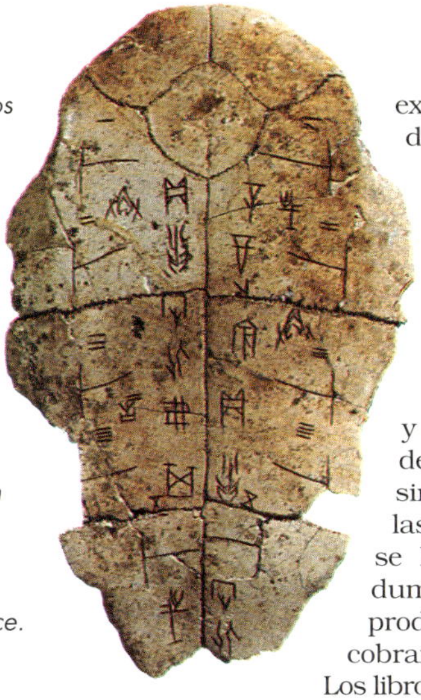

Signos espirituales *Los chinos usaban caparazones de tortuga, como éste, y omóplatos de animales para comunicarse con sus ancestros. Les consultaban asuntos familiares, del campo y sobre enfermedades. También calentaban huesos, los perforaban, e interpretaban las grietas que aparecían. Escribían en el caparazón los augurios. Los símbolos que usaron constituyen la primera escritura china que se conoce.*

con vastas fuerzas de infantería, los gobernantes menores de pequeños lugares del mundo chino ansiaron conquistarlo todo para sí.

En el año 221 a.C., el rey del estado Ch'in derrotó a los estados vecinos y fundó un gobierno fuerte. Se le conoció como Shih Huang-ti, "El Primer Emperador", y el pueblo chino lo recuerda como un rey tiránico.

El Primer Emperador creía en la importancia fundamental del Estado, y obligó a los súbditos a servir a sus intereses mediante un rígido sistema de leyes y castigos. Los cientos de miles de hombres que violaron las leyes fueron sentenciados a trabajos forzados en proyectos estatales, como obras de irrigación y construcción de caminos. Los que no cometían delitos eran obligados a contribuir regularmente con trabajo, a manera de impuesto. El Primer Emperador de China no toleró opositores; quemó todos los libros contrarios a sus doctrinas, y exterminó a los estudiosos que se atrevieron a pensar de modo diferente. Los maestros solamente pudieron desempeñarse en instituciones estatales.

Lo positivo del Primer Emperador fue la unificación de los chinos: hizo construir carreteras de 50 pasos de ancho que partían de la capital, en Jianyang; unificó pesas, medidas y monedas; uniformó la escritura china, e insistió en que todas las carretas tuvieran ejes de la misma longitud, para que viajaran en las mismas carreteras.

Durante los 11 años de gobierno del Primer Emperador, los funcionarios administraron el país. Se abolieron rangos y privilegios hereditarios, excepto los del emperador, que él esperaba que su familia conservara para siempre. Los onerosos impuestos, y una ley que obligaba a dividir en partes iguales la herencia entre los hijos, acabaron con el poder y la riqueza de las grandes familias. Los campesinos se beneficiaron de las redes de irrigación, y se les liberó de la servidumbre para volverlos más productivos, aunque se les cobraron fuertes impuestos. Los libros sobre agricultura, medicina y otros temas prácticos fueron los únicos que se salvaron de la hoguera.

Muralla para alejar a los bárbaros

Los chinos Han, siglos antes, habían levantado muros defensivos contra los "bárbaros" nómadas del norte. Shih Huang-ti los unió para formar la llamada "Muralla de las 10,000 millas", a lo largo de la frontera norte de China. Según los relatos, un millón de obreros murieron en la construcción, y algunos fueron sacrificados y enterrados en los cimientos, para reforzar los muros. Hecha de moldes de madera rellenos de tierra, esta muralla sucumbió rápidamente al viento y al clima, pero emperadores posteriores retomaron la idea de la muralla.

> *"Tronando su largo látigo, Shih Huang-ti condujo el universo... Ascendió a la más alta posición y rigió sobre las seis direcciones, hostigando al mundo con su cetro. Su poder sacudió los cuatro mares."*
>
> HISTORIADOR CHINO, SIGLO II A.C.

Pese a los beneficios legados por el Primer Emperador, el pueblo chino no toleró mucho tiempo las severas condiciones de vida. Luego de su muerte, la dinastía Ch'in, de su linaje, lo sobrevivió sólo cuatro años. En 206 a.C., el pueblo cayó en la anarquía.

Junto a la tumba de Shih Huang-ti hay un mausoleo adecuado para un emperador: un ejército de soldados de terracota, en formación de batalla y con caballos y carros, custodia al monarca en el otro mundo. Arqueros, infantes y caballeros forman silenciosas líneas. Algunos usan armaduras de placas metálicas, con una bufanda al cuello para evitar escoriaciones; otros llevan ropas de algodón. Se ven los finos detalles de peinados, bigotes, pantalones y cinturones. La cabeza de cada guerrero fue modelada por separado; así, están reproducidos más de 7,000 rostros.

Tracción animal *Un campesino se sube sobre el arado, para que la reja de éste penetre más profundamente en la tierra. El desarrollo de la agricultura trajo consigo arados de hierro y bestias de tiro, como bueyes y búfalos, que reemplazaron a la madera y a los hombres.*

Alimento para un imperio *La penosa faena de sembrar arroz en terrenos fangosos era la rutina diaria de millones de campesinos chinos, especialmente en el sur del imperio. Se cultivaban alimentos para el ejército y los trabajadores reclutados.*

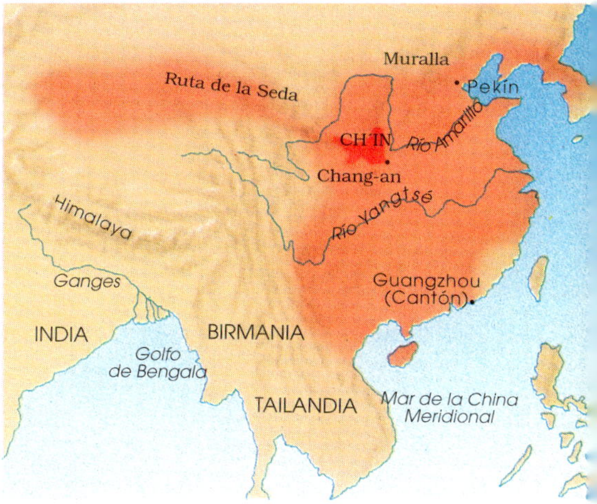

De país a imperio *Los chinos Han vivieron originalmente en las planicies del Río Amarillo. En el esplendor de la dinastía Han, su cultura se difundió más allá del territorio Ch'in original, hasta Asia central.*

PRIMERAS DINASTÍAS CHINAS

Mientras otros imperios cayeron, el chino perduró por varias dinastías: familias de gobernantes que mantuvieron el poder por más de 3,500 años.

Dinastía Jia *(2205-1766 a.C.) Tal vez sea mítica: no hay testimonios de su existencia.*

Dinastía Shang *(1766-1122 a.C.) Rigió en el norte; esplendor de la Edad de Bronce.*

Dinastía Shu *(1122-256 a.C.) Gobernó el norte. Los reyes Shu ostentaron en muchas regiones una autoridad meramente nominal.*

Dinastía Ch'in *(221-206 a.C.) Primera unificación real del mundo chino.*

Dinastía Han *(202 a.C.-220 d.C.) Casi toda China queda bajo un control unificado.*

En la calle *Dos amigos se saludan a la usanza tradicional: estrechándose la mano. A su izquierda, un erudito carga un libro escrito en tiras de bambú encuadernadas.*

En la cocina
Arrodillado, un cocinero prepara pescado en la estufa, que su compañero alimenta con combustible. Tras ellos penden aves y pescados. Otros cocineros trabajan junto a una olla.

GENTE RICA, GENTE POBRE Y SOLDADOS

El respeto a los ancestros tiene una larga tradición en China. En los primeros tiempos imperiales, las familias ponían especial cuidado en que sus difuntos estuvieran cómodamente en el otro mundo. Los ricos decoraban adobes y muros de las tumbas con escenas de la vida cotidiana, y dejaban ropas y urnas con comida, para que el difunto las aprovechara. Depositaban también miniaturas de objetos familiares: casas, molinos, chiqueros, músicos, bailarines, estanques y arrozales. Estas miniaturas, descubiertas 2,000 años después, dan una vívida impresión de la vida en la antigua China.

Los cuatro siglos posteriores al año 202 a.C., cuando China fue gobernada por la dinastía Han, fueron de invenciones, experimentos y expansión; y también de gran contraste entre pobres y ricos. Los pudientes amortajaban a sus muertos con seda y los sepultaban en ataúdes de madera. Los pobres eran enterrados en ataúdes de arcilla, en fosas poco profundas; a veces, simplemente los dejaban insepultos a merced de las fieras.

La familia imperial y la nobleza estaban en la cúspide de la sociedad. Abajo estaban oficiales y eruditos, seguidos de campesinos, artesanos, comerciantes y, finalmente, esclavos. Al concluir la dinastía Han, la división de clases fue menos rígida, y la movilidad social favoreció al pueblo, pues se ascendía con mayor facilidad.

Tras los muros de palacio

En la capital Chang-an —antigua Jianyang— vivía la familia imperial, en inmensos palacios de ladrillos y piedra; aunque también se utilizaban materiales más baratos, como madera, juncos y yeso, en edificios grandiosos. Un techo de azulejos decorados cubría el,conjunto de cámaras de audiencia y,habitaciones, y los vistosos muros quedaban ocultos a la vista mediante otros muros exteriores, más altos y con atalayas e imponentes portones.

El emperador ocupaba las estancias interiores, las más resguardadas, rodeado de esposas y concubinas, atendido por sirvientes, esclavos y eunucos, y vigilado por consejeros, funcionarios y soldados. Sus deberes ceremoniales lo volvían prácticamente un prisionero de palacio, aunque realizaba visitas ocasionales a los grandes jardines imperiales, fuera de los muros de la ciudad, donde había plantas exóticas y animales para su diversión. El pueblo lo respetaba enormemente. Aunque no se le consideraba un dios, sólo el emperador podía adorar al Cielo. Si un plebeyo miraba el rostro imperial, podía ser ejecutado.

Los ricos vivían en casas de madera de varios pisos, decoradas con grabados y pinturas. Pero la mayoría del pueblo habitaba chozas de una sola estancia, hechas de juncos y yeso, cuya la puerta era un costal vacío. Vestían ásperas ropas de cáñamo; pocos usaban zapatos, y comían de platos de madera o barro. En los años buenos podían mantenerse bien, pero el mal

CASA Y COSECHA

Casi todos los chinos vivían en aldeas, y las miniaturas de barro que están arriba muestran las construcciones en las que transcurría su vida. Algunos edificios, como los graneros y pozos, eran utilizados por toda la comunidad. En el granero de la derecha, que tiene una escalera exterior, se almacenaban excedentes de grano de los años buenos, que se vendían a precios oficiales si la cosecha era magra. Junto al granero (centro) hay un pozo de agua.

Las casas de la época se asemejaban al edificio de la izquierda: estructuras de una planta sobre el lado norte del patio. Esta casa tiene un techo de tejas que se proyecta sobre las frágiles paredes de juncos y yeso. Las ventanas, cuando las había, eran pequeñas, muy altas y estaban cerca del tejado, para que entrara el bajo sol invernal. En verano, el tejado proyectaba sombra sobre las ventanas. Por lo general, la cimentación era de tierra aplanada.

En los hogares más humildes se cocinaba en el patio, a veces con urnas suspendidas sobre el fuego con un trípode. La casa era parte de un conjunto de edificios que incluían la bodega, el chiquero, la letrina y una atalaya.

clima o el desorden social los obligaba a vender sus escasas pertenencias, o incluso a sus hijos como esclavos.

El contraste entre ricos y pobres era especialmente notorio en la comida. Los adinerados tenían una dieta rica y variada: carne de cerdo, vaca, cordero, venado, pollo, pato, ganso, codorniz y paloma. También comían perros, lechuzas, gorriones y urracas. Abundaban el pescado de agua dulce y las verduras, y los más pudientes sazonaban las comidas con canela, jengibre, ajo, sal, azúcar, miel y soya. Los pobres rara vez comían carne y, cuando lo hacían, era de pollo: su dieta no consistía más que en granos como mijo y trigo, y verduras, sazonadas con frijoles de soya salados.

"La ley honra al campesino, pero éste en verdad es pobre y se le desprecia."

HISTORIADOR CHINO, SIGLO I D.C.

Los campesinos cultivaban granos, alimento básico y fundamento de la economía china. Mas, a pesar de su alta posición social, éstos vivían muy modestamente. En promedio, un campesino cultivaba 7 Ha, y aun en un buen año, la cosecha no alcanzaba para mantener una familia de cinco, por lo que aquél también criaba gusanos de seda y recolectaba hierbas para ganar dinero, y así comprar ropa, comida y otros artículos de primera necesidad. Cualquier eventualidad, como sequías, bodas o defunciones, obligaba al campesino a vender tierras o a rentar campos para cultivar. Pero las rentas incrementaban en 50% las cosechas, lo que empeoraba la situación y reducía a muchos campesinos a la posición de peones. No obstante, el gobierno les daba alguna ayuda: manuales de técnicas agrícolas y asesoría en rotación de cultivos.

La posición de las mujeres era obvia: pertenecían a sus hogares y sólo se les enseñaban los quehaceres domésticos. Los deberes de las mujeres de familias ricas fueron descritos por un escritor Han: "coser, hilar y preparar comida y vino para los huéspedes." Las mujeres pobres también debían elaborar artículos, como zapatos de tela y paja, para completar el ingreso familiar; las esposas de los campesinos trabajaban en los campos. Había otras profesiones abiertas a las mujeres: pequeños comercios, la medicina o la hechicería. Esta última gozaba de gran demanda para curar enfermedades y exorcizar espíritus malignos. También había cantantes, bailarinas y prostitutas. Pero ni siquiera las mujeres de clases altas podían desempeñar puestos gubernamentales, y muy contadas mujeres, sin importar la clase social, sabían leer.

La rutina diaria la rompían los festivales, como el de Año Nuevo, y las ceremonias anuales para rendir culto a los ancestros y a los dioses, todo ello programado para no interferir en el ciclo agrícola. Los mercados en las ciudades y pueblos también ofrecían diversión, con sus cuentistas, adivinos, curanderos, músicos, buhoneros, comerciantes y artesanos locales, así como forasteros de otros lugares del imperio regido por los Han.

Fuerza pacificadora

La larga frontera norte del imperio estaba expuesta a ataques de los bárbaros nómadas que el ejército de la dinastía Han trató de rechazar, manteniendo guarniciones en posiciones estratégicas. En ellas, uno de cada tres soldados usaba armas; el resto trabajaba la tierra para que las guarniciones fueran autosuficientes, o realizaba obras de ingeniería y albañilería, como la construcción de atalayas, desde las que se emitían señales con antorchas entre las guarniciones.

El mayor problema era la movilidad de los nómadas y su habilidad como jinetes. Las tropas Han eran, en su mayoría, soldados de infantería reclutados, y las pocas unidades regulares de caballería no podían contra los bárbaros. Por esto, el ejército envió expediciones al oeste para hallar caballos robustos que aguantaran a los soldados con todo y sus pesadas armaduras. El contacto con otros pueblos marcó el inicio de lo que fue la Ruta de la Seda.

Vida holgada *Los caballeros descritos en este mosaico, vestidos con batas de mangas anchas, tal vez vivían en casas como esta miniatura de arcilla. En ellas, se comía sobre mesas laqueadas y se usaban sedas, pieles, zapatos de cuero con bordes de seda, y joyería de oro, plata y jade. Los pisos estaban cubiertos con pieles curtidas, bordados, almohadas y alfombras de lana. Viajaban en carruajes decorados.*

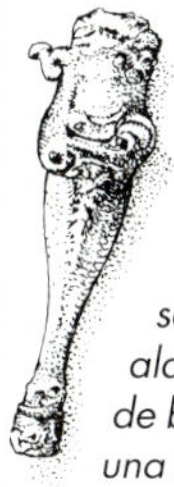

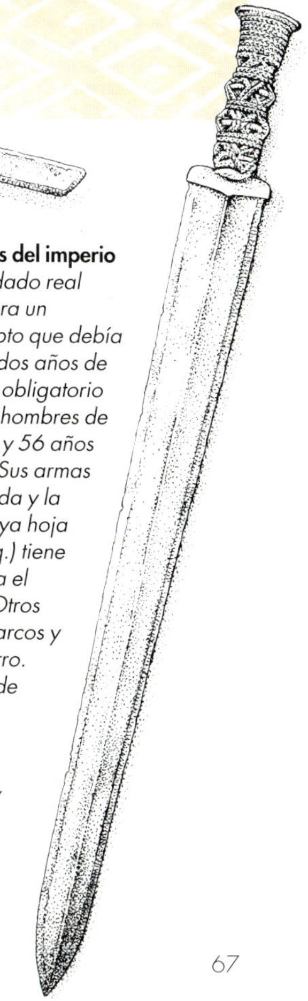

Vigías del imperio *El soldado real (arr.) era un conscripto que debía cumplir dos años de servicio, obligatorio para los hombres de entre 23 y 56 años de edad. Sus armas son la espada y la alabarda, cuya hoja de bronce (izq.) tiene una funda para el extremo inferior. Otros soldados usaban arcos y armaduras de hierro. Comían raciones de grano seco y comprimido.*

Espada de bronce *Armas bellas y funcionales: la empuñadura de esta espada estaba revestida de seda, para blandirla mejor. Su funda tenía punta de jade.*

COMERCIANTES CAMINO DEL MERCADO

En la antigua China, no había dudas acerca del lugar de cada uno en el orden social, y los comerciantes ocupaban casi el último rango. Se les consideraba parásitos improductivos, sólo arriba de los esclavos. Pese a ello, muchos se enriquecieron y fueron dueños de suntuosos locales y séquitos de esclavos.

Esta alteración del orden natural de las cosas irritó tanto a un funcionario, que en el año 178 a.C. envió su queja al emperador: "La ley dice que los mercaderes son inferiores, pero en verdad son ricos y respetados... Aun cuando no aran ni siembran, y sus esposas no crían gusanos de seda ni hilan, se visten con las más finas sedas y comen los mejores granos y carnes." Y por si el emperador se preguntaba cómo conseguían esto, el funcionario explicó: "Se obstinan en tener ganancias del 100%."

Pese al desprecio que sentían los funcionarios, el Imperio Chino floreció gracias al comercio. Mercancías de toda clase fluían en el país por sus carreteras y canales, y las caravanas cruzaban Asia hasta el Mediterráneo, por la Ruta de la Seda.

Dinero de piel de venado

Algunos mercaderes comerciaban mediante trueque, y probablemente gran parte del comercio de la Ruta de la Seda se hizo así. Pero dentro de China, los comerciantes usaban dinero. Durante la dinastía Han, el gobierno fundó troqueladoras para producir monedas de cobre, conocidas como "efectivo", que fueron la unidad monetaria básica hasta fines del siglo XIX. Un ingenioso emperador creó una peculiar moneda: cuadros de piel de venado blanco, que vendía a 400,000 monedas de cobre cada uno. Los únicos venados blancos vivían en el parque imperial, por lo que estos "billetes" estaban a salvo de los falsificadores.

El gobierno necesitaba dinero para pagar las abultadas cuentas de sus actividades militares, y para financiar la movilización masiva de gente. Luego de un siglo de dominio Han, unas 700,000 personas se asentaron en las tierras conquistadas en el recodo norte del río Amarillo, y mucha gente fue llevada a los despoblados tramos bajos del río Yangtsé. También se necesitaba dinero para pagar tropas y burócratas, aunque a algunos se les pagaba en especie: un oficial militar recibía como sueldo mensual dos rollos de seda, con valor total de 900 monedas. Es difícil estimar el poder adquisitivo de esta suma en términos actuales, pero en ese entonces, un caballo de granja costaba unas 4,000 monedas; una carreta de bueyes, unas 2,000, y una esclava, 20,000.

Mercancías en movimiento

Los impuestos se pagaban en grano, más que en dinero. Gran parte del grano tenía que ser llevado desde regiones remotas a la capital en Changan, o a las fronteras del norte para alimentar a las tropas que no eran autosuficientes. Por ser el medio más conveniente para transportar el grano, se construyeron canales en todo el país, con ayuda de grupos de convictos y mano de obra reclutada. El canal Cheng Kuo, al norte de Changan, se inauguró en 246 a.C.; formó un "atajo" entre dos ríos e irrigó los cultivos. Un siglo después, el canal Changan fue la ruta directa para el grano que iba del Río Amarillo a la capital.

El gobierno también construyó y mantuvo una red de carreteras y caminos por los que circulaban caballos y bueyes, carretas y carretones, y hombres que llevaban pesadas cargas sobre las espaldas o sobre los hombros, ayudados de una pértiga. Hubo quienes aprovecharon la recién inventada carretilla, y la cargaban con mercancías y pasajeros. La carretilla chi-

Carruaje *Los funcionarios viajaban en vehículos como este modelo de bronce que consta de unas 3,000 piezas.*

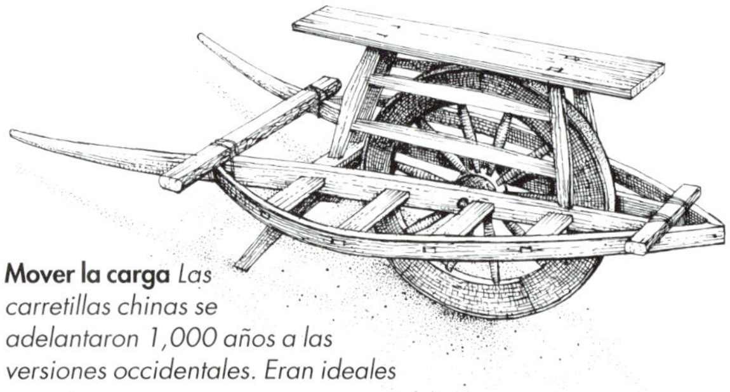

Mover la carga *Las carretillas chinas se adelantaron 1,000 años a las versiones occidentales. Eran ideales para terreno rugoso.*

COMERCIO DE SEDA

Hacia el siglo II d.C., valiosas cargas de seda —cuya producción era un secreto celosamente guardado por China— recorrían casi la mitad del planeta para adornar a los ricos del otro gran imperio de la época: Roma. Largas caravanas de camellos atravesaban desiertos y estepas, haciendo escalas en poblaciones como Kashgar y Samarkanda en su ruta hacia el Mediterráneo. Los mercaderes también transportaban lacas y artículos de bronce y hierro. Los chinos tenían gran demanda de caballos, especialmente de las magníficas bestias de Fergana y Bactriana, en Asia Central. Los comerciantes también llevaban jade, pieles, instrumentos musicales, como el laúd de Bactriana, y vides de Irán. Algunos viajaban a la India y enviaban por barco sus mercancías a Occidente. Fue este contacto comercial con la India el que introdujo el budismo a China, durante el siglo I de nuestra era.

En la Ruta de la Seda *Los camellos cargados forman una caravana comercial. Camino a la ciudad, pasan junto a una pared decorada, erigida para alejar a los malos espíritus.*

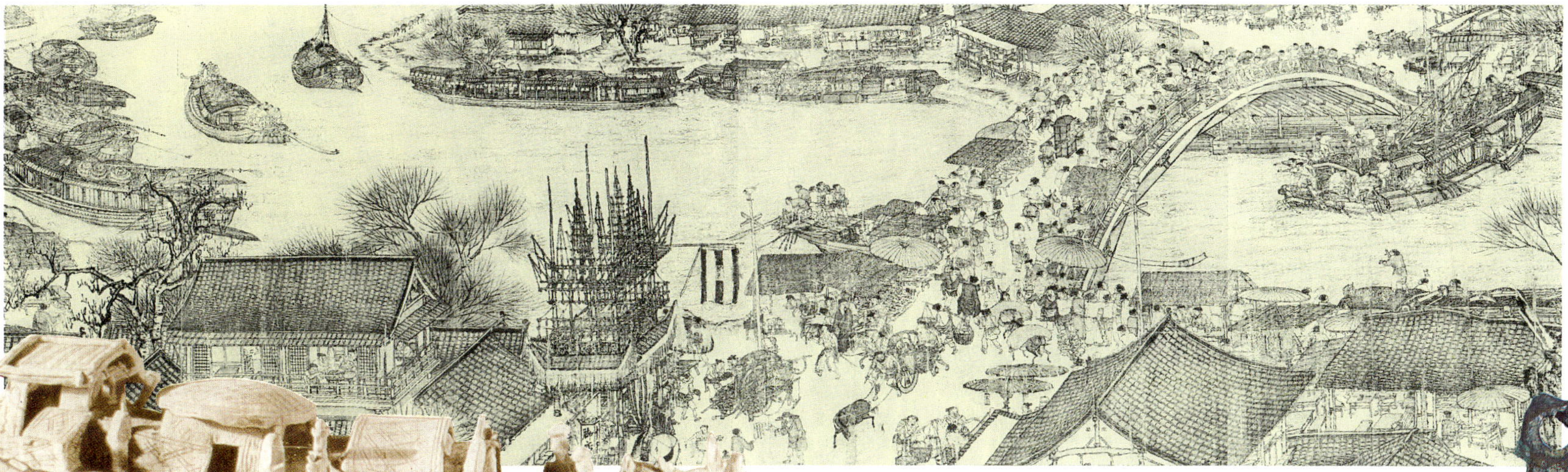

Nueva tecnología *El primer timón que se conoce pende bajo la cabina del barquero en este modelo de un bote, hecho en el siglo I d.C.*

Vías fluviales *Los canales eran muy importantes en China, para transporte, irrigación y control de inundaciones. El primero data del siglo V a.C. Los antiguos canales chinos aún siguen en uso. El diseño de los botes y muelles ha ambiado poco, y fue plasmado en esta imagen del siglo XII.*

na, que tal vez se usó por primera vez para trasladar suministros militares, podía ser jalada o empujada. Sujeta a las manijas, había una correa que se pasaba por encima de los hombros y ayudaba a mantener el equilibrio.

Los mercaderes que venían del norte traían pieles y piedras preciosas, y cargas más mundanas como melones, carbón, cáñamo, cobre y telas burdas. Del sur y del oeste llegaban el bambú y las frutas exóticas, como lichis y "ojos de dragón" (*lungans*), así como naranjas, arroz, perlas, estaño y canela. Los comerciantes de la costa oriental vendían pescado y mucha sal, que escaseaba tierra adentro. La sal era tan importante para cocinar y conservar los alimentos, que el gobierno controlaba su producción y distribución.

No es de sorprender que los mercados del imperio estuvieran bien surtidos de productos, la mayoría de los cuales eran chinos. Los comerciantes vendían allí animales vivos, al igual que carne, pescado, ropa, verduras y trastos de cocina, así como joyería, artículos de cuero, herramientas, textiles e, incluso, esclavos. El mercado era también el paraíso de los prestamistas. Su avidez de prestar solamente se comparaba con la rapacidad con que embargaban a quienes no podían pagar los onerosos intereses. Se cuenta que uno de ellos recibió un interés del 1,000% en tres meses: prestó oro al gobierno cuando éste necesitó sofocar una rebelión. Había oficiales gubernamentales que supervisaban los mercados, tratando de mantener pesas y medidas estándar, y recabando los impuestos con que estaban gravadas todas las transacciones.

Monedas de cobre *Hasta 100 de estas monedas podían llevarse en un cordel; 10,000 monedas equivalían a un lingote de oro, aunque casi no se negociaba con este metal. Las primeras monedas tenían forma de espada.*

BRONCE, SEDA Y MÚLTIPLES CREENCIAS

Cuenta la leyenda china que la seda fue descubierta hacia 3000 a.C. por la esposa del mítico emperador Huang-ti. Un capullo de gusano de seda cayó accidentalmente en agua hirviente, y cuando la emperatriz lo sacó, descubrió que estaba hecho de hilos largos y delicados. Sea esto verdad o no, ya en la época de la dinastía Han los chinos hilaban sedas de alta calidad, con coloridos diseños abstractos, o en forma de aves, árboles y flores.

Esta meticulosidad se aplicaba a otras artes. Los artesanos elaboraban vistosos tazones de laca cubiertos con intrincados dibujos florales; también pintaban sobre seda y tallaban frisos en tumbas y adornos de jade. Su cerámica esmaltada fue precursora de la porcelana de dinastías posteriores. Ya desde el siglo XVI a.C., los chinos dominaban el arte de fundir el bronce, y se distinguieron en la confección de vasijas para almacenar comida y vino; eran de formas variadas: de tres patas, con representaciones de animales... todas estaban muy decoradas, y algunas tenían incrustaciones de oro y plata. Los herreros fabricaron espejos al pulir discos de bronce, y placas decoradas con figuras de animales.

En el siglo V a.C., los artesanos chinos concentraron su atención en el hierro. En el periodo Han, llegó a ser tan importante que durante un tiempo su manufactura fue monopolio estatal, con 48 fundiciones cuyo personal era mano de obra forzada. Los chinos vaciaron el hierro 15 siglos antes que en Occidente, e incluso produjeron acero al combinarlo con carbón. La habilidad en el vaciado de hierro provino de su experiencia con el bronce, y del invento de un fuelle con el que se conseguían altas temperaturas de fragua.

Los chinos no sólo se interesaron en hacer objetos cotidianos; también diseñaron jardines ornamentales con plantas raras; quienes tenían vocación musical la desarrollaron mediante instrumentos importados; los que tenían vena literaria escribían poesía.

Todos los chinos, ricos o humildes, eran extremadamente supersticiosos y fatalistas. Si veían un eclipse o un cometa, temían la llegada de la mala suerte. Los emperadores Han gastaron mucho dinero en magos para su corte que les permitieran viajar al mundo espiritual en busca del elixir de la inmortalidad, o para descubrir el secreto para fabricar oro. Algunos magos eran ejecutados si sus artilugios fallaban, o si se descubrían sus engaños: uno de ellos escribió mensajes en seda y fingió que habían sido escritos por los dioses.

Junto con la superchería, en esta época de despertar y progreso se inició una gran avidez por explorar la naturaleza del hombre y el universo. En sus intentos por superar el destino o predecir el futuro, los chinos jugaron con números y símbolos, y a consecuencia de ello desarrollaron las matemáticas y la astronomía.

Registro de tiempo y terremotos

Wang Chong, un filósofo que vivió en el siglo I de nuestra era, demostró que el movimiento de las estrellas y de la Luna, así como los eclipses, eran predecibles, y que no tenían efecto mágico alguno. Otros estudiaron las matemáticas; Zhang Heng calculó un valor para pi —la proporción entre el diámetro y la circunferencia de

Máscara de bronce *Los artesanos de la época Shang fueron hábiles con el bronce; a veces le dieron forma humana.*

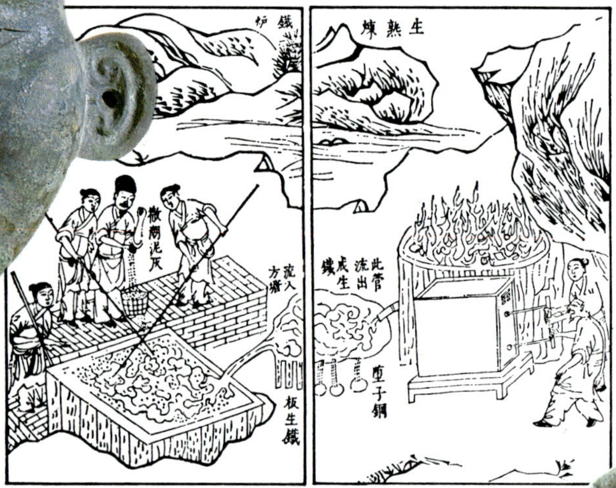

Fundiciones de hierro *El hierro se fundía en hornos circulares, y se vaciaba en moldes para producir gran número de armas y utensilios o adornos de alta calidad, uno por uno. La "caja", en primer término, aloja un pistón de dos pasos, que envía al horno vapor caliente para fundir el metal. El hierro forjado se hacía mezclando hierro con otras sustancias, en una batea cuadrada.*

A todo galope *Con la cabeza erguida y la cola levantada, este caballo de bronce del siglo II fue modelado con base en los altos animales de Asia Central, tan apreciados por los chinos. Éste fue hallado en la Ruta de la Seda, al norte de China, y mide 46 cm de largo.*

un círculo— similar al que se usa actualmente. Además, en un país donde los terremotos eran una amenaza constante, inventó el primer sismógrafo del mundo para detectarlos y registrarlos. Los chinos inventaron el reloj de agua, y precisos relojes de sol divididos en 100 unidades exactas. Calcularon correctamente las fases lunares y la duración del año solar, y desarrollaron un método para escribir números decimales.

No todas las ideas Han fueron tan científicas, y la mayoría de la gente sostenía la creencia tradicional en las fuerzas del Yin y el Yang. El Yin es débil, pasivo, femenino y oscuro, en tanto, el Yang es fuerte, activo, masculino y luminoso. Uno no puede existir sin el otro, y todas las cosas están en un estado de flujo entre los dos. La Luna es Yin, el Sol es Yang: el día se convierte en noche, pero la noche dará lugar al día. Estas fuerzas se simbolizaban con un círculo dividido mediante una línea curva, en una mitad blanca y otra negra, cada una con un punto del color opuesto. El Yin y el Yang crearon los cinco elementos: tierra, madera, metal, fuego y agua, que también se suceden unos a otros, en un ciclo infinito. Estas creencias se reflejan en la medicina china, a través del interés en balancear el Yin, el Yang y los elementos del cuerpo, mediante dietas y hierbas.

El Estado Han se basaba en los principios de Confucio, filósofo nacido en 551 a.C. Su código inspiraba un modo de vida ordenado y las ventajas de que la gente conociera su lugar en la sociedad, pero no respondía a necesidades espirituales. Por otro lado, las creencias nativas chinas en severos espíritus ancestrales y dioses de la naturaleza tampoco ofrecían la salvación personal; el vacío espiritual lo llenó, en el siglo I d.C., la religión taoísta.

Símbolo del Yin y el Yang

Los primeros taoístas trataron de evitar la muerte con métodos como técnicas de respiración, dietas, magia y drogas. Durante el periodo Han, el pensamiento chino separó gradualmente los conceptos de cuerpo y alma, e investigó la vida del alma tras la muerte corporal. Así, pensaban que esa otra vida se podía conseguir parcialmente como recompensa por el buen comportamiento en la tierra, aunque seguían siendo importantes la magia, las oraciones y las dietas.

Durante ese periodo, los viajeros trajeron nuevas ideas del exterior; la más importante de ellas fue el budismo, originado en la India. Sus creyentes podían liberar al alma del ciclo infinito de renacer y sufrir, mediante las buenas acciones, la preservación de la vida, el celibato y una conducta no egoísta. Al parecer, la dinastía Han vivió una época confusa. El taoísmo, el budismo y el confucianismo tenían sus propios seguidores, y a mucha gente, incapaz de,diferenciar entre lo bueno y lo malo, lo cierto y lo equivocado, le fue difícil saber en cuál creer. La respuesta fue fácil: ¿Por qué no en todas a la vez? Muchos chinos hicieron eso.

DELICADEZA PARA EL HILO

Este tramo de seda, de 20 cm de largo, fue hallado en la ruta de una caravana, en el extremo oeste de China. La seda era vital para el comercio exterior, y los chinos mantuvieron el secreto de su producción. Los gusanos de seda comían hojas de morera, cuyo cultivo era en sí un oficio de tiempo completo. Las mujeres criaban los gusanos, hilaban la seda, la teñían y la tejían. Oficio precario, pues los árboles se enfermaban y los gusanos eran frágiles criaturas que no toleraban la luz ni el ruido. En esa época se creía que los extraños los asustaban y que las mujeres les avisaban cuando había visitas de desconocidos.

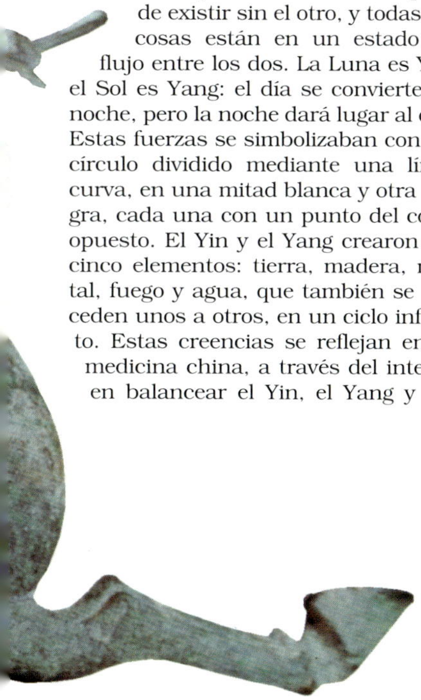

Visitante extranjero *El músico que toca este instrumento de cuerda es un apsara, o "ángel" budista. Ésta es una de las 50,000 tallas y estatuillas de un templo budista, en la cueva de Yun-kang, al norte de China. Los comerciantes de seda introdujeron el budismo a China desde la India. Algunas tallas muestran sus contactos con Bizancio.*

Quinteto *El primero de los músicos (arr.) es percusionista; el segundo músico (de arriba a abajo) toca una armónica de bambú; otros tocan gaitas y cítaras.*

Campanas afinadas *Los chinos afinaban campanas desde el siglo VI a.C. Las primeras no tenían badajos, y algunas tañían dos notas, según donde fueran tocadas.*

LA GRECIA ÁUREA

De un grupo de pequeñas ciudades-Estado, aisladas por altas montañas, surgió un brillante impulso creativo que sentó muchos de los fundamentos de la civilización europea. Varias actividades humanas, desde el deporte hasta el drama, de la medicina a la filosofía, todavía siguen un modelo derivado de Grecia, cuya Edad de Oro, iniciada en el año 800 a.C., llegó a su cúspide en la Atenas del siglo V a.C. La antigua civilización griega de Micenas pasó por un periodo de oscuridad, de 500 años, para revivir con la épica de dioses y héroes, escrita por Homero. En una etapa en que los gobernantes veían a los demás como vasallos, el gran logro de los griegos de la época dorada fue afirmar la dignidad y los derechos del ser humano, siguiendo un modelo de gobierno del que surgiría la verdadera democracia.

ANTIGUA GRECIA 800–300 A.C.

LOS PRIMEROS DEMÓCRATAS DEL MUNDO

La región es una tierra montañosa y accidentada que penetra en el Mediterráneo hacia el sur. Su clima es benigno, pero la tierra arable es escasa y dispersa; como resultado, los primeros asentamientos se desarrollaron como pequeñas comunidades independientes que el difícil terreno aislaba de sus vecinos, con quienes, además, peleaban frecuentemente. A veces, el mar era la única vía de comunicación.

Estos factores dieron una fuerte identidad individual a las aldeas que emergieron en la antigua Grecia. Cuando las aldeas crecieron, se convirtieron en ciudades-Estado, cuyos habitantes eran muy leales a su propia comunidad. Llamaron *polis* a su Estado, es decir, una comunidad que actuaba en conjunto, pues cada ciudadano debía participar en el gobierno. El griego se convirtió así en "animal político": dedicaba mucho tiempo a los asuntos públicos. Esto ocurrió especialmente en Atenas, la mayor de las ciudades-Estado.

Votos para la minoría

En sus principios, Atenas fue regida por reyes y tiranos, pero en el año 510 a.C., Clístenes expulsó al último de ellos y estableció el primer gobierno democrático del mundo. La palabra proviene de *demos*, "pueblo", y *kratos*, "poder". Pero no fue ésta una democracia en el sentido moderno. Sólo votaban los atenienses varones que no eran esclavos. Las mujeres no eran consideradas ciudadanas y por eso no podían votar. Tampoco los extranjeros ni sus descendientes; ni los esclavos ni su prole, ni siquiera aquellos que conseguían liberarse. La ciudad estaba dividida en 10 bloques, llamados tribus. Cada tribu elegía a 50 hombres, mayores de 30 años, para integrar un consejo de 500 miembros, que cumplía diaria-

Emoción de la caza *Un cazador con lanzas y su perro salen en busca de presas, tal vez jabalíes. El cazador usa sombrero.*

mente con la función gubernamental. A su vez, los miembros del consejo formaban parte de un comité que proponía las ideas que serían discutidas en la asamblea de todos los ciudadanos. Durante estos periodos, en los que se les pagaba un sueldo, comían por cuenta del Estado en la sede administrativa, el Tholos, un edificio redondo en el lado oeste del *ágora*, o mercado.

Era la asamblea, o *ekklesia*, la que aprobaba las leyes y decidía sobre asuntos importantes como la guerra. Cualquiera de los miles de ciudadanos podía asistir, luego de pagar una reducida cuota de admisión, con derecho a voz y voto. Se requería puntualidad: esclavos con sogas pintadas de rojo lazaban a los impuntuales. Se multaba a cualquiera que tuviera las ropas manchadas de rojo.

> *"Aquí, los individuos no sólo se interesan en sus propios asuntos, sino también en lo que concierne al Estado... no significa esto que aquel a quien no le interesa la política sea alguien que sólo se interesa en sí mismo, sino alguien a quien no le interesa nada."*
>
> PERICLES, HACIA 450 A.C.

La asamblea se reunía 40 veces por año en Pnyx, una colina cercana a la Acrópolis. Los miembros se sentaban en el suelo, o en sillas plegables que llevaban al lugar. Los debates se iniciaban luego de orar y sacrificar a un cerdo negro. Se votaba alzando la mano y el orden era mantenido por una fuerza policiaca de arqueros escitas, cuyo lugar de origen era el norte del Mar Negro.

Los arcontes, funcionarios seleccionados al azar, preparaban los casos legales para discutirse en la asamblea, y organizaban ceremonias religiosas. Los *strategoi*, o generales, eran los funcionarios de más alto rango, elegidos por voto popular en las 10 tribus. Su periodo era de un año: tenían un enorme poder sobre el ejército y la economía, y tomaban decisiones cruciales en nombre del Estado.

El poder de una cortesana

Líder de Atenas a mediados del siglo V, Pericles fue el *strategos* más famoso; fue reelegido no menos de 15 veces. El éxito de Pericles se debió en gran medida a sus dotes de orador. Se cuenta que Aspasia, su amante, quien fuera una hetaira, o cortesana, lo ayudaba a escribir sus discursos, con lo que Fella logró ejercer una influencia política poco común entre las mujeres de Grecia.

Pericles subió al poder luego de las Guerras Médicas (contra los persas), y formó un imperio ateniense a partir de ciudades aliadas. La Liga Délica abarcó varios estados griegos del Egeo; su nombre proviene de Delos, una isla consagrada a Apolo, que era la sede de la tesorería. Cada estado contribuyó a la defensa mutua con barcos o dinero, aunque Atenas empleó muchos de estos recursos en reconstruir los templos de la Acrópolis, destruidos por los persas en el año 480 a.C.

La olla de los castigos

El método más común para castigar criminales, y deshacerse de personajes indeseables era desterrarlos de Atenas. Cada ciudadano que asistía a la asamblea escribía en un trozo de olla rota, u *ostrakón* (ostraca), el nombre de la persona que, según él, debía ser expulsada. Los trozos eran puestos en una olla, y el hombre cuyo nombre aparecía en la mayoría era exiliado: sufría el "ostracismo".

La ciudadanía ejercía gran poder a través de las cortes legales. Los generales que perdían batallas podían ser juzgados para rendir cuentas de la derrota. Era común la litigación en pequeña escala, y muchos pleitos se suscitaban por las propiedades. Todo ciudadano mayor de 30 años podía ser jurado, y el modesto pago de tres óbolos permitía a los humildes desempeñar estas funciones. Los juicios contaban con 201 jurados, por lo menos, y a veces, con más; un magistrado supervisaba el caso, pero no daba su opinión en la audiencia.

Límite de tiempo para el orador

Cada bando tenía el mismo tiempo para exponer su caso. Se medía con un reloj de agua: cuando una vasija llena de agua se vaciaba, por medio de una boquilla, y llenaba una vasija inferior, el orador debía terminar. El acusado, o las partes de un pleito, debían hablar en su defensa, pero si lo deseaban podían emplear oradores profesionales o escritores de discursos para que expusieran sus casos. Algunos de estos profesionales se convirtieron en famosos abogados: se cuenta que Demóstenes, famoso orador del siglo IV, podía preparar discursos para ambos bandos con la misma facilidad. Los jurados recibían guijarros para la votación y los depositaban en una de dos urnas. La urna que tenía la mayoría decidía el resultado del caso. Los castigos usuales eran el exilio o la pérdida de la ciudadanía o de la propiedad. Los jueces ejercían su cargo durante un año. Todos los ciudadanos, ricos o pobres, podían participar. Quizás el sistema parezca rústico al hombre del siglo XX, pero permitía que mucha gente participara.

Momento de estudio *Los grammatistes, o maestros, impartían la enseñanza básica. Aquí, un maestro desenrolla un pergamino para que un alumno lea un pasaje.*

Cuna de la cultura *El mundo griego surgió en las costas e islas del Egeo.*

Rostro de Homero *El autor de la* Ilíada *y la* Odisea *infundió en los griegos su orgullo nacional.*

Por escrito *El griego es una lengua viva y la más antigua de Europa, con una historia escrita que se remonta a 34 siglos atrás, a la era micénica. Hacia el término del periodo oscuro, en el siglo VIII a.C., se creó un alfabeto basado en el modelo semita, desarrollado por los canaanitas del Medio Oriente. Junto a las letras griegas alfa, eta y pi (der.), aparecen los siguientes equivalentes: semítico del norte, fenicio, cretense y griego antiguo. Al fondo se pueden observar las leyes de Gortina, en Creta, que fueron grabadas en tablillas de piedra a mediados del siglo V a.C.*

HOPLITAS, FALANGES Y TRIRREMES

Dos ejércitos avanzan uno hacia el otro e inician la batalla al sonar las flautas. Los destellos del sol caen en los cascos con crestas y en el hierro de las lanzas; el rugido de cánticos de guerra surge de miles de gargantas. Las trompetas emiten una señal estridente. Los ejércitos alzan sus lanzas para ir a la carga, y comienzan a correr. Avanzan hacia la lucha cuerpo a cuerpo, y el choque de las espadas con los escudos es ensordecedor. Para los pueblos de la antigua Grecia, el enfrentamiento entre los ejércitos, en el campo de batalla, era un aspecto familiar de la vida. Las ciudades-Estado guerreaban entre sí con regularidad y al menor pretexto. Todos los ciudadanos, es decir, los varones, estaban obligados a combatir, aunque sólo Esparta tenía un ejército profesional. La temporada de guerra empezaba en marzo y terminaba en octubre, para que los hombres regresaran a cosechar aceitunas y hacer vino. En la economía agrícola de las ciudades-Estado, el mejor método para provocar a un enemigo era destruir sus cosechas, o amenazar con hacerlo. A pesar de las hostilidades, los griegos eran capaces de formar un eficiente ejército nacional cuando sentían una amenaza externa. El enemigo principal durante el periodo clásico fue el Imperio Persa, y esta guerra abarcó los primeros años del siglo v a.C. Posteriormente, los griegos se enorgullecieron de su victoria sobre el ejército persa en Maratón, en el año 490 a.C., y sobre la flota persa en Salamina, 10 años más tarde.

Formación de batalla *Hoplita con casco y cresta, coraza metálica y polainas. Originalmente, la figura empuñaba una lanza.*

Fragor de la batalla *La infantería griega atacaba tras una muralla de escudos de bronce. Redondos y con bordes de cuero, se sostenían con una correa y una manija.*

En Atenas, los jóvenes entre 18 y 20 años de edad, llamados *efeboi*, eran entrenados militarmente. Se alistaba a cualquier hombre entre 18 y 60 años, aunque después de los 50 eran emplazados en las guarniciones. En las emergencias, se alistaban tanto los cadetes como los veteranos. El soldado que se despide de su esposa e hijos para partir a la guerra es una escena que los artistas griegos retrataron con ternura e idealismo, en gran cantidad de pinturas y esculturas.

Escuderos esclavos

La infantería era la columna vertebral del ejército. Todo ciudadano con recursos que pudiera comprar la armadura se convertía en hoplita, u "hombre armado". Debía adquirir un casco de bronce, armadura y grebas (espinilleras) de bronce que lo cubrían del tobillo a la rodilla. Vestía una capa y san-

Bosque de espadas *La falange, formación griega básica, constantemente desarrollaba nuevas tácticas. Las filas delanteras bajan sus lanzas de 6.5 m al avanzar hacia el enemigo, mientras que las lanzas enarboladas protegen de las flechas.*

dalias de cuero, y portaba una espada corta, una lanza con punta de hierro y un escudo con el emblema de su tribu. En las marchas forzadas, los esclavos cargaban por sus amos este pesado equipo. En batalla, los hoplitas se formaban en falanges: grupos de soldados alineados en una fila tras otra, con las lanzas apuntando al frente. En un principio las lanzas se arrojaban al enemigo, pero después se usaron para embestir. Los hoplitas se formaban en el centro, en los costados marchaban soldados con armas ligeras, y los flancos estaban integrados por soldados pobres, equipados sólo con arcos, flechas u hondas.

Durante los siglos VIII y VII a.C., fue común la guerra de caballería, pero posteriormente la infantería tuvo el papel protagónico. Las crónicas de las Guerras Médicas no mencionan a la caballería; sin embargo, durante la Guerra del Peloponeso, entre Atenas y Esparta, la caballería recuperó su prominencia.

Tal vez los factores económicos influyeron en esto, pues los soldados de caballería debían comprar sus propias monturas y darles mantenimiento. Los caballos no estaban ensillados y los jinetes montaban a pelo, o sobre sábanas o pieles; y calzaban botas con espuelas. Tanto los jinetes como los caballos usaban armaduras compuestas de pequeñas placas metálicas montadas sobre cuero o tela.

"El enemigo nos rodeó como un anillo y atacó. La embestida inclinó nuestras naves; los restos y los cadáveres ocultaron el mar; playas y cayos estaban llenos de hombres muertos."

ESQUILO, *LOS PERSAS*

Además de combatir fuera de ellas, los griegos fortificaban las ciudades en sí. Casi todas sus poblaciones se iniciaron como ciudadelas en los siglos de la Edad de Bronce, y fueron construidas sobre colinas para facilitar la defensa. El ejemplo más famoso es la Acrópolis de Atenas, donde se fortificaron los contornos naturales de la colina rocosa con sólidos muros de piedra, que protegían a la población en tiempos de guerra. Tras las Guerras Médicas, los atenienses construyeron un muro alrededor de su puerto en El Pireo, que unieron a la muralla de Atenas con un corredor amurallado de 6 km.

A veces los griegos asediaban las ciudadelas amuralladas construyendo terraplenes. En su historia de la Guerra del Peloponeso, Tucídides describe que en el año 429 a.C. los espartanos construyeron un terraplén apoyado en las murallas de Platea, en Grecia central, y la atacaron con lanzas, azufre, brea y zarzas ardientes. Los plateos se rindieron tras un sitio de dos años, y los espartanos los exterminaron.

Golpe de muerte *Dos o tres filas de remeros, remando con todas sus fuerzas, impulsaban las birremes o trirremes griegas a 15 km/h. Estas naves tenían en sus proas puntas de bronce de 3 m de largo, que rompían los remos enemigos y perforaban los barcos, mientras los soldados se preparaban para el abordaje.*

Misil de remos

A diferencia de los estados en la Grecia continental, Atenas basó su poder en la fuerza naval. Luego de la derrota final de los persas en Platea, en el año 479 a.C., Atenas se unió con otros estados egeos para formar la Liga Délica (en honor de la isla de Delos), la cual financió la defensa colectiva contra Persia. Con estos fondos Atenas construyó su poderosa flota.

Las naves de guerra eran de tres tipos: pentacontras, birremes y trirremes. La pentacontra era una goleta con 50 remeros; la birreme tenía dos filas de remos, una sobre la otra, en cada costado, con uno o más remeros por remo. La trirreme tenía tres hileras de remos.

Usada por primera vez en el siglo VI, la trirreme ya era la nave más común en las Guerras Médicas. De 36 m de largo, tenía en su proa un mascarón o un símbolo pintado, y una gran vela cuadrada en el mástil delantero. Su timón eran dos paletas en la popa, y la impulsaban 170 remos. Había un remero por cada remo, y éstos no eran esclavos, sino ciudadanos libres.

Al navegar con viento a favor, la trirreme izaba su vela; en la calma o con viento en contra, se la impulsaba con la fila inferior de remos. En batalla se usaban las tres filas, cuyo ritmo era fijado por el flautista del barco, que tocaba un *aulo* de dos tubos. Remando con todas sus fuerzas, apuntaban el espolón de proa contra la embarcación enemiga.

PENURIA Y HEROÍSMO

El espartano fue el más formidable guerrero de la antigua Grecia. Esta estatuilla del siglo VI, de un guerrero con capa, muestra un casco con una cresta transversal, lo que posiblemente era símbolo de alto rango.

Desde los siete años, el niño espartano ingresaba a las barracas, donde la vida era dura: se le mantenía descalzo y hambriento, para que robara comida de las granjas, una habilidad que necesitaría en territorio enemigo. A los 20 años ingresaba a un club militar de 15 miembros. Su vida era rigurosa hasta los 30 años, cuando se le permitía casarse. La comida en los clubes era tan mala que un visitante comentó: "Ahora comprendo por qué los espartanos no temen morir."

La mayor gloria de Esparta tuvo lugar en el paso de las Termópilas, en el año 480 a.C., donde una reducida columna espartana, comandada por Leónidas, mantuvo a raya al ejército persa: resistieron hasta el último hombre.

EL AISLADO HOGAR FAMILIAR

El invitado que visitaba a una familia pudiente en una población griega del siglo V a.C. llegaba a un estrecho callejón desde la avenida, y las voces lo guiaban hacia el patio, que era el centro de los hogares griegos. Aquí, ocultos de las miradas de los transeúntes, jugaban los niños, los perros dormían, los esclavos cocinaban en braseros, las mujeres platicaban y lavaban vellocinos, y se ofrecían sacrificios en altares de piedra.

Alrededor del patio, se alzaban las habitaciones, separadas para hombres, mujeres y esclavos, y todas ellas en un solo piso, aunque los hogares con recursos tenían habitaciones en un segundo piso. En contraste con el esplendor de los templos griegos y los edificios públicos, las viviendas eran modestas, construidas con adobes secados al sol y cimientos de piedra. Los techos eran de tejas, y el piso era de argamasa o tierra aplanada.

El día comenzaba temprano. Primero se levantaban los esclavos, que recibían sueldo y, generalmente, un buen trato. Encendían el fuego de la cocina, sacaban agua del pozo en el patio (o de la fuente en el mercado), y despertaban y vestían a los niños. El desayuno era pan remojado en vino y agua, aceitunas e higos secos.

Después, los hombres salían al *ágora*, o mercado, pues eran ellos quienes hacían las compras diarias de pescado, avena, queso, aceitunas y verdu-

PRIVACÍA TRAS LOS MUROS

Los griegos llamaban "escarbamuros" a los ladrones: se debía a que los muros exteriores de las casas del siglo V a.C. no tenían ventanas, por lo que los ladrones sencillamente hacían agujeros en las endebles paredes de adobe. Aun en esta casa de una familia pudiente, las paredes encaladas tienen ventanas escasas y pequeñas, cerradas con postigos. La torre en la esquina es también un puesto de vigilancia.

En el patio abierto, una mujer guisa en una olla y los niños juegan con un perro. Los tejados, apoyados en vigas de madera, proyectan sombra. Cerca, una mujer trabaja en un telar colgado de la pared, en el que confecciona la ropa de la familia. Otras mujeres trabajan en telares en la estancia principal, el *andrón* o comedor.

En la cocina, un esclavo corta verduras frente al horno, y el padre de la casa desayuna antes de salir a inspeccionar las labores que se hacen en sus propiedades. En la torre, una bodega contiene sacos de tela hilada y vasijas, mientras que en la habitación inferior un esclavo ayuda al joven de la casa a tomar un baño. Afuera, un asno espera mientras las vasijas se llenan con vino o con miel de los panales que hay bajo el techo de paja junto a la pared.

Conversación *El quehacer de la casa daba tiempo a una matrona para aconsejar a una novia antes de la boda. Ambas visten túnicas con pliegues.*

Bebedores de vino *Los comensales de una cena, como los que aparecen en esta vasija de vino, generalmente bebían de este* kylix, *o cáliz.*

Panadera *Diariamente se molía harina para el pan.*

Aprendizaje *Se colocaba a los bebés en bacinicas altas, con las piernas colgando. Este bebé mueve su sonaja, tal vez pidiendo que lo dejen salir.*

ras, y lujos como joyas y estuches. Las mujeres también hacían las compras acompañadas de esclavos varones, pero pasaban la mayor parte del tiempo hilando y tejiendo en la casa. Esto era considerado como una noble labor, incluso para las mujeres aristócratas. Las niñas pasaban el día con la madre, aprendiendo los quehaceres domésticos, o a usar la rueca. En hogares más pudientes, aprendían a leer y escribir, a cantar y tocar la lira, pero se consideraba que la educación formal sólo era importante para los niños.

Aprendizaje de memoria

Los hijos de las familias ricas eran educados en casa por esclavos instruidos, pero ya en el siglo V a.C., Atenas tenía varias escuelas, con una docena de alumnos cada una. A partir de los siete años, los niños eran llevados a la escuela por esclavos personales que eran responsables de su buena conducta. Los alumnos se sentaban en bancas bajas de madera, donde escribían en tablillas de cera con una punta afilada, y leían rollos de papiro.

Se enseñaba aritmética con ayuda de ábacos (hileras de cuentas montadas en un marco de madera). Se ponía énfasis en aprender de memoria y recitar la poesía griega, en la música y en el atletismo. Luego los niños y esclavos regresaban a casa a comer pan, pescado seco y fruta, acompañados de agua y leche de cabra.

Después iban al gimnasio, un campo deportivo público donde los jóvenes se ejercitaban en la *palaestra*, un campo de arena abierto, y los mayores miraban o paseaban entre las pistas de carreras y los olivos.

En el gimnasio había palanganas, piscinas y baños de vapor. En casa, mujeres y niños se aseaban en palanganas de bronce montadas en pedestales, con agua perfumada en vez de jabón. Algunas casas tenían baños de asiento de barro.

La familia pasaba el día en el patio, pero cuando anochecía o hacía frío entraban en la casa e iluminaban las estancias con lámparas de aceite, de arcilla o bronce. De las paredes encaladas pendían jarrones, botellas de perfume y otros objetos domésticos.

Los muebles, hechos de madera de ciprés y olivo, incluían elegantes sofás tapizados con colores vivos, sillas formales de respaldos altos, una silla curva, con brazos, llamada *klismos*, y mesitas de tres patas con incrustaciones de marfil.

Había cajones y arcones de madera,para guardar ropa, y pequeños bancos portátiles, a veces plegables y con asiento de tela. Las camas eran marcos de madera con correas de cuero entrelazadas que sostenían un colchón, sobre el que se colocaban cojines, cobijas y colchas. La estancia más amueblada era el *andrón*, o comedor, donde los hombres disfrutaban de un *simposión*, o reunión formal en la cual bebían en compañía de otros hombres invitados. Los varones se reclinaban en divanes, sobre el codo izquierdo. Reclinarse con elegancia era símbolo de civilización. Los esclavos servían los platillos en pequeñas mesas puestas junto a cada comensal. No se usaban cubiertos: la comida era cortada en la cocina y los invitados se servían con los dedos. Sólo se usaba cuchara para las salsas y los mariscos.

El pescado, las anguilas y las perdices eran platillos populares. Abundaban lechuga, chícharo, frijol, col, cebolla, poro y aceitunas, cocinadas en salsas o miel. Pero rara vez se comía carne: la tierra era demasiado seca para alimentar ganado, y la carne conseguida por los cazadores, como venado o jabalí, sólo se comía en fiestas.

Los postres eran generalmente nueces, higos, uvas, quesos y pasteles de miel, y se acompañaban con vino, que se mezclaba con agua en un gran tazón, en el que los esclavos sumergían jarras para llenar las copas de sus amos. Después de cenar se jugaba al *kottabos*, que consistía en lanzar los restos de una copa de vino a un blanco, y se cruzaban apuestas sobre el que tenía mejor puntería.

La palabra del padre era ley

El jefe de la familia, que invariablemente era el hombre, ejercía control total sobre su casa, que incluía a los abuelos, tías viudas, huérfanos y hermanas solteronas. Las mujeres no tenían poder legal, ni siquiera sobre los recién nacidos. Si un bebé era enfermizo, o el padre consideraba que no podía mantenerlo, existía el derecho a abandonar al recién nacido en una montaña alejada para que muriera. Era más común que se abandonara a las niñas que a los niños. El papel principal de la mujer era combinar las funciones de madre y ama de casa. Muchas mujeres organizaban el presupuesto familiar, e influían en las decisiones familiares. Los niños jugaban con trompos, caballitos, muñecos, carretas de bueyes en miniatura y carros de caballos. Las niñas se preparaban para la vida adulta con figuras de arcilla de mujeres que hacían pan; en una ceremonia que marcaba el fin de la infancia, ofrendaban sus juguetes a Artemisa.

Amarillo: color favorito

La vestimenta básica era la túnica, un rectángulo de tela de lana o lino sostenida en los hombros con broches o alfileres, y a veces con un cinturón. El color favorito era el amarillo azafrán, pero también se usaban el morado, el rojo y el violeta. Al salir, los hombres usaban una capa, llamada *himatión*, y sandalias de cuero. Al entrar a una estancia interior se descalzaban.

Al salir, las mujeres se cubrían la cabeza con el *himatión* o con un velo especial. Usaban el pelo largo, y frecuentemente se lo teñían; las niñas lucían los bucles y el pelo suelto. Las mujeres casadas se recogían el cabello y lo fijaban con broches o diademas. También se adornaban con aretes, pulseras, anillos y cosméticos.

Elegantes pliegues *Hombres y mujeres vestían túnicas de lino o lana. Los hombres preferían el* himatión, *o capa, usado de varios modos, en tanto que el* peplos *femenino se prendía de los hombros y se sujetaba con cinturones.*

A la moda *El arte del peinado era muy avanzado en la antigua Grecia, y las mujeres pasaban horas haciéndose elaborados peinados, como el elegante estilo de pequeñas y apretadas trenzas. Esta mujer se adorna con collares y aretes. También se usaban pelucas y tintes para el pelo.*

A la espera *El pescado era considerado un manjar. El vocablo* psari, *que en griego moderno significa "pescado", se deriva de* opsarión, *"manjar" en griego antiguo.*

Una riqueza muy costosa *Las monedas griegas eran acuñadas en la plata que los esclavos extraían de las minas. La moneda más conocida fue la tetradracma ateniense, con valor de cuatro dracmas y con la figura de un búho, que simbolizaba a Atenea, patrona de Atenas.*

EL REGATEO COMIENZA AL AMANECER

En el *ágora*, o mercado ateniense, la madrugada era febrilmente activa. Los campesinos ponían puestos de queso, grano, carne de cerdo, fruta, huevos, piel de oveja y aceite de oliva. Al salir el sol, las mujeres salían a comprar comida y otros artículos domésticos. Las damas aristócratas preferían quedarse en casa.

Luego, los esposos llegaban para comprar las provisiones, contratar trabajadores o comprar esclavos. Si tenían citatorios, asistían a las cortes cercanas. Después, descansaban con sus amigos a la sombra de las columnas, oyendo discusiones de filósofos, y comprando salchichas y panes de miel para el almuerzo. En las calles que rodeaban el ágora había talleres donde herreros del bronce, curtidores, alfareros, zapateros, armeros y constructores de liras desempeñaban sus oficios. Casi todo el trabajo se realizaba en pequeños negocios de entre 12 y 20 personas.

Pleito por tierra fértil

En cuanto vendían sus productos, los campesinos regresaban a sus granjas. Sus principales cosechas eran granos, uvas y aceitunas. Los viñedos y olivares prosperaban en las cuestas inferiores de las colinas que rodeaban la ciudad, y el trigo y la cebada se cultivaban en los valles.

Siempre faltó la tierra fértil en este país montañoso. Los griegos nunca tuvieron suficiente trigo, por lo que importaban grano de Egipto y Crimea. Los campesinos griegos no practicaban la rotación de cultivos. Cultivaban durante un año y al siguiente dejaban inactivo el campo. Los arados de madera eran tirados por bueyes, la semilla se esparcía a mano, y se cosechaba con hoces. El grano se recogía en julio.

Aunque pocos campesinos tenían suficientes pastizales para mantener muchos caballos y ganado, todos tenían bueyes, mulas y asnos como animales de carga. Obtenían leche y queso de ovejas y cabras. Los campesinos de las colinas criaban abejas para producir miel, que era el principal endulzante. Abundaban lentejas, chícharos, frijol, cebolla, col y ajo. Los griegos variaban su dieta con la pesca y la caza: el jabalí era la presa favorita.

La pisa de uvas

Los viñedos y los olivos eran la principal fuente de riqueza agrícola. Se cultivaban en terrazas excavadas en las colinas para que se asolearan, y se requerían trabajadores para cultivarlos y cosecharlos. Las uvas maduras se cortaban en septiembre, y se llevaban a un piso de madera o argamasa que bajaba hacia una boquilla. Al pisar las uvas, el jugo se derramaba en una cuba empotrada en el suelo. Se fermentaba en cubas de arcilla revestidas con brea o resina. Estas cubas eran mantenidas en sótanos fríos durante seis meses, para luego pasar el vino a grandes ánforas que facilitaban su transporte.

Los hallazgos de buques mercantes hundidos, con ánforas destinadas a las colonias griegas del sur de Italia y las costas del Mar Negro, demuestran que los griegos exportaban vino a gran escala. Los barcos llevaban perfumes y piedras preciosas de Oriente, madera de Macedonia y lana de Asia Menor.

Otra importante exportación era el aceite de oliva. En sí, el olivo era sagrado y se consideraba un regalo de Atenea, diosa patrona de Atenas, a los habitantes de su ciudad. El aceite de oliva se usaba para cocinar, como jabón y para lámparas. Los olivos crecen lentamente: dar fruto les toma 16 años, y madurar, 40, por lo que sólo los campesinos ricos podían invertir en una empre-

Ojo avizor
El gobernador de Cirenaica, colonia griega del norte de África, vigila a los trabajadores que pesan y guardan sacos.

Tierra nueva *Toda parcela propicia era cultivada. Este campesino dirige a dos bueyes que tiran de un arado de madera. Lo seguía otro hombre que esparcía las semillas a mano.*

sa a tan largo plazo. Las aceitunas eran cortadas como se hace hoy día: se sacudían las ramas para que las aceitunas cayeran en redes o canastas. Se deshuesaban en molinos manuales, y luego se prensaban en molinos de tornillo para extraer el aceite.

La mayoría de los campesinos trabajaban con sus familias, pero los más prósperos empleaban a esclavos para las labores más pesadas. Pero en las ciudades la economía dependía de los esclavos. En el siglo V a.C., había unos 100,000 esclavos tan sólo en Ática, la región que circunda a Atenas, o sea que duplicaban la cantidad de hombres libres. Generalmente se trataba bien a estos esclavos, y algunos se hicieron médicos, maestros o arquitectos, a quienes se pagaba lo suficiente para ahorrar y comprar su libertad. Pasión, un esclavo del siglo IV, compró su libertad y se hizo banquero. Prestó grandes sumas a la ciudad, se le hizo ciudadano a cambio y legó una gran fortuna.

Penurias en las minas

Los esclavos no tenían derechos, y no podían casarse ni tener propiedades. El filósofo Aristóteles los definió como "posesiones que respiran" y "herramientas vivientes". Los menos afortunados fueron los mineros de Laurion, al sureste de Atenas, que surtía a la ciudad con plata para su moneda. Las monedas se introdujeron desde Lidia, en Asia Menor, durante el siglo VI a.C.

La variedad de monedas significó prosperidad para los cambistas, y muchos de ellos se hicieron banqueros. Prestaban con un interés anual promedio de 12% en hipotecas y seguros. Hacían sus negocios en pequeñas mesas. En griego moderno, *trapeza* significa banco o mesa, igual que en la época en que los amos de casa atenienses regateaban el precio del pescado en el ágora o cuando los campesinos pagaban sus óbolos por unas sandalias nuevas.

Cálculos *Cuchillo en mano, un pescadero espera pacientemente que el cliente decida cuánto necesita para la cena.*

A la medida *Un niño se para sobre una mesa para que el zapatero le corte una plantilla de cuero.*

PARA GANAR EL FAVOR DE LOS DIOSES

En una mañana primaveral ateniense, un grupo de niños de tres años, con flores en el pelo, están junto a la puerta de un templo de la Acrópolis. Sus padres esperan cerca de ahí. La puerta se abre y salen sacerdotes y flautistas con blancas túnicas. Los sacerdotes dan a los niños jarritas de arcilla, de las que toman su primer sorbo de vino. Esta ceremonia de los *choes*, o jarras, era parte del *Antesterión*, un festival en honor de Dionisio, dios del vino. Cuando los niños bebían, celebrando la primavera y el vino nuevo, terminaban simbólicamente su infancia.

Pero los rituales religiosos marcaban otra etapa en las vidas de los niños: a los 12 o 13 años, las niñas ofrendaban en los templos sus juguetes a la diosa Artemisa, en una ceremonia que celebraba el paso a la pubertad. A veces este ritual ocurría en vísperas de la boda de las niñas, que se casaban tan pronto como sus padres les conseguían marido, que generalmente les duplicaba la edad.

Un escritor anónimo describe así esta ceremonia: "Señora, a ti te ofrenda Timareta, antes de su boda, su gorro, su pandero y su pelota favorita, tal y como se requiere. Oh, Artemisa, la joven te trae sus muñecas, sus juguetes de la infancia, todo."

Junto a las ruinas de los templos se han hallado caballitos y muñecas articuladas, y en tumbas de niños se hallaron otros juguetes, tal vez dejados por sus padres como trágicos símbolos de los juegos que sus hijos no disfrutaron en vida. En las bodas debía invocarse a Hera y Zeus, patronos del matrimonio. La novia debía tomar un baño de purificación, y el agua que se usaba para éste había sido llevada por niños pequeños desde fuentes especiales.

En el día de la boda se acostumbraba que la novia se cortara un mechón de pelo, lo enrollara en un huso y lo pusiera en un altar. Esto era seguido por un sacrificio y banquetes en las casas del novio y la novia. El novio llevaba a la novia a su nuevo hogar en un carro de caballos o mulas. La novia era recibida en la casa por su suegra, que portaba una antorcha con la que conducía a la pareja desde el pórtico hacia el fogón de la cocina. Ahí la pareja se arrodillaba, y se les echaban nueces y frutas garapiñadas (en lugar del arroz que se emplea actualmente), símbolos de la prosperidad.

> *"El hombre hizo a sus dioses y los invistió con su propio cuerpo, su propia voz y sus propios atavíos."*
>
> JENÓFANES, HACIA 500 A.C.

Para el griego común, la religión era más una cuestión de rituales que de moralidad. La comunidad creía en la importancia del buen comportamiento, de acuerdo con elevadas normas morales, pero los motivos de este comportamiento eran, sobre todo, sociales: la gente se comportaba bien para provecho de su familia y de su reputación, más que para provecho de los dioses. Los sacrificios y rendir culto eran considerados casi como un contacto obligado con los dioses, y como una forma de ganarse el favor divino. Por lo tanto, el rasgo dominante de la religión griega era la correcta realización de un ritual para lograr el efecto deseado. Muchas de las ceremonias eran conducidas por el pueblo en la privacía de sus casas.

Se creía que Hestia, diosa del fogón, protegía el mismo centro de la vida hogareña. Así, mantener ardiendo el fuego era en sí un acto religioso. La mayoría de las casas tenían un *herma*, un pilar de piedra con cabeza y falo humanos, que estaba dedicado al dios Hermes, y que se colocaba a la entrada de la casa como símbolo de protección. Era común tener en el patio altares a Zeus y Apolo, en los que el jefe de familia ponía diariamente ofrendas de comida. En el campo, se adoraba a Pan, el de patas de cabra, y cada localidad, fuente y arroyo tenía su propia ninfa de la guardia. Se elevaban plegarias a Atenea para levantar buenas cosechas de aceitunas, mientras que las uvas eran regalo de Dionisio, y Deméter aseguraba la cosecha de grano. Se creía que todos esos dioses vivían en el monte Olimpo, y que su cima tocaba el cielo. Aunque situaron el hogar de sus dioses y diosas en una montaña lejana, los griegos pensaban que influían sobre los asuntos humanos, y que con frecuencia intervenían en las vidas de ciudades e individuos.

La ley del rayo

Se pensaba que los dioses eran semejantes a los humanos tanto en apariencia como en carácter, aunque diferían en un aspecto fundamental: eran inmortales. El supremo entre ellos era Zeus, rey de los cielos. Los escultores y pintores lo mostraban como un hombre maduro y barbado, a veces portando un rayo y sentado en un trono, pa-

Conjuro *Una mujer vierte una libación de vino sobre un altar, en el patio de su casa, para invocar la protección de un dios. Ésta es una antiquísima tradición.*

Viaje final *La escena de esta vasija muestra a hombres con túnicas negras que llevan el cuerpo de un amigo al panteón, acompañados de una plañidera. Los difuntos eran ungidos con aceites preciosos.*

Muerte del monstruo *La diosa Atenea junto al héroe Perseo, quien decapita a Medusa, cuya mirada convertía a la gente en piedra. Perseo usó un escudo de bronce pulido, regalo de Atenea, para ver a Medusa reflejada y poder cortarle la cabeza.*

ra enfatizar su soberanía. Hera, hermana y esposa de Zeus, era la diosa de las mujeres y el matrimonio.

Poseidón, hermano de Zeus, regía sobre el mar. Físicamente era parecido a Zeus, y portaba un tridente o lanza de pesca, y a veces se le retrataba acompañado de delfines. Otras deidades eran Ares, dios de la guerra; Afrodita, diosa del amor y la belleza; Hermes, dios mensajero; Hefestos, dios de la herrería; Atenea, diosa de la sabiduría; Deméter y su hija Perséfone estaban relacionadas con la fertilidad de la tierra; Apolo era el dios de la salud y la música. Todas estas deidades tenían templos y santuarios, centro de los rituales comunitarios, y ciertos dioses estaban asociados con una ciudad en particular, Atenea con Atenas.

Los hermosos templos, construidos como si fuesen la vivienda de los dioses, demuestran el importante papel de la religión en la vida diaria griega. El esplendor de la arquitectura del templo era una forma de honrar al dios, y al mismo tiempo demostraba la riqueza y el prestigio de la comunidad que lo había erigido. Los templos eran también tesorerías de ofrendas de oro, joyería y otros objetos valiosos que se ofrecían a los dioses.

En un recinto interior se alzaba una estatua del dios, a veces adornada con oro y marfil. No estaba a la vista del público, y sólo los sacerdotes y el personal del templo podían mirarlo, no se permitía a los plebeyos entrar al santuario interior, considerado dominio privado de la deidad. El recinto no tenía ventanas, y se le iluminaba únicamente con lámparas de aceite.

Todas las ceremonias públicas importantes, como los sacrificios estatales, se llevaban a cabo al aire libre, fuera del templo. Las presidía un sacerdote en un altar, que era un terreno sagrado marcado con una piedra o, en el caso de santuarios más prósperos, con una imponente estructura de mármol, generalmente colocada tras la parte este del templo. El sacerdote, cuando ofrecía el sacrificio, vestía una larga túnica y daba la espalda al templo, cuyas puertas estaban abiertas para que el dios presenciara la ceremonia. Se sacrificaban vacas, corderos, cerdos o cabras adornados con guirnaldas, y con los cuernos dorados. Se degollaba a los animales y luego se partía el cuerpo: una parte se ponía en el altar para incinerarla ritualmente y la otra se asaba para la comida ritual del sacerdote y los fieles.

Festival para Atenea

Cada población celebraba anualmente un festival en honor de su deidad patrona. Atenas rendía tributo a Atenea cada cuatro años, con un festival de una semana de duración, llamado Gran Festival Panateneo. En él, una procesión ascendía por la cuesta de la Acrópolis llevando un nuevo *peplos*, o túnica, para vestir a la antigua estatua de madera de la diosa, puesta en un altar cercano al Partenón.

En un friso, los dioses del Olimpo ocupan tronos o bancos esperando la llegada de la procesión, presidida por mujeres que portan vasijas de vino para escanciar libaciones. Tras ellas, los hombres conducen ovejas y vacas al sacrificio. Un sacerdote y un niño sostienen el peplo que ofrecen a la diosa, sentada plácidamente, indiferente a los actos de los mortales.

Los griegos creían en la vida después de la muerte, pero la consideraban inferior a la vida terrena. A los difuntos se les ponían monedas en la boca, como tarifa para el barquero Caronte, que llevaba a las almas por el río Estigia hacia el inframundo, reino del Hades. A veces los cuerpos eran sepultados, pero generalmente se cremaban, y se enterraban las cenizas con las posesiones que usarían en la vida siguiente. Un banquete seguía al funeral.

Curación *Higia, la hija de Asclepio, ve cómo su padre se aparece en sueños a un paciente. Curas notables difundieron el culto del dios de la medicina.*

PLEGARIA PARA CURAR

Los griegos consideraban la enfermedad como un mal enviado por los dioses, a quienes le pedían la cura. Desde el siglo V a.C., se difundió en el mundo griego el culto a Asclepio, dios de la medicina. Los peregrinos acudían a los santuarios en la isla Cos, en Pérgamo (Asia Menor), y en Epidauro, donde se conservan un templo, un teatro y edificios rituales. El dios se aparecía a los peregrinos en sueños que eran interpretados por los sacerdotes, que recetaban tratamientos como dietas, gimnasia y baños. A partir de estos tratamientos, se desarrolló un sistema basado en la observación científica, que sigue siendo fundamento de la medicina moderna.

Médico *El juramento de Hipócrates de Cos, que definió los deberes del médico hacia su paciente, es la base de la ética médica.*

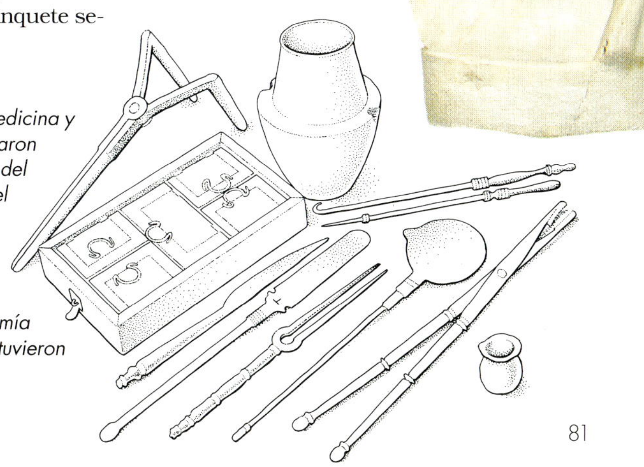

Instrumental *La medicina y la cirugía progresaron gracias al estudio del funcionamiento del cuerpo humano. La medicina perdió sus elementos mágicos; la anatomía y la investigación tuvieron más importancia.*

Gracia del atleta *El ideal de la perfección física, tan buscado por los griegos, se expresa en esta escultura. El lanzamiento de disco era una competencia en Olimpia. Acaso el disco se originó en una piedra plana que se arrojaba al enemigo.*

CINCO DÍAS DE SUDOR Y GLORIA

Por la madrugada, multitudes de hombres y niños caminaban por los olivos rumbo a la pista y al gimnasio de Olimpia. El sol de agosto sería sofocante a mediodía, por lo que valía la pena encontrar un lugar con sombra en las laderas. Al salir el sol sonaba una trompeta. Los jueces, vestidos con túnicas rojas, tomaban sus posiciones, los competidores se desnudaban y se untaban el cuerpo con aceite, echaban suertes para la posiciones de arranque, y se iniciaba la carrera.

Cada cuatro años, los griegos declaraban una tregua en sus constantes guerras y se reunían en Olimpia, junto al río Alfio, en el Peloponeso. Para los 50,000 espectadores que miraban a los atletas desnudos que competían en las pistas de carreras o en las luchas, los Juegos Olímpicos eran algo más que un alarde de fuerza muscular: eran también una celebración religiosa en honor de Zeus, padre de los dioses, acompañada de plegarias, himnos y sacrificios. Los juegos se iniciaron en el año 776 a.C., y se realizaron hasta que Teodosio, primer emperador cristiano de Roma, los abolió en 393 d.C.

Los heraldos visitaban todas las ciudades griegas e invitaban a los ciudadanos a participar en los juegos. Se competía individualmente; las mujeres no participaban, ni siquiera como espectadoras. Los atletas llegaban a Olimpia con un mes de anticipación para entrenarse luego del viaje. El tercer día de los juegos coincidía con la segunda o tercera luna llena, luego del solsticio de verano; esto significaba que siempre se celebraban en agosto o septiembre. El sofocante sol de estos meses no era el mejor para los atletas, pero significaba que las cosechas se habían levantado y que los espectadores, la mayoría campesinos, podían descansar.

Charla y comercio

Se levantaban cobertizos para atletas y espectadores. La gente iba también a comprar y vender caballos y reunirse con amigos y socios. Los políticos sostenían conversaciones con sus contrapartes de otras ciudades.

Los primeros juegos duraron un solo día, pero ya en la época clásica se extendieron a cinco. En el primer día se ofrecían sacrificios a Zeus y se hacían votos sagrados. Los competidores prometían no hacer trampas, y los jueces juraban ser justos. Las infrac-

En combate *Esta estatua de bronce muestra a un luchador barbado a punto de derribar a su oponente.*

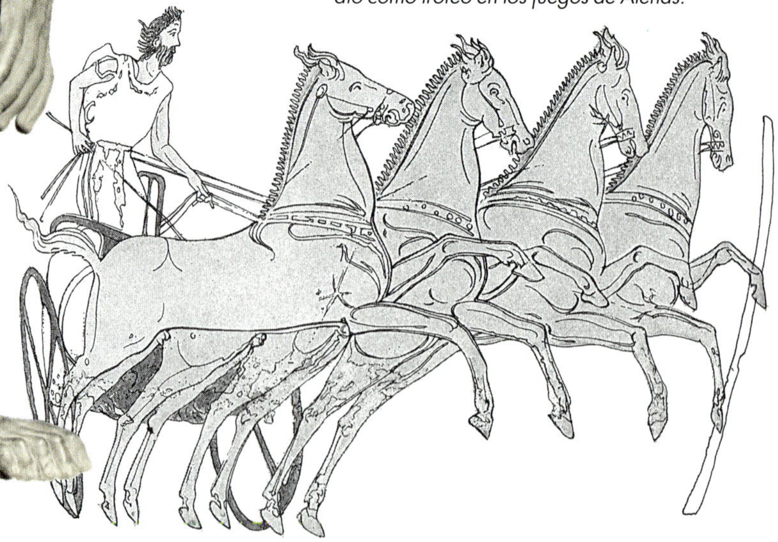

Giro cuádruple *Un carro rodea una posta. Esta escena aparece en un ánfora que se dio como trofeo en los juegos de Atenas.*

ciones eran castigadas con multas: si un atleta no podía pagarlas, su familia, o la población, se hacía responsable. En el segundo día se realizaban desfiles de funcionarios, participantes y carros de caballos. Luego se daba comienzo a la carrera de cuadrigas con cuatro caballos. Hasta 40 carros corrían en la pista, rodeando, tan cerca y rápidamente como les fuese posible, los pilares en cada extremo. Los accidentes eran muy frecuentes, y pocos competidores completaban las 12 vueltas. Seguía una carrera de caballos, que los jinetes montaban a pelo.

Luego se realizaba el pentatlón, que combinaba carreras, salto de longitud, lanzamiento de disco y de jabalina, y lucha. Los saltadores usaban pesas de piedra o plomo, que antes de saltar arrojaban hacia adelante para impulsarse, y hacia atrás antes de caer, para darse un empuje final. En el tercer y cuarto día se realizaban carreras, boxeo y más luchas. Una forma de combate sin armas, el *pankratión*, era especialmente ruda: todo estaba permitido, excepto morder y hacer saltar los ojos. Las carreras se desarrollaban en un estadio cubierto de arena, de 200 m de largo. Aún se puede ver en Olimpia la línea de arranque, hecha de lajas de piedra y muescas que servían como apoyo para los pies.

En el quinto y último día, los vencedores recibían sus trofeos: coronas de ramas de olivo, cortadas de un árbol sagrado que crecía junto al templo de Zeus. Después se ofrecía un banquete en su honor. En sus pueblos de origen esperaban más honores para los atletas victoriosos: se les eximía de pagar impuestos, recibían comidas gratuitas en el salón municipal, y se les permitía usar túnicas moradas.

Aunque los Juegos Olímpicos eran los más prestigiados, sólo eran parte de una serie de cuatro juegos que atraían a los deportistas de todo el mundo griego. Los otros tres eran los Juegos Pitios de Delfos; los Nemeos, en Nemea, cerca de Argo, y los Ístmicos de Corinto, todos cada cuatro años.

Inspiración bélica *Policleto innovó el arte, al otorgar a su amazona herida la gracia y la aflicción de una víctima.*

> *"El estruendo de los carros llenó la arena; al correr, se alzaba el polvo en una densa masa; cada corredor azuzaba a sus bestias para que dejaran atrás los ejes rivales y sus jadeantes caballos."*
>
> SÓFOCLES, SIGLO V A.C.

Además de estos certámenes, muchas ciudades celebraban sus propios juegos, en honor de su deidad patrona; por ejemplo, Atenas veneraba a Atenea como parte del Gran Festival Panateneo, en el que participaban atletas de los alrededores de Atenas. Los vencedores recibían jarras de aceite de oliva con una pintura de la competencia ganada.

El filósofo Epicteto comentó en el año 100 d.C.: "¿Es que no os sofoca el ardiente sol, ni os atosigan las multitudes? ¿Es que la lluvia no os empapa la piel? ¿Acaso no os molesta el ruido y la incomodidad? Pero lo toleraréis con gusto en cuanto penséis en los espectáculos que os esperan." Los juegos siguieron siendo una fascinante experiencia durante casi 12 siglos.

DRAMA EN HONOR DEL DIOS DEL VINO

Para los antiguos griegos, el teatro era una ocasión festiva que duraba todo el día. Los espectadores presenciaban tres o cuatro tragedias seguidas de un acto cómico. Los teatros tenían forma de tazón, tallados en laderas. Originalmente, el público se sentaba en laderas con pasto, pero desde el siglo IV a.C. se instalaron asientos. El público llevaba sus propios cojines.

Los jueces, sacerdotes y huéspedes de honor ocupaban las primeras filas. Frente a ellos estaba la orquesta, una arena plana y pavimentada donde los actores, y un coro de 20 cantantes, actuaban y bailaban al son de las flautas. Al fondo estaba el *skene*, que originalmente fue el escenario y contenía los vestidores; posteriormente, el *skene* se convirtió en proscenio. El drama tuvo un origen religioso, derivado de danzas y cantos realizados en honor de Dionisio, dios de la fertilidad y el vino. Los dramaturgos se inspiraban en leyendas famosas, y el público participaba activamente vitoreando, abucheando e incluso arrojando objetos. Todos los actores eran varones.

Los mejores dramaturgos fueron atenienses: Esquilo, Sófocles y Eurípides, autores de tragedias, y Aristófanes, escritor de comedias. En la clausura del festival dramático, los autores y los actores ganadores recibían guirnaldas de hiedra. En Atenas se suspendían las labores durante el festival, y se liberaba a los presos para que asistieran.

Máscara de terror *Esta máscara votiva de bronce es una copia de las que se usaban en las tragedias.*

Máscaras de alegría *Estas miniaturas de barro muestran actores con máscaras de sus personajes: (izq.) un comediante y (der.) dos borrachos.*

MÚSICA, VINO, MUJERES... Y FILOSOFÍA

A pesar de su interés por el conocimiento, al pueblo griego le gustaba divertirse. Tenía mucho tiempo libre gracias a los esclavos y sirvientes, y los ciudadanos —especialmente los hombres— lo aprovechaban al máximo.

La principal diversión hogareña era el *simposión*, o reunión para beber, a la que asistían los hombres. Se tenía en alta estima la buena conversación, y los simposios se iniciaban con una plática acerca de política o filosofía. La reunión se hacía menos seria con la influencia de la comida y la bebida.

También participaban cantantes, bailarinas con espadas, bufones, músicos y acróbatas. Generalmente se trataba de esclavas, casi siempre capturadas en las guerras y elegidas como animadoras por su talento y belleza. Los hombres se enamoraban de ellas y tenían hijos con ellas, pero no se les permitía desposarlas. Las pinturas en vasijas muestran a estas jóvenes bailando y abrazando a los comensales, y escanciando vino a hombres que yacen, ebrios, en divanes. El escritor Jenofonte describe gráficamente una reunión típica: "La joven comenzó a bailar acompañada por la música de flautas. Entonces se trajo un aro en cuyos bordes había espadas, sobre las que la joven hacía piruetas, entrando y saliendo del aro, mientras los comensales la miraban, asombrados y temiendo que sufriera una herida. Pero ella, temeraria, terminó ilesa su espectáculo."

Los acertijos eran populares. Si un invitado no podía resolverlos, tenía que tomar vino con salmuera. Al beber se cantaban canciones, llamadas *skolia*, acompañadas con liras. Los temas de las *skolia* frecuentemente eran políticos. Una de ellas se refiere al asesinato de Hiparco en el año 514 a.C.: "Mi espada portaré con guirnalda de mirto, como Harmodio y Aristogitón cuando mataron al tirano, y a Atenas dieron la igualdad." Vino, música y danza iban juntos. En el festival anual para Dionisio, dios del vino, cada una de las 10 tribus enviaba un coro de 50 niños a una competencia en la que cantaban, bailaban y actuaban mientras sus familias los miraban, orgullosas. Se consideraba que ningún festival estaba completo sin música. Se contaba que Pan, el dios con patas de cabra, hizo su flauta, o *sirinx*, con cañas de distintos largos, unidas con cera y cuerdas. Las liras constaban de siete cuerdas fijadas con clavijas o correas de cuero, con las que se afinaba el instrumento. Una lira hallada en Atenas tenía un caparazón de tortuga como caja de resonancia y soportes de sicomoro. Homero describe en su *Ilíada* un muy peculiar instrumento:

"Pasaron entonces junto a los refugios y los barcos mirmidones, donde encontraron a Aquiles, que deleitaba su corazón con una lira de claro sonido, de espléndida y cuidadosa factura, dotada de un puente de plata que tomó de entre los restos de la ciudad de Eción cuando la destruyó. Con este instrumento Aquiles se daba solaz y cantaba la gloria de sus soldados."

Elegante atuendo *Los pliegues del vestido dan movimiento a esta estatuilla de una mujer que baila con el ritmo de la danza.*

Música y juguetes

La *kitara* se desarrolló de la lira y su forma era similar a ésta, aunque tenía una caja de resonancia de madera que daba a su sonido una cualidad más profunda. La tocaban músicos profesionales en las fiestas públicas. Las trompetas se tocaban en batalla, mientras que los panderos y los platillos estaban asociados con las procesiones y danzas en honor de Dionisio.

Los concursos musicales eran una parte importante del Gran Festival Panateneo de Atenas: los cantantes y los flautistas salían a un escenario, ante sus tutores y los jueces. Como todos los padres de la historia, los griegos daban regalos a sus hijos, incluidos

Indiscreción *Los griegos no siempre eran dignos intelectuales, y sus banquetes a veces degeneraban. Esta pintura muestra a dos hombres en pleito y a un tercero que se sirve vino. La copa (aba., der.) muestra a una cortesana que atiende a un joven muy mareado.*

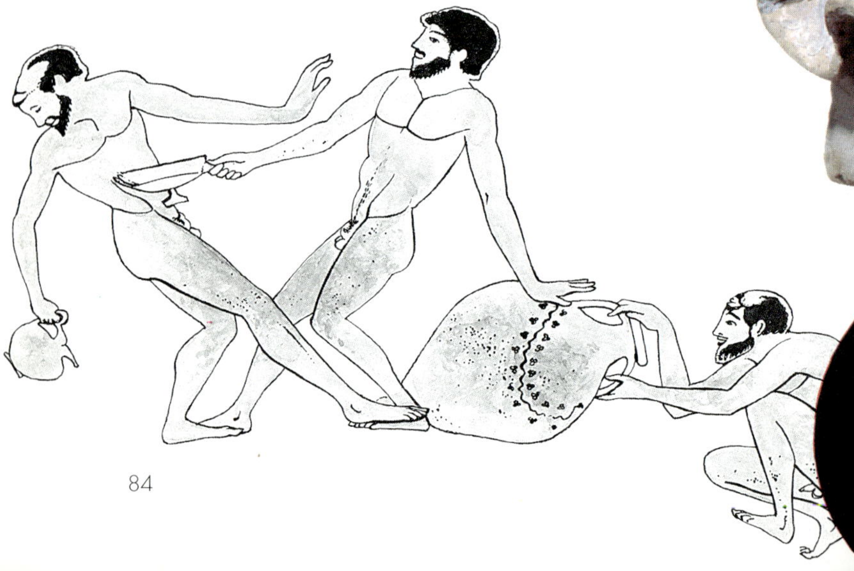

Romántico momento *Un comensal abraza a una esclava bajo los efectos del vino. Las solemnes discusiones filosóficas que iniciaron la reunión ya quedaron atrás.*

ingeniosos juguetes comprados en el *ágora*, o mercado. A veces los mismos niños se hacían juguetes más sencillos. En *Las nubes*, una comedia de Aristófanes, un padre orgulloso habla de la habilidad de su hijo para hacer casas, barcos, carretas y ranas con trozos de cuero. Había otros juguetes como hondas, cometas, aros con campanas, carretillas, caballitos, trompos y ruedas unidas a varas para dirigirlas. Se han hallado pequeños muebles de plomo, que tal vez iban dentro de casas de muñecas.

Los bebés usaban sonajas de guijarros. Se han hallado muñecas de arcilla articuladas en las ruinas de los templos, donde fueron dejadas como ofrendas, y en tumbas de niños. Tal vez existieron muñecas de trapo y juguetes de madera, pero no han dejado rastros.

Había un juego similar al hockey, en el que se usaban pelotas hechas de vejiga de cerdo. Un relieve en un museo de Atenas muestra a dos jugadores con bastones curvos, azuzándose. Las vasijas pintadas, que son una excelente fuente de información acerca de la vida en la antigua Grecia, muestran juegos de saltar al burro, montar en hombros, y la gallinita ciega.

Una hermosa figurilla de barro muestra a dos mujeres jugando a la taba con huesos o pezuñas de animales: se aventaban al aire, uno por vez, cinco huesos, que se tomaban con el revés de la mano. Los juegos de mesa, que según el historiador Herodoto fueron inventados en el estado de Lidia, en Asia Menor, eran jugados con dados y fichas de vidrio o hueso. Los griegos disfrutaban de estos pasatiempos cuando descansaban en casa, en compañía de sus amistades. Sin embargo, cuando salían al ágora, podían elegir entre una muy amplia variedad de espectáculos públicos más emocionantes, como funciones de magia al aire libre, tragaespadas, hechiceros y tragafuegos.

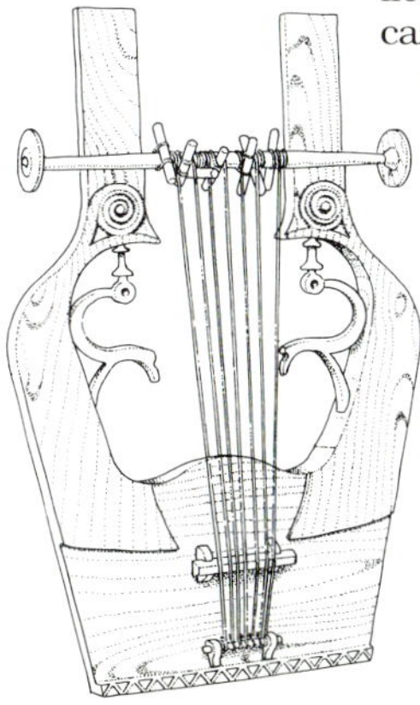

Cuerdas musicales *La kitara, una versión de la lira, era de sonido más grave.*

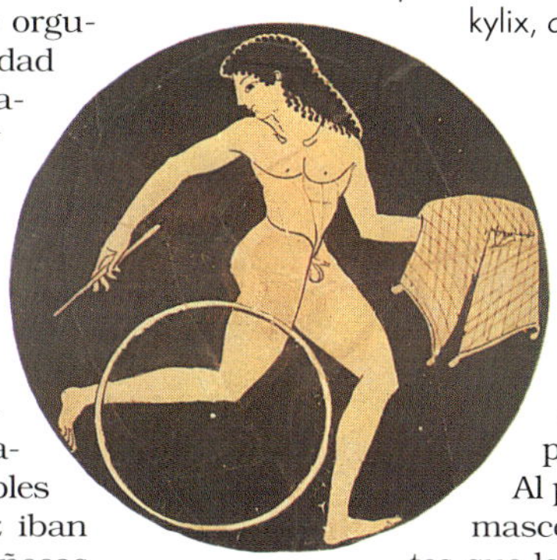

Con estilo *Un niño ateniense de largo cabello muestra su destreza con el aro y la vara mientras lleva una charola cubierta con un paño. Esta escena aparece en un kylix, o cáliz.*

Los griegos tenían animales, que eran tanto mascotas domésticas como objeto de cacería, o (con mucha frecuencia) víctimas de brutales arranques de golpes por parte de sus amos. Al parecer, los gatos eran mascotas menos frecuentes que los perros, los cerdos y las tortugas. En los patios de las familias más adineradas había cigüeñas domesticadas y gansos.

"La joven entonces acompañó su danza con música de flautas; un niño le dio flautas, una tras de otra, hasta que fueron doce. Al bailar las lanzaba al aire y las atrapaba..."

JENOFONTE, HACIA 400 A.C.

Los jóvenes que gustaban de seguir la moda tenían animales exóticos como mascotas, tales como panteras y leopardos. Las palomas, que generalmente estaban asociadas con Afrodita, diosa del amor, se obsequiaban a las jóvenes, y los varones recibían liebres. Se presenciaban peleas de gallos, perros y gatos, donde los espectadores cruzaban apuestas. Un relieve muestra a unos jóvenes que preparan a un perro para que pelee con un gato. Los pudientes salían de cacería usando varias razas de perros, según la presa. Quienes cazaban venados o liebres iban solos o en parejas. En la caza del jabalí participaban grupos más grandes que usaban jabalinas (esta palabra se deriva de *jabalí*), redes y lanzas.

EDUCAR EL ALMA

Los antiguos griegos gozaban de la música en los actos públicos y privados, religiosos y laicos. El filósofo Platón dijo que la educación se dividía en dos: gimnasia para el cuerpo y música para el alma.

Poco se sabe acerca de cómo sonaba la música griega. Se conservan muy pocos ejemplos de partituras, y éstas no indican la afinación que se usaba. Pero es seguro que no tenían la complejidad de los arreglos orquestales y vocales modernos: se cantaba al unísono y los instrumentos seguían la misma línea melódica. Dado que la música griega estaba estrechamente relacionada con la poesía y la danza, el ritmo debió ser muy importante. La música definía los pasos de danza, y en ella intervenía un poeta que declamaba estrofas. La poesía no se leía en privado: los versos eran escritos para ser cantados o repetidos ante un público, generalmente acompañados de música y danza.

Los griegos tenían cantos para toda ocasión: canciones de amor y estribillos para las bodas y nacimientos, para lamentar una muerte o para acompañar trabajos mecánicos como la molienda de grano. Incluso se cantaba para curar enfermos. Las mujeres gustaban de bailar juntas en la casa y el campo, quizá como un ritual de fertilidad: nunca se les muestra bailando con sus maridos.

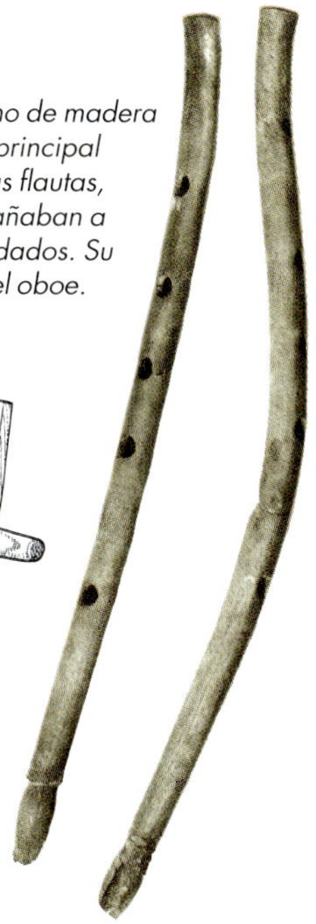

Flauta doble *El aulos, hecho de madera o hueso, era en Grecia el principal instrumento de viento. Estas flautas, tocadas en pares, acompañaban a bailarines, cantantes y soldados. Su boquilla era similar a la del oboe.*

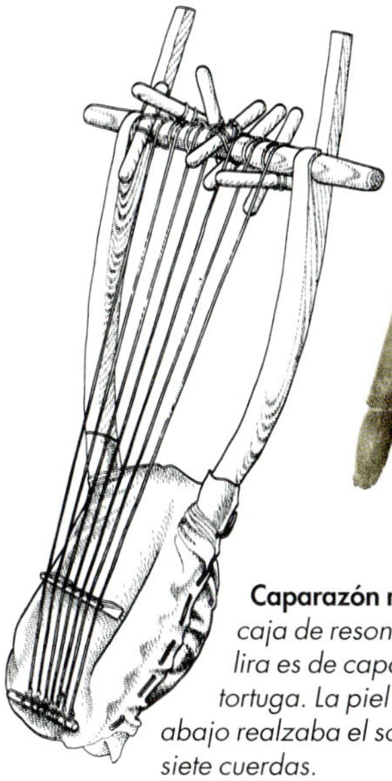

Caparazón musical *La caja de resonancia de esta lira es de caparazón de tortuga. La piel del lado de abajo realzaba el sonido de las siete cuerdas.*

Música y movimiento *Una joven baila con castañuelas mientras un hombre toca el aulos; la correa en su cara tal vez sostenía las flautas dobles. La figura de barro posiblemente describe a un poeta que se acompaña con la lira.*

DE LA ROMA ALTIVA

Según la leyenda, la ciudad de Roma fue fundada por Rómulo en el año 753 a.C., en la orilla del río Tíber. En un principio, fue poco más que una aldea de chozas de adobes situada en lo que ahora se conoce como monte Palatino. La ciudad se formó cuando se unieron las aldeas de otras seis colinas, cuyos habitantes integraron Italia bajo un gobierno republicano, e iniciaron la expansión a otros países. En el año 31 a.C., este Estado grande y complejo pasó a manos de Augusto, su primer emperador. Con la sucesión de vigorosos líderes, las fronteras abarcaron desde las playas atlánticas de España e Inglaterra a los candentes desiertos de Siria y Judea.

El imperio floreció durante cuatro siglos, pero cuando los ejércitos de las provincias cobraron fuerza, estalló la guerra civil. En el año 293, el Imperio se dividió entre el oriente y el occidente. Se reunificó en 324, con su primer emperador cristiano, Constantino el Grande, pero se desintegró cuando la ciudad de Roma fue saqueada por oleadas de visigodos, hunos y vándalos. Finalmente, en el año 476, el último emperador del occidente fue depuesto por el guerrero germano Odoacro.

ROMA IMPERIAL 31 A.C.–476 D.C.

PALPITANTE CORAZÓN DE UN IMPERIO

Bajo el dinámico emperador Trajano (53-117 d.C.), Roma fue el centro del mundo conocido, una metrópolis rica, poderosa y refinada, con más de un millón de habitantes. En su centro, desde la columna triunfal de Trajano, de 28 m de altura y coronada por un águila, hasta la inmensa arena del Coliseo, se erguían magníficos templos y edificios públicos a lo largo de más de 1 km, que flanqueaban elegantes plazas, galerías y terrazas.

Se erigieron por doquier estatuas de dioses y héroes, y todos compartían la gloria, pues en Roma no existían barrios de lujo; por toda la ciudad las opulentas mansiones se rozaban con humildes casas de terracería y talleres. Enormes y anónimos edificios habitacionales, de cuatro y cinco pisos, tenían en su planta baja comercios, como vinaterías, tiendas de abarrotes, puestos de verduras y otros.

Grandeza y graffiti

Es bien conocida la grandiosidad de los edificios públicos de Roma. Pero la gran mayoría de los habitantes vivían en casas mal iluminadas y poco amuebladas, casi todas de alquiler. Los conjuntos habitacionales y otras viviendas estaban cubiertos con anuncios de apartamentos vacantes. Estos anuncios estaban por lo común pintados con grandes letras negras, y la última línea, en la que aparecía el nombre del dueño, estaba en rojo para atraer la atención.

Todos estos edificios contaban con una red de drenaje, de la que la Cloaca Máxima es el ejemplo más grande que se conoce. Pero la mayor parte de las familias no estaban conectadas a ella: llevaban sus desperdicios a un vertedero del barrio, o simplemente los tiraban a la calle por sus ventanas sin vidrios.

Vista al futuro *Mientras mira con cariño a su bebé, un orgulloso padre romano espera el día en que el niño cumpla los siete años. Entonces, su cuidado pasará de la madre al padre, quien le enseñará a ganarse la vida como ciudadano libre de Roma.*

Tahúres y chismes

Los romanos vivían, trabajaban y comían en las calles. Los más pobres incluso cocinaban al aire libre, en estufas portátiles y braseros. También se vendía comida en puestos llamados *popinae*, y por una o dos monedas de cobre, los esclavos y otros miembros de las clases bajas comían en las pequeñas y húmedas tabernas que abundaban en las ciudades. Éstas eran centros de chismes donde, apiñados en bancas, los trabajadores jugaban a los dados, mordisqueaban pasteles de queso y harina y trasegaban vino barato de Creta, que según el gusto romano se tomaba caliente.

"No hay lugar donde el romano pobre pueda gozar del silencio... Las risas del gentío me despiertan y tengo a Roma en mi cabecera."

MARCIAL (40-104 D.C.)

El ruido cotidiano de la ciudad era ensordecedor. En las calles, niños que vendían salchichas y hombres que ofrecían budín de chícharos pregonaban sus mercancías, y su estridencia se añadía a la de los buhoneros, encantadores de serpientes, cortesanas y saltimbanquis.

Marcial, el poeta satírico de Roma, se quejaba de que los ciudadanos eran despertados desde la madrugada porque los maestros de las escuelas gritaban a voz en cuello. Durante todo el día, escribió Marcial, los herreros martillaban con sus mazos; de noche, los panaderos de la ciudad continuaban el escándalo.

"En un lado de la calle", escribió, "el cambista hace sonar sus cobres sobre una mesa sucia, mientras que enfrente el orfebre da mazazos sobre una hoja de oro. Hay un incesante deambular de soldados, altos como cometas; marineros náufragos con los cuerpos cubiertos con vendajes; mendigos y vendedores judíos que ofrecen azufre mientras les corren lágrimas por las mejillas."

Como el día comenzaba temprano, muchos funcionarios concluían sus labores al mediodía. Luego de salir a comer, seguía una rigurosa siesta, obligada por el cálido clima. Por la tarde, se asistía a reuniones o se descansaba; se podía acudir a uno de los muchos baños públicos, a las justas de gladiadores o a mirar las tiendas.

Si bien los romanos eran ingenieros consumados, también abundaba la construcción de pacotilla: eran especialmente notables los edificios habitacionales, conocidos como *insulae*, o "casas isla". Sus pesados pisos estaban sostenidos únicamente con simples vigas de madera. El orador Cicerón, que también era arrendador, escribió: "Se derrumbaron dos de mis edificios, y en los demás las paredes están agrietadas. Los han abandonado no solamente los inquilinos, sino también los ratones."

Amenaza de fuego

Pero los romanos temían sobre todo a los incendios. De noche se alumbraban con velas, lámparas de aceite y antorchas, y los accidentes eran comunes. A pesar de la cercanía del Tíber, y de un sistema de tubería relativamente complejo, pocas casas tenían agua corriente, y generalmente la sacaban de pozos o fuentes.

La ciudad tenía siete brigadas de bomberos, pero sólo estaban equipados con hachas, baldes, bombas manuales y ganchos, por lo que cundía la angustia cuando se iniciaba un incendio. Los pudientes tenían esclavos entrenados para rescatar los mármoles, bronces y otros tesoros. Pero los humildes, hacinados en las buhardillas, en lo más alto de los edificios y con una estrecha escalera como única ruta de escape, se exponían cotidianamente a la pesadilla de quedar atrapados y asarse en vida.

Amos de Occidente *Cuando el emperador Trajano murió en el año 117 d.C., el Imperio Romano tenía su máxima extensión, desde Inglaterra hasta el norte de África y de España al mar Caspio. Los soldados romanos estaban emplazados a lo largo de la Muralla de Adriano en Inglaterra y de la frontera del Danubio y el Rin. Tenían guarniciones en las Galias, España, Tracia, Egipto, Judea y Siria.*

El mundo en sus manos *Estatua de Roma, diosa armada de la guerra, la victoria y la abundancia, que la muestra sosteniendo un globo que simboliza al mundo triunfalmente conquistado por Roma. La diosa era considerada como el espíritu guía de la ciudad de Roma, y se le rendía culto en la ciudad y el campo.*

Música en casa *Los romanos contrataban a músicos y actores para animar las fiestas familiares. En este fresco de Pompeya, una mujer tañe una lira con la mano izquierda y un arpa curva con la derecha, mientras que un grupo de actores espera su turno.*

Defensa del Imperio *Bajo el hielo y la nieve, vigilar la Muralla de Adriano era un duro puesto para las tropas emplazadas en sus fuertes. Construida por Adriano como barrera contra las tribus del norte, medía 117 km entre el Golfo de Firth y Newcastle upon Tyne. Las obras se iniciaron en el año 122 d.C., y luego sufrieron modificaciones.*

Enemigo del Imperio *Estatua de un prisionero de Dacia, actual Rumania.*

Jardines de remembranzas *Jardín con columnatas en la mansión Vetti, en Pompeya, con rosales, violetas, jacintos y arbustos como los que existían en la época romana. Las plantas se identificaron mediante análisis de suelo y por pinturas.*

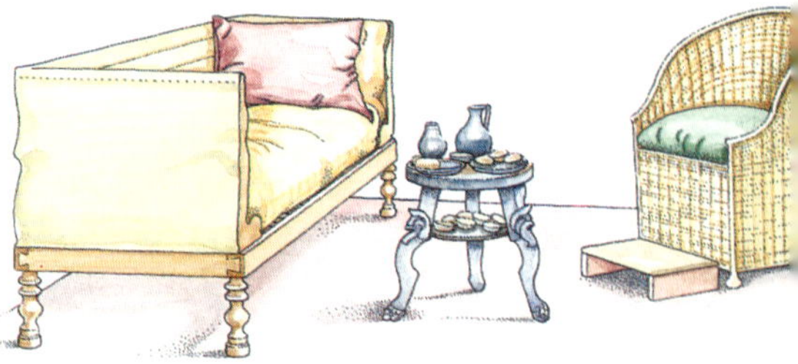

Alto diseño *Esta reconstrucción de una sala romana muestra su estilo y comodidad, con un elegante sofá, sillón de mimbre y mesilla. Lámparas de aceite (der.), hechas de arcilla, daban iluminación.*

Dioses y guardianes *Este altar muestra a la deidad de un hogar flanqueada por lares, o dioses tutelares. Bajo ellos hay una serpiente sagrada. Estatuilla de bronce (izq.) de un lar, que sostiene un cuerno y una taza de vino.*

ENVIDIABLE RESIDENCIA EN LA ANTIGUA POMPEYA

Alguien llama a la puerta frontal de la lujosa casa del comerciante Vetti. Adentro, en el atrio, o patio central, junto a la alberca de agua de lluvia, el padre de la casa conversa con un visitante. La caja fuerte familiar está en el piso de mosaico. Al otro lado, una escalera conduce a los dormitorios en el segundo piso, bajo los que hay una cuadra interior, un baño y el comedor, en el que están sentados dos miembros de la familia. En la parte trasera de la casa de piedra caliza está el peristilo, o jardín, con sus fuentes, reloj de sol, flores, arbustos y pinturas murales.

PARA LA COMODIDAD DEL HOGAR

Los romanos adinerados vivían en la mayor de las elegancias. Los pórticos y terrazas de sus espaciosas mansiones lucían arbustos de flores y el verde follaje de las enredaderas. En el interior, los esclavos hacían el quehacer de la casa, recorriendo el panorama de frescas columnas de mármol y pisos de brillantes mosaicos. Los muebles eran de bronce, marfil y maderas finas; de las ventanas pendían cortinas de costosas telas; los vívidos colores de los frescos alegraban los muros.

Los más pudientes tenían dos mansiones, una en la ciudad y otra en el campo, ambas con los mismos lujos. Los invitados entraban por un vestíbulo cuyas puertas dobles daban al atrio, o sala. Ésta era la estancia principal de la familia: la luz, que entraba por una abertura en el techo, se reflejaba en el agua de un estanque central. En el atrio también se erguía el altar a los dioses de la casa. Éstos eran los *penates*, considerados por los romanos como los que protegían a la casa de los espíritus malignos. Toda la familia les rendía culto diariamente.

Junto al atrio estaban la cocina, el comedor, el estudio, los dormitorios y otras estancias. En la parte trasera de la casa había un peristilo, o jardín con columnatas, bordeado por setos y arbustos florales. Los romanos eran hábiles jardineros, y gustaban especialmente de las rosas. Los romanos pudientes bebían vino de rosas y se polveaban el cuerpo con pétalos secos de esta flor. Los sibaritas (de Sibaris, en el sur de Italia) eran tan afectos a los lujos que dormían en colchones rellenos de pétalos de rosa; de ahí la expresión "como en lecho de rosas". Los ciudadanos pobres cuidaban de pequeños maceteros, mientras que las grandes mansiones suburbanas tenían terrazas con vista a prados, setos recortados y paseos bordeados por laureles, cipreses y plátanos. Había bancas a la sombra de pérgolas, que daban frescor en el sofocante verano italiano.

Las casas privadas contaban con fuentes y agua corriente; algunas también tenían calefacción. El sistema, conocido como hipocausto, consistía en calderas, que los esclavos alimentaban con madera o carbón, de las que salían ductos de aire que calentaban los pisos, generalmente los del baño. Casi todas las casas se calentaban con braseros de carbón portátiles. Las chimeneas eran casi desconocidas.

Los muebles romanos eran de hermosa manufactura, pero no abundaban, ni siquiera en las casas pudientes. El mueble principal era la cama, donde los ciudadanos dormían de noche y se reclinaban durante el día para una siesta o para recibir a las visitas. Las mejores camas eran de madera, finamente incrustadas con marfil, concha de tor-

Vigilante *Los romanos pudientes tenían perros feroces en sus casas, y colocaban en sus fachadas mosaicos como éste, en el que advertían a los ladrones* cave canem, *o sea, "cuidado con el perro".*

tuga y oro, y dotadas de multicolores edredones de damasquino. Los ricos tenían camas en sus estudios, en las que leían y escribían. Cenaban en divanes, en la misma posición reclinada.

En comparación, las mesas eran austeras, de patas plegables. Las sillas no eran comunes, aunque las mujeres ricas usaban sillones llamados *cátedra*, de respaldo reclinable. Se guardaban los objetos valiosos en cajas con cerraduras, y las mansiones se alumbraban por la noche con lámparas de aceite, candiles y candelabros de bronce.

Los romanos utilizaban aceite de oliva para alumbrarse; un método costoso y no muy efectivo, que despedía humo, lo que era una buena razón (junto con los riesgos de incendio) para aprovechar al máximo la luz del día.

Casi todos los hombres se levantaban al amanecer y sólo desayunaban un vaso de agua. Iban directamente al barbero, donde se les afeitaba con navajas de hierro y agua. La primera afeitada de un joven era todo un rito religioso: el vello era puesto en una ampolleta de vidrio que se ofrecía a los dioses, agradeciéndoles que el muchacho se hiciera hombre.

Los hombres romanos usaban el pelo corto, peinado con sencillez, pero existían cabellos rizados artificialmente, teñidos y perfumados. Esta ostentación, apenas tolerable en los jóvenes, se consideraba ridícula en los hombres maduros.

Túnicas contra togas

Los hombres vestían en casa túnicas de lana o lino, y bajo ellas usaban camisa y taparrabos. Pero estando en público, se requería que los ciudadanos (no los esclavos) vistieran togas, una prenda semicircular que pendía en pliegues sobre las túnicas. Voluminosa, y sumamente elegante, la toga no daba mucha libertad de movimiento. En vano aprobaban los emperadores edictos que obligaban a los ciudadanos a vestir este peculiar atuendo ceremonial. Sobre todo en el campo, los romanos usaban prendas más cómodas, en tanto que en las cenas formales se adoptó una prenda suelta y elegante conocida como *síntesis*.

Las mujeres romanas vestían sobre sus túnicas una ondulante prenda llamada *stola*. Amarrada a la cintura, y generalmente teñida de azul, verde, rojo o amarillo azafrán, se usaba con una capa y fue una especie de atavío nacional.

Para las mujeres elegantes, el arreglo diario era un proceso elaborado, que se hacía con la ayuda de esclavas. Se iniciaba con un largo arreglo del pelo, generalmente recogido en la cabeza y fijado con pasadores y peinetas. El poeta satírico Juvenal se quejaba de una dama: "Se hace en su cabeza una hilera sobre otra, y un piso sobre otro. De frente, uno pensaría que se trata de una reina; de espaldas es más pequeña... uno juraría que se trata de dos personas distintas."

Las pelucas eran tan populares que algunas esculturas tenían sus propias pelucas de piedra removibles, para anticipar los caprichos de la moda. La ley exigía a las prostitutas que usaran pelucas amarillas, o se tiñeran el pelo de este color. En la decadencia romana, las damas de sociedad adoptaron este estilo, usando mechones con varios tonos de amarillo. Para satisfacer esta demanda, se importaron de Alemania grandes cantidades de fibra de lino.

El mejor amigo *Con un gato en brazos y una gallina a sus pies, esta figura de una niña en una tumba muestra una de las primeras imágenes en Europa de gatos domesticados.*

MODAS Y CABELLOS

En la época romana tanto hombres como mujeres cuidaban mucho el cabello, y los peinados cambiaban con frecuencia. Las mujeres, conscientes de la moda, se peinaban con ayuda de las *ornatrix*, especializadas en elaborados arreglos. "Parece que cada día trae un estilo diferente", dijo el poeta Ovidio. Las tres mujeres (izq.) lucen peinados elaborados y meticulosamente hechos. En contraste, los hombres se peinaban con más sencillez, y los estilos eran menos cambiantes, aunque la barba se usaba según la moda del siglo. Pero los seguidores de la moda empleaban a los *tonsores* o estilistas.

Suaves para el pie *Sandalia de cuero y un macizo zapato con broches. Ambos modelos eran vendidos por zapateros, ya hechos o a la medida. Las sandalias se usaban en casa, principalmente durante las comidas, o en el campo.*

Estuche de cosméticos *Las mujeres romanas usaban yeso y plomo para el rostro, ceniza o antimonio para los ojos, y ocre rojo en los labios.*

Conservando la línea *Jóvenes en trajes de dos piezas, parecidos a los modernos bikinis, usan pesas, discos y ejercicios simples para mantenerse esbeltas.*

"Con este anillo..." *Muchas romanas usaban macizos anillos de oro en el dedo medio de la mano izquierda, como muestra de lealtad al marido. El diseño de este anillo, que data del año 200 d.C., tiene el* dextrarium iunctio, *o enlace de manos. Además, las parejas intercambiaban votos de fidelidad.*

CEREMONIAS DE LA CUNA A LA MUERTE

La santidad de la familia era uno de los fundamentos de la sociedad romana. Se estimulaba a los jóvenes a casarse y tener cuantos hijos les fuera posible. La mayor parte de los padres tomaban muy en serio estas responsabilidades, y se aseguraban de que sus hijos e hijas fueran respetuosos y ciudadanos modelo en un futuro. Pero algunos padres dejaban a sus hijos a cargo de sirvientas o esclavas, lo cual enfurecía al historiador Tácito, quien escribió acerca de estos niños que "sus mentes tiernas y sin formación se empapan en los cuentos y mentiras de los esclavos, y en la casa a nadie le importa lo que éstos dicen o hacen enfrente de sus jóvenes amos... Cierto, los peculiares vicios de esta ciudad fueron concebidos casi desde el vientre materno: devoción hacia los actores y obsesión con los gladiadores".

Por tradición, la crianza de los niños era responsabilidad de los padres. No había educación pública, como en Grecia. La madre tenía el papel principal en la infancia, y luego se iniciaba en casa la educación formal, en la que el padre fungía como severo maestro. Pero posteriormente fue común tener a un *paedogogus* —un esclavo mentor—, o que el niño asistiera a una escuela de paga, que por lo general era una habitación o casa separada de la calle por una cortina.

Los niños asistían a la escuela a los siete años, y aprendían a escribir el latín en tablillas de cera con plumas de hueso. La disciplina era severa, y las travesuras se castigaban con bastonazos o azotes con correas de cuero o piel de anguila: soportar el dolor era buen entrenamiento para los futuros soldados del Imperio. La escuela terminaba a media tarde, y los alumnos iban a los baños públicos o jugaban con aros, a la taba o a la gallinita ciega. De vez en cuando algún niño corría por las calles subido en un pequeño carro de guerra tirado por cabras o asnos.

Amas de casa en ciernes

Las muñecas de trapo eran los juguetes favoritos de las niñas, que asistían a sus propias escuelas, aunque su educación era de un nivel básico y concluía a los 12 o 13 años, con la pubertad. Entonces aprendían a ser amas de casa. Los niños de familias pudientes pasaban por la escuela secundaria: como en cualquier otra sociedad antigua, la mayoría del pueblo era analfabeta y sin educación.

A los 16 años, cuando los muchachos privilegiados egresaban de la escuela, pasaban por una ceremonia que marcaba su madurez, celebrada en un foro donde, frente a familiares y amigos, el mozo cambiaba la toga con bordes morados de la niñez, o *toga praetexta*, por la toga blanca, o *toga virilis*, que vestían los adultos.

La hombría era tenida en alta estima en la antigua Roma: el padre tenía completa autoridad sobre su esposa e hijos, al menos en teoría. En realidad, las mujeres eran mucho más que propiedades, pues ejercían gran influencia en sus hogares y también sobre los maridos. Se celebraba el amor; las costumbres del día de San Valentín se remontan a un festival de febrero de la Roma pagana, en que los niños saca-

Padres y vástagos *Esta tierna ilustración del amor de un padre y una madre hacia su hijo aparece en el sarcófago de un romano acaudalado, llamado Cornelius, al que aquí se representa junto con su esposa y su único hijo. Aunque el ideal eran las familias numerosas, la mortalidad infantil era alta, y muchas parejas se conformaban con dos o tres hijos solamente. Los niños que sobrevivían jugaban sanamente; el sarcófago de un niño (der.) muestra a niños jugando con una vara y nueces, y niñas con pelotas.*

"Dime dónde te duele..." *Un médico examina a un niño en este relieve. Casi todos los doctores romanos usaban hierbas medicinales, y en sus "bolsitas negras" cargaban emplastos, píldoras de sabores y pociones hechas de belladona, azafrán, hinojo, ajo, beleño, linaza, malva, mostaza, romero, salvia y ajenjo.*

ban de una urna el nombre de la niña que amaban.

Velo naranja para la novia

El matrimonio era una importante institución, y frecuentemente era concertado por los padres. Las bodas estaban cargadas de simbolismos: la novia llevaba el vestido de boda tradicional, y se peinaba en un estilo arcaico con un velo de vívido color anaranjado. La ceremonia se llevaba a cabo en la casa de la novia o en un altar. Se sacrificaban cerdos, la pareja intercambiaba votos y sellaba la unión dándose la mano.

Luego de la ceremonia, la novia era llevada en una procesión hasta el umbral de su nuevo hogar, donde untaba aceite y grasa, y colocaba guirnaldas de lana. Luego era cargada por el novio, en un acto de secuestro ritual. La ceremonia marcaba la transición de la joven de virgen a esposa, y posteriormente el lecho nupcial era conservado en el atrio, o sala central, del hogar de los recién casados. Al casarse, la joven no tenía más de 14 o 15 años, y a veces menos. Esperaba angustiosamente el momento de tener un bebé, pues los abortos espontáneos eran comunes, y muchas mujeres morían en el parto. Las enfermedades eran frecuentes, y no existía un cuidado médico formal. Así, uno de cada tres niños romanos moría en la infancia.

Poco después de un nacimiento, el orgulloso padre cargaba en brazos al bebé y lo alzaba para demostrar su lazo paterno. Pocos días después se daba al bebé un amuleto, conocido como *bula*, que se le ponía en el cuello para protegerlo de los malos espíritus, y que usaba durante toda la niñez. Los niños dejaban de usarlo cuando vestían por primera vez la toga blanca de la madurez.

Sierra para el cirujano

Los amuletos y las curas sobrenaturales desempeñaban un importante papel en la medicina romana. Los cirujanos utilizaban una gran cantidad de instrumentos de precisión, como escalpelos, catéteres y sierras de dientes finos (para amputaciones), pero como no existían verdaderos anestésicos, las operaciones debieron de ser sangrientas y aterradoras pesadillas de dolor. Los romanos rendían culto a dioses muy similares a los griegos. Su dios de los cielos, el barbado Júpiter, se asemejaba al Zeus griego. Su Venus, diosa del amor, era parecida a Afrodita; Marte, dios de la guerra, era el Ares griego. Se dedicaban los templos a los dioses tradicionales, y muchos romanos fueron influidos por las misteriosas religiones extranjeras que llegaron con la expansión imperial. Algunos adoraban a los dioses egipcios con cabezas de halcón y de chacal; otros, especialmente los soldados, rendían culto a Mitra, matador de toros y dios persa de la luz; otros adoraban a Cibeles, la diosa madre asiática, cuyos fieles se castraban en sus frenéticas devociones.

En su momento, también Jesucristo se hizo famoso. Sus seguidores fueron en un principio los esclavos y las familias humildes. Los cristianos fueron perseguidos principalmente por su negativa a reconocer a cualquier otro dios que no fuese el suyo.

Los romanos tenían ritos tradicionales para el gran misterio de la muerte. Los pobres eran enterrados en una fosa común, sin ninguna ceremonia, pero los ciudadanos más ricos pasaban por un elegante luto. El ungido cuerpo del jefe de familia yacía en un diván fúnebre en su atrio iluminado con lámparas, donde los dolientes le rendían respeto.

Una moneda para el barquero

Los romanos compartían con los griegos la creencia de que las almas eran llevadas al Hades por la laguna Estigia, por lo que ponían en la boca del difunto una moneda para pagar al barquero. Se ofrecía una cena fúnebre, y se contrataban plañideras para la procesión fúnebre, o *pompa*, precedida por músicos, y en la que los esclavos cargaban el féretro hasta el lugar del entierro o cremación. También se cargaban retratos de los antepasados de la familia, para que su espíritu estuviese presente.

Pero no todo era solemnidad. Los romanos eran muy realistas, y las procesiones a veces llevaban bufones que contaban chistes acerca del difunto, recordando a los dolientes que incluso los notables eran humanos.

Procesión fúnebre *Reclinado como si descansara, un difunto romano es llevado a su sepelio. La procesión es acompañada por músicos que preceden a la familia doliente.*

ESCRITURA A LA ROMANA

El alfabeto latino fue de uso común en todo el Imperio Romano, y al difundirse más allá de sus fronteras, se convirtió en el alfabeto de toda la civilización occidental. Pero solamente tenía 23 letras. Durante la Edad Media, la "i" romana se dividió en "i" y "j"; y la "v", en "u", "v" y "w".

Casi toda la escritura se hizo en rollos de papiro, pero durante los últimos años del Imperio aparecieron las páginas encuadernadas, y en esta forma llegaron a las bibliotecas escolares. Los niños aprendían a leer, escribir y hacer cuentas aun antes de ingresar a la escuela.

En piedra y cera *Una joven (arr.) escribe con una plumilla de hueso en una tablilla de madera revestida de cera. Las características letras romanas, con sus finas proporciones, desarrolladas por los romanos para grabar sus monumentos, se siguen usando todavía.*

Festín *Reclinado en un diván, el jefe de la familia interrumpe su comida para escuchar a su esposa que, sentada en un sillón, toca un instrumento de cuerdas. Mientras, los hijos juegan en el suelo y los esclavos sirven vino y platillos de carne, pescado y verduras.*

BANQUETES, BAÑOS FRÍOS Y CHISMES

Seiscientos cerebros de avestruz, con chícharos y granos de oro: éste fue uno de los platillos servidos en un banquete del emperador Heliogábalo. Se cuenta que en otra de sus fiestas cayeron tantos pétalos de rosa por las aberturas de los techos que varios comensales se asfixiaron. La extravagancia de los banquetes romanos es legendaria, y aunque no todos los anfitriones eran tan licenciosos como Heliogábalo, las grandes cenas eran uno de los placeres en la vida de los hogares adinerados.

Mientras que los pobres se alimentaban con una dieta de pan y un potaje de trigo llamado *puls*, los ricos convirtieron los festines en un arte. Sus banquetes se prolongaban durante horas, desde las tres o cuatro de la tarde hasta la madrugada. Entre platillos, la fiesta era animada por acróbatas, bailarines, enanos, músicos y payasos.

Abanicos de plumas de pavorreal

Batallones de esclavos atendían a los comensales: les quitaban los zapatos al entrar y les calzaban sandalias; los ventilaban con abanicos de plumas de pavorreal para ahuyentar a las moscas; les lavaban las manos con agua perfumada, y servían deslumbrantes y aromáticos platillos en la mesa central. Se acostumbraba que los esclavos más bellos vertieran el vino y cortaran la comida, mientras que los huéspedes se reclinaban, a veces tres en un diván, posando el brazo izquierdo sobre una almohada. Con tales comodidades, es sorprendente que los comensales debieran llevar sus propias servilletas. Un agraviado anfitrión dijo de un invitado: "Hermógenes nunca trae su propia servilleta a las cenas, pero siempre se las ingenia para llevárselas a casa."

El banquete tenía lugar en el *triclinium* (salón donde comían), iluminado con velas, y comenzaba luego de invocar a Júpiter y a los dioses domésticos. La cena consistía en aperitivos, platillos principales y postres.

El escritor Marcial, al planear una modesta cena para siete invitados, compartió sus pensamientos acerca del menú, en la siguiente invitación a un amigo: "Veamos: Estela, Nepos, Canius, Cerlialis, Flaccus y yo sumamos seis. Mi diván acomoda a siete, por lo que también invito a Lupus. Ahora el menú: pues bien, hay tuétanos que trajo mi diligente esposa, más la guarnición: lechugas, puerros, menta y achicoria. Luego comeremos huevos duros y macarela servida con perejil, y panza de cerda en salmuera de atún. Eso para empezar. De platillo principal, cordero (¡más barato si fue destrozado por un zorro!), albóndigas (¡no hay que cortarlas!), frijol y germen. Además habrá pollo y lo que quedó del jamón que comimos el otro día. Cuando quedemos satisfechos, habrá manzanas maduras y un vino, reposado durante un año o dos. Para cerrar con broche de oro, vendrá un cómico: no te preocupes, será de buen gusto. La gente puede soltarse el pelo sin que lo lamente al día siguiente, y no es necesario preocuparse por lo que se dice. Pueden hablar de los Verdes o los Azules, o cualquier otro equipo de carreras de cuadrigas. ¡Nadie nos citará a juicio por habernos emborrachado en mi casa!"

Desde niño *Los esclavos jóvenes se iniciaban como meseros en las reuniones y banquetes. Si complacían a sus amos, los adoptaban y posteriormente les daban la libertad.*

Los entremesess más populares eran platillos de huevo, aceitunas y lechuga; por lo demás, la cocina romana tenía poco en común con la actual cocina italiana. En ese entonces se desconocían los tomates y la pasta, y no era común cocinar con ajo. El principal ingrediente de muchos platillos era una salsa picante, llamada liquamen, destilada de las entrañas y humores de pescado. Su sabor era parecido a la esencia de anchoas, y con ella se aderezaban platillos como lechones, caracoles alimentados con leche y gansos hervidos.

Lirones: un manjar

A los romanos les gustaba comer lirones. Se construían jaulas especiales donde estos roedores eran criados con pasteles, antes de ser engordados con nueces, bellotas y castañas, y servidos en vasijas de barro especialmente construidas. El gourmet Apicio recomendaba rellenar los lirones con cerdo molido, pimienta, semillas de piña y liquamen.

Conocemos varias recetas romanas por medio del *Arte de la cocina*, escrito

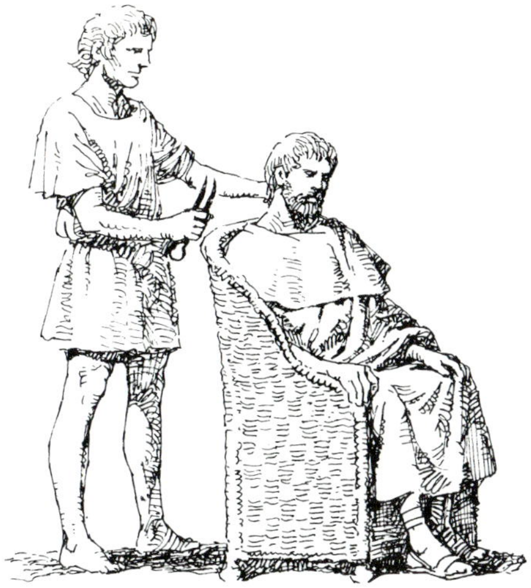

Corte y plática *Las barberías romanas eran una mezcla de club masculino y centro de chismes. Los clientes asistían para oír los últimos rumores y escándalos. Pero las tijeras de hierro eran criticadas: "Si no quieres morir joven, aléjate de Antíoco, el peluquero", escribió el poeta Marcial.*

por Apicio aproximadamente en el año 15 d.C. Para un fricasé de mariscos, sugería: "Colóquese el pescado en la sartén, añádase liquamen, aceite, vino y caldo. Píquense puerros con sus cabezas y cilantro, háganse pequeñas albóndigas de pescado, y córtense filetes de pescado. Añádanse erizos, luego de haberlos lavado bien. Después de guisar esto, muélanse pimienta, alheña y orégano hasta pulverizarlos, humedézcase con liquamen y una pizca de licor de cocina y póngase en la sartén. Cuando hierva, añádanse migajas para que espese. Sazónese con pimienta."

Fiesta a la vista

Los platillos eran preparados delicadamente para que deleitaran la vista. Por ejemplo, un jabalí era servido con un arreglo de pasteles dulces con forma de lechones. En las cenas había sorpresas, tales como cerdos que se servían enteros, y luego se sacaban de sus vientres tordos, alondras o golondrinas asadas, como si se tratara de conejos que salen del sombrero de un mago. Los postres más populares eran tajadas de fruta, fresca o seca, e ingeniosos pasteles. Se servían los platillos en bandejas de plata o platones rojos hechos en la popular cerámica de las Galias, y se comía con los dedos, aun cuando se contaba con cucharas y cuchillos, mas no con tenedores. Eructar era considerado como de buenos modales; además, se acompañaba la comida de jarros de vino, al que a veces se añadía miel y casi siempre se rebajaba con agua: se consideraba una costumbre bárbara beberlo puro.

La ebriedad y la glotonería hacían que el vomitar fuera tan común que ciertos esclavos tenían la específica labor de limpiar los divanes, las mesas y los pisos. También se revelaba un aspecto desagradable del carácter romano en el hecho de que ocasionalmente se incluía a gladiadores entre los espectáculos de los banquetes, contratados para pelear y matarse: la sangre, el sudor y el hedor de la matanza era ofrecido para el goce de los comensales. A veces, las borracheras degeneraban en orgías, y los apetitos lujuriosos eran estimulados por las contorsiones de las bailarinas.

Bajo la rosa

Pero éstos eran excesos. Por lo común, los banquetes eran similares a los actuales, hechos por el placer de la mesa y la buena compañía. Los chismes eran una de las principales atracciones y abundaban tanto como el vino. Se acostumbraba poner una rosa en el techo, conmemorando que Cupido regaló una flor a Harpócrates, dios del silencio, como soborno para que revelara las indiscreciones de Afrodita. Poner una rosa en el techo significaba que no debía repetirse lo que se decía. De ahí que la frase en latín *sub rosa* se refiera a lo que se dice confidencialmente.

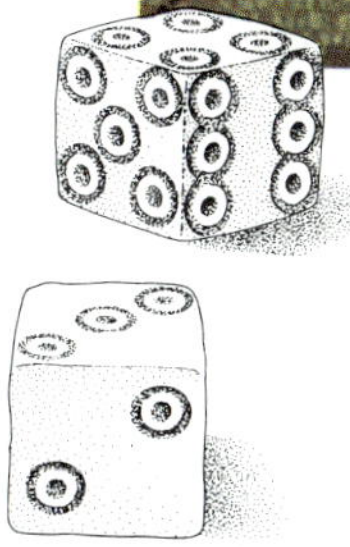

Altos riesgos *Oficialmente, las apuestas eran ilegales, pero los romanos practicaban juegos de dados en los baños y las tabernas. En los juegos de azar se despilfarraban enormes sumas, y algunos tahúres hacían trampa, como lo demuestran los dados cargados que se hallaron en una excavación. "Los hombres ya no asisten con monederos a los riesgos de la mesa de juego", escribió el poeta Juvenal, "sino con todo un cofre".*

UN DÍA EN LOS BAÑOS

Los baños romanos, con sus gimnasios, tiendas, bibliotecas y jardines, eran populares lugares de reunión. Los ciudadanos pudientes pasaban el día ahí, intercambiando noticias, divirtiéndose con juegos de mesa, luchando y ejercitándose con pesas y pelotas medicinales. Incluso los pobres asistían, pues la admisión era barata, y para los niños, gratuita.

Los bañistas pasaban por tres o cuatro clases de baños: tibio, caliente y seco, y de vapor caliente, antes de volver al *frigidarium* para una reanimante zambullida fría. No había jabón, y en su lugar los bañistas se untaban aceite en la piel, que luego removían, con el sudor y la tierra, con una raedora (accesorio similar a una navaja) llamada *strigilis*. Los ricos eran asisitidos por esclavos, o por empleados de los baños. Éstos eran ruidosos: la gente cantaba y gritaba, o gruñía y gemía con los golpes de los masajistas. Asistían hombres y mujeres, y durante mucho tiempo así fueron los baños, mixtos.

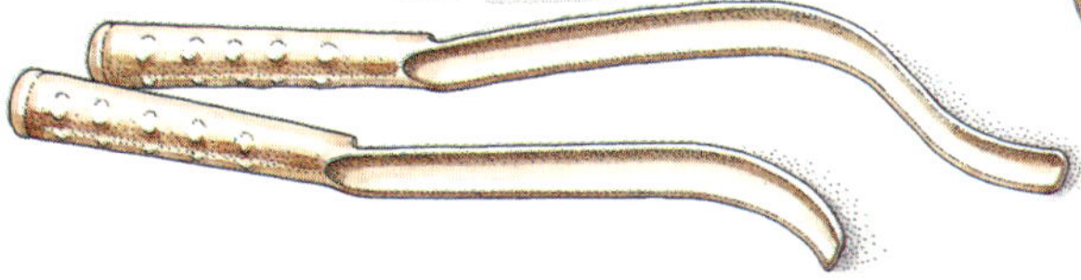

Limpieza *Este mosaico en un baño (arr.) invita a los clientes a "un buen baño", y les recuerda descalzarse al entrar y ponerse las sandalias al salir. Los artículos de baño eran un frasco de aceite para el cuerpo (izq.) y raedoras para raspar la tierra y el sudor.*

Baños y bañistas *Al construir sus baños —como éste , que se encuentra en Bath, al sur de Inglaterra (arr.)—, los romanos usaron los manantiales termales de la región. Aunque los baños eran mixtos, algunos admitían mujeres sólo por la mañana. Esta lámpara (izq.) muestra a dos mujeres intercambiando chismes durante el baño.*

TENDEROS, ARTESANOS Y ESCLAVOS

En las calles y plazas públicas de Roma se apiñaba una colorida y bulliciosa multitud de tiendas: panaderías, carnicerías, pollerías, pescaderías, tabernas, barberías, librerías, perfumerías, mueblerías, herrerías, zapaterías y muchas más. Algunas eran prósperas, pero la mayoría eran chozas abarrotadas y mal iluminadas, tan desvencijadas que se ladeaban hacia las viviendas o que se desparramaban hacia callejones y mercados. Se colocaban pintorescos cartelones para atraer la atención del público, y frecuentemente se exhibían las mercancías en las aceras, que se hacían casi intransitables por los vendedores que caminaban pregonando sus productos. La congestión llegó a ser tan grave que el emperador Domiciano prohibió los puestos callejeros, forzando a los vendedores y tenderos a regresar a sus locales.

En Roma, el gran Foro era el principal centro comercial, con un enorme conjunto de locales, mercados y lugares de reunión. Los cambistas tenían sus negocios en este sitio, y hacían destellar, sonar y bailar sus pilas de monedas para atraer a la clientela. Se podían obtener pingües ganancias con los préstamos, aunque los romanos de la alta sociedad lo consideraban un negocio despreciable, al igual que toda otra forma de comercio: "Ningún caballero puede ser prestamista", escribió el estadista conservador Catón.

Sin embargo, incluso los aristócratas sucumbían al encanto de las ganancias fáciles. El objetivo era pedir prestado con intereses bajos y prestar con intereses altos. Para combatir la especulación, en tiempos imperiales se decretó una tasa legal de interés de 12% anual. Gozaba de más respetabilidad el ser propietario de tierras, y esto convirtió en multimillonarios a muchos ciudadanos. Se cuenta que el acaudalado político Marco Craso dijo que un hombre no podía considerarse rico a menos que pudiera pagar, de su propio ingreso, la manutención de una legión (unos 6,000 hombres).

Los bancos prosperaban en la capital, en tanto que los pobres guardaban sus magros ahorros en alcancías de barro. La unidad monetaria básica era una moneda de cobre llamada *as;* un sestercio valía dos *ases* y medio, y un *denario* de plata, 4 *sestercios* o 10 *ases*. Un soldado común recibía como sueldo 225 *denarios* anuales; un saco de trigo pequeño costaba medio *denario*.

Uno de los comercios más prósperos era el del aceite de oliva. No sólo se usaba para cocinar, sino también para lámparas y como sustituto de jabón para el baño. Diario se compraban y vendían colosales cantidades de aceite: en el año 300 a.C., había 2,300 vendedores tan sólo en Roma. Las alfarerías producían millones de vasijas de vino y aceite, y también se produjeron en masa recipientes de vidrio, una vez que se introdujo la técnica de soplado, posiblemente por vidrieros sirios inmigrantes durante el siglo I d.C.

Otra artesanía característica era la del mosaico. Los artesanos del mosaico, trabajando con martillo y cincel, cortaban trozos de mármol y arenisca para hacer cubos de colores o téseras. Éstas eran montadas sobre cemento para crear imágenes mitológicas, retratos de animales, escenas deportivas y muchas otras que adornaban los pisos y muros romanos.

Roma no era el único centro comercial de Italia. Módena era famosa por su producción de ladrillos, Bérgamo por sus vasijas de bronce y Padua por los textiles de lana. Desde los confines del imperio llegaban artículos de lujo: seda de China, papiro egipcio, esmeraldas de Escitia y perfumes árabes.

El ámbar llegaba en grandes cantidades desde las costas bálticas. Era tallado en Aquilea para hacer alhajas lo suficientemente baratas como para que las usaran incluso las mujeres más pobres. Las más pudientes cargaban en las manos una bola de ámbar, que frotaban para impregnarse con su fragancia mientras caminaban por las malolientes calles de la capital. Las tiendas romanas abrían por la mañana y cerraban a mediodía. Volvían a abrir por la tarde y no cerraban antes del ocaso. Aunque las amas de casa hacían ocasionalmente las compras, se trataba de una labor que generalmente realizaban los esclavos. La mayoría de los tenderos eran esclavos o ex esclavos, miembros de una numerosa clase que mantenía en marcha la vida cotidiana. Muchos eran locales, aunque otros eran importados de Inglaterra, Grecia, Egipto, norte de África y otros

Contabilidad *Los banqueros, recaudadores de impuestos y prestamistas pasaban largas horas en sus locales, asegurándose de que sus transacciones diarias fueran meticulosamente anotadas en sus legajos.*

Vespasiano

Claudio

Idus de Marzo

Adriano

Julio César

Vespasiano

Historia en monedas *Los romanos acuñaban en sus monedas ciertos acontecimientos y los rostros de los laradores.*

Pensamientos de libertad *Este frasco de aceite muestra a un esclavo pensativo, sobre un balde, en uno de sus escasos ratos libres. Usa un disco similar al de la izquierda, con su nombre y el de su amo inscritos, y el domicilio al que se le debía llevar si se le capturaba al escapar.*

CRUCERO ROMANO

Sobre la escalera de un edificio público, en un activo crucero, un comerciante con túnica roja mira la escena matutina. A su izquierda, una dama noble es llevada a los baños en una litera vigilada por soldados. Frente a él, un carnicero pesa carne para un cliente; en el piso de arriba, la gente se reúne en el balcón de flores para mirar a la procesión.

Negocios alineados a lo largo de la calle buscan la atención de la clientela, ofreciendo mercancías que van desde frutas y flores hasta joyería. Los cargadores llevan para sus clientes mercancías como rollos de tela y barriles de vino. Más allá, en la calle principal, amplios arcos soportan el gran acueducto, construido por el emperador Nerón, que abastece regularmente las necesidades de agua de la ciudad.

Los edificios públicos en la plaza incluyen templos con pilares, frente a los que hay antorchas encendidas, que indican que están abiertos. Al centro, una columna señala una fuente; varias paredes están pintarrajeadas con símbolos comerciales y *graffiti* garabateados por los transeúntes.

En la faena *Con una larga paleta para sacar el pan del horno (izq.), un panadero produce una de las necesidades diarias de Roma. Los herreros (aba.) hacían herramientas, como cuchillos y cinceles.*

Abarrotes *Pan, aceite y vino son algunas de las mercancías de este tendero (izq.) que señala sus anaqueles. En las calles de Roma se aglomeraban tiendas como ésta.*

lugares. En la época de Trajano, casi un tercio de los pobladores de Roma eran esclavos: un total de 400,000. Hombres, mujeres y niños eran vendidos como bestias en subastas públicas. De sus cuellos pendían letreros anunciando sus dotes.

Los esclavos debían hacer lo que se les ordenaba, y si fallaban o disgustaban a sus amos afrontaban feroces castigos, e incluso la muerte. Si un cocinero no preparaba una buena comida, era azotado frente a los huéspedes; una sirvienta torpe era herida con una horquilla en el baño de mujeres. Los que escapaban, al ser recapturados eran marcados en la frente con las letras FUG, o *fugitivus*. Desde luego, algunos amos eran más humanos. Séneca, filósofo y escritor, decía: "Haz favor de reflexionar que el hombre a quien llamas tu esclavo nació de la misma simiente, tiene sobre él al mismo dios de los cielos, respira el mismo aire que tú, vive como tú, y muere como tú. Trata con generosidad a tu esclavo, y con cortesía; comparte con él tus conversaciones, tus deliberaciones y tu compañía."

Frecuentemente, los esclavos domésticos eran tratados con verdadero afecto por las familias. Se les podía recompensar con la libertad por la lealtad de sus servicios, o comprar su libertad mediante los ahorros que hacían de los sueldos que se le pagaban. Aun como esclavos podían ser médicos, maestros y, en ciertos casos, funcionarios gubernamentales.

Bajo el látigo

Los esclavos en las ciudades tenían mejor suerte que los del campo. Ahí trabajaban bajo el látigo de los capataces, víctimas de los terratenientes que administraban sus tierras pensando únicamente en obtener cosechas máximas y grandes ganancias.

Era peor todavía el destino de los esclavos que laboraban en las minas romanas de plomo, hierro, cobre y plata. Hambrientos, temblando en las largas y oscuras galerías subterráneas, estos espectros vivientes no veían la luz del día durante meses y literalmente trabajaban hasta morir.

ACUEDUCTOS Y CARRETERAS AL CAMPO

Mercancías hacia el mercado *Carretas de bueyes transitaban por las carreteras de Roma durante las cosechas, cuando grandes cantidades de grano eran transportadas desde el campo a los mercados en las ciudades. Los conductores usaban fustas para azuzar a las esforzadas bestias, pero las lentas carretas produjeron los primeros embotellamientos de tránsito.*

Construidas para durar *Las carreteras romanas se construían en capas, empezando por una base de arena aplanada. Sobre ella se esparcía concreto y piedra molida. Una tercera capa incluía arena gruesa y cal. La superficie era de adoquines de piedra montados en concreto y rellenados con pedernal y guijarros.*

Instrumento de precisión *Los agrimensores romanos usaban un instrumento llamado* groma *para trazar sus rectas carreteras y sus ciudades reticuladas. El* groma *también media niveles en las construcciones.*

Todos los días del año, llegaban a Roma más de mil millones de litros de agua fresca, para alimentar sus baños y fuentes. Este gigantesco flujo era llevado por 11 grandes acueductos: arcos elevados de piedra, sobre los que corrían canales de agua. Aún pueden verse los restos de uno de ellos, el Aqua Claudia, que tuvo 68 km de largo y que transportaba agua desde un sistema de canales subterráneos en las colinas hasta el vasto sistema de depósitos, cisternas y tuberías de la capital imperial. Los romanos eran un pueblo práctico, recordados por las grandes obras de ingeniería erigidas no sólo en Roma, sino en el resto de Europa.

Los arcos del acueducto eran también el característico rasgo estructural de los grandes edificios romanos. El arco, más eficiente que el travesaño, se desarrolló para crear bóvedas y domos. Los romanos también perfeccionaron el uso del concreto. El Panteón, templo circular romano, tiene un domo de 43 m de diámetro, hecho con un solo tramo de concreto. Erigido en el año 118 d.C. por el emperador Adriano, este techo es actualmente tan firme como lo era recién construido.

Las célebres carreteras romanas también se hicieron de concreto, conformando la asombrosa red de anchas y rectas vías que surcaban todo el país, y uniendo los rincones más recónditos con la capital imperial.

La Vía Appia fue la primera gran carretera pública de los romanos, construida en el año 312 a.C. entre Roma y Capua, y posteriormente ampliada hacia el sur para llegar a Brundisium (actualmente Brindisi), en el "talón" de Italia. Se trataba de una carretera que se usaba simplemente por el placer de "dar la vuelta" o tomar el aire, ya fuera desde una litera, montando a caballo o a bordo de una carroza.

Algunos vehículos estaban fastuosamente equipados, con adornos de plata, y tirados por mulas con elegantes libreas. A menudo, las carrozas eran precedidas por esclavos o por perros que despejaban el camino, mientras que los muy ostentosos poseían una tropa de jinetes africanos que cabalgaban adelante.

Caminos para las legiones

Dondequiera que fueron, los romanos dejaron en el paisaje su huella con las carreteras. Por ejemplo, 40 años después de conquistar Inglaterra, ya habían tendido una red de 9,600 km. Los esclavos eran el motor humano de los caminos y de otras obras de ingeniería, pero muchas carreteras fueron construidas por soldados romanos, siguiendo la distancia más corta entre las poblaciones o los campamentos militares. De hecho, los caminos servían más a la movilización de las legiones que a los carros.

Una de las claves del poder era dominar las comunicaciones, y cada 20 km había retenes donde cambiaban caballos los mensajeros que llevaban documentos oficiales desde Roma. Si las carreteras se construyeron en un principio para satisfacer las ne-

Asombroso acueducto *El gran acueducto que corre por la planicie norte de Túnez abastecía de agua a la ciudad romana Cartago desde las montañas Zaghouan, a 40 km de distancia. Las piedras eran colocadas con grúas y poleas. Éstos fueron inventos griegos, desarrollados por los romanos para sus obras de ingeniería.*

cesidades de las legiones, después promovieron la prosperidad y el comercio, unificando mediante éste a los pueblos del imperio. Unían la ciudad con el campo, y mercancías como vino y productos agrícolas eran llevadas en carretas, mulas o caminantes esclavos. Los viajeros rentaban carros de dos ruedas o carrozas de cuatro en las compañías de transportes que funcionaban en toda población grande.

A menudo se podían ver casas enteras en el camino, cuando los ciudadanos pudientes viajaban con sus camas, sirvientes y provisiones, desde sus casas citadinas a sus villas campestres. En verano, las clases altas se retiraban a sus casas en las frescas colinas. Además, vacacionaban en las playas, donde paseaban en bote o tomaban el sol. La Bahía de Nápoles contaba con famosos centros vacacionales, incluida Pompeya, destruida durante un cálido día de verano en el año 79 d.C. cuando el monte Vesubio hizo erupción con ferocidad sin precedentes; sepultó la ciudad con titánicos volúmenes de ceniza y piedra pómez. El estadista Plinio el Joven describió así el desastre: "Los edificios se tambalearon... el mar se retiró... una densa nube cubrió la tierra como una inundación... ¡Cómo se oían los gritos!"

Durante los viajes largos, la gente pernoctaba en las posadas camineras, pese a que eran famosas por los mosquitos, el ruido, la mala comida y peor agua, y las molestias de los huéspedes ebrios. Aun dentro de Italia, los viajeros eran emboscados por bandas de asaltantes: los pantanos Pontinos, con su malaria, y la Vía Appia eran especialmente peligrosos. En lo que respecta a las tierras extranjeras, el peligro eran las tribus bárbaras.

La piratería era el riesgo constante del tránsito marino, pero el clima era el peor peligro. De noviembre a marzo, la navegación casi se interrumpía. Entre los romanos, el turismo nunca se convirtió en una industria en el sentido moderno. Pero existían los mapas y las guías turísticas, y algunos, como los mapas modernos, indicaban la distancia entre pueblos y posadas. Los diplomáticos, soldados y comerciantes eran buenos paseantes, y frecuentemente aprovechaban su tiempo en tierras extranjeras, para visitar los monumentos locales. Algunos turistas romanos, en Egipto, dejaron inscripciones en las estatuas faraónicas.

Con el arado *Esta estatuilla muestra a un campesino y sus bestias preparando el suelo para la siembra.*

Corte de las espigas *Esta hoz de hierro se usaba para cortar el grano. Las granjas florecieron alrededor de las villas donde vacacionaban los ricos, lejos del calor sofocante de las ciudades. Los dueños de las villas y sus familias viajaban a sus mansiones de retiro por las rectas carreteras que surcaban los campos.*

Cosechas *Este mosaico de las Galias muestra a trabajadores que cosechan manzanas en una granja típica. La mayor parte de las aldeas tenían sus propios vergeles y huertas, cerca de sus edificios principales.*

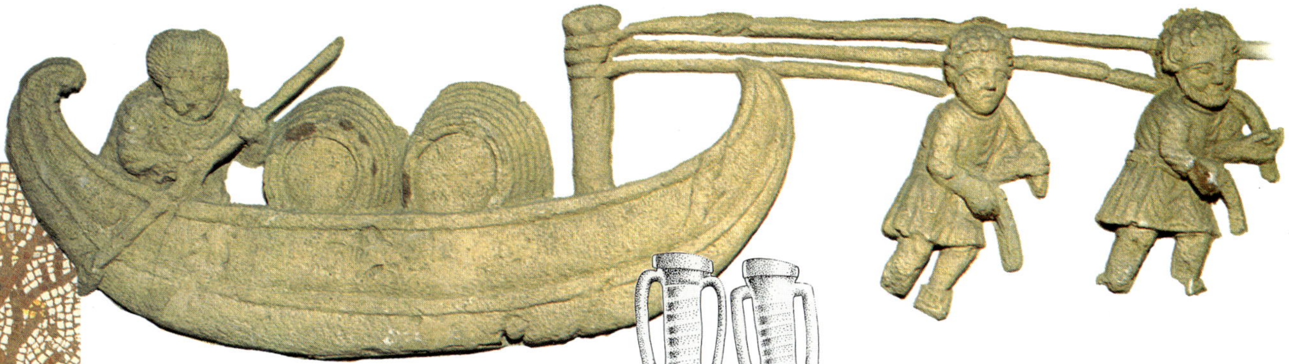

Vino francés *El vino era transportado en barriles a bordo de barcazas, desde los viñedos de Francia, o del Rin, a los bulliciosos puertos, donde eran embarcados y enviados a varios sitios del vasto Imperio Romano. Se usaban remos o sogas para tirar de la pequeña nave por los ríos que surcaban Europa. Este relieve es de Aviñón, en el sureste francés, cerca de la confluencia del Ródano y el Durance.*

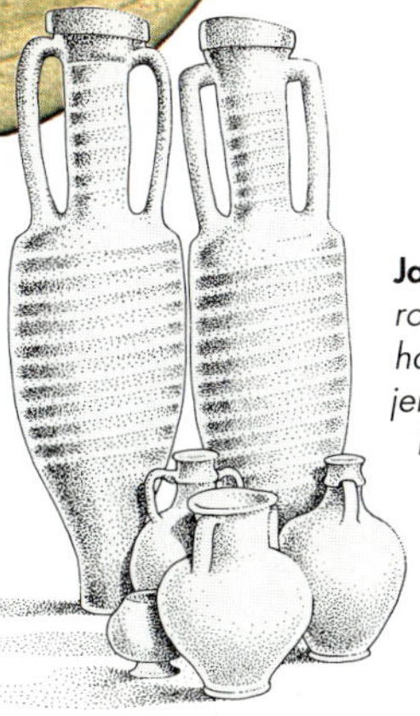

Jarra y botella *Estas ánforas romanas con dos asas fueron halladas en la tumba de un jerarca inglés, cerca de Hertfordshire. Las botellas contienen vino italiano, apreciado en Inglaterra tanto como en Roma.*

EN BATALLA CON LAS LEGIONES

Ningún pueblo antiguo tomó la profesión militar con más seriedad que los romanos. Hicieron la guerra desde las costas de Galilea hasta los lluviosos acantilados del norte de Inglaterra. La seguridad de su vasto imperio, que abarcaba a 60 millones de habitantes, dependía de sus eficientes y poderosas fuerzas armadas, listas para entrar en acción en cualquier momento. El ejército romano, en el cenit del imperio, fue una devastadora y efectiva maquinaria de guerra nunca antes vista en el mundo. Su unidad básica era la legión, integrada por 6,000 hombres, casi todos ellos soldados de infantería. También comprendía entre 100 y 200 jinetes exploradores, portaestandartes y captores de desertores. Pero los romanos no eran jinetes entusiastas. Cuando se veían obligados a reclutar regimientos de caballería, generalmente utilizaban ayudantes extranjeros, especialmente galos y tracianos.

Éstos también eran arqueros, honderos y lanzadores de jabalina. Pero el soldado romano arquetípico, el legionario, debía ser ciudadano romano, y los reclutas pasaban por un riguroso programa de selección antes de ser aceptados en las filas.

Los reclutas debían tener una estatura mínima de 1.70 m, y se les examinaba médicamente para asegurarse de que estaban sanos y de que su vista era bue-

Fragor de la batalla *Cuando las tropas romanas se enfrentaban al enemigo cuerpo a cuerpo, era un combate sanguinario, con espadas y lanzas. Los caballos se desbocaban, aplastando a los caídos. Los sobrevivientes cargaban durante toda su vida las marcas físicas y mentales de la guerra.*

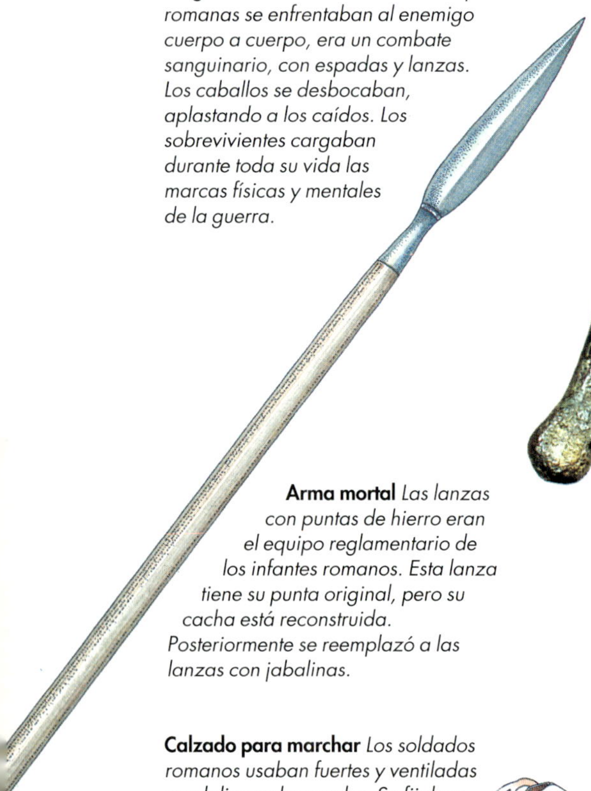

Arma mortal *Las lanzas con puntas de hierro eran el equipo reglamentario de los infantes romanos. Esta lanza tiene su punta original, pero su cacha está reconstruida. Posteriormente se reemplazó a las lanzas con jabalinas.*

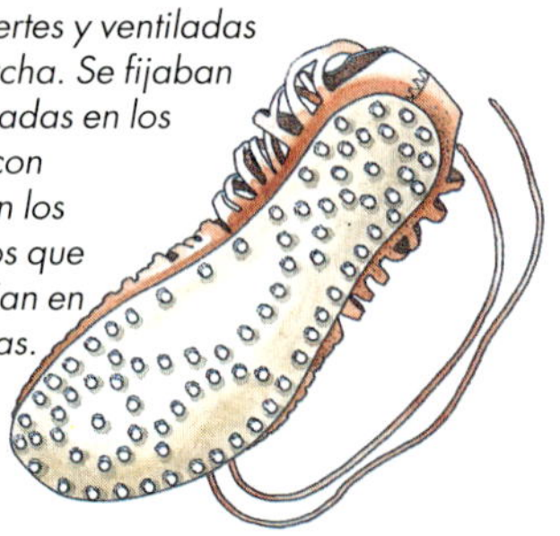

Calzado para marchar *Los soldados romanos usaban fuertes y ventiladas sandalias en la marcha. Se fijaban con agujetas amarradas en los tobillos. Las suelas con estoperoles duraban los cientos de kilómetros que los soldados recorrían en las marchas forzadas.*

Monedero *Los soldados llevaban dinero en monederos de bronce que usaban como pulseras. El dinero no salía sin quitarse la pulsera.*

Hombre de bronce *Los orgullosos soldados, como este legionario, tenían el poder para coronar o derrocar emperadores. Usaban cascos de bronce o hierro con crestas, corazas de placas de hierro y faldones de tiras de cuero con metal. A pesar de su aspecto pesado, las correas de cuero daban mucha libertad de movimiento y permitían luchar con facilidad.*

Duro sombrero *Los soldados salían a combate con cascos que les protegían cabeza y cuello.*

Espada mortal *La principal arma de los legionarios era el gladius o espada corta. Aunque tenía dos bordes filosos, se usaba para embestir al enemigo, protegiéndose con una muralla de escudos. La cacha era de madera o hueso, y su hermosa funda de cuero estaba decorada con medallones y escenas de la vida de Roma.*

na. Un legionario se enrolaba durante 20 años: era un compromiso importante. Pero todos eran voluntarios, que se alistaban por la paga, la gloria, la oportunidad de ver mundo, o de progresar. A través del ejército un joven campesino podía ascender al rango de centurión, con 80 hombres bajo su mando. Pero ningún legionario de origen humilde podía aspirar a entrar a la clase de los oficiales. La clave para la promoción a los altos niveles era la educación, la riqueza y el rango: el compañerismo o "compadrazgo" sistemático, que operaba entre las familias de la nobleza.

Entrenamiento militar

Al ser aceptado, el recluta era enviado al campo de entrenamiento, donde pasaba, bajo implacable disciplina, el resto de su servicio obligatorio. Los soldados marchaban en el campo todos los días bajo las roncas órdenes de un centurión que empuñaba un bastón, símbolo de su rango e instrumento de castigo. Uno de estos centuriones se ganó el apodo de "Trae otro", por la cantidad de báculos que rompió en las espaldas de sus soldados.

En las maniobras, los soldados atacaban estacas de 1.80 m de alto, golpeándolas con los tachones de sus escudos y clavándoles las espadas. Los reclutas bisoños lo hacían con armas de práctica de doble peso. Con equipo completo encima, los hombres debían correr, saltar y librar caballos de madera. Durante el verano aprendían a nadar y realizaban marchas forzadas y simulacros de batalla, en preparación para los futuros combates.

Caminando sobre lodo

El equipo reglamentario de los soldados cambió con el tiempo, pero en el siglo I d.C. incluía un casco de hierro, armadura de anillas de hierro o tiras de metal entrelazadas, un escudo de madera terciada, dos pesadas *pilum* o jabalinas, una daga, la característica espada corta, llamada *gladius*, y fuertes sandalias de cuero. Caminar sobre lodo era la rutina legionaria: los soldados debían marchar sobre desierto, montañas o bosques, a un ritmo de unos 30 km diarios.

Los legionarios romanos no sólo cargaban armaduras y armas, sino también canastas, pico, hacha, sierra, ollas de cocina, dos estacas de la empalizada que fortificaba su campamento, y suficiente grano para sobrevivir 15 días. Todo esto pesaba en total 40 kg, casi el doble de lo que cargan los soldados modernos con equipo completo.

A salvo bajo la "tortuga"

En batalla, la firmeza de los legionarios era pasmosa. En el año 77 d.C., el historiador judío Josefo comentó: "Su perfecta disciplina hace que los soldados se comporten como uno solo; tan compactas son sus filas, tan alertas sus movimientos, tan rápidos son sus oídos para escuchar órdenes, sus ojos para ver señales, sus manos para realizar labores." La disciplina legionaria triunfó una y otra vez sobre los ataques de los implacables bárbaros.

También eran impresionantes en los sitios. Para tomar las puertas de las ciudades, grupos de 27 legionarios se formaban en *testudos*, o formación de tortuga: hacían un grupo compacto y levantaban sus escudos para formar "caparazones" armados contra los proyectiles enemigos. También utilizaban torres móviles, rampas, escalinatas y gigantescas catapultas, llamadas *ballista*, para arrojar rocas y dardos ardientes contra el enemigo.

Las victorias se celebraban apropiadamente. Se estilaba realizar "triunfos" en Roma, celebraciones públicas para dar la bienvenida a los comandantes y sus tropas, con deslumbrantes procesiones de carros alegóricos, portaestandartes, trompetas, desfiles de prisioneros y la ejecución ritual de los líderes enemigos en un lugar cerca del Foro. El fracaso era visto con desprecio, y una unidad desobediente o cobarde sufría la "decimación": un soldado de cada 10 era golpeado por sus compañeros de armas hasta morir.

Los deberes rutinarios de las legiones incluían patrullar las fronteras, escoltar, construir campamentos, puentes y caminos. Los legionarios pasaban gran parte de su tiempo en faenas dentro o alrededor de los fuertes, erigidos dondequiera que llegaban las legiones. Construidos con piedra, de acuerdo con diseños uniformes, los fuertes incluían barracas, cuartel general, graneros, letrinas, un hospital y arsenales.

Una muralla en Inglaterra

El emperador Adriano marcó la frontera norte del imperio con una muralla de 129 km que cruzaba la parte más estrecha de Inglaterra, con 16 guarniciones instaladas a intervalos regulares. Esta asombrosa fortificación requirió de 764,000 metros cúbicos de piedra.

Aquí y en otras partes, los asentamientos se desarrollaron cerca de los fuertes, con tiendas y tabernas donde los soldados jugaban a los dados y gastaban su sueldo en mujeres y bebida. Pero no todo era libertinaje, pues también descansaban en baños calientes de vapor y escribiendo cartas a casa. Los legionarios no tenían permitido casarse, pero muchos iniciaron familias no oficiales con las mujeres del lugar, difundiendo así el estilo de vida romano y la lengua latina.

DIOS DE LA MILICIA

Mitra, dios persa de la luz y la sabiduría, tuvo muchos seguidores en el Imperio Romano, especialmente entre los soldados. Se le representaba sacrificando a un toro sagrado (der.), cuya sangre fertilizaba al mundo. Mitra, que nació empuñando una espada, era también mostrado con su fiel perro, Silvanus, y con dos antorchas, que simbolizan la oscuridad y la luz. Durante un tiempo, el mitraísmo fue un poderoso rival del cristianismo en el imperio, pero el emperador Constantino lo suprimió en el siglo IV, luego de cristianizarse.

Transporte de tropas *Las galeras de guerra, impulsadas por hileras de remeros, transportaban las legiones al frente. Además, naves militares pertrechadas patrullaban las fronteras naturales de los ríos Danubio y Rin, y sofocaban rebeliones.*

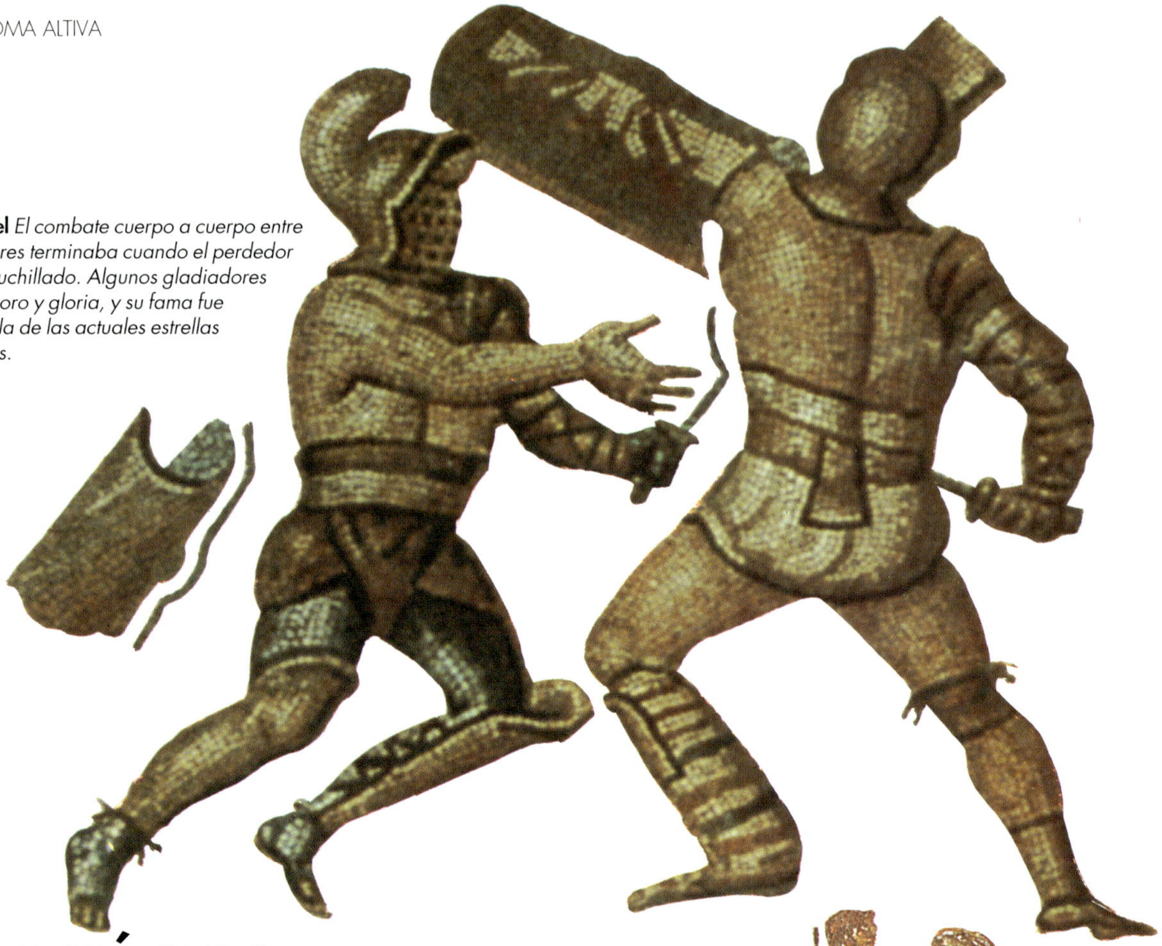

Sin cuartel *El combate cuerpo a cuerpo entre gladiadores terminaba cuando el perdedor moría acuchillado. Algunos gladiadores ganaron oro y gloria, y su fama fue similar a la de las actuales estrellas populares.*

ESPECTÁCULO DE SANGRE EN LA ARENA

Conscientes de la suerte que correrían, los gladiadores rugían ante el emperador: *"¡Ave Imperator, morituri te salutant!"* ("¡Los que moriremos te saludan!") cuando se iniciaba el sanguinario torneo en Roma. Los espectáculos tenían lugar en el Coliseo, un imponente edificio de arcos con capacidad para 45,000 espectadores sentados y 5,000 de pie. En su sótano había bestias enjauladas y un sistema de agua capaz de inundar la arena para simular batallas navales.

El Coliseo tenía 80 entradas distintas, que permitían a la multitud de espectadores entrar y salir sin atropellarse demasiado, y a veces se extendía sobre él un toldo para dar sombra. Nada se escatimaba para montar estos espectáculos de sangre, dolor y muerte. En su origen, la matanza pública de las luchas de gladiadores era un ritual religioso: una forma de sacrificio realizada en los funerales para honrar la memoria de hombres importantes. En esa sociedad militarista, los deportes sanguinarios enseñaban a los hombres a vanagloriarse de sus heridas y desdeñar a la muerte. Durante la expansión del imperio, los prisioneros de guerra y los convictos abastecieron de víctimas al espectáculo.

Los cautivos extranjeros debían pelear siguiendo sus costumbres y usando armas autóctonas. Estos prisioneros impusieron algunos estilos gladiatorios: los tracianos empuñaban una cimitarra curva y un escudo pequeño; en tanto, los samnitas peleaban con espadas cortas y enormes cascos con visera y cresta. Otro gladiador era el *retiarius*, de clase humilde, que peleaba sin casco y armado únicamente con una red de pescador y un tridente.

Los espectáculos eran tan populares que se fundaron escuelas para entrenar gladiadores profesiona-

Combatiente sin rostro *El casco de bronce de los gladiadores (der.) les cubría la cabeza y el rostro, dándoles un siniestro aspecto.*

UN DÍA EN LA VIDA DEL GLADIADOR

Guardias de seguridad despiertan a Flavius, un gladiador de la escuela imperial en la Roma del emperador Trajano, que se reúne con sus camaradas en el patio central para pasar lista. Luego de recibir su desayuno de pan de cebada y queso de cabra, se reporta a la armería, donde recibe un escudo, un casco, grebas de cuero (espinilleras) y ligeras armas de acero para prácticas.

El entrenamiento se realiza en la arena de la escuela, bajo el ojo avizor del instructor en jefe, un sólido ex gladiador surcado de cicatrices, vencedor de varios torneos. Su trabajo es asegurarse de que Flavius y sus camaradas son lo suficientemente rudos como para satisfacer al emperador y al público de la arena. El instructor presta la mayor atención a los mejores gladiadores: son las estrellas de la arena. Los *graffiti* en las paredes de Pompeya revelan que un gladiador traciano, llamado Celadus, era el héroe local que hacía suspirar a las jóvenes.

Bajo el sol matinal, Flavius suda y maldice mientras practica las artes de parar golpes, atacar, responder y fintar. Su vida depende de su habilidad y sus reflejos; soporta estoicamente el entrenamiento. A mediodía, hay una pausa para el almuerzo y la siesta. Más tarde, Flavius se baña y se afeita en la barbería de la escuela. Luego asiste al entrenamiento físico, que incluye levantamiento de pesas para afinar los músculos. Luego va a cenar. Al oscurecer, regresa a su celda, vigilado por los guardias. Mañana, Flavius enfrentará el baño de sangre en la arena.

Hombres contra bestias *El Coliseo presentaba peleas entre convictos y animales salvajes. Un preso atado a una estaca es embestido por un leopardo, y otro convicto pelea contra un jabalí.*

les y añadir la emoción a las lastimosas actuaciones de los renuentes prisioneros. En la escuela imperial de Trajano, la Ludus Magnus, con sede en la Vía Labicana de Roma, los gladiadores dormían en una de las 100 celdas sin ventanas que contenían las barracas. Los mejores gladiadores gozaban de más comodidades, pero incluso ellos eran vigilados por guardias para evitar que escaparan.

Algunos hombres libres se enrolaban por los premios ofrecidos, que ascendían a una cuarta parte del precio del contrato, a cambio de jurar sometimiento durante el plazo del contrato, lo que significaba "ser quemado, llevar grilletes, ser azotado y morir por el hierro". Tanto en el entrenamiento como en el combate, siempre estaban presentes los *lorarii*, o capataces, que azotaban o marcaban con hierros al rojo vivo a los perezosos.

Muerte por una seña del pulgar

Los espectáculos del Coliseo se iniciaban con un desfile de gladiadores vestidos con túnicas púrpuras y doradas, a bordo de cuadrigas. Al azar, se formaban parejas de luchadores que combatían hasta morir ante el enardecido público. Un funcionario, vestido con la sombría figura de Caronte, barquero del inframundo, remataba a los gladiadores heridos de muerte aplastándoles el cráneo con una maza. Si la herida no era grave, se pedía clemencia al emperador, que miraba desde su palco y escuchaba las peticiones del público; indicaba con una señal del pulgar si el gladiador vivía o moría. Más crueles que los duelos entre gladiadores profesionales eran las ejecuciones masivas de criminales y los espectáculos con bestias salvajes. En estas repugnantes exhibiciones, se soltaban leones y osos contra seres humanos inermes y aterrorizados. En otros casos, un hombre armado acorralaba y mataba a otro hombre indefenso, para luego ser despojado de sus armas y ser cazado a su vez por otro gladiador armado. Los espectáculos de las bestias y las ejecuciones se presentaban por la mañana, a veces ante una arena casi vacía. Al mediodía se hacía una pausa para retirar los cuerpos lisiados y esparcir arena limpia para los espectáculos principales —los gladiadores—, que tenían lugar por la tarde.

No todos los juegos eran tan crueles, aunque las carreras de cuadrigas también eran espectáculos de sangre y muerte. Las carreras tenían lugar en el Circo Máximo de Roma, un estadio oval con pista dividida en el centro por una barrera. Había competencias de carros tirados por dos, tres y cuatro caballos.

Riesgos de las cuadrigas

De la línea de arranque salían hasta 12 cuadrigas que corrían por la pista: el fragor de la competencia levantaba nubes de polvo. Los choques eran especialmente frecuentes en las curvas. Si una cuadriga se volteaba, el competidor era arrastrado por sus caballos durante el resto de la competencia; esto lo convertía en un mutilado y sanguinolento obstáculo para los demás participantes, que conducían a todo galope. El público enloquecía al animar a sus equipos favoritos. Se apostaba frenéticamente con los resultados, y los cuatro principales equipos se distinguían por los colores de los establos: Rojos, Blancos, Azules y Verdes. Los conductores hábiles eran considerados héroes por el público, aun cuando, técnicamente, no se les exigía terminar la carrera. La victoria era de la cuadriga vencedora... estuviera su conductor vivo o no.

Honra a los vencedores *Durante el clímax de los torneos, un agitator, o auriga (der., aba.) azuza a los caballos, en tanto que un sparsor (izq. arr.) salpica con agua las ruedas sobrecalentadas. En el centro de la pista, los árbitros señalan el fin de una vuelta haciendo girar un delfín de bronce en una estaca, y quitando un huevo en otra. Otros árbitros sostienen la palma y la guirnalda (centro) que se otorgan al conductor de cuadriga vencedor, al que también se le honra con una estatua (izq.).*

NOCHE DE APLAUSOS Y ABUCHEOS EN EL TEATRO

Como las carreras de cuadrigas, las primeras obras de teatro de Roma eran parte de festivales religiosos; estaban influidas por el teatro griego, y en ellas se usaban máscaras y todos los actores eran de sexo masculino, excepto en los *mimus*, una forma de farsa en la que las mujeres desempeñaban los papeles femeninos y los actores no usaban máscaras. El público prefería más las comedias y las sátiras políticas que las tragedias.

Uno de los dramaturgos romanos más populares en aquella época era el poeta Plauto. Este autor se especializó en adaptar comedias de rápido ritmo escritas por los dramaturgos griegos, acerca de esclavos que mandaban sobre sus amos, soldados fanfarrones burlados, padres engañados por sus hijos y confusiones de identidad, que provocaban jocosos malentendidos.

Actores *Varones con máscaras de lino interpretaban ambos papeles.*

Las obras se realizaban al aire libre, y existían rituales de aplauso según el grado de apreciación. La aprobación modesta se expresaba tronando los dedos, y se aplaudía si el entusiasmo era mayor. Si el público estaba muy satisfecho, ondeaba sus togas o pañuelos.

Muchas obras eran financiadas por ricos ciudadanos que querían ganar popularidad. Esto a veces se malograba, sobre todo cuando el público abucheaba, en vez de aplaudir. Para contrarrestar esto, era común contratar espectadores para que aplaudieran con entusiasmo, sin importar lo que pensaran realmente de la obra o de los actores.

Música en los torneos *Un toque de trompeta anuncia los torneos de gladiadores. Un órgano hidráulico toca en los intermedios, y los cornos dan aliciente a los combatientes. En el centro del mosaico, un entrenador contiene a un gladiador que derribó a su contrincante. Junto a ellos, un gladiador con red se enfrenta a otro con brazales de cuero. A la derecha, dos oponentes luchan, protegidos en las piernas con grebas.*

Sentimientos al desnudo *Los actores y actrices romanos no usaban máscaras cuando actuaban en pantomimas cómicas: éstas eran comedias representadas en escenarios improvisados en la calle, para deleite del ciudadano común.*

TRAS EL LÍMITE DE ROMA

Mientras Roma expandía los límites de su Imperio tanto como le era posible, sus ejércitos chocaron con tribus asentadas en el norte de Europa. Una de ellas eran los celtas, que entonces vivían al oeste del río Rin, y los germanos, asentados al este: pueblos guerreros con escalofriantes gritos de batalla, espeluznantes ritos fúnebres y crueles sacrificios. En el siglo I a.C., Julio César conquistó en las Galias a los celtas, y en el año 55 a.C. cruzó el Canal de la Mancha para confrontar a sus primos ingleses, emplazados en fuertes sobre las colinas.

Más hacia el este, jinetes nómadas recorrían las estepas de Asia central. Desde el siglo VII a.C., los escitas fundaron un reino al norte del Mar Negro. Mil años después, las hordas errantes de Atila el Huno irrumpieron hacia el occidente desde Mongolia, orillando a las tribus germánicas a cruzar las fronteras del decadente Imperio Romano, y a dispersarse en su interior.

GERMANOS, CELTAS, ESCITAS Y HUNOS 700 A.C.–400 D.C.

LOS SECRETOS DEL FUNERAL EN LA CIÉNAGA

En un día de la primavera de 1950, se descubrió en el Pantano Tollund, en Jutlandia, Dinamarca, un cuerpo que databa de 2,000 años. Pertenecía al miembro de una tribu, y sus rasgos se habían conservado asombrosamente bien, entre la parda turba de la ciénaga. El historiador danés Peter V. Glob lo describió así: "Yacía de costado en su húmedo lecho, como si durmiese, la cabeza ligeramente inclinada, con brazos y piernas plegados."

Pero un examen del cuerpo reveló que su muerte distaba de haber sido pacífica. La piel de su cuello tenía marcas de un nudo corredizo de cuero: había sido ahorcado.

Durante años, se han rescatado varios cientos de cuerpos, que datan de la Edad de Hierro, de entre los pantanos del norte de Europa. Muchos se preservaron por la acción química de la turba ácida, y varios presentan evidencia de muerte violenta. Muchos de los hallazgos se hicieron en Jutlandia del norte y central, donde se halló al famoso hombre de Tollund.

En tobogán desde los Alpes

Otro descubrimiento excepcional, en 1952, fue el del hombre de Grauballe, a 18 km de Tollund. Más deformado que su vecino por la presión de la turba, tenía una expresión más angustiada: fue degollado de oreja a oreja.

¿Cuál era el significado de estos lúgubres descubrimientos? ¿Quiénes eran estos hombres? Jutlandia fue el territorio de una tribu germánica primitiva: los cimbros. Los escritores clásicos describieron a estos guerreros como seres altos, rubios y de ojos azules, más bien cándidos, pero feroces en el campo de batalla. Amenazaron a la misma Roma, irrumpiendo en el norte de Ita-

Arte de la danza sagrada *Esta elegante figurilla de una esbelta bailarina fue hallada entre las esculturas de los celtas que vivían en las riberas del río Loira, enterradas cuando los romanos conquistaron las Galias. La figurilla, en la que el escultor captó certeramente el movimiento, posiblemente representa una de las etapas de una danza ritual pagana.*

lia a fines del siglo II a.C. Se cuenta que los cimbros cruzaron los Alpes deslizándose con sus escudos sobre las nevadas pendientes, como en un tobogán, y profiriendo gritos ensordecedores.

Se sabe poco de la vida cotidiana de los gigantes nórdicos de entonces. Pero se tiene más información a partir de mediados del siglo I a.C., cuando César conquistó las Galias. El historiador romano Tácito compiló un libro titulado *Germania*, en el que distinguió claramente entre los germanos y sus vecinos celtas. El río Rin, dijo, era

Carros de guerra *Desmelenados guerreros celtas, que profieren gritos escalofriantes, irrumpen en sus carros. Intimidaban incluso a los soldados romanos más veteranos y endurecidos.*

la línea divisoria: los celtas habitaban al oeste y los germanos al este. Había una gran influencia celta en la cultura germana. Pero los germanos conservaron una identidad propia, quizá porque, como nos lo informa Tácito, no se mezclaban con otros pueblos.

Gobernados por caciques tribales, al parecer los germanos eran un pueblo generoso y gregario que, al igual que los celtas, eran muy dados a la bebida y a los banquetes. Se embriagaban con cerveza hecha en casa: tan temerarios eran para jugar y apostar a los dados que los perdedores quedaban en calidad de esclavos.

Los cuerpos hallados en las ciénagas de Jutlandia nos revelan el aspecto físico de los germanos. Por ejemplo, varias prendas de vestir fueron recuperadas en muy buenas condiciones. Tácito describe que los germanos iban desnudos, a excepción de una corta capa: los hallazgos corroboran esto. Al parecer, los hombres usaban poco más que un mantón en los hombros, asegurado con un broche; aunque las prendas opcionales incluían sombreros, abrigos tejidos, faldones, escarpines y zapatos. La indumentaria femenina era más elaborada: se han rescatado faldas hiladas y bufandas que demuestran avanzadas técnicas textiles. La acción preservadora de las ciénagas conservó incluso los peinados. En Osterby, Alemania, se hizo el fascinante hallazgo de una cabeza cercenada, envuelta en un mantón de piel de venado. El cabello cano de este hombre estaba atado a un lado de la cabeza, en un elaborado nudo, similar a los que aparecen en los grabados romanos de los guerreros germanos y que Tácito describió como especialidad de la tribu sueva: de ahí que sea conocido como "nudo suevo".

> *"Su rostro muestra una expresión tranquila: los ojos entrecerrados y los labios ligeramente abiertos, como en una silenciosa plegaria. Era como si el alma del difunto hubiese regresado momentáneamente de otro mundo."*
>
> P. V. GLOB, *EL PUEBLO DEL PANTANO*

Pero, ¿por qué se le cercenó la cabeza? La ley germánica, según Tácito, estipulaba varios castigos, que tal vez expliquen el macabro aspecto de los hallazgos. Los traidores y desertores eran ahorcados en los árboles. Los cobardes, evasores y homosexuales eran enterrados en el cieno, bajo el peso de una laja. Las mujeres adúlteras eran expulsadas de la casa, desnudadas, afeitadas y azotadas por sus maridos. Es fácil interpretar los hallazgos a la luz de estas leyes: he ahí el lazo en el cuello del hombre de Tollund.

En Winderby, en el Pantano Domland, se descubrió, en su sepulcro de turba, el cuerpo desnudo de una muchacha de 14 años, rapada y vendada. El cuerpo estaba atado a unas ramas y a una piedra pesada. Posiblemente fue enterrada o ahogada en la ciénaga, en el siglo I d.C.

Sacrificio a la Madre Tierra

En el pantano de Haraldskjaer, en Jutlandia, se descubrió el cuerpo de una mujer de 50 años, con marcas que demuestran que fue arrastrada, y a la que aparentemente se le enterró viva. En las articulaciones de las rodillas y los codos se le clavaron garfios para fijarla al cieno. Además, sobre su pecho había ramas fijadas también con garfios profundamente hundidos en el cieno. Con base en los informes de Tácito, es fácil pensar que se trataba de otra ejecución. Pero he aquí otra teoría: algunos de ellos fueron víctimas de sacrificios a Nerthus, diosa de la fertilidad, o Madre Tierra. En la Edad de Hierro era común hacer ofrendas rituales de objetos valiosos en lagos, marismas y estanques. Estas ofrendas iban desde regalos de comida en ollas, hasta magníficas vasijas de plata y armas tomadas como botín de guerra. Al parecer, estos tesoros fueron depositados en lugares con agua para complacer a los dioses, asegurar buenas cosechas o agradecer a las deidades su ayuda. Probablemente también se ofrecían sacrificios humanos. Esto lo refuerza la evidencia descubierta en el contenido estomacal de los hombres de Tollund y Grauballe. A ambas víctimas se les dio, como última comida, un potaje de grano y semillas de flores silvestres. En el caso del hombre de Tollund, el potaje tenía otros ingredientes, como cebada, linaza y semillas de camenerio.

La ausencia, en ambos cuerpos, de alimentos propios del verano o del otoño sugiere que fueron sacrificados en ritos invernales en honor de la diosa de la fertilidad, para que favoreciera la llegada de la primavera.

Adversarios de Roma *Las tribus celtas se esparcieron por el norte de Europa, desde España, al oeste, hasta Dinamarca, al este, e Inglaterra al norte. Sus vecinos al otro lado del Rin eran conocidos como germanos. Al norte del Mar Negro vivían hordas de jinetes nómadas a quienes los griegos llamaban escitas.*

De los tiempos de Cristo *El hombre de Tollund, de plácidos rasgos. Su nombre proviene de la ciénaga donde fue hallado. Su semblante oculta la brutalidad con que fue sacrificado hace 2,000 años: fue estrangulado, y el ácido tánico de la ciénaga preservó la correa de cuero alrededor de su cuello. Los pantanos del norte de Europa preservaron los cuerpos de muchas otras víctimas de la Edad de Hierro que fueron asesinadas en la horca, degolladas, ahogadas o enterradas en vida.*

Guerrero montado *El enorme escudo que porta este jinete celta casi lo oculta de sus enemigos. Esta estilizada figurilla del siglo VII a.C. fue descubierta en Strettweg, Austria.*

BATALLAS CON GRITOS Y TROMPETAS

Pelear era una obsesión de los celtas, ya fuera contra fuerzas enemigas, o en las constantes bravatas que estallaban entre ellos mismos. Los guerreros celtas se embriagaban con cerveza fuerte y ansias de victoria, peleaban con un frenesí tan feroz que incluso los aguerridos soldados romanos lo consideraban alarmante. Sin importarles la muerte, se lanzaban al combate desnudos, o usando solamente una gargantilla.

El historiador romano Tácito describe de este modo un ataque contra las legiones emplazadas en Anglesey: "En la playa estaba el ejército enemigo, denso de guerreros armados. Entre las tropas, mujeres vestidas de negro, como las Furias, de cabellos desgreñados, empuñaban antorchas."

La reina pelirroja

Los hombres celtas eran altos: el esqueleto de un guerrero descubierto cerca de Milán, Italia, media 1.90 m. Las mujeres también eran altas y feroces guerreras. Boadicea, la reina rebelde de los icenos que murió en el año 60 d.C., fue descrita como de imponente estatura, de voz ruda y con una masa de pelo rojo y brillante que le caía hasta las rodillas.

El autor romano Amiano Marcelino afirmó que el celta era virtualmente invencible, pues la esposa combatía a su lado: "más fuerte, con ojos centelleantes, ella... lanza golpes y patadas, como proyectiles lanzados por una catapulta."

Los guerreros celtas decapitaban a sus enemigos y colgaban las cabezas en sus cinturones y sillas de montar, como trofeos, o las ponían en sus lanzas. Cantando victoria, llevaban las cabezas a sus fuertes y ca-

Para embestir o lanzar *Las lanzas eran arrojadas al enemigo desde un carro, o se usaban en la lucha cuerpo a cuerpo. Esta punta de hierro decorada con bronce (der.) posiblemente perteneció a un cacique guerrero.*

COMBATE CUERPO A CUERPO

Los guerreros celtas se armaban con lanzas y espadas. Usaban elaborados cascos y se protegían con escudos, que generalmente estaban adornados con característicos firuletes, dibujos abstractos y otras figuras.

Los celtas libraron sus primeras batallas en carros de guerra: carretas ligeras tiradas por dos ponis. La carrocería era de mimbre y los arneses eran espléndidos. Llevaba dos hombres a bordo: el conductor, cubierto con cuero, y el guerrero. Ambos arrojaban lanzas en marcha, y luego saltaban del carro para librar combate cuerpo a cuerpo con dagas y espadas.

Con el tiempo, la caballería sustituyó a los carros. Especialmente los celtas galos eran notables como jinetes, y sus soldados de caballería, vestidos con llamativas túnicas, ajustadas mallas y ondeantes capas, fueron incorporados al ejército romano.

Enfrentar a los celtas era una aterradora experiencia. Salían a combate con los rostros "tatuados" con tinte azul. Los sacerdotes y las sacerdotisas druidas insultaban a los adversarios, acompañándose de una escalofriante cacofonía de gritos de batalla y el sonar de las trompetas de guerra, decoradas con cabezas de jabalí en bronce.

Magnífico escudo *Los escudos eran casi siempre de madera o cuero, pero éste, hallado en Battersea, Londres, es de bronce, aunque demasiado adornado y frágil como para usarse en combate. Tal vez fue el escudo ceremonial de un cacique.*

Casco con cuernos *Un cacique del siglo I a.C. usó esta protección.*

Cortar y atacar *Las espadas eran el arma principal de los guerreros.*

Caballo blanco *Imagen de un caballo, tallada en una colina caliza de Uffington, Inglaterra: quizá estaba consagrada a la diosa Epona, a veces representada a caballo.*

sas, y las clavaban en las paredes, como botines de guerra. En los templos celtas de Roquepertuse y Entremont, al sur de Francia, había cráneos expuestos en nichos especialmente tallados. Esta brutalidad, unida a la habilidad como soldados y jinetes, convirtió a los celtas en el formidable enemigo de Roma. Pero sus puntos débiles eran la falta de estrategia y de disciplina; además, gastaban sus energías en constantes luchas internas.

El típico asentamiento celta era un fuerte construido en una colina. Todavía en la actualidad se conserva una gran cantidad de murallas de tierra, sobre las cuales crece la hierba, que rodean fortalezas en toda Europa, de Hungría a España. Al parecer, las construyeron desde el año 700 a.C., aproximadamente cuando se desarrolló el uso del hierro. En un principio, fueron refugios que se convirtieron con el tiempo en fortificaciones. Para construirlas, se cavaba una zanja alrededor del lugar, a la cual se le dejaban unas aberturas para las entradas.

"Sus trompetas tienen un timbre especialmente bárbaro. Al tocarlas, producen un áspero sonido acorde con el tumulto de la guerra."

DIÓDORO DE SICILIA, HACIA 50 A.C.

Entonces se apilaba tierra para las murallas, que eran reforzadas con piedra o madera. Algunos fuertes eran simples empalizadas de madera, aunque otros tenían muros de piedra, sin zanjas o terraplenes protectores.

En su periodo posterior, los celtas también construyeron aldeas fortifica-

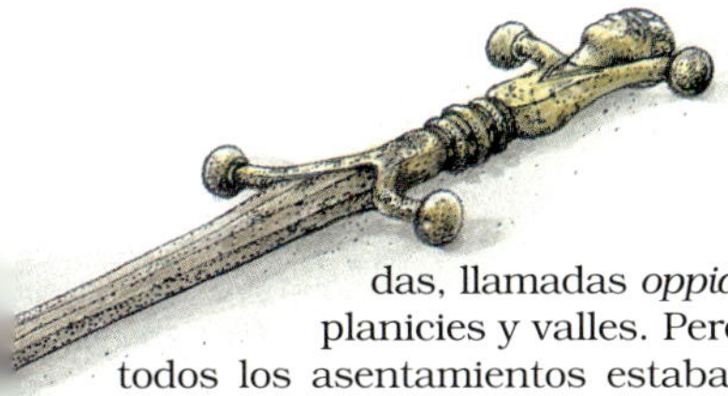

das, llamadas *oppida*, en planicies y valles. Pero casi todos los asentamientos estaban sobre colinas, por sus obvias ventajas defensivas. El punto más débil era la puerta, y a veces estaba protegida con un laberíntico sistema de corredores amurallados, torres, bastiones y puertas interiores y exteriores.

Los celtas creían en un reino sobrenatural, lugar mágico poblado por dioses y diosas que podían cambiar de forma a voluntad para intervenir en los asuntos humanos. El poder desplegado por los dioses hacía necesario que los celtas los aplacaran con ritos y sacrificios. El grado en que los mitos y creencias afectaban la vida diaria impresionó a los mismos romanos. César, al observar a los celtas cuando los enfrentó en las Galias, declaró: "Todo el pueblo galo es exageradamente propenso a la superstición religiosa."

Los celtas rendían culto a cientos de dioses; los representaban en imágenes esculpidas en piedra, estatuillas de bronce, tallas en madera y otras efigies. Entre las más de 400 deidades que se han identificado figuran Cernunnos, el dios ciervo astado; Sequana, diosa de las curaciones, y Taranis, señor de los truenos. Estas imágenes eran adoradas en claros en los bosques, arboledas en las colinas y en los manantiales, así como en templos de madera.

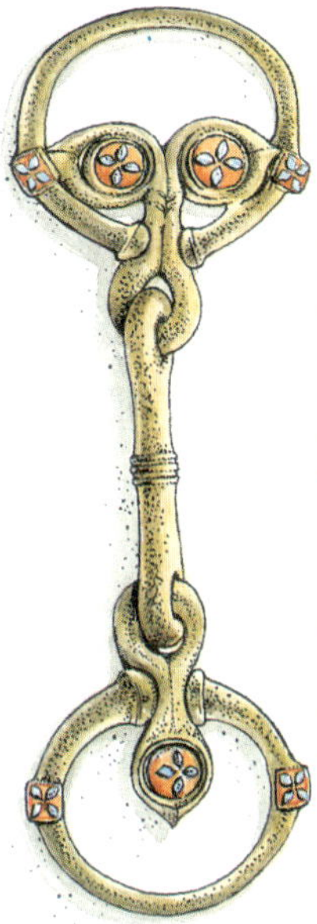

Freno de caballo, de bronce con esmaltes

Los druidas mantienen la paz

Los sacerdotes druidas mediaban entre los mundos natural y sobrenatural: recitaban la historia, explicaban la ley, estudiaban los cielos y educaban a los hijos de los nobles. Sobre todo, interpretaban los augurios —como el vuelo y el canto de pájaros— y realizaban sacrificios.

Se conservan algunas crónicas que nos permiten conocer sus ritos. El autor romano Plinio, por ejemplo, describió un sacrificio en el que el muérdago jugaba un papel importante. Esta planta era muy reverenciada, especialmente si crecía junto al igualmente reverenciado roble. "Llaman al muérdago con un nombre que significa 'el que cura todo'. Una vez preparados para el sacrificio y un banquete bajo los árboles, traen a dos toros blancos cuyos cuernos están amarrados. Con túnica blanca, el sacerdote corta el muérdago con una hoz de oro. Matan entonces a las víctimas y elevan plegarias a su dios, para que otorgue su benevolencia a quienes se la prometió." Según César, también ofrecían vidas humanas. Las macabras características de la religión celta se explican en parte por la creencia de que la muerte no era el fin. Los celtas enterraban a sus muertos con objetos necesarios para su viaje al otro mundo: la cámara mortuoria de una princesa celta, en Vix, Francia, contenía finas orfebrerías de oro y otros tesoros de Grecia.

El año celta se dividía en cuatro partes, y cada una se iniciaba con una gran celebración. La primera, según el calendario moderno, tenía lugar el 1° de febrero: la fiesta de Imbolc estaba consagrada a la diosa Brigit, y se relacionaba con el nacimiento de los corderos de primavera. La segunda fiesta, Beltane, caía en el 1° de mayo, y estaba dedicada a Belenus, dios de los rebaños y las cosechas.

La tercera fiesta, Lughnasa, era el 1° de agosto; dedicada a Lugh, se relacionaba con la cosecha de cereales. La fiesta de Samhain, el 1° de noviembre, era época de magia y brujería: los espíritus se manifestaban ante los vivos, los muertos caminaban, y se ofrecían sacrificios a las fuerzas sobrenaturales. Este festival ha llegado a nuestros días como *Halloween*, o Noche de Brujas.

Deidad con oso *Los celtas asociaban a sus dioses con animales. La diosa Artio aparece aquí con un oso.*

Diosa del bosque *Esta figura en una olla tal vez representa a la diosa Medb, asociada con un árbol sagrado.*

DIVERSIÓN, CAMPO Y ARDUA LABOR

La pasión que sentían los celtas por la fiesta sólo era superada por la guerra, y ambas actividades estaban estrechamente relacionadas. Tras una batalla, los guerreros buscaban la oportunidad de contar sus hazañas, y en las fiestas, que duraban días enteros, daban rienda suelta a su glotonería y vanagloria. Los héroes eran recompensados con una pieza de carne de primera —pierna de jabalí o un lechón entero—: "la porción del héroe". La nobleza celta gustaba del vino, lo llevaban de Italia o de la región de Marsella, en Francia, y lo bebían de tarros de bronce. El resto de la tribu se bastaba con cerveza de cebada o de trigo preparada con miel, que a menudo bebían de una copa común.

Ebrios y peleas con dagas

La sed de alcohol de los celtas fue legendaria entre los antiguos, y la bebida, ciertamente, encendía su volátil temperamento. "Cuando se embriagan, caen en el estupor o en la furia maniática", comentó Diódoro, un siciliano del siglo I a.C. Los guerreros, al rivalizar en sus alardes, llegaban a pelear con dagas, a veces a muerte.

Para entretenimientos más pacíficos, los poetas cantaban y los trovadores se acompañaban con instrumentos similares a liras. Los celtas amaban la música, y en algunas festividades que marcaban el inicio de las estacio-

DURADERAS CASAS DE LA EDAD DE HIERRO

El humo se filtra plácidamente por el techo de paja de una choza cónica de la Edad de Hierro. El techo, que recubre un marco de madera, se apoya en muros de paja y argamasa: una mezcla de arcilla, cal, paja y pelo animal. Dentro, una mujer vigila una olla de carne. Flota el fuerte olor de madera quemada en la fogata, y junto a ella hay un horno de arcilla. Cuando la comida está lista, la familia se reúne alrededor de la mesa, que es poco más que una tarima de madera. Los platos y cucharas son también de madera; el único cuchillo es una daga. De las paredes penden varias herramientas, como tijeras y sierras, y escudos. Junto a la puerta hay un telar donde las mujeres confeccionan la ropa.

Esta ilustración de una vivienda celta está basada en la reconstrucción de un edificio hallado en las colinas calizas del sur de Inglaterra. De aproximadamente 13 m de diámetro, es la edificación central de la Antigua Granja Butser, una reconstrucción de las granjas de la Edad de Hierro. Esta recreación demuestra la extraordinaria resistencia del edificio. Esta simple estructura ha resistido el clima durante años, incluso la acción de vientos huracanados y lluvias torrenciales.

Filo recto *Las cuchillas de hierro ya se usaban en el año 550 a.C.*

Filo serrado *Los celtas contaban con herramientas como esta sierra.*

Filo curvo *Esta hacha tal vez era usada para cortar carne.*

Ruedas para la paz y la guerra *Ligeras pero sólidas, estas carretas de dos ruedas llevaban a dos guerreros, y eran tiradas por dos ponis. Vehículos más pesados, con ruedas de rayos fijadas con cuñas y tirados por bueyes, eran transportes agrícolas y civiles. En las Galias se usaban carretas para segar espigas.*

nes se hacían concursos de poesía y música. Éstos se realizaban al aire libre, e incluían carreras de caballos y cuadrigas: eran emocionantes funciones en que los conductores hacían acrobacias en las barras entre la cuadriga y los caballos. En estas ocasiones estaban estrictamente prohibidos los pleitos, pues se hacían bajo el auspicio de los dioses; romper la paz divina era castigada con la muerte.

Vasija de barro con dibujos abstractos

Tenían pasatiempos como el *fidchell*, o "sabiduría de madera", similar al ajedrez, en cuanto a que tenía dos grupos de piezas en un tablero. A veces se jugaba con apuestas; los celtas también gozaban con los dados. Sus deportes de campo incluían un juego parecido al hockey, que se jugaba con bastones curvos y pelotas. La cacería daba no sólo comida sino también un popular pasatiempo. Los reyes pasaban sus ratos libres en cuadrigas persiguiendo jabalíes.

Sal traída de los Alpes

Pero la vida consistía en algo más que fiestas, guerras y juegos. Los celtas cultivaban la tierra como los demás pueblos antiguos, y tenían rebaños de vacas y ovejas, además de criar cerdos. "Dejan que sus cerdos corran libres", observó el geógrafo griego Estrabón, "y se distinguen por su altura, belicosidad y rudeza. Es peli-

groso para un extranjero acercárseles". Una de las más apreciadas exportaciones celtas en el Mediterráneo era la carne de cerdo salada. Otra era la sal misma, vital no sólo como condimento, sino también para conservas.

Uno de los lugares más importantes de los celtas está en Hallstatt, en los Alpes austriacos, donde las antiguas minas de sal fueron el núcleo de una próspera industria entre los años 700 y 500 a.C. Equipados con picos, mazos y antorchas de pino para alumbrarse, los mineros celtas llegaron a profundidades de 300 m en las faldas de las montañas. Usando guantes de cuero, llegaban a las galerías deslizándose en sogas. Subían la preciada sal en mochilas de cuero. Para negociar con sus vecinos del sur, los celtas adoptaron el sistema monetario de Grecia y Roma, acuñando sus monedas con imágenes de animales sagrados y rostros estilizados, en vez de las clásicas efigies. Negociaban entre sí mediante el trueque, calculando los precios en mercancías. Los esclavos eran una importante medida de valor. Según una escala de precios irlandesa, una cumal, o esclava, equivalía a tres vacas lecheras. La habilidad de los herreros celtas era igualmente notable. Utilizaban arados y yuntas de hierro para cultivar tierras cuya irrigación era demasiado escasa para que la cultivaran pueblos más primitivos. Los celtas fueron los primeros en herrar sus caballos, e inventaron una técnica para forjar ruedas de hierro sin uniones para sus carros: usaban bandas de hierro al rojo vivo, que enfriaban con agua para encogerlas alrededor de la rueda. Usaban herramientas como cinceles, sierras y tijeras.

Los orfebres diseñaban hermosas alhajas y objetos de uso personal. El adorno típico eran unas gargantillas de oro o plata, que significaba pertenecer a un alto rango social. También se han hallado exquisitos espejos, pulseras y broches. Su arte se caracteriza por intrincadas figuras abstractas que evocan vides, ramas y hojas.

Al parecer, los celtas eran ostentosos, lo cual fue notado por Estrabón: "Debe añadirse a la franqueza y energía de su temperamento la infantil ostentación y propensión a adornarse. Usan ornatos de oro, gargantillas en sus cuellos y pulseras en brazos y muñecas, en tanto que los más privilegiados visten indumentarias teñidas y salpicadas con oro. Es esta vanidad la que los hace insoportables en el triunfo y los deja totalmente abatidos en la derrota."

Belleza y cascabeles

Seguramente, las mujeres pasaban horas enteras ante sus pulidos espejos de bronce, lavando, desenredando y formando las abundantes trenzas que representaban el ideal de la belleza femenina. Meticulosos en su higiene personal, los celtas se bañaban con agua y jabón: esto último era desconocido para los romanos. Luego se untaban el cuerpo con aceite y hierbas. Las mujeres usaban una hierba llamada ruan para colorearse las mejillas, y se pintaban las uñas y se teñían las cejas con jugo negro de moras.

Los hombres también cuidaban de su apariencia personal. Se anudaban el pelo o se lo untaban con jugo de muérdago y se lo peinaban hacia atrás para darle el aspecto de una crin. A veces usaban barba, pero el rasgo más característico era el bigote, largo hasta cubrir el labio superior: se afeitaban al ras las mejillas y el mentón.

Los celtas también vestían prendas llamativas. Los hombres vestían pantalones en la vida diaria; al parecer, tomaron esta costumbre de los escitas, nómadas y jinetes. Ciertamente esto era fascinante para los romanos, que vestían túnicas. Se cubrían el torso con túnicas de lino con flecos, y sobre esto una larga capa, que en invierno era gruesa, y fina en el verano.

"Los galos son muy altos y su piel es muy húmeda y blanca... su cabello no sólo es naturalmente rubio, sino que con tintes artificiales enfatizan esta cualidad... estos tintes les engruesan tanto el cabello que éste en nada se distingue de las crines de los caballos."

DIÓDORO DE SICILIA, HACIA 50 A.C.

Esta capa de lana, llamada *sagum*, era una apreciada prenda de vestir. La decoraban con ostentosas franjas y cuadros, y a veces, se le añadían incrustaciones de oro o plata. La capa celta era usada por hombres y mujeres, aunque su costo fuera alto y estuviera gravada, en el Imperio Romano, con impuestos especiales.

De gran estatura, de llamativa indumentaria, con brazaletes y melenas trenzadas de color rubio y rojo, los celtas debieron de tener una exótica imagen al caminar por las calles de la antigua Roma. Incluso producían sonidos exóticos, porque caminaban al son de cascabeles —un toque de vanidad más— que llevaban cosidos en los bordes de sus ropas.

Para la vanidad *Las celtas de alto rango eran sepultadas con tesoros, como este espejo de bronce con intrincados grabados.*

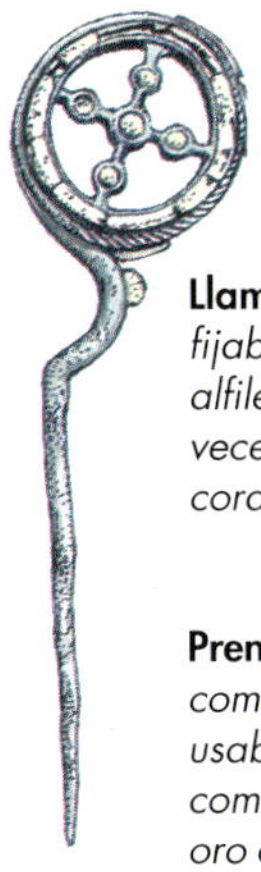

Llamativo *Las mujeres fijaban sus ropas con alfileres o pasadores, a veces incrustados con coral.*

Prenda guerrera *Los combatientes celtas usaban gargantillas como ésta, hechas de oro o aleación de oro.*

JINETES IRRUMPEN DESDE ASIA

En la Antigüedad, las estepas de Asia central eran una vasta región de apacentamiento para los rebaños de las tribus nómadas: se trataba de pueblos muy inquietos, cuya vida se adaptaba al ritmo de las estaciones; seguían el deambular de las ovejas, cabras, caballos, vacas o yacs. Habitaban parajes fríos y desolados, de montañas y llanuras yermas. No conocían la escritura ni construyeron ciudades de piedra. Más aún: por ser nómadas, los muebles pesados les eran inútiles, y preferían utilizar artículos domésticos ligeros, de madera, tela y pieles.

Nuestro conocimiento de los nómadas proviene de unas cuantas tumbas descubiertas, y de textos escritos por observadores oriundos de las civilizaciones sedentarias de Oriente y Occidente. Los griegos conocían a los nómadas asiáticos con el nombre de escitas, aunque aplicaron este término sobre todo a un grupo que estableció un reino al norte del Mar Negro a partir del siglo VII a.C.

Cómodos pantalones

No era frecuente ver a una mujer escita, pues estaban confinadas en sus carretas y tiendas circulares, llamadas yurtas, hechas de fieltro sobre bastidores de madera y que aún se usan en la Asia central de hoy. Los hombres vestían caftanes, característicos sombreros puntiagudos, y pantalones: ésta es la mayor aportación de los jinetes asiáticos, ya que es más cómodo cabalgar con esta prenda. También portaban espada, escudo, arco y carcaj con flechas.

La crueldad de los escitas fue legendaria: se decía que cegaban a sus esclavos para hacerlos más dóciles, y que bebían de tarros hechos con los cráneos de sus enemigos.

El historiador griego Herodoto describió muchas de las extravagantes costumbres escitas, especialmente los ritos fúnebres, que incluían el sacrificio ritual de esposas, sirvientes y animales. Según Herodoto, el sepelio de los reyes tenía lugar en una enorme

La flecha del parto *Esta figura de bronce muestra a un jinete que se vuelve para disparar una flecha. Los partos, oriundos de Escitia, originaron una expresión que significa hacer un comentario hostil antes de partir.*

Adiestramiento *Este adorno en una sencilla jarra muestra a un escita que amarra su montura.*

fosa cuadrada: se embalsamaba el cuerpo abriéndole el vientre y rellenándolo con incienso, perejil y anís. Luego se cosía la abertura, y junto a los cuerpos de los sirvientes y caballos sacrificados, se apilaban vasijas de oro.

Las excavaciones en las tumbas escitas de Asia han confirmado muchos detalles, incluidas las fosas cuadradas, los cuerpos embalsamados, los esqueletos de caballos sacrificados y los espléndidos objetos de oro. Pero las tumbas más fascinantes fueron halladas en Pazyryk, en las estepas del Altai, cerca de la frontera de Siberia con Mongolia. La nieve se filtró en estas tumbas sin derretirse, por lo que los cuerpos y otros objetos perecederos se conservaron virtualmente intactos. Las telas vibraban de colorido, y su textura era la misma que cuando fueron hechas, en el año 500 a.C.

Taburetes y una mesa plegable

Los hallazgos de Pazyryk incluyeron tapices, mantillas de montar y arreos ricamente adornados, y otros artículos domésticos que permiten reconstruir la vida de estos pueblos. Aunque se sentaban sobre cojines y alfombras, los nómadas también usaban taburetes forrados con piel o cuero. Asimismo, se hallaron pequeñas mesas de madera plegables, cuya parte superior servía de plato al desprenderse de las patas. Las piezas eran fáciles de empacar cuando los nómadas sc ponían cn camino.

Alumbraban sus cabañas de madera y corteza de abedul con lámparas de aceite hechas de piedra. Se hallaron indicios de su alimentación: una bolsa de queso y botellas de barro con restos de leche fermentada de burra, una bebida llamada *qumis*. También se hallaron semillas de cáñamo y utensilios para fumar hachís. Los nómadas de Pazyryk vestían camisas bellamente cosidas y bordadas. En las tumbas también había lujosos caftanes de cuero de marta y piel de ardilla, calcetines de fieltro y botas de cuero rojo.

Es obvio que éste era el atuendo de la nobleza tribal. El hallazgo más notable fue el cuerpo de un hombre tatuado, sepultado con su esposa o concubina: como jefe tribal, estaba cubierto de pies a cabeza con tatuajes de gatos alados, grifos (cuerpos de león con cabeza de águila) y otras bestias fabulosas. Este hombre murió en batalla, de una herida que le partió el cráneo y le despellejó el cuero cabelludo. Pero en su sepelio se le cosió en la cabeza una peluca, y se le puso en el mentón una barba falsa hecha de pelambre de caballo, teñida de negro. Los autores clásicos se referían al despellejamiento y al tatuaje como costumbres de los bárbaros asiáticos.

> *"Es a caballo donde los hunos pasan sus días: para comprar y vender, para comer y beber. Se inclinan sobre los cuellos de sus monturas, y duermen tan profundamente que tienen toda clase de sueños."*
>
> AMIANO MARCELINO, HACIA 380 D.C.

Los investigadores creen que los nómadas que construyeron las tumbas de Pazyryk fueron finalmente vencidos por un pueblo migrante de origen mongol, tal vez ancestro de los hunos. Este pueblo salvaje se originó en Mongolia e irrumpió en el escenario de la historia mundial en el siglo IV d.C. seguido de tribus refugiadas. Los escritores antiguos consideraban a los hunos como el peor de los azotes asiáticos: "No tienen rostro, sino un bulto sin forma, y en vez de ojos, tienen hoyuelos." Atila, su líder guerrero, fue descrito como "enano furtivo".

Caballo en acción *Tres soldados escitas con un caballo muerto a sus pies. Esta escena, vaciada en oro, adorna un peine escita hallado en una tumba que data del año 500 a.C. Los ejércitos de las ciudades-Estado griegas acostumbraban reclutar escitas.*

Carne bajo la silla de montar

En las tumbas de este pueblo, se halló evidencia de que los hunos utilizaban deliberadamente su aspecto para aterrar a otros pueblos: desde niños se amarraban la cabeza para deformarse el cráneo. Exhibían un feroz orgullo de la pobreza y de la austeridad en la vida. Su ropa era de cuero y lino crudo y la vestían hasta que los andrajos se caían de sus espaldas. Se decía que su dieta consistía únicamente en raíces silvestres y carne casi cruda, que ablandaban bajo las sillas de montar.

Pese a ser tan toscos y primitivos, los hunos eran insuperables jinetes. Ninguno tenía títulos de nobleza al nacer: elegían a sus jefes únicamente por sus méritos en batalla. Su táctica de combate se basaba principalmente en la rapidez: con pocas armas, y en caballos más pequeños y ligeros que los europeos, irrumpían contra el enemigo en formación de cúneo (triangular), profiriendo horribles alaridos al avanzar. Luego de arrojar lanzas y disparar flechas con mortífera puntería, se enfrentaban al enemigo con sus espadas en combate cuerpo a cuerpo.

Violentos, temperamentales y (según los romanos) engañosos en sus tratos, los hunos vivieron sin tener casa fija, leyes ni religión formales.

Ritual de limpieza *Según el historiador griego Herodoto, parte el rito fúnebre escita consistía en levantar tiendas cónicas donde inhalaban humo de semillas de cáñamo. De acuerdo con Herodoto, "este humo supera cualquier baño de vapor de Grecia. Tanto lo disfrutan los escitas que profieren gritos de gozo".*

Elegante montura *Silla de fieltro hallada en una tumba en Siberia. Rellena de pelo de venado, está ribeteada con piel y pelo de caballo.*

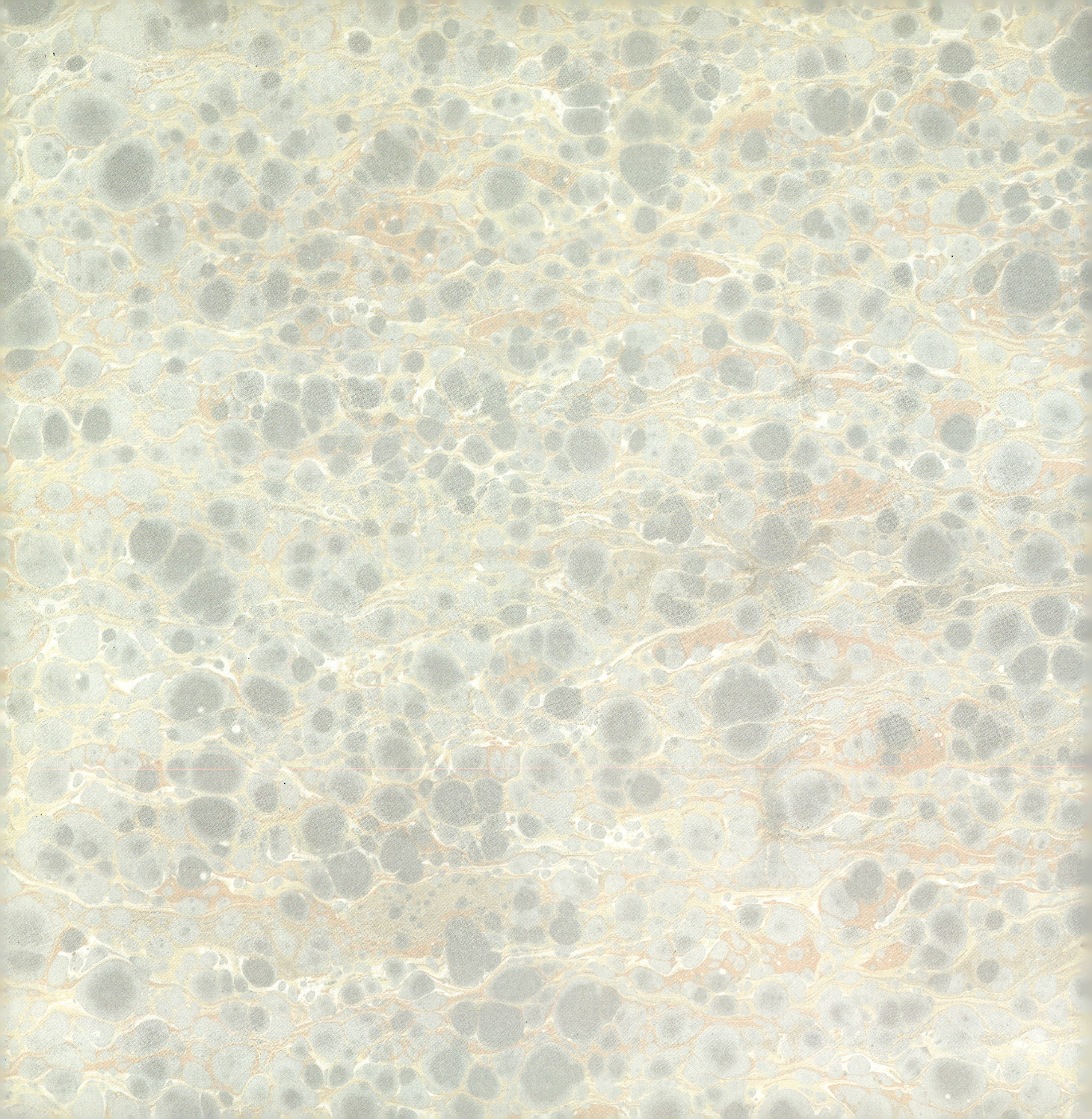

Viejos mundos, nuevos mundos

La caída del Imperio Romano fue acompañada en toda Europa por un enorme flujo de emigrantes; algunos ya convertidos al cristianismo. Hablaban idiomas distintos, sus indumentarias eran diferentes y no comían los mismos alimentos, pero todos dependían de la tierra, los ríos y el mar para su subsistencia. Se trabajaba duramente para arar la tierra, y la cantidad de cultivos aumentó con la tala de bosques. Hacia el año 1000 d.C., los escandinavos se asentaron, construyendo castillos y fundando reinos.

El orden se restauró lentamente en Europa occidental: la vida se volvió más estable, próspera y refinada. La población aumentó hasta que la escasez de tierras y las epidemias la menguaron en el siglo XIV.

A partir del siglo XII, en Asia y en Europa había aumentado la proporción de habitantes de ciudades y pueblos. Hombres y mujeres escaparon de la dependencia de los señores feudales hacia la libertad de las ciudades. El comercio de vino y lana cruzó las fronteras de Europa; y la seda y las especias viajaron de Asia a Europa. Donde se cruzaban las rutas comerciales, surgían bulliciosos mercados y ferias.

En el campo, la vida cotidiana se adecuaba a las estaciones; en las ciudades, se enriquecía con las fiestas religiosas. Arquitectura, pintura, música y literatura captaron el espíritu de estos tiempos vibrantes y a veces violentos. Todavía perdura la magnificencia de las catedrales, que tardaron generaciones en construirse; y las universidades de Boloña, París y Oxford demuestran el interés medieval por el conocimiento. Éste fue valorado aún más en los países del Islam, en el siglo X, y ciudades como El Cairo, Córdoba y Bagdad eran famosas por sus bibliotecas y palacios. Los sabios islámicos sobresalieron en filosofía, ciencia y medicina.

Sin embargo, la mayoría de hombres y mujeres nunca vieron una ciudad, y no sabían leer ni escribir. Las autoridades religiosas normaban todo comportamiento. La Iglesia construyó monasterios y conventos donde la manera de vivir era sumamente disciplinada. Cristianismo e Islam se enfrentaron, especialmente durante las Cruzadas, pero el cristianismo también sufrió conflictos internos, y Asia y África compartieron la violencia.

El siglo XV en Europa fue de extravagancia, herejía y superstición, pero también se caracterizó por las mejoras materiales que beneficiaron a las mayorías y por el alto nivel de imaginación que las artes alcanzaron. Tres innovaciones impulsaron una nueva etapa. La imprenta, ya conocida en China, llegó a Europa cuando Gutenberg introdujo el uso de los tipos móviles. La pólvora, otra invención china, hizo que el castillo de la Edad Media pasara de moda. La brújula posibilitó los viajes de los primeros exploradores europeos. Uno de ellos, Cristóbal Colón, "descubrió" América en 1492.

EN EL CUERNO DE ORO

El primer imperio cristiano del mundo surgió en el año 330 d.C., cuando el emperador Constantino el Grande proclamó a Constantinopla (actual Estambul) como nueva capital del Imperio Romano. Al igual que Roma, Estambul fue construida sobre siete colinas, y sus casas y calles se alineaban alrededor del palacio imperial y de la catedral de Santa Sofía. La costa, llena de bahías amuralladas, protegió a un cúmulo de poblados, aldeas, granjas y huertos.

El imperio alcanzó la cúspide cultural y económica durante el reinado de Justiniano I, entre los años 527 y 565 d.C. Su riqueza y tesoros artísticos lo convirtieron en blanco de muchos ataques de marineros árabes y soldados persas. En 1024, Constantinopla fue tomada y saqueada por las tropas de la Cuarta Cruzada. El emperador Miguel VIII la ocupó en 1261, y desde entonces entró en decadencia. Desde el siglo XIV, fue el principal objetivo de los turcos otomanos, y en 1453 cayó ante los ataques de las fuerzas turcas de Mehmet II. Era el fin de la civilización que había preservado la fe cristiana durante 1,000 años.

BIZANCIO 330–1453 D.C.

ACTIVO EJE DE UN IMPERIO CRISTIANO

Cualquiera que caminara por la exótica avenida principal de Constantinopla podría pensar que el mundo entero desfilaba frente a él. A lo largo de más de 3 km, la avenida cruzaba el centro de la ciudad desde el distrito imperial, al este, hasta desembocar en la impresionante Puerta de Oro en el oeste: la entrada para los viajeros y comerciantes de la costa adriática y el norte de Grecia.

La vía, llamada Mese, contenía una bulliciosa masa de visitantes y ciudadanos que hablaban una babel de lenguas, incluido el griego, el idioma cotidiano de los habitantes. La multitud transitaba por la vía de mármol entre los elegantes pórticos y galerías de dos pisos, o se aglomeraba en las tiendas repletas de mercancías de lujo, como adornos de oro, de manufactura local, y alhajas. De ahí, los transeúntes inundaban las espaciosas plazas y los callejones.

Marineros de tez blanca se mezclaban con morenos hebreos de Palestina y musculosos negros etíopes. Al igual que el resto de los visitantes, se dirigían a los bazares al aire libre, que vendían desde imágenes religiosas hasta uvas, y a las galerías, donde los zapateros y otros trabajadores del cuero exhibían sus artesanías.

Algunos comerciantes ofrecían capas de brocado de seda a quien pudiera comprarlas. Originalmente, la seda era llevada desde China en caravanas que viajaban hasta 230 días. Para ahorrar tiempo y gastos, Justiniano persuadió a dos monjes persas para que introdujeran clandestinamente unos

Guardián del imperio *La guardia de los emperadores bizantinos era un selecto grupo feroz, integrado por soldados fuertemente armados. Algunos eran mercenarios sajones, rusos o vikingos generosamente pagados. El servicio militar era obligatorio para todos los hombres sanos menores de 40 años. En su mejor época, el ejército bizantino tuvo 120,000 soldados.*

cuantos huevecillos de gusano de seda en el tallo hueco de un bambú: así se inició la industria de la seda en Constantinopla. Algunas de las ropas de brocado, hechas en los talleres imperiales, estaban destinadas a ser regalos para los reyes visitantes.

En las calles, los cambistas se sentaban en mesas invadidas por bolsas de monedas de oro y plata. Los malabaristas, payasos, monos amaestrados y oradores se encargaban de la diversión, y prostitutas y carteristas desempeñaban sus oficios; aquí y allá aparecían las túnicas que correspondían a diversas profesiones y sectas. Entre todo esto, los mercenarios al servicio del rey se abrían camino; en tanto, los criminales eran trasladados en carretas de mulas a la tortura o la ejecución, y en el camino, los guardias los azotaban incesantemente.

De pronto aparecían sirvientes con bastones, iban abriendo el paso, entre la multitud, para su acaudalada ama, a quien los eunucos cargaban en una litera, rumbo a los elegantes baños de Zeuxipo. Allí, las damas de sociedad se reunían para intercambiar chismes, comparar joyas y vestidos o discutir los próximos juegos y carreras de cuadrigas en el hipódromo.

Los comerciantes ricos y funcionarios de la corte viajaban sobre caballos blancos, ensillados con magníficas monturas bordadas. En contraste, no había suficientes hospitales, posadas, orfanatos ni talleres para albergar a los indigentes y enfermos de la ciudad, que contaba más de un millón de habitantes. Los vagabundos se refugiaban en las galerías cubiertas, y en invierno, las autoridades cubrían con tablas los orificios entre las columnas de los pórticos para detener los vientos helados.

Perfume contra la peste

En los barrios pobres, alejados del centro, las instalaciones sanitarias eran casi desconocidas; los callejones, repletos de basura, y el hacinamiento en albergues y establos desencadenaron epidemias que costaron muchísimas vidas. Era común toparse con los cadáveres de mendigos y pobres, a veces en las mismas puertas del palacio imperial, cerca de donde los perfumistas desplegaban sus aromáticas mercancías.

Para remediar tal situación, Justiniano decretó que diariamente se repartieran miles de hogazas de pan entre los hambrientos. Además, inició un ambicioso programa de obras públicas, que incluyó la construcción de iglesias y escuelas, y utilizó la mano de obra de ciudadanos desempleados, campesinos e inmigrantes.

"Todos aquellos que tengan buena salud y carezcan de medios de subsistencia —sentenció— serán enviados de inmediato a los organizadores de obras públicas, a los jefes de panaderías y a todos aquellos encargados de conservar jardines y lugares públicos. De rehusarse, serán expulsados de la ciudad."

Bullicio en los muelles

Las nuevas construcciones contribuyeron a hacer de la ciudad una de las maravillas de su época. Entre las edificaciones más admirables estaban las bahías amuralladas, en las que anclaban barcos de guerra, lanchas pesqueras y buques mercantes que diariamente bombeaban sangre fresca a las arterias de la ciudad. En los muelles abundaban marineros, fabricantes de velas, estibadores, carpinteros y calafateadores. En todas partes flotaba el olor a pescado, alimento básico de los trabajadores portuarios que vivían en oscuros callejones.

Para protegerse del constante peligro de sufrir invasiones marinas, se puso a lo largo del Cuerno de Oro una fuerte cadena en el mar. Aunada a unos 21 km de muros triples —de hasta 7.5 m de grosor—, a 50 puertas fortificadas, torres de vigilancia y el foso que circundaba a la ciudad, la cadena contribuyó a alimentar en los habitantes la creencia de que estaban "protegidos por Dios".

Justiniano guerreaba a menudo contra varias naciones, incluidos los persas, turcos, hunos y godos. Además, estaba la amenaza de una rebelión, cada vez que se aumentaban los impuestos o cuando la cosecha era mala. Dos facciones políticas, rivales en la ciudad, iniciaban las protestas: los Azules y los Verdes, cuyo nombre venía de los colores que usaban en los hombros. Ambas facciones se ocupaban del mantenimiento de los caminos y las murallas, o de lograr la atención del emperador en ciertas quejas y reclamaciones.

Escena pastoril *En cajas de marfil tallado, como ésta, se guardaban las hostias consagradas.*

Reinado cristiano *En el año 550 d.C., cuando el Imperio Bizantino estaba en la cúspide, abarcó el norte de África, Grecia, Italia y el sur de España. También incluyó las islas Baleares, Chipre y Creta.*

EL ORO IMPERIAL: IDIOMA INTERNACIONAL

Por tierra o por mar, las rutas comerciales de Bizancio unían Asia, el norte de África y Europa. Durante 700 años, su sólida economía se basó en una moneda de oro que los extranjeros llamaban *besante*, en honor a Bizancio. El hermoso besante contenía unos 4 gr de oro puro, y su valor intrínseco y estabilidad aseguraron su uso internacional, desde China hasta Inglaterra. Cuando en el siglo VIII el historiador y teólogo inglés Beda el Venerable quiso halagar a una casta princesa inglesa, la describió afirmando que era "pura como un besante". Introducida por Constantino I en el siglo IV —y llamada *nomisma* en el imperio—, la moneda conservó su valor hasta el siglo XI.

Cabezas y coronas *Monedas bizantinas de oro, con las imágenes del emperador Anastasio (arr.), el diunvirato Justino I y Justiniano (centro), y Teodorico, rey de Italia.*

Noche de abundancia *Constantinopla consumía mucho pescado, y los pescadores trabajaban noche y día para satisfacer la demanda. Aquí, un pescador y su ayudante izan la red llena. En la popa brilla una luz que se refleja sobre el agua.*

LOAR A DIOS EN CASA Y EN LA IGLESIA

Biblia con joyas incrustadas, un botín de la Cuarta Cruzada

Los emocionados ciudadanos formaban una valla, en la calle tapizada de flores que conducía a la catedral de Santa Sofía. Los coros cantaban himnos mientras la procesión, encabezada por solemnes dignatarios vestidos como los 12 apóstoles, se acercaba. Cuando aparecía el emperador, vestido con una túnica blanca, la gente se postraba ante él. Se celebraba la Pascua; el emperador se dirigía a presidir el festival anual que conmemoraba la resurrección de Jesús. El interior de la Catedral ostentaba un altar de oro, decorado con incrustaciones de piedras preciosas. Los músicos, con túnicas escarlatas, acompañaban los coros compuestos por cientos de voces masculinas que reverberaban en lo alto de la enorme cúpula. El olor del incienso se mezclaba con el humo despedido por miles de velas.

El cristianismo era la religión oficial del Estado, y la iglesia era un imponente símbolo del reino de Dios en la tierra. Ideada por el emperador Justiniano, Santa Sofía se elevaba 55 m, empequeñeciendo al resto de las iglesias de la ciudad. Su construcción, hecha por 10,000 trabajadores, sólo tardó seis años, de 532 a 537 d.C.

Los ciudadanos eran entusiastas seguidores de la fe, y respondían a los sentimientos de Justiniano quien, como otros emperadores, tenía el papel principal en las ceremonias religiosas realizadas durante el año. "Los mayores regalos de Dios en su amor por los hombres —declaró— son el sacerdocio y el imperio: el primero administra lo divino, y el segundo guía y cuida los asuntos humanos."

Cada hogar estaba bendecido y consagrado a Dios. Las lanchas pesqueras eran bendecidas antes de hacerse a la mar, y los campesinos bendecían tierras y rebaños. Se escribían poemas para rendir gloria a Dios; frescos y mosaicos mostraban escenas de la vida de Cristo y de los santos.

En las casas se discutía diaria y acaloradamente acerca de la religión, así como en los mercados, galerías, bazares y en las calles. "Esta ciudad está llena de artesanos y esclavos que son profundos teólogos, y predican en las tiendas y la calle", escribió un cronista del siglo IV. "Si quieres que alguien te cambie dinero, se te enseñará primero en qué modo difiere el Hijo del Padre; si preguntas el precio del pan, se te dirá, a modo de respuesta, que el Hijo es inferior al Padre; y si quieres saber si tu baño está listo, el encargado de los baños te dirá que el Hijo fue creado de la nada."

La controversia que durante mucho tiempo dividió a la ciudad se centraba en la naturaleza de Cristo. Para la iglesia ortodoxa, Cristo era carne y espíritu, humano y divino. El emperador coincidía con esa concepción, así como los ciudadanos más ricos, los monjes y curas. Sin embargo, los monofisitas, un grupo herético, sostenían que Cristo era solamente espíritu y no tenía forma corporal. Esta creencia la sostenían muchos esclavos, campesinos y los habitantes más humildes. En busca de una solución, el pueblo se dirigió a Justiniano, quien, en el año 553 d.C., fundó el Concilio de Cons-

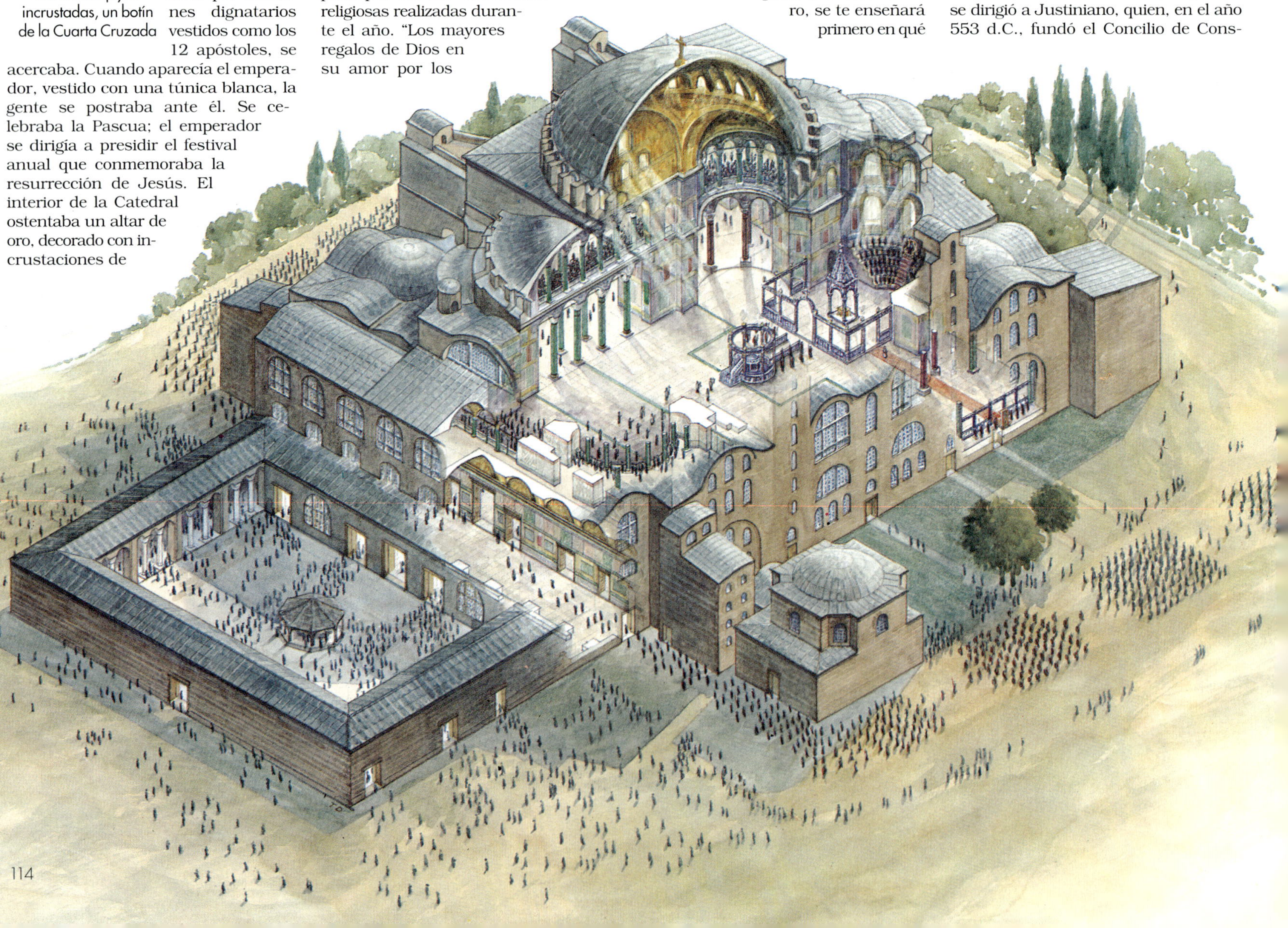

tantinopla. Ahí se elaboró un complicado convenio que en realidad no convenció a nadie.

Las supersticiones abundaban, a pesar del predominio del cristianismo. Gente de todas clases, incluido el emperador, consultaba astrólogos y adivinos, y los ritos paganos tenían un importante papel en la vida diaria de los menos instruidos. Para celebrar la cosecha de uvas, los campesinos se permitían parrandas, en las cuales se bebía en honor de Baco, dios romano del vino. Los sacerdotes las transformaron gradualmente en festivales de la cosecha.

Cada mes, las iglesias exhibían un mosaico o estatuilla de un santo diferente, en capillas especialmente dedicadas a tal efecto. Casi todas las casas tenían iconos —de la palabra griega *eikon*, imagen— en la cabecera de las camas, en un rincón de la sala o en

El Buen Pastor *Sentado sobre piedras, Cristo, como el Buen Pastor, cuida del rebaño. Las tumbas bizantinas estaban decoradas con escenas pastoriles.*

una pequeña capilla. Hubo quienes no distinguieron entre los iconos en sí y las figuras santas que representaban. Esto se acercaba a la idolatría, y provocó que muchas figuras fueran rotas o mutiladas por las tropas del emperador. La controversia duró más de un siglo, y resultó en una serie de enfrentamientos y disturbios en Constantinopla. El orden fue finalmente restaurado en el año 843 d.C., cuando la emperatriz Teodora reintrodujo y legalizó las imágenes. Sin embargo, lo hizo en el entendimiento de que debía distinguirse entre rendir culto a Dios y venerar iconos. También se aceptó la reverencia a la túnica y al cinturón de la Virgen María, estimados como los objetos religiosos más sagrados en poder de Constantinopla. El cinturón era considerado el paladión o salvaguardia de la ciudad.

Cráneo dorado *Esta reliquia del cráneo de San Juan, montada en oro engastado con piedras preciosas, fue un regalo de Bulgaria a la corte bizantina.*

Arte en esmalte *Esta cruz del siglo X está decorada con una imagen de la Virgen, en esmalte tabicado.*

LA PROCESIÓN DEL EMPERADOR

El emperador, el patriarca y el pueblo de Constantinopla se unen al rendir culto en la iglesia de Santa Sofía. Bajo el amparo de una enorme cúpula, los principales concurrentes toman su lugar, y se inicia una solemne ceremonia. Poco antes, los transeúntes habían admirado escenas de un complicado ceremonial que conducía a las diversas procesiones camino de la iglesia. El emperador, escoltado por la guardia imperial, es el primero en llegar. Del otro lado de la iglesia, otra procesión acompaña al clérigo, conducido por un diácono que lleva los evangelios y un incensario. Tras ellos, entran el patriarca y el resto del clero. Emperador y clero se reúnen en el atrio y entran a la iglesia. El patriarca y el emperador pasan por la puerta central y todos los demás, por las puertas laterales. La congregación, que espera en el atrio, entra entonces también por las puertas laterales y las mujeres ocupan su sitio, arriba. El patriarca preside entonces la procesión hacia el santuario; pasa por la nave y por el púlpito circular que está flanqueado por una guardia de honor, y posteriormente camina por una alfombra hasta el trono, a un lado de la iglesia. El clero ocupa su lugar en gradas y asientos, alrededor del trono patriarcal. Entonces comienza la misa.

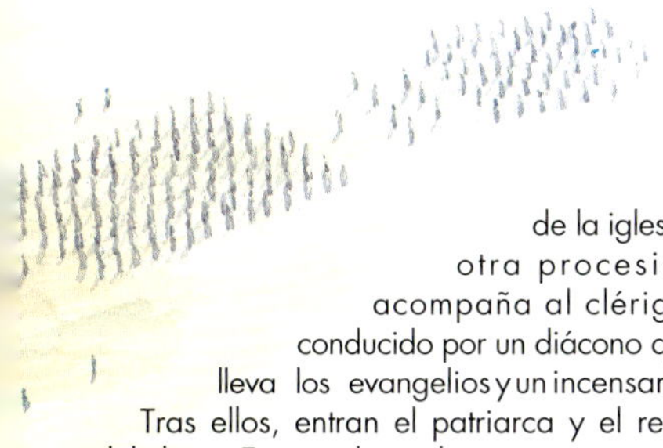

Imágenes de plata *Los rostros de Cristo y cinco discípulos adornan este incensario hexagonal de plata. Data del siglo VII.*

Después del emperador, los monjes, curas y monjas gozaban de la más alta estima. Uno de los monjes en particular, llamado Daniel, fue de los personajes más conocidos por la Constantinopla del siglo V. Vivió en la punta de un pilar de 20 m de alto, imitando a su maestro, San Simeón Estilita. La palabra estilita, o habitante del pilar, proviene del griego *stylos*, pilar.

Daniel subió a la columna en el año 460 d.C., cuando tenía 51 de edad. Excepto por las ocasiones en que los vientos lo derribaron, vivió ahí casi desnudo hasta que murió, 33 años después. Durante ese tiempo, se quemó al sofocante sol del mediodía, y la escarcha lo cubrió en las noches invernales. Su extenuado cuerpo tenía costras de hedionda suciedad; el enredado pelo y la barba se infestaron de piojos, y tenía los pies carcomidos por la enfermedad. Cada noche subía un discípulo a la columna para dar al sufrido maestro la única comida del día. Uno de los más devotos admiradores de Daniel, el emperador León I, lo persuadió para que permitiera que le colocaran un pequeño techo encima de la cabeza; así lo protegieron de las inclemencias del clima.

Música y mosaicos

La mayoría de los monjes vivían en monasterios, que también alojaban a algunos de los mejores compositores, escritores y artistas del imperio. Compusieron las estrofas y música de muchos himnos, produjeron un caudal de manuscritos iluminados de manera deslumbradora y crearon los frescos y mosaicos, en tonos dorados, de los santos, que añadieron belleza a las iglesias, de por sí magníficamente decoradas. De todas estas obras ninguna era tan monumental como la figura de Cristo, rey del imperio, que se colocaba enmedio de la cúpula central de una iglesia.

En el núcleo del pensamiento religioso bizantino estaba la creencia de la vida después de la muerte. Siempre acechaba la amenaza de una invasión de las hordas bárbaras; por ello, la gente buscaba la promesa de otro mundo, donde la existencia estuviera menos amenazada.

La mayoría de los plebeyos eran sepultados en cementerios ubicados en las afueras de la ciudad, y las lápidas ostentaban sus retratos. En los funerales, los familiares y amigos usaban túnicas negras —sólo el emperador vestía de blanco en señal de luto— y contrataban plañideras. El ritual incluía que los lamentos rondaran la tumba en tres ocasiones después del sepelio: en los días tercero, noveno y decimocuarto, según un intrincado calendario ideado por los astrólogos de la antigua Babilonia. Hasta el final, los habitantes de Bizancio siguieron mezclando su fe ortodoxa, que se distinguía —en liturgia y doctrina— de la creencia romana, con los residuos de la fe pagana.

Vida elevada *El más famoso habitante de columnas fue San Simeón Estilita. Pasó 70 años apostado en varios pilares, cada uno más elevado y precario que el anterior.*

TRABAJO Y DIVERSIÓN EN EL IMPERIO

Desde el alba, las multitudes estaban a la expectativa en las puertas del hipódromo. El día de las carreras de cuadrigas era de los mayores acontecimientos en la vida social y deportiva de Constantinopla. Tan pronto las puertas se abrían, miles de espectadores se atropellaban para ocupar un asiento en las gradas de piedra. La entrada era gratuita para todos, y ninguna mujer, a excepción de la emperatriz, podía presenciar el espectáculo.

Poco después, los conductores de los carros aparecían en la pista. El estruendo era terrible: el golpe de los cascos de los caballos y los frenéticos gritos de los 60,000 espectadores se oían más allá del estadio.

Las cuadrigas recorrían siete veces la *spina*, que era una hilera de monumentos que formaban el centro de la pista. La competencia, en que se recorrían 2.5 km, terminaba pronto, y el vencedor recibía la adulación de sus admiradores, y una palma o corona, de manos del prefecto en funciones.

Bailarinas y peleas de osos

Se realizaban cuatro carreras por la mañana y otras cuatro por la tarde. En los intermedios se ofrecían espectáculos de acróbatas, malabaristas, payasos, actores y comediantes, así como de bailarinas vestidas con túnicas que les cubrían pecho y caderas.

El hipódromo, construido a semejanza del Circo Máximo de Roma, tenía 500 m de largo y 120 m de ancho. No sólo se realizaban carreras de cuadrigas en el hipódromo: era el escenario de cacerías de animales y peleas de osos, así como de la tortura —y a veces ejecución— de funcionarios deshonestos. Ahí también el emperador pronunciaba los decretos públicos más importantes.

Pero los intereses de Constantinopla no eran sólo la emoción y el júbilo. La mayor parte de la vida de sus habitantes giraba en torno del hogar y el trabajo. La mayoría de los ricos vivían en casas de dos pisos, de madera o piedra, con muros exteriores encalados y ventanas que miraban hacia los patios interiores, algunos con pisos decorados con mosaicos. Casi todas las casas se construían alrededor de una estancia central, con escalera de madera que conducía a las habitaciones principales en el primer piso.

En el interior, alfombras, almohadas y cortinas daban la nota de color y proporcionaban comodidad. El comedor estaba presidido por una mesa oblonga, rodeada de bancas de madera: ahí se servían las comidas. Casi todas las familias tomaban un desayuno y dos comidas de tres platillos, generalmente pescado, carne y budín. Además de cuchillos, tenedores y cucharas, también se usaban los dedos. Se consideraba cortés e higiénico quitarse los zapatos antes de entrar al comedor. En lo que se refiere a lo doméstico, la mujer dirigía la casa. Se encargaba

Punto de vista imperial *Desde su palco, el emperador observa las carreras de cuadrigas. Su presencia era recibida con vítores seguidos de silencio mientras bendecía a los espectadores. Cuando el emperador dejaba caer un pañuelo, cuatro cuadrigas, o carros de cuatro caballos, arrancaban por la pista de arena para correr alrededor de un circuito, en cuyo centro se erguían pilares y monumentos.*

de la limpieza de los baños, del cuidado de altares que estaban en el jardín y del buen funcionamiento de la calefacción, un sistema de aire caliente que corría bajo los pisos. Le ayudaban sirvientes asalariados y esclavos. Estos últimos no eran asalariados, y a veces podían ser niños menores de 10 años. Pero fuera de la casa, la mujer no era socialmente igual al marido: no se le permitía participar en procesiones ni en protestas. Todas las mujeres, incluso la emperatriz, se cubrían el rostro en público.

Muchos matrimonios eran concertados por los padres, y algunos compromisos eran anunciados cuando la pareja tenía apenas cuatro o cinco años de edad. Pero la ley prohibía el matrimonio de niños de menos de 14 años y niñas menores de 12, por lo que los compromisos duraban un decenio o más. Las bodas eran de los sucesos más importantes en la vida familiar. En el camino hacia la iglesia, los invitados vestidos con túnicas blancas arrojaban pétalos de rosa a la pareja. Posteriormente, en el banquete nupcial, celebrado en casa de los padres de la novia, hombres y mujeres se sentaban en mesas separadas. Cuando la pareja se retiraba, los invitados la acompañaban a la alcoba nupcial.

En contraste, la vida de los pobres era más bien triste. Muchos de ellos vivían en minúsculos departamentos, en edificios de hasta nueve pisos, a menudo construidos junto a las casas de los comerciantes y funcionarios de la ciudad. Constantinopla tenía algunas normas de planeación: las calles principales, pavimentadas con piedra, debían tener por lo menos 3.6 m de ancho, mientras que los balcones de las casas debían estar a 4.5 m del piso y a 3 m del muro opuesto. Los edificios más lujosos y mejor adornados eran los baños públicos, donde los ciudadanos amantes del agua se bañaban hasta dos veces diarias. Alrededor de la ciudad, se extendían amplios parques y espaciosos jardines en los que la gente descansaba e intercambiaba noticias y chismes. Además del hipódromo, había carnavales y teatros para espectáculos de música y danza; periódicamente, se realizaban justas y torneos en los numerosos circos de la ciudad.

La vida diaria estaba gobernada por leyes estrictas. Por ejemplo, los ladrones eran condenados a perder una mano; los incendiarios eran quemados vivos; a los que difundían chismes crueles o calumnias se les cortaba la lengua, y los incestuosos morían ahogados dentro de un saco. Pero la pena capital raras veces se ponía en práctica y la prisión era casi desconocida. En el siglo X, Constantino VII permitió que los traidores y los asesinos se hicieran monjes y que purgaran sus sentencias de cadena perpetua en los monasterios. Se invitó a las prostitutas a profesar en los conventos. Sin embargo, a principios del siglo XV, un viajero español fue testigo del castigo impuesto a los "convictos de horrendos crímenes", y a los tenderos que mentían en el peso de carne y pan. "Todos ellos —dijo— son exhibidos en cepos, donde quedan día y noche expuestos, a merced de la lluvia y el viento."

Aunque los emperadores no estaban por encima de la ley, tenían el poder de cambiarla en su provecho. Justiniano I hizo esto en el año 525 d.C. para casarse con Teodora, a quien su pasado como cortesana y actriz le habría impedido convertirse en emperatriz. Cuatro años después, Justiniano inició la revisión y actualización de las leyes romanas que gobernaban al imperio: esta obra es el *Codex Justinianus* (Código Justiniano), una titánica labor que le tomó 36 años.

Entre sus reformas, abolió el derecho de los padres a vender a sus hijos como esclavos. También estipuló los derechos de la mujer, permitiendo que poseyeran propiedades equivalentes a su dote, que las madres tuvieran igualdad frente a los maridos en la crianza de los niños y que las viudas obtuvieran la custodia de sus hijos. Tan avanzadas y liberales leyes fueron la base de la ley civil hasta la caída del imperio, 900 años después.

Corcel de carreras *Este caballo de bronce es uno de los que actualmente adornan la catedral de San Marcos, en Venecia. Se piensa que decoraban el hipódromo de Constantinopla, tirando de una cuadriga triunfal. Unos cruzados se apoderaron de las estatuas y las llevaron a Venecia.*

CUANDO LOS CONTRIBUYENTES SE REBELARON

Una de las principales causas de descontento en Constantinopla y sus alrededores eran los onerosos impuestos. En la ciudad, los contribuyentes pagaban en oro, y en el campo contribuían con cereales.

En enero del año 532, ocurrió una "rebelión popular" en la capital, luego de que Justiniano I aumentó los impuestos para financiar su campaña contra los persas. Las facciones políticas Azul y Verde iniciaron los disturbios en el hipódromo y de ahí se propagaron a la ciudad: los rebeldes gritaban *¡Nika!*, o sea, ¡Victoria! Varios negocios fueron saqueados y algunos edificios, incluyendo el palacio imperial, sufrieron daños por los incendios. El emperador quiso huir de Constantinopla, pero la emperatriz Teodora se negó a acompañarlo y declaró que prefería la muerte a la deshonra: "Oh emperador, si lo que deseáis es vivir más, huir es fácil: tenéis barcos y tenéis el mar. Pero considerad que, si escapáis hacia el exilio, todos los días desearéis estar muerto. En cuanto a mí, repito el antiguo refrán: 'La púrpura imperial es glorioso estandarte'."

Con esto, el valor de Justiniano cobró nuevos bríos, y envió al ejército contra los rebeldes. Unos cuantos días después se masacró a 30,000 revoltosos en el hipódromo, y la rebelión fue sofocada.

Ganar y pagar *Los campesinos trabajaban duramente para beneficio del terrateniente. Se les permitía pagar sus impuestos con las cosechas cultivadas con tanto trabajo.*

BATALLAS A FUEGO Y ESPADA

A la carga *En formación, con sus lanzas en forma de abanico letal, la caballería bizantina ataca. Los soldados con cascos eran famosos por su combate cuerpo a cuerpo.*

Sosteniendo cuidadosamente unas catapultas que lanzaban "misiles secretos", las tropas bizantinas avanzaban hacia la fortaleza enemiga. Una vez a distancia de tiro, las catapultas arrojaban los misiles —ollas de arcilla llenas de un líquido inflamable llamado "fuego griego"— contra los batallones enemigos. Las ollas explotaban al caer, produciendo llamas que herían a las víctimas en manos y cara, y a veces las quemaban vivas.

Con ayuda de este fuego, las tropas bizantinas capturaban una y otra vez las posiciones enemigas. También lo empleaban en la defensa de sus propios fuertes y ciudades. "Deberá usarse contra toda torre de asalto que avance hacia la muralla de una ciudad asediada", proclamó Constantino VII en el siglo X.

El misterioso y volátil fuego griego era muy efectivo, pero podía explotar al ser transportado sobre terreno accidentado, y herir e incluso matar a quienes lo llevaban. Poco después el ejército dejó de usarlo, pero entonces la marina bizantina lo adoptó como su arma más temible: se encendía espontáneamente al mojarse, y mientras más agua se le echaba, ardía con mayor intensidad.

Ingredientes ultrasecretos

Aunque era fabricado en Constantinopla en el mayor de los secretos, el fuego griego no era un producto bizantino. Se cuenta que fue inventado en el siglo VII por Calinico de Heliópolis, un refugiado sirio que hablaba el griego. Al parecer, los ultrasecretos ingredientes eran nafta, azufre, salitre, cal viva y petróleo.

Se cuenta que en el año 941 d.C., el fuego griego destruyó unos 10,000 barcos que había enviado el príncipe ruso Igor, y los derrotados marineros rusos lo compararon con "los rayos del cielo". En el siglo siguiente, fue utilizado por el emperador Alejo I Commeno para incendiar una flota de Pisa.

"El emperador sabía que los pisanos eran hábiles en el combate naval —escribió la princesa Ana Commena—, y le preocupaba tener que librar una batalla contra ellos. Por esto, mandó poner, en la proa de cada uno de sus barcos, una cabeza de león con las fauces abiertas, hecha de bronce o hierro con chapa dorada: sólo verlas era aterrador. Hizo que el fuego pasara por ductos que desembocaban en las fauces de las bestias, para que pareciera como si vomitaran fuego."

El servicio militar bizantino era obligatorio para todo hombre sano menor de 40 años. También se enrolaban mercenarios ingleses y rusos, a quienes se les pagaba generosamente. El ejército estaba dividido en regimientos de entre 3,000 y 4,000 hombres, que se emplazaban para defender los distritos militares y provincias. En algunas regiones, los generales tenían que formar, equipar y mantener sus regimientos, los cuales rigurosamente llevaban el nombre del benefactor. Para favorecer el reclutamiento, se pagaba con tierras a los soldados apostados en provincias o fronteras distantes, y a menudo contaban con sirvientes y esclavos que los ayudaban en sus propiedades. Además, recibían impuestos de los campesinos que araban esas tierras.

Estos soldados-terratenientes eran propietarios vitalicios, pero a veces se les permitía dejar la tierra a los hijos, para conservar la fuerza del ejército. A cambio, los nuevos dueños debían prepararse para cabalgar y guerrear en defensa de la provincia.

El primer manual militar bizantino fue publicado en el año 590 d.C. Ponía el énfasis en la prudencia e instaba a los generales a evitar los enfrentamientos hasta donde fuera posible. En caso de guerra, debían perdonar la vida a los prisioneros y tratar con respeto a las mujeres capturadas.

Los bizantinos también fueron pioneros en la guerra psicológica. Se solicitaba a los generales que elevaran la moral de sus hombres contándoles historias acerca de victorias ganadas por otros regimientos imperiales, y se estableció una gran red de espías y exploradores. Los agentes preparaban cartas con información falsa, o incriminatoria, acerca de los líderes enemigos; tenían toda la intención de que tales cartas cayeran en manos de los subalternos del otro bando. Además, negociaban treguas que el emperador no tenía intención de respetar. Con ello, ocasionaban demoras y dificulta-

Fuego y escaleras *El ejército bizantino perfeccionó varias técnicas para tomar las fortalezas enemigas. Entre otras, usó equipo para escalar y el líquido incendiario llamado "fuego griego". Por escaleras apoyadas contra los muros, subían soldados con "lanzallamas", que disparaban chorros de fuego líquido mediante una bomba manual. Como desde lo alto los sitiados tenían la posibilidad de empujar las escaleras, los sitiadores optaban por trepar mediante redes sujetadas con ganchos lanzados a lo alto.*

Precio del poder *A veces los emperadores bizantinos pasaban del esplendor del trono a la muerte. Una vez decapitados, la cabeza era expuesta en una estaca.*

UN TRONO PELIGROSO

Los emperadores bizantinos subían al trono más por "derecho divino" que por sucesión natural. Esto significaba que prácticamente cualquiera podía proclamarse "elegido de Dios" y apoderarse del trono, casi siempre mediante crímenes. El fracaso se castigaba con la ejecución inmediata; a la postre, incluso los mejores usurpadores eran destronados. Maniobras y contramaniobras, que hicieron de la palabra "bizantino" un sinónimo de intriga o enredo, finalizaron con un emperador tras otro. De los 88 emperadores que hubo entre los años 324 y 1453 d.C., más de 29 fueron asesinados: Basilisco murió de hambre en 477; Focio fue descuartizado en 610; Constancio II, golpeado hasta morir en 668; Romano III, ahogado en 1034; Alejo II, estrangulado en 1183; Andrónico I, torturado hasta la muerte en 1185.

des que permitían a los bizantinos ganar tiempo y movilizar tropas de refuerzo: soldados de infantería armados con arcos y flechas, dagas y espadas para combatir cuerpo a cuerpo, así como mazas, hondas, jabalinas y lanzas. La caballería portaba lanzas, hachas, espadas y arcos y flechas que usaba hábilmente y con precisión, mientras cabalgaba a todo galope.

Cuando se iniciaba una batalla, los bizantinos demostraban ser combatientes aguerridos y valerosos. Los portaestandartes de los regimientos presidían las tropas, enarbolaban los *vexilum*, o estandartes romanos, así como las banderas de la buena suerte. La infantería marchaba escudo con escudo; recibía alicientes de los capellanes militares y de grupos expertos en alentarlos con la lectura de versos patrióticos: era exhortada a "vencer o morir". Cuando los vítores llegaban a su clímax, los soldados embestían contra el enemigo, exclamando: "¡La Cruz conquistará!"

Los bizantinos vivieron durante siglos bajo la amenaza de una invasión. El riesgo de ser sitiados era tan grande que, a principios del siglo VIII, se ordenó a todo ciudadano almacenar comida suficiente para tres años. En 1204, los cruzados saquearon Constantinopla y fundaron el "Imperio Latino" que duró más de 50 años, hasta que la ciudad fue recobrada por el emperador Miguel VII.

Bizancio nunca se recuperó del todo de aquel golpe, y el imperio cayó de nuevo en 1453. El sultán del Imperio Otomano, Mehmet II, avanzó sobre Constantinopla con 100,000 soldados, con una ventaja de 10 a 1 sobre los defensores. Los exploradores inspeccionaron la muralla exterior y los ingenieros colocaron minas en los puntos débiles. Para rodear la cadena en el Cuerno de Oro, unas 70 naves otomanas fueron deslizadas en tierra sobre rodillos y luego zarparon hacia la muralla norte. Los otros muros fueron bombardeados con cañones.

Rumbo a la guerra *Los ágiles soldados de infantería, armados con arcos, flechas y lanzas, eran combatientes indómitos.*

Siete semanas después del ataque, las numerosas tropas del sultán entraron a la ciudad. El emperador Constantino XI murió combatiendo con sus hombres. El sultán Mehmet entró a Santa Sofía sobre su caballo blanco y convirtió la catedral en una mezquita consagrada a Alá.

LA INVASIÓN QUE RENOVÓ A EUROPA

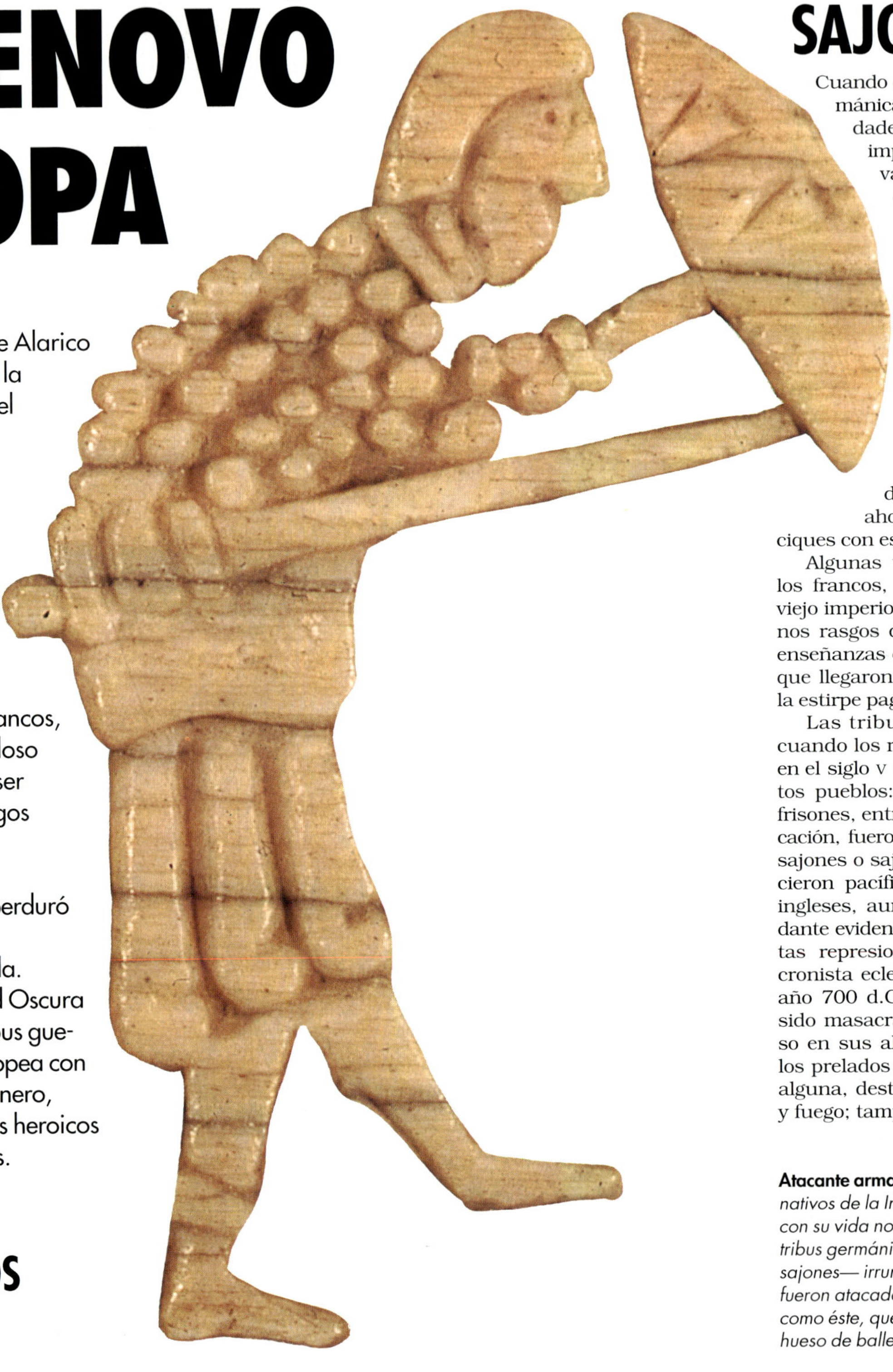

Los ejércitos bárbaros, al mando de Alarico el Godo, entraron a Roma durante la calurosa noche del 24 de agosto del año 410 d.C. Los guerreros germánicos saquearon la capital imperial durante tres días, y así pusieron un final simbólico al esplendor romano. "El mundo entero pereció en una sola ciudad", escribió San Jerónimo. En los turbulentos siglos que siguieron, las tribus germánicas paganas, como las de sajones y francos, devastaron lo que quedó del orgulloso imperio y se asentaron, sólo para ser devastados, a su vez, por los vikingos escandinavos.

El cataclismo orilló a los celtas a emigrar al oeste, y su cultura sólo perduró en la costa atlántica de Europa: Cornualles, Gales, Bretaña e Irlanda. Algunos historiadores llaman Edad Oscura a este caótico periodo. Pero las tribus guerreras enriquecieron la cultura europea con su arte y su energía: un espíritu pionero, técnicas agrícolas vigorosas y mitos heroicos que celebraban los triunfos propios.

SAJONES, CELTAS, FRANCOS Y VIKINGOS 400–1000 D.C.

TRIUNFOS DE GUERREROS SAJONES

Cuando cayó Roma, las tribus germánicas irrumpieron en las ciudades y villas del decadente imperio, pillando tesoros, devastando edificios y encendiendo fogatas sobre los pisos de mosaico. Eran guerreros y campesinos: amaban la naturaleza, pero no comprendían la vida cívica. Las carreteras de Roma se desintegraron. El Derecho Romano fue reemplazado por las antiguas leyes tribales. Los nativos, acostumbrados a negociar con gobernadores vestidos con togas, ahora recibían órdenes de caciques con espadas.

Algunas tribus germánicas, como los francos, vivían en los límites del viejo imperio y habían absorbido algunos rasgos de la cultura latina y las enseñanzas cristianas. Pero las tribus que llegaron hasta Inglaterra eran de la estirpe pagana más ruda.

Las tribus invadieron Inglaterra cuando los romanos la abandonaron, en el siglo v d.C. Pertenecían a distintos pueblos: anglos, sajones, jutes y frisones, entre otros. Pero por simplificación, fueron recordados como anglosajones o sajones. Algunos se establecieron pacíficamente entre los celtas ingleses, aunque también hay abundante evidencia de batallas y sangrientas represiones. Beda el Venerable, cronista eclesiástico, escribió hacia el año 700 d.C., que "los curas habían sido masacrados por doquiera, incluso en sus altares; no se respetó ni a los prelados ni al pueblo ni a persona alguna, destruyeron a todos a sangre y fuego; tampoco hubo sepultura para

Atacante armado *Algunos de los celtas nativos de la Inglaterra del siglo v siguieron con su vida normal cuando las hordas de tribus germánicas —conocidas como sajones— irrumpieron en la isla. Otros fueron atacados por guerreros armados como éste, que aparece en una caja de hueso de ballena, tallada en Northumbria.*

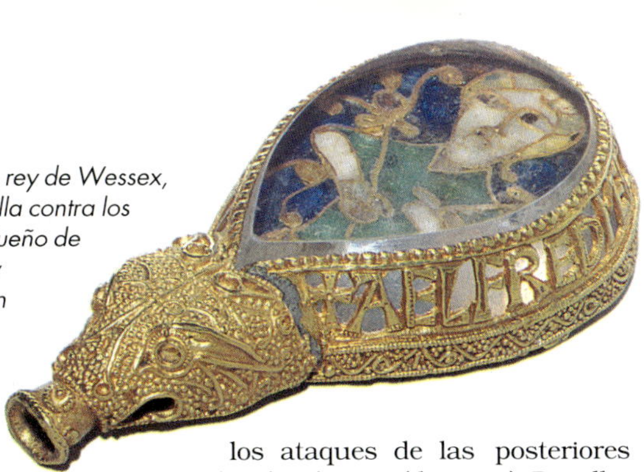

Joya para el rey *Alfredo, rey de Wessex, que comandó una guerrilla contra los invasores daneses, fue dueño de esta joya de oro, cristal y esmalte. La inscripción en latín dice: "Alfredo me hizo labrar".*

ninguno de los que tan cruelmente exterminaron".

Algunos huyeron a las colinas, pero fueron sorprendidos ahí y murieron víctimas de una horrenda carnicería. Muchos otros, hambrientos y andrajosos, se rindieron y fueron esclavos el resto de su vida.

Un rey héroe en Camelot

Se cree que el original rey Arturo fue líder de los britanos cuando opusieron resistencia a los invasores, y que la antigua colina fortificada, Cadbury, en Somerset, Inglaterra, fue el legendario Camelot. Las leyendas arturianas están fuertemente influidas por los mitos celtas. Sin embargo, el concepto de la caballería está enraizado en las tradiciones de los invasores. La palabra inglesa *knight* (caballero andante) proviene del anglosajón *cniht*, que significa niño o sirviente; y es sabido que las tribus germánicas admitían a los jóvenes en sus filas guerreras después de realizar una ceremonia ritual en la que se presentaban la lanza y el escudo.

El instinto guerrero corría en la sangre sajona, y el combate fue celebrado en poemas como *Beowulf*. Esta épica, que consta de unas 3,200 líneas, relata cómo un gran guerrero se enfrenta con monstruos fabulosos; sobrevive a arriesgadas navegaciones y luchas sangrientas y obtiene tesoros. Seguramente fue narrada una y otra vez alrededor de la fogata en los salones de los guerreros-campesinos.

La máscara de un rey

Se han encontrado ejemplares de armaduras y armas sajonas entre los tesoros Sutton Hoo, rescatados de la tumba de un rey sajón. El hallazgo, hecho en las cercanías de Woodbridge, al este de Inglaterra, data del año 625 d.C.: dentro del casco de un enorme barco se descubrieron varias reliquias. Sobresalen los vestigios de un rey: su hacha, escudo, espada y un casco de bronce y hierro, cuya visera es una extraordinaria máscara.

Los guerreros sajones tuvieron suficientes ocupaciones, como pelear entre sí, vencer a los britanos y resistir los ataques de las posteriores oleadas de vikingos (daneses). Pero llevaron a las Islas Británicas algo más que violencia oscurantista. Con el tiempo, la multitud de pequeños reinos se unificó bajo una dinastía anglosajona. Los reyes gobernaron un reino cada vez más organizado mediante la ayuda de un *witan*, o concejo de sabios; y la población se convirtió al cristianismo, luego de la misión de San Agustín en Canterbury, en el año 597.

Uno de los vestigios más notables de los reyes sajones es el Dique de Offa, zanja y rampa de tierra que originalmente tenía 270 km de largo, corría desde el estuario del río Severn al del río Dee. Construido por Offa, rey de Mercia del año 757 al 796, marcó la frontera entre su reino inglés y las tribus galesas. Con una altura de 3 m o más, tal vez tenía encima empalizadas de madera. Se conserva hasta hoy un sendero paralelo al dique; el bosque obstruía las pocas brechas. El rey Offa también introdujo una nueva forma de moneda, compuesta por peniques de plata, que fue la base de la moneda británica durante 600 años.

Monje historiador *Beda el Venerable (años 673-735), un monje de Jarrow, describió la vida de la Inglaterra anglosajona.*

Figura nacional aún más grandiosa fue Alfredo, rey de Wessex entre los años 875 y 899. Académico y abogado, subió al poder cuando los divididos reinos de la Inglaterra sajona estaban amenazados por una ataque de Dinamarca. Fue Alfredo quien evitó que los vikingos conquistaran Inglaterra, luego de comandar una campaña desde la isla de Athelney, situada en las ciénegas de Somerset.

Oportunamente, consiguió la victoria en el año 878, tras la Batalla de Edington, Wiltshire. Según el obispo Asser, biógrafo de Alfredo, éste "cerró sus filas, escudo con escudo, y combatió ferozmente contra toda la hueste pagana, en una larga y obstinada lucha". Posteriormente, Inglaterra se vio dividida por la línea Watling Street; tras ella, hacia el norte y el oriente, se extendía la Danelaga, colonizada por los escandinavos, donde los nórdicos impusieron su ley y sus costumbres.

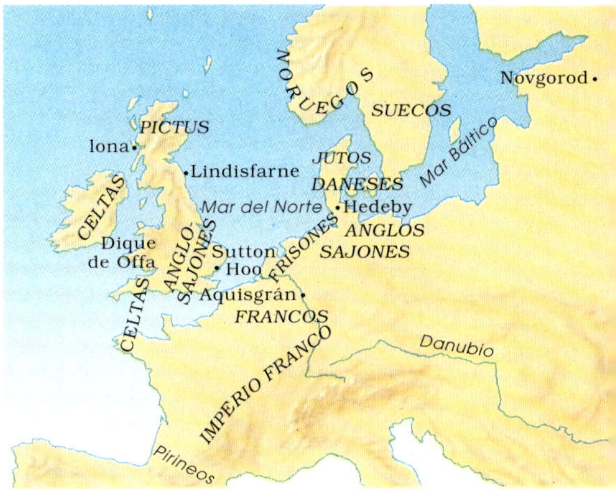

Guerra y orden *Los celtas, tribus de inmigrantes anteriores, ya estaban establecidos en las Islas Británicas cuando fueron invadidas por hordas sajonas. Cuatro siglos de guerra continua crearon una nueva Europa en la frontera del antiguo Imperio Romano.*

Frontera del rey *Marcado con la punta de la espada del rey de Mercia, para delimitar la frontera entre su reino y el de los galeses, el gran terraplén llamado Dique de Offa aún se extiende por 128 km, a lo largo del límite con el País de Gales.*

Casco del rey *Hallado en Sutton Hoo, al este de Inglaterra, este casco está hecho de hierro y bronce decorado. Cascos como éste eran usados únicamente por los reyes de la Inglaterra anglosajona.*

ARAR Y FESTEJAR EN LOS CONDADOS

Durante más de 600 años, las formas de vida anglosajonas se imprimieron en las costumbres del país que ocuparon y que les debe su nombre: Inglaterra, tierra de los anglos.

Como campesinos dejaron un importantísimo legado: la aldea inglesa. La mayoría de las aldeas datan de la época anglosajona, cuando las granjas aisladas dieron paso a colonias comunales; los nombres geográficos de origen anglosajón revelan mucho de esta historia. Los que tienen terminación "-ham" (como Birmingham) se refieren a colonias o terrenos cercados. Los campesinos requerían tierras, y para esto talaron bosques: las terminaciones "-den", "-ley", "-hurst" y "-field" significan claros en los bosques.

Limitadas por zanjas y cercas, las aldeas fueron construidas con madera, paja y juncos. Los terratenientes *(lords)* y barones tenían amplios salones; los aldeanos o campesinos habitaban salas pequeñas, y los más pobres vivían en humildes cobertizos.

Los edificios eran rectangulares, a diferencia de las casas circulares celtas. Algunos tenían una estructura de vigas curvadas, en forma de A, sobre la cual se apoyaba la techumbre, y el suelo estaba hundido para colocar encima tarimas de madera. Las casas de dos pisos surgieron posteriormente. La mayoría de los aldeanos tenían huertos traseros, donde cultivaban frutas y verduras, y alrededor de las casas se agrupaban graneros y corrales para los animales. También surgieron talleres de hilanderos, herreros, albañiles y ebanistas. Otra aportación fue el molino de agua para granos.

A partir de la conversión al cristianismo, la iglesia se volvió el centro vital de la aldea: funcionaba tanto como lugar de reunión como de culto. Las iglesias anglosajonas eran de madera o de cantera: su construcción era relativamente sencilla. Para cultivar la tierra, los anglosajones idearon un sólido arado con ruedas, dotado de una cuchilla de hierro capaz de penetrar en suelos que anteriormente no podían cultivarse. Pero se necesitaban de seis a ocho bueyes para jalarlo, y dar la vuelta al final de cada surco era una labor penosa. Para reducir al mínimo el número de vueltas, se introdujo el cultivo en franjas. La medida inglesa furlong (201 m) se deriva de esta práctica, y su nombre proviene de *furrow long*, o longitud del surco: ésta era la distancia que los bueyes podían recorrer con el arado sin detenerse.

Las franjas que los campesinos poseían individualmente estaban dispuestas en dos o tres campos grandes; cada año se dejaba descansar uno para que recobrara su fertilidad. Los aldeanos compartían algunos pastizales y tenían acceso al bosque para conseguir madera y combustible. Los bosques aún mantienen su ancestral aire de misterio y terror, pues eran territorio de prófugos y lobos. El pasatiempo favorito de los anglosajones era la caza de lobos; de hecho, no fue sino hasta siglos después, en el periodo Tudor, cuando los lobos se extinguieron en las Islas Británicas. En época de mala cosecha, los niños iban al bosque a

Rey sajón *La serie de monarcas en monedas incluye a Alfredo.*

Tradición de troqueles *Siglos después del reinado de Alfredo, las monedas seguían siendo acuñadas con rudimentarios troqueles. Esta muestra del siglo X fue hallada en una excavación en York.*

Marcas del pasado *Los surcos de los arados anglosajones son visibles hoy día, a pesar de que estos campos se volvieron pastizales desde hace mucho tiempo.*

ARAR EN UN DÍA INVERNAL

Elfstan se despierta antes del alba y abandona las cálidas sábanas de piel de oveja. Su esposa ya está despierta, pero su hijo sigue dormido, arropado en un rincón de la cabaña de piso hundido. Elfstan lo despierta de un manotazoy toma la pesada capa de lana. Poco después, padre e hijo salen al campo en esa fría mañana de noviembre. Un sendero conduce al lugar donde Edgar, el pastor, vigila los bueyes durante la noche: se sabe que los ladrones de ganado rondan la zona. Elfstan ayunta los bueyes al arado: las bestias pertenecen a su señor, al igual que la tierra que trabajará. Elfstan ara durante toda la mañana con la yunta de hoja de hierro, mientras el niño arrea a las bestias con gritos ásperos y una vara. A mediodía, la esposa de Elfstan les lleva pan negro de centeno y queso de leche descremada, que padre e hijo comen con cerveza aguada que beben en un botellón de barro. Regresan a la faena; para la tarde ya han arado media hectárea. Al anochecer, al calor de la chimenea, exhaustos, comen pan y cerveza, con un guisado de frijoles, hecho en olla de hierro. Todos quedan dormidos ante las brasas de la chimenea.

Labor en el campo *Los campesinos araban diario media hectárea de la tierra feudal, a cambio de su propia parcela.*

recoger bellotas para hacer pan. También recolectaban huevos de los nidos para variar la monótona dieta campesina: cereales y algunos lácteos. A veces había pescado y carne salada, pero la carne fresca era casi desconocida, excepto en ocasiones especiales: los banquetes, cuando los aldeanos eran invitados al salón del terrateniente.

El banquete en el salón señorial era uno de los grandes goces y compensaciones de la vida sajona. Se servía en abundancia cerveza, aguamiel y vino con miel fermentada; se contaban cuentos; los trovadores cantaban y los asistentes se divertían con juegos y adivinanzas, que eran las grandes pasiones de los anglosajones. Perduran hasta hoy algunas adivinanzas, como ésta: "Mi nariz hacia abajo, me arrastro sobre la panza y escarbo la tierra; me dirige el enemigo gris del bosque, mi señor y protector, que camina pisándome la cola." Respuesta: el arado; el enemigo gris del bosque es el buey.

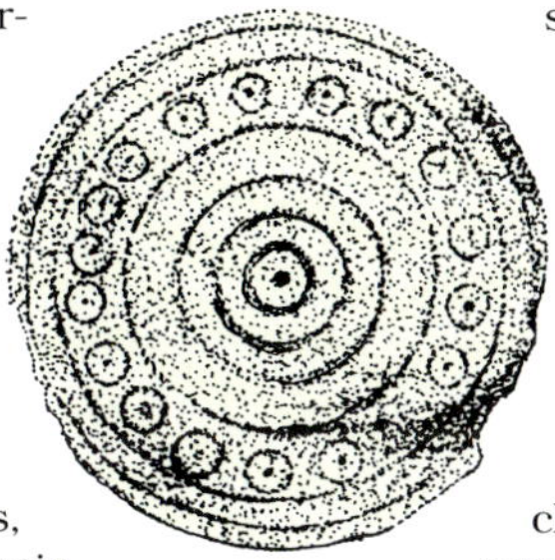
Marcador

Prohibir a alguien la entrada al Salón Feudal era una de las grandes penas expresadas en la literatura anglosajona: indicaba la ruptura de la relación entre un vasallo y su señor. La relación era vital y se remontaba a la época en que los guerreros requerían que su jefe los armara bien y los festejara, a cambio de que dieran la vida en la batalla. Esa misma relación sobrevivió luego, aunque modificada, en periodos de mayor estabilidad para la aldea. Los campesinos servían al terrateniente trabajando sus campos y cediéndole una parte de las cosechas. A la vez, recibían pequeñas parcelas de tierra y los festejos de una comida ocasional en el salón.

Juicio en la aldea

El parentesco era importante en la sociedad anglosajona. Un asesino afrontaba la venganza de los parientes de su víctima, quienes podían asesinarlo con anuencia de la ley. Pero no siempre la venganza cobraba una vida a cambio de otra. A veces se aceptaba dinero o tierras, y la cantidad para compensar dependía del rango social de la víctima. Cada hombre tenía su *wergild* —el valor de la muerte—, que definía el rango social. Bajo las leyes codificadas por el rey Alfredo, si alguien era sorprendido en el lecho con la esposa de un señor feudal, debía pagarle 120 chelines, equivalentes a 20 bueyes. Pero un campesino cornudo solamente recibía una compensación de 30 chelines. Si bien parecen rústicos estos cálculos, representaron un primer intento de imponer el cumplimiento sistemático de la ley. Los anglosajones, bajo una sola autoridad real, hicieron grandes avances en este terreno. El campo estaba divido en condados, de los cuales muchos sobreviven, con pocos cambios, desde la época sajona. Los asuntos legales eran dirimidos en las cortes condales o asambleas.

A veces, el juicio era por ordalía, y se llevaba a cabo en la nave de la iglesia de la aldea. El acusado debía sostener con la mano un hierro al rojo vivo; se le vendaba la mano, y si la herida sanaba luego de tres días, significaba que era inocente. A veces, el acusado sumergía la mano en agua hirviente. Los culpables eran castigados con multas, mutilaciones o muerte. La justicia era, por supuesto, muy severa, pero nada se ganaba con evadir sus procedimientos. Si un acusado rehusaba acudir a un citatorio, cualquier habitante de la aldea podía asesinarlo impunemente.

El pan de cada día *La comida en los hogares campesinos se hacía con los ingredientes más simples. Para el pan horneado en casa, se usaba harina molida con una rueda de piedra. A diario se comía leche y queso, y para variar la dieta, pescado y huevos de aves.*

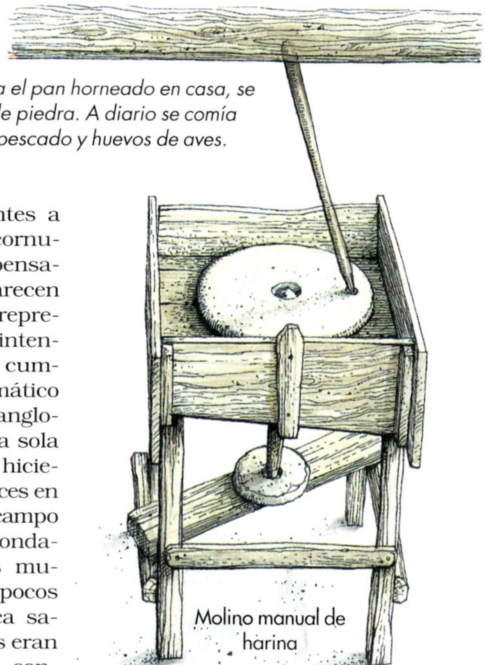
Molino manual de harina

Chimenea sajona *La vida familiar sajona se daba en torno a un fogón central y redondo, abajo, en el piso. Junto a la puerta hay un telar de madera que se opera con pedales. Bajo las rudimentarias duelas, hay una brecha que impedía el paso de la humedad. Esta cabaña es parte de una aldea reconstruida en West Stow, Inglaterra.*

Artículos de belleza *El broche tan elaborado (arr.) lo usaban las mujeres sajonas para sostenerse el vestido. Contaban con otros accesorios como estas pinzas (aba.), que colgaban de un cinturón y que servían para limpiar las orejas o como cortaúñas.*

Brazo de la ley *La ejecución por ahorcamiento era lo usual; se castigaban delitos como el asesinato, incendio, robo o traición a un señor feudal. Las horcas se colocaban en el límite entre dos aldeas. Los casos más graves eran llevados ante el rey, a quien asesoraba un concejo de nobles y clérigos, llamado* witenagemot.

MONJES QUE MANTUVIERON VIVA LA FE

Casas "colmena" *Los monjes de las islas del Atlántico vivían en pequeñas celdas de piedra, erigidas sobre plataformas de roca. Los bloques de piedra se encimaban parcialmente para lograr que se inclinaran hacia adentro y convergieran en lo alto del domo.*

La celebración del nacimiento de Cristo el 25 de diciembre no se basa en la historia de Jesús: sólo coincidió con el solsticio de invierno de los pueblos paganos de Europa. La palabra inglesa *Easter* (Pascua) no se deriva de la Biblia, sino de Eostre, diosa germana cuyo festival era celebrado en primavera.

Muchas prácticas y tradiciones cristianas tienen orígenes paganos, que se remontan a un periodo de extraordinaria interacción cultural, cuando los fervientes misioneros se relacionaron con las rudas tribus que heredaron Europa a la caída de Roma. Por todos lados, los guerreros sembraban el caos, la muerte y el sufrimiento. Los territorios gobernados por emperadores cristianos volvieron al mundo espiritual del paganismo y sus ritos de fertilidad. Los primeros curas tomaron la inspirada decisión de no aniquilar los altares y rituales, sino adaptarlos con propósitos cristianos.

En el margen noroccidental de Europa, Irlanda se salvó de los peores disturbios tribales, y sus monasterios preservaron la escolástica clásica y la fe cristiana. Se adjudica la conversión de Irlanda a San Patricio, un inglés que fundó una iglesia en Armagh, Irlanda, en el siglo V. Los celtas irlandeses desarrollaron su propia forma de cristianismo, enraizado en las tradiciones del país. Sus monasterios estaban en lugares estratégicos, como fuertes abandonados, promontorios fortificados o islotes. Rodeados por terraplenes, estos lugares azotados por el viento eran austeros, pues el cristianismo irlandés ponía énfasis en la vida frugal.

Los monjes se alojaban en chozas de mimbre o celdas de piedra. Los monasterios incluían una pequeña iglesia u oratorio, una casa de huéspedes, un refectorio donde comían, y a veces una escuela donde los novicios —generalmente campesinos y pastores analfabetos— escribían sus primeras lecciones en tablillas de cera.

Los misioneros partían de los monasterios irlandeses hacia Inglaterra para convertir a sus habitantes: predicaban, bautizaban y confirmaban a las supersticiosas tribus de pictos y sajones. La realización de milagros se atribuía con frecuencia a estos monjes, que curaban enfermedades y exorcizaban espíritus malignos casi como un deber rutinario. Hacia el año 563, el misionero San Columbano fundó un monasterio en Iona, una de las islas Hébridas; sus discípulos difundieron la fe, primero a Northumbria y luego al resto de Europa. Pero el principal propósito de los monasterios era difundir los ritos y proporcionar servicios cristianos. Se daba alojamiento a los peregrinos y había un constante ir y venir de clérigos visitantes.

La vida de un monje en Iona giraba alrededor de la diaria disciplina de plegarias, penitencia, trabajo y aprendizaje. Llevaban la tonsura celta: sus frentes estaban rasuradas en una línea de oreja a oreja, a diferencia de la tonsura romana, que era un círculo rasurado en la coronilla. Vestían una áspera indumentaria sobre una túnica blanca con capucha, y sandalias de cuero. La comunidad de 150 monjes era autosuficiente; por ello, las labores incluían pastorear, cosechar, moler los granos y pescar en el mar. Los miércoles y viernes se ayunaba. Se descansaba los sábados; pero a partir de la noche del sábado y todo el domingo, los monjes rezaban arrodillados o de pie. La fe y la devoción de los misioneros celtas era legendaria, y uno de ellos, San Columbano, fundó comunidades

Música *Bajo las reglas, menos ascéticas, de San Benito, los monasterios se convirtieron en centros de cultura más laica: produjeron partituras musicales, arte, literatura y transcripciones de cuentos y poemas.*

Demonio guardián *La iglesia daba albergue a todos. En la catedral de Durham, unos fugitivos clavaron una aldaba que recuerda el culto pagano a los monstruos.*

en lugares tan alejados como Galia y el norte de Italia. Era severo con sus discípulos, e impuso castigos como seis golpes de bastón por hablar en la mesa, reír durante las plegarias o cantar mal: no admitía para esto ninguna excusa, ni siquiera la de sufrir un acceso de tos. Pero tal vez las pruebas más duras las enfrentaron los monjes que se fueron a vivir como ermitaños hacia islas lejanas.

A pesar de su austeridad, la tradición irlandesa no era cruel. Los manuscritos ilustrados reflejan el amor de estos artistas por la naturaleza, sobre todo por los animales, dibujados con gran vitalidad. Los manuscritos presentan ciertas notas humanas, algunos fatigados amanuenses a veces garabateaban quejas en los márgenes: “Faltan 20 días para el lunes de Pascua; estoy cansado y tengo frío”, se lamentó uno. “La tinta es mala, el pergamino escaso y el día está oscuro”, escribió otro.

También se fundaron conventos, aunque parece que las monjas no eran inmunes a las debilidades humanas. Adamnan, un monje del siglo VII, dijo de una comunidad escocesa: “Las monjas duermen sin ningún provecho o están despiertas sólo para pecar.”

Además, una tradición monástica menos severa llegó desde Roma a las costas británicas. A menudo se cuenta la historia de cómo el papa Gregorio fue inspirado a enviar misioneros, luego de ver a unos robustos esclavos paganos que se vendían en la capital imperial. Cuentan que cuando se le dijo que eran anglos, replicó: “No son anglos, sino ángeles”. En el año 596, el Papa envió a Agustín y a otros monjes a Canterbury, para convertir a los ingleses. Agustín llevó consigo el régimen monástico de los benedictinos, menos ascético que la tradición celta.

Cruz y rueda solar *La síntesis del paganismo primitivo y la nueva fe cristiana está representada en el diseño de la cruz celta. El círculo, una representación simbólica del Sol, propia de las culturas paganas, fue incorporado a la cruz, símbolo de la crucifixión de Cristo, para unir creencias nuevas y viejas.*

Monje en ciernes *Un novicio benedictino aún no luce la tonsura que muestra su superior, al instruirlo.*

Una pinta de vino diaria

Los monasterios benedictinos tenían un molino, un jardín y una panadería. Los colchones de los monjes tenían cobijas y almohadas de lana. La comida se componía de dos guisados y estaba permitido beber vino. “Hemos leído que el vino no es adecuado para los monjes —había escrito San Benito—, pero como en nuestros días es imposible convencer a los monjes de esto, al menos acordemos que no debemos beber en exceso. Creemos que una pinta (aproximadamente medio litro) diaria es suficiente.”

Las iglesias celta y romana, que diferían en detalles, como la forma de la tonsura y la fecha de la Pascua, tuvieron enfrentamientos en el siglo VII. Tales diferencias fueron dirimidas, en favor de Roma, por el Sínodo de Whitby, un concilio convocado por el rey Oswy de Northumbria. Como resultado, la iglesia de Inglaterra se alineó con el continente, y la rica tradición celta decayó desde entonces.

Solitario escriba *En el aislamiento de la celda, los monjes ilustraban las letras capitulares e iluminaban los márgenes de los folios.*

ARTISTAS DE DIOS

En los primeros monasterios ingleses e irlandeses se desarrolló una singular forma artística: los escribanos copiaban el texto de los Evangelios en pergamino o vitela, y luego pintores iluministas ilustraban con gran laboriosidad estos manuscritos, adaptando dibujos abstractos y figuras entrelazadas del arte pagano celta a los textos sagrados. Los colores eran vivos, pero no se usaba hoja de oro. En Iona se inició el *Libro de Kells*, una obra maestra de 680 páginas que contiene los cuatro Evangelios ilustrados. Misioneros de Iona, que fundaron un monasterio en Lindisfarne, en la costa de Northumbria, produjeron otra exquisita versión de los Evangelios.

Bestiario bíblico *Los ilustradores de manuscritos gustaban de dibujar animales reales e imaginarios en su refinado trabajo.*

CULTURA EN LA CORTE DE CARLOMAGNO

Los francos se describían a sí mismos, en un códice de ley tribal del siglo VI, como un pueblo "sabio en el concilio, de físico noble, salud radiante, especialmente hermoso, audaz, rápido y fuerte". Sin duda era una autodescripción jactanciosa, aunque la historia de los francos desmiente la imagen convencional de que los pueblos de la era oscurantista eran poco más que bárbaros y bandidos.

Los francos constituyeron el núcleo de la Francia moderna. Su emperador, Carlomagno, fundó un imperio cuya influencia dio forma a 1,000 años de historia europea. Además, la corte de Carlomagno en Aachen se convirtió en un brillante centro de cultura europea: promovió un florecimiento de las artes y del conocimiento tan espectacular que se le conoce como el renacimiento carolingio.

Los francos eran un pueblo de origen germánico, que avanzó desde las tierras del Rin entre los siglos III y VI d.C.; se adueñaron de las Galias y adoptaron el cristianismo. Como guerreros eran formidables, generalmente muy altos, de pelo rubio o rojo. Vestían capas, túnicas y pantalones hasta las rodillas, con las espinilleras de vendas tan características en muchas tribus germánicas. Alrededor de la túnica, los guerreros usaban un arnés de cuero del que pendía el arma típica: un hacha llamada *francisca*, de hoja y mango curvos.

De los cinturones de los guerreros colgaban objetos como cuchillos, tijeras y peines, incluso espadas. El soldado común usaba una de hoja ancha, llamada *scramasax*, que debía empuñarse con ambas manos.

Jinetes contra los moros

En el año 732 d.C., el líder franco Carlos Martel rechazó una invasión de los moros; para ello, reclutó jinetes armados, a quienes dio tierras a cambio de que juraran servir al ejército. Esta propiedad de la tierra, o feudo, se llamaba *feudum* en latín, del cual deriva el término feudalismo. Como rey de los francos durante 46 años, Martel se convirtió en Carlomagno y enfrentó a lombardos, sajones, ávaros, gascones, vascos, musulmanes y otros pueblos, hasta formar un imperio que se extendió por Europa. Por considerarlo un acérrimo defensor de la fe, el Papa lo coronó como Emperador Romano en la Navidad del año 800 d.C., en la Basílica de San Pedro, en Roma.

El imperio de Carlomagno cubrió una región casi tan grande como la del Imperio Romano. Gobernado mediante condes, obispos y abades, abarcó la mayor parte de la cristiandad europea. A falta de una verdadera burocracia, Carlomagno se servía de enviados para comunicar sus deseos al imperio, y daba títulos de propiedad para forjar lazos personales de lealtad. Algunos de los funciona-

En movimiento *Carlomagno viajaba incesantemente con su corte, llevando la rúbrica del gobierno central a todo el reinado. La comitiva incluía a los* capellani, *responsables de cuidar la capa sagrada de San Martín.*

Ley de los francos *Un manuscrito iluminado representa la ley profana en la figura de un hombre, y la autoridad de la iglesia, en la de una mujer. Se creía que las manos que sobresalen representan las de Dios, máxima autoridad por encima de las otras dos.*

Cuerno de Rolando *Se pensaba que un toque de este cuerno mágico, ricamente decorado, llamaba a Carlomagno en ayuda de Rolando, su comandante de la retaguardia en la campaña de España. Emboscado en un desfiladero, Rolando hizo sonar el cuerno demasiado tarde. Cuando Carlomagno Lllegó, lo halló victimado.*

Cosechas *Otoño en el campo: un manuscrito franco del siglo IX muestra a los campesinos segando el cultivo del señor feudal y trillando los granos.*

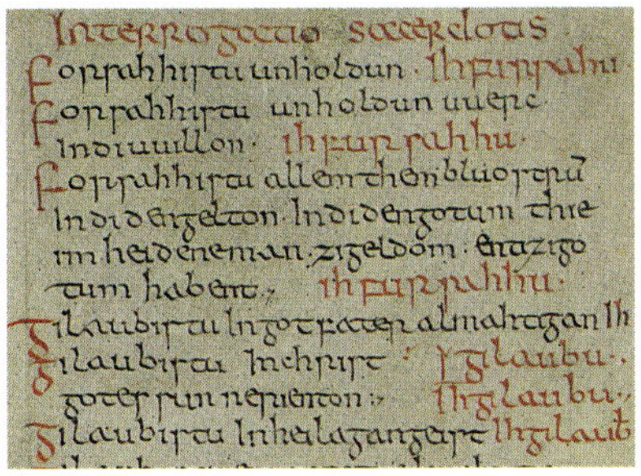
Interrogatio sacerdotis
Forsahhistu unholdun. Ih forsahhu.
Forsahhistu unholdun uuerc
indi uuillon. Ih forsahhu.
Forsahhistu allem them bluostrum
indi den gelton indi den gotum thie
im heidene man zi geldom enti zigo
tum habent. Ih forsahhu.
Gilaubistu in got fater almahtigan. Ih
Gilaubistu in christ. Ih gilaubu.
gotes sun nerienton. Ih gilaubu.
Gilaubistu in heilagan geist. Ih gilaub

Elegante escritura *Alcuino introdujo una nueva escritura, llamada minúscula carolingia. Su diseño redondo fue la base para las modernas letras de imprenta.*

rios seculares eran los *comes stabuli*, o condes de los establos, de los cuales se deriva el título "condestable", quienes coordinaban el transporte para las necesidades militares y de la corte.

Carlomagno y su séquito viajaban mucho de una provincia a otra, y seguían el viejo sistema romano de carreteras. Su residencia favorita era el palacio de Aachen (Aquisgrán), que tenía una gran capilla de domo octagonal adornada con columnas de mármol importado de Roma y Ravena. También contaba con un inmenso salón de recepción de 50 m de largo, una biblioteca y una piscina de mármol que era abastecida con un manantial de aguas termales. La piscina tenía capacidad para 100 bañistas, y las aguas termales también servían para que funcionara un lujoso sistema de calefacción central para el palacio. Era un impresionante complejo que debió asombrar al pueblo franco, acostumbrado a vivir en casas de piedra.

Fiestas junto a la piscina

Carlomagno era un hombre robusto, de más de 1.80 m de estatura. De cabeza inusitadamente grande, su voz era notablemente aguda para alguien de su complexión. Le gustaba la actividad física y nadar en su piscina, donde a menudo ofrecía fiestas. También disfrutaba de cazar en los bosques de la vecina Ardenas. Al parecer era más bien moderado en sus hábitos de comida y bebida. También prefería el simple atuendo franco a la indumentaria romana, que sólo usaba cuando visitaba Roma.

Su biógrafo, Einhard (Eginardo), un clérigo del siglo IX, describe cómo una vez Carlomagno jugó una broma a una comitiva de cortesanos que regresaron demasiado engalanados de una feria en Venecia. Asistieron a misa vestidos con túnicas de seda y plumas de faisán, o cuellos, lomos y colas de pavo real. Algunos se aderezaron con listones; otros, con túnicas de armiño. Se cuenta que Carlomagno los llevó de cacería al bosque tal y como estaban vestidos; los obligó a pasar por charcos lodosos en un día especialmente lluvioso. Luego de esto, comparó su atuendo de piel de oveja con la lastimosa condición de sus cortesanos.

Pero Carlomagno no fue un puritano: demostraba una marcada inclinación por las mujeres. Se cuenta que solamente una mujer soltera rechazó el galanteo imperial, y que tuvo varias esposas, por los menos cuatro son conocidas. Algunas autoridades eclesiásticas se quejaron de sus múltiples matrimonios, pero el estado de ánimo de la corte era complaciente.

Carlomagno no dudaba en usar métodos maliciosos para demostrar su opinión. Se cuenta que una vez pidió a un comerciante judío que diera una lección a un orgulloso obispo. El judío lo logró al persuadir al obispo, que coleccionaba curiosidades, de que comprara un ratón disecado envuelto en seda: lo convenció de que se trataba de un valioso tesoro. De naturaleza gregaria, Carlomagno también era piadoso. Einhard describe cómo acudía con constancia a su capilla de Aachen. Durante las comidas, pedía que se le leyera algún tratado teológico. Fundó escuelas primarias y secundarias anexas a monasterios y catedrales. La escuela de Aachen, donde sus hijos fueron instruidos, atrajo a los mejores académicos. Uno de ellos fue Alcuino de York, que se incorporó a la corte en el año 782. Enseñaba por medio del diálogo: "¿Qué es la vida? El goce de los benditos, la pena de los pecadores, la espera de la muerte. ¿Qué es la muerte? Un hecho inevitable, un viaje incierto, el llanto de los vivos, la confirmación del testamento, el ladrón del hombre. ¿Qué es el hombre?"...

A la muerte de su hijo, el imperio de Carlomagno se dividió a causa de las pugnas entre los sucesores. Fue restaurado en el año 962, como un reino centrado en torno de antiguas posesiones en Alemania, los Países Bajos y el norte de Italia, y fue llamado Sacro Imperio Romano, en reconocimiento a las dos influencias que permearon el reino de Carlomagno: la tradición clásica y la fe cristiana.

Soldados francos *Los caballeros montados eran la espina dorsal del sistema feudal. Fue durante el reinado de Carlomagno que apareció la caballería armada: usaban los estribos para controlar las monturas durante las batallas. Desde entonces, la caballería se impuso en la estrategia medieval.*

Copa real *Baviera formó parte del imperio de Carlomagno desde el año 788, cuando el duque Tasilo, dueño de este cáliz, fue acusado de conspirar con los ávaros.*

Arma sagrada *Esta lanza de hierro, que perteneció a una serie de emperadores del Sacro Imperio Romano, tiene protección espiritual: la hoja de oro que se encuentra en su centro resguarda un clavo de la Cruz de Cristo; lo confirma la inscripción en el centro.*

FURIA DE LOS GUERREROS MARINOS

"¡Que el Señor nos libre de la furia de los nórdicos!" Cuentan que ésta era la oración diaria de los cristianos en las costas al norte de la Europa medieval. Los asaltos vikingos irrumpieron en el escenario histórico a fines del siglo VIII: los fieros guerreros marinos salieron de su territorio escandinavo en busca de pillaje y saqueo. Adonde los vikingos fueran, el terror iba con ellos. No es claro el origen de la palabra vikingo, pero se piensa que *vik* significa bahía o fiordo, e *iviking* significaba renunciar al fiordo de origen y salir a otro territorio en busca de acción. Estos aventureros eran campesinos de origen, que complementaban su ingreso con saqueos ocasionales, aunque algunos eran guerreros profesionales, entrenados para permanecer largas temporadas en el exterior.

Muchos nórdicos eran comerciantes y otros, colonizadores; pero los vikingos crearon terrible efecto como piratas. La sola imagen de los barcos nórdicos, largos y bajos, de velas cuadradas y proas con dragones, infundía pánico al aparecer en el horizonte. Durante 200 años, los emblemas de los dioses paganos —el martillo de Thor y el cuervo de Odín— significaron fuego, violaciones y saqueo. Por los ornamentos de oro y plata, iglesias y monasterios eran atacados, ya que, además, sólo estaban defendidos por monjes y curas. El asalto vikingo de Lindisfarne, en el norte de Inglaterra, en el año 793, fue uno de los primeros, al cual sucedieron muchos más. Durante el siglo siguiente, atacaron lugares como Londres, París, Lisboa, Cádiz y Pisa. "El número de barcos crece y crece, y las grandes huestes de nórdicos aumentan constantemente —se lamentó el monje francés Ermentarius—. Casi no hay monasterio que haya sido respetado, y los habitantes prefieren huir."

Fauces leoninas *Las proas de los barcos vikingos deben haberse parecido a este poste de madera tallada, encontrado en un barco enterrado en Oseberg, Noruega.*

Casco *El casco vikingo tenía una visera en forma de anteojos para cubrir nariz y ojos. El escudo de madera protegía la mano del guerrero mediante una saliente de hierro.*

Asalto con hacha *El hacha de batalla vikinga se derivó de la herramienta del carpintero. Un rey vikingo, Erik Hacha-Sangrienta, se abrió camino al trono de Noruega blandiendo esta arma.*

Arsenal vikingo *Las armas usadas por los nórdicos incluían la espada, la lanza y la temible hacha de batalla.*

La galera, "corcel de las olas"

El éxito de los asaltos nórdicos se debía a la galera vikinga, una maravilla tecnológica de la Alta Edad Media, que reunía eficiencia y elegancia. Un soberbio ejemplar fue hallado en 1880, al excavar una cámara mortuoria en Gokstad, Noruega. La quilla de la nave, de 23 m de largo, fue hecha con una sola pieza de madera de roble; amplias costillas partían de la quilla en elegantes curvas. El barco fue construido de tingladillo; pero en vez de estar clavado, el tablaje era atado a las costillas mediante cuerdas de raíz de abeto, bajo la línea de flotación, lo que daba al barco una flexibilidad serpentina, que le permitía resistir mares turbulentos.

Dirigido por un enorme timón, este barco navegaba con velas o remos. Se conservan jirones de la vela, hecha de tela de lana. La galera tenía 16 pares de remos, lo cual sugiere una tripulación de 32 hombres. Sin embargo, se conservan restos de 64 rodelas. De este modo, dos hombres en cada remo impulsaban la galera, o tal vez la mitad de la tripulación descansaba mientras la otra remaba. A toda vela, era capaz de desplazarse a 10 nudos de velocidad. Los nórdicos reverenciaban la embarcación casi como a un ser vivo. Llamaban a sus naves "los corceles de las olas". Ciertamente, las proas con forma de dragón, o de otros animales, contribuían a dar la impresión de que estuvieran vivas.

Mística de la espada

El conocido casco con cuernos convirtió a los vikingos en un estereotipo, sin embargo; los arqueólogos no han encontrado cascos de esa forma. Aunque las figuras cornadas aparecen en el arte vikingo, parece ser que tenían significado religioso. Los cascos de metal eran más bien escasos; los que se con-

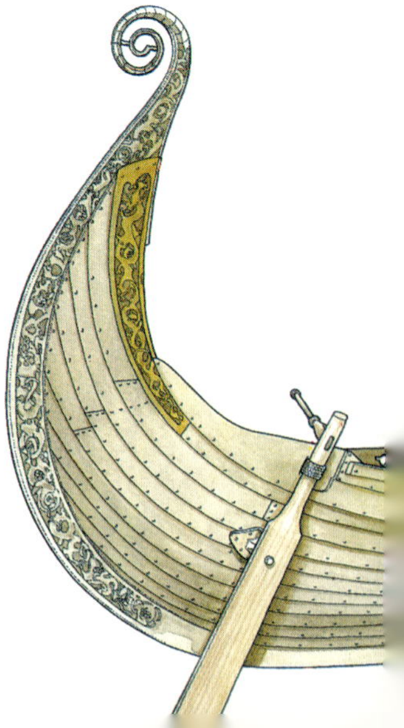

Por el Mar del Norte *Luego de cruzar el Mar del Norte en galeras que ostentaban temibles bestias talladas en sus proas, una flota de asaltantes nórdicos del siglo IX, con cascos cónicos y lanzas, se disponen a invadir la costa inglesa.*

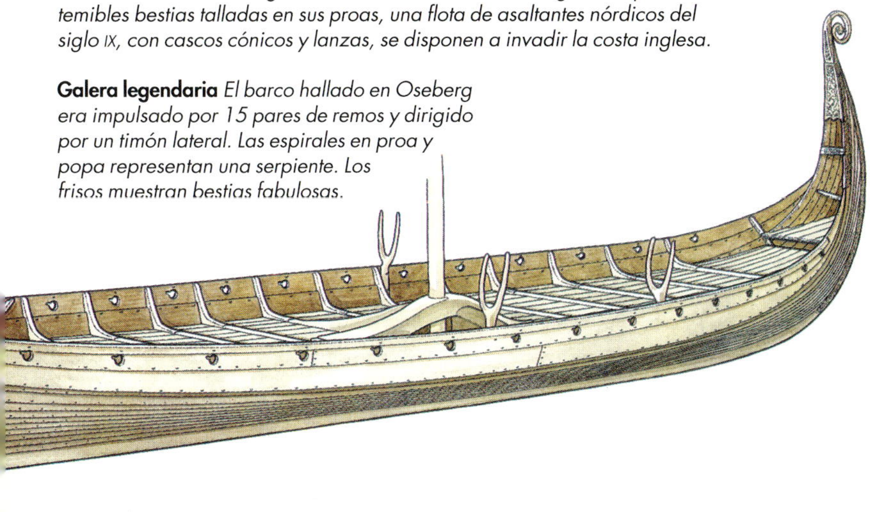

Galera legendaria *El barco hallado en Oseberg era impulsado por 15 pares de remos y dirigido por un timón lateral. Las espirales en proa y popa representan una serpiente. Los frisos muestran bestias fabulosas.*

servan son redondos o cónicos, cuyas viseras les confieren un siniestro aspecto de máscaras. Las camisas de malla de anillos de hierro entrelazados daban protección a ciertos guerreros, aunque eran más comunes los chalecos de correas de cuero.

El arsenal vikingo incluía arcos y flechas, lanzas y escudos redondos; pero poseía mayor sentido místico la espada del guerrero. Era ésta un arma pesada, con la que se atacaba en abanico, con el filo hacia afuera. Los vikingos también usaban hachas de combate —derivadas del hacha campesina—; los primeros ejemplares que se conservan servían de herramienta y arma a la vez. Posteriormente se desarrollaron hachas para la batalla.

Fanáticos de las "camisas de oso"

Los nórdicos combatían de modo salvaje y aterrador. Los guerreros más feroces eran los *berserkrs*, de los cuales deriva el adjetivo inglés *berserk*, "loco". El nombre significa "camisa de oso" y aludía a que estos fanáticos iban desnudos, cubiertos tan sólo con pieles de animales, y peleaban en tal estado de frenesí que llegaban a morder los escudos. A veces vestían pieles de lobo; acaso ése haya sido el origen de la leyenda del hombre lobo.

Cuando asaltaban una costa, los vikingos levantaban un campamento fortificado para asegurar sus barcos, e inmediatamente erigían un terraplén empalizado para proteger el avance por tierra. De toparse con una oposición enconada, atacaban a los enemigos con una falange de varias filas en fondo, o configuraban una especie de cuña llamada "formación del cerdo". Los nórdicos combatían casi todo el tiempo a pie; rara vez usaban la caballería, aunque empleaban caballos previamente capturados, para agilizar la marcha. Es un error pensar que una incursión vikinga se limitaba a atacar y huir. Tras el asalto, colonizaban grandes extensiones de tierra. En Rusia, los vikingos fueron más bien comerciantes y organizadores. De hecho, Rusia debe su nombre a un grupo de rus —vikingos procedentes de Suecia— que en el siglo IX fueron invitados por los eslavos para gobernar su anárquica tierra.

Cabalgando con las valkirias

La guerra jugó un papel vital en la vida vikinga. Morir en batalla constituía una gran gloria y se creía que Odín invitaba a los muertos más valientes al Valhalla, su hogar divino. Ahí pasaban los días en combates amistosos y las noches, en banquetes. Las valkirias seleccionaban a los favoritos. Originalmente, estas figuras fueron conceptualizadas como demoniacas mujeres de rapiña; posteriormente, se les consideró las guerreras de Odín, que cabalgaban por el campo de batalla para llevar a los valientes a la otra vida.

La muerte era concebida también como un viaje. El entierro en barcos era un rito funerario muy común: las naves, con provisiones y alimentos, y un surtido de objetos cotidianos, eran sepultadas en montículos de tierra. El barco de Gokstad fue la tumba de un rey, que yacía en su lecho dentro de una pequeña tienda con sus armas dispuestas alrededor. Lo acompañaban cadáveres de caballos, perros e incluso de un pavo real. También era común la cremación: los funerales eran un apocalíptico espectáculo, pues las naves incendiándose zarpaban hacia mar abierto.

EL CUERVO Y EL MARTILLO

Las principales deidades de los nórdicos eran el cíclope Odín o Woden, sabio gobernante de los dioses que empuñaba una lanza y cuyo símbolo era el cuervo, y Thor, dios del trueno, simbolizado por el martillo. Luego, seguía Frey, dios de la fertilidad, que se enamoró de la giganta Gerda, quien provocó la furia del dios al hacerlo esperar; de ahí que Frey sea representado a menudo mesándose la barba con impaciencia. Las valkirias eran sirvientas de Odín. Dioses y mortales estaban sujetos a las Nornas (equivalentes a las Moiras griegas), diosas de la fortuna.

Bronce del impaciente Frey

Pendiente de plata con una valkiria

DEL MAR A LA FAENA EN EL CAMPO

De regreso en aguas tranquilas, luego de jornadas enteras en el tormentoso Mar del Norte, los vikingos volvían a sus pequeñas aldeas campesinas, que salpicaban la costa escandinava. Pero no retornaban a una vida alegre y cómoda. Al atracar, les esperaba una labor ardua, pues la típica aldea nórdica era un conjunto de granjas autosuficientes. Entre incursión e incursión trabajaban todo el día para cuidar del ganado y cultivar lo necesario para sobrevivir en el duro clima del norte.

Para resguardarse del ambiente gélido, los vikingos construyeron casas con estructuras de madera, que eran poco más que salones y graneros. Hombres, mujeres y niños dormían en colchones rellenos de paja y comían sobre bancos de madera. Los pisos eran de tierra aplanada, revestida de juncos; y en el centro del salón, las mujeres cocinaban en chimenea de arcilla o piedra. El humo invadía la estancia y el hollín ennegrecía el entablado, antes de salir por el único agujero central del techo. El frío impedía que hubiera ventanas, por lo que se vivía en una penumbra, apenas iluminada por lámparas de grasa de ballena sostenidas con largos clavos.

Patines con cuchillas de hueso

El día comenzaba mucho antes del desayuno. Los hombres salían al campo y trabajaban varias horas antes de regresar a la aldea y engullir el primer alimento del día, a media mañana. Comían potaje de cebada o avena y leche agria, además de panes de cebada o centeno, de corteza gruesa.

La otra comida, que se tomaba al final del día, era un poco más elaborada. Los vikingos criaban vacas, ovejas, cabras, cerdos y gallinas. Comían mucha carne, asada en brochetas o hervida en ollas, tal vez estofada con chícharos, cebolla y puerros. Envolvían pescado en hojas para que se cociera en su jugo, sobre piedras calientes. Usaban platos y tazones de madera; aunque conocían las cucharas y cuchillos, recurrían a los dedos, pues desconocían los tenedores. Acompañaban la cena con abundante cerveza que bebían en tarros o cuernos. El anochecer, con sus horas largas y oscuras, transcurría mientras escuchaban poemas y leyendas de heroicas aventuras. Tenían dados y juegos de mesa: unos empleaban fichas y otros usaban piezas de hueso. Su música era de arpas y gaitas de madera de boj. Las mujeres hilaban lana con ruecas o husos, o en telares verticales apoyados contra la pared.

La mayoría de los deportes y juegos vikingos eran tan rudos y peligrosos como el pueblo que los practicaba. Algunos eran más un entrenamiento militar que un deporte; o una oportunidad para que los hombres desarrollaran y demostraran valor, fuerza y astucia. Los pasatiempos invernales menos bruscos eran el esquí y el patinaje sobre hielo; esquíes y patines eran de hueso, y se amarraban a las botas con correas de cuero; ofrecían la posibilidad de viajar con rapidez sobre lagos y ríos congelados. Los juegos de pelota eran violentos, y no había límites cuando un vikingo desafiaba a otro en un encuentro de lucha. Una competencia de natación era más una batalla que una carrera. Los participantes se daban tirones bajo el agua, forcejeando hasta que los pulmones estaban a punto de estallar. El ganador era quien permaneciera sumergido hasta que la falta de aire obligara al oponente a rendirse: entonces, ambos salían a la superficie a respirar.

Los vikingos también gozaban con el peligro y la emoción de las carreras de caballos, pero lo que realmente les hacía fluir la adrenalina eran las peleas de caballos. Lazaban una yegua en celo, y soltaban caballos sementales, de crianza especial, para que pelearan por la hembra.

Llaves en un broche de bronce

En la vida cotidiana, las mujeres nórdicas vestían mudas de lino bajo una túnica, que consistía en dos tramos de lana unidos en los hombros mediante correas que unos broches de bronce fijaban en su sitio. Los broches no eran de adorno: de uno de ellos pendían objetos domésticos como llaves, navajas, peines y monederos.

Los hombres usaban camisas de lino o lana, con una túnica llamada *kyrtil* encima. Los pantalones de lana variaban en la forma: desde el estilo tubular hasta enormes trajes que se amarraban en las rodillas. Usaban paños de lino como ropa interior. Hombres y mujeres se cubrían con pesadas capas que también servían de cobijas. En el invierno, las botas de cuero, con agujetas, estaban forradas de piel. Durante sus travesías, los vikingos llevaban grasosas pieles de animales sobre la ropa.

"Todo aquel que mata una víctima propiciatoria —trátese de un buey, cordero, cabra o cerdo— la ata en unos postes afuera de su casa, para mostrar que hizo un sacrificio en honor de sus dioses."

UN VIAJERO DE CÓRDOBA, 950 D.C.

Otro edificio importante era el cobertizo que resguardaba los barcos en invierno. Los vikingos contaban con baños de piedra: vertían agua sobre unas rocas calentadas con fuego, para que despidieran vapor: una de las primeras formas del sauna.

Cuando los hombres salían a sus incursiones, las mujeres debían encargarse de las granjas. A veces, ancianos y niños las ayudaban. El espíritu aventurero de los vikingos implicaba que los restos de muchos de ellos se dejaran en lejanas playas extranjeras. Así, las granjas quedaban sin amo o heredero varón, y las viudas se convertían en terratenientes por derecho propio.

Estancia *Las paredes de esta habitación vikinga reconstruida son de madera y argamasa. La chimenea de piedra, recubierta de arcilla, y una olla, están flanqueadas por tarimas de tierra, que hacían las veces de sillones y camas.*

Peine vikingo

Tablero de juegos

Vajilla *Este elegante jarrón de vidrio contrasta visiblemente con el rudimentario tazón de madera tallada.*

Lámpara con estaca

Cubo de madera de roble

GALERAS A SALVO EN LOS FIORDOS

Los habitantes de una aldea agrícola vikinga, en la serrada costa noruega, se reúnen en la playa para observar la actividad causada por dos barcos que regresan de la aventura, con los resultados de asaltos y compras. Las gaviotas añaden sus graznidos al ruido de la escena. De la galera atracada, con su alto mástil y elegante proa curva, salen los guerreros portando lanzas y escudos, hacia el muelle de troncos atados que los conduce al centro de la aldea.

La nave, llamada *knorr,* de menor tamaño, es de pesca y carga: permanece anclada junto al muelle, mientras la cargan con pieles y productos de las granjas vecinas, que llevará a otras aldeas en viaje comercial. A la izquierda, los carpinteros laboran en otra galera que está casi terminada. Las casas de los campesinos son también de madera rellena de arcilla, que protege del intenso frío. Los techos de paja se sostienen con tiras de piel con piedras en los extremos. En una de las casas más viejas, el techo está tan cubierto de hierba que una vaca (extrema derecha) lo mordisquea.

Por la colina corre un arroyo, donde los leñadores arrastran troncos para las fraguas, lugar en que los herreros y sus ayudantes trabajan el hierro fundido, que extraen de los minerales de ciénegas cercanas. Los poblados más grandes tienen herrerías especializadas, pero en los villorrios, el campesino era también herrero y fabricante de sus propias herramientas, cadenas, clavos, remaches y armas. En la mitología nórdica, el herrero es una figura heroica —el gran dios Thor es representado con el martillo de una fragua—, por lo que gozaba del respeto de la sociedad vikinga.

Al fondo, los caballos abrevan en un estanque; tras ellos, las mujeres almacenan arenques para el invierno. Sobre una puerta, una vaca sacrificada está en lo alto, sobre una plataforma: los campesinos mataban regularmente una de sus bestias y las exponían de este modo, como ofrenda a los dioses. El poblado también tiene establos, graneros, pajares, almacenes y estercoleros.

DE ISLANDIA AL VOLGA: RUTA COMERCIAL

Como amos y señores de mares y ríos del norte, los vikingos transitaban por vastos territorios. Vendedores y diplomáticos árabes los vieron en Rusia, y uno de ellos, Ibn Fadlan, embajador del Califato de Bagdad, legó un testimonio de los comerciantes vikingos: "Nunca antes vi un pueblo de físico más perfecto; son todos altos, como palmas de dátiles, y de color rojizo", escribió, y añadió que atracaban sus barcos en el Volga y que construían cabañas de madera en la ribera.

Este cronista lamentaba la falta de elegancia social de los vikingos: "Viven en una casa hasta 10 o 12 de ellos, y cada hombre tiene su propio diván donde se sienta y se divierte con las hermosas esclavas que trae consigo para luego ponerlas a la venta. Hace el amor en presencia del resto de sus camaradas. A veces, el desenlace es una orgía comunal."

Los esclavos eran de las principales mercancías de los vikingos; la mayoría eran mujeres que vendían como concubinas. Los vikingos también negociaban con ganado, espadas, ámbar del Báltico y pieles de nutria, marta y castor. También exportaban desde el Ártico pieles de foca, y colmillos y pieles de morsa. A cambio, recibían vinos del sur, sedas y especias del este, brocados bizantinos, talabartería persa, joyería, artículos de tocador y cristalería. En varias excavaciones en Escandinavia, se han encontrado decenas de miles de monedas árabes de plata, de los siglos IX y X. Son testimonio del ansia de plata de los vikingos, a quienes les daba igual obtenerla en lingotes o en adornos y joyas. Se han hallado, en las tumbas vikingas, balanzas para pesar las monedas: el hecho de que muchas de ellas están cortadas por la mitad indica que se les daba más valor como metal que como moneda, en sentido estricto.

Al parecer, los comerciantes vikingos eran supersticiosos. Ibn Fadlan describe que se postraban en el suelo ante efigies de madera tallada, y les ofrendaban pan, puerros, leche, cerveza y aun corderos y vacas. También elevaban ofrendas cuando sobrevivían a eventualidades, como emboscadas o el paso por ríos turbulentos.

En canoa y trineos de caballos

Rusia estaba atravesada por las grandes arterias de los ríos Volga y Dniéper. Las tradicionales embarcaciones marinas de los vikingos no estaban bien adaptadas para los ríos, ciénegas y desfiladeros de estas arterias fluviales, por lo que tallaban canoas o llevaban botes más pequeños, y navegaban río abajo en flotillas. El hielo invernal no era obstáculo para los robustos nórdicos. Transportaban sus mercancías en trineos tirados por caballos equipados con garfios, lo cual les permitía surcar los pantanos congelados, a velocidades que era imposible lograr en verano.

Los vikingos usaban un barco llamado *knorr*, distinto de la galera guerrera, para el comercio marino. Construido con fines de carga y no de velocidad, era mucho más profundo y ancho que la nave de combate. Pero, al igual que la galera militar, el *knorr* tenía una vela, y estaba abierto, por lo que la carga y los marineros quedaban expuestos al clima. Con estas naves, cruzaron 6,400 km para llegar al Nuevo Mundo. Aunque los vikingos no conocían la brújula, eran hábiles navegantes que podían seguir una ruta por varios días sin tener tierra a la vista. Se orientaban gracias a su conocimiento de la posición de las estrellas y las corrientes marinas. Si un vikingo se perdía en el mar, se orientaba estudiando el vuelo de las aves marinas y las formaciones de nubes estacionarias, que se desarrollan más bien en tierra. Los marinos llevaban raciones de carne y pescado secos, requesón, galletas y barriles de cer-

Principio del viaje *Este* knorr, *o nave de carga, es preparado para el viaje.*

Monedas de conquista *Estos peniques de plata fueron acuñados en la ciudad comercial vikinga Jorvik (actual York). Sus imágenes eran el cuervo, símbolo de Odín, y el arco y la flecha.*

Tesoro enterrado *Los vikingos apreciaban la plata. Este bolso con monedas y adornos fue enterrado en el año 75 d.C. en Birka, Suecia.*

Antes de Colón *Hacia el año 1000 d.C., el vikingo Leif Ericsson navegó al oeste de Groenlandia y, diez días después, avistó Vinlandia, "Tierra de la vid". Se sabe con alguna certeza que una colonia vikinga se estableció en la actual Terranova.*

veza. Equipaban las cocinas con ollas, calderas y molinos manuales para los granos. Se han hallado martillos, cepillos para madera, y otras herramientas navieras de los vikingos, con las que hacían reparaciones en alta mar o construían botes en el extranjero.

El fructífero comercio vikingo hizo florecer varios centros comerciales. Hedeby, en la costa báltica de Jutlandia, fue una de las comunidades más prósperas, y sus 25 Ha de extensión estaban pobladas por más de 1,000 habitantes. Rodeada por una empalizada, la construyeron en un lago a la entrada de un fiordo, y sus múltiples muelles indican la cantidad de barcos cargueros que alguna vez albergó.

Pero Hedeby no fue única en su tipo. En Novgorod y Kíev, en Rusia, los vikingos fundaron postas comerciales que se convirtieron en grandes ciudades. Dublín fue una de las muchas bahías fortificadas que los nórdicos fundaron en las costas irlandesas, como base para sus travesías a las costas occidentales de Francia y España. York, en Inglaterra, y Ruán, en Francia, eran poblaciones que existían antes de la llegada de los vikingos; sin embargo, es notoria la influencia de estos últimos. A pesar de la actividad y prosperidad, nunca se convirtieron en ciudades durante la época vikinga.

Los nórdicos no eran citadinos: eran campesinos a quienes les gustaba la aventura, y este espíritu los llevó a colonizar islas en el océano Atlántico.

Democracia en Islandia

Las tormentas desviaron de su curso a los primeros vikingos y los obligaron a desembarcar en Islandia, que resultó ser muy fértil. Con bosques de abedules, rica en pescado y aves, los pantanos de la isla eran abundantes en hierro para las fraguas. Una oleada de inmigrantes en los siglos IX y X, formó una comunidad de pescadores y campesinos, famosos por su espíritu independiente y resuelto. Los vikingos islandeses fundaron una asamblea, o *althing*, donde todo el que no fuera esclavo opinaba y votaba. Fue la primera democracia rudimentaria desde la Antigua Grecia.

Al oeste se extendía la helada inmensidad de Groenlandia, descubierta en el año 982 por Eric el Rojo, un temperamental islandés prófugo por asesinato. Luego de invernar tres años en su accidentada costa, bautizó al lugar como Groenlandia (de *groen*, verde y *land*, tierra) para atraer colonos. Se formó una comunidad de 3,000 vikingos que se las ingeniaron para subsistir en chozas asentadas en los distantes rincones de los parajes árticos.

Comercio justo *Detrás de los invasores llegaron los mercaderes. Balanza de bronce y saco de lino (arr.), y pesas de plomo (aba.), que demuestran que las transacciones eran precisas.*

Tesoros del este *Artículos de lujo de tierras lejanas llegaron al país de los vikingos, como este vaso de vidrio árabe hallado en Suecia, o el pendiente de plata en forma de hacha, posiblemente de origen ruso, hallado en Noruega.*

CASTILLO, IGLESIA Y ALDEA

El orden en Europa, derrumbado tras las irrupciones del Islam y los vikingos, se restauró lentamente a partir del siglo X. Los castillos poblaban el paisaje, como amos y señores del campo, desde donde los terratenientes defendían a sus pueblos de ataques externos y dirimían disputas internas. Los caballeros andantes juraban lealtad a los señores feudales, al honor de sus damas y a Dios.

La iglesia y sus obispos gobernaron en lo referente a la moral, y desde las parroquias se oficiaban los ritos de nacimiento, matrimonio y muerte. Las catedrales se elevaban al cielo, y nuevos monasterios reemplazaron los que habían sido abandonados o quemados por los invasores. Estos edificios surgieron y fueron reparados por todos lados, conforme aumentaban la destreza y la tecnología de la albañilería. Un nuevo espíritu de confianza alentó a nobles y plebeyos, e incluso a los niños, a iniciar peregrinaciones hacia los santuarios de los mártires, y a enrolarse en las Cruzadas para rescatar a la Tierra Santa de las manos del Islam.

EUROPA OCCIDENTAL 1000–1450 D.C.

LENTO CAMBIO PARA BARÓN Y VASALLO

Conforme la vida diaria del norte de Europa se volvió más organizada, la población aumentó. La mortalidad infantil era alta, a menudo las mujeres fallecían en el parto y los hombres caían en las guerras; el conocimiento médico era limitado y no era común alcanzar la edad bíblica de tres veintenas y otros diez años. Pero lenta e inexorablemente la población creció. Tan sólo en Inglaterra, entre 1100 y 1300 d.C., el número de habitantes aumentó de tres a cuatro millones y medio, aproximadamente.

La mayoría siguió viviendo en el campo, y dependía de su amo —barones, condes, duques y príncipes— y de los cuerpos de guardia de éste. En lo que se refiere a los modos tradicionales de cultivo, según la costumbre local y las temporadas, los cambios fueron lentos, pero la escasez de recursos introdujo nuevas prácticas. En el pasado, se dejaba descansar la tierra un año de cada dos; luego, descansó sólo uno de cada tres, con rotación de cultivos y siembra de cereales y granos en primavera e invierno.

Sucumben bosques ante el arado
En algunos lugares, el caballo reemplazó al buey; las herramientas se especializaron y aumentó su eficiencia. El paso del arado alcanzó incluso las tierras de los confines lejanos. En Inglaterra, apenas en la Segunda Guerra Mundial hubo más tierra cultivable de

Canciones de amor *Los trovadores en las cortes de los señores feudales europeos cantaban el amor de los caballeros por sus damas. Se acompañaban con el laúd, introducido hacía poco tiempo del Medio Oriente. Los músicos interpretaban melodías en los cinco pares de cuerdas.*

la que existiera en 1300. En la frontera con el Sacro Imperio Romano, los alemanes incursionaron hacia el este, talando bosques y secando pantanos.

Las aldeas eran pequeñas. Sólo comunidades mayores, como la de París, rebasaban los 100,000 habitantes; las que tenían 10,000 o 20,000 habitantes eran consideradas ciudades importantes. Desempeñaban el papel de centros de comercio regional, donde se podía encontrar a los artesanos especializados.

La sede de las diócesis era la ciudad, con sus estrechas calles apiñadas alrededor de las catedrales, consideradas símbolos del orden y la religión. La imponente Catedral de Durham coronaba una colina que dominaba la campiña sometida por los soldados normandos; el obispo-príncipe tenía poderes especiales, otorgados por el monarca, y era rey sin corona del noreste de Inglaterra: mantenía a raya a los invasores escoceses. Casi toda ciudad tenía su castillo. Otros castillos se erguían en los cruces fluviales más importantes o en los pasos entre valles. En Inglaterra, en los 40 años posteriores a la conquista de 1066, no menos de 500 normandos recibieron autorización para erigir castillos, o sea "almenar" o rodear con murallas, en términos técnicos. En los campos de Florencia, Italia, documentos del año 900 mencionan dos castillos. En 1050, sólo había 52, pero en 1200, el número se elevó a 205.

Las ciudades y el comercio se expandieron juntos. La zona comercial del Mediterráneo, ubicada en Venecia, Pisa y Génova, exportaba e importaba artículos de Oriente, por lo que se convirtió en fuente de exóticas novedades. La zona comercial del norte, con sede en el Rin y el Báltico, se ocupaba de mercancías básicas, como madera, brea, hierro, grano y telas. Sólo después de 1300 se unificaron estas zonas, pues navegar por el Estrecho de Gibraltar excedía la habilidad de tripulantes y barcos. Hasta entonces, los comerciantes circulaban de una zona a la otra por los ríos, a bordo de barcazas, o mediante costosos viajes por tierra, en carretas.

Las ferias florecieron en los cruceros estratégicos, donde se desarrollaron las

Derrota del "recortado" *Las monedas se desgastaban, o perdían mucho valor, al recortarles el canto con el fin de obtener la plata. El penique inglés* Short Cross *(arr.), introducido en 1180, fue retirado en 1247 y se reacuñó como* Long Cross *(aba., izq.): la cruz larga dificultaba el recorte. El penique* Sterling *(aba., der.) fue acuñado a partir de 1279.*

estructuras financieras y los bancos con sucursales lejanas. Al principio, los cambistas o las casas de cambio tomaban las monedas de plata de acuerdo con el peso del metal; el gobernante local que las acuñaba guardaba para sí un porcentaje de ganancia. A partir del siglo XIII, fue más común negociar con papel moneda y cartas de crédito.

Los viajeros utilizaban los caminos no sólo para llegar a las ferias, sino también para las peregrinaciones; viajaban en grupos para reducir el riesgo de sufrir una emboscada de los bandidos. En un buen día de marcha, una población acostumbrada a viajar a pie hasta los mercados podía cubrir una distancia de 40 km. Soldados, mensajeros reales y funcionarios transitaban por los caminos. Grupos de monjes partían de un monasterio a fundar una nueva sede, mientras que un monje solo viajaba de un monasterio a otro, para difundir nuevas habilidades o aprenderlas, o para buscar notas acerca de conocimientos perdidos en alguna época de destrucción. Los monjes fueron cronistas de la época y de la región: año tras año anotaban los nombres de los

Oro en abundancia *Aprovechando nuevas oportunidades comerciales, un prestamista extrae bolsas de monedas de su caja fuerte para un cliente que se sobregiró.*

mandatarios, batallas, sequías, hambrunas y epidemias, y la ominosa aparición de un cometa. A veces criticaban a los gobernantes. Guillermo de Malmesbury se lamentó de que los monarcas, en lugar de defender los alrededores, se dedicaran a asolarlos.

Las guerras, públicas y privadas, eran frecuentes. Los enfrentamientos internos erosionaban la oposición contra el enemigo común: en la Batalla de Sluys, de 1340, primer enfrentamiento importante de la Guerra de los Cien Años entre Inglaterra y Francia, los marineros de Yarmouth y los Cinco Puertos desertaron de la marina inglesa para dedicarse a pelear entre ellos. En el siglo XIV, tras una larga época de expan-

Continente de reinos *A principios del medievo, Europa era un mosaico de reinos que se disputaban el poder. Unos 300 estados formaban el Sacro Imperio Romano.*

sión, el aumento de población comenzó a derrumbar los viejos sistemas de vida, agrícolas y de servicios. Los Cuatro Jinetes del Apocalipsis —hambre, peste, espada y fuego— alteraban las ideas populares. Muchos censuraron los privilegios de la Iglesia; otros, criticaron sus doctrinas. En la cristiandad medieval, aparecieron ideas y estilos de vida divergentes de la tradición.

Sociedad dividida *La vida de los nobles y la de los vasallos contrastaron durante la Edad Media. El título de este cuadro de Ambrogio Lorenzetti, "Efectos del buen gobierno", que muestra a un cetrero y un porquerizo, sugieren que el pintor concebía la diferencia como una virtud.*

LA CABALLERÍA NORMANDA A LA CONQUISTA

La extensa costa del noroeste francés sube hacia un paisaje donde se mezclan pastizales, zonas boscosas y pendientes suaves. Los vikingos de los siglos IX y X se sentían atraídos por estas tierras. Arrasaron ciudades y monasterios con tanta libertad que el rey francés Carlos III, el Simple, hizo una histórica negociación con uno de los invasores, el guerrero Rolón. En el año 911 d.C., Carlos le ofreció una gran extensión de tierra en el estuario del río Sena para fundar un ducado; tenía la esperanza de que, como un escudo, Rolón protegiera el reino de futuras incursiones vikingas. La esperanza fructificó. Rolón y su hijo no sólo se asentaron, sino que expandieron el ducado que actuó como el tan necesario escudo. Con el tiempo, los vikingos se casaron con la población local y adoptaron el idioma francés. Por facilidad lingüística, los hombres del norte o nórdicos fueron llamados normandos y el ducado se conoció como Normandía.

Los normandos también se convirtieron al cristianismo; pero se cuenta que, al menos al principio, estas conversiones no se fundaron en una fe devota. Se dice que algunos vikingos se hacían bautizar hasta 10 o 12 veces, con el único fin de obtener las vestiduras blancas que les regalaban luego de la ceremonia de inmersión.

Una élite de jinetes armados

Luego de ser amos del mar con las galeras vikingas, los normandos se convirtieron en guerreros en tierra, cuando dominaron las técnicas de la cabalgata sobre los caballos francos. Normandía era rica en pastizales donde los caballos de guerra, llamados *destriers*, proliferaban. Así, los caballeros, jinetes protegidos con armaduras, formaron una clase elitista entre los guerreros. Vestían cotas de malla hasta la rodilla, hechas con anillos de hierro entrelazados. A veces, las cotas tenían capuchas y estaban partidas a la altura de las rodillas para facilitar la cabalgata.

Sus cascos eran cónicos, de hierro, con una protección para la nariz. Su principal arma era la lanceta, usada para embestir. El jinete se protegía con un escudo alargado, que cargaba como si fuera una cometa, hecha de cuero sobre bastidor de madera y con refuerzos metálicos. O bien, como tenía correa, se lo anudaba al cuello, y así le quedaban las manos libres.

Los jinetes cabalgaban casi parados sobre las monturas, y la gente decía que un batallón de caballería a todo galope era prácticamente invencible. Se disponían en escuadrones, y su ataque era precedido por ráfagas de flechas que los arqueros disparaban para debilitar la resistencia enemiga. En el combate cuerpo a cuerpo, el guerrero empuñaba una espada de hoja ancha, diseñada para cortar de un tajo. Algunos además empleaban la maza, arma permitida incluso a los clérigos, pues con ella se podía partir cráneos "sin derramar sangre".

La caballería dio a los normandos la victoria en la Batalla de Civitate (1053), donde derrotaron a las fuerzas del papa León IX. Y fue esta caballería la que venció a la infantería sajona, en la Batalla de Hastings en 1066.

Por el canal a la victoria

Las tropas del duque Guillermo cruzaron el Canal de la Mancha en barcos con velas cuadradas —muy semejantes a las de las naves vikingas de antaño— hacia la famosa Batalla de Hastings. No todos los invasores eran jinetes: la caballería se apoyó en arqueros protegidos con chalecos de cuero y en la infantería, y se armó de cocineros, carpinteros y otros artesanos.

Biblia en un tazón *El ciborio (cáliz) de Warwick, hecho aproximadamente en 1175, guardaba hostias consagradas.*

Wace, el poeta normando, narra cómo los arqueros "fueron los primeros en atacar en la tierra, cada uno con el arco y el carcaj pendiente del hombro. Les siguió la caballería; todos ellos iban armados, con sus cotas, los escudos colgando al cuello y los cascos puestos; cada uno con armadura y cabalgando en caballo de guerra. Todos empuñaban la espada, y surcaron el llano con las lanzas en alto".

Los normandos culminaban sus éxitos en batalla con la construcción de castillos. Con éstos y la caballería, fundaron un extendido reino que, con el tiempo, abarcaría desde la frontera con Escocia hasta el mar Mediterráneo y el Levante. A la vez, el sistema feudal cobró su forma clásica. Según este sistema derivado de los francos, un terrateniente parcelaba sus tierras —llamadas feudos— y pedía a cambio pleitesía y el compromiso de cierta cantidad de servicio militar. La sociedad seguía una estructura piramidal: el rey, o duque, se apoyaba en la pleitesía que le rendían sus terratenientes más poderosos, quienes a su vez gobernaban sobre nobles de menor rango, y así, en escala descendente. Hasta abajo estaban los siervos, cuyo nombre proviene de la palabra latina *servus*, que significa esclavo. Aunque el rey estaba colocado en la cúspide de la pirámide, en la práctica, el poder auténtico residía en los duques y los condes quienes, en Europa, sólo prestaban servicios muy limitados al rey. Duques y condes eran gobernantes virtualmente independientes, y las diferencias que imperaban entre una corte real y una ducal a menudo no eran muy notorias. En ambas, los funcionarios domésticos formaban el concejo. El chambelán, por ejemplo, que se encargaba del dormitorio del rey, se responsabilizaba también de las finanzas: dado que aquel aposento estaba muy vigilado, era, por ende, el lugar más seguro para la tesorería. El canciller era el clérigo doméstico principal, tal vez el único de la casa que sabía leer y escribir; originalmente, se sentaba tras una celosía, o cancella, y ahí escribía y sellaba las cartas del rey.

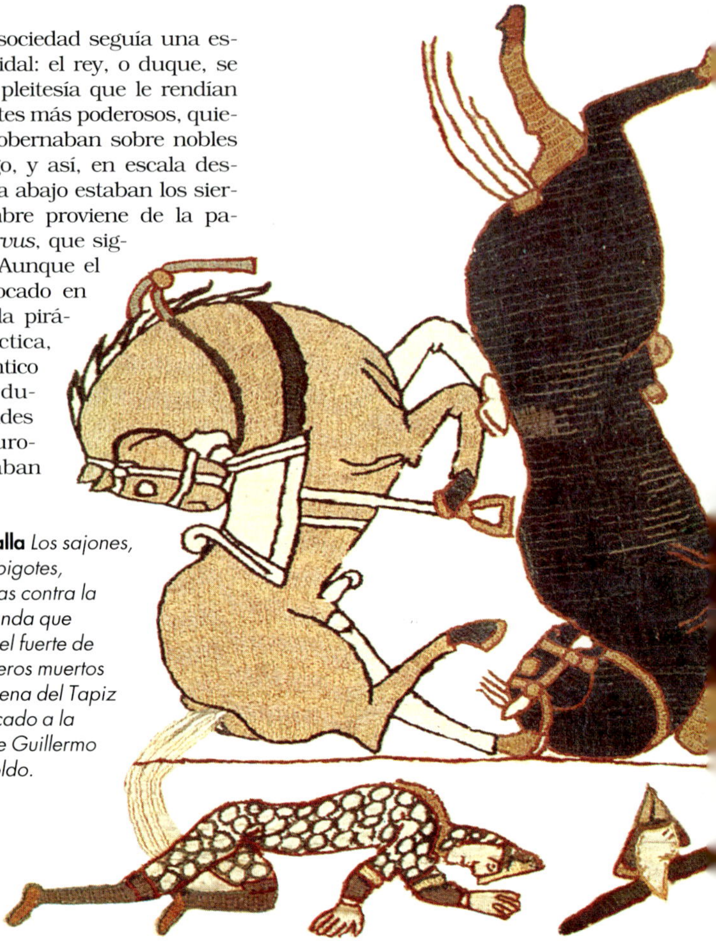

El tapiz de la batalla *Los sajones, con abundantes bigotes, blanden sus lanzas contra la caballería normanda que ataca, en 1066, el fuerte de Hastings. Caballeros muertos bordean esta escena del Tapiz de Bayeux, dedicado a la victoria del duque Guillermo sobre el rey Haroldo.*

CASTILLOS DE MADERA

Luego de conquistar Inglaterra en 1066, los normandos iniciaron un programa intensivo de construcción de castillos. El ejército conquistador del duque Guillermo trajo consigo castillos prefabricados. Un cronista describió la llegada de los carpinteros a las costas, que llevaban serruchos, niveles y cepillos. Aseguraba que el castillo "ya tenía forma, con agujeros para los clavos, mismos que trajeron en grandes barriles".

Tanto en Inglaterra como en otros lugares de Europa, a la victoria de los normandos seguía la construcción de sus castillos. El más común se levantaba sobre un montículo de tierra o terraplén, y consistía en una fuerte empalizada y una muralla al pie del terraplén. Con mano de obra forzada, estos palacios eran construidos en el transcurso de dos semanas. En 1100, tan sólo en Inglaterra ya se habían erigido más de 500. A veces se excavaba un foso, como línea adicional de defensa. Cuando se iniciaron épocas menos turbulentas, sobre los terraplenes se colocaron estructuras permanentes. Con el tiempo, casi todos los castillos normandos

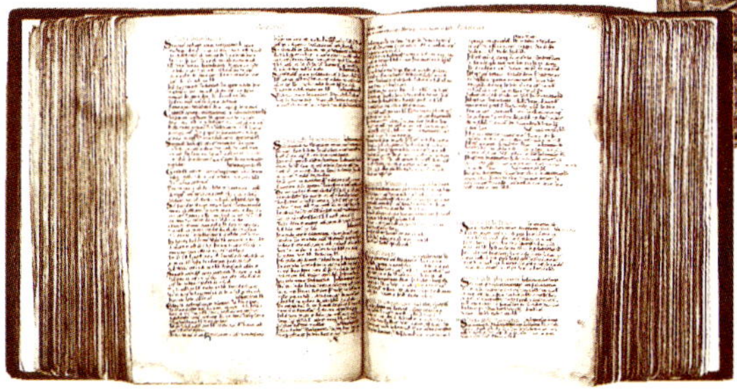

El ricamente encuadernado Libro de Domesday, de 1150

Páginas que muestran la labor de los escribanos franceses

Encuesta de los centenares *Guillermo el Conquistador ordenó levantar un censo en 1085, para registrar los recursos económicos de Inglaterra y las propiedades de los terratenientes. Bautizada como Libro de Domesday (del sajón dom, "juicio"), la investigación abarcó la mayor parte de Inglaterra, organizada en "centenares", nombre de las subdivisiones de los condados.*

fueron reconstruidos con cantera, y la muralla fue hecha de piedra, igual que un almacén en la cúspide del terraplén. Para los habitantes locales, estas construcciones marcaban nuevos límites territoriales: eran lugares reservados a los ejércitos de ocupación. Un cronista inglés de 1137 se lamentaba: "Llenaron el campo con castillos, y cuando los terminaron, los llenaron con demonios y hombres malvados."

LIBERTAD DENTRO DE LAS MURALLAS

"El aire de las ciudades hace libres a los hombres"; así rezaba un proverbio medieval. En la época en que casi todos dependían de la tierra, propiedad del señor feudal, las ciudades surgieron como cunas de la libertad. Dentro de estas bulliciosas —y a veces corruptas— colmenas, se vivía bajo normas muy distintas a las del campo. Sus residentes obedecían al alcalde y demás funcionarios electos. En vez de trabajar para mantener a un noble y su castillo, pagaban impuestos al rey y reunían entre ellos la suma necesaria para defender la ciudad.

La vida urbana resurgió en el siglo XI. Cuando las llamas de los disturbios se apagaron, algo similar a un gobierno organizado se asentó en los reinos europeos. Los príncipes jugaron un importante papel en este resurgimiento. Siempre escasos de fondos, permitieron que algunos poblados se independizaran y se desligaran del castillo local, a cambio de pagos en efectivo. El otorgamiento del estatuto del poblado era el gran acontecimiento de este proceso. Una vez otorgado, el concejo municipal se encargaba de la administración. Los poblados eran a veces ciudades romanas que renacían tras la destrucción bárbara, o nuevas comunidades que crecían a las puertas de un castillo medieval. Muchas emergieron de modo caótico alrededor de los senderos y límites de los conjuntos de parcelas, lo que explica las estrechas y sinuosas callejuelas. Los constructores también favorecían este estilo: la intrincada retícula de edificios era una protección contra el viento, en una época en que las ventanas de vidrio eran poco conocidas. De entre las ciudades europeas, París era la única que no tenía alcalde, sino un preboste o superintendente del rey. Era típico de las incipientes ciudades constituirse a partir de una asamblea de aldeas dispersas e interconectadas. Esto explica la abundancia de iglesias y abadías. Pastizales y pantanos en ambas márgenes del Sena, que eran linderos entre las aldeas, fueron cubiertos gradualmente con construcciones.

Ronda de elegancia *En el siglo XV se popularizaron la música y la danza, con sus ritmos y pasos que se volvieron más refinados. Estos cortesanos italianos bailan una ronda, semejante a las actuales.*

Como en otras ciudades medievales, los puentes parisinos tuvieron gran importancia, pues fueron los primeros centros comerciales: en ellos se instalaban tiendas y establos. Los cambistas ocuparon un puente que, a partir de 1142, fue conocido como Pont-au-Change (Puente del Cambio). Bajo Felipe Augusto II (1180-1223), rodeada por una muralla, la ciudad se convirtió en una unidad.

La gruesa muralla protegía el poblado y sus portones se cerraban al ocaso. Las calles no tenían alumbrado. Guardias de ciudadanos patrullaban las calles con antorchas, y si alguien deambulaba por la noche sin justificación, lo encerraban. Los pregoneros daban la voz de alarma.

Hacinamiento defensivo *Las ciudades medievales, como Cordes, al sur de Francia, eran construidas de manera acumulativa, para facilitar la defensa y evitar corrientes de aire. A pesar del riesgo de incendios y epidemias, este diseño urbano floreció aun después de la Edad Media.*

Calles para los comerciantes

El comercio se iniciaba al alba: los centros de la vida urbana eran el mercado y la catedral, y hacia ellos conducían los caminos desde las puertas de la ciudad. Las tiendas de los comerciantes especializados estaban junto a la plaza del mercado, y los negocios de un mismo ramo se concentraban en un solo lugar. Ello explica los nombres de algunas calles: la Avenida de los Car-

Baños mixtos *En las ciudades medievales el baño era algo más que aseo: las parejas incluso comían y bebían durante él.*

niceros, la de los Vinateros, Colina de los Granos, etc. E incluso la nomenclatura actual, como Rue de la Poissonerie (Calle de los Pescadores) o Rue des Cordeliers (Calle de los Talabarteros). Las pescaderías y curtidurías se situaban fuera de la ciudad, por la pestilencia que emanaban. En los días de mercado, los comerciantes locales complementaban la oferta de bienes propios con artículos de la campiña.

Las tiendas no tenían puerta: de noche, se cerraban con persianas o celosías que al día siguiente servían de anaqueles. Muchas mercancías se manufacturaban en el local, y en algunos comercios, los clientes podían llevar sus propios insumos; por ejemplo, llevaban la cena a la panadería para hornearla ahí. Había anuncios afuera de las instalaciones para indicar la especialidad, ora una bota ora un pescado. El poste del peluquero, pintado de rojo y blanco para señalar el doble papel de barbero y experto en sangrías, es un legado de esa época en que los símbolos estaban dirigidos a un público analfabeto.

Uno de los privilegios sancionados por el estatuto municipal era el derecho a formar gremios, asociaciones destinadas a proteger los intereses de sus miembros y mantener la calidad del trabajo o, además de hacer una buena labor social, pues asistían a las viudas, huérfanos y miembros enfermos. Ayudaban a construir escuelas e iglesias, y contribuían al mantenimiento de puentes y murallas. En los festivales, montaban obras de teatro, como autos sacramentales y otros espectáculos. Los transeúntes caminaban con sumo cuidado por la ciudad, pues la suciedad era abundante. La gente arrojaba basura y desperdicios por las ventanas, hacia los callejones en los que proliferaban moscas y ratas. Los cerdos husmeaban en el lodo pestilente, y perros y caballos defecaban al aire libre. También los seres humanos satisfacían estas necesidades en la calle: había letrinas públicas en plataformas sobre los ríos, o en canales que desembocaban en las vías fluviales, pero esas medidas solamente aumentaban el riesgo de contaminar las reservas de agua. Cundían las enfermedades, y muchas ciudades ubicaban sus hospitales afuera de las murallas, para recibir a los pacientes pobres. Las casas de baño, que abundaban en varias ciudades, tenían piscinas de agua caliente. Era costumbre familiar asistir a tales casas; incluso, en los salarios se incluía, a veces, una suma para poder acudir a bañarse. Los baños eran administrados por un gremio, cuyos empleados recibían una rigurosa capacitación. Aunque el comportamiento estuvo regido por severas normas, en cuanto se popularizaron los baños mixtos, se inició la promiscuidad.

Entre tanta insalubridad, las ciudades contaban también con fragantes huertos y jardines perfumados con hierbas y flores, y con zonas verdes para practicar la arquería y juegos de pelota.

Danzante *Este saltimbanqui, una talla de Munich, muestra un paso de danza de los artistas itinerantes en tiempo de carnaval; atados a las piernas lleva los cascabeles, emblema de las antiguas danzas morris, al estilo de las leyendas de Robin Hood.*

FERIA, FIESTA Y COMERCIO

Uno de los grandes acontecimientos en las ciudades de la Europa medieval era la feria anual, que tenía lugar en las afueras de la muralla y duraba varios días. Los monarcas estimulaban estas ferias para promover el comercio y sacar ganancias de los impuestos con que gravaban las mercancías.

Los negocios de la feria transcurrían en una atmósfera de carnaval. Un bufón en zancos se eleva sobre la concurrencia, los malabaristas siguen sus pasos, y trovadores con laúd divierten a los transeúntes. Un mercader muestra sedas que quizá sean chinas, y otro tiene suficientes ollas para abastecer por todo un año a los vinateros. En otras tiendas, los clientes regatean pieles rusas, vinos franceses y cristal italiano.

La feria está vigilada y bajo control. Los guardias montados supervisan todo, y la tienda pintada de colores brillantes aloja una corte especial llamada *piedpoudre* (pies enlodados), donde se dirimen las disputas de los quejosos que aún no se han aseado.

GREMIOS DE COMERCIANTES Y LADRONES

Las palabras *burgués, burgher* y *bourgeois* tienen idéntica raíz germana, *burg*, que significa "lugar fortificado", y éste fue el origen de la ciudad amurallada del norte de Europa. Los burgueses —sólidos ciudadanos de la clase comerciante— actuaron como una dinámica fuerza en la sociedad medieval. Separados de su tierra y mezclados en negocios con dinero y mercancías, la nobleza feudal los veía con desdén, y la Iglesia con desconfianza; como a usureros y estafadores.

La rutina diaria del comerciante incluía una visita a la sede gremial. Muchos ciudadanos ricos eran miembros de los gremios, que se volvieron cada vez más exclusivos. Se desarrolló un sistema rígido, en el cual los padres de familia pagaban para que un maestro artesano adiestrara a los hijos, de 11 o 12 años de edad, como aprendices, por un periodo de hasta siete años. Durante la enseñanza, el muchacho no cobraba sueldo o le pagaban muy poco. Sin embargo, recibía alojamiento en la casa de su maestro; a veces, dormía en el piso del taller.

> *"Al ver el local de un pañero, pienso que sufre de mala conciencia. Tan oscura es la ventana desde la que regatea contigo, que apenas puedes distinguir entre el verde y el azul."*
>
> JOHN GOWER, 1330-1407

Luego de la instrucción, el aprendiz se convertía en oficial y obtenía un salario diario. Entonces, tras otro periodo de ejercer el oficio, se le encargaba una pieza de la mejor calidad: era la prueba llamada "obra maestra". Si demostraba ser lo suficientemente hábil, era aceptado en el gremio y se le permitía tener un local y sus propios aprendices.

Gradualmente, las familias adineradas tomaron el control de los gremios, y como resultado muchos artesanos sin influencia quedaron condenados a pasar la vida como oficiales, sin posibilidad de admisión en la categoría de maestros. La vida del comerciante medieval era muy cómoda, pero sólo unos cuantos tenían acceso a ese rango. Inferior a ellos, la gente vivía en la pobreza, sin entrenamiento ni oficio. O les tocaban los trabajos más duros y sucios, o se las ingeniaban para vivir como proxenetas, recogedores de basura, mendigos, estafadores, barrenderos o ladrones. También para éstos existía una especie de gremio: asociaciones ilegales de ladrones y mendigos.

Los desposeídos formaban un elemento volátil en las vidas de los estables burgueses, en quienes se basaba la prosperidad de las ciudades. De estos amenazantes sectores salieron los rateros llamados "cortabolsas", que cortaban los monederos que pendían de los cinturones de los ricos (no existían los pantalones con bolsillos).

Vivir en una ciudad significaba ser miembro de una comunidad de autogestión. Todo aquel que no fuera esclavo podía participar en alguna de las congregaciones menores o en los concejos superiores; en tanto que los más acaudalados ocupaban los altos niveles gubernamentales. Pertenecer a la comunidad incluía prestar servicios públicos sin paga, como vigilar o patrullar las calles. También había funcionarios asalariados, financiados con los impuestos, que se encargaban de las mejoras y la defensa de la ciudad, o de mantener el orden y la ley y proporcionar otros servicios. Los impuestos se asignaban de acuerdo con varios métodos. El menos común

Firma y sello *Todo comerciante rico tenía sello propio, generalmente con motivos religiosos. Estos sellos ingleses muestran (arr.) a la Virgen y el Niño, y (aba.) el Cordero y el Pabellón.*

Sólo los mejores cortes *Un granjero lleva su ganado al carnicero, quien regatea para pagar lo menos posible.*

Con todos los servicios *La ciudad medieval apiñaba sus comercios en un reducido espacio. En esta calle francesa hay un sastre, un peletero y un abarrotero.*

Barrio de tapiceros *Un altar en la calle de los tapiceros garantiza su honradez. Las mercancías se exponen en anaqueles.*

y más efectivo se practicó en Nuremberg: cada quien tasaba su propia capacidad impositiva y pagaba la suma requerida. Había muchos obreros mal pagados, que desempeñaban los trabajos pesados y eran esclavos; en contraste, muchos artesanos leían y escribían y eran sumamente hábiles. Los artífices del lujo florecieron en ciudades como París, famosa por sus sedas, muebles, joyas, instrumentos musicales e imprentas.

Nuremberg fue célebre en Europa por una prodigiosa habilidad industrial. Los trabajadores especializados estaban agrupados en 140 gremios distintos: armeros; cerrajeros; productores de instrumentos científicos, de balanzas de precisión y lentes para anteojos; ilustradores de barajas; productores de llaves para barriles y de cuerdas para las violas.

En la actualidad, aún se recuerda a algunos de estos artesanos. Hans Lobsinger, por ejemplo, diseñó aserraderos y molinos de prensa, fuentes hidráulicas y pulidoras de pedales. Hans y Leonhard Donner construyeron ascensores; Georg Weaver fabricó contrapesos, y Hans Ehemann inventó una cerradura sin llave.

Favoritos de reyes y príncipes

Las ciudades bullían con espectáculos y cultura. Tenían sus propios teatros; organizaban conciertos, fiestas y danzas, y construyeron magníficas iglesias y edificios públicos que competían con las ciudades vecinas y rivales. Los comerciantes citadinos gozaban de una vida plena y satisfactoria. Si uno pertenecía a la pequeña élite interior, no sólo decidía acerca de asuntos del oficio, sino también influía sobre la política de la ciudad, e incluso participaba en decisiones a nivel nacional. Los ricos comerciantes eran los favoritos de reyes y príncipes, que frecuentemente necesitaban fondos para la corte o para abastecer el arsenal.

En todos los estratos de la sociedad, la vida en las ciudades medievales era patriarcal. El deber del marido era gobernar el hogar, lo que significaba reprender a esposa, hijos y sirvientes cada vez que él lo creyera necesario. De no hacerlo así, debía someterse a la vergüenza pública del "ritual de la escoria": acompañado de una procesión de tambores, un hombre que representaba al marido, con cuernos en la cabeza y montado al revés en una mula, era golpeado con el cucharón por una mujer, que representaba a la esposa, y la multitud abucheaba afuera de la casa de la víctima.

La mujer debía obedecer a los parientes varones o al marido. Su papel principal era administrar la cocina y la casa: preparar alimentos, limpiar todo, tener hijos y cuidar de los enfermos y ancianos. Las decisiones más importantes, que otros tomaban por ellas, eran la elección de un esposo y los detalles del contrato matrimonial, que especificaba la manutención. El trabajo más común de las mujeres solteras era hilar lana o lino.

Panaderas y destiladoras

A partir de los 9 o 10 años, la mayor parte de la niñas salían de su casa para trabajar como sirvientas. Sin embargo, las mujeres también podían trabajar en ciertos comercios, ya fuera con los parientes varones o por cuenta propia. Así, se empleaban en el negocio de telas y ropa, en las destilerías y panaderías y en el comercio de alimentos. Manufacturaban zapatos, guantes y sombreros, y administraban posadas. A veces, eran aprendices de oficios diversos, como impresoras o fabricantes de broches.

En ocasiones, una viuda continuaba el negocio del marido difunto, incluso podía contratar sus propios aprendices y oficiales. Las creencias de las mujeres acerca del mundo en que vivían influyó marcadamente en la estructura moral de la vida urbana medieval.

SENTENCIAS: DE BRIDAS A HOGUERAS

Preservar la ley en una ciudad medieval era tarea de cortes municipales especialmente nombradas. Si una mujer avergonzaba públicamente a su familia o vecinos, se le culpaba de alborotadora; su sentencia le mandaba usar una brida para inmovilizarle la lengua. Los pleitos callejeros y la ebriedad provocaban azotes o la exhibición en el cepo. Las prostitutas eran castigadas también con azotes, ante un público que las abucheaba y les arrojaba fruta podrida.

Había cierta tendencia a igualar el castigo con el delito: no era común el encarcelamiento. Más bien se trataba de sanciones rápidas y dramáticas. Se cortaba una mano a los ladrones, y los opositores al gobierno perdían la extremidad con la cual habían escrito las críticas. Se cortaba las orejas a los difamadores, pero se ahorcaba a los asesinos y a quienes cometían robos cuantiosos.

Las supuestas brujas pasaban por el juicio del agua: la acusada era arrojada a un estanque; si flotaba era culpable y la ejecutaban. Si se hundía, había sido inocente, pero irremediablemente moría ahogada. Las brujas y los herejes acababan en la hoguera: se creía que tal ejecución limpiaba la tierra de la malvada influencia de la brujería, mediante la purificación por el fuego.

El concejo municipal era cuidadoso en lo referente a cantidad y calidad de la reserva de comida. El uso de pesas y medidas falsas era castigado con la silla de zambullir. El carnicero que vendía carne de caballo como si fuera de venado, y el panadero que ponía piedras a la báscula al vender pan, eran puestos en el potro. Al destilador deshonesto lo forzaban a beber enormes cantidades de su propia cerveza, y luego lo bañaban con la que sobraba.

Los delitos menores se castigan con multas, con las que se financiaban las cortes. La Iglesia tuvo sus propias cortes; fornicadores y adúlteros sufrían la vergüenza pública: eran obligados a usar el sayal del penitente y a cargar unas velas.

Severa justicia *Los ladrones reincidentes eran castigados cercenándoles la mano.*

Marido golpeador *El marido tenía derecho a golpear a la esposa, aunque no debía hacerlo bajo el efecto del alcohol o en un acceso de mal humor. Tales agresiones se atribuían a una dieta mal balanceada.*

COMIDA EN LA CASA URBANA

Santo miope *En la Italia de 1280, se inventaron los lentes contra la miopía. En esta miniatura se representan unos anteojos.*

Las casas de las ciudades medievales tenían uno o dos pisos. El segundo era mayor que el primero; se proyectaba hacia afuera, lo que aumentaba el espacio, pero en el exterior oscurecía y estrechaba los callejones, dándoles una atmósfera oscura y sofocante.

Los terrenos privados eran estrechos y desembocaban en las calles, en forma de traspatios, a veces con jardín. A principios de la Edad Media, cuando el hacinamiento en las ciudades era menor y todavía se conservaban las tradiciones, se criaban cerdos, gallinas y vacas en los patios traseros. Las casas de los comerciantes tenían letrinas en el sótano, que debían limpiarse regularmente. Esta desagradable labor estaba a cargo de los "carreteros de la sociedad". Las casas no tenían agua corriente, y el líquido era acarreado desde ríos o pozos; o lo compraban a los aguadores. Tampoco contaban con baños: si alguien deseaba sumergirse en agua caliente, acudía a los baños públicos.

Frecuentemente, la cocina era un recinto separado, erigido en el patio, como precaución ante la posibilidad de un incendio. La cocina medieval estaba equipada con morteros, ramas para barrer, y grandes cantidades de arena para fregar los platos. También tenía ollas y sartenes de asas largas, aunque era más común hervir que freír, debido a la relativa escasez de grasa animal. Preferían usarla para jabón, velas y grasa para ejes, más que para cocinar. No todos los alimentos eran guisados en casa, puesto que muy pocas personas tenían horno. Era común que las amas de casa y los sirvientes llevaran los ingredientes a un especialista: por ejemplo, los ingredientes para un pastel, a un repostero. Los comerciantes acostumbraban comer abundantemente; en especial, gustaban de la repostería, ya fuera rellena con fruta y moras, o con jamón picado, quesos frescos, alondras o anguilas. Para entonces, ya se apreciaban los vinos de la región de Burdeos, que se compraban en botas de cuero. Con el tiempo, el mobiliario se volvió más elaborado. Hacia

Difícil labor *Aunque muchas mujeres medievales morían al dar a luz, en este cuadro, de una serie de seis escenas de parto, madre e hijo sobreviven.*

Tarro vistoso *Este tarro de arcilla, del siglo XIV, fue modelado con la forma de una cabeza.*

Vajilla y elegancia *Desde 1400, se usaron platos de* pewter *en la mesa.*

TIENDA EN LA CASA Y CASA EN LA TRASTIENDA

La casa del comerciante medieval servía, a la vez, de vivienda, taller y tienda. En la planta baja, el mercader de telas y su ayudante muestran sus mercancías, fabricadas en el mismo lugar. La tienda estaba al aire libre y contaba con una reja para cerrarla por las noches. La reja está montada sobre un eje, para que, durante el día, sea puesta hacia adelante y funcione como anaquel para exhibir la mercadería.

En la parte trasera de la casa, una olla de sopa burbujea sobre el fuego; el humo sale por las rendijas entre las paredes y el techo. Un sirviente vigila la olla, mientras una nodriza mece al bebé de la casa. Tras ella está el fregadero. En el dormitorio del primer piso, yace en cama la esposa del comerciante, luego de haber dado a luz. El médico le receta un tónico de hierbas, bajo la mirada vigilante de una dama de compañía. La Virgen, en una de las paredes, demuestra lo piadosa que es el ama de casa.

Algunas casas de comerciantes eran de piedra, aunque la mayoría seguían construyéndose de madera, y por consiguiente quedaban expuestas a incendios. Los espacios entre las tablas se rellenaban con argamasa, ramas entrelazadas o arcilla.

Calefacción *En los fríos meses invernales, se acostumbraba comer y beber más de lo debido. Aquí, un comerciante rico, envuelto en abrigos de pieles, se calienta al fuego mientras sus sirvientes le traen sopa y carne de la cocina.*

el siglo XIII, los acaudalados dormían en camas de madera decoradas con tallas y dibujos, y usaban sábanas de lino, almohadas y edredones bordados. Se acostumbraba colgar cortinas alrededor de las camas, desde el techo o de ganchos de fierro en los muros, para dar privacía en las habitaciones compartidas, y para abrigarse de las corrientes de aire. Dotadas de lámparas, estas camas eran habitaciones dentro de las habitaciones.

Los recipientes y vasos de vidrio no eran comunes, pero, a partir del siglo XIV, el vidrio se usó para poner vitrales en casa de los comerciantes. Eran pequeños: montados sobre retículas de plomo o montantes de madera sobre un marco de hierro; a menudo, los dueños, al mudarse de casa, se llevaban los vitrales con ellos. Los espejos de vidrio fueron uno de los muchos artefactos nuevos llevados por los caballeros cruzados.

Conforme aumentó el contacto con Oriente —de lo cual se encargaron los cruzados—, se modificaron los interiores de las casas. El caso de las alfombras fue el más notorio: en las residencias de los comerciantes, reemplazaron la bayeta, un áspero paño de lana. Sirvieron para cubrir bancas y sillas, y como tapices. Y aparecieron los tapetes, no siempre importados: a partir del siglo XII, los fabricantes europeos comenzaron a producir sus alfombras, copiando modelos turcos y persas.

Telas suntuosas y colores vivos

Las telas aumentaron en suntuosidad cuando los cruzados introdujeron el algodón, la diáfana muselina (cuyo nombre se deriva de Mosul, en Irak), el damasquino (de Damasco) y la gasa (de Gaza, en Palestina). Estos materiales transformaron la indumentaria medieval y le dieron un aire exótico. Las mujeres casadas acostumbraban cubrirse el pelo, y a principios de la Edad Media usaban tocas. Con las nuevas telas, posteriormente aparecieron tocas con puntas, de las que pendían velos de gasa. Los hombres vestían de colores moteados o con diseños de franjas. A partir del siglo XIV, las ropas se adornaban con cortes en zigzag en los bordes, o en diversas formas.

Los nobles usaban con frecuencia túnicas ultracortas; de esta manera mostraban las piernas cubiertas con mallas. Era una moda que los clérigos no aprobaban de buen grado. Los zapatos largos y en punta, propios de los más sofisticados, se hicieron tan alargados que era necesario atar las puntas a la rodilla, para que fuese posible caminar con ellos. Estas "pezuñas del diablo, con hocico y colmillos", eran abominables según la Iglesia, y se aprobaron leyes que intentaron restringir su longitud.

Los mercaderes en su lugar

Los burgueses competían con los nobles en ostentación; ponían bordes de pieles en las ropas y lucían alhajas. Como esta extravagancia de los plebeyos parecía amenazar la estabilidad del orden feudal, se aprobaron leyes para poner a la plebe en su lugar. Hacia el siglo XIV, los comerciantes de muchos países se distinguieron por sus largas túnicas oscuras, que debían usar para no competir con los vívidos atuendos de los aristócratas.

Los plebeyos acostumbraban usar el capuchón unido a una capa corta sobre los hombros. A veces, los mercaderes usaban la capa enrollada sobre la cabeza, como un turbante. Los sirvientes vestían la librea de sus amos, pues la ropa formaba parte del salario. Los hombres vestían la indumentaria de su oficio —como el sombrero del cocinero—, y los más pobres a veces recibían ropas en pago de haber sido plañideras en los grandes funerales. Los reyes daban ropa a sus funcionarios dos veces por año, en verano e invierno, y en los testamentos, los comerciantes legaban vestidos a los pobres.

El baño en las alturas *A fines del siglo XV, las letrinas eran comunes en todas las casas. Aquí se muestra una letrina instalada entre dos edificios, pero un hombre en el suelo usa un rincón más conveniente.*

Para guardar *Las cerraduras implicaban muchas llaves.*

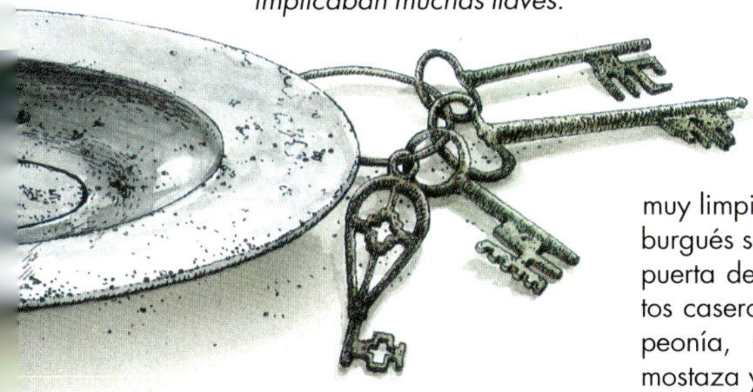

HIERBAS PARA GUISOS DUDOSOS

La cocina medieval se basaba en fuertes condimentos para mejorar el sabor de platillos dudosos, especialmente el de la carne, que se conservaba en alacenas no muy limpias y no muy frescas. La esposa del burgués sembraba hierbas de olor junto a la puerta de la cocina. Además de condimentos caseros, como tomillo, ajo y semillas de peonía, siempre había sal; se adquiría mostaza y azafrán, y los comerciantes llevaban desde Oriente grandes cantidades de pimienta. Pero el azúcar era un lujo escaso. Los cruzados introdujeron el gusto, junto con el maíz, los limones y melones. Los conos de azúcar eran tan costosos que siempre los mantenían en lugar seguro.

Era común comer pescado, pues la Iglesia decretó que no se debía comer carne los viernes (incluso sábados y miércoles, en los albores de la Edad Media). En la cuaresma, estaba prohibido comer carne, huevo y productos lácteos, por lo que la mitad del año era de "días de pescado". Lo cocinaban con perejil e hinojo, y el arenque era un platillo popular.

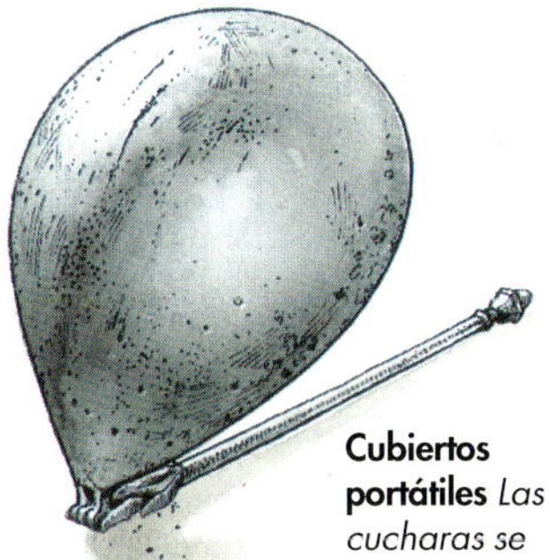

Cubiertos portátiles *Las cucharas se plegaban para poder llevarlas.*

SERMONES DE PIEDRA Y VIDRIO

Para las comunidades medievales, la decisión de construir una catedral era un proyecto de enormes proporciones, que requería gigantescas inversiones de trabajo y económicas. Las catedrales empequeñecían las casas que la rodeaban; la población de una ciudad medieval típica era de unos 5,000 habitantes, y las catedrales, como la de Chartres, podían albergarlos a todos.

No es sorprendente que muchas hayan requerido un siglo para ser terminadas. "¡Dichoso aquel que viva para ver la iglesia terminada!", dijo el poeta Henri d'Avranches. Sin embargo, sólo en Francia se completaron 80 catedrales y cientos de abadías entre 1180 y 1270; en toda Europa, 500 catedrales en cuatro siglos.

Aun en épocas de prosperidad económica, la tarea de recaudar fondos para comprar materiales y pagar a los constructores de las catedrales era un desafío para el ingenio de la localidad. Con frecuencia el obispo y su capítulo de monjes cargaban con la mayor parte: desviaban ganancias de sus propiedades y realizaban campañas para obtener fondos de los reyes y otros benefactores. La torre suroeste de la

Fuerza manual *La grúa operada manualmente requiere de la fuerza de dos hombres. Los andamios se sostienen mediante travesaños.*

DESTREZA EN UNA ÉPOCA DE PIEDRA

Construir una iglesia o catedral requería de toda la tecnología del medievo. Los canteros tallaban piedras para los muros y los marcos de ventanales, dando rienda suelta a la imaginación con siniestras gárgolas o elegantes estatuas de santos. Los ebanistas trabajaban el roble para el coro y el altar; los maestros de los vitrales emplomaban los amplios ventanales y los pintaban con escenas bíblicas.

La instrucción del albañil se iniciaba en las canteras, donde picaba piedras con cinceles de madera o les daba forma antes de que fueran transportadas al sitio de la construcción. Posteriormente, el aprendiz era promovido al tendido de bloques, y finalmente, al tallado. Para esta etapa, ya había adquirido su sello personal: por lo general, alguna forma angulosa simple, como una estrella o una cruz. Normalmente, un bloque labrado tenía tres sellos distintos que identificaban a los talladores, la cantera de origen (para que el dueño pudiera cobrar) y el punto de colocación.

Incluso los clérigos ayudaban en la construcción. Un cronista alabó a San Hugo de Avalón, un obispo de Lincoln, del siglo XII, por su entusiasmo y trabajo: "No sólo donó su riqueza y la labor de sus sirvientes, sino también el sudor de la frente: a menudo empuñaba el cubo de argamasa de piedra molida o la lima de construcción."

Modelado *Albañiles especializados usan picos, cepillos y reglas rectas y en T.*

Mezcla *Un albañil prepara una carga de argamasa.*

catedral de Ruán, en Normandía, conocida como la Torre de Beurre (mantequilla), fue financiada mediante la venta de indulgencias que permitían a sus compradores comer mantequilla durante la cuaresma. En Siena, Italia, se requirió a todos los dueños de bestias de carga para que contribuyeran con una carga de mármol. Algunos benefactores donaban piedra, madera o trabajo.

Los primeros francmasones

Los trabajadores no especializados eran reclutados en la ciudad, y para muchos, la paga era "la gracia divina". Se necesitaban batallones de carpinteros: la primera tarea era hacer carretas y barcazas para acarrear materiales y erigir un sólido refugio, apoyado contra la muralla de la ciudad, para que los albañiles (*mason*, en inglés y francés) trabajaran durante el invierno. Este refugio (*lodge*, en inglés) fue el origen de las logias masónicas. Igualmente, los carpinteros construían herramientas, andamiajes, plataformas, rampas y poleas.

El maestro albañil combinaba las labores de arquitecto, supervisor y contratista. Inspeccionaba el trabajo en las canteras, la carpintería y la construcción; y era el enlace con el patrón. Maestros albañiles muy capaces, como Henry Yevele de Canterbury, eran personajes bien remunerados que alternaban con los poderosos y los instruidos. Las vastas catedrales góticas de los siglos XII y XIII son notables por sus inmensas ventanas. Llenaron estos espacios con magníficos vitrales, cuyos vívidos colores fueron obtenidos a partir de una gama de colores que se limitaba al blanco, azul, amarillo, verde, rojo y morado. Los temas de los vitrales mostraban la relación entre este mundo y el siguiente, y explicaban la Biblia a los analfabetos.

El santuario de Tomás Becket, en Canterbury, fue adornado con 200 escenas de la vida, martirio y milagros del santo. Los vitrales de Chartres describen 43 oficios de la ciudad, incluso el gremio de toneleros: uno muestra a Noé como el primer vinatero.

Reyes, santos y el Arca de Noé

Las catedrales también fueron embellecidas con magníficas esculturas. La de Wells tiene 200 estatuas en su fachada oeste, y la de Chartres tuvo más de 2,000. En tanto que los nichos más prominentes se dedicaban a reyes y santos, los lugares menos visibles lucían pequeñas tallas con temas más terrenales y humorísticos. La sala capitular de Salisbury luce un friso con escenas del Viejo Testamento, como la del Arca de Noé y la caída de Sodoma y Gomorra, mientras que en Wells está la talla de un hombre con dolor de muelas. Las esculturas de Amiens representan vicios al igual que virtudes. La Cobardía es un caballero huyendo de una liebre, y la Rebelión es un hombre tronando los dedos a un obispo.

Se pintaban tanto los muros como los techos de las capillas. Guillermo de Malmesbury escribió que en la catedral de Canterbury, "sus coloreadas imágenes hacen que la vista vague hasta la misma cúspide del techo". La Crucifixión pintada en un corredor lateral proporcionaba el altar para celebrar la eucaristía en días de mucha ocupación. Pero la decoración del altar mayor era de gran importancia.

Por ser el mayor edificio de la ciudad, la catedral era el mejor lugar para las reuniones públicas: su portón era una especie de bolsa de trabajo; la cripta, el refugio de los peregrinos, y fuera de sus muros se reunían los comerciantes. Pero, sobre todo, la catedral era el centro de la vida religiosa de la ciudad, un lugar de culto. A partir del obispo, se iniciaba una jerarquía espiritual que llegaba al Papa, a San Pedro y a Cristo. El palacio obispal se situaba junto a la catedral, y desde él, el obispo y su séquito presidían el bienestar terrenal y espiritual de la comunidad. Del palacio partía una cadena de mando que pasaba por archidiáconos y deanes rurales y llegaba a rectores y vicarios. Bajo ellos, estaba el clero sin prebendas, que oficiaba las misas mortuorias; y los diáconos, sacristanes y acólitos.

Muchos curas eran aceptados como mediadores en las disputas de la aldea, y como representantes de la comunidad, frente al mundo exterior. La mayoría de los párrocos trabajaban las propias "glebas", o tierras asignadas a la Iglesia para sustento de los clérigos. Los curas desempeñaban penosas faenas en el campo, durante la semana, y se diferenciaban de su congregación únicamente los domingos, cuando oficiaban vestidos con una sencilla sotana.

Unión matrimonial *Un cura une las manos de una pareja durante esta boda del siglo XIV. Al paso de la Edad Media, la Iglesia cobró mayor injerencia en el matrimonio, que se volvió menos un asunto de seglares.*

Visión del párroco *Un clérigo ora ante la aparición milagrosa de la Virgen y el Niño. Los párrocos debían enseñar las oraciones a los niños de la aldea, y realizar los sacramentos del bautismo, el matrimonio y la extremaunción, así como oír a los habitantes en confesión.*

Paso del tiempo *Los relojes mecánicos permitían a los monjes medir el tiempo en la oscuridad y cumplir con sus plegarias a la hora correcta. Este reloj pertenece a la catedral de Wells, al oeste de Inglaterra.*

Gloria gótica *Las ferias comerciales financiaron algunas grandes catedrales medievales. Los adornados portales de Bourges simbolizan a la catedral como "Puerta al Paraíso".*

LOS CABALLEROS ANDANTES

Los normandos que desembarcaron en la costa de Sussex en octubre de 1066 eran veteranos y endurecidos guerreros, desdeñosos de los refinamientos. Por un momento, los habitantes de Hastings creyeron que se trataba de curas, pues llevaban los cabellos cortos, como de los clérigos de Inglaterra. Pero poco después, los normandos más jóvenes ya imitaban los largos y rizados peinados de los nobles ingleses, y su vestimenta se volvió más vaporosa y refinada.

Junto a esta sofisticación en aumento, se desarrolló el concepto de lo caballeresco. Conforme avanzó la Edad Media, la caballería se convirtió en una vocación rodeada de una idiosincrasia que la diferenciaba de la ruda realidad conocida por los primeros jinetes con armadura. Para llegar a caballero, los candidatos iniciaban, desde los siete años, un largo aprendizaje: se les enviaba a los castillos de los señores feudales en calidad de pajes. Luego, seguía el entrenamiento como espadachines y jinetes. A los 14 años, el paje pasaba a ser escudero, y realizaba labores para otro caballero. Sólo cuando cumplía los 21 años, el escudero se convertía en caballero.

Las idealizadas cualidades de los caballeros eran conocidas como "hidalguía", e incluían la honestidad, la cortesía y la disposición para defender a los desprotegidos. Aunque la cruda realidad a veces desmentía estas virtudes, también es cierto que se impusieron las normas de la galantería y que muchos las siguieron. Un ideal galante que acabó por sumergirse en la brutal realidad fue el torneo. Comenzó por ser un encuentro sin límites entre los temperamentales jóvenes de la casta militar, quienes originalmente formaban equipos y se enfrentaban en batallas en las cuales incluso la sangre era simulada. En un torneo, ocurrido en 1180 en Lagny-sur-Marne, Francia, intervinieron más de 3,000 caballeros montados, y al atardecer, el campo quedó sembrado de muertos y heridos.

Con el arreo *A partir de los 14 años de edad, el escudero asistía a su caballero durante siete años, desempeñando labores como cuidar del caballo y las armas.*

La Iglesia fustigó en vano tales diversiones y trató de encauzar a los caballeros por las sendas de la cetrería y la caza. Los juegos se consideraban como necesarios ensayos para la guerra. "El caballero no brilla en batalla si no se prepara en los torneos —escribió un cronista—. Debe ver manar su propia sangre y tener los dientes rotos por los golpes del adversario." Si el caballero sobrevivía a la derrota, enfrentaba un severo castigo: se le decomisaban caballo y armadura, se le retenía como prisionero y se exigía rescate para su liberación.

Gradualmente, unas formas de combate más organizado reemplazaron los encuentros libres. Las justas llegaron a convertirse en uno de los espectáculos más populares. Dos caballeros armados con lanzas sin punta se enfrentaban a todo galope, ante las multitudes que, desde las gradas, ostentaban los pendones. Las leyendas de amor cortés son veraces cuando relatan que las damas daban a sus caballeros favoritos prendas personales, como pañuelos o anillos.

Aves silvestres en la mesa

Caballeros y nobles regresaban de las emociones del torneo a una vida solitaria, dentro de castillos y fincas fortificadas. Asistían a misa cada mañana con sus familias; sus pasatiempos incluían ajedrez, backgammon y juegos de dados. Se guisaba en cocinas con piso de piedra y amplios fogones; los alimentos se comían generalmente asados. Se colocaban en morillos que los aprendices de cocinero hacían girar; a veces esa tarea estaba a cargo de muchachos de la servidumbre, que

Fortaleza en la roca *Los castillos en las cúspides se construyeron por toda Europa en la Edad Media. Aumentaban la comodidad en la vida cotidiana, conforme las costumbres se pacificaron. Este castillo, del norte de Italia, lo pintó el artista alemán Alberto Durero, en 1495.*

Estocada mortal *El torneo era una práctica para las batallas reales. Estos primeros participantes combaten con cota de malla; posteriormente, las justas se realizaban con armaduras completas. Las insignias personales en escudos y sobrevestes dieron origen a los escudos de armas.*

pasaban la noche en el piso de la cocina, o de perros que habían sido entrenados poniéndoles brasas encendidas bajo las patas.

Los normandos gustaban de las gallinas y aves de presa. Muchas fincas tenían sus propios palomares y corrales; cazaban las aves silvestres con trampas o halcones. Garzas, mirlos o conejos constituían los platillos.

Aunque el salón principal era el rasgo característico de haciendas y castillos, se idearon habitaciones más específicas. Si se colocaba una mampara en un extremo del salón, el señor tenía un cuarto privado para él y su esposa. Conforme los edificios aumentaron en refinamiento, la señora llegó a vivir en su propia habitación, centro de las pasiones asociadas con el amor cortés.

Este romántico concepto fue difundido por los trovadores itinerantes del siglo XII. Glorificaba el amor de un caballero por la dama elegida, que podía ser cualquiera que no fuese su esposa. El amor del caballero Lanzarote por Ginebra esposa del rey Arturo, pertenece a esta tradición.

Los aldeanos vivían en condiciones más precarias. El único refugio para ellos y su ganado eran las barracas sin ventanas, de tierra y hierbas, bajo una techumbre de helechos. Al anochecer, se alumbraban con juncos remojados en grasa de ganso o sebo. Algunos aldeanos eran libres o labraban las propias tierras. Otros, esclavos o jornaleros, poseían una porción de los campos de la aldea y el derecho a apacentar ganado en la tierra comunal y recoger leña del bosque, a cambio de los servicios prestados a su señor: trabajar las tierras del señor en ciertos días —con sus animales de tiro o sin ellos—, acarrear las pertenencias del señor, pagar cuotas fijas sobre productos propios, como gallinas y huevos, y otras labores varias.

Hacia el bosque *Un escudero intenta convencer a una doncella de que el amor cortés es necesario para un caballero.*

Pausa en el trabajo *Una doncella ofrece pastel y una copa de vino a un caballero que repara su propia armadura.*

Las iglesias eran importante centro de actividades, con su calendario de fiestas. En un principio erigidas con madera, posteriormente se reconstruyeron con piedra y sólidos arcos. La gente se reunía en el molino y la panadería del señor para moler el maíz y cocer los panes; a cambio, cedía una porción de sus ingredientes. La vida diaria seguía patrones fijos, con penosas labores en el cultivo de los campos y el cuidado del ganado. Las ferias daban un respiro a la monotonía con acróbatas, malabaristas, titiriteros y narradores.

El señor gobernaba mediante agentes como alguaciles y magistrados, que generalmente eran aldeanos que supervisaban las faenas. Los normandos administraban sus tierras con cierto vigor, y llevaron a Inglaterra la práctica europea del juicio por batalla, en el cual dos hombres dirimían sus diferencias peleando hasta que uno se rindiera. Primero, se proclamaban las acusaciones y las contraacusaciones; luego, los hombres peleaban bajo juramento, con la creencia de que Dios daría la victoria a aquel que hubiera jurado con sinceridad.

EL GRAN DÍA DEL ESCUDERO

Gilberto, que ha sido entrenado desde los siete años de edad, primero como paje, posteriormente como escudero, ha esperado con ansiedad este día, en que recibirá su espada y espuelas, en la ceremonia de la caballería.

Desde la tarde anterior, se bañó ritualmente con agua de rosas y estuvo en vela, orando en la iglesia, durante toda la noche. Por la mañana asistió a misa entre el humo de incienso y a la luz de velas. Ahora, con el corazón palpitante, camina entre una gran concurrencia de invitados, hacia el altar, donde lo espera el clérigo, quien empuña la espada que consagrará en la ceremonia.

"Bendice esta espada, con la que Tu sirviente defenderá a las iglesias; a viudas, huérfanos y a todos aquellos que sirven a Dios, contra la crueldad de herejes e infieles. Bendice esta espada, Santo Señor, Padre Todopoderoso, Eterno Dios..."; las palabras del clérigo resuenan en el coro donde Gilberto se arrodilla. Luego de la bendición, su señor le da la *colée,* un leve toque en la mejilla, antes de envainar la espada en el cinturón del joven. Le ponen las espuelas en los talones: Gilberto ya es un caballero, blande tres veces su espada en reconocimiento del honor, y vuelve a enfundarla.

De cabeza *Un caballero forcejea con su armadura de malla. Aunque pesaba 14 kg, los miles de eslabones que la formaban la hacían muy flexible.*

CABALLEROS Y ARQUEROS EN BATALLA

Durante el apogeo de los siglos XII y XIII, los amos de la guerra medieval fueron las bandas de caballeros con armadura que galopaban contra soldados de infantería mal entrenados. Eran personajes aterradores, imponentes con los yelmos que les protegían la cabeza, y los gallardetes heráldicos en sus escudos y sobrevestes.

Las normas caballerescas de la elegancia en combate fueron importantes en la literatura, pero la mayor parte del combate en aquellos días era, en realidad, a poca escala y algo sórdida: los caballeros hacían incursiones armadas en territorio enemigo, y los civiles que no se protegían en castillos o en las murallas de una ciudad eran masacrados.

La forma de combate más común era el sitio. Los caballeros no tenían piedad por los derrotados. El cronista francés Froissart describió la manera en que Eduardo, el Príncipe Negro de Inglaterra, mandó a sus tropas que acabaran con los más de 3,000 habitantes de Limoges, luego de tomar la ciudad en 1370.

Los soldados a caballo, entre los cuales estaba la élite de los caballeros, iban adelante en los primeros ejércitos medievales; la infantería quedaba en la retaguardia, para asegurar la base de la batalla. Caballeros y nobles comandaban sus propias formaciones de hombres con armadura; a cada uno lo asistían un escudero, un paje y, a veces, un arquero.

Cuando los caballeros se lanzaban a la carga, eran terribles y devastadores, aunque tenían un punto débil: como cargaban pesadas arma-

Caos a las puertas *Un sitiador sostiene una catapulta con la que arrojará piedras contra las murallas. Un arquero dispara el arco largo contra los atacantes, mientras los defensores se repliegan en la puerta de la ciudad. Hachas y espadas cortan las armaduras y los muertos yacen abajo.*

duras, eran muy vulnerables si perdían su montura. No es cierto que los caballeros caídos quedaran totalmente indefensos, pero les era muy difícil incorporarse. Si caían boca abajo, el enemigo les golpeaba el yelmo con mazas hasta incrustárselo en el cráneo; de caer de espaldas, se les levantaba la visera, y sólo alcanzaban a ver el brillo del acero de la daga enemiga, antes de que se la clavaran en un ojo.

Pero la época caballeresca quedó atrás. El principio del fin ocurrió en 1392, en la batalla de Nicópolis, en la que un ejército occidental de caballeros montados fue repelido por una tropa turca, que se apoyaba en la disciplinada infantería de jenízaros.

"Los franceses se jactaban de que les cortarían tres dedos de la mano derecha a todos los arqueros que tomaran prisioneros, con el fin de que ninguno de los soldados o caballos franceses volviera a caer bajo las flechas."

CABALLERO FRANCÉS EN AGINCOURT, 1415

Antes de existir la artillería, el peor enemigo de los caballeros eran los arqueros. Había dos clases de arcos: la ballesta, utilizada por las tropas europeas, y el arco largo, favorecido por ingleses y galeses. La ballesta era un arma sumamente precisa, y el impacto y velocidad de sus flechas le permitía perforar armaduras impenetrables para otras armas.

El arco largo, un arma de origen galés, adaptada y desarrollada por los ingleses, podía disparar más flechas que la ballesta: hasta 10 por minuto, si el arquero era hábil. Sin embargo, su rango de alcance era de 256 m, ligeramente menor que el de la ballesta. También era menos preciso, pero su ritmo de disparo compensaba estas limitaciones.

Los arcos largos estaban hechos de estacas de tejo u olmo, con una longitud de 1.80 m, tensados con cuerda. Los reyes ingleses valoraron tanto a los arqueros experimentados durante la Guerra de los Cien Años (1338-1453) que llegaron a pagarles hasta seis peniques por día, un sueldo excepcionalmente alto en su época.

Tanto para el arquero como para el soldado de infantería de bajo rango, la vida en campaña era de penurias. Una marcha forzada, incluso sin acción militar, cubría hasta 20 km: las distancias se fijaban de acuerdo con las necesidades de los caballos, no de los soldados. Además, los reclutas estaban sujetos a una brutal disciplina militar, donde los castigos incluían desde azotes hasta ahorcamientos, pasando por multas o tareas adicionales, en caso de delitos como robar o dormirse cuando tocaba vigilar.

Enfermedades: el peor enemigo

La comida era escasa, incierta y mal surtida: los soldados recurrían al saqueo para complementarla. El sueldo de un recluta en campaña era poco mayor que el de un civil por un día de trabajo y, frecuentemente, se le pagaba con retraso. Los soldados se sofocaban en verano y se helaban en invierno. Era más probable que murieran de peste o disentería que en batalla. El comisario tenía que hallar grano para la ración de los soldados, molerlo y hornearlo; también la cerveza, el pescado salado y queso. Además, las provisiones, así como tiendas y equipo personal de los soldados, debían ser transportados, por lo que se agregaban carretas y vagones a las columnas en marcha. Una campaña inglesa en Francia significaba incorporar unas 50,000 personas en la marcha, incluidas las prostitutas.

¿Por qué, entonces, los civiles jóvenes se enrolaban y tomaban el "chelín del rey", suma que, una vez aceptada, los unía permanentemente al ejército? En muchos casos, eran reclutados por la fuerza; en otros, impelidos por el hambre. Existía la posibilidad de obtener ganancias mediante el saqueo y el pillaje. Además de soldados, todo ejército tenía mercenarios que, por contrato, peleaban a favor de cualquiera que los empleara; no reconocían ninguna autoridad que no fuera la del líder que ellos mismos habían elegido.

Yelmo protector *La visera protuberante desviaba las flechas. Una inscripción bíblica protege al caballero.*

Fortaleza de vagones *El* wagenburg, *un círculo de vagones unidos por cadenas, y defendido por cañones y arqueros, se desarrolló en la Bohemia del siglo XV. Anticipó las tácticas de los pioneros estadounidenses contra los indios, que se usarían 400 años después.*

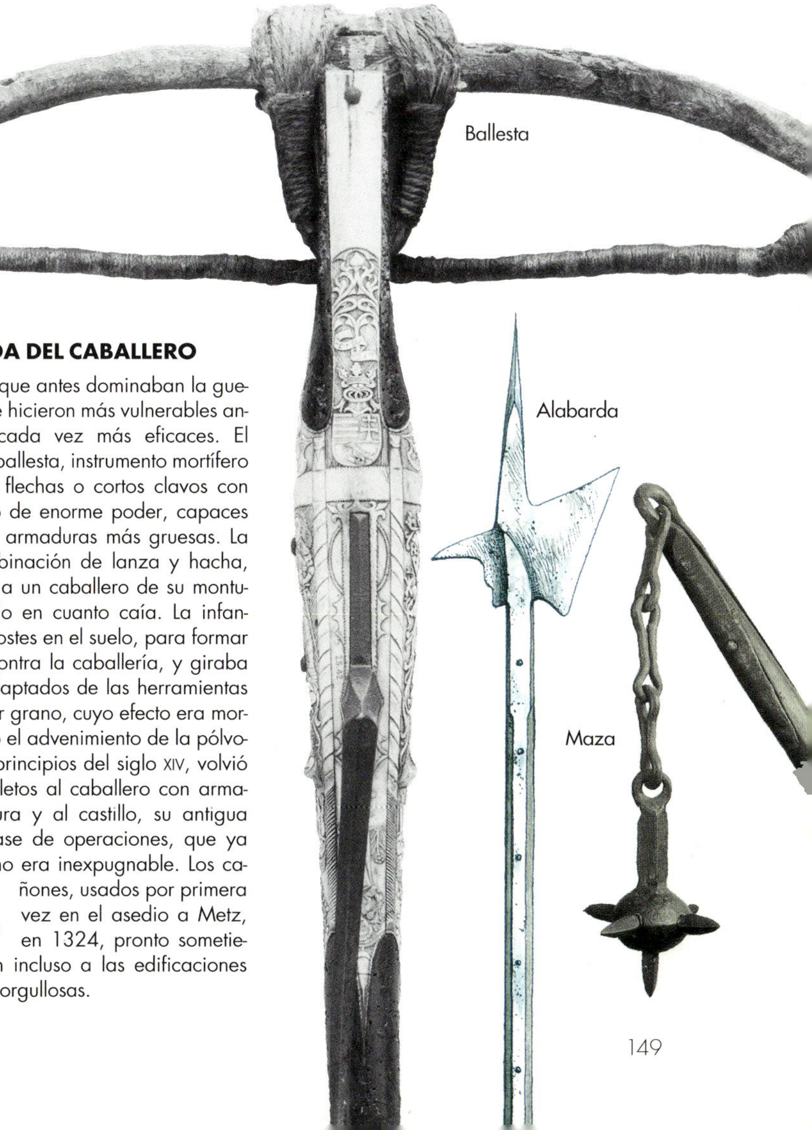

LA CAÍDA DEL CABALLERO

Los caballeros, que antes dominaban la guerra medieval, se hicieron más vulnerables ante las armas cada vez más eficaces. El arquero usó la ballesta, instrumento mortífero que disparaba flechas o cortos clavos con punta de acero de enorme poder, capaces de perforar las armaduras más gruesas. La alabarda, combinación de lanza y hacha, podía derribar a un caballero de su montura, y apuñalarlo en cuanto caía. La infantería clavaba postes en el suelo, para formar una barrera contra la caballería, y giraba mayales adaptados de las herramientas para trillar grano, cuyo efecto era mortal. Pero el advenimiento de la pólvora, a principios del siglo XIV, volvió obsoletos al caballero con armadura y al castillo, su antigua base de operaciones, que ya no era inexpugnable. Los cañones, usados por primera vez en el asedio a Metz, en 1324, pronto sometieron incluso a las edificaciones más orgullosas.

LA DANZA DE LA PESTE NEGRA

"¡Mi hermano, mi hermano! ¿Qué he de decir ahora? ¿Adónde iré? Hay dolor, el temor cunde por todas partes. Quisiera no haber nacido o haber muerto antes de estos tiempos. ¿Cuándo se habían visto tantas casas vacías, tantas ciudades desiertas, campos en los que no caben los cadáveres, y esta soledad horrible y universal que envuelve al mundo entero?"

Así escribió el poeta italiano Petrarca, en Parma, el 19 de mayo de 1348. El amargo lamento estaba dirigido a su hermano, único sobreviviente de un monasterio habitado por 35 personas víctimas de la Peste Negra. La epidemia sacudió a Europa a partir de 1347, y el cataclismo se llevó a muchos de los mejores amigos de Petrarca, incluso a la joven y hermosa Laura, quien inspiró algunos de sus mejores poemas y que murió en abril de 1348.

La enfermedad y la muerte no eran ajenas a las sucias ciudades y aldeas de la Europa medieval. Pero la Peste Negra fue una visita devastadora. Se cree que se inició en Asia Central, se propagó a China y la India y luego a Crimea y Europa. La epidemia se difundió por las rutas comerciales, y su portadora fue la rata negra, que alojaba a la pulga *Ceratophyllus fasciatus*, portadora del bacilo de la peste.

Los guerreros tártaros, que en 1346 sitiaron el puerto de Caffa en la costa de Crimea, fueron una vía de entrada de la peste a Europa: sus tropas la padecían; usaron catapultas para arrojar los cadáveres tras las murallas de la ciudad y contaminaron a los habitantes. Los comerciantes que huyeron de Génova llevaron la peste consigo. La forma más común de la enfermedad era la peste bubónica, caracterizada por dolorosas hinchazones negras, o bubones, en las ingles y axilas. Otros síntomas eran vómito, fiebre y delirio, pero a veces las víctimas se recuperaban al cabo de unos días. Las plagas neumónica y septicémica eran más virulentas y afectaban los pulmones y el torrente sanguíneo, respectivamente. En el caso de la septicémica, era común que una persona perfectamente sana la contrajera durante el día y muriera por la noche.

Italia fue uno de los primeros países de Europa en ser alcanzado por la peste, y los poetas Petrarca y Boccaccio son solamente dos de los muchos escritores que nos legaron crónicas acerca de sus trágicos efectos. Al principio, cuando las víctimas recibían ceremonias fúnebres, las iglesias evitaban tocar las campanas para que no cundiera el pánico. Pero luego las víctimas fueron tan numerosas que los cadáveres eran lanzados a la fosa común, sin ninguna clase de funeral.

Ritos de los "flagelantes"

Sobre todo, la Peste Negra parecía personificar la ira de Dios que caía sobre la humanidad pecadora. En Alemania, Flandes y algunos lugares de Francia, los "flagelantes" realizaban grotescos actos de penitencia: hombres y mujeres se flagelaban hasta el frenesí, con látigos de puntas metálicas, para expiar sus pecados. Procesiones de hasta 1,000 figuras con capuchas negras recorrían los campos hacia las ciudades y aldeas. Los hombres las precedían, seguidos de las mujeres. Ante la mirada del populacho, formaban un gran círculo y se desnudaban hasta la cintura, apilando sus ropas en el centro del círculo. Luego, a una señal del líder, se arrojaban al suelo, generalmente con los brazos extendidos, como crucificados. Blandiendo un

Sepelio para las víctimas *Al principio había ataúdes, como en este sepelio en Tournal, Bélgica. Luego, cuando las víctimas de la peste aumentaron y escaseó la madera, los muertos iban a la fosa común.*

"Muchos murieron en las calles, de noche y de día; de los que morían en las casas, la ausencia era notada sólo cuando el hedor de sus cuerpos putrefactos publicaba la noticia."

GIOVANNI BOCCACCIO, 1351

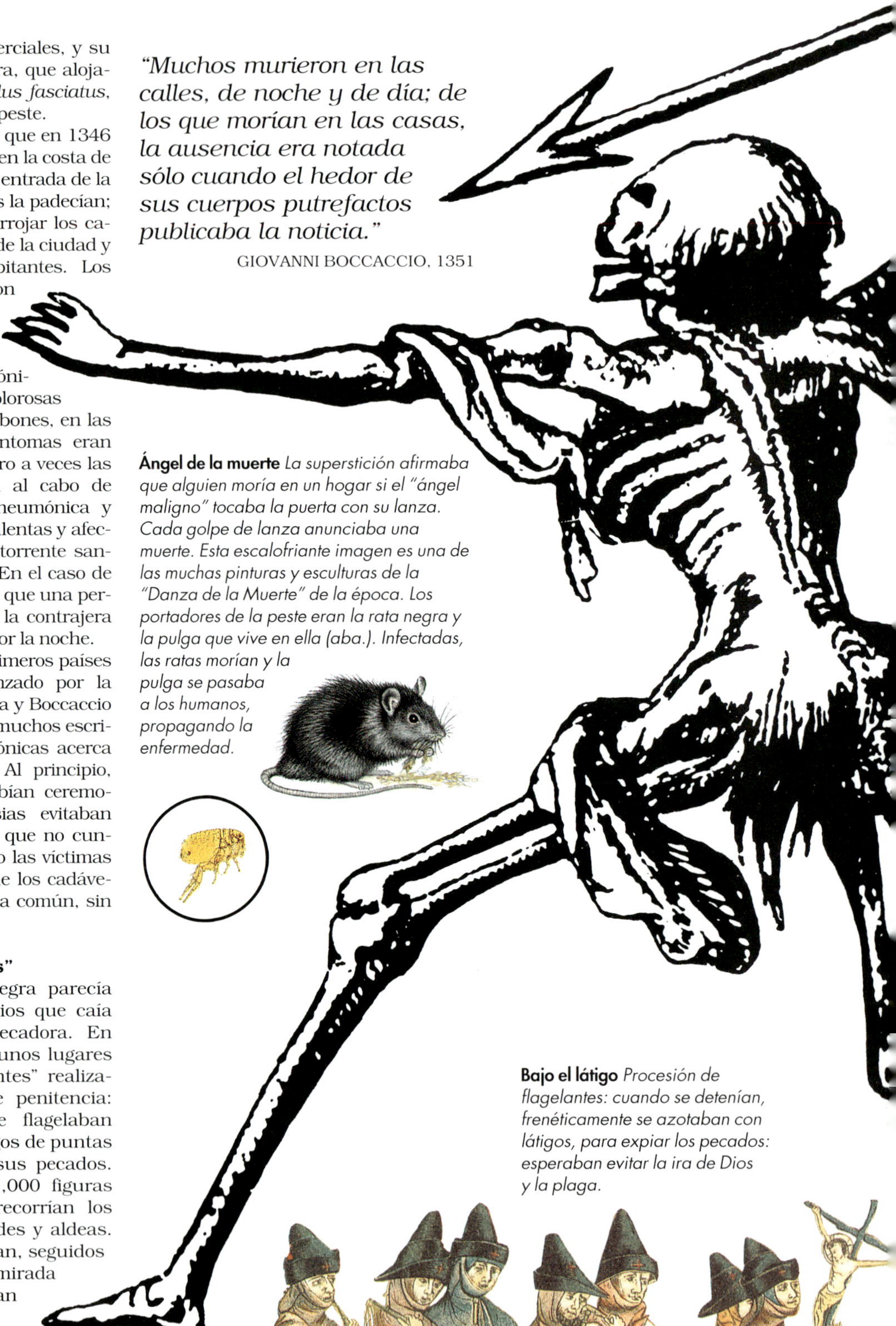

Ángel de la muerte *La superstición afirmaba que alguien moría en un hogar si el "ángel maligno" tocaba la puerta con su lanza. Cada golpe de lanza anunciaba una muerte. Esta escalofriante imagen es una de las muchas pinturas y esculturas de la "Danza de la Muerte" de la época. Los portadores de la peste eran la rata negra y la pulga que vive en ella (aba.). Infectadas, las ratas morían y la pulga se pasaba a los humanos, propagando la enfermedad.*

Bajo el látigo *Procesión de flagelantes: cuando se detenían, frenéticamente se azotaban con látigos, para expiar los pecados: esperaban evitar la ira de Dios y la plaga.*

látigo de varias colas con puntas metálicas, el cabecilla pasaba entre ellos y azotaba a quienes adoptaban ciertas posturas, destinadas especialmente para los pecadores: los adúlteros se postraban boca abajo y los perjuros se tendían de costado, alzando tres dedos. Después, a otra señal, todos se azotaban a sí mismos con látigos similares, fustigándose las espaldas y pechos, animados por tres o cuatro de sus colegas colocados en el centro del círculo.

En junio de 1348, la Peste Negra cruzó el Canal de la Mancha, tomando su primer bastión inglés en Melcombe Regis, que actualmente es parte de Weymouth, en Dorset, condado costero del sur de Inglaterra. Aunque el culto de los flagelantes nunca arraigó en las Islas Británicas, éstas sufrieron muerte y devastación como el resto de Europa. Sin campesinos ni ganaderos que las cuidaran, las cosechas se pudrían en el campo y el ganado huía. Los clérigos sucumbían ante la enfermedad junto con los demás, o huían de sus congregaciones contagiadas. En todas partes, los padres cargaban a sus hijos muertos, hacia las fosas comunes. "El hedor de estas fosas era tan intenso que nadie se atrevía a acercarse a los cementerios", escribió William Dene, un monje de Rochester, en Kent. Nadie sabe cuántos murieron en Europa, pero se calcula que la Peste Negra cobró 20 millones de víctimas. En Inglaterra, la primera oleada diezmó un tercio de la población, y brotes subsiguientes, en 1400, la redujeron a dos millones.

El resultado fue una explosiva alza salarial para las clases trabajadoras que sobrevivieron. Los obreros se hicieron tan escasos que exigían, y recibían, cuantiosos aumentos. Muchos campesinos duplicaron sus ingresos de un solo golpe o abandonaron a sus terratenientes para recibir mejor paga en otras partes, acelerando así el cambio social que se gestaba, pues se habían erosionado las relaciones entre señores y vasallos.

No hubo piedad para los campesinos *La Peste Negra produjo escasez de mano de obra en toda Europa, y por eso los campesinos se atrevieron a expresarse más abiertamente que en los primeros tiempos feudales. En Francia, la "rebelión de la Jacquerie", de 1358, fue reprimida por los nobles, quienes cazaron y masacraron a los rebeldes.*

La aldea en extinción

A fines de la Edad Media, desaparecieron miles de aldeas europeas. En Inglaterra, un 20% de las aldeas fueron abandonadas y olvidadas: sólo se supo de ellas siglos después, mediante la fotografía aérea. No todo se debió a la Peste Negra: las hambrunas ya habían provocado daños, y con el alza del comercio lanar, los terratenientes convirtieron la tierra cultivable en pastizales y acabaron con las comunidades agrícolas. Pero la Peste Negra fue el factor principal que despobló las tierras en una escala casi inimaginable. No fue sino hasta 1600 cuando el continente recuperó el nivel de población previo a la peste.

También fue una catástrofe global. La peste devastó el mundo islámico y diezmó a la población nómada de las estepas euroasiáticas. Entre 1200 y 1393, la población de China se redujo a la mitad. Los historiadores chinos culparon a los invasores mongoles, pero la verdadera causa probablemente haya sido la peste.

LA PESTE Y EL DILEMA DE LOS MÉDICOS

La Peste Negra puso al desnudo la ineficiencia de la práctica médica medieval. El profesional común de la época era poco más que un yerbero, hábil para recolectar plantas en los campos y senderos, pero con pocas nociones de la causa de las enfermedades.

Frente a una grave epidemia, todo lo que podían hacer los médicos de aquel entonces era cuidarse de no contraer la infección.

Para explicar la calamidad, los azorados médicos estaban tan confundidos como los demás. Algunos suponían que la plaga era producto de una niebla perniciosa, originada por una extraña conjunción de los planetas. Otros afirmaron que los judíos envenenaban los pozos: estaba muy difundido el antisemitismo histérico, el cual produjo una cruel persecución.

La cuarentena fue una práctica importante originada durante la Peste Negra: los barcos que llegaban de Oriente eran aislados durante 40 días —en italiano, *quaranta giorni*—, y sus tripulantes tenían prohibido desembarcar. En los puertos mediterráneos, esto fue una medida común durante el siglo XV.

Olor de muerte *Un médico del siglo XV se protege oliendo un bálsamo perfumado, al tomar el pulso de una víctima de la peste.*

El lamento del lisiado *La medicina medieval fue igualmente incapaz ante los lisiados y ante la peste.*

Un lugar para la paz *En todo monasterio, había un oasis central de espacio al aire libre. Este patio, a veces cubierto de césped, estaba separado del claustro por columnas pareadas, bajo las cuales los monjes caminaban, con la cabeza baja y en silenciosa plegaria. Los edificios principales del monasterio rodeaban el claustro.*

LA VIDA DE UN MONJE: REZOS Y TRABAJOS

Al mismo tiempo archivo y biblioteca, tesorería, colegio y centro artesanal, el monasterio fue el núcleo de la cultura cristiana. Mas su primer objetivo había sido orar y alabar al Señor, formando una comunidad autosuficiente cuyos miembros hacían votos vitalicios de pobreza, castidad y obediencia incondicional a sus superiores.

Los monjes también hacían votos de permanencia, jurando no mudarse de una casa a otra, a menos que se lo mandara un abad. Sin embargo, algunos monasterios eran base de operaciones de los misioneros que difundían la fe en las zonas paganas. Otros fueron centros que hacían utilizables las tierras y desarrollaban técnicas agrícolas. Otros más, como los de Reichenau y Fulda, en Alemania, fueron famosas escuelas de pintura. Finalmente, monasterios como el de Bobbio, en Italia, tenían renombradas bibliotecas. Saint Gall, en Suiza, fue el centro educativo más importante al norte de los Alpes, antes del surgimiento de París.

Casi todos los monasterios daban albergue a los viajeros, y muchos cuidaban de los enfermos. La vida cotidiana del monasterio estaba organizada alrededor de la rutina regular de servicios divinos, que ocupaban por lo menos 5 de las 24 horas. En verano, se iniciaba a medianoche con Maitines, que duraban una hora. Luego, se dormía un poco más, hasta el servicio de Primeras, a las 6:00, que duraba media hora. Después de un frugal desayuno de pan y cerveza, los monjes acudían a sus labores y estudios. Se reunían a las 9:00 para oír misa, después de la cual discutían asuntos y negocios en la sala capitular, antes de la segunda misa, que era a las 11:00.

La comida principal era el almuerzo a mediodía: sopa, pan, verdura y fruta con queso o huevos. Se comía carne o pescado, siempre que no fuera día de ayuno, que en las órdenes más estrictas abarcaba la mitad del año. Durante la comida, los monjes oían lecturas de las Sagradas Escrituras; luego descansaban hasta Nonas, a las 14:00. El trabajo vespertino, interrumpido por Vísperas a las 16:00, finalizaba con la merienda de las 18:00; y el último servicio del día, Completas, se realizaba a las 19:00. Luego de un rato de lectura, los monjes se acostaban sin quitarse el hábito.

El padre de la vida monástica occidental fue San Benito de Nursia, que en el año 529 fundó un monasterio en Monte Casino, al sur de Roma. Impuso las rutinas básicas de los monasterios; dividió el día en lapsos equilibrados entre trabajo, descanso, estudio y devoción. El ideal de San Benito era una comunidad piadosa, pero disciplinada, aislada de las tribulaciones y tentaciones de un mundo incierto.

Bolsillo para los impuestos

Casi todos los monjes trabajaban arduamente y administraban bien las propiedades otorgadas por los recientemente convertidos reyes de Europa. También se beneficiaban con donaciones de los ricos y de quienes querían paliar sus culpas. Eran hábiles para aprovechar exenciones de impuestos e intercambiar privilegios. Las grandes abadías en las riberas de los ríos Loira, Sena, Ródano, Rin y Mosela poseían flotas mercantes propias y realizaban un comercio favorable. Pero la abundancia material ocasionó arrogancia y corrupción, y amenazó el principal objetivo del ideal monástico.

> *"El monasterio debe construirse para satisfacer todas las necesidades, para que así los monjes no deambulen por el mundo, lo cual no es provechoso para sus almas."*
>
> SAN BENITO, HACIA 535 D.C.

La abadía de Cluny, establecida en Borgoña en el año 910, fue la iniciadora del resurgimiento de la disciplina monástica en Europa Occidental. Pero en 1130, los monjes se ensoberbecieron y construyeron una basílica tan grande que durante cuatro siglos fue la mayor iglesia del mundo.

La construcción de un monasterio generalmente obedecía normas establecidas. La iglesia formaba un lado del claustro, donde los monjes se ejercitaban y estudiaban. Otros edificios alrededor del claustro incluían la cocina y el refectorio. El dispensario a veces tenía su propio claustro. Más allá estaban las letrinas. Para la época, los monasterios daban a sus habitantes buena atención

Descolgar el hábito *Las esposas repudiadas e hijas réprobas ingresaban a los conventos, donde su primer sacrificio era el corte del cabello (arr.). Cuando un monje novicio hacía sus votos finales y se le aceptaba en la hermandad, el abad le ponía el hábito sobre la cabeza (aba.).*

LABOR DE MONJES

Como miembros de una comunidad autosuficiente, los monjes desempeñaban labores varias, fueran trabajos pesados o delicadas artesanías, tareas administrativas o domésticas. Los hermanos legos ayudaban como artesanos especializados, o bien, cultivaban los cortijos. Aunque separados del mundo, los monjes no estaban aislados. El monasterio era terrateniente y empleador de la mano de obra local, un lugar donde se cuidaba de pobres y enfermos; ofrecía alojamiento para el viajero y escuela para los niños.

División del trabajo *Dos monjes parten un tronco. Uno sostiene el hacha y el otro la clava con un mazo de madera.*

Malos hábitos *No todos los monjes mantenían los votos. Este dibujo satírico retrata a un transgresor que comparte el cepo con su amante.*

médica; algunos tenían sofisticados sistemas de agua corriente y drenaje. Otros disponían de vivienda separada para el abad, dormitorio para hermanos legos, casa de huéspedes y establos para los visitantes, y caseta de entrada.

El abad dirigía el monasterio, aunque se ausentaba por largos periodos para visitar al obispo o al rey, participar en sínodos, visitar propiedades lejanas o inspeccionar monasterios subsidiarios. El prior sustituía al abad en la dirección del monasterio.

Los monasterios tenían funcionarios, como el chantre, que supervisaba la música y la organización de ceremonias. El canciller se encargaba de la biblioteca, el archivo y la correspondencia. El sacristán supervisaba las construcciones, mientras que el dinero y las provisiones eran manejadas por el tesorero y el cillero, respectivamente. Los nuevos miembros pasaban por lo menos un año como novicios antes de hacer sus votos. Tenían que aprender el lenguaje de más de 100 señas que los monjes usaban durante los periodos de silencio. Por ejemplo, mover el índice de arriba abajo sobre la punta del pulgar, a la altura del ojo significaba "Pásame el vino, por favor".

Además de la comunidad de monjes, los monasterios más grandes contaban con docenas, a veces centenares, de hermanos legos que hacían votos de pobreza, permanencia, castidad y obediencia, pero no se comprometían totalmente con la vida monástica. Dado que había necesidad de textos para estudiar o leer en el refectorio y los servicios, los monjes pasaban muchas horas en la meticulosa y costosa labor de copiarlos a mano, utilizando sólo pluma, tinta y pergamino.

Era tan importante preservar la letra escrita en esta época de analfabetismo masivo, que las reglas de San Benito permitieron a los monjes poseer plumas, a pesar de sus votos de pobreza. También producían obras nuevas y actuaban como escribanos de la nobleza local. Copiar textos y embellecerlos fue la misma faena: muchos monasterios adquirieron fama por sus manuscritos iluminados.

En una época en que la mayoría de las personas tenía por único horizonte el de las parcelas que cultivaba, los monasterios integraron una estructura internacional. El hecho de que los monjes recorrieran Europa difundió nuevos oficios, desde el cultivo de hierbas ornamentales y agrícolas hasta la orfebrería y el trabajo de otros metales; desde la música hasta la administración de bienes inmuebles.

Adivinanza en la catedral *Los ebanistas medievales prodigaban su arte en las misericordias (descansos de los asientos del coro) de las iglesias. Esta muestra de la Catedral de Worcester representa una adivinanza: una mujer vestida con una red, a medio montar en una cabra, con un pie en el suelo y una liebre bajo el brazo. La adivinanza se relaciona con "alguien que no monta ni camina, no está vestida ni desnuda, no está en el camino ni fuera de él, y da un regalo que no es un regalo", puesto que la liebre escapará en cuanto la entregue.*

En el convento *La abadesa, con un crucifijo, preside una procesión por el claustro de un convento, seguida de un cura, su ayudante y monjas con libros de música. El cura (arr.) oficia misa, la sacristana toca la campana y las novicias se asoman por la ventana.*

UN DÍA EN LA VIDA DE LA HERMANA ÚRSULA

La hermana Úrsula refunfuñó al hincarse para la oración. Levantarse a medianoche, en el invierno, para cantar las plegarias era cada vez más difícil. Miró hacia la abadesa para saber si había captado el leve exabrupto. La abadesa era nueva, prima del obispo francés que encabezaba la diócesis. Posiblemente había llegado con la misión de imponer a los relajados provincianos las más rígidas normas. Por eso, en la reunión diaria ponía el énfasis en las severas exhortaciones dirigidas a toda clase de asuntos: desde tomar dictados torpemente hasta malbaratar la comida dando las sobras a los perros. Algunas innovaciones de la abadesa se agradecían; como las toallas calientes en el refectorio, que eran una bendición para las manos reumáticas. Si Úrsula hubiese sido la promovida, ella misma se habría encargado de esta innovación. Al advertir el verdadero significado de tales pensamientos, hizo una nota mental de lo que diría en la confesión vespertina: "Acúsome padre de pecar con pensamientos poco piadosos."

PEREGRINOS EN PACIENTE PROCESIÓN

Muchos de los grandes centros de peregrinación de la Edad Media podían distinguirse a leguas. Sobresalían de las comunidades que los mantenían; y vislumbrar sus cúspides por primera vez, en el horizonte, elevaba los ánimos de los caminantes fatigados. Al acercarse, acudían ante los peregrinos todos aquellos que dependían, en cierto modo, del santuario. Mendigos, posaderos y dueños de establos ofrecían o pedían en los caminos de llegada. Cerca del santuario, los buhoneros vendían recuerdos y amuletos: placas de plomo para coser en los sombreros, frasquitos de metal con escenas de la vida de los santos, que se usaban para guardar agua de los manantiales sagrados o aceite de las lámparas que se encendían alrededor de la tumba del santo.

A la entrada, un monje revisaba y clasificaba a los peregrinos: la elegante dama con el pelo piadosamente cubierto, pero notablemente fresca tras el largo viaje; el verdadero penitente, demacrado y harapiento, con los pies descalzos y sangrantes; los enfermos crónicos, llevados en camilla por sus esperanzados parientes; el asesino, en cadenas, sentenciado a que el arma del crimen pendiera de su cuello, como acusación perpetua.

Una vez dentro, el peregrino se acercaba paulatinamente al objeto de su veneración: una elaborada tumba de mármol, un altar iluminado con velas y repleto de ofrendas, o una caja incrustada de joyas, llamada relicario, que contenía un hueso o la pertenencia de algún santo. Desde una galería cerrada, de madera, otro grupo de monjes vigilaba permanentemente los objetos preciados que daban significado a su vida. La idea de visitar y venerar lugares santos fue tomada del judaísmo por los cristianos, desde el segundo siglo de nuestra era. Helena, madre del emperador romano Constantino, impuso la costumbre poco antes del año 330 d.C., con una visita a Tierra Santa, donde se cuenta que descubrió la más célebre de las reliquias cristianas: la auténtica Cruz de Cristo. Muchos otros emularon la misión de Helena, para ver el lugar donde vivió y murió el Salvador. Una monja llamada Etheria, en la crónica de una peregrinación escrita hacia fines del siglo IV, no sólo proporciona detalles de lugares que visitar en Egipto, Siria y Palestina, sino también refiere el sistema establecido de guías y 200 albergues para peregrinos. Las peregrinaciones de gran tamaño, de los siglos XI y XII, reflejaron la expansión de la economía europea. Terminadas las invasiones de vikingos y sarracenos, Europa emprendió una gran ofensiva agrícola, aumentando masivamente las zonas cultivables,

Frasco milagroso *Los peregrinos del santuario de Tomás Becket, asesinado en Canterbury en 1170 y luego canonizado, compraban ámpulas o frascos que supuestamente contenían sangre diluida del Santo, que obraba curas milagrosas. Este ejemplar de 1270 tiene una inscripción en latín: "Tomás es el mejor médico para el enfermo devoto." El peregrino se colgaba el frasco como collar, de regreso a casa; luego lo depositaba en su iglesia.*

Peregrinos a caballo *Para los ricos que poseían caballos, la peregrinación era una agradable experiencia, animada por las historias que se contaban en el camino y en las tabernas donde pasaban la noche. El poeta Chaucer retrata vívidamente una peregrinación de éstas en sus famosos* Los cuentos de Canterbury, *escritos en el siglo XIV. Uno de sus personajes, la viuda de Bath, ya había hecho peregrinaciones a Jerusalén y Santiago de Compostela.*

Un cojo es llevado hacia el santuario

creando así la riqueza que construyó ciudades, financió travesías peligrosas y costeó onerosas expediciones militares. Las Cruzadas se convirtieron en otro estímulo para las peregrinaciones. Fue la interrupción del tránsito de peregrinos por los turcos seléucidas lo que provocó el inicio de la Primera Cruzada, en 1095. De esto resultó la toma de Jerusalén, lo que a su vez hizo que miles de peregrinos visitaran la "Ciudad Dorada". Se fundaron dos órdenes de soldados-monjes, los templarios y los hospitalarios, para proteger la seguridad de los peregrinos.

En ocasiones, las peregrinaciones no eran más que un simple paseo a un adoratorio local y la oportunidad de mezclarse con la multitud. Pero otras eran perpetuas, una forma de penitencia reservada para purgar los crímenes más horrendos, o una carga tomada de manera similar a la vocación de un monje o un eremita. Entre esos dos extremos estaba la visita, que se hacía una vez en la vida, a alguno de los grandes lugares del cristianismo occidental: Canterbury, Roma o Compostela.

En Roma, los peregrinos visitaban las tumbas de los apóstoles y otros mártires. Según una guía para peregrinos del siglo XIV, una visita a San Vito y San Modesto conseguiría el perdón de un tercio de los pecados cometidos en una vida, mientras que ver el relicario de Santa Verónica —un paño con la imagen del rostro de Cristo— eliminaría 3,000 años de purgatorio.

Un pescador en España

Después de Roma, el foco de peregrinación más importante de Europa era Santiago de Compostela. Santiago es el apóstol conocido como "Santiago el Mayor" que, según la tradición, evangelizó España antes de sufrir martirio en Jerusalén en el año 44 d.C. Desde mediados del siglo IX se rendía culto a su sepulcro en un lugar semidesierto, situado en las inmediaciones de la ciudad episcopal de Iria Flavia.

El descubrimiento de estas reliquias elevó la moral de los cristianos, entonces confinados en una estrecha franja de territorio del norte de la península Ibérica. La primitiva iglesia de adobe construida sobre la tumba se sustituyó por otra de piedra y, tras la reconquista de la ciudad y la expulsión de los moros, se inició la construcción de la catedral en 1078, que se terminaba en 1211. Tal fama adquirió Santiago que la concha venera, símbolo del santo pescador, se convirtió en el emblema adoptado por los peregrinos de toda la cristiandad. La palma, que representaba a Tierra Santa, fue otro emblema común; de ahí el sobrenombre de "palmero" adoptado por muchos peregrinos.

Por mar a Tierra Santa

Tierra Santa estaba en el confín de Europa, adonde se llegaba por mar. El principal puerto de embarque era Venecia, al grado que el senado de la república aprobó una serie de regulaciones para prevenir la sobrecarga de los barcos, especificar las armas de sus tripulantes y las provisiones de cada pasajero. Las galeras zarpaban dos veces por año, una que llegaba a tiempo para la Pascua y otra antes del invierno.

Los peregrinos también viajaban por tierra, sobre la gran planicie de Hungría y por los montes Balcanes. Si el grupo era numeroso, la travesía tomaba seis meses. Aunque los peregrinos no debían portar armas, se les permitía llevar escolta, y las filas de la compañía se engrosaban con los comerciantes que buscaban seguridad. La peregrinación era el medio de viajar más seguro de la Edad Media, especialmente para las mujeres.

LA MARCHA DEL PEREGRINO

Al levantarse temprano para la misa, el peregrino Jacques tiene razones para sentirse contento de la marcha que le espera: se acerca el final del largo viaje que inició hace tres meses, cuando se unió, en Chartres, a una procesión. Su destino es el altar del homónimo de Jacques —Santiago en español y Saint James en inglés—, en Compostela, en el noroeste de España.

En el altar de Chartres, Jacques se arrodillaba para rezar antes de iniciar el viaje por la montañosa Auvernia. Le parecía bien tener compañía, pues los lobos y bandidos acechaban al viajero solitario. Al final de la marcha diaria de 30 km, esperaba con ansias el calor y la comida de la hostería, financiada por la acaudalada abadía de Cluny. Con sus compañeros, Jacques cantaba para alegrar el viaje, y se detenía para orar en crucifijos alejados. Ahora, su meta en Santiago está a sólo un día de marcha.

Jacques se baña en un arroyo, imitando la costumbre de los peregrinos de Jerusalén, que hacen inmersiones en el río Jordán, como una forma de bautismo. En esta última etapa del viaje, carga una piedra caliza, símbolo de sus pecados, y, a la vez, una contribución práctica para la reparación o construcción de una iglesia u hostería. Esta noche, Jacques dormirá viendo las torres de Compostela.

Albergue *La iglesia de Conques, en el sur de Francia, fue una de tantas que alojaban a los peregrinos en camino a Compostela.*

Símbolo del santo *Quienes regresaban de Compostela usaban placas de plomo y nácar en sus sombreros, para honrar a Santiago el Mayor, patrono del santuario.*

Viaje peligroso *Las dificultades del camino son descritas por un pintor del siglo XV. Hombres armados atacan a unos peregrinos cerca de una ciudad amurallada, para robarles sus magras pertenencias y matarlos. Se aconsejaba a los peregrinos viajar en grupo con escoltas armadas.*

SURGE EL ISLAM

Un siglo después de que el profeta Mahoma fundara la primera comunidad musulmana en el año 622 d.C., el Islam conquistó un imperio que se extendió desde España y Portugal hasta la India. Las tierras tomadas en nombre de Alá se convirtieron en una sola civilización, unida por la religión y el idioma árabe, lengua del Corán, en el cual se reunieron las revelaciones de Mahoma. Los musulmanes crearon una forma de arte, basada en la caligrafía, figuras geométricas y motivos de plantas. Preservaron y revitalizaron los textos clásicos de los filósofos y los científicos griegos, y elaboraron un vasto código legal.

La ocupación musulmana de los lugares santos del cristianismo produjo dos siglos de enfrentamientos entre el Islam y el cristianismo militante. El celo religioso de los cruzados fue alimentado por la esperanza de nuevas tierras y la codicia de botines de guerra: cristianos y musulmanes combatieron con igual ferocidad. Los estados cristianos establecidos en Tierra Santa fueron las vías para que llegaran a Europa el conocimiento musulmán y las influencias orientales sobre la comida y la moda. Gradualmente, el Islam expulsó a los cruzados, y en 1291 las tropas musulmanas tomaron Acre, el último bastión cristiano.

ISLAM 622–1350 D.C.

DONDE EL CORÁN RIGE TODO ACTO

Es el año de 1350. Durante un cuarto de siglo, el viajero árabe Ibn Batuta ha recorrido el mundo islámico, desde España hasta la India, y más allá. Sabe que los 2,000 baños públicos de la ciudad de Bagdad tienen las paredes tapizadas con petróleo. En las islas Maldivas, donde fungió como cadí (juez religioso), trató de impedir, en vano, que las mujeres locales deambularan con el pecho descubierto. En Tombuctú, al sur del Sáhara, nota que los lugareños observan tan apegadamente las plegarias del viernes que los esclavos reservan los lugares en las mezquitas con anticipación.

Adonde viaja Ibn Batuta, ya sea a caballo, en camello o a bordo de barcos árabes, llamados *dhow*, se dirige a la mezquita que existe en toda ciudad musulmana. Su salón, con arcos y columnas, tiene una luz tenue; es fresco y silencioso, en contraposición con el bullicio de las calles, donde los mercaderes pregonan sus mercancías, desde papel hasta duraznos, y desde seda hasta vasijas de bronce. Del patio viene el sonido del agua que corre, pues un estanque, o

Fuente del saber *Un mufti musulmán, experto en ley religiosa, expone un pasaje del Corán, texto sagrado del Islam. La tradición afirma que el arcángel Gabriel, inspirado por Alá, le dictó el texto a Mahoma. El Corán prescribe normas para todos los aspectos de la vida. Algunos eruditos islámicos saben el Corán de memoria.*

fuente, es esencial para el ritual de lavarse manos, pies y rostro, que precede las cinco oraciones del día. Pero para el pueblo del desierto, el agua es también símbolo de Alá, creador de la vida, y una visión del paraíso.

Junto al *mihrab* —toda mezquita lo tiene: un nicho vacío en alguna pared indica la dirección de La Meca—, un hombre se mece suavemente, deslizando entre sus dedos las cuentas de una sarta y murmurando una letanía. Quienes pasan junto a él, descalzos sobre las hermosas alfombras, respetan su sinceridad.

"Cinco Pilares" del Islam

Ibn Batuta es un devoto de los "Cinco Pilares", los deberes obligatorios del Islam. El pilar fundamental es el credo: "No hay otro dios más que Alá, y Mahoma es su profeta." Le siguen las cinco plegarias diarias, que se recitan siempre en árabe, sin importar el lugar donde esté el creyente. El tercero es que el musulmán siempre dona limosna con caridad, para aliviar la situación de los pobres. El cuarto es observar el ayuno anual del mes ramadán: del alba al ocaso, el creyente no puede comer ni beber, ni siquiera tragar su propia saliva.

La última obligación es realizar el *haj*, o peregrinación a La Meca, en el duodécimo mes del calendario lunar de los musulmanes. Al llegar a La Meca, el creyente realiza rituales simples que conmemoran incidentes de la vida de Mahoma y de Abraham, considerado como el primer guardián de la Ka'ba, el inmenso cubo de granito en el centro de la ciudad, que constituye el más sagrado de los altares islámicos.

Itinerario de un estudiante

Desde el rincón de la mezquita, surge el coro en altibajos de voces infantiles: un grupo de niños recita pasajes del Corán. El alumno mejor dotado podrá convertirse en *hafez*, aquel que ha memorizado todo el Corán.

En cuanto dominan el texto sagrado, los muchachos más dedicados continúan con estudios de gramática y retórica, pues el Corán es el modelo de todo estilo literario. A partir de ahí, los estudiantes avanzan hacia todos los campos del conocimiento. Su objetivo final es la más alta expresión del pensamiento humano: la teología, y su expresión social: la ley religiosa. Un grupo de hombres comenta con el *imam*, o conductor de plegarias, un asunto de leyes religiosas. A diferencia del cura cristiano, el *imam* no tiene poderes sacramentales. Sus funciones son semejantes a las del rabino judío: dirigir el culto de la comunidad, pronunciar el sermón luego de las plegarias del viernes e impartir normas de conducta.

El *imam* se recorta la barba, en el estilo atribuido tradicionalmente al mismo Mahoma. Luego del Corán, la primera fuente de la ley islámica son los proverbios y acciones del profeta, preservadas en *hadid* o tradiciones. Siglos después de la muerte del profeta, cuando el Imperio Musulmán se extendió, abarcando una inmensa variedad de pueblos y tierras, los juristas islámicos crearon un código de comportamiento que clasificó cada acto y sentimiento en cinco categorías: obligatorio, permitido, neutral, mal visto y prohibido. Este mismo cuerpo de leyes gobierna a los musulmanes de hoy día.

Punto de referencia *Un minarete se alza sobre la calurosa Kairuán, en Túnez. Desde el minarete, el muecín, o pregón, llama a la oración. Kairuán es una ciudad sagrada del Islam, construida 40 años después de la muerte de Mahoma.*

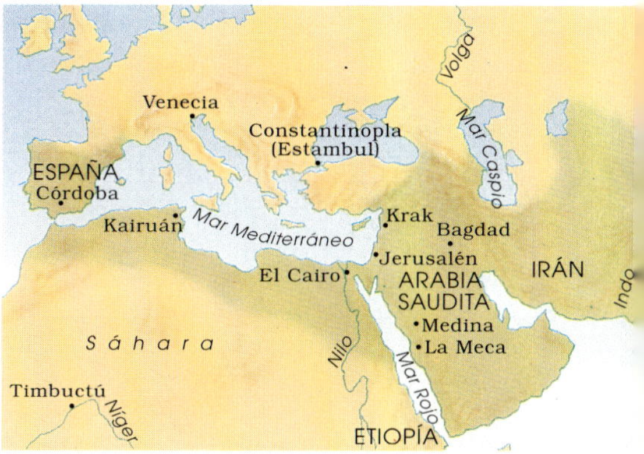

El triunfante Alá *Apenas un siglo después de la muerte de Mahoma, el imperio islámico ya se extendía de España y el norte de África a la frontera con la India.*

Caravana de camellos *Los sonidos de tambores y trompetas acompañan una alegre caravana de peregrinos. Esta pintura de Bagdad, del siglo* XIII*, muestra una versión musulmana de* Los cuentos de Canterbury *de Chaucer. El foco de peregrinaciones era, y es, La Meca. Pero los peregrinos disponían de muchos otros templos y lugares sagrados que visitar.*

Belleza de la palabra escrita *Las revelaciones del Corán, escritas en exquisita caligrafía, honran a Alá. La estricta ley islámica prohíbe retratar la forma humana, por lo que los calígrafos islámicos dedicaron su oficio a perfeccionar la grácil escritura árabe, decorando los márgenes del texto sagrado con diseños de hojas y plantas estilizadas, y a menudo, figuras abstractas.*

PERLAS, ESCLAVOS Y LITERAS

A veces ocurría que un comerciante de perlas en Bagdad, durante el reinado del gran califa del siglo VIII Harún al-Rashid, no podía hablar. No por algún problema de la voz, generalmente estridente en los incesantes regateos y chismes, sino porque examinaba una nueva remesa de perlas poniéndolas en la boca y probando su sabor.

Las dulces perlas de Omán demandaban un alto precio. Por otra parte, si un envío era salado, se trataba de perlas del Mar Rojo, de calidad inferior, merecedoras del destierro a un rincón de la trastienda. Al menos, todas las perlas de la remesa eran genuinas, a diferencia de otras que flotaban en agua y que, por lo tanto, eran falsas.

El local del comerciante era poco más que un agujero en el muro dentro del *suk*, o bazar, de Bagdad. Toda ciudad musulmana disponía de un *suk*, a veces cubierto para protegerse del clima y separado de la calle con un sólido portal. Repleto de mercaderes de toda clase y de mercancía, el *suk* era un lugar de reunión para las importaciones de todo el mundo árabe y otros lugares: telas curtidas de Arabia; incienso, índigo y cúrcuma de Yemen; sándalo, ébano y rubíes de la India. De África iban oro, marfil y esclavos. Esfahan producía alimentos —miel, manzanas, membrillos, azafrán, sal y zumo de frutas— y literas.

Buen negocio para el cliente

Bizancio, capital de su propio imperio cristiano, abastecía de medicamentos a los farmacéuticos, y de liras al vendedor de instrumentos musicales. Recorriendo la Ruta de la Seda desde China, la más antigua y grandiosa de las civilizaciones, llegaban sedas teñidas para los tapiceros, papel y tinta para las papelerías, canela para los vendedores de especias, y exquisitas porcelanas. También contribuía el lejano norte: de Escandinavia venían pieles, armaduras y halcones.

Como todos los mercaderes se reunían en el *suk*, les era fácil mantener el control de calidad vigilándose uno al otro; y los clientes podían comparar precios, para cerciorarse de que no se les pidiera demasiado. A diferencia de los países cristianos, donde existía

Alimento del pensamiento *Un noble persa del siglo x comía en este plato, inscrito con proverbios. Éste reza: "Sólo la modestia guía los actos del hombre noble." En los hogares, había vajillas con estas edificantes piezas.*

Dulce bienvenida *Un acaudalado comerciante regresa a casa para el nacimiento de su hijo. Los esclavos lo esperan en la entrada. Una casa grande, con balcones, era la recompensa del mercader por la prosperidad en los negocios.*

Club de caravanas *Un comerciante, con botas, monta su camello para viajar por el desierto. Las caravanas mercantes surcaban las arenas durante días, cuidándose de los bandidos; por las noches, reposaban en albergues del desierto.*

CAZADORES DE TESOROS EN EL *SUK*

En el *suk* flota el penetrante olor de las especias y la estridencia de los animales amarrados: el *suk*, o bazar, está en el centro de casi toda ciudad musulmana. Al resguardo del sol de mediodía, los comerciantes venden casi de todo. Los clientes, hombres en su mayoría, se detienen a charlar, beber zumos de fruta, mirar a los artesanos que fabrican vasijas, orfebrería, alfombras y telas con vistosos estampados. También hay flechas y halcones para los cazadores, peines de intrincadas tallas y muchos otros productos: mercurio y granadas, abrigos de lana y azafrán. A veces hay también caballos, camellos y avestruces de Arabia, cocos y pieles de leopardo llevados de la India, y pavo reales y ruibarbos de China. Tras los balcones de madera, el suk se convierte en una galería en forma de túnel, donde hay más locales y talleres artesanales iluminados por huecos en el largo techo de domos múltiples. Más allá, el minarete de la mezquita se eleva sobre el bullicio de la ciudad, con sus ladrillos de piedra, esculpidos con intrincados frisos de figuras geométricas. Desde el balcón, el muecín —o pregonero— llama a los devotos a orar y oír el mensaje del Corán. Cae la calma en el *suk*.

cierto desprecio hacia el comercio, el mercader musulmán era un miembro de la comunidad tenido en gran respeto. Siendo joven, el mismo profeta Mahoma se dedicó a las rutas comerciales; organizaba caravanas de camellos que cruzaban el desierto de Arabia, y ganó para sí el epíteto de Al-Amin, "el Confiable", por la honestidad de sus tratos.

Las normas del *suk* eran mantenidas por el *mujtasib*, o inspector del mercado. Un código típico, redactado en la Sevilla del siglo XII (por entonces ciudad musulmana), impone regulaciones detalladas. Se prohibía a los carniceros colgar las sangrientas mercancías más allá de los mostradores, para que no mancharan la ropa de los transeúntes. No se permitía vender aceite de oliva cerca de la mezquita, pues si se derramaba, manchaba permanentemente los muros y callejones. Los vendedores de huevos debían tener un cazo de agua a la mano, para que los clientes probaran la frescura al ponerlos a flotar. Mostradores y anaqueles de comercios de comida debían ser lavados diario.

La comida preparada era tan popular en el siglo XIII como lo es ahora, y las normas de higiene se controlaban rígidamente. Una regla estipulaba: "Las salchichas deberán elaborarse únicamente con carne fresca, y no con carne de animales enfermos, comprada por ser barata." Otra decía: "No se pondrán a la venta las sobras de las cocinas." El *mujtasib* debía evitar las prácticas fraudulentas, como mezclar harina con el queso que se usaba en las frituras. El *suk* era un lugar donde no sólo se ponían mercancías a la venta: también se fabricaban ahí, o por lo menos pasaban por los procesos de acabado. Negocios que despedían olores desagradables, como curtidurías, eran relegados a las afueras de la ciudad. Pero todo oficio que necesitara que los artesanos especializados mostraran sus habilidades al consumidor en potencia aprovechaba las oportunidades que significaba tener un local en el *suk*.

Vendido como esclavo *Un cliente elige entre esclavos blancos y negros, mientras el comerciante pesa las monedas, para asegurarse de que recibe la suma requerida.*

Hecha en el *suk* *Esta elegante jarra de Siria almacenaba grano o fruta seca.*

Hábiles cortadores tallaban cristal de roca y hacían perfumeros; los talabarteros trataban pieles para encuadernar textos sagrados; los orfebres incrustaban estuches de plumas con oro y piedras preciosas. El *suk* también era sede de varias industrias de servicio: lavanderías, baños públicos y casas de masaje, barberías, practicantes de sangrías y escritores de cartas.

La importancia del comercio musulmán puede medirse con base en la cantidad de términos comerciales en español, derivados del árabe. Tarifa proviene del árabe *ta'rif*, que significa información, y almacén proviene de *al-majzán*. Las telas finas, cuyo precio era proporcional a su abundancia, eran típicas de los bazares. Los términos *algodón*, del árabe *al-kutn*, *damasquino*, de Damasco, y *muselina*, de Mosul, sufrieron pocos cambios. Y qué decir de las palabras *atavío* y *tabí* (similar al moaré) derivadas de Atabiya, un suburbio de Bagdad famoso por sus telas multicolores.

ARISTÓTELES ENTRE LOS ÁRABES

Cuando el erudito Al-Kindi paseaba por las calles de Bagdad, hacia las frescas cúpulas y jardines con fuentes de la Casa de la Sabiduría, su aspecto taciturno ocultaba la agudeza con la que estudiaba el mundo que lo rodeaba. Ver a un hombre tropezar y caer lo inspiró a escribir su tratado *Las causas del vértigo.* Cuando miraba al cielo nublado de la ciudad, se preguntaba por qué la lluvia caía sobre los fértiles valles del Tigris y el Éufrates, pero rara vez sobre el desierto. El resultado de esto fue un estudio llamado *Razón por la que la lluvia cae pocas veces en ciertos lugares*.

Al-Kindi (801-873) fue uno de los primeros maestros de la Casa de la Sabiduría, universidad fundada por el califa Al-Mamún, hijo de Harún al-Rashid, a principios del siglo IX. Hacia el año 900, los árabes recuperaron el conocimiento de los griegos, olvidado durante siglos en Occidente.

El pensamiento de Platón y Aristóteles se tradujo al árabe; así como las observaciones matemáticas de Ptolomeo, Euclides y Arquímedes, y los tratados médicos de Galeno e Hipócrates. La Casa de la Sabiduría produjo otros brillantes académicos, como Al-Biruni, que vivió unos 70 años después.

Siguiente movimiento *El ajedrez llegó a Persia desde la India, antes de la conquista islámica. En Occidente lo popularizó un libro árabe publicado en España en 1238.*

Templo del saber *Eruditos islámicos estudian en la biblioteca de una mezquita. La Biblioteca de Córdoba, España, contaba con 500,000 ejemplares desde el siglo IX, casi uno por habitante, en una época en la que el monasterio cristiano más rico tenía una docena de libros, en el mejor de los casos.*

Para el califa y la caravana *El astrolabio, ideado por los griegos, era el principal instrumento de navegación del mundo islámico. Con un disco, que tenía los grados inscritos en el borde, el usuario calculaba la altitud y la latitud de las estrellas. Así también podía determinar el momento de las cinco oraciones diarias.*

No sólo fue un lingüista y un experto en historia de las religiones, sino también autor de tratados de medicinas, minerales y astronomía.

La figura más notable fue la de Ibn Sina (980-1037), conocido como Avicena. Se le adjudican 500 obras, cuyos temas van de la meteorología a las matemáticas; se dice que descubrió el carácter contagioso de la tuberculosis y la forma en que se propagan las epidemias. Fue una autoridad clásica durante seis siglos, tanto en Occidente como en el mundo árabe.

Inspirados por los conocimientos griegos, los médicos musulmanes creían que la buena salud dependía del equilibrio de cuatro "humores" o fluidos corporales: sangre para el tipo sanguíneo; flema para el flemático; bilis amarilla para el colérico, y bilis negra para el melancólico. La labor del médico era restaurar su armonía mediante medicinas, descanso y dietas.

"Acuerda tus honorarios cuando el paciente esté muy enfermo, pues cuando se alivie, olvidará lo que hiciste por él."

MÉDICO DE LA ESPAÑA MUSULMANA, 900 D.C.

Entre los musulmanes, la oftalmología tuvo un gran desarrollo, así como las técnicas osteopáticas; además, se transmitía el conocimiento en hospitales de enseñanza, con personal permanente asalariado. Bagdad tenía más de mil médicos registrados y un sanatorio especializado en enfermedades mentales, donde las terapias incluían escuchar música.

El interés de los árabes en la astronomía lo motivaban la religión y las necesidades prácticas. La obligación islámica de rezar en ciertas horas del día en dirección a La Meca, los hizo dominar los cálculos calendáricos e idear técnicas para determinar distancias y direcciones. Durante sus viajes por parajes sin caminos, entendieron que las estrellas eran guías más seguras que las dunas o los ríos.

Las ciencias más respetadas eran la historia y la geografía. Su mejor historiador, Ibn Jaldún, formuló una teoría sobre el nacimiento y esplendor de las dinastías: estaban gobernadas por una alternancia de vigor y decadencia, como los conquistadores que emergieron del desierto y se suavizaron con la civilización. Los contactos comerciales musulmanes estimularon el interés por la geografía. En 1138, el erudito Al-Idrisi compiló una geografía del mundo conocido, consistente en un atlas, un diccionario y un modelo de plata de la Tierra. Su investigación incluyó información de muchas tierras; entre otras, de Inglaterra, "una isla considerable, con forma de cabeza de avestruz... Sus habitantes son valientes, emprendedores, pero todo está en las garras de un invierno perpetuo". Ocho siglos después, los habitantes de esa isla, y del resto del mundo, usan palabras como "álgebra" y "álcali" sin pensar que se originaron en el deslumbrante legado del Islam.

Cuerdas y armonía *El elegante laúd, cuyo nombre se deriva de al-`ud (madera), posiblemente entró a Occidente llevado por los cruzados.*

Cura de hierbas *La medicina fue uno de los triunfos de la ciencia islámica. Esta ilustración de* El libro de los antídotos, *publicado en 1199, muestra a jardineros que recolectan hierbas medicinales; los supervisa un médico sentado (arr., izq.). Los árabes eran diestros en el uso de medicamentos derivados de plantas, en cirugía y tratamientos oftalmológicos.*

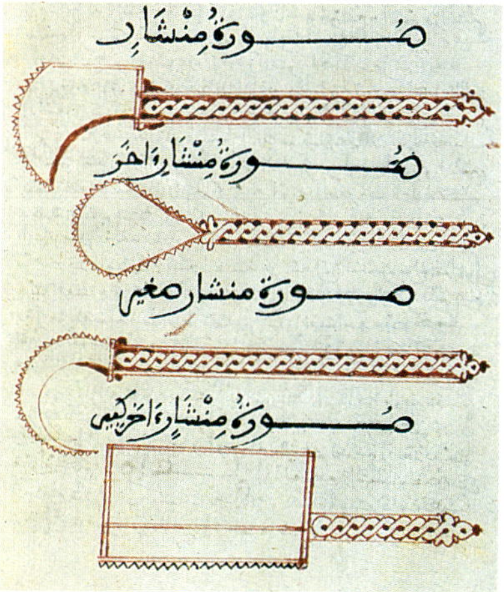

Sierras del cirujano *Los cirujanos árabes usaban varios tipos de sierras y otros instrumentos cortantes. Pero la cirugía normalmente era un último recurso, pues era conocido el riesgo de infección. Escrúpulos religiosos impedían realizar ciertas disecciones y operaciones quirúrgicas, pues la doctrina islámica creía en la resurrección del cuerpo.*

LA GRAN AYUDA DEL CERO

Los árabes derivaron gran parte de su conocimiento matemático de pensadores griegos como Euclides y Arquímedes. Pero revolucionaron los métodos griegos de cálculo, que se basaban en letras del alfabeto, añadiéndoles el cero, un concepto desconocido por griegos y romanos. El cero se representó con un círculo llamado *sifr*, del cual se deriva la palabra "cifra". *Sifr* se tradujo al latín como *zefirum*, de donde se derivó la palabra "cero". Los árabes avanzaron de la aritmética hacia el mundo de aún mayores abstracciones del álgebra, y en el siglo IX, publicaron el primer texto acerca del tema. La palabra "álgebra" proviene del árabe *al-yabr*, que significa "unir partes separadas". Los números arábigos, llevados de la India por escribas árabes, son la base de los números usados hoy día. Algunos se simplificaron con el tiempo (aba.), pero los símbolos del 2 y del 3 sufrieron pocos cambios. Incluso los dígitos de las computadoras se derivan de los números arábigos.

CRUZADOS EN POS DE DIOS Y DE LA GLORIA

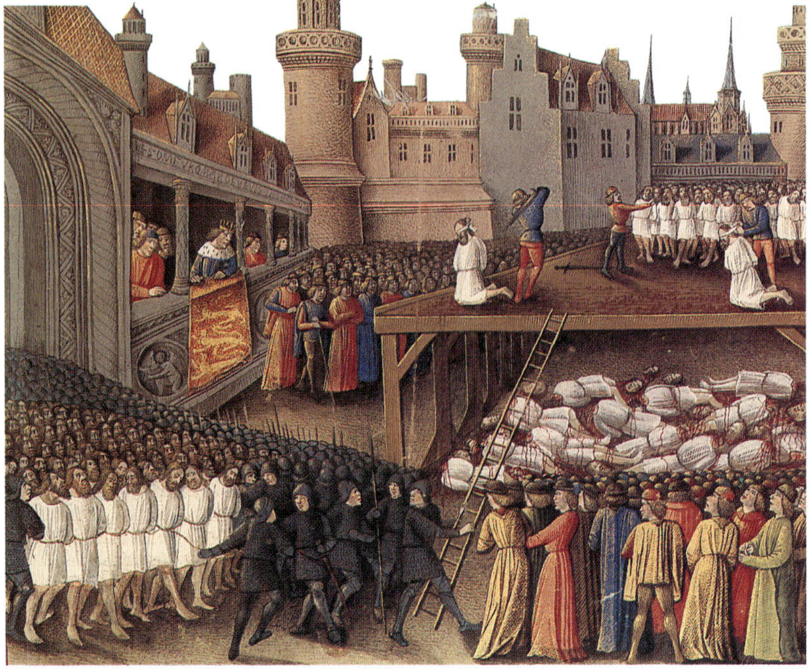

Matanza de sarracenos *Luego de la toma de Acre en 1191, Ricardo I de Inglaterra ordenó la masacre de 2,600 prisioneros de guerra sarracenos. Esta ilustración, de un manuscrito francés de 1490, muestra al rey presenciando la ejecución de un prisionero.*

Un grupo de 43 aventureros partió de Cornualles, Inglaterra, en 1280, hacia Tierra Santa. Se autonombraban "Los cruzados"; con ellos iban dos mujeres, dos curtidores, dos capellanes, un molinero, un zapatero, un sastre, un herrero y un mercader: de ningún modo era una unidad militar típica. Las Cruzadas habían iniciado dos siglos antes, y su carácter original se había modificado en gran medida.

Durante esos dos siglos, partieron más de cinco expediciones, comandadas por reyes y príncipes. La primera, en 1099, consiguió arrebatar a Jerusalén del control musulmán y arrasó con toda la población, musulmana y judía, de la ciudad; la masacre tal vez alcanzó a 70,000 almas. Los primeros cruzados también conquistaron una ancha faja de territorio en la costa este del Mediterráneo, pero fueron expulsados poco a poco, en cuanto los musulmanes reagruparon fuerzas y opusieron su habilidad combativa, superior a la de los cruzados. El último gran bastión cristiano, en el puerto de Acre, fue retomado por las tropas musulmanas en 1291.

Sello de los templarios, una orden religiosa y militar

Hubo también expediciones de civiles, campesinos y aldeanos; e incluso, en 1212, una de niños. Estas expediciones en masa culminaron inevitablemente en desastres, antes de que pudieran acercarse siquiera a Tierra Santa. Quizá, el grupo de Cornualles corrió una suerte parecida. Sus miembros sucumbirían ante el hambre y los bandidos; o descuartizados por los habitantes de los países donde la columna intentaría pasar por la fuerza, o apoderarse de los productos de la tierra, para sobrevivir. Algunas viajaban por mar, navegando desde el sur de Francia y el norte de Italia, pero otras se desplazaron por tierra, como los primeros cruzados.

Los motivos de los aspirantes a redentores de la Tierra Santa eran variables: podían ser sinceramente piadosos o abiertamente banales. Buscaban la salvación, el saqueo, tierras o fama. Huían de deudas, castigos e, incluso, de alguna maldición. Hacia el siglo XII, el papa Calixto II prometía a los soldados —que combatían a los musulmanes en España— "el mismo perdón para sus pecados, que el otorgado a los defensores de la Iglesia Oriental". Una Cruzada era cualquier guerra contra los enemigos del Papa, así fueran musulmanes, paganos o cristianos heréticos. Ni siquiera los más altos ideales religiosos contuvieron las atrocidades de los cruzados.

Durante la Primera Cruzada, el cronista Ralph de Caen anotó: "Nuestras tropas hirvieron en ollas a los adultos paganos; y a los niños, los empalaron y los devoraron asados." El comandante de esta tropa se sintió obligado a explicarle al Papa en una carta: la "cruel necesidad" ante la "terrible hambruna", fue la justificación.

La típica actitud musulmana frente a los invasores fue resumida por Usama ibn Munkid, académico y guerrero del siglo XII, quien escribió: "Todos los que conocen a los Frandsh (francos o europeos occidentales), los consideran bestias superiores en valor y ardor combativo; igual que los animales son superiores en fuerza y agresividad."

Juicio por ordalías

Ni siquiera la cercanía en el trato y conocimiento mejoró tal opinión. Usama anotó, con evidente desprecio, este pasaje sobre el procedimiento jurídico cristiano: "Se colocó un tonel lleno de agua. El sospechoso fue atado, colgado de los hombros con una cuerda y sumergido en el tonel. Decían que si era inocente, se hundiría en el agua, y que lo sacarían de inmediato con la cuerda. De ser culpable, no podía sumergirse. Al caer en el tonel, el desdichado hombre hizo lo posible por hundirse, sin conseguirlo, por lo que hubo de someterse a la crueldad de su ley, ¡que caiga sobre ella la maldición de Dios! Fue cegado con una púa de plata al rojo vivo."

Con el tiempo, fueron los cruzados quienes cambiaron; se asentaron en aquellas localidades y aceptaron el estilo de vida del lugar. Vistieron caftanes y sandalias, usaron turbantes y adoptaron costumbres tan ajenas como el baño de vapor, el lavado del cabello y los perfumes. Paladearon nuevos platillos condimentados y postres fríos, hechos con nieve y frutas. Música, danza, poesía, cetrería y jus-

Caballeros en tránsito *Desde el carro, una dama arroja flores.*

Campesinos en marcha *No sólo los caballeros con armadura se arriesgaban en la peligrosa travesía a Tierra Santa. Mucha gente inició cruzadas, con la esperanza de la salvación, individual o en grupo. Una expedición, entre 1095 y 1099, conocida como la Cruzada Campesina, o del Pueblo, fue guiada por Pedro el Eremita, un fanático de Picardía, norte de Francia, que recorrió Europa en burro, alborotando a los campesinos para que se le unieran. Cuando se detenían en las campiñas por las que transitaban, como langostas despojaban a los campesinos locales y saqueaban aldeas y ciudades. Los rezagados eran perseguidos y atacados por los soldados de los países infestados. La Cruzada del Pueblo se dispersó antes de llegar a Tierra Santa.*

Bendición de los niños *Este vitral francés representa a un cura que bendice la Cruzada de los Niños, iniciada en 1212.*

Economía monetaria *Los cruzados no tenían moneda propia, así que usaron monedas sarracenas (izq.) o monedas bizantinas genuinas (aba.).*

INOCENTES HACIA EL EXTRANJERO

Las Cruzadas atrajeron a personas de todas edades y clases sociales. En 1212, dos adolescentes, Esteban de Francia y Nicolás de Alemania, iniciaron una Cruzada de Niños. Prometieron a sus seguidores que el mar se dividiría frente a ellos y que los ángeles los guiarían a Palestina. Esteban condujo a sus niños por las calles de París y se dirigió con ellos al sur: a esta procesión de 9,000 niños se unieron curas, prostitutas y vagabundos. En Marsella, dos abusivos dueños de barcos les ofrecieron pasaje para Palestina y los vendieron como esclavos en el norte de África. El grupo de Nicolás cruzó los Alpes y consiguió llegar a Brindisi, Italia, donde también terminaron como esclavos.

tas, placeres ya conocidos, pudieron disfrutarlos de modos distintos.

Muchos de estos cambios alimentaron a la propia Europa, sobre todo en cuestiones de moda y arreglo personal. El uso de diseños y telas novedosas, y un interés en el peinado, fueron los síntomas más obvios en el cambio.

Una nueva silueta

Muy pronto, hacia 1130, en el transcurso de una generación, las mujeres occidentales adquirieron una nueva figura, la definición de la silueta. La torpe indumentaria dio paso a atuendos ajustados en la cintura, y cortados para modelar desde los hombros a las caderas, o luego caer en pliegues. Se lavaban y trenzaban el cabello; adornaban los rizos con cuentas o entrelazaban el peinado con tiras de materiales finos. Los hombres aristócratas se rizaron el cabello y se recortaron la barba. Si los primeros cruzados favorecieron el severo peinado, en forma de tazón, para amortiguar los cónicos yelmos, sus descendientes se dejaron crecer mechones hasta los hombros.

En el siglo XIII, el atuendo militar de los cruzados adoptó un estilo civil, y algunos rasgos pasaron a la moda femenina. La capucha de malla metálica, por ejemplo, inspiró un capuchón de tela que favoreció el contorno del rostro de la mujer. El sobretodo o tabardo, con mangas anchas y cintura suelta, cubría vestidos largos y daba calor. La influencia sobre los jardines fue menos obvia, pero muy duradera. En gran parte del sur de Europa se introdujeron nuevas plantas, como los árboles cítricos. El diseño de los jardines se modificó con la inclinación árabe hacia los estanques y fuentes, tan apreciados en un mundo desértico, donde simbolizaban el paraíso.

De timbre más siniestro, la palabra "asesino" también entró a Europa. Derivó de la secta de fanáticos matones musulmanes, que, enloquecidos con la droga *jashish*, o *cannabis*, aterraban a los cruzados.

Significado del laberinto

Los laberintos ganaron popularidad en el mundo cristiano. Para la mente medieval todo significaba otra cosa: la creación era eco de lo divino y sobrenatural. Así, los laberintos, conocidos en el mundo clásico, fueron reinterpretados para representar a la Iglesia como Arca de la Salvación, a la que se llegaba por los tortuosos caminos del pecado. Los viajes del alma al Paraíso, de Cristo al Calvario y del cruzado a Tierra Santa, fueron reunidos en símbolos, reproducidos en los jardines o en el piso de una iglesia; su significado era claro para el guerrero que retornaba de Palestina.

A prueba de filtraciones *Una inscripción árabe de la época de las Cruzadas afirma: "No pactamos si el agua se escurre."*

"TANQUES" EN LUCHA POR TIERRA SANTA

Sujetándose con los estribos, un caballero cargó a todo galope contra su oponente; con la lanza a un costado, esperaba el momento de derribarlo con un golpe único, incontenible.

Similar a un tanque en muchos aspectos, el caballero en su montura padecía muchas de las limitaciones de aquél: su efectividad dependía del terreno y de la táctica enemiga. La estrategia de "atacar y huir", para aprovechar el terreno boscoso o montañoso, podía ser devastadora, especialmente para jinetes no acostumbrados al clima, desconocido y severo, a veces debilitados por la fiebre o la disentería, y preocupados por la salud y condiciones de los caballos.

La protección básica de un caballero era la cota de malla hasta las rodillas, con divisiones a la altura de las ingles, para facilitar la postura a caballo. Las cotas de malla estaban hechas de miles de eslabones, cada uno unido a otros cuatro mediante un arduo proceso manual. Pero la malla era una protección deficiente sin el gambesón, o manto acolchado de cuero, relleno de lana, que evitaba que el golpe de una maza o espada clavara en la piel los eslabones de la cota.

En Tierra Santa, los caballeros usaban un largo y ondulante sobretodo para reflejar el calor del sol y protegerse del frío de la noche desértica. También usaban capuchas de malla para proteger la cabeza y el cuello, así como un casco de acero bordeado con cuero. Añádase a esto el peso de un escudo de madera con bordes de metal, cinto con espada, dagas y fundas, lanza y un hacha o maza: la carga total de un caballero en batalla superaba, en más de un tercio, el peso del cuerpo.

Con esta carga encima, el caballero no podía imitar al ágil espadachín, cuya principal técnica era cortar, en vez de embestir. En lugar de atravesar órganos vitales, la espada infligía largos cortes que provocaban, con la hemorragia, la inconciencia y, a menos que hubiera tratamiento médico con prontitud, la muerte por infección. Hasta el desarrollo posterior de la armadura de placas, las espadas terminaban en un borde redondo y filoso, en vez de en punta. Un golpe dado con todas las fuerzas de una espada pesada rompía el brazo de un hombre, impidiéndole que combatiera sin necesidad de penetrar la armadura. Los musulmanes, en contraste, tenían armaduras ligeras, y se protegían gracias a una mayor agilidad. También llevaban cotas, pero más ligeras. A diferencia de los cristianos, no despreciaban el uso del arco compuesto, un arma hecha de madera, cuerno y tendones, con un rango de 500 m y capaz de penetrar una malla a 145 m, al disparar flechas con puntas triangulares.

Nobleza obliga

Los caballeros montados eran la élite de los cruzados. La mayoría de la tropa era de infantería, armada con lanzas y ballestas. Si un comandante hábil sabía emplearlas con la combinación correcta, eran muy efectivas; así lo demostró Ricardo Corazón de León, en su última batalla importante en las Cruzadas, ocurrida cerca de Jaffa, en agosto de 1192. Para entonces, su tropa era de sólo 2,000 infantes y sólo 54 caballeros. Llegó una fuerza musulmana de 7,000 soldados de caballería para rematarlos, pero desconocían las tácticas de Ricardo.

Fortaleza inexpugnable *El imponente Krak des Chevaliers, en las montañas de Siria, es el más grandioso castillo cruzado. Lo habitaban los caballeros Hospitalarios; y era monasterio a la vez que fortaleza.*

Asalto y proyectiles *Durante el prolongado asedio a un castillo, atacantes y defensores recurrían a varias clases de máquinas. En esta dramática escena, unos atacantes son izados en una canasta para que disparen hacia el castillo, mientras que otros socavan los muros con picos. A la derecha, un grupo que se protege con pantallas se acerca al castillo, en tanto que apunta un ariete hacia la muralla. Los defensores, igualmente activos, disparan con ballestas o lanzan piedras desde las almenas del castillo, mientras que, a la derecha, los defensores bajan un garfio y un pilote de protección para contrarrestar el ariete.*

Cubriéndose con una fila de lanceros con escudos, Ricardo colocó detrás dos hileras de ballesteros, que disparaban alternadamente.

Mantenidos a raya con las lanzas, los musulmanes corrieron sin ton ni son y fueron presa fácil de las ballestas. Obligados a reunirse, formaron un blanco compacto para Ricardo y su grupo de choque, que cargaron por la retaguardia. Solamente 15 de los caballeros estaban montados, pero fueron suficientes para imponerse sobre los azorados atacantes, hasta que éstos mataron al caballo de Ricardo. Con gran nobleza, cabalgó hasta el inglés un musulmán que le dio a escoger entre varios caballos que le enviaba su amo, el cortés Saladino.

Estos incidentes eran menos típicos de las Cruzadas que los largos y poco gloriosos sitios, cuyo resultado dependía más del clima, la moral, las enfermedades, las reservas de comida, e incluso de la traición, que de la técnica militar. Pero con los años, ambos bandos recurrieron a inventos aún más complejos para ataques y defensas cada vez más ingeniosas.

Se utilizaban hondas de gran tamaño para arrojar no solamente piedras, sino también proyectiles incendiarios. Al parecer, los ejércitos musulmanes estaban familiarizados con éstos, y supieron aprovecharlos en contra de los cruzados. En el Medio Oriente, son comunes las filtraciones de *naft*, o petróleo, y unidades de incendiarios especialmente entrenados —conocidos como *naffatun*—, protegidos con uniformes a prueba de fuego, eran características de muchos ejércitos musulmanes. Han llegado hasta nosotros fórmulas de mezclas incendiarias, con petróleo, cal viva, brea, resina, salitre y azufre. Las sustancias se encendían en contacto con el agua, o se adherían a las piedras de un castillo o a la armadura de un caballero. Mediante catapultas, las mezclas eran lanzadas en grandes cantidades, para incendiar edificios. En combate cercano, se usaban en jarras o botellas arrojadas por "granaderos". También había artefactos de sifón que funcionaban como lanzallamas primitivos.

Las armas incendiarias resultaron muy eficientes para destruir la artillería de asedio y las plataformas de asalto de los cruzados; tal vez hayan jugado un papel decisivo en la derrota cruzada, durante el siglo XIII.

Defensor del Islam *Ágiles y con pocas armas, los guerreros sarracenos, con sus arcos, espadas y escudos, eran enemigos temidos por los cruzados con armadura.*

Acero español *Funda y espada decoradas (der.) fueron de Boabdil, sultán de Granada, último monarca moro en España.*

Cabezas-proyectiles *Comúnmente, con la catapulta se lanzaban piedras. Pero en 1097, durante el sitio de Nicea, Turquía, los cruzados decapitaron a los prisioneros y lanzaron sus cabezas al enemigo.*

CASTILLO SITIADO

Un explorador regresa al castillo, con la alarmante noticia de que se acercan tropas enemigas. El comandante de la guarnición envía jinetes mensajeros para pedir ayuda, tomando la precaución de mandar también palomas, en caso de que los mensajeros caigan prisioneros. Luego, envía tropas para que recojan grano y ganado de los campos, y de esta manera aumentar las reservas de la ciudad e impedir que sean tomadas por el enemigo.

Su castillo está dotado de dos elementos vitales para la defensa: una reserva interna de agua y un campo de tiro que rodea el edificio. El comandante debe considerar la naturaleza de sus tropas: un cuerpo disciplinado de caballeros, como los Templarios, aceptaría las penurias del racionamiento y dormir y comer irregularmente para combatir. La presencia de extranjeros, o de muchos niños y mujeres, produciría fricciones; si cundieran las enfermedades, se debilitaría la moral.

Lo que más teme el comandante sitiado es la "minería", la práctica enemiga de excavar un túnel en el muro y quemar la estructura de apoyo, para que la muralla se derrumbe. Pero éste es un procedimiento lento, que el mal clima o un castillo de roca sólida pueden impedir. Los atacantes también podrían lanzar animales muertos al castillo, para propagar enfermedades: una versión primitiva de la guerra bacteriológica. Pero lo más común es tratar de abrir una brecha usando las catapultas. La máquina, originaria de China, arrojaba piedras de 45 kg a 50 m de distancia.

COMERCIO EN EL CONTINENTE NEGRO

Un día de verano, a fines del siglo XI, Abu Ubayd al-Bakri fue invitado a la Real Audiencia del rey de Ghana. A pesar de su experiencia, Al-Bakri sucumbió a la impresión de ver al rey que oía y dirimía quejas de sus súbditos, sentado en un pabellón, rodeado por 10 caballos enjaezados con oro, frente a pajes que empuñaban escudos y espadas incrustadas con oro, y flanqueado por los hijos de los príncipes, cuyos cabellos resplandecían con el oro trenzado. Incluso los perros guardianes, a la puerta del pabellón, usaban collares de oro, de los que pendían campanas áureas que repicaban suavemente al viento.

Al-Bakri, musulmán de Córdoba, viajaba para compilar una guía de Bilad al-Sudán (La tierra de los negros), nombre que dieron los árabes al vasto territorio al sur de su imperio. Durante los primeros decenios de existencia, a partir del siglo VII, el Islam irrumpió hacia el oeste por la costa del norte de África y penetró el continente de manera gradual, tanto por el comercio como por la conquista.

"Barcos" del desierto

Recorriendo aproximadamente 300 km a la semana, las caravanas de camellos árabes surcaron el Sáhara; viajaron 1,600 km al sur, con remesas de telas finas y bloques de sal, que en el desierto usaban como moneda, y que luego intercambiaban por esclavos africanos, finos repujados de cuero y nueces de cola, materia prima de un narcótico apreciado en los países donde la ley islámica prohibía beber alcohol.

Sudán, tal y como los árabes entendían el término, se extendía desde el Atlántico, siguiendo el cur-

Refugio del sol y la arena *Durante centurias, el oasis ha sido fuente vital de agua para errantes y viajeros del desierto. Antiguamente, las caravanas de camellos descansaban en estas zonas verdes, en medio de la desolación desértica.*

Oro blanco *En el interior de África, la sal era una mercancía valiosa.*

Dinero sólido *Los lingotes de cobre eran un medio de intercambio.*

Tajante *Con puntas de lanza, se compraba ropa y comida.*

Moneda en cadena *Se enlazaban hasta 100 "monedas" de concha.*

Sobre la arena *Los comerciantes musulmanes, como este mercader ilustrado en un manuscrito del siglo XIII, cruzaron el Sáhara para comerciar con Sudán, que entonces se extendía del África occidental al Mar Rojo. Recorrían 320 km a la semana.*

so del río Níger, hasta el lago Chad y el Mar Rojo. (El Sudán actual ocupa sólo la parte oriental de esta inmensa región.) En los tiempos de Al-Bakri, el Estado más importante era Ghana, que abarcaba los actuales Gambia, Guinea, Malí y parte de Senegal, aunque, sorprendentemente, no a la Ghana moderna. *El libro de los caminos y reinos*, título de la guía africana de Al-Bakri, describe que Ghana tenía edificios de piedra, raros en África; que se practicaba la tolerancia religiosa, y que tanto musulmanes como paganos desempeñaban puestos de importancia.

Poco después de la visita de Al-Bakri, la gloria de Ghana cayó ante el poderoso Estado musulmán de Malí, que ocupó su lugar. Prosperó con base en la minería del oro a gran escala; tanto se enriqueció el nuevo Estado, que cuando su rey Mansa Musa peregrinó a La Meca en 1324, dispensó tal generosidad que devaluó el precio del oro en Arabia durante un decenio.

Dos siglos después, el diplomático marroquí Jasán ibn Muhamad, mejor conocido por su nombre occidentalizado, Leo Africanus, visitó Malí después de su esplendor. Le pareció que sus habitantes eran "superiores a los demás africanos en ingenio, cortesía e industriosidad". En la capital, Tombuctú, se deslumbró con el palacio real, que unos artesanos españoles habían decorado; y con el esplendor del monarca, que viajaba con 3,000 soldados de caballería y una guardia personal de arqueros, armados con flechas de puntas envenenadas.

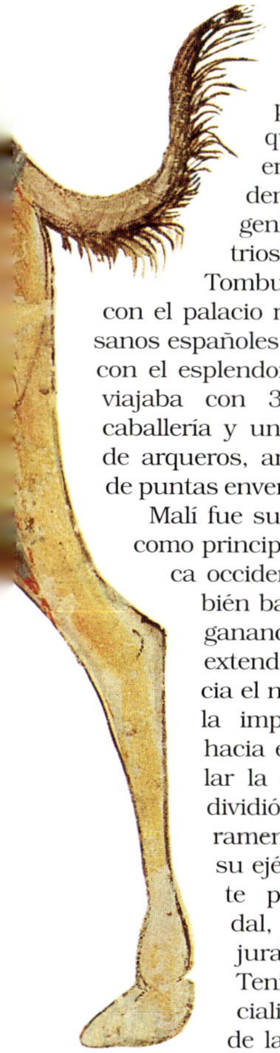

Malí fue sucedido por Songhai como principal potencia del África occidental islámica. También basó su economía en ganancias del comercio, y extendió su autoridad hacia el norte, para controlar la importación de sal y hacia el sur, para controlar la compra de oro. Se dividió en provincias claramente distinguibles y su ejército fue una hueste principalmente feudal, cuyos capitanes juraban lealtad al rey. Tenía ministerios especializados encargados de las finanzas, la agricultura, la justicia, y "de la gente blanca" (árabes y bereberes). En 1591, Songhai fue reemplazado por Marruecos, y finalizó el imperio del oeste de África. El conocimiento islámico floreció en estos reinos, así como la tolerancia de prácticas religiosas tradicionales, a las que se permitió coexistir con el Islam. Muchos de los que asistían a la mezquita también pasaban por ritos tribales iniciáticos, o usaban los servicios de brujos y hechiceros.

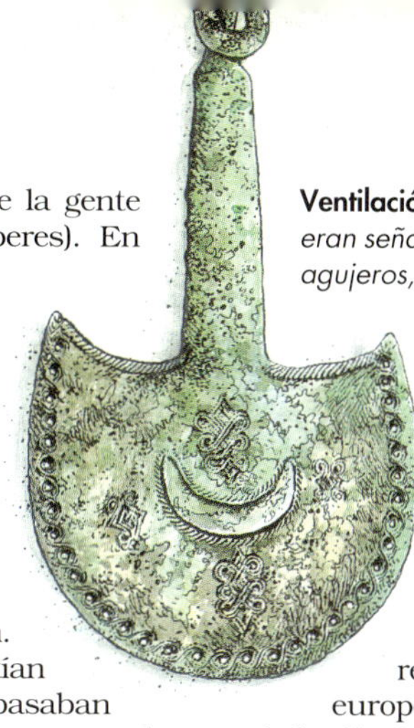

Ventilación *Estos adornados abanicos eran señal de alto rango. En los agujeros, ponían mechones de pelo de caballo o plumas.*

Se extiende el swahili

El Islam también se asentó en África oriental; ahí los comerciantes árabes se instalaron en la costa; se casaron con las mujeres bantúes locales, y se les llamó "sawahila", "gente de la costa". Su idioma arabizado, el swahili, se convirtió en el idioma adoptivo de toda la región. Las colonias musulmanas estaban confinadas a la costa y a las islas, como es el caso de Zanzíbar, centro del comercio del clavo aromático. No hicieron nada por colonizar tierra adentro, donde sus agentes comerciaban con telas de la India y porcelana china, a cambio de marfil, esclavos, oro, cobre y hierro.

Hacia el siglo XIII, la ciudad costera Kilwa, hoy en Tanzania, ya acuñaba su propia moneda de cobre. En el siglo XVII, con el nombre portugués de quiloa, su fabulosa riqueza fue lo suficientemente famosa como para ser mencionada en *El paraíso perdido*, de Milton. Perduran las ruinas de su mezquita, la más grande de la costa africana oriental, y de su palacio-fortaleza, de casi una hectárea de extensión.

Sólo un lugar de África resistió la expansión del islam: Etiopía, que fue convertida al cristianismo copto desde el año 333, pero en el siglo VIII se aisló del resto del mundo por las oleadas de conquistas musulmanas que abarcaron las tierras de Sudán. Durante 800 años, hasta que la visitó un explorador portugués en 1520, Etiopía casi no tuvo contacto con la cristiandad occidental. En Europa, se le conocía vagamente como el dominio del legendario rey Juan Presbítero. Los europeos soñaban con que algún día Juan Presbítero se les uniría en una Cruzada contra el victorioso Islam. Irónicamente, cuando finalmente llegaron a Etiopía, por la fuerza, en el siglo XIX, no lo hicieron como aliados, sino como invasores hostiles.

Piedras antiquísimas *Las iglesias de Lalibela, Etiopía, talladas en la roca viva, son una de las maravillas de África. Unas diez iglesias fueron talladas en 1100.*

LAS MISTERIOSAS PIEDRAS DE ZIMBABWE

Más de un siglo después de ser descubiertas, las grandes ruinas de granito de Zimbabwe siguen siendo un misterio: ¿Cuál sería la intención de sus constructores? El nombre significa "Gran Lugar" en lengua shona, y es apropiado para los únicos edificios de piedra notables que perduran en el sur de África. En 1980, la antigua Rhodesia del Sur se independizó y adoptó el nombre de Zimbabwe

El conjunto, que consiste en un palacio-fortaleza y un templo, posiblemente fue erigido por pueblos de habla bantú, entre los siglos XI y XVI. Está hecho de piedras, sin que se usara argamasa, y los bloques fueron hábilmente tallados y colocados en hileras. Zimbabwe fue centro del emporio comercial monomatapa, que exportaba oro al mundo musulmán por la costa. Además de ser un puesto de defensa, también tenía una cripta y una residencia real, construida para proteger al rey divino de las miradas de su pueblo.

El Imperio Monomatapa fue sucedido en el siglo XVI por una nueva dinastía, los Rozvi. Ellos construyeron algunos de los edificios más grandes de Zimbabwe. Su mandato perduró hasta 1830, cuando fueron derrocados por guerreros zulúes, un reino fundado unos 20 años antes por Shaka.

La etiqueta real de Zimbabwe era compleja. Aun los cortesanos más allegados se acercaban al rey arrastrándose sobre el vientre, y debían toser cuando el rey tosía. Pero la prerrogativa real tenía sus desventajas. En cuanto el rey se enfermaba o lo aquejaba la senilidad, y no proyectaba el aura de virilidad de la que se pensaba que dependía la prosperidad del imperio, el monarca debía envenenarse.

Arma mortal *Los cuchillos de hoja doble abundaban en África occidental: surcaban el aire en fatal secuencia.*

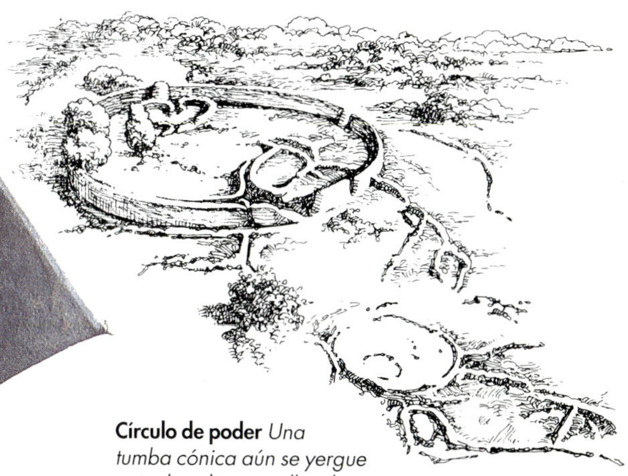

Círculo de poder *Una tumba cónica aún se yergue entre las altas murallas de granito de Zimbabwe.*

TIERRAS DEL ISLAM

A mediados del siglo XI, tribus turcas nómadas, conocidas como seléucidas, irrumpieron en el Medio Oriente. Devotos conversos al Islam, los seléucidas fueron el primero de los pueblos guerreros que llevaron nuevo vigor a tierras que tomaron como suyas. Un siglo después, Gengis Kan transformó a las tribus mongolas de las estepas de Asia central, en un imperio unido y poderoso, que Tamerlán comandó hacia nuevas conquistas. Otros dos pueblos islámicos, los otomanos en Turquía y los safavíes en Persia, alcanzaron las cúspides artística y cultural en los siglos XVI y XVII. Para entonces, los descendientes de Tamerlán conquistaron la India y crearon un imperio mogol que se distinguió por la extravagancia de su corte, arte y arquitectura.

SELÉUCIDAS, MONGOLES, OTOMANOS, PERSAS Y MOGOLES 1050–1700 D.C.

Poder montado *Aurangzeb, emperador mogol, personifica la destreza guerrera de los invasores musulmanes que irrumpieron en la India, en 1526, y establecieron el imperio que duró dos siglos.*

DONDE LAS CARAVANAS DESCANSABAN

Brillando en el desierto como una amplia fortaleza pertrechada, las caravaneras dominaban el horizonte. Cuando los viajeros llegaban a este acogedor refugio, junto con sus caballos y camellos, se veían pequeños ante los muros, altos como acantilados, con hileras de pequeñas ventanas y algunos agujeros de ventilación.

Una caravanera estuvo cerca de la aldea iraní de Ribat-i Sharaf, fue construida en el siglo XII por Sanyar, último de los grandes reyes seléucidas de Irán: era lugar de descanso para los mercaderes, sabios y peregrinos que viajaban juntos —generalmente para protegerse entre sí— hacia Irán, desde el norte, por el Camino Real. La caravanera fue una de las "casas de huéspedes" ideadas por los seléucidas, que llegaron a ser construidas por todo el Medio Oriente, para los viajeros y sus bestias de carga.

Una vez que cruzaban el enorme y amplio portal, por el que podían pasar fácilmente camellos con toda su carga, los viajeros llegaban a un patio central pavimentado, con una refrescante fuente en el centro. El patio, al aire libre, tenía espacio para 400 asnos y camellos, además de cuadrillas de sirvientes y cargadores; también contaba con una cisterna para almacenar la lluvia de invierno. Además de las secciones acostumbradas —establos para los caballos, habitaciones y una mezquita—, había una cámara de audiencias magníficamente decorada, a la que se accedía mediante escaleras. En este lugar, cuando el sultán estaba presente, recibía a los huéspedes de honor. Muchas de las caravaneras situadas en las rutas comerciales fueron erigidas fuera de los muros de las ciudades y aldeas, para estimular el comercio. La carga de los negocios se aligeraba con placeres; y las caravaneras más grandes contrataban músicos para entretener a la selecta mezcla de huéspedes.

Las tarifas de alojamiento variaban, y sólo algunas posadas ofrecían alimentos. Cuando el sultán se alojaba en la caravanera de Ribat-i Sharaf, sólo se atendían sus comidas; los demás huéspedes debían guisar sus alimentos en un rincón del patio.

Luego, los huéspedes tomaban un baño, se cercioraban de que mercancías y pertenencias estuvieran bien guardadas en celdas dispuestas en la planta baja, y se dirigían a su alojamiento por una escalera de piedra, hacia las galerías del primer piso.

El viajero enfermo recibía la atención del médico residente, en un dispensario. Si el huésped tenía la mala suerte de morir en el lugar, era sepultado ceremoniosamente en un mausoleo anexo a la caravanera, donde la familia podía visitar la tumba.

Extensos imperios *En 1550, los imperios musulmanes se extendían del noroeste de África a la frontera con el Tíbet. Unidas por una fe común, sus dinastías desarrollaron, por separado, estilos de gobierno y cultura distintivos.*

Veloz jinete *Los rivales de los mongoles envidiaban su habilidad de jinetes. Incluso los perros de cacería sabían montar a caballo.*

Ola incontenible *En 1529, Solimán el Magnífico llegó con sus tropas a Viena. Fue el punto más occidental que alcanzaron los otomanos.*

De los seléucidas surgieron varias dinastías turcas que rigieron sobre Asia central y occidental entre los siglos XI y XIII. Incluso después de convertirse en una comunidad estable, conservaron muchas de sus costumbres nómadas. El sultán recibía a sus caciques tribales a la entrada de su tienda, y, ya adentro, todos se sentaban en divanes dispuestos junto a las paredes; así discutían los asuntos. Ambas costumbres fueron adoptadas posteriormente por los turcos otomanos, que llamaron "Puerta Sublime" a su salón de recepciones, en honor del portal del palacio del sultán, y "Diván" a su concejo imperial. La principal mercancía transportada por las rutas comerciales eran esclavos. Esto tuvo un gran efecto en el carácter del imperio turco. Como los musulmanes no podían ser esclavos, los reyes otomanos enrolaban jóvenes cristianos para los ejércitos y servicios públicos. En cuanto estos muchachos ingresaban a la escuela de palacio, eran criados como musulmanes, pero esto no implicaba liberación automática para el cristiano.

Desde su época de nómadas, los turcos tenían sólidos contactos comerciales en todo el mundo. Aun después de adoptar un modo de vida sedentario, siguieron estimulando el comercio en su imperio. Por ejemplo, si un comerciante seléucida se reunía con un mercader tártaro en el puerto de Sudak, en Crimea, quería adquirir ganado o lácteos de los pueblos nómadas que deambulaban por las estepas del norte. Más aún, tal vez deseaba el amplio surtido de pieles: castor, armiño, zorro, liebre, ardilla gris, visón, marta, comadreja y cabra salvaje. A cambio, el mercader seléucida ofrecía dulces, pescado, uvas, pasas, levadura y ajonjolí, así como alfombras, vistosas capas, ropa de trabajo y brocados de satín. Al estar de viaje, los seléucidas mostraban gran consideración por el agua corriente; y día a día realizaban sus abluciones rituales como un acto de fe. Había más de 200 balnearios dispersos en todo el imperio, equipados con suntuosos baños públicos y fuentes de agua potable. Algunos manantiales estaban reservados para abrevar caballos y otras valiosas bestias de trabajo. En la corte del sultán, existía el puesto especial de Maestro de las Aguas.

Estera sagrada *El arco de esta estera otomana para orar debe apuntar a La Meca durante las plegarias.*

Los turcos fueron guerreros que adoraban el combate y la equitación. Los soldados seléucidas debían jugar polo al menos una vez por semana, para mantenerse alertas y en forma. La arquería también era muy respetada: los sultanes, considerándose hombres de acción, ponían el buen ejemplo.

De esclavo a sultán

Baibars, sultán de Egipto en el siglo XIII, fue el primero en estimular la arquería. Había sido miembro de los mamelucos, poderosa casta militar originalmente integrada por esclavos, y que gobernó Egipto entre 1250 y 1517: fueron el poder político dominante hasta principios del siglo XIX, aun bajo el reinado turco. Baibars instaló en El Cairo un campo de prácticas de arquería, con señales de mármol para marcar las distancias alcanzadas. La mayor de su época fue de 581 m.

Originalmente, Baibars fue un esclavo que hablaba turco; fue vendido a un líder militar, a cambio de una pequeña suma, por tener un defecto en el ojo. Esto no lo disuadió de seguir una distinguida carrera como comandante del ejército. Usurpó el trono en 1260, y gobernó Egipto y gran parte de Siria durante 17 años.

YURTAS DE LOS MONGOLES TRASHUMANTES

Cuando el muchacho de 13 años que llegaría a ser Gengis Kan sucedió a su padre, un cacique menor, como jefe de un pequeño clan mongol, aquél lo bautizó como Temudjin: fue casi lo único que le legó. Temudjin tuvo que pelear por su magra herencia. Su clan poseía caballos, cabras y ovejas, pero vivía en un terreno hostil, rodeado de enemigos tártaros, que repetidamente les infligía derrotas. Los mongoles eran un pueblo disperso, sin líderes y militarmente incapaz.

Temudjin cambió todo esto. Mediante alianzas y derrotando a sus rivales en batalla, su reputación creció con tanta rapidez que clanes enteros se congregaron a su lado, no sólo para garantizar la unidad y la seguridad mongola, sino también para disfrutar del botín que ofrecía su guerra de expansión. En 1206, se hizo llamar Gengis Kan, o "Supremo gobernante", representante de Dios en la Tierra. A su muerte, en 1227, Gengis Kan había dominado desde el norte de China hasta Afganistán, al oeste, y el río Dniéper, en Europa oriental.

Piedad para los prisioneros

En esta enorme región, la palabra de Gengis Kan era ley. Pese a que tenía una reputación de hombre violento y cruel, su pueblo lo consideraba un gobernante benigno y liberal. Perdonaba la vida a los prisioneros que sabían leer y escribir: Gengis Kan no sabía hacerlo. Protegía a los artesanos cautivos que pudieran serle útiles.

Sin embargo, varios delitos menores eran castigados con la muerte. Un mongol podía ser ejecutado por sólo haber traspasado el umbral de la yurta, o tienda, de un comandante; o por haber sido benigno, sin autorización, con los prisioneros. El adulterio y la glotonería eran delitos capitales. La ley obligaba a los mongoles a compartir su comida con cualquier compatriota hambriento.

Aun así, los derechos de los individuos estaban protegidos por una serie de leyes tradicionales, a las que tal vez se añadieron otras concebidas por el propio Gengis Kan, y que acaso se conservaran en un código escrito. Gengis

Casas portátiles *Las yurtas, o tiendas circulares de los mongoles, tenían armazones ligeros, para desmontarlas y trasladarlas fácilmente.*

Campamentos de ayer y de hoy *Alrededor de la fogata, un grupo de mongoles del siglo XIV, y sus animales (arr.), descansan antes del siguiente día de viaje. Las actuales tribus mongolas (izq.) aún pasan el invierno en sus tradicionales yurtas, con sus ovejas y cabras en corrales interiores.*

Kan permitió la práctica de religiones como el islam y el budismo, debido a sus conquistas en Persia y China. La religión de los mongoles era el chamanismo, una mezcla de magia y brujería cuya premisa era que todos los aspectos de la vida estaban bajo el control de una jerarquía de espíritus buenos y malos, los cuales, a su vez, eran gobernados por el dios supremo, Tengri; le seguía en importancia Itugen, diosa de la salud de los rebaños y la fertilidad de los cultivos.

Los chamanes o hechiceros vestían túnicas blancas y se comunicaban con los espíritus. Portaban báculos y tambores como símbolos de su autoridad, y afirmaban que podían cohabitar con los espíritus en sus sueños, o en profundos trances autoinducidos.

Los mongoles no tenían ceremonias religiosas públicas: las familias guardaban en las yurtas imágenes de sus antepasados y de Itugen. Antes de comer, untaban comida en las bocas de las imágenes. A diario se vertía vino en un ritual a los cuatro puntos cardinales, así como a los vientos y al Sol. Los mongoles creían que el agua corriente era una materialización de los poderes divinos, y por consiguiente debía conservarse sin contaminar. Por esto, si alguien era sorprendido orinando en una corriente de agua, o se lavaba con agua durante una tormenta de rayos, le aguardaba la pena de muerte (una medida ecologista, aunque muy drástica).

Habilidad en la montura *El éxito de los mongoles radicó en la equitación. Los vigorosos y muy competitivos juegos de polo eran considerados el entrenamiento ideal para los guerreros.*

Esposas y concubinas

Los mongoles estaban divididos en tribus, cada una con un cierto número de tiendas y praderas para apacentar. A su vez, las tribus se dividían en *oboks*, o clanes. Los miembros del clan eran considerados descendientes de un ancestro común, y tenían prohibido casarse con alguien del mismo clan, para evitar el riesgo de incesto. Las mujeres eran compradas a otro clan, con animales, mercancías y tierras de apacentar, y con los lujos adecuados a la posición social de la familia de la novia. Además de una o varias esposas, los hombres ricos tenían concubinas. Cuando moría el jefe de familia, sus concubinas pasaban a ser propiedad del hijo heredero, quien a veces desposaba a una de las viudas del padre. Esto garantizaba el bienestar y la seguridad de las mujeres y sus hijos para el futuro.

Aretes de oro

"¡Es mejor estar borracho en el infierno que sobrio en el paraíso!"

YAHIR, POETA CORTESANO, HACIA 1100.

La vida nómada de los mongoles seguía una rutina fija, según la temporada. Luego de pasar el invierno refugiados en la campiña de apacentar, en los valles, cada clan viajaba a las altas mesetas de la estepa. Como eran pastores, los mongoles comían carne de carnero, res, caballo y de cualquier otro animal que pudieran cazar: zorros, lobos, ratas y ratones. Generalmente asaban o hervían la carne, y la comían con los dedos, en una olla común. Un mensajero a caballo, o un soldado que patrullara solitario, llevaba la carne bajo su silla de montar, y así lograba que se ablandara al paso de los días: la comía cruda. La principal bebida de los mongoles era la leche de burra; al fermentarla, se convertía en el típico kumis, el cual solían beber en exceso y era causa de numerosas muertes prematuras. Aunque beber mucho era considerado una cualidad viril, el abuso del alcohol fue tan prolongado y persistente que llegó a ser considerado el vicio y la debilidad propios, hereditarios, de los mongoles.

Las mujeres mongolas nobles seguían la moda de pintarse los rostros de blanco, lo que originalmente era para proteger la piel del sol y del viento. Se pintaban las cejas de negro y las unían en una sola línea, se teñían el cabello y usaban tocados grandes y elaborados. El atuendo de las princesas era magnífico, con túnicas de seda china y bonetes adornados con hilo de oro. En contraste, las mujeres de las clases pobres solían vestir pantalones anchos. A veces rellenaban los asientos de los pantalones con algodón para dar la impresión de tener caderas abundantes, un atributo físico muy apreciado por los mongoles. La nariz pequeña era otra señal de belleza femenina. A pesar de la gran importancia de la joyería y los lienzos, los mongoles no producían ninguno de estos artículos: los importaban de Samarkanda, especialmente, de Bujara, ciudad situada en el centro de Asia. Los aretes de oro eran tan estimados por las mongolas, que los mandaban traer del este en caravanas de camellos, bajo la vigilancia de jinetes armados.

Cuando Gengis Kan murió, en 1227, fue sepultado cerca del río Onon, en Mongolia, en el sitio que él había elegido. Acatando sus deseos, toda criatura viviente, incluyendo los vegetales, que estuviera en el paso de la procesión fúnebre, fue exterminada sin miramientos.

Otros grandes emperadores mongoles siguieron sus pasos, en especial Kublai Kan (1215-1294) —nieto del anterior Kan—, que hizo de China su base de operaciones; y Tamerlán (1336-1405), que fundó su capital en Samarkanda. Desde esta ciudad, que aún conserva su palacio y mausoleo, Tamerlán inició la exitosa conquista de Persia.

Sin embargo, los días de gloria de los mongoles acabaron. Hacia fines del siglo XV, el poder mongol había entrado en un proceso de decadencia irreversible; gradualmente, regresaron a sus costumbres de pastores nómadas, y desaparecieron para siempre en la oscuridad de la historia.

UN IMPERIO FORJADO POR JINETES

Los hijos de los mongoles aprendían a montar aun antes de caminar, y prácticamente se criaban sobre una silla de montar. La habilidad de los niños en la equitación decidía su futuro; los más capaces se convertirían en soldados de caballería o mensajeros. Entre los mongoles, el caballo tenía tanta importancia para la conquista y sojuzgamiento del vasto imperio indómito, que los ladrones de caballos eran considerados los peores criminales y se les condenaba a muerte.

Para mantenerse en contacto con sus dominios, los emperadores mongoles usaban un sistema de jinetes mensajeros, que cabalgaban en relevos, para obtener informes acerca de sus enemigos y de los intereses del disperso pueblo, con el que tenían poco, o ningún, contacto. Estos mensajeros, elegidos de entre los mejores soldados, constituyeron una tropa de élite de 10,000 efectivos.

Ataque y defensa *Los guerreros mongoles usaban cascos con mallas de hierro para cubrirse el rostro; con hachas y escudos de piel combatían cuerpo a cuerpo.*

"El mayor placer del hombre es derrotar a los enemigos: hacerlos desfilar ante él, ver a sus seres queridos con el rostro bañado en lágrimas, montar sus caballos, poder abrazar, él mismo, a las hijas y esposas del enemigo."

GENGIS KAN, HACIA 1220.

Comiendo y durmiendo en su montura, los mensajeros procuraban recorrer por lo menos 160 km diarios: esto les permitía, en el lapso de un día y una noche, llegar con los informes que, de otro modo, se hubieran demorado un mes. En las rutas principales, había postas de descanso cada 40 km. Para ahorrar tiempo en cambiar de caballo, los jinetes anunciaban su llegada con campanas desde la silla de montar. Todo estaba preparado para ellos, incluso la comida. Poco después, se ponían nuevamente en camino. Se vendaban todo el cuerpo, para protegerse de las heridas por la cabalgata, y de los vientos helados y el calor sofocante de la estepa. En conjunto, los mensajeros disponían de un total de 250,000 caballos, que también tenían un papel importante en el ejército mongol, fuerza muy organizada, dotada de un arsenal formidable. Cada soldado de caballería portaba un arco de 320 m de alcance y 2 aljabas (carcajs) con 30 flechas cada una. Las flechas de largo alcance eran ligeras, en tanto que las de tiro en corto tenían puntas pesadas. Además llevaban una espada pequeña, un hacha, dos y hasta tres jabalinas, y una daga sujeta a la parte interior del brazo izquierdo. Los soldados de la caballería pesada se protegían también con cascos de hierro y una armadura de capas de cuero, que les cubría de la barbilla a las rodillas. Además portaban escudos de piel entretejida o laqueada, y sogas. Los soldados montados vestían pantalones que se abotonaban bajo las rodillas; los demás, faldones hechos de seda cruda y pesada, que disminuía el impacto de cualquier flecha que les tocara el cuerpo. Era tan resistente que no se desgarraba, y al entrar la seda en la herida, con todo y flecha, facilitaba la tarea de retirar la punta. Cada soldado cargaba en su silla de montar una bolsa de piel a prueba de agua, que se inflaba para poder cruzar ríos profundos. Esta bolsa contenía ropas limpias, aguja e hilo, anzuelo y cordel, un hacha, una olla de hierro, y dos cantimploras de cuero: una para agua, la otra para leche. Las raciones eran de carne ahumada, mijo y yogur. Así, en caso de necesidad, tenían el equipo para actuar como una unidad autosuficiente, cuando se les enviaba a alguna misión.

En la sociedad mongola de los siglos XIII y XIV, había pocos civiles. Todo hombre sano entre los 14 y los 60 años podía ser llamado a filas, especialmente en una emergencia. Al igual que otros ejércitos conquistadores anteriores al mongol —como los ejércitos árabes, bizantinos, partos y persas—, el poder militar de Gengis Kan se basó en la combinación de lanceros con armadura y arqueros montados. Además de esto, la flexibilidad y velocidad de los soldados anticipó las tácticas de ejércitos futuros, e incluso, superaron el uso que dieron los alemanes al tanque, durante la Segunda Guerra Mundial. Pero sobre todo, debieron el éxito a su estricta organización, basada en múltiplos de 10.

Temerario avance *Esta miniatura del siglo XV ilustra la constante fascinación de los mongoles por las artes de la guerra. Los soldados de infantería, con turbantes, se unen a la caballería —algunos montados en camellos—, armada con espadas, mazas y arcos. Los arqueros, afianzados en los estribos, son capaces de disparar aun cabalgando a todo galope.*

Torre de cráneos *No conformes con decapitar a sus prisioneros, los mongoles construían una "torre de cráneos" con las cabezas de sus enemigos. Estos macabros pilares se erigían en sitios visibles: mostraban la suerte que corrían los imprudentes y atrevidos que se les oponían.*

La unidad más pequeña, el *arban*, o patrulla, estaba formada por 10 hombres y un líder electo; el *yagun*, o escuadrón, por otra decena de patrullas: el líder era elegido por los jefes del *arban*. A su vez, 10 escuadrones formaban un *mingan*, o regimiento; 10 regimientos eran un *tumen*, o división de 10,000 hombres. Las tropas vivían en un *ordu*, palabra turca que significa campamento.

La *keshik* —cuerpo imperial— estaba integrada por la crema y nata de los soldados, y era la guardia personal del emperador mongol. Consistía en 7,000 guardaespaldas, 1,000 guardias diurnos, 1,000 nocturnos y 1,000 arqueros. Vestían túnica negra con mangas rojas, y armadura de cuero negro. Sus caballos eran negros, con arreos y sillas rojas. Durante los breves periodos de paz, las tropas se entrenaban para las batallas, en las que todo miembro adulto de la familia tenía un papel que cumplir. Los guerreros tenían sus armas siempre listas y las mujeres mantenían bien alimentados a sus hombres. Los hijos cosían las botas y capas de piel de oveja.

Uno de los pasatiempos favoritos de Gengis Kan era la cacería —en su juventud sobrevivió cazando y comiendo ratones y otros animales pequeños—, e introdujo en el ejército este deporte. Para los militares, la caza era, a la vez, un modo de mantenerse alerta y en buenas condiciones físicas, durante los largos días que pasaban en la silla de montar. La muestra más espectacular de esta afición era la Cacería Anual, para la que transportaban tigres, jabalíes, venados y otras presas a una zona delimitada, donde los jinetes los exterminaban. Creían que los aterradores rugidos de los animales acostumbrarían a los guerreros bisoños a los gritos de dolor que se oirían en el campo de batalla. Asimismo, era ocasión para aprender a trabajar en equipo, en situaciones de riesgo y en terrenos difíciles.

Los mongoles ignoraron las técnicas del sitio hasta que sus jinetes irrumpieron en el norte de China, a principios del siglo XIII: Gengis Kan forzó a los prisioneros chinos a construir equipo de asedio, que usó contra las ciudades fortificadas. Así, por primera vez, los mongoles recurrieron a escaleras, arietes y escudos pesados. También colocaron a los prisioneros como escudos humanos ante el enemigo, para salvar vidas mongolas.

Gengis Kan ideó un complejo sistema de señales, con el que se impartían órdenes que los soldados acataban inmediatamente. De día, se usaban banderas blancas y negras; de noche, faroles y flechas encendidas. El éxito de Gengis Kan también se debió a la cantidad de soldados: el ejército que irrumpió en Europa sumaba 100,000 soldados, cuando ninguna potencia europea podía reunir más de 30,000.

Sin embargo, la táctica más efectiva de este Kan fue el terror. Cuando Nishapur, la ciudad mercante persa, se atrevió a rebelarse, pese a que Gengis Kan ya la había perdonado una vez, ordenó decapitar a todos sus habitantes. De una población de 100,000, sólo 50 sobrevivieron. Además, muchos prisioneros eran eviscerados para extraerles las joyas, que pudieran haberse tragado. En una ocasión, Gengis Kan ordenó que se ejecutara a un príncipe prisionero, derramándole plata derretida en ojos y oídos.

Bien vestidos y alimentados *Un guerrero mongol, ricamente ataviado, peina la cola de su esbelto e inquieto caballo.*

Hechos a la medida *Se cree que estos estribos decorados fueron hechos especialmente para Gengis Kan; al morir, los heredó a su nieto.*

VIDA A CABALLO

Estribos llevados de China y baticolas —correas de cuero que aseguran las sillas de montar— daban a los jinetes mongoles más estabilidad para usar arcos y flechas. Los arqueros incluso podían disparar por encima de los hombros, mientras fingían huir del enemigo: esta táctica fue inventada por los jinetes partos, y de ahí surgió el concepto "flecha del parto" para describir, en sentido figurado, una observación mordaz, o literalmente, un proyectil bien dirigido antes de retirarse. En contraste con los esbeltos potros de la caballería, los mensajeros montaban robustos ponis. De 1.3 m de altura, los ponis eran criados por miles en los pastizales al norte del reino. Eran fáciles de cuidar, pues bebían poca agua y comían cualquier pasto que hallaran sobre la marcha. A pesar de su mal carácter, estos pequeños caballos eran apreciados por los jinetes, y sólo cabalgaban un día de cada cuatro.

UN IMPERIO ADMINISTRADO POR ESCLAVOS

Sin excepción, cada cinco años salían de Estambul comisiones del gobierno para recorrer el Imperio Otomano, y reclutar hombres para la vasta red de esclavos del sultán. Como la ley islámica prohibía esclavizar a los musulmanes, las comisiones buscaban muchachos cristianos, solteros, de entre 10 y 20 años de edad. Elegían a los más sanos, apuestos e inteligentes, pues estos jóvenes no serían esclavos de trabajos ordinarios.

Mediante educación y adiestramiento especiales, formaban una aristocracia de soldados, bien pagados y de alto rango, administradores y gobernadores de provincias. Sin importar su cargo específico, todos integrarían una bien organizada burocracia civil y militar, que a partir del siglo XV, y hasta principios del XVII, administró el Imperio, en tiempos de paz y de guerra.

Esplendor imperial

La mayor y más duradera de todas las tierras islámicas, el Imperio Otomano, la fundó el sultán turco Osmán I, en 1300. En 1453, bajo el mando del sultán Mehmet II, los otomanos tomaron Constantinopla —capital del Imperio Bizantino, de 1,000 años de antigüedad— y rebautizaron la ciudad como Estambul. En los siguientes 150 años, los otomanos conquistaron gran parte de Europa occidental y casi todo el norte de África y el mundo árabe. El imperio alcanzó la cúspide en el siglo XVI, bajo Solimán el Magnífico, a quien los esclavos servían desde puestos tan importantes como los de gran visir, o primer ministro.

Las levas de esclavos —llamadas *devshirmes* o "colecciones"— eran vistas con desagrado por los jóvenes. Algunos no tenían deseos de abandonar sus hogares en provincia, ni el cristianismo, para ser educados como musulmanes en la capital, ni siquiera

Invitados de honor *Las comodidades del Estambul del siglo XVI eran notables, a juzgar por la escena: nobles y comerciantes disfrutan de una recepción, en la que charlan, juegan backgammon y oyen música. Se sirve café, té y pasteles.*

cuando les aguardaba poder y prosperidad en el futuro. Pero la mayoría aprovechaba la oportunidad de huir de las penurias de la vida campesina ante la posibilidad de ocupar un cargo importante en el servicio imperial.

Tan pronto como reclutas "frescos" llegaban a Estambul, eran admitidos a la fe islámica y se les circuncidaba. Los más hábiles y prometedores ingresaban al servicio del palacio, como pajes del sultán, y eran admitidos en las escuelas palaciegas. Los eunucos los instruían: les enseñaban turco, persa y árabe (la lengua del Corán), así como filosofía, teología, literatura e historia. Los jóvenes también aprendían equitación, lucha, esgrima y arquería. La enseñanza principal era la estrategia militar, y se impartían cursos de arquitectura y leyes.

Los eunucos mantenían una estricta disciplina, en la que los jóvenes estudiaban, jugaban y dormían de acuerdo con un horario estricto. Sólo en determinados momentos se les autorizaba a hablar. No podían tener ningún contacto con el mundo exterior; se les animaba a que dieran por muertos a sus padres y parientes. El castigo para quien infringiera estas reglas era ser golpeado 10 veces diariamente en las plantas de los pies, con un bastón.

La rutina se prolongaba hasta que los jóvenes cumplían los 25 años de edad; entonces recibían los nombramientos de los puestos imperiales que desempeñarían. El anhelo de los reclutas, bien entrenados y con buena condición física, era enrolarse con los jenízaros, o Nuevos Soldados, una fuerza elitista de infantería que cuidaba del sultán en el fastuoso palacio Topkapi, y patrullaba las calles de Estambul. Casi todos los habitantes de la ciudad vivían en austeras casas de madera, de un piso, y dormían en alfombras y colchones sobre el suelo. Las paredes estaban decoradas con alfombras hechas a mano cuya retícula era de malla de seda, y generalmente estampadas con motivos florales o con medallones de todos tamaños. Sólo los residentes más acaudalados, quienes vivían en espaciosas casas de piedra, con jardines y patios que dominaban el mar del Bósforo, tenían alfombras en el piso. Como la gente se descalzaba al entrar a las casas, las alfombras no se desgastaban. En el verano, frescas esterillas, de juncos recién cortados, reemplazaban a las alfombras. En el invierno, ricos y pobres calentaban sus casas con braseros de cobre.

Cena con pan y jalea

La comida principal del día era la merienda. La de los más ricos se componía de sopa, platillos de arroz y carne condimentados, queso blanco, fruta, pan y jalea, acompañados de té. La gente más humilde se conformaba con pan negro, guisos a base de vísceras de algún rumiante y arroz; comía en platos de madera, usando tres dedos. Luego tomaba yogur, que era muy barato, y bebía agua.

El jefe de familia tenía total autoridad sobre esposa, hijos y parientes. Las mujeres eran segregadas de los hombres. Para divorciarse, todo lo que tenía que hacer un hombre era decirle a su esposa que ya no estaban casados. Entonces, quedaba en completa libertad para tomar otra mujer. Si después cambiaba de opinión, podía "recasarse" con la esposa original: simplemente le comunicaba que ya no estaban divorciados. Pero si era la mujer quien deseaba divorciarse, ella debía comparecer ante la corte. Excepto estos problemas domésticos, la vida cotidiana era pacífica y tranquila. Los jenízaros mantenían el orden, y las calles quedaban casi desiertas por la noche. El silencio sólo lo rompía el grito del sereno. Quienes tenían que salir estaban obligados, por ley, a cargar una antorcha.

Pero de día, muchos habitantes se abrían paso en los mercados de especias o para regatear en los bazares de comida y en el Gran Mercado, amurallado y con más de 70 calles y 18 portales. Los inspectores vigilaban escrupulosamente las transacciones; todo comerciante poco honrado era castigado de inmediato; generalmente recibía, con un grueso cilindro, golpes en las plantas de los pies. Los *hamams*, o baños públicos adyacentes, eran un próspero negocio. Ahí, los hombres se afeitaban la barba y se cortaban el pelo, mientras que las mujeres se daban masajes en la piel y en los pies.

Luego, los hombres —vestidos con caftanes y turbantes— se dirigían a los cafés, una costumbre entonces adquirida y cada vez más popular, donde podían refrescarse y enterarse de los últimos chismes. Para saciar el apetito por lo dulce, las mujeres —que vestían pantalones anchos y camisas— probaban los helados y jarabes que ofrecían los vendedores ambulantes por la ciudad.

Arte y usos *La prohibición islámica de retratar seres humanos propició que los decorados en trastos como este plato y esta jarra, fueran de flores y diseños abstractos.*

EL CÓDIGO DE LOS JENÍZAROS

Para integrar el cuerpo de jenízaros —los 15,000 hombres famosos por su fanática lealtad al sultán, y por la lealtad a sí mismos, más fanática aún—, se reclutaba a esclavos jóvenes, los más fuertes y agresivos de Turquía. Tenían prohibido casarse, y hacían solemnes juramentos de lealtad, frente a la mesilla que sostenía un ejemplar del Corán y una espada ceremonial. Casi igualmente veneradas eran las enormes calderas de cobre para sopa, colocadas en las barracas de estos soldados. La insignia de la tropa era el gran caldero, y el comandante en jefe ostentaba el título de Sopero Principal. Si el calderón pasaba a manos enemigas, se consideraba que la compañía había caído en desgracia. Los jenízaros alcanzaron su esplendor durante el reinado de Solimán el Magnífico, de 1520 a 1566. El sultán los tenía en tan alta estima —a ellos y a todo lo que representaban— que se unió al primer regimiento y, junto con la demás tropa, cobraba su salario ante el pagador del regimiento.

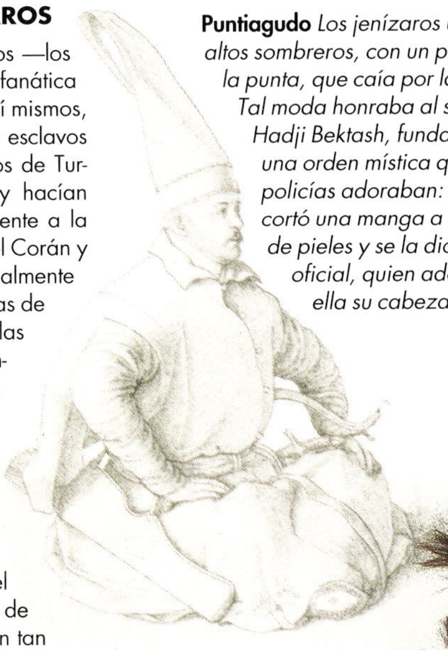

Puntiagudo *Los jenízaros usaban altos sombreros, con un pliegue en la punta, que caía por la espalda. Tal moda honraba al santo Hadji Bektash, fundador de una orden mística que los policías adoraban: el santo cortó una manga a su capa de pieles y se la dio a un oficial, quien adornó con ella su cabeza.*

En batalla *Una luna creciente, símbolo del Islam, corona este estandarte de guerra turco.*

Derviche danzante
Entre las muchas órdenes de derviches, o hermandades religiosas musulmanas, los fanáticos mevlevi entraban en éxtasis religioso girando, danzando y cantando con el sonido hipnótico de flautas, platillos y tambores. Los derviches provenían de las clases pobres.

CIUDAD Y JARDÍN PARA EL SHA

Cuando el sha Abbas, el Grande de Persia, decidió, a fines del siglo XVI, construir una nueva capital para su imperio en expansión, juró que no habría muros de palacio ni puertas cerradas que lo separaran de sus súbditos; y buscó un lugar desde el cual observar las actividades diarias de su pueblo, y concibió un gran espacio central y abierto, en el que pudiera alternar con el público.

La pequeña ciudad de Esfahan, a casi 1,600 m sobre el nivel del mar y en un exuberante valle, rodeado de montañas, fue el sitio elegido. Al principio, el sha quiso agrandar la ciudad, pero cuando un obstinado terrateniente se negó a venderle las tierras necesarias, decidió erigir un nuevo centro, 2 km al sur. En 1598, se inició el esplendor de Esfahan, hogar de la dinastía Safaví, que reinó Persia durante dos siglos. Abbas se concentró en la reconstrucción de Esfahan hasta que murió, 31 años después. Su afán dio empleo a miles de constructores y artesanos locales.

El sha convirtió al antiguo Alí Kapu, o "Portal Alto", en un palacio de tres pisos y una tribuna. Las gradas techadas dominaban un espacioso parque llamado Naksh-i-Yahan, o "Plan del Mundo", donde Abbas fundó el centro de su ciudad: el Maidán-i-Sha, o "Patio del sha".

Café y ajedrez por la tarde

La rutina diaria del Maidán, o patio, se iniciaba temprano; a las siete de la mañana, los cafés, situados a la entrada de la ciudad vieja, se llenaban de hombres que tomaban café negro: el aire se espesaba con el humo del tabaco. Los bebedores de café se sentaban en un círculo y limpiaban sus pipas en grandes jarras de agua. Había quienes jugaban con fichas o ajedrez, en tanto que otros intercambiaban chismes. Al mediodía, el Maidán se llenaba de comerciantes y clientes. Se armaban puestos y tiendas, mientras que muchos mercaderes simplemente ponían la fruta en el suelo; verduras, medicinas y aceites se mezclaban entre mercancías como artículos de algodón y cuero; joyería; pieles; sedas; satín; cofres y cajas; llaves y cerraduras; herramientas, puertas y ventanas; ruecas, caballos, mulas y camellos. La estridencia venía de los mercaderes y buhoneros que ofrecían agua helada. Se tocaban trompetas de cobre y tambores, y su sonido se propagaba desde las plantas superiores, en las galerías de dos pisos que rodeaban la plaza. En medio del bullicio, los amigos se saludaban haciendo caravanas y poniéndose la mano derecha sobre el pecho. Malabaristas, titiriteros, prestidigitadores, acróbatas, luchadores y bailarines se abrían paso entre la multitud. Todo espacio libre era ocupado por nigromantes y narradores, cuyos clientes creían en todas y cada una de sus palabras.

La única zona despejada estaba frente al Alí Kapu, donde se presentaban, por las noches, espectáculos para el sha y su corte. Había feroces justas de gladiadores y luchas a muerte entre leones, toros, osos y borregos. El sha también gustaba del polo, como jugador y como espectador. Cada vez que Abbas le pegaba a la pelota, los trompeteros reales hacían sonar una fanfarria y el público vitoreaba cumplidamente. Cuando el sha era espectador, disponía de una carreta tirada por bueyes para movilizarse a la por-

Arte del tapiz *Hilanderos y tejedores produjeron las magníficas alfombras de lana y seda anudadas que dieron fama a Persia. Los diseños aceptados por el Islam incluían animales, flores y volutas.*

Amantes de la naturaleza *Inspirados en el campo que los rodeaba, los habitantes de Esfahan cultivaron jardines y flores en su verde ciudad.*

EL PARAÍSO EN UNA ALFOMBRA

Las artesanías fueron un importante rubro en la economía de Esfahan. En los 32 talleres del palacio real, 5,000 artesanos fabricaban ropas y lozas, con la seguridad de tener empleo vitalicio. La ciudad alcanzó renombre por sus alfombras y tapetes hechos a mano. Los diseños eran de flores, aves, animales y árboles; frecuentemente, estos motivos del mundo natural combinaban con representaciones de jardines persas; la palabra persa que designa un jardín amurallado, *pairidaeza*, es el origen de nuestro vocablo "paraíso". Cada tres años, se aumentaba el salario de los artesanos, y cuando se jubilaban, sus hijos recibían el salario; los hijos trabajaban desde los 12 años. Trabajar para el sha solamente les ocupaba una cuarta parte de la jornada: gracias a ello, realizaban lucrativos trabajos adicionales.

Compañías musicales *En Esfahan abundaban los músicos, hombres y mujeres. Entretenían al público y daban la bienvenida a los enviados a la corte del sha.*

tería donde hubiera más acción: los postes de mármol sobreviven hasta hoy día. Los concursos de arquería gozaban de la misma popularidad. Se colocaba una manzana, un melón, y a veces una copa de oro, sobre un poste en medio del Maidán. Un grupo de arqueros montados pasaban junto al poste y disparaban desde la montura.

La vida nocturna del sha

Al oscurecer, el Maidán se iluminaba con unas 50,000 lámparas, que hacían destacar los mosaicos blancos y azules de los edificios cercanos. Entonces, Abbas, cual el príncipe de *Las mil y una noches*, se disfrazaba de campesino y se mezclaba con el pueblo. Deambulaba libremente, preguntando a la gente su opinión acerca del sha y del régimen. Aceptaba críticas, pero era implacable con los funcionarios de la corte o ministros de Estado crueles o corruptos. Abbas probaba las confituras y frutas que se vendían en los bazares, y una vez compró —y se llevó puestos— unos zapatos que le gustaron. Si un tendero trataba de estafarlo, no tenía misericordia para él: un panadero deshonesto fue arrestado y horneado en su propio horno, y un carnicero fraudulento fue asado en su asador.

Las murallas del Maidán también abarcaban las casas de los ricos, con sus jardines y arbustos recortados. Aunque casi todos los 500,000 habitantes de Esfahan vivían en casas de barro o adobes, construidas alrededor de un patio central, a veces dotado de una piscina. Comían frugalmente: desayunaban café y una hogaza de pan; a mediodía, tomaban requesón, confituras y fruta. La comida principal, a las siete de la tarde, consistía en *kebab* (brochetas) y platillos a base de huevo, acompañados con refrescos de fruta efervescentes. Los habitantes de Esfahan gustaban tanto de la fruta que se construyeron canales de irrigación para cultivarla. Los ricos la almacenaban en hieleras. Los pobres vivían en la ciudad vieja, y tenían una dieta de pepinos, raíces y melones. Pero estaban bien nutridos y vestidos, e incluso las mujeres más pobres usaban adornos de oro y plata en brazos, pies y cuello.

El sha Abbas murió en 1629, pero la dinastía Safaví continuó un siglo más, hasta que Esfahan cayó ante los afganos, en 1722. La ciudad se conserva hasta la fecha: aún produce las tradicionales alfombras, telas estampadas a mano y orfebrería.

Casco del sha *Este casco de acero y oro perteneció al sha Abbas: tiene una pieza para la nariz, ajustable, y una malla para cubrir la frente y el cuello. El borde tiene versos inscritos que loan al monarca.*

Armas bélicas *Envainada en una funda de madera y cuero, esta espada curva tiene una hoja de acero de un solo filo y empuñadura de marfil. El escudo del guerrero es de acero incrustado con oro.*

Línea de fabricación *Los herreros del sha, en Esfahan, producían cascos reforzados de acero forjado.*

Comodidades del hogar *Un príncipe de la India musulmana goza y trabaja: un consejero le comenta noticias y las concubinas le ofrecen platillos.*

Deslumbrante *Una mujer del harén pasa sus ratos libres peinando su largo cabello, esperando ser la favorita de su señor.*

DEAMBULAR DE LOS MOGOLES DE LA INDIA

Cada vez que el campamento del emperador mogol Yahangir se detenía al caer la noche, abarcaba una zona de unos 30 km de circunferencia. A la enorme procesión le tomaba medio día ir de un extremo al otro. Aun así, todo el campamento podía ser instalado en aproximadamente cuatro horas.

Las calles, las tiendas rojas y blancas, y los edificios de madera se levantaban de acuerdo con un trazado invariable. Los comerciantes y sus bazares estaban siempre en el mismo lugar, para que la gente supiera dónde comprar. En el centro del campamento, se alzaba el fuerte de madera y lienzo de Yahangir, quien, de 1605 a 1627, gobernó el Imperio Musulmán que los invasores mongoles habían fundado en la India un siglo antes.

El fuerte del emperador, de unos 275 m de diámetro, tenía un elegante portal de entrada. Cuando los funcionarios y cortesanos estaban ante el emperador, no se le acercaban más allá de cierta distancia: mientras más importantes fueran, más cerca estaban del trono. Todos eran llamados a las plegarias del día, que realizaban en una mezquita móvil, de madera. Los cortesanos vivían en pabellones, lujosamente amueblados con divanes forrados de seda, alfombras con estampados hechos a mano y tapices.

El emperador realizaba las audiencias en salones equipados con pipas de agua y escupideras; y cada mañana aparecía ante sus súbditos desde un balcón, para demostrarles que estaba sano y salvo. Cerca de ahí, una tienda pintada alojaba a la parte selecta de los 5,000 miembros del harén. Había también un estudio para los pintores de la corte, que acompañaban a Yahangir en sus viajes y retrataban el esplendor del reino. En centenares de tiendas se alojaban los 3,000 sirvientes: entre ellos, había más de 1,000 espadachines y luchadores que presentaban espectáculos por las noches; también había 500 antorcheros que iluminaban el escenario, y cientos de cuidadores de elefantes.

Dondequiera que acampara la corte, el emperador comía fruta fresca llevada de Kabul y Cachemira. Él y sus allegados podían elegir entre un millar de platillos diarios. Los mensajeros abastecían el campamento con hielo llevado de las nevadas montañas del norte; el agua para el emperador iba directamente del Ganges, río sagrado.

Tan sólo el traslado de las habitaciones del rey requería del esfuerzo combinado de 500 camellos, 400 vagones y 100 elefantes con sus jinetes. Las damas del harén viajaban en literas cubiertas, llevadas en hombros o en *howdahs*, baldaquines puestos sobre elefantes. La población del campamento se veía aumentada por miles de seguidores, mercaderes ambulantes y una inmensa hueste de comerciantes de granos, que conducía 100,000 bueyes cargados de provisiones.

Huida del calor veraniego

La necesidad de ir de un lugar a otro fue típica de la dinastía ininterrumpida que gobernó la mayor parte de la India desde el siglo XVI hasta mediados del XVIII, cuando se inició la desintegración del imperio. Los viajes obedecían a múltiples razones: Yahangir deambulaba para observar personalmente la forma en que su ejército combatía a los rebeldes que, en 1616, amenazaron con tomar la provincia sureña de Decán. Periódicamente, los emperadores viajaban con su corte a Cachemira, en el norte, para huir del sofocante verano de la India.

Sin embargo, a veces los emperadores mogoles viajaban sencillamente porque llevaban el espíritu trashu-

Tácticas de asedio *Protegidos con escudos de cuero, los ingenieros erigen un sabat, o pasarela cubierta, por la que las tropas avanzan hacia una fortaleza enemiga. Aun así, los constantes bombardeos cobraban muchas víctimas.*

mante en la sangre: eran descendientes de los conquistadores mongoles Gengis Kan y Tamerlán. Su origen influyó en la cultura, la arquitectura y el arte de la India. Adoptaron el persa como lengua de la corte y de la diplomacia del país: el nombre "mogol" es una variante persa de "mongol".

A donde quiera que fueran los emperadores, su extravagancia contrastaba con la vida de los pobres, que se hacinaban en chozas de barro con techos de paja y escasos muebles. En las noches frías, las familias se reunían alrededor de fogatas de estiércol de vaca, que encendían a las puertas de la vivienda. Durante las frecuentes epidemias y hambrunas, los humildes a veces recurrían al canibalismo.

Mientras, los emperadores despilfarraban en elaborados jardines acuáticos, que sirvieron de tumba a varios emperadores, incluso a Yahangir. El emperador Akbar, que gobernó de 1556 a 1605, yace en un jardín-mausoleo en Sikandra, aldea cercana a Agra, en el norte de la India. En la entrada está la inscripción: "Éste es el Edén. Entra y quédate para siempre."

En muchos jardines, las aguas de manantial bajan en cascadas de una terraza a la otra, abriéndose camino hacia un plácido estanque, o saltan en chorros de las decoradas fuentes de mármol. Los lagos artificiales rodean unos pabellones con domos, a los que se accede por escaleras o por gráciles puentes de piedra, que parecen alzarse de la superficie del agua, simulando niebla. Una forma artística muy popular eran los retratos en miniatura de emperadores y cortesanos, adornados con vivos tonos de rojo, amarillo, dorado y anaranjado, así como pinturas de aves o animales, como venados, cebras, cabras del Himalaya y gamos negros.

Los pintores, que trabajaban en equipo, se dividían el trabajo. Un artista se especializaba en los rasgos del rostro, otro determinaba la composición y un tercero se encargaba de los colores. Lograban la delicadeza en sus pinturas con finos pinceles hechos de pelo de cola de ardilla; el acabado en esmalte era conseguido al bruñir la pintura con trozos de ágata pulida.

Un *sabat* en el asedio

Los mogoles también eran famosos por su habilidad en batalla. Una de sus técnicas más eficientes era el uso del *sabat*, una pasarela a prueba de cañones, cubierta con muros de barro y escombros, y con techo de madera asegurado con pieles. Grupos de trabajadores alzaban el *sabat* hasta que alcanzaba el muro del fuerte. El interior del *sabat* era tan amplio que allí podía cabalgar una docena de jinetes, y tan alto que pasaban los elefantes y los lanceros con las armas erguidas. Techo y paredes tenían troneras, desde donde disparaban los soldados armados con mosquetes y cañones. El emperador Akbar usó con éxito el *sabat* en 1568, cuando capturó la colina fortificada Chittor, en la India central. La estructura onduló siguiendo la empinada falda de la colina, y serpenteó hasta llegar a las murallas del fuerte. Akbar no tuvo misericordia con los defensores de Chittor, ni con los 35,000 campesinos que allí vivían: todos fueron exterminados.

Los ejércitos mogoles pasaban la mayor parte del tiempo en batalla. En las treguas, los soldados se entrenaban participando en cacería de animales a gran escala. Siguiendo el ejemplo de los guerreros mongoles, actuaban como batidores: formaban un gran círculo de hasta 50 km de diámetro. Luego, cercaban a sus presas, que podían ser venados, en una zona de 5 km de ancho. El emperador y sus nobles procedían, entonces, a matar los animales con espadas, lanzas y flechas.

Akbar salía de cacería con onzas, felinos muy veloces, que derribaban a los venados y les mordían el cuello. Le seguían los soldados, quienes mataban todo animal que quedara vivo. Una vez que se agudizaba el gusto de los soldados en derramar sangre, y que se perfeccionaba la capacidad de maniobrar, los miembros del ejército volvían a la batalla.

Armas de guerra *Las dagas mogolas eran famosas por el decorado de sus fundas, empuñaduras y filos, a veces recubiertas con hoja de oro. Una de estas armas tiene pomo en forma de cabra, con ojos de ónix y un rubí en el centro, montado en oro. El mango es de jade esmaltado.*

Valiosas mercancías *Joyeros mogoles con turbantes, sentados en el suelo con las piernas cruzadas, ofrecen anillos y collares en lujosas bandejas.*

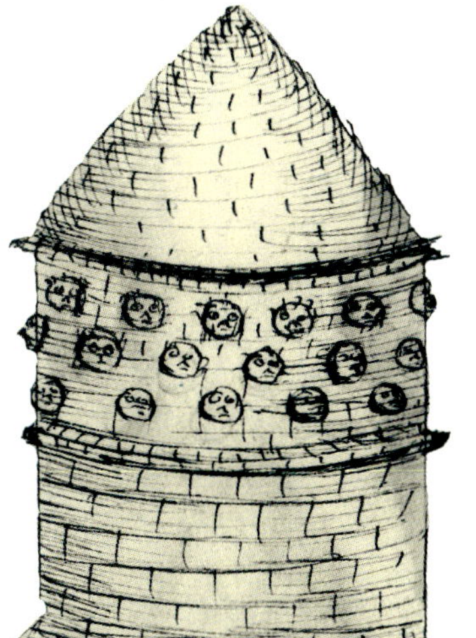

Advertencia *Al igual que sus ancestros mongoles, los mogoles erigían "torres de cráneos" con cabezas cercenadas, como advertencia a sus enemigos. Un viajero inglés dibujó uno de estos pilares: "Las testas de rebeldes y ladrones —escribió— están pegadas con mortero."*

EUROPA EN MARCHA

La transición de Europa del medievo a la modernidad estuvo marcada por una impetuosa mezcla de comercio y conocimiento; exploración y rebelión; florecimiento artístico y reforma religiosa. Entre las ciudades-Estado del norte de Italia, Venecia se convirtió en potencia marítima, mientras que, en Florencia, los banqueros financiaron a artistas, escultores y arquitectos. Pero en Roma, el esplendor de la corte papal no ocultó la corrupción de la Iglesia que favoreció el turbulento nacimiento del protestantismo, bajo la influencia de Martín Lutero y Juan Calvino. La primera Biblia impresa por Gutenberg dio origen a libros baratos y a nuevas oportunidades en la educación. El renovado espíritu de aventura inspiró a Colón a navegar por el desconocido océano Atlántico, al encuentro accidental con el Nuevo Mundo. Para el pueblo común, especialmente los campesinos, la vida siguió siendo dura, y la paga, escasa.

EUROPA OCCIDENTAL 1400–1600 D.C.

RIQUEZA MINERA Y COMERCIAL

Antes del alba, en las colinas sajonas, los mineros se reunían ante la capilla, a la entrada de la mina. Llegaban desde sus cabañas alumbrándose con linternas de cuerno, cargando consigo cascos primitivos, picos y palas, y el pan y la cerveza que comerían en las entrañas de la tierra, mientras batallaban contra la oscuridad y la humedad. Oirían atemorizados el crujir de los tablones de sostén, y el goteo del agua que amenazaba con inundar los túneles.

El plomo y el cobre impregnados de plata, y el oro que extraían, abastecía la acuñación de monedas de la que dependía la expansión del comercio de la Europa del siglo xv. Esos metales también servían para las elegantes estatuas con las que los patrones embellecían las ciudades, y financiaban las armas para que los Estados combatieran por el establecimiento de la supremacía. Dentro de sus muros defensivos, los ciudadanos que pros-

Soldado a sueldo *La altiva figura de Bartolommeo Colleoni expresa el poder de los* condottieri, *la nueva clase de soldados profesionales al servicio de las ciudades-Estado italianas. Se alquilaban al mejor postor, mediante una* condotta, *o "contrato". Esta estatua ecuestre de bronce es una obra maestra del florentino Andrea del Verrocchio.*

peraban por el comercio y la manufactura vivían con plenitud y abundancia. Se ponían en práctica ambiciosos programas de construcción de obras públicas.

Con la construcción llegó el arte y se renovó el prestigio de los artistas. La indumentaria era fastuosa, especialmente la de los comerciantes y financieros que crearon la riqueza de la época. Algunos banqueros medievales eran tan ricos que ostentaban un poder mayor que el de los monarcas. A veces, los reyes les pedían prestado dinero a estos financieros, para conseguir o conservar los tronos.

Familias como los Médicis, en Florencia, y los Fugger, en el sur de Alemania, dominaron la banca y el horizonte mercantil europeo en los siglos XV y XVI. De 1508 a 1515, Georg y Ulrich Fugger tuvieron la concesión para acuñar las monedas de Roma, y administraron el dinero que, por concepto de la venta de indulgencias, se enviaba a la corte papal.

Sin embargo, Jacobo el Rico, el hermano menor de los Fugger, superó a todos en riqueza e influencia. Controlaba minas de plata y cobre en Silesia y el Tirol, y, en 1519, recaudó los fondos para financiar la elección del emperador del Sacro Imperio Romano: Carlos V.

> *"¡Cuántas ciudades en las que nos criamos, que sólo eran de madera, son ahora reconstruidas con mármol puro!"*
>
> LEONE ALBERTI, HACIA 1500

El conocimiento era vital, especialmente la información acerca de los acontecimientos en otros lugares. Los grandes comerciantes tenían sus propios servicios noticiosos. Los hermanos Fugger enviaban boletines a las sucursales más alejadas de su imperio bancario; en Francia, Jacques Coeur, canciller de Carlos VII y banquero de la corte, tenía su propio correo: palomas mensajeras.

Poco después, métodos más rápidos de comunicación difundieron las noticias no sólo a los comerciantes, sino también al ciudadano común. En el decenio que inició en 1450, en la ciudad alemana de Mainz (Maguncia), Gutenberg produjo los primeros libros impresos con tipos móviles. Para fines del siglo XV, más de un centenar de ciudades europeas —Toledo, Estocolmo, Oxford y otras— tenían sus propias imprentas. Además de los libros, circulaban boletines noticiosos a precios accesibles, donde la gente leía las últimas novedades acerca de Europa y los acontecimientos en otras partes del mundo. Uno de estos boletines, impreso en Roma en 1493, describía el reciente viaje de Cristóbal Colón al Nuevo Mundo.

Ciudad entre mundos *Mercaderes aristócratas hicieron de Venecia el enlace entre Occidente y Oriente. En sus astilleros, se fabricaron las galeras mercantes y se probaron nuevos barcos de guerra. Los comerciantes extranjeros y los peregrinos de Roma la abarrotaban materialmente.*

La veloz difusión de ideas que la invención de la imprenta hizo posible también publicó la oposición al poder de la Iglesia. En 1517, el agustino Martín Lutero colocó en la puerta de la Catedral de Wittenberg sus *Noventa y cinco tesis*, el documento original de la revolución protestante. Al cabo de un mes, sus críticas se comentaban por toda Europa y desembocaron en sangrientas guerras, en las que tropas alemanas masacraron católicos.

El poder de la Iglesia se vio socavado por todas partes, ante el desafío de los gobernantes seculares, quienes, sin embargo, continuaban invocando el derecho divino en apoyo a sus aspiraciones políticas. Para consolidar su reinado, los nuevos monarcas nacionales formaron ejércitos y flotas cada vez mayores. Más y más hombres sanos fueron enrolados en la milicia; los que quedaron en los campos sufrieron la carga de onerosos impuestos.

Las guerras y las epidemias cobraron muchas víctimas: en 1500, la población de Europa disminuyó a 60 millones, poco más de dos tercios de la población total que había en 1300. En algunas regiones, las nuevas industrias de los astilleros y las imprentas implicaron una relación de mutuo beneficio para obreros y patrones. En otras, las masas tiranizadas se rebelaron contra sus adinerados patrones.

En este escenario de una Europa en constante movimiento, los mineros de Sajonia y Turingia continuaban su labor, iniciada al amanecer y terminada mucho después del ocaso: se arrastraban sobre manos y rodillas, recorriendo los recovecos de las minas en busca de valiosas vetas de metal. En recompensa al esforzado trabajo, algunos mineros recibían concesiones, como la exención del servicio militar y de uno que otro impuesto. Pero ni siquiera esto atraía nuevos trabajadores para las minas. En algunos lugares, la minería era el castigo para los criminales.

Centros de poder *En toda Europa, las ciudades en expansión fueron centros de invenciones, comercio, arte, reforma religiosa y aventuras marítimas.*

La moda *El dinero propició la expresión en la ropa. Sombreros en punta, pantalones vistosos y capas de terciopelo crearon un espectáculo multicolor.*

MERCADERES Y GALERAS DE VENECIA

Dinero en acción *Junto con el ducado y el escudo, el florín de oro, o* fiorino *—así llamado por la flor en una de sus caras— se usó en el comercio de los bienes que descargaban los estibadores venecianos.*

Centro de la ciudad *Nobles, mercaderes y prestamistas se codeaban en el Rialto, centro financiero de Venecia. El viejo puente de madera Rialto —que se quemó en 1514 y se reconstruyó posteriormente— cruzaba el Gran Canal, entre el laberinto de calles con arcos y portales donde se vendían especias y sedas al mayoreo.*

Desde temprano, los comerciantes de Venecia se congregaban en el Rialto, el próspero mercado de los artesanos y mayoristas que actuaban como ojos y oídos de los comerciantes. Expulsar a un comerciante del Rialto significaba arruinarlo: en una era sin periódicos, la fuente de información y poder eran las noticias que llegaban al Rialto, en los boletines difundidos entre el mundo comercial por los agentes y comisionistas, hojas volantes que se compartían entre colegas y se guardaban celosamente.

El dinero y el uso que se le daba eran la clave de la prosperidad en la ciudad, que llegó a su cúspide a principios del siglo XV. Protegida por lagunas, Venecia conquistó, mediante mercenarios *condottiere*, la mayor parte de sus alrededores y un imperio marítimo que se extendía desde el Adriático hasta Chipre. El comercio por mar era la fuente nutricia de Venecia; comerciantes y banqueros lo financiaban. La banca vivía de los depósitos y transferencias de los comerciantes: enviaba letras de cambio a otras ciudades, o expedía letras de crédito a los mercaderes itinerantes.

Si escaseaba el dinero en efectivo, los comerciantes recurrían a los judíos. Sus sombreros amarillos los identificaban como los parias de aquella sociedad; oficialmente sólo se les aceptaba como médicos, pero en realidad, también eran prestamistas.

La ley y los negociantes

Casi todos los comerciantes del Rialto aprendían a leer y escribir desde niños; luego se les enseñaba a usar el ábaco, para dominar las matemáticas, la contaduría y otros fundamentos del comercio. Después, pasaban algún tiempo como aprendices en un negocio, trabajando tras el mostrador y adquiriendo experiencia contable. Algunos se capacitaban en leyes y ejercían temporalmente en algún tribunal comercial.

Muchos mercaderes conocían personalmente los puertos del Mediterráneo, de donde llegaban las mercancías más valiosas, pues habían navegado hacia allá como escoltas de los buques mercantes. Ahora operaban a través de agentes, o mediante acuerdos con comerciantes jóvenes. En estos acuerdos, el mercader de mayor edad contribuía con capital, y al joven le tocaba el trabajo arduo. Los mercaderes debían detectar las sutilezas de la política interior y exterior. ¿Qué planeaban los turcos? ¿Cuáles eran los riesgos de las flotas? ¿Cuáles eran las tarifas cargueras? ¿Qué prioridades declararía el gobierno este año? ¿Cuál era la demanda en Oriente: telas florentinas, o plata y oro?

Según las respuestas, los mercaderes compraban especias, sedas y exóticas mercancías orientales a través de sus agentes en Alejandría; o negociaban con grano y vino, alumbre y tintes, que vendían a otros agentes diseminados en Europa.

Todos se interesaban por el Arsenal, el astillero más importante de Venecia, centro del poder naval, y tal vez la mayor organización industrial de Europa. Propiedad del Estado, el Arsenal tenía 24 Ha de extensión; construía, equipaba y reparaba toda clase de barcos: galeras ligeras de guerra, galeras pesadas para cargar sedas y especias, naves pequeñas para otras mercancías. El diseño era estándar: así, siempre había piezas para cualquier clase de barco y se podía construir una galera en una semana.

En el Arsenal trabajaban hasta 2,000 personas. Mantenía una disciplina similar a la de una fábrica: por la mañana y a mediodía sonaba una campana durante media hora para llamar a los trabajadores. Si alguno de ellos se retrasaba, perdía la paga del día. Seis veces al día se bebía vino, como parte del salario. A pesar de la rígida supervisión, los robos eran frecuentes.

Dentro del Arsenal había fraguas, almacenes y talleres de sogas. Muchos artesanos externos prestaban, indirectamente, servicios auxiliares, al igual que los miles de marineros que tripulaban los botes. Para asegurar el predominio del Arsenal, los astilleros privados de Venecia no podían construir barcos de más de 94 ton.

"Cuando la galera llegaba al final de la calle, los tripulantes ya estaban a bordo, junto con los remos necesarios. La nave estaba equipada de cabo a rabo. De este modo, entre las tres y las nueve horas, salían 10 galeras, completamente armadas."

PEDRO TAFUR (1410-1487)

Los gremios respectivos supervisaban a los artesanos que participaban en los astilleros: carpinteros, herreros, veleros, cordeleros, remeros, armeros, calafateadores. Educaban a los aprendices y controlaban la calidad del trabajo. También velaban por los demás trabajadores; se aseguraban de que los mayores de 55 años retuvieran el empleo y que los enfermos recibieran sueldo. Se ocupaban de los ancianos, y de las viudas y huérfanos de sus miembros. Quienes se desempeñaban en oficios vitales para Venecia no podían salir de la ciudad, pero quedaba asegurado su bienestar y el de sus familias. El gobierno garantizaba el futuro de los desprotegidos huérfanos de los nobles; mientras que los orfanatos de poderosas y ricas hermandades religiosas, llamados *scuole*, o escuelas, cuidaban de los huérfanos de los ciudadanos ordinarios. Estas hermandades también patrocinaban las artes, especialmente la música, que llegó a ser uno de los esplendores de Venecia.

Los trabajadores especializados más importantes eran los carpinteros de navío, oficiales que ideaban el diseño de los barcos. De estos capataces dependían la velocidad, las posibilidades de carga y de defensa y la maniobrabilidad. Realizaban experimentos para resolver problemas, como la colocación de los cañones en las galeras; o de las mejoras en el diseño y velocidad, por ejemplo, al modificar la cantidad de remos o de mástiles y aparejos. Un comité se encargaba de examinar y verificar o alterar los nuevos diseños de los navíos.

Boda con el mar

La gran regata anual del 10 de enero era una ocasión festiva que incluía que los barcos compitieran en belleza y adornos o decorados. También se realizaban carreras, presenciadas con gran interés por todo veneciano, desde el estibador más humilde hasta el duque en persona. Cada año, en el día de la Ascensión, el duque participaba en una ceremonia que simbolizaba el matrimonio de la ciudad portuaria y el mar.

Los venecianos ricos gastaban lo ganado en darse una buena vida, particularmente en comida, joyería y ropas. Las fiestas para recibir dignatarios visitantes incluían fastuosos espectáculos de danza, acróbatas y payasos. La ley limitaba la dote que recibía una mujer a 1,600 ducados, pero los gastos de los banquetes nupciales superaban esta suma. Aunque las mujeres venecianas aparentemente no tenían mucho poder, aquellas que tenían propiedades personales podían comerciar por cuenta propia. Las prostitutas de Venecia, famosas en toda Europa, eran reguladas por el Estado, que les prohibía el comercio carnal con judíos y musulmanes; también estipulaba la zona de trabajo, y les ordenaba enseñar piernas y pechos cuando disminuía la clientela.

Secretos del oficio *Los vidrieros se confinaban en Venecia, para resguardar sus métodos. Se especializaban en esmaltes que parecían gemas.*

Visitar a los enfermos *Venecia ofrecía asistencia médica gratuita a los humildes. Los hospitales de beneficencia encargaron pinturas y frisos a los mejores artistas del momento. Parientes y amigos visitaban a los enfermos en el lecho, y les llevaban comida y bebida. Los pacientes más pobres eran transportados a los "hospitales de la misericordia" por camilleros voluntarios, disponibles a toda hora del día y de la noche. También se daba alojamiento a los niños perdidos.*

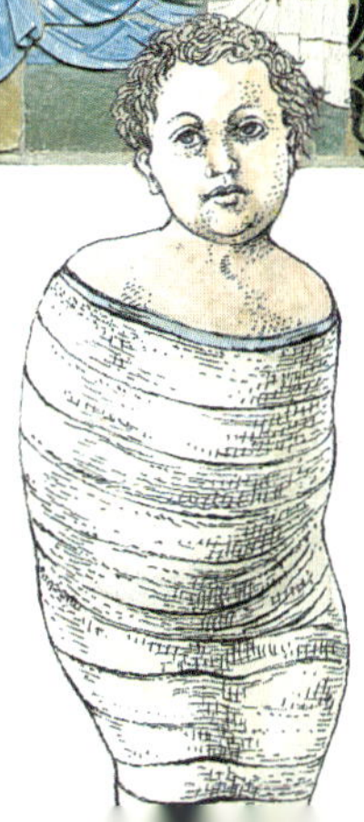

Bebé atado *Los bebés eran envueltos con vendas que, supuestamente, enderezaban las extremidades.*

Postimeros *El atuendo demostraba el rango y la riqueza; se acostumbraban las ropas suntuosas incluso para la vida cotidiana. Estos dos transeúntes visten los típicos gorros de Venecia y largas capas de brocado de terciopelo, sin cuellos.*

RUMBO A LA ROMA RENACIDA

Ciudad saqueada *El esplendor de Roma creado por León X fue breve: en 1527, una hueste de 22,000 mercenarios imperiales, sin sueldo ni líder, saquearon la ciudad: murieron 13,000 romanos, muchos de ellos tras la tortura y la violación. Entre la hueste había simpatizantes del monje y reformador Martín Lutero.*

Al caer la noche, una corriente constante de viajeros entra a Roma, ansiosa de llegar a la ciudad antes de que se cierren las puertas. Dos de cada tres viajeros van a pie, muchos llevan báculos, talegos y veneras que los identifican como peregrinos; cada año entran a la Santa Sede unos 50,000 peregrinos, especialmente en Cuaresma y Pascua.

Los demás viajeros, en un día típico de principios del siglo XVI, pueden ser embajadores en misiones secretas a la corte papal, o humildes curas, monjes y monjas que atienden asuntos de la orden o la parroquia. Otros son gente común, de toda Italia o de otros países, que quieren probar suerte en la ciudad. Algunos tardaron un mes en llegar.

Entre la multitud se mezclan los pastores con sus rebaños de ovejas, cabras y vacas, e innumerables carretas de ocho ruedas y marcha torpe, atiborradas de provisiones, leña y madera de construcción para los edificios romanos. De pronto, la abigarrada multitud es empujada a un lado por una ruidosa y prepotente compañía de 300 arqueros, alabarderos, guardabosques y exploradores, que protegen a un hombre regordete y miope en botas de cuero y ropa de caza. El papa León X y sus cortesanos montados regresan a casa luego de una expedición de cacería.

Nueva ciudad surge entre las ruinas

Al pasar por el portal, el Papa, los peregrinos y los campesinos entran a una ciudad que pasa por un espectacular programa de reconstrucción, luego de un siglo de abandono, desde el catastrófico terremoto de 1419. En 1513, cuando fue nombrado pontífice, el papa León decidió hacer de Roma la metrópolis del arte, la arquitectura y el conocimiento.

Bajo la dirección del arquitecto Filippo Brunelleschi, el Papa trazó nuevamente las calles y derribó las ruinas de la vieja Roma. En su lugar, se irguieron nuevos edificios de estilo clásico, hechos de cemento: la cal se obtuvo quemando las estatuas rotas de la etapa anterior. Además de un

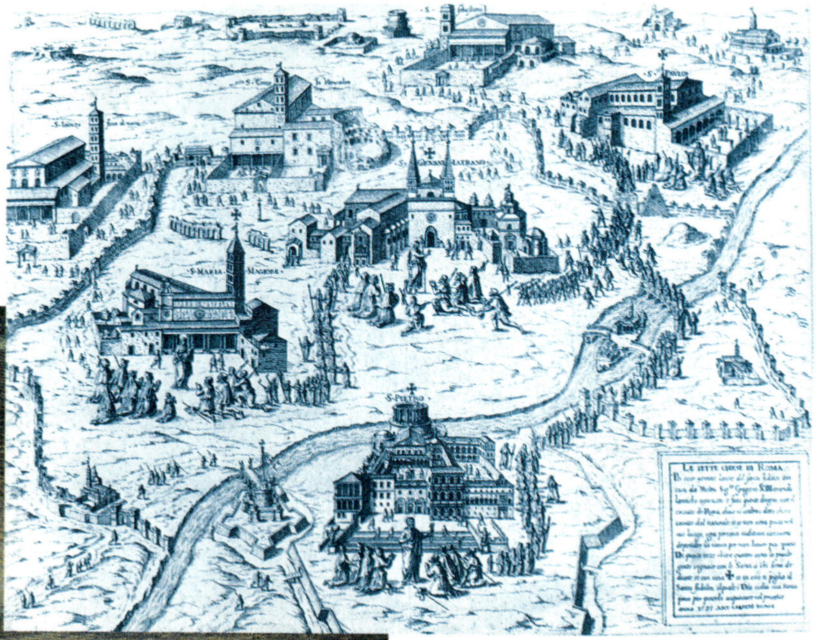

Marcha de peregrinos *Mapa en mano, los peregrinos, como penitencia, visitan siete iglesias de Roma. El paseo les tomaba unas ocho horas por zonas deshabitadas alrededor del Vaticano, y hundidos en el lodo de pantanos desolados.*

Vida en el Campo Vaccino *A principios del siglo XVI, sólo quedaban ruinas de la que había sido la Roma imperial. Años de abandono, previos al ascenso de León X al papado, convirtieron al orgulloso Foro (izq.) en escombros habitados por animales, pastores y mendigos. Los habitantes de Roma lo apodaron Campo Vaccino, por los rebaños que ahí pacían. Llegó a ser un lugar de reunión tan popular para los pobres, que se estableció una posada barata, con bancas y mesas para las familias, sus hijos y sus perros.*

Cortesía de la casa *Tres viajeros pobres que se dirigen a Roma reciben comida y alojamiento gratuitos en un monasterio en el camino. Los viajeros ricos sí pagaban.*

ambicioso programa de nuevos edificios públicos, se construyeron miles de hogares para los más humildes, con lo que la ciudad se extendió gradualmente hacia el este. León X también procuró mejorar el sistema de agua y drenaje de la ciudad, para prevenir enfermedades. Intentó secar los pantanos Pontinos, y construyó escuelas y hospitales.

También se erigieron 236 posadas y hosterías para albergar a los fatigados viajeros. En los portales, guías y buscones acosaban a los turistas ricos para conducirlos a las posadas cercanas al Panteón. Los más pobres se alojaban en las casas de madera del apiñado distrito Trastévere. Los monjes y monjas se dirigían a los colegios religiosos, en tanto que los diplomáticos enfilaban hacia el palacio del cardenal que representaba los intereses de su país.

Servidores de la Iglesia

Roma no tenía industria y casi todos sus artesanos eran orfebres del oro y la plata; sus mercancías estaban dedicadas casi del todo a satisfacer las necesidades de los visitantes. Más de uno de cada tres habitantes trabajaba para la Iglesia, y el resto estaba relacionado con ella de un modo u otro.

El Papa contaba con 700 sirvientes: entre ellos estaban incluidos sus guardaespaldas, la Guardia Suiza, 27 prelados domésticos, 64 chambelanes, 68 recamareros, 265 criados y una gran variedad de curas, músicos, enanos y bufones. Afines a tal ostentación, los cardenales, los banqueros y los antiguos aristócratas romanos abandonaron las torres fortificadas del Capitolio, que habían albergado a sus antepasados, y compitieron entre sí para construir el palacio más fastuoso. Luego, contrataron a los artistas mejor cotizados del momento, para que decoraran y amueblaran los interiores con estatuas, pinturas, alfombras y joyas.

Los romanos más acaudalados dieron rienda suelta a su gusto por la vida lujosa, la pompa y los banquetes, en una escala sin precedentes. Los banqueros Chigi siempre arrojaban al río Tíber su vajilla de plata después de cada banquete, para presumir de que ninguno de sus invitados comía dos veces en el mismo plato. Sin embargo, la vajilla caía en una red especialmente colocada y luego era recuperada por los criados.

Los gastos de cardenales, banqueros, la Iglesia y los turistas mantenían a comerciantes y tenderos; carniceros y panaderos; prostitutas; proxenetas; cortabolsas y ladronzuelos. La ropa usada y las sobras de la comida de los grandes palacios, y los espectáculos gratuitos en las calles, proporcionaban un nivel de vida mayor al del resto de las ciudades y el campo de la época. Los turistas iban al Vaticano para admirar los nuevos frescos de Rafael en la Capilla Sixtina, o para presenciar el menaje papal, con sus elefantes y leones. En el Corsa se realizaban carreras de caballos; y corridas de toros en la plaza de San Pedro.

El humanista y el monje

Los intelectuales de la ciudad se reunían en la villa de uno de los principales humanistas de Italia, Jacobo Sadoleto, que discutía con sus huéspedes la reforma de la vida cristiana. Acaso en casa de Sadoleto se haya hablado de un monje poco conocido, de nombre Martín Lutero, quien poco después dirigiría la rebelión contra la ostentación y decadencia que veía representada en la Iglesia de Roma.

Muchos de los simpatizantes de Lutero fueron quienes, en 1527, redujeron nuevamente a Roma a las ruinas. Los cuerpos yacían en las calles, sin sepultura; los mordían perros hambrientos. Unas 30,000 casas fueron destruidas; los palacios y hospitales, saqueados e incendiados, y se perdieron manuscritos y libros invaluables. Ante el hambre y las epidemias, los ejércitos abandonaron la ciudad. La siguiente reconstrucción fue más sobria.

DE LOS DEDOS AL TENEDOR

Los tenedores se usaron en los hogares italianos desde el siglo XI, para comer la fruta que antes manchaba los dedos. A mediados del siglo XV, otros países adoptaron el tenedor de dos dientes, como alternativa para el cuchillo con el que alzaban la carne del plato. Pero los tenedores no eran de uso común en 1600, año en que un viajero mostró a la reina Isabel I de Inglaterra un tenedor de tal elegancia que ella mandó hacer réplicas de oro, coral y cristal. Los tenedores de tres dientes aparecieron en el siglo XIX. El de cuatro tiene menos de un siglo.

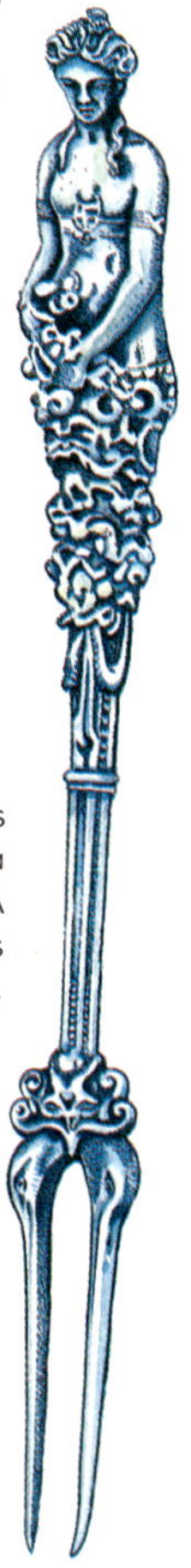

Tenedor romano de plata del siglo XVI

LA RIVALIDAD FLORENTINA Y LAS ARTES

A principios de 1401, los ciudadanos de Florencia bullían de entusiasmo. El estado de ánimo no obedecía a la esperanza de un cambio político, sino al ansiado concurso para diseñar las Puertas del Norte del Baptisterio. Este venerable edificio, situado frente al Duomo, o catedral, tenía una historia que se remontaba 1,000 años atrás. Los florentinos del siglo XV creían que antiguamente había sido un templo romano consagrado a Marte, lo cual los relacionaba con el pasado clásico.

Para subrayar el orgullo y la unidad de la ciudad, cada Año Nuevo (que entonces se celebraba el 21 de marzo), todos los niños nacidos en la ciudad durante el año anterior eran llevados al Baptisterio para un bautizo comunal. Los comerciantes de algodón, que controlaban el negocio del cual dependía la prosperidad de Florencia, habían obtenido la comisión para las Puertas del Norte. Dado que pertenecían a uno de los siete principales gremios florentinos, ansiaban demostrar su espíritu cívico mediante una bella contribución para uno de los edificios más queridos de la ciudad.

Método del artista *En un plato decorado en el mismo estilo, un pintor trabaja en la singular alfarería llamada mayólica, cuyos adornos se hacen sobre loza blanca que contiene óxido de estaño. El nombre proviene de Mallorca, origen de ese estilo.*

Labor artesanal *Instados por su maestro, sentado en una banca, un grupo de alfareros alimenta el horno.*

Vestir a los pobres *La lana era la materia prima de la ropa; uno de cada tres florentinos trabajaba en la industria textil. El gremio de los fabricantes de lana daba ropas a los pobres de la ciudad, especialmente a los niños, una vez al año.*

Esplendor entre rivales

Lorenzo Ghiberti ganó el concurso, enfrentándose a otros seis grandes escultores. El favorito era Filippo Brunelleschi, arquitecto de la cúpula del Duomo, orgullo de la ciudad y que aún hoy domina su vista. Iniciadas en 1403, las enormes puertas del Baptisterio fueron terminadas 21 años después. Sus 28 paneles en hoja de bronce, en alto relieve, retratan escenas de la vida de Cristo. Los florentinos eran de una competitividad feroz y los monumentos erigidos por cada grupo tenían que superar

Ciudad de riquezas *En mayo, Florencia rendía tributo a Mercurio, dios romano del comercio. Una talla con la figura de Mercurio en la parte superior muestra a los artesanos. Frente al local de un orfebre, el escultor moldea una cabeza, y el astrónomo sostiene una esfera. Dentro, hay un escribano y un relojero; arriba, un músico y dos decoradores. Por encima de los techos sobresale la cúpula de la catedral. Cada oficio tenía su propio gremio; el símbolo del gremio de la lana era la oveja (der.). Este medallón es obra de Lucca della Robbia.*

a los de sus rivales. El acaudalado grupo patricio se dividía en facciones desde tiempos inmemoriales; la rivalidad se convertía en *vendettas* transmitidas de generación en generación. Las divisiones internas rebasaban los intereses sociales y económicos, separando a los miembros del mismo grupo social en las procesiones, los desfiles, y aun en los partidos de futbol.

El poder y la influencia de las grandes familias, como los Médicis, que de hecho gobernaban la ciudad-Estado, se medía en la cantidad de parásitos que las rodeaban: desde los más ricos hasta los más pobres de la comunidad. A algunos se les permitía adoptar el apellido; muchos vivían alrededor de la residencia familiar principal, y todos debían dar su vida en aras de la honra de la familia.

El lujo y la ostentación formaban parte integral del honor familiar. Hacia el siglo XV, las casas citadinas de los patricios dejaron de ser las torres fortificadas de la época medieval: fueron reconstruidas como suntuosos palacios, diseñados por los mejores arquitectos. Las familias patricias contrataron a artistas, como Masaccio y Botticelli, para que pintaran retratos, que colocaban en los muros, y retablos, para los altares de las iglesias de las que eran patronos. Los artistas, al igual que los artesanos, pertenecían a gremios. Generalmente, los escultores pertenecían al gremio de los albañiles, uno de los 14 de artesanos menores. Los pintores, por otra parte, pertenecían al gremio mayor de los médicos y farmacéuticos, debido a que usaban pigmentos y elementos raros. Eran vistos como artesanos y generalmente vivían en los distritos pobres de Florencia, junto con otros artesanos cuya ayuda era esencial para la salud.

Los aprendices de pintores se entrenaban en los talleres: molían y mezclaban pigmentos, o preparaban los lienzos y muros para la aplicación de las pinturas. Con el tiempo, se les asignaban pequeñas partes del fondo, para que las pintaran. Posteriormente, se les confiaban obras consideradas indignas de recibir el toque personal del maestro, aunque eran pintadas bajo su supervisión. Además de conocer el arte de trabajar la piedra, los aprendices de escultor debían volverse expertos en los procesos para hacer patrones y moldes y vaciarlos, así como en los de aleación de metales.

Por el favor de una dama

Junto a la pintura y la escultura, coexistía la demanda por otros artículos de lujo, que elevaban la posición social de los gremios artesanales. Los nuevos palacios necesitaban muebles finos. Los alfareros producían placas decoradas con el escudo de armas de la familia, o escenas de los triunfos familiares más notables. Los talleres especializados producían arcones para el ajuar de las novias, pintados y tallados con escenas de la Biblia o de leyendas clásicas.

Además de su amor por las artes visuales, los aristócratas florentinos rivalizaban entre sí en poesía y oratoria, y organizaban competencias para elegir a los mejores escritores y oradores, en latín e italiano. En música, componían y cantaban serenatas y madrigales, buscando el favor de una dama. Desarrollaron el drama religioso, introduciendo nuevas formas de diálogo y una asombrosa variedad de efectos especiales, tales como elaboradas carrozas y fuentes de agua.

Pero este esplendor tuvo su precio. La ciudad estaba drásticamente dividida entre ricos y pobres. A los obreros más pobres los agobiaba la escasez, la miseria y el rigor del trabajo. Sobre ellos recaía la carga de las recesiones, en tanto que disfrutaban marginalmente de la gloria de la ciudad. Los obreros a destajo, empleados por los textileros ricos, peinaban y cardaban el algodón, o lo teñían, a cambio de un magro sueldo. A fines del siglo XIV, las severas condiciones que sufrían los *ciompi*, u obreros no especializados de la ciudad, los obligaron a rebelarse varias veces.

Luego, a fines del siguiente siglo, los florentinos reaccionaron contra el culto a la vanidad y la ostentación. La influencia de un fraile dominico y predicador, Jerónimo Savonarola, quien afirmó que la ostentación era obra del diablo, instigó a los ciudadanos a quemar las obras artísticas, en lo que la posteridad conoció como "La hoguera de las vanidades". Sin embargo, en 1498, Savonarola fue acusado de herejía, y se le condenó, a su vez, a la hoguera.

SÍMBOLO DE ORGULLO

Durante casi todo el siglo XV, la ciudad de Florencia estuvo dominada por la familia Médicis. De origen oscuro, fundaron un banco en 1397: los Médicis hicieron dinero del dinero, y con su fortuna se convirtieron en mecenas muy famosos. Contrataron a grandes artistas, arquitectos y escultores, para que transformaran a Florencia en la ciudad más destacada del Renacimiento italiano. Los artistas volvieron los ojos al pasado de Italia para inspirarse en las creaciones de la antigua Roma. El *David* de Donatello (der.) fue el primer desnudo vaciado en bronce desde los tiempos clásicos. El altivo joven, jubiloso por su victoria ante el gigantesco enemigo, fue el símbolo del orgullo de Florencia, así como de la fortuna de los Médicis, en cuyo patio se colocó la estatua. La figura bíblica de David inspiró, 70 años después, otra obra maestra de la escultura florentina, hecha por Miguel Ángel.

Vencedor *La cabeza cercenada de Goliat yace a los pies del* David, *obra en bronce de Donatello.*

LA IMPRENTA DIFUNDE EL CONOCIMIENTO

La época de la información comenzó con los libros impresos, que transformaron la conciencia humana. Las obras de la minoría académica fueron accesibles para la mayoría; se abrieron redes de comunicación que habían sido inimaginables. Sin embargo, esta revolución no ocurrió de la noche a la mañana.

En el siglo XV, cuando aparecieron los primeros libros impresos en Europa, las ediciones constaban, a lo sumo, de 200 ejemplares. Los libros eran tesoros, de acuerdo con la tradición medieval. Las obras manuscritas de los monjes, espléndidamente encuadernadas e ilustradas, se cambiaban por viñedos, rebaños y otras mercancías valiosas. Con la imprenta, las copias de una obra podían comprarse con dinero, pero seguían siendo posesiones de prestigio.

En 1522, cuando Martín Lutero publicó su popular Nuevo Testamento en alemán, la primera edición fue de 3,000 ejemplares. Cada libro costaba medio gulden, aproximadamente una semana de sueldo de un buen artesano.

Europa no inventó la imprenta. En el Lejano Oriente, los textos impresos se conocían desde el siglo VIII; los hacían en un bloque de madera, del mismo modo en que se hacían las tallas. En 1409, se publicó en Corea un libro impreso con tipos móviles.

Biblia "escrita" con tipos

En Occidente, la llegada de los libros impresos fue a mediados del decenio de los cincuenta, con la Biblia publicada en Maguncia, la ciudad alemana. Esta obra, de 42 líneas por página, fue impresa por Juan Gutenberg, y su diseño correspondió con el de los manuscritos de la época. Las letras eran del estilo gótico que usaban los escribanos y fueron impresas con un tipo movible de metal. Gutenberg designó su invento como "escritura artificial"; su Biblia fue un logro asombroso: 2 pesados volúmenes que sumaban 1,282 páginas; cada página constaba de 2,620 caracteres. Se cree que, en total, se emplearon aproximadamente unos 3 millones de caracteres.

Las implicaciones de la "escritura artificial" fueron inmensas. Mientras que se requerían muchos meses para elaborar una sola copia manuscrita de la Biblia, ahora podían hacerse en multitud. Gutenberg, al igual que el resto de los primeros impresores, guardaba su arte en secreto y, deliberadamente, produjo una edición limitada para no saturar el mercado. El tiraje fue de unas 200 copias, de las cuales sobreviven cerca de 38.

Algunas de las Biblias de Gutenberg fueron impresas en vitela, fino pergamino de ternera que usaban los escribanos para sus manuscritos. Pero como era costoso, se pasó a imprimir en papel, que ofrecía una mejor textu-

Trabajo en equipo *Ante un supervisor, los cajistas eligen letras de una caja, y un colega entinta los tipos en la prensa. Un aprendiz almacena las hojas impresas.*

Biblia colorida *Las decoraciones en color de esta Biblia de Gutenberg se hicieron a mano. Para igualar el ancho de las columnas, se amplió el espacio entre palabras.*

PIONERO DE LA IMPRENTA

Antes del siglo XV, los libros de Europa eran impresos con el laborioso proceso de tallar cada página en un bloque de madera. La ventaja del tipo movible desarrollado por Gutenberg era que permitía unir cualquier combinación de caracteres, y luego separarlos y volverlos a unir para la siguiente impresión. La técnica respondió a la demanda de un medio para diseminar con rapidez el conocimiento y las ideas. Los tipos eran colocados y el proceso era operado manualmente, por lo que se trataba de una labor lenta: pasaron otros 350 años hasta la primera imprenta mecánica.

Los primeros caracteres impresos se basaron en la letra manuscrita de la época, pero, en 1470, se diseñó, especialmente para la impresión, el carácter de tipo romántico.

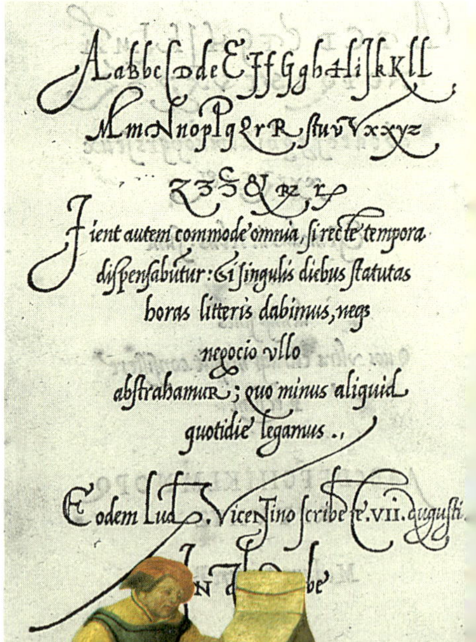

Aprender a escribir *Caligrafía con letras enlazadas, que se popularizó a fines del siglo XV; se enseñaba en textos como el Operina de Ludovico Arrighi, de 1539. El impresor Aldo Manucio se basó en ella para desarrollar el carácter itálico.*

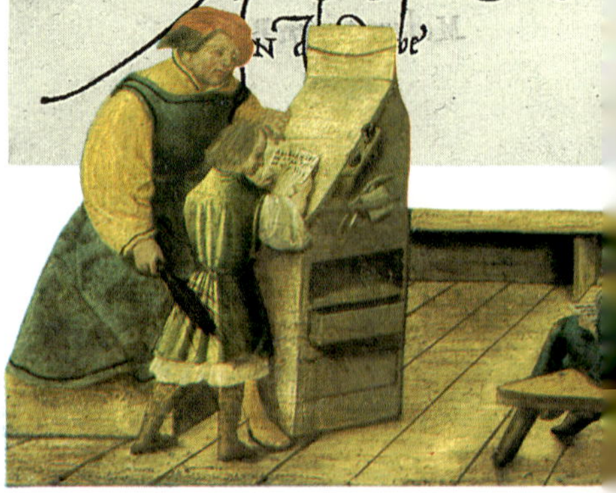

Aprender a leer *Los libros impresos difundieron la cultura, pero sobrevivieron los métodos antiguos. Este maestro del siglo XVI practica el refrán de "la letra con sangre entra"; mientras, su esposa enseña a una niña a leer. Otros dos alumnos repasan en los libros.*

ra para los tipos entintados. La industria del papel adquirió una importancia semejante a la de las imprentas. El papel se fabricaba a partir de hilachas de lino, que se hervían y trituraban hasta formar una pulpa cremosa, la cual se aplanaba para secarla. Al aumentar la demanda, se instalaron molinos de agua para impulsar enormes martillos de aplanado.

Tinta de negro de humo

El taller del impresor requería el esfuerzo conjunto de varios artesanos especializados. En la fragua, el fundidor de tipos vaciaba el metal fundido en moldes diminutos, para que se enfriara y endureciera hasta formar un bloque oblongo; en uno de los extremos, en relieve, quedaba la letra. Luego de limarlos, se clasificaban los tipos, que montaba el artesano llamado compositor.

Con el manuscrito a la vista, el compositor revisaba las palabras; elegía las letras que necesitaba y las colocaba en una larga gaveta llamada componedor. Se hacía una prueba de impresión y se leía el texto línea a línea, en busca de errores. Cada línea era colocada en un marco del tamaño de la página, llamado caja. Una vez terminada la caja, era enviada a quienes accionaban la imprenta.

Los impresores usaban tinta hecha de negro de humo o polvo de carbón, mezclado con aceite de linaza: la esparcían sobre los tipos. Se humedecía el papel para lograr una buena impresión. La imprenta funcionaba con el principio del tornillo, o tórculo, y se operaba manualmente. Un corrector revisaba las primeras pruebas, y una vez impresas las páginas, eran enviadas directamente al vendedor de libros, que se encargaba de encuadernarlas.

Este complejo proceso, iniciado en Alemania, se difundió rápidamente a otros lugares. Hacia 1500 ya se habían fundado imprentas en 250 ciudades europeas, que satisfacían la creciente necesidad de libros. La demanda principal recaía en los textos religiosos, ya

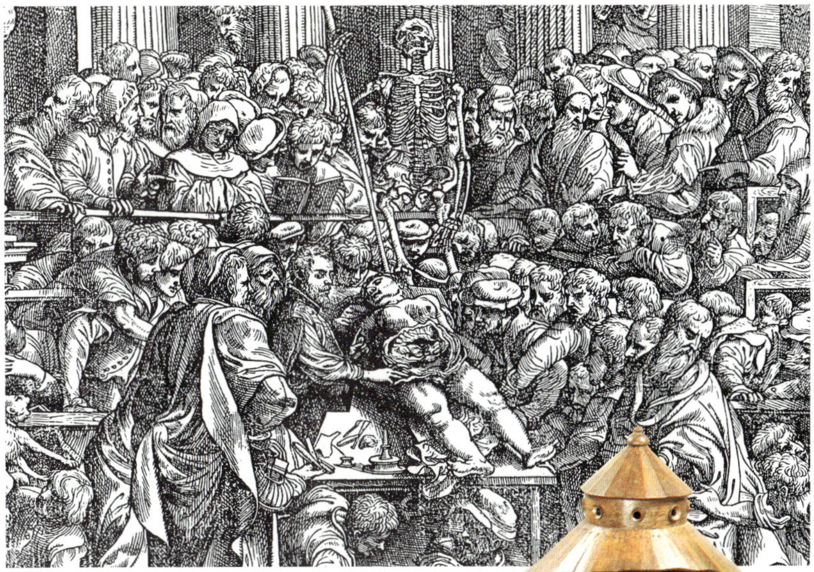

Lección de anatomía *El inquisitivo espíritu de la época, permitió que los médicos disecaran los cuerpos para conocer su funcionamiento. Uno de los pioneros fue el anatomista flamenco Andrés Vesalio, cuya obra,* La forma del cuerpo humano, *se publicó en 1543.*

fueran de una página con la imagen de un santo y un texto mínimo, o Biblias enteras.

Los seguidores de Lutero en Alemania inventaron la propaganda masiva. De las prensas salieron sermones, tratados teológicos, calumnias e incluso tiras cómicas, apoyadas por ilustraciones de tallas de madera que representaban al Papa, en Roma, como un demonio o un monstruo.

"El pueblo —declaró Lutero— recuerda más fácilmente la Historia Sagrada con retratos e imágenes, que con palabras y doctrinas." Su producción literaria fue prodigiosa. Se cree que durante los primeros 10 años de lucha, Lutero escribió cerca de una cuarta parte de todas las obras, a la sazón publicadas en Alemania.

Además de la profusión de textos religiosos, la nueva industria producía clásicos del latín, textos legales y libros escolares. El público consumidor de libros consistía principalmente en profesionales, como médicos, abogados y maestros de escuela; los autores clásicos eran muy populares porque todas las clases educadas leían el latín. Un impresor veneciano, llamado Aldo Manucio, se dio a conocer merced a sus ediciones de bolsillo, de textos de gramática y clásicos griegos y latinos. Esto ayudó a difundir un nuevo respeto hacia el conocimiento clásico. Además de la estilizada letra gótica, fueron comunes los caracteres

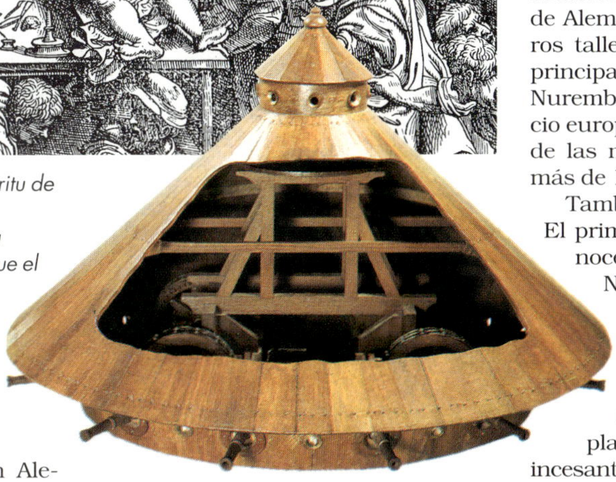

Carro imaginado *La baja Edad Media engendró inventores y visionarios: el más notable fue Leonardo da Vinci, cuyos planos incluyeron este "carro armado". Las ruedas serían movidas con palancas, y los soldados dispararían desde unas claraboyas. Como la mayor parte de sus proyectos, este carro nunca fue construido.*

romanos, más simples y fáciles de leer. Gradualmente, se ampliaron los temas tratados en los libros. Aparecieron textos acerca de etiqueta, manuales de higiene y dietas, guías de viaje y narraciones de grandes viajes de descubrimientos. También eran populares los relatos de amor y caballerescos. La imprenta llegó rápidamente a la península ibérica; en 1473 se instaló la primera en Valencia, capital de Aragón, a la cual siguieron Sevilla, Burgos, Barcelona y otras. La primera imprenta inglesa fue de William Caxton; en 1476, la inauguró en Westminster: entre las primeras impresiones destacan los *Cuentos de Canterbury* de Chaucer.

No obstante, los pensadores de la época se mostraron recelosos al imprimir sus obras. Por ejemplo, un astrónomo polaco, Copérnico, formuló en 1530 la teoría moderna del sistema solar: concluyó que la Tierra giraba alrededor del Sol. Pero sus hallazgos entraron en conflicto con las enseñanzas de la Iglesia; para el cristianismo, la Tierra era el centro del universo. Copérnico publicó su gran obra *Acerca de las revoluciones de los cuerpos celestes* en 1543, año en que murió; y se cuenta que recibió el primer ejemplar en su lecho de muerte.

La imprenta no fue la única industria nueva en esta era de cambios. Hubo otra que surgió de la ya bien establecida tradición manufacturera de Alemania, y se basó en los prósperos talleres metalúrgicos. Uno de los principales centros de actividad fue Nuremberg, importante eje del comercio europeo, abastecido con oro y plata de las minas de Sajonia. Florecieron más de 140 oficios distintos.

También se desarrolló la relojería. El primer reloj de bolsillo que se conoce lo fabricó Peter Henlein, en Nuremberg, hacia 1504. Estos inventos mecánicos cambiaron el ritmo de la vida diaria. El tiempo de la Iglesia, que el tañer de las campanas solía marcar, fue reemplazado por el tiempo secular y el incesante tic tac de multitud de relojes.

Contaduría *La difusión de la contaduría de partida doble permitió que los banqueros llevaran la contabilidad.*

Preciada luz *Las velas de cera o parafina eran caras. Las linternas protegían la llama.*

JUEGOS EN LAS PENURIAS DEL CAMPO

Oscurece durante una húmeda tarde de primavera. Coll y Gib caminan fatigados a su aldea, tras un día de batallar con el arado, pues está ayuntado a un grupo de bueyes torpes. Saben que sólo cuentan con pocas horas de oscuridad para recuperarse de las escoriaciones que les produce el roce con el lodo. Al día siguiente, en cuanto salga el sol, iniciarán otra dura faena.

El hogar de Coll y Gib está en un caserío en la colina, habitado por una veintena de familias. En el centro está la iglesia: el único edificio de piedra de la parroquia. Cada familia tiene una cabaña de dos habitaciones; en el traspatio cultivan hortalizas propias y crían un par de cerdos y algunas gallinas. Al final del traspatio está la letrina, que se cambia de lugar tan pronto el olor es ofensivo. Si la cabaña no tiene pozo las mujeres tienen que acarrear el agua desde el pozo de la comunidad, o del riachuelo, donde también lavan la ropa. Estos ires y venires son un buen pretexto para intercambiar chismes. Los aldeanos casi no veían al terrateniente, que vivía en una mansión con marcos de madera y rodeada por un foso. Pero cono-

MORADA DE HOMBRES Y ANIMALES

Cayado en mano, el jefe de familia regresa a su casa sólida y tibia tras un pesado día de trabajo en el campo. La estructura es de pilotes de madera curvos, colocados uno frente a otro en pares; los extremos superiores están unidos y amarrados con cuerdas, y los inferiores, firmemente apoyados en la tierra. Los pilotes —y los travesaños colocados entre ellos— soportan el peso del techo de paja, al cual se le hizo un agujero para que salga el humo de la chimenea. Los muros son de juncos o ramas entrelazadas, reforzados con arcilla o lodo.

Como es invierno, las vacas y cerdos de la familia viven y comen adentro, en sus propios corrales, cercados en un extremo de la planta baja de la casa. A pesar del frío, las ventanas están abiertas para que entre luz a la estancia única, dividida por ramas entrelazadas. El piso de tierra aplanada está cubierto de heno. El centro de la estancia está dominado por una chimenea de ladrillos, en la cual cocina la mujer de la casa: este hogar es relativamente rico, por tener una chimenea que se eleva fuera de la casa, una innovación que apareció por primera vez en el continente europeo durante el siglo XV. Toscas escaleras conducen a la bodega, con piso de tablones. El heno, almacenado luego de la cosecha de otoño, forma un tibio "dormitorio" familiar. Hay jarras de almacenaje sobre los travesaños, junto a la chimenea. Afuera, dos niños abrigados con chales, gorros y zuecos contra el clima y el lodo, vigilan las gallinas, que dan a la familia carne y huevos.

Vasija de aseo *Las vasijas de bronce, o jofainas, con puntas para escanciar, pendían en las cocinas de los bien equipados hogares medievales de Francia e Inglaterra.*

Vendedor itinerante *Los buhoneros de la Alemania rural del siglo XVI, caminaban largas millas para vender sus productos. La pobreza general de los campesinos de Europa no les permitía gastar en lujos; la escasez desembocó en varias rebeliones.*

cían demasiado bien al alguacil, o al mayordomo, que presidía de vez en cuando a la corte local y recaudaba las rentas y las deudas. También conocían el carácter y las debilidades del párroco, que los bautizaba, casaba, confesaba y enterraba.

Dialecto del clan

Los aldeanos eran introvertidos y centrados hacia su clan; era común que hablaran un dialecto, diferente incluso al que se hablaba en la aldea más próxima. Decidían sobre sus asuntos internos, en vez de acudir a la ley del país, que les parecía algo vago y remoto. Tenían su propia jerarquía social, que encabezaban el herrero, el carpintero y el molinero. Aunque algunos campesinos eran propietarios de tierras, otros requerían de salarios para complementar el modesto sustento.

Además de la tierra, el campesino poseía ganado y equipo, semilla de grano y heno, que podían ser comerciados mediante el trueque. Si los campos eran abiertos y comunales, tenía derecho a criar ganado. Sin embargo, pocos campesinos tenían los recursos necesarios para poseer un arado y buenas bestias de tiro. Por lo mismo, era frecuente ayuntar juntos una vaca y un asno.

Los hijos de los campesinos desde que aprendían a caminar, desempeñaban labores simples, como alimentar a las gallinas o tirar piedras para ahuyentar a los pájaros de los cultivos. Si un niño tenía buena puntería con honda o catapulta, llevaba a casa un conejo o un grajo; aunque se metía en problemas si la presa era de las privilegiadas palomas del terrateniente.

A veces permitían a los niños llevar a la vaca con el toro, o al herrero las herramientas rotas para repararlas. Cuando crecían, sus padres concertaban los matrimonios. La vida aldeana no exigía que la pareja se tuviera afecto, aunque a veces se les daba la oportunidad, antes de casarse, de comprobar si estaban hechos el uno para el otro. En la práctica común del cortejo, llamado *bundling* en inglés, se permitía que la pareja se acostara en el mismo lecho, para charlar y conocerse, aunque cada uno estaba envuelto en mantas separadas para impedir el contacto físico. Era común que los aldeanos desaprobaran las segundas nupcias o los primeros matrimonios donde hubiera una gran diferencia de edades: expresaban su inconformidad golpeando ollas y sartenes bajo la ventana de los transgresores.

Aunque los campesinos trabajaban de sol a sol, seis días a la semana, disfrutaban de los domingos y "días santos". Los jóvenes jugaban con pelotas, luchaban, peleaban con estacas y practicaban la arquería. La aldea celebraba la Navidad, el Lunes de Arado (Año Nuevo) y el festival de la cosecha, con sus trillas, muñecos de maíz y las últimas cosechas. El Carnaval era la fiesta más popular; los aldeanos, a imitación de la corte real, elegían reyes, reinas y cortesanos temporales, y celebraban las tradicionales mascaradas, danzas y fiestas.

Hacia fines de la Edad Media, la vida doméstica de los campesinos era aproximadamente la misma en todo el continente europeo, de Escandinavia a Italia. Oprimidos por el terrateniente y bajo la constante amenaza de guerra, hambre y epidemias, el objetivo vital era la autosuficiencia de la familia, alcanzada más por independencia que por especialización.

Juegos de adultos *Una pareja de campesinos, que bailan en el mercado local de la plaza de Nuremberg, inspiraron al artista alemán Alberto Durero a crear este grabado en 1514. A pesar de sus pesadas ropas y raídos zapatos, los bailarines giran alzando pies y manos. La mujer, con un manojo de llaves en el cinto, se encarga de las preciadas pertenencias de la pareja.*

Juego de niños *Niños campesinos suben por la escalera que sus amigos han formado.*

EDAD DEL CONTROL DEL PENSAMIENTO

Ginebra fue una ciudad febrilmente activa durante el siglo XVI, turbulenta e indisciplinada, pero orgullosa de su independencia. Tenía una población de 10,000 habitantes, casi todos artesanos con familias. Los más hábiles orfebres trabajaban refinados cálices de oro para la iglesia católica, y copas para los comerciantes prósperos; los ebanistas tallaban crucifijos y mascarones.

Tan activos artesanos —junto con los peleteros, curtidores, caldereros, reposteros, carniceros y zapateros— vivían en casas de dos pisos. En la planta baja tenían las tiendas y bodegas; una escalera trasera conducía al primer piso, donde estaban la sala, los dormitorios y la cocina, amueblados con mesas, bancos y sillas.

Los ciudadanos más importantes eran comerciantes de clase media, que vivían en mansiones de piedra, de tres pisos, con patios y jardines, graneros y establos. Se casaban con buenos partidos, acumulaban propiedades, y si eran nativos de Ginebra con todos los derechos civiles, tomaban parte activa en los asuntos municipales. Así

La forma del culto simple *Los seguidores del reformador francés Juan Calvino asisten a una típica y austera ceremonia dominical, en una casa adaptada, en Lyon, Francia. En vez de un altar, el púlpito ocupa el lugar central. Los hombres, con sombreros y sobrias ropas, están separados de las mujeres. Los asientos son duras bancas de madera para los devotos comunes, o sillas tapizadas para sus superiores. Del púlpito pende un reloj para regular el sermón del predicador. Un perro blanco escucha atentamente.*

era Ginebra en 1541, cuando Juan Calvino, de 32 años, regresó a la ciudad. Nacido en Picardía, en el norte de Francia, Calvino había estudiado leyes y humanidades, pero adoptó la causa de la reforma religiosa luego de la ruptura del monje alemán, Martín Lutero, con Roma. Calvino y sus discípulos pensaban que la Biblia era la única fuente de la verdad religiosa, y que el pecado, innato en el hombre, sólo podía contrarrestarse con uno de los códigos de disciplina personal más severos que se hayan ideado.

El núcleo de este credo era la doctrina de la predestinación, que afirmaba que el destino del hombre estaba fijado desde el principio de los tiempos. Los miembros de los llamados "Elegidos" estaban predestinados a la dicha eterna del paraíso; el resto de la humanidad, a la condenación eterna. Para difundir su "religión verdadera" entre los ginebrinos, que en su mayoría preferían las costumbres de la iglesia tradicional, Calvino estableció el Consistorio, organismo de 12 ministros y legos —a semejanza de los 12 apóstoles— que supervisaban la religión y la moral.

Veían y escuchaban todo, llevando a cabo las rigurosas instrucciones de Calvino. Los entretenimientos tradicionales de Ginebra fueron condenados como paganos e incluso obscenos. Los jóvenes que organizaban las pantomimas y danzas fueron relevados del cargo: se les restringió a un papel más formal, como miembros de la milicia, encargados de la defensa de la ciudad.

Las antiguas prácticas religiosas del catolicismo fueron eliminadas gradualmente. Los fieles comparecían ante el Consistorio por no haber ido a la iglesia, por rezar a la Virgen o por adornar los altares con imágenes. Eran sometidos a exámenes de conocimiento de las Escrituras. Luego de confesar sus culpas, se les mantenía en observación; quienes no abandonaban las prácticas tradicionales de la iglesia eran castigados con azotes y dietas de pan y agua. Se prohibieron algunas costumbres, dado que eran supersticiones, como la danza del Palo de Mayo o beber de los manantiales sagrados. Se abandonaron la Navidad y la Noche de Reyes, por considerarlas prácticas papales que no tenían justificación en las Escrituras. Calvino declaró que los devotos de Dios debían vestir el color de la sobriedad, el negro, y comer para vivir, en vez de vivir para comer.

Juan Calvino, reformador religioso

Calvino consideró la educación como el medio para atraer almas a Dios. Cada domingo, a mediodía, los niños ginebrinos recitaban el catecismo; los adultos que no lo conocieran podían tomar lecciones privadas. La primera versión impresa del catecismo, publicada en 1545, iniciaba con la pregunta: "¿Cuál es la primera meta de la vida humana?", a lo que se debía responder: "Conocer a Dios." Mediante la repetición, esta religión taladraba materialmente la mente del pueblo, y así la oposición ideológica contra el calvinismo desapareció. Cuando Calvino murió, en 1564, él y sus seguidores ya habían convertido a Ginebra en la fuente indudable de la educación protestante. Se establecieron iglesias protestantes en Escocia, Holanda y Francia, y la vida social y religiosa cambió irreversiblemente, no sólo en Ginebra, sino también en la mayor parte del norte de Europa.

LA BATALLA ENTRE LO PROFANO Y LO SAGRADO

En la misma época en que Calvino predicaba que el pecado del hombre debe combatirse con una moral severa, el artista flamenco Bruegel el Viejo tomó la lucha entre lo sagrado y lo profano como el tema de un muestrario de la vida medieval. Contrapuso las fuerzas de la gula del carnaval, a la izquierda de la escena, con los sobrios devotos de la cuaresma, a la derecha.

Montado sobre un tonel de vino, el corpulento líder del carnaval enarbola una brocheta de carne contra su oponente, una flaca y anciana mujer con una pala que tiene dos pescados, toda su comida de cuaresma. Otras dos mujeres empujan el carro, mientras que al tonel de vino lo empuja una figura con un sombrero blanco y rojo. Los juerguistas, algunos de ellos enmascarados, cocinan, participan de escenas teatrales y tocan música. Un tullido se arrastra, y un hombre y una mujer siguen a una figura en blanco y verde que empuña una antorcha.

Los devotos de la cuaresma incluyen a una mujer que vende pescado, otra que tira de un carro con mercancías, monjas que salen de la iglesia y hombres que dan limosna.

VIAJE A LOS CONFINES DE LA TIERRA

Toda la semana, el sol de verano cayó a plomo sobre el muelle de Palos, puerto pesquero del sur de España; los estibadores trabajaban para cargar provisiones en tres naves —la *Santa María*, la *Niña* y la *Pinta*— que saldrían en un viaje a lo desconocido.

Los estibadores cargaban barriles de pescado y carne salados, y toneles de vino. Subieron a bordo cerdos y gallinas, para abastecer a la tripulación con huevos y carne. También se cargaron canastas de cuentas de vidrio, anillos de bronce, campanillas de cetrería y otras baratijas para comerciar. Grandes cajas de aparejos, tabiques, cadenas y plomadas fueron alzadas con sogas y poleas, desde las escotillas, en los costados de los barcos. Los cajones con balas de granito para los cañones fueron alzados con grúas y depositados en cubierta.

Mientras tanto, por la popa de la *Santa María*, sobre la cubierta, el almirante de la expedición, Cristóbal Colón, miraba pensativo el bullicio de la escena. Los preparativos se habían iniciado tres meses antes, en mayo de

Velas hinchadas *Flota de galeones portugueses de tres mástiles, que son buques mercantes equipados con armas. Tienen velas cuadradas en los mástiles principal y de proa, y velas latinas, o triangulares, en el de la mesana.*

Para carga *Las cargas pesadas se izaban a bordo con poleas y sogas. Éstas pertenecieron al* Mary Rose, *barco inglés del siglo* XVI.

NUEVOS BARCOS PARA LLEGAR A NUEVAS TIERRAS

La revolución en los barcos de vela, que pudo llevar a los exploradores europeos al confín de la Tierra, fue el desarrollo de los buques de tres mástiles. Una mezcla de velas cuadradas y triangulares hizo que las naves aprovecharan los vientos que soplaban en varias direcciones, y el timón de popa les dio maniobrabilidad adicional.

Las brújulas con agujas de hierro magnetizado fueron montadas en pivotes sobre cajas de madera. Sin embargo, durante el siglo XV se descubrió que las agujas no apuntaban al verdadero norte sino a otro punto, cierto ángulo que variaba de lugar en lugar. Esta variación se tomaba en cuenta cuando los marineros calculaban las direcciones. Los mapas estaban basados en rumbos y distancias entre puntos geográficos como cabos y puertos.

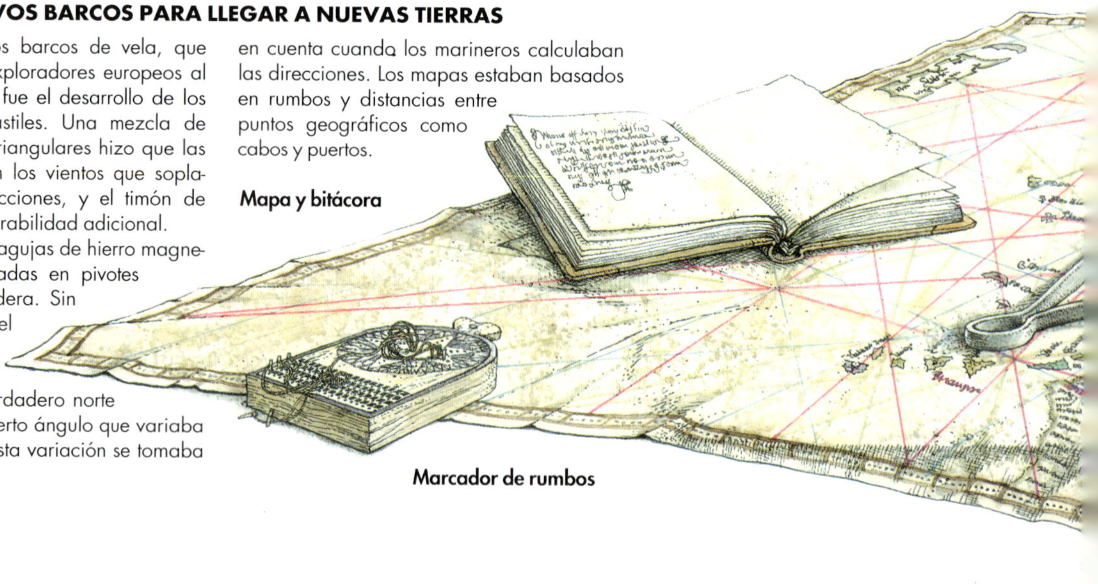

Mapa y bitácora

Marcador de rumbos

1492, cuando Colón, el navegante italiano al servicio de los Reyes Católicos, Fernando e Isabel de España, llegó a Palos en busca de tres naves "bien abastecidas con provisiones y marineros".

Colón no tuvo dificultades para procurarse tres buques pequeños, pero adecuados. Sin embargo, reclutar a la tripulación no fue tarea fácil. Los marineros locales pensaban que Colón navegaría hasta el fin del mundo, o entraría en una región desconocida donde reinaban la oscuridad y las tempestades perpetuas.

Finalmente, mediante persuasión y sobornos, Colón enroló a unos 100 hombres y muchachos para tripular las tres naves. La mayoría eran marineros experimentados y carpinteros navales. Sin embargo, una cuarta parte de los hombres eran convictos, a quienes se les había concedido una amnistía bajo la condición de enrolarse. Así, poco después del amanecer del viernes 3 de agosto de 1492, zarparon de Palos hacia las islas Canarias y lo que estuviera más allá. El viaje sería la culminación de la exploración marítima del siglo XV.

La rutina y condiciones a bordo de la carabela de Colón, la *Santa María*, eran típicas de la vida naval de la época. El primer centinela comenzaba su turno al amanecer. Luego de desayunar sardinas saladas o anchoas, galletas y vino, los marineros fregaban la cubierta con trapos y cubos de agua de mar. Los vigías tomaban sus puestos en la proa y las jarcias del buque. Las velas eran orientadas para aprovechar el viento al máximo. Se limpiaban y revisaban los cañones; se examinaba el encordado para hallar desgarres o desgastes, y se zurcían las roturas en el lienzo de las velas.

En construcción *Supervisados por el ingeniero, dos carpinteros moldean y liman un madero con las dimensiones del travesaño de una nave del siglo XV. Apoyados en una balsa, otros trabajadores clavan las claraboyas y suben material a bordo del barco en construcción. Otros artesanos trabajan en la cubierta.*

Paso del tiempo *Los marineros usaban relojes de arena para marcar el tiempo en el mar. La arena se vaciaba en media hora. Un minuto perdido por un error de cálculo podía desviar al barco hasta 25 km.*

Brújula y divisores

"Estos hombres prodigiosos que navegaron por mares desconocidos e infinitos nos han enseñado que no hay cosa que sea imposible para la humanidad."

PEDRO MÁRTIR DE ANGLERÍA, 1493

En la cocina, mientras tanto, se preparaba el almuerzo —tal vez queso, higos y almendras— y se planeaba la comida caliente del día, la que se comía por la noche. Generalmente era carne de res, cerdo o pollo acompañada de casi toda la ración diaria de vino por persona: litro y medio. Se contaba con un vigilante especial contra las ratas, gorgojos y cucarachas que infestaban las cocinas de los barcos, y que contribuían a la poco apetitosa calidad de la comida: por lo regular, la comían rancia y era difícil de masticar.

Los vigías cambiaban de turno cada cuatro horas. Por la noche, el muchacho en turno recitaba las plegarias cada media hora. Además, se rezaba tres veces al día: por la mañana, por la tarde y por la noche. En su tiempo libre, los marineros jugaban dados o cartas; a veces pescaban con anzuelos desde la popa.

En la *Santa María*, prácticamente no había camarotes; y al oscurecer, los marineros dormían vestidos sobre esterillas o lienzos de velas, o en la cubierta baja. Colón, cuya habitación era una pequeña cabina en popa, mantenía una vigilancia general de la nave y la tripulación. Escribió en su diario que dormía muy poco y supervisaba cada detalle de la travesía: "El más leve error puede ser un desastre. Vigilo todo en todo momento", escribió.

El almirante desdeñó el uso de instrumentos de navegación, como el astrolabio y los cuadrantes manuales, a los que otros recurrían para calcular latitudes. Una vez que la *Santa María* se hizo a la mar, calculaba la velocidad del barco mirando el océano al romperse a los lados. Como la brújula magnética era generalmente inexacta, navegó siguiendo la Estrella Polar. Calculaba la posición del barco con una mirada: estimaba las leguas recorridas ese día, medía la dirección según el sol y anotaba lo relevante en la bitácora. Con esto, suponía la posición aproximada de la *Santa María*.

Los marineros llegaron a las Canarias el 9 de agosto; pasaron ahí casi un mes, cargando provisiones y reparando el timón de la *Pinta*, que se rompió al tercer día de navegación. El viaje se reanudó el 6 de septiembre, y 10 días después, esas naves fueron las primeras en entrar a las tranquilas aguas con algas del Mar de los Sargazos. Las algas convencieron a Colón de que pronto avistaría tierra; al arreciar el viento, dio órdenes de izar las velas para seguir navegando.

Durante la noche del 7 de octubre, los marineros escucharon aves que los sobrevolaron, y por la mañana aparecieron las ansiadas señales de tierra: juncos, una flor, una rama y, simbólicamente, una vara tallada. A las 10 de la noche del 11 de octubre, Colón vio una "luz tan tenue como una vela" que se prendía y apagaba en la lejanía. Cuatro horas después, el vigía de la *Pinta* profirió el grito que todos esperaban: "¡Tierra!, ¡Tierra!" Los exploradores habían llegado a las Bahamas, 36 días después de zarpar de las Canarias.

Al amanecer, Colón arribó a la playa en bote de remos. Llevaba la bandera española, mientras que los capitanes de la *Niña* y la *Pinta* izaron estandartes con una cruz verde, dos coronas reales y las iniciales de Fernando e Isabel. Mientras los grupos de nativos curiosos lo observaban, Colón se arrodilló, besó la tierra y reclamó para el rey y la reina esta isla cubierta de árboles, que bautizó como San Salvador. De este modo se abrió la puerta hacia el Nuevo Mundo.

A vela *Tal vez el mismo Cristóbal Colón dibujó este bosquejo de las tres naves de su flota, mostrando los velámenes. Éstas son (de izq. a der.) la* Pinta, *de velas cuadradas, la* Santa María, *de 100 toneladas, y la* Niña, *de velas triangulares.*

HACIA UN NUEVO MUNDO

Los conquistadores españoles que arribaron al Nuevo Mundo hallaron oro y plata, y se maravillaron ante ciudades, templos, caminos y canales construidos por las civilizaciones maya, azteca e inca. El intercambio entre culturas tan distintas transformó las vidas de los individuos en ambos lados del Atlántico. Los exploradores ansiaban los metales preciosos y las especias para complacer a sus reyes, reinas y comerciantes, que financiaban los viajes. Hallaron nuevos alimentos, medicinas, costumbres y climas. Una vez que los invasores fundaron las colonias, exportaron cacao, azúcar y tabaco. Para cultivar las vastas tierras de América, los colonos utilizaron a los indios y luego importaron esclavos de África. Los europeos quisieron rehacer el Nuevo Mundo a imagen del Viejo.

AMÉRICA 1000 –1750 D.C.

PARA GANAR ORO... Y ALMAS

A su regreso del Nuevo Mundo, los conquistadores españoles del siglo XVI entusiasmaron a todos los que ansiaran hacer fortuna, con relatos de riqueza ilimitada y oro en abundancia. Poco después, oleadas de aventureros cruzaron el Atlántico; las islas caribeñas La Española —actualmente Haití y República Dominicana—, Jamaica, Puerto Rico y Cuba se inundaron de cazadores de fortunas. Los recién llegados esclavizaron a los nativos, buscaron oro y cultivaron vastas plantaciones de caña de azúcar.

Oro de los Andes

Generalmente, las mejores vetas de oro estaban en las remotas regiones montañosas de Sudamérica. Así, los españoles aprendieron a cargar los metales sobre los lomos de las fuertes llamas, que caminaban a paso seguro sobre los desfiladeros andinos. En Perú, los andinos habían diseñado un horno que aprovechaba los intensos vientos montañosos para generar calor, necesario para fundir el mineral de plata; fueron mineros indígenas quienes cavaron los pozos y extrajeron la piedra.

Los colonizadores españoles utilizaron a los indígenas en la explotación de los territorios descubiertos, mediante la encomienda. El origen de esta institución se vincula al repartimiento de indios hecho por los primeros descubridores, desde el tiempo de Colón, que fue abolido y condenado por los Reyes tras reiterar que los indios eran vasallos libres de Castilla. Dirigidos por el cacique local, pasaban varios meses trabajando en las minas de las aldeas. Los mineros mantuvieron su carácter indígena; la mayoría de ellos siguieron hablando las lenguas nativas y mantuvieron sus costumbres y religiones.

Pintura de guerra *La altivez de los pueblos nativos atrajo al artista John White, quien acompañó a Walter Raleigh en su expedición de 1585. Los elaborados tatuajes de este guerrero indígena de Florida denotan su alto rango. Usa un penacho de pieles, y discos de metal le adornan pecho, codos y rodillas.*

Desde los primeros tiempos de la Conquista, los colonizadores españoles edificaron ciudades con elegantes casonas, arcos y grandiosas plazas. Desde estos centros del gobierno colonial, que con frecuencia se alzaron sobre las ruinas de las grandes ciudades prehispánicas, se administraba el comercio que ligaba fronteras y puertos. En los mercados se intercambiaban piñas, canastas de maíz, sartas de pimientos secos y tejidos hechos a mano por herramientas y mercaderías importadas de Europa.

Al principio de la Colonia, la administración estuvo fuertemente centralizada; reflejaba la autoridad de los monarcas de la Península a través de los grandes encomenderos que la ejercían en las tierras descubiertas. El principal interés de la metrópoli era proteger el comercio de metales preciosos. Aunque la vida de las ciudades coloniales era ordenada, en las fronteras la autoridad del gobierno era frágil.

Proliferan los bandidos

En las regiones fronterizas, encomenderos y gobernantes cooperaron para erigir presidios, o fuertes. Las potencias coloniales se apoyaban en algunos indígenas locales, sus aliados, para imponer el orden. Casi siempre, la ley se reducía a los deseos de los terratenientes más importantes, pero ni siquiera éstos tenían poder para controlar lo que pasaba allende los puertos. Algunos pueblos guerreros, como los araucanos de Chile, resistieron a los blancos hasta fines del siglo XIX. Los bandidos a veces dominaban regiones enteras y atacaban los trenes cargados de oro y plata.

El sistema de la encomienda dominó las faenas agrícolas y la minería. Mientras que los terratenientes más ricos vivían casi todo el año en las ciudades, sus representantes supervisaban el trabajo en minas y ranchos. Las aldeas indígenas proveían la fuerza de trabajo para arar los campos, erigir cercas y criar ganado. El vaquero de la América hispánica generalmente era indígena o mestizo, de la mezcla de sangres indígena y española. Mientras, las órdenes de los jesuitas, franciscanos y dominicos libraban la batalla en pos de las almas de los nativos. Competían entre sí, por convertir y dominar las regiones; a la vez, fundaban misiones, desde Brasil hasta California.

Los intentos misioneros por convertir a los habitantes del Nuevo Continente avanzaron lentamente y necesitaron de muchas generaciones. Dentro de los grandes terrenos amurallados de las misiones se alzaba una iglesia, el alojamiento para los monjes, un claustro, jardines, graneros y, a veces, viviendas para los nativos.

Ira divina

Con frecuencia, los misioneros erigían iglesias católicas sobre las ruinas de los templos prehispánicos; algunos nativos llegaban a creer que los espíritus furiosos de los dioses destruidos acechaban en las sombras de los altares cristianos. Los indígenas mezclaron creencias paganas con los rituales aparentemente cristianizados. La Gran Madre del Maíz recibía ofrendas el día de la natividad de María Santísima: ambas eran festejadas en el mismo día de septiembre. A la boda cristiana celebrada en la iglesia de la misión solía seguir una ceremonia en la aldea, que incluía sacrificios a las deidades tradicionales.

Sin embargo, el enfrentamiento de los nativos del extremo norte de América con los invasores británicos y franceses tuvo consecuencias distintas. Los indígenas que no sucumbieron a las enfermedades europeas (como sarampión, viruela o gripe) combatieron y defendieron sus territorios, aunque se vieron obligados a refugiarse y huyeron más al norte y al oeste, lejos de los asentamientos europeos. Aunque los grupos intercambiaron técnicas agrícolas y de cacería, la mezcla de culturas europeas y nativas no fue tan extendida en las regiones del norte del Nuevo Mundo como en el sur. Sin embargo, un efecto de la llegada de los colonos del Viejo Mundo tuvo el mismo impacto en norte y sur: la inmigración forzada de africanos alteró las nacientes sociedades en los nuevos países.

Dentro de la transformación cultural de América, se dio el intercambio de palabras y conceptos entre las lenguas del Nuevo Mundo y las europeas y africanas. Los nativos americanos consideraban las ropas europeas torpes y demasiado abrigadas; los barbados aventureros les parecían demasiado velludos. Sobrevinieron acuerdos y convenios: en el lapso de 400 años, los colonos europeos, los pocos indios que sobrevivieron y los africanos forjaron nuevas formas culturales, desde el gélido extremo norte de Canadá hasta la Tierra del Fuego, en Argentina.

Territorio indio *Cuando los conquistadores se internaron en la América que luego sería hispánica, se toparon con territorios y posesiones de incas, aztecas y mayas en el centro y el sur; y de pieles rojas más al norte.*

Brillo dorado *El oro abundaba en el Nuevo Mundo y los artesanos lo moldearon en vasijas, adornos, máscaras y objetos rituales. La estilizada figura humana (izq., arr.) lleva cuernos, y de su boca salen flores. El pectoral (izq.) combina las angulosas figuras de una mujer y una rana.*

Esclavos para el oro *Esclavos nativos de las costas del Pacífico, en América del Sur, lavan oro antes de entregarlo al capataz español.*

Frutos de la nueva tierra *La caribeña "fruta del pino" (piña) fue una de tantas halladas por los colonos, mientras que el plátano del sureste de Asia floreció en el Nuevo Mundo; ambas se popularizaron en Europa. Se acostumbraba tallar en piedra imágenes de piña en pilares y parapetos.*

UNA GRAN CIUDAD EN LAS AGUAS

El Imperio Azteca dominaba la región central de lo que antropólogos e historiadores modernos llamaron Mesoamérica. Su capital, Tenochtitlán, era una urbe construida sobre el lago de Texcoco. El islote original, Tlacomulco, apenas mediría 320 m de oriente a poniente y 310 m de norte a sur, pero fue extendiéndose conforme los industriosos tenochcas, luego aztecas, desecaron y construyeron terraplenes sobre las aguas. En el islote se levantaba el soberbio Templo Mayor dedicado al dios Huitzilopochtli, enmarcado por otras construcciones. El conjunto, un centro ceremonial, estaba resguardado por una muralla de cantera, de aproximadamente 3 m de altura, rematada por almenas en forma de serpientes. Tenía cuatro puertas, una hacia cada punto cardinal.

"Es tan grande la ciudad como Sevilla y Córdoba. Son las calles della, muy anchas y muy derechas, y algunas son la mitad de tierra y la otra mitad es agua, por la cual andan en sus canoas."

HERNÁN CORTÉS, 1524

Cuando los conquistadores españoles contemplaron la magnificencia de México-Tenochtitlán, repleta de palacios y "en la región más transparente del aire", sólo pudieron asombrarse pues sobrepasaba en grandeza, tamaño y organización a sus pueblos y ciudades natales. Tras las murallas, se encontraba el espacio secular de la Plaza Mayor, con el Palacio del Emperador, las casas de las alhóndigas o almacenes, las de los cantores y las de los mayordomos. Luego, seguían las casonas de tezontle y cantera gris, habitadas por la nobleza y los grandes señores; en los límites, se levantaban las viviendas del resto de la población.

Ricos y pobres contaban con espacio suficiente para huertos, jardines y amplios patios: era admirable la profusión de árboles y plantas que daban sombra, o perfumaban el aire del lago salado. Cálculos recientes concluyen que había más de 70,000 habitantes en los cuatro barrios, o *calpullis.*

Ritual *En esta escultura, un sacerdote habla por la boca abierta de la víctima sacrificada, para honrar al dios Xipe Totec, también reverenciado por curar enfermedades de los ojos y de la piel.*

Tambores al amanecer
Al amanecer, el redoble de los tambores del Templo Mayor y el majestuoso sonido de las caracolas despertaban a los habitantes de Tenochtitlán. Todos, desde el emperador hasta el más pobre, dormían sobre pieles de animales o esterillas. Los trabajadores salían de las austeras chozas de barro y remaban por la red de canales de la ciudad hacia los maizales y chinampas, o "granjas flotantes": pequeños islotes artificiales, de lodo y juncos, donde hábilmente se cultivaban verduras. Las calzadas contaban con puentes levadizos, para el paso de las embarcaciones, que eran de varios tamaños: las había para el transporte individual y para el colectivo, de hasta 60 personas. Algunas canoas, las de los guerreros, sacerdotes o grandes señores, estaban profusamente decoradas y amuebladas, con toldo, para protegerse del sol.

La cocina azteca era muy refina-

Agricultor azteca *Sobre las aguas del lago de Texcoco, los habitantes de Tenochtitlán crearon huertos flotantes denominados "chinampas", en los que cultivaban maíz, flores y hortalizas. Esta costumbre del pasado aún es parte de la vida cotidiana en Xochimilco, área semiurbana del Distrito Federal en cuyos canales aún se puede navegar.*

Cuchillo ceremonial *La hoja de este cuchillo es de calcedonia; la cacha, de madera incrustada con turquesa y nácar. El mango ostenta a un caballero águila, guardián del dios del Sol.*

DÍAS MALOS Y AÑOS BUENOS

El año azteca estaba basado en dos calendarios distintos. El primero tenía un ciclo de 365 días, con base en el alba y el ocaso y dividido en 18 periodos de 20 días: restaban cinco días, considerados "malos". Este calendario determinaba periodos y temporadas para plantar y cosechar. El segundo constaba de un ciclo de 260 días, y servía para los augurios. Astrológicamente, cada día podía ser considerado "bueno", "malo" o "indiferente". Sólo los individuos nacidos en días "buenos" prosperaban.

Los años solares estaban divididos en ciclos de 52 años. Al final de cada ciclo, los aztecas creían que el Sol podía "morir", a pesar de los sacrificios ofrecidos, y que les aguardaba el fin del mundo con una serie de terremotos. Cada 52 años, luego de cerciorarse de que el mundo seguía existiendo, los sacerdotes sacrificaban víctimas en agradecimiento: en los pechos descubiertos se encendía el fuego ceremonial. Mensajeros especiales prendían antorchas y transportaban el Fuego Nuevo a todo el Imperio.

da. En general, cuando había que comer fuera de casa, estaban los tamales preparados en la cocina familiar o que podían comprarse a los vendedores ambulantes. La bebida típica era el octli, o pulque, hecha del jugo fermentado de maguey, que solían consumir principalmente en ceremonias religiosas. Sociedad teocrática y militarista, estaba regida por una moral muy severa. Por ejemplo, la embriaguez reincidente solía castigarse con la muerte. Si los plebeyos se emborrachaban por primera vez, la pena era la vergüenza de raparlos en público. Pero si un noble era el borracho, invariablemente le aguardaba la muerte. Los excesos alcohólicos estaban permitidos solamente a los mayores de 60 años. El maguey era una planta versátil de la cual se obtenían agujas para coser y fibras para sogas, ropas y sandalias.

Cuando no había alguna ceremonia religiosa, el resto de los habitantes de la ciudad marchaba hacia el mercado o tianguis; el más famoso era el de Tlatelolco. Ahí se conseguían infinidad de productos traídos de comarcas remotas, a miles de kilómetros, como las regiones mayas, al sur, o chichimecas, al norte. Vendían artículos de algodón, de plumas y pedrerías, así como alimentos: tomates, guajolotes (pavos), frutas diversas, animales, granos de cacao y aguacate. Era proverbial la frescura del pescado que ahí se comerciaba, traído del mar: la costa más cercana distaba unos 300 km, pero la agilidad —sin ruedas ni bestias de carga— de los *tamemes* o cargadores, salvaba la distancia.

De estatura corta, piel morena y cabello oscuro, los hombres vestían taparrabos, vistosas capas y sandalias; las mujeres llevaban holgadas camisas de algodón, faldas blancas hasta los tobillos con remates bordados, y cinturones muy decorados. Algunas mujeres coquetas lucían los dientes pintados de negro o escarlata, y otras mostraban delicados tatuajes azules; las casadas se trenzaban el pelo en dos grandes colas en forma de cuernos, junto a la frente. Hombres y mujeres portaban joyas como collares con pequeñas campanillas; y algunos hombres se perforaban la nariz o los labios para colgarse alhajas de jade o adornos de oro. Sin embargo, ningún arreglo superaba el de los espléndidos guerreros, cubiertos con pieles de jaguar o atuendos representando águilas. Los resplandecientes penachos ostentaban las largas plumas verdes y azules de la cola del quetzal, ave sagrada para aztecas y mayas.

Los aztecas creían que en el año Ce Ácatl, o 1 Caña, el dios-rey Quetzalcóatl, "Serpiente Emplumada", que era blanco y barbado, regresaría del exilio en oriente, y que traería para su pueblo un periodo de gloria sin precedente. Hacia fines de 1519, fecha que coincidió con el largamente esperado año azteca 1 Caña, Moctezuma y sus súbditos pensaron que la profecía se cumplía cuando un forastero de rostro blanco y con barba llegó a la capital del magnífico imperio. En realidad, se trataba del explorador español llamado Hernán Cortés. Aprovechando la confusión, Cortés y sus seguidores emprendieron la conquista del Imperio Azteca.

Coyote en el escudo *Un mosaico de plumas rosas y azules, que representa un animal parecido al coyote, decora este escudo de madera. Mítico ser, aquí repujado en hoja de oro, símbolo de los emperadores aztecas. El escudo fue enviado a España como trofeo.*

Belleza cotidiana *Incluso las vasijas de uso cotidiano ostentaban diseños intrincados.*

Juguete con ruedas *Este animal de arcilla, del año 1000 d.C., tal vez represente un perro o un venado. Es evidencia de que los pueblos mesoamericanos conocían la rueda, pero, como no había bestias de tiro y carga, no la necesitaban para el transporte.*

Nombres de los días *El calendario solar azteca se dividía en meses de 20 días. Cada mes tenía el nombre de un objeto, animal o fenómeno cotidiano y estaba asociado a una deidad.*

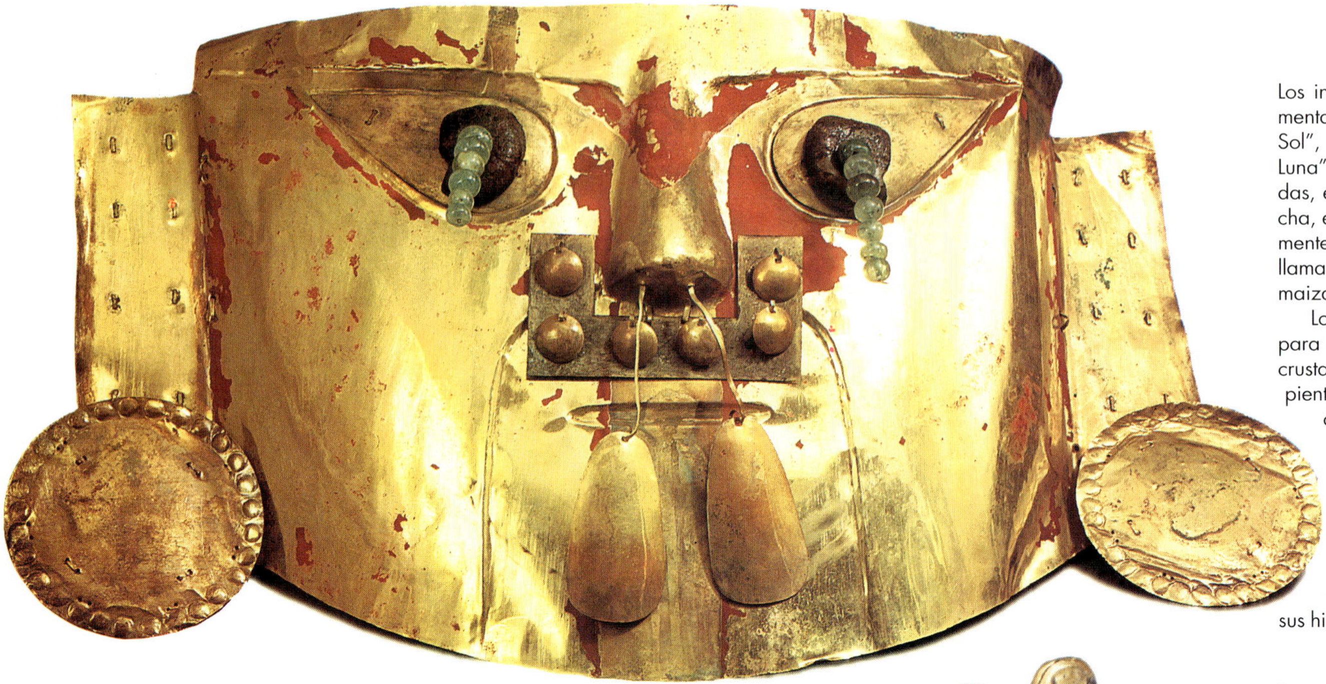

EL SUDOR DEL SOL

Los incas se distinguieron por su arte ornamental en oro, al que llamaban "el sudor del Sol", y en plata, llamada "lágrimas de la Luna". Una de sus creaciones más destacadas, el Templo del Sol, se halla en Coricancha, en Cuzco: tenía un jardín hecho enteramente de oro y plata, con figuras de aves y llamas en tamaño natural, y réplicas de maizales con tallos de plata y granos de oro.

Los artesanos hacían zapatillas de oro para las mujeres, y las vasijas mostraban incrustaciones doradas de peces, aves, serpientes, orugas y arañas. Se hicieron largos cuchillos en forma de dioses alados, de uso simbólico para los rituales religiosos, pero no para los sacrificios. Al igual que el oro y la plata, se extraía cobre para las hojas de las hachas, mazas y lanzas del ejército inca. Los orfebres más hábiles eran muy respetados por la comunidad, y sus hijos aprendían el oficio desde la niñez.

CIUDAD DE ORO EN LOS ANDES

Oro para los muertos *Muchos de los tesoros incas hallados por los conquistadores españoles fueron heredados de pueblos anteriores. Las momias de los caciques de los pueblos de la costa norte estaban decoradas con magníficas máscaras de oro, que tenían adornos en nariz y orejas y joyas en los ojos. Algunas momias tenían manos y brazos de oro repujado.*

Amanece en las cumbres andinas y la "Procesión de los muertos vivientes" camina solemnemente por la Plaza Sagrada de Cuzco, la ciudad de los incas, en el altiplano. Llevados en andas desde palacios cercanos, los cuerpos embalsamados de los emperadores llegan al patio frontal del majestuoso Templo del Sol. Una vez ahí, los acomodan en unas bancas, frente a la procesión de emocionados devotos.

Es el mes de junio, o de Inti Raimi, Festival del Sol. Diariamente, los sacerdotes visten a las momias con lujosas galas, pues esos cuerpos sagrados son el centro de la celebración. Frente a los muertos vivientes, 100 llamas de prístino color blanco, con arneses dorado y escarlata, son consagradas y sacrificadas al Sol. Posteriormente, su carne será asada para alimentar a los asistentes. Miles de jarras de chicha recién destilada se beben en la plaza pública; se canta y se baila hasta el oscurecer. Luego, colocan las momias en nichos del templo, listas para las festividades del día siguiente.

En esta solemne ocasión, preside el festival el Sapa Inca —supremo inca o emperador—, quien rara vez se deja ver en público. Los ciudadanos comunes tienen prohibido verle el rostro, y cuando los nobles de la ciudad lo visitan en palacio cargan canastas sobre la espalda para demostrarle que ante él son humildes.

Cuando un emperador muere, se embalsama el cadáver: la momia será luego dispuesta sobre el trono, en el palacio repleto de tesoros que habitó en vida... y que —según la creencia inca— sigue habitando después de la muerte. Con el tiempo, se le unirá el cuerpo petrificado de la *coya*, o emperatriz, que generalmente era también su hermana. El emperador inca podía tener cientos de concubinas, muchas de ellas parientes cercanas; otras provenían de familias nobles de los territorios conquistados. Pero la esposa principal debía ser una mujer de su mismo rango, y sólo su hermana podía tenerlo. Ya muerta, la emperatriz yace obediente junto al emperador.

Fraguas humanas *Los pueblos peruanos no necesitaban fraguas: los herreros fundían los metales soplando por largas cañas. Las herrerías se instalaban en las colinas, para aprovechar las corrientes de aire.*

Hijos del Sol

Originalmente, los incas eran una tribu montañesa que surgió en los Andes hacia el año 1000 d.C. Culturalmente, alcanzaron la cúspide con el emperador Pachuti y su hijo y sucesor Topa, quienes rigieron el imperio en expansión durante casi todo el siglo XV. Ambos lograron conjugar decenas de tribus —que a veces hablaban dialectos o lenguas distintos— en una sociedad estable y muy organizada, de unos 12 millones de habitantes. El monarca era adorado como Hijo del Sol, un dios viviente cuya palabra era la ley.

En la Antigüedad, la ciudad de Cuzco (en el actual Perú), a una altura de 3,500 m sobre el nivel del mar, era una aldea fluvial de chozas de barro, pero llegó a convertirse en una metrópolis con magníficos palacios y templos. Los albañiles incas construían los

Puente en las alturas *Los desfiladeros de los Andes se volvían transitables mediante puentes de sogas, ramas, espigas y fibras vegetales. Unían la red de caminos por la cual grupos de corredores llevaban mensajes a lo largo de hasta 80 km diarios en terreno montañoso. Los incas no desarrollaron ningún tipo de escritura conocido, y los corredores memorizaban los mensajes. Inspectores oficiales revisaban los puentes periódicamente.*

edificios principales con masivos bloques de roca, ensamblados sin argamasa, con tanta precisión que ni siquiera un cuchillo podía entrar en las uniones. En caso de temblor, las rocas se levantaban ligeramente para luego regresar a su lugar, de modo que los edificios permanecieron erguidos aun durante los sismos más violentos. La ingeniería de los incas también fue evidente en la red de 24,000 km de caminos que surcaba el montañoso territorio y unía estrechamente al imperio. Se establecieron guarniciones y almacenes de comida y ropa, y la distancia entre ellos era de un día de marcha, pues los incas no tenían caballos ni vehículos de ruedas.

Inspector de puentes

La capital inca tenía la forma de un puma, o león de la montaña. La cabeza estaba representada por la imponente fortaleza Sacsahuamán, en el norte de la ciudad; la cola estaba formada por los alargados jardines públicos en el sur. El corazón del felino era Huacapata, la Plaza Sagrada donde se erguía el Templo del Sol. Dentro del puma había una red de estrechas calles pavimentadas, cada una dotada de un canal de piedra por donde corría agua fresca de las montañas. Esto dotó a Cuzco de un drenaje de primera clase, así que los ciudadanos observaban una estricta higiene en sus hogares. Además, los habitantes también se bañaban regularmente en los ríos Huatanay y Tullumayo.

Los suburbios, donde moraba la mayor parte de los habitantes, se extendían fuera del puma. Esas casas eran de una habitación y no tenían ventanas; estaban hechas de piedra y ladrillos, unidos con lodo y argamasa y revestidos con estuco de barro. Generalmente, las pintaban de rojo brillante o amarillo, y las puertas de la fachada eran pequeñas, tan bajas que semejaban las de un horno. Los techos eran de paja y tenían aleros para proteger las paredes de los deslaves de la cordillera. Los incas plebeyos cocinaban en minúsculas estufas de arcilla: el humo salía por el techo de paja. La comida típica era a base de maíz, cultivado en las soleadas tierras bajas, y de papa, sembrada en las frías montañas. Se comía carne de llama y de alpaca, y el cuyo (conejillo de Indias) era muy popular en un asado: en casi todos los hogares había criadero de cuyos. Las frutas más comunes eran las guayabas y las tunas.

Se comía dos veces al día, por la mañana y por la noche. Los muebles eran escasos, en ocasiones inexistentes, pues los incas solían sentarse en el piso con las piernas cruzadas, comían en los platos con cucharas o con los dedos. Dormían directamente sobre el piso, casi siempre con la ropa puesta.

Gigantescos tabiques *Los edificios incas fueron construidos con bloques de granito de formas irregulares. Estas construcciones resisten los más violentos terremotos.*

Medicina prehispánica

Los sacerdotes incas también eran médicos y cirujanos, diestros en amputar miembros gravemente lastimados o gangrenados; sabían cauterizar las heridas para evitar infecciones. Poseedores de conocimientos anatómicos desconocidos en Europa, al igual que los aztecas, los médicos incas practicaban trepanaciones en cráneos fracturados accidentalmente o en acciones de batalla. En operaciones de este tipo, se extraían las astillas del hueso roto: anestesiaban a los pacientes con drogas a base de coca o con grandes cantidades de chicha, hasta obtener la inconsciencia. También recurrían a la hipnosis.

Perforaban el cráneo con filosas hojas de obsidiana montadas en un mango, que giraban mediante un mecanismo semejante a un arco con cuerda. La incisión tenía unos 2.5 cm de diámetro, lo cual permitía la extracción del hueso roto, para aliviar así la presión sobre el cerebro. Luego, volvían a colocar cuidadosamente el cuero cabelludo, y se vendaba la herida con material de fibra.

Malos augurios

Los incas adoraban al Sol y a una multitud de dioses y eran muy supersticiosos. Creían que cada persona tenía un *hauqui*, o espíritu de la guarda, que cuidaba de su bienestar. Igualmente, veneraban objetos y lugares sagrados, llamados *huacas*, que podían ser guijarros, piedras, cuevas, llanos y manantiales, así como estructuras artificiales, como puentes y casas.

En 1530, una serie de augurios predijeron la caída del imperio. Tres años después, Atahualpa, el último emperador inca, fue capturado y mandado matar por el conquistador español Francisco Pizarro. Así terminó casi un siglo de poder y prosperidad.

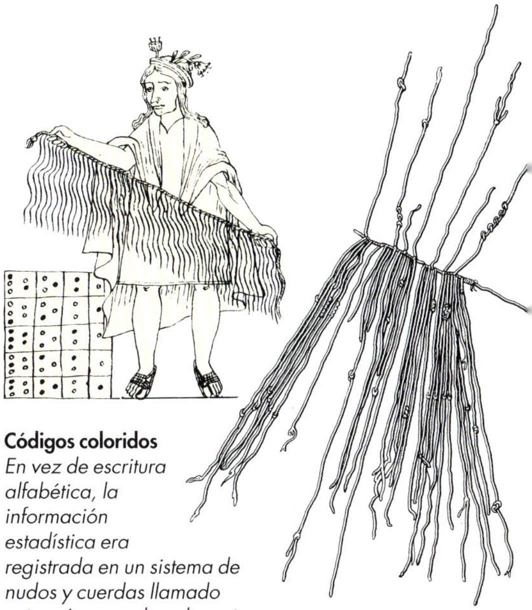

Códigos coloridos *En vez de escritura alfabética, la información estadística era registrada en un sistema de nudos y cuerdas llamado* quipo. *Las cuerdas, de varios largos, grosores y colores, pendían de un lazo de lana. Cada color representaba una mercancía, y el número y posición de los nudos representaban cantidades, basadas en el sistema decimal: los nudos sencillos eran decenas; los dobles, centenas, y los triples, millares. El* quipo *complementaba los mensajes verbales.*

Una ayuda *Dos mujeres —tal vez una esposa y una suegra— ayudan a un hombre ebrio a volver a casa. Los incas acostumbraban beber* chicha, *un potente aguardiente de maíz.*

AL NORTE, CAZADORES DE BÚFALOS

En la pradera, poco antes del amanecer, el humo se elevaba en medio del círculo de guerreros que, con los cuerpos pintados, fumaban pasándose la pipa de piedra. El curandero comanche dirigía la Danza del Águila para iniciar al joven Rompe Algo —era notoria su torpeza— en la vida adulta. Los jóvenes danzantes sacudían los largos cabellos y las sonajas decoradas. Todos los guerreros movían en círculo sus abanicos de plumas de águila, cortando la bruma matinal.

Los danzantes brincaban y caían: no cantaban, sino gemían imitando el graznido del aguilucho que trata de abandonar el nido. Bailaban hora tras hora; el curandero instaba a los rezagados haciendo sonar un silbato de hueso de águila. Las pisadas rítmicas, el interminable tambor y los fervorosos gritos de los asistentes sacudían las estructuras de los tipis (tiendas indias) más cercanos.

La Danza del Águila terminó con el ocaso. Rompe Algo era ya un hombre, listo para ocupar su puesto en la cacería otoñal de búfalos. Sus familiares le regalaron un veloz caballo y un potente arco de cuerno de alce.

Al día siguiente, los exploradores llegaron a la aldea con noticias de una gran manada de búfalos; un cañón cercano serviría de trampa natural. Inmediatamente, las mujeres comanches desarmaron los tipis para acercar toda la aldea a las presas.

Las mujeres retiraron las cubiertas de los tipis y ataron los postes de la estructura a los caballos. Sobre los postes pusieron las pieles de búfalo y formaron una plataforma, o narria, para cargar sus pertenencias. A veces los caballos se herían las pezuñas en los largos viajes sobre terreno accidentado; por ello los comanches, amantes de los caballos, cargaban con mocasines de cuero sin curtir para las monturas, y los mojaban en agua para envolverles las cansadas patas.

Los comanches eran excelentes cazadores y jinetes. En 1541, cuando los conquistadores europeos exploraron el norte hasta llegar a la actual región de Kansas, en Estados Unidos de América, casi un millón de indios habitaban las Grandes Llanuras. Al capturar los caballos, que descendían de los que habían llevado los exploradores españoles, los pueblos de las llanuras pudieron

HOGAR PORTÁTIL

Arrodillada en su tipi, una mujer india pone una piedra en la fogata de madera de pino, usada para cocinar. Colgada de un trípode, una olla hecha de vientre de búfalo contiene la sopa del día: carne de búfalo, con cebollas silvestres y nabos. Al lado de la mujer, un hombre revisa una punta de flecha que acaba de confeccionar. Un bebé juega en la alfombra, junto a un costurero bordado. Tras la mujer se alza una de las sillas familiares, que más bien parece un respaldo. Al lado hay una bolsa de pieles diseñada para cargar al bebé cuando la familia se desplaza. De las paredes de piel de búfalo penden una olla, un arco y un carcaj con flechas y, a la izquierda, una bolsa botiquín. En el invierno se cierra el tipi, y se entra en él por una abertura pequeña. La punta del tipi se cierra con ganchos de madera; largos postes sobresalen por los dobleces, que se ajustan para ventilar o retener calor.

Camisa de guerrero

Mocasines

Vistoso calzado *Las figuras de garras de oso y cabezas de búfalo de estos mocasines están hechas de púas de puerco espín teñidas. La camisa del guerrero, de piel de búfalo suavizada mediante frotación y humo, tiene tiras pintadas que representan batallas. Las marcas de pezuñas bajo los hombros muestran la cantidad de ponis capturados.*

Salida familiar *Una mujer india a caballo se prepara a viajar por las llanuras, llevando a sus hijos en un "asiento trasero". Los largos postes del asiento también servían para armar el tipi. La muñeca (der.) muestra indumentaria femenina: vistosas camisas bordadas, falda, bolsa y mocasines que hacen juego.*

cazar en territorios más grandes. Tanto la comida como el valor viril, los rituales y la vida diaria se centraban en el búfalo.

Para la cacería de búfalos, cada cazador disponía de varios caballos. Los hombres se dispersaban en una gran región, viento abajo de la manada, a la cual cercaban gradualmente hasta obligarla a entrar en el cañón. Un búfalo macho pesa hasta una tonelada; el movimiento de tan enormes animales levantaba una nube de polvo que podía verse a kilómetros de distancia.

Mientras la manada corría hacia el cañón, los cazadores mataban a las bestias una por una, casi siempre usando una sola flecha, que apuntaban hacia las costillas. Luego, cada cazador recuperaba sus flechas para volverlas a usar. A diferencia de las flechas de guerra, que tenían púas, las rectas flechas de caza eran fáciles de extraer, y no rasgaban la piel. Mientras los hombres cazaban, las mujeres acampaban. Los indígenas de las Grandes Llanuras aprovechaban el búfalo en 90 usos distintos. Con las pieles hacían ropas, cubiertas de tipis, sillas de montar, mantas, botes y escudos. Un escudo de piel de búfalo ahumada era tan duro que podía desviar las balas. La grasa de búfalo servía para limpiar pieles, como medicina o alimento. Antes de disponer de vasijas metálicas, muchos indios usaban el vientre como olla de cocina: llenaban la panza con carne y líquidos; luego, sumergían piedras calientes para que la mezcla hirviera. La cabeza del búfalo se usaba a veces para confeccionar una gorra especial; se creía que así se tranquilizaba el espíritu del animal muerto y las cazas futuras serían provechosas. En el campamento, cercano a la cacería en el cañón, las mujeres encendían fogatas en tanto que los niños juntaban leña. Los cazadores entraban al campamento con sus caballos cargados y cortaban grandes trozos de carne de búfalo para las mujeres. A su vez, éstas los cortaban en finas y largas tiras; se aseguraban de que también tuvieran grasa y las ahumaban. Hacían tasajo de carne de búfalo y de venado, que condimentaban con moras, grasa y nueces. La mezcla, almacenada en bolsas de piel, se conservaba durante meses, y la tribu podía comerla en los viajes. Mientras las mujeres ahumaban la carne y extendían las pieles, los hombres se preparaban para la fiesta, pintándose y peinando sus largas y negras cabelleras.

Cazadores y presas *Los búfalos eran presa fácil de los comanches, entrenados en la equitación desde la niñez. Indispensables en la caza y el combate, los caballos indios nacieron de las primeras yeguas llevadas por los españoles.*

"La pipa es como yo. Su caña es mi espina; su tazón, mi cabeza. La piedra es mi sangre, roja como mi piel."

GUERRERO SIUX

Ningún hombre respetable asistía a una fiesta con vello en la cara, por lo que uno de los rituales previos era depilarse barba, bigote y cejas. Tanto hombres como mujeres usaban maquillaje en tonos rojo, amarillo y azul.

Una buena cacería alcanzaba para varias semanas de banquetes. Los indios gustaban de comer la giba y la lengua del búfalo. Cada noche, al calor de la hoguera, toda la tribu devoraba la carne, y a veces llegaban a enfermarse de tanto comer. Sin embargo, con estos banquetes hacían acopio de fuerzas para resistir los largos y crudos inviernos.

Danza del Perro *Usando un penacho ceremonial con plumas de pavo y urraca, coronado con una pluma de águila, un guerrero hidatsa baila una danza ritual. Es miembro de la Sociedad del Perro tribal, una hermandad militar con danzas, cantos, insignias y atuendo propios. Cada sociedad militar tenía sus respectivas normas de comportamiento. Los Perros hidatsa se caracterizaban por acatar las órdenes en sentido inverso: si se les pedía replegarse, atacaban. El arco del guerrero es semejante al arco de cacería de los indios cuervos (arr.). Es de madera anaranjada y la cuerda es un tendón retorcido. El mango es de cuero sin curtir, con cuentas y bordes recortados.*

Pipa y faltriquera *Fumar era parte esencial de la vida india, y las pipas —como ésta, larga y con cazoleta de piedra— ostentaban hermosas tallas. Las faltriqueras de piel de búfalo contenían una mezcla de tabaco, corteza y zumaque.*

LA VIEJA EUROPA EN EL NUEVO MUNDO

Primera moneda estadounidense

Tres barcos llegaron a las costas de Virginia en 1607, luego de cruzar el Atlántico, con 104 aventureros a bordo, ansiosos de hacer fortuna pero mal equipados para lograrlo. Varias expediciones inglesas anteriores habían fracasado, y este último viaje comercial de la empresa londinense Virginia Company también parecía incierto. Los viajeros cruzaron la bahía Chesapeake hacia la desembocadura del río James, donde fundaron Jamestown, el primer asentamiento permanente inglés del Nuevo Mundo.

Se fundaron otros asentamientos sobre la costa de lo que posteriormente se llamó Nueva Inglaterra. Para fin del siglo, muchas de las comunidades se volvieron estables. El estilo de vida difería tanto de Inglaterra como de los nativos americanos. Floreció el comercio y la agricultura, y en un primer acto de rebeldía contra Inglaterra, los colonos acuñaron su propia moneda en 1652. Uno de los primeros habitantes de Jamestown, el capitán John Smith, admiraba y temía a los indios que conoció: "Rara vez se ven hombres tan altos y apuestos: comparados con los ingleses, parecen gigantes... su atuendo es de pieles de oso y lobo." Las casas coloniales eran de techos curvos, de ramas entrelazadas y cubiertas de esteras. Las mujeres cultivaban campos de maíz, frijol y calabaza, plantados en hondonadas entre los campos quemados. Los habitantes de la costa pescaban con redes y lanzas, en aguas donde "los cardúmenes de salmón eran tan densos que se podía atravesar el río caminando sobre los lomos de los peces".

A los nativos americanos les asombraba la torpeza de los europeos, que no podían usar sus espadas ni siquiera para lancear a un esturión de 3 m, atrapado en la bajamar, y que dejaban que los peces escaparan entre los agujeros de sus redes. Cuando los europeos les pidieron que les vendieran maíz, aves y venado, sus vecinos indios vivieron razonablemente bien de las riquezas de la bahía y el bosque. Prendían fuego a los bosques para desbrozarlos y esto favorecía el medio para las moras, nogales y robles; además, los claros atraían a los ciervos, que engordaban ahí. Cuando los nativos no tuvieron más comida que vender a los hambrientos colonos, los ingleses se apropiaron de sus reservas. Como resultado, pasaron más tiempo fortificando Jamestown con una gruesa empalizada, que cultivando grano y plantas.

Muerte en la granja *Amistosas en un principio, las tribus indias luego hostilizaron a los colonos. Este grabado, de 1622, muestra a indios guerreros atacando a los granjeros. Un grupo en canoas ataca Jamestown.*

El agua de río que bebían los colonos era tan salitrosa y estaba tan contaminada con sus propios desperdicios que se enfermaron. Los primeros colonos desdeñaban el trabajo manual. Durante las fiebres, hambrunas, guerras y penurias de los primeros años de Jamestown, pasaban el tiempo jugando a los bolos en las calles y discutiendo lo que harían después.

Cuando los indios se percataron de que el número de colonos ya era bastante, arremetieron con un ataque sorpresa en 1622. Los colonos no se amilanaron, ya que el benéfico tabaco había sido una cosecha provechosa. La Virginia Company había refunfuñado cuando los barcos del Nuevo Mundo regresaron con cargas de sasafrás (que supuestamente curaba la sífilis) y madera, en vez de oro. Pero tan pronto llegaron los toneles de tabaco, la frágil colonia ya no quedó expuesta al abandono. Las naves inglesas enfilaron hacia América con vajillas, artículos de lujo, tela y el jerez que la naciente clase de hacendados gustaba de beber. Con territorio en abundancia, los hacendados simplemente preparaban un nuevo campo cuando los anteriores se agotaban. Talaban los campos cortando un anillo de corteza en cada árbol para matarlo. Un plantío de tabaco era un paisaje de plantas que crecían entre troncos desnudos y maderos quemados.

En los primeros años de la colonia, pocas mujeres cruzaron el Atlántico. Las que llegaron eran sirvientas, contratadas hasta por siete años. Tenían buenas oportunidades de éxito, si las enfermedades les permitían sobrevivir. Los animales daban a sus dueños lecciones de sobrevivencia: los rebaños de vacas y los cerdos comían nueces, bellotas, pasto y moras, que crecían sin la intervención humana.

La Biblia en Nueva Inglaterra

Los colonos que llegaron a Massachusetts iban armados con Biblias y fuertes convicciones, pero estaban mal preparados para todo lo que no fuese plegarias. A falta de anzuelos, tuvieron que utilizar redes o lanzas. Aunque algunos de los refugiados ingleses provenientes de Holanda habían sido hilanderos, ninguno llevó un telar o rueca antes de 1670. Las pieles de oso compradas a los indios reemplazaron los edredones llevados del país de origen.

Los niños se deslizaban por pendientes nevadas a bordo de trineos hechos de planchas de pino curvas, pero los rígidos puritanos amonestaban contra otra clase de diversiones. En 1646, se prohibió jugar al tejo y a los bolos, aunque el alcohol quedó a salvo. La danza fue imposible de prohibir, aunque la música era considerada una frivolidad.

Para ahorrar balas y pólvora, los niños salían con resorteras a cazar perdices y codornices. Conforme los colonos adaptaron sus gustos al Nuevo Mundo, comenzaron a sentirse en casa entre los nativos de América del Norte.

DE LOS INDIOS A LOS COLONOS: UNA NUEVA DIETA

Por la falta de vitamina C que contiene la fruta fresca, muchos de los primeros colonos ingleses murieron de escorbuto contraído en el viaje por el Atlántico. Se hubieran evitado muchas muertes si los recién llegados hubiesen adoptado la dieta de los indios, que incluía bebidas de moras y hierbas, y pemicán, una pasta de carne seca, molida y mezclada con moras, que se comía en el invierno y durante los viajes. Poco a poco, los colonos aprendieron a apreciar los alimentos nativos, como el pavo, las palomitas de maíz, la calabaza asada y el pan de maíz con aceite de bellotas. Preferían bebidas destiladas en vez de agua. Especialmente les gustaban las pociones como el ponche de cerveza endulzado con melaza o calabaza y ron, que batían con un hierro caliente. Usaron remedios indios: algunos órganos de la serpiente de cascabel curaban la fiebre y el dolor del estómago.

Ave de mesa *El pavo norteamericano fue un platillo popular entre los colonos, adoptado para el Día de Gracias y otras fiestas de la cosecha otoñal.*

Maíz indio *Al calentarse, los granos de maíz se convertían en deliciosas palomitas.*

NUEVA VIDA EN EL NUEVO MUNDO

El característico sombrero alto de ala ancha del puritano, hecho de piel de castor, protege del sol al hombre que reviste de cañas el techo de una casa, en uno de los primeros asentamientos fortificados. Otras casas están cubiertas con tejados de madera que, al igual que muros, pisos y techos, provienen de los árboles que crecen en torno al asentamiento, y que los colonos deben talar para poder arar las parcelas. Algunos troncos son tan grandes y están tan enraizados que no se pueden remover. En el centro del asentamiento, los aserradores usan un caballete y un gran serrucho, operado por dos hombres, para convertir un árbol en tablones.

Una empalizada con troncos puntiagudos rodea el asentamiento, como protección contra los ataques indios. La residencia del gobernador está vigilada por soldados armados; la rodean pulcros jardines. Sobre ella ondea la bandera con la cruz de San Jorge. La chimenea fue instalada en el centro del techo para aprovechar al máximo el calor en el invierno, aunque represente riesgo de incendio. Al final de la pendiente de la calle principal hay otros soldados, al pie de los cañones en la azotea del fuerte, desde el cual se domina la boca del río. La planta baja del fuerte se usa como centro de reunión, donde los pioneros celebran sus ceremonias religiosas dominicales.

En la otra orilla del río, los campesinos aran las tierras taladas. La ley estipula que la colonia debe ser autosuficiente, por lo que todo hombre sano debe cultivar su reserva anual de maíz. Los campesinos pasan parte del día alimentando las gallinas y apacentando las ovejas, o vigilando las vacas y cerdos, que se deleitan con nueces, bellotas y moras. Los cerdos se alimentan también con almejas de río. Casi todos los asentamientos estaban junto a los ríos, para facilitar la descarga de mercancías provenientes de Inglaterra, y la carga del tabaco y otros bienes que se enviaban a Europa. Como los metales y manufacturas debían importarse, los colonos copiaron las costumbres indias y unieron mesas y camas con piezas de madera para no agotar los escasos clavos. En las noches invernales, los hombres tallaban platos, cucharas y otros utensilios de madera.

Cepillo *Cepillo de madera, de 20 cm de largo, tallado de una sola pieza.*

Jarra de leche *Aquí guardaban* posset, *bebida de leche caliente con cerveza o vino.*

Botella de vino *Esta jarra, hecha en Inglaterra, contenía* sack, *un tipo de vino blanco.*

Para el cabello *Este estuche de carey del siglo XVII, con dos peines, fue hecho en Jamaica.*

Diseño geométrico *Platón de barro rojo con diseño geométrico, hecho en Inglaterra.*

GIGANTES DE ASIA ORIENTAL

Mientras más se relacionaba China con el mundo exterior, más envidiada era por los demás pueblos. Una y otra vez, feroces y hambrientos nómadas del norte luchaban por penetrar en la sede de la nación más civilizada del mundo. Algunos llegaron sólo a saquear, pero otros dominaron regiones enteras del país durante decenios y aun siglos. No obstante, ninguno de ellos dejó una huella duradera; casi siempre, las superiores normas chinas —en realidad, ése había sido el móvil de la incursión— los seducían y las adoptaban.

Los vecinos de China también reconocieron su superioridad y adoptaron sus costumbres. Japón aprendió de ella el budismo y los sistemas de escritura y moneda, pero defendió su independencia con obstinación. Bajo la égida de los shogun, floreció una cultura autóctona, cuyas tradiciones originales como el budismo Zen, la ceremonia del té y el teatro Noh, alcanzaron la madurez.

CHINA Y JAPÓN 1150 –1650 D.C.

EL DEBER DE LOS TERRATENIENTES

Visto desde las alturas, el paisaje chino parecía una cobija de parches, en la que se entrelazaban parcelas pequeñas y grandes. No se desperdiciaba tierra. Desde el año 1000 d.C., se araba cada porción útil para el cultivo, e incluso las laderas, excavadas para formar terrazas. Tanto ricos como pobres consideraban que la tierra era la mejor inversión. Casi todos tenían algún interés puesto en la tierra, y prevalecía la obligación casi sagrada de que los padres heredaran la tierra a sus hijos, con lo que se formaban aún más parcelas; aunque algunas no fueran ni rentables ni lo suficientemente grandes para mantener una familia.

Debido al reducido tamaño de estas parcelas, no hubo incentivo para introducir equipo mecánico que aligerara la carga del campesino. Así, la fuente de poder de la agricultura china era el trabajo humano, extenuante: por falta de dinero para comprar y alimentar bestias de tiro, hubo arados impulsados por hombres.

La enorme mayoría de los chinos vivía en el campo y su cotidianidad giraba alrededor de la aldea; se regía por el ciclo anual de sembrar, desherbar y cosechar. Los cereales, que alimentaban a la nación, eran el cultivo más importante.

Los gobiernos chinos siempre tuvieron presente la vital importancia de los cereales para la economía. En 1727, un emperador emprendió una campaña para poblar dos provincias del sur, donde se plantarían "cultivos tales como lichis, caña de azúcar, tabaco y añil". Aunque especificaba: "No se descuidará la agricultura con el fin de obtener ganancias, por ejemplo, en viveros y huertos, los cuales sólo serán permitidos cuando haya exceden-

Vitalidad fructífera *Esta madre con tres hijos simboliza el aumento de población que dotó a China de varias ciudades que rebasaban el millón de habitantes, cuando en Europa, las ciudades más grandes apenas alcanzaban los 100,000.*

GOBERNANTES DE CHINA

El largo periodo de luchas por el poder desembocó en una época de paz. Las dinastías Song y Ming favorecieron el florecimiento de las artes.

Periodo de las "Seis dinastías" *(222-589 d.C.) Dinastías de corta duración rigieron sobre un imperio dividido.*

Dinastía Sui *(589-618 d.C.) Reunificación de China y construcción de canales.*

Dinastía Tang *(619-906 d.C.) Contacto con otras culturas y florecimiento del arte.*

Dinastía Song *(960-1279 d.C.) Los monarcas gobernaron desde el norte, hasta que los nómadas los desplazaron al sur en 1126.*

Dinastía Yuan *(1280-1367 d.C.) Los mongoles conquistan China.*

Dinastía Ming *(1368-1643 d.C.) Se reunifica el Imperio Chino y se restaura la cultura.*

Dinastía Manchú *(1644-1912 d.C.) Invasores del norte toman Pekín e imponen la última dinastía imperial.*

tes de tierra y mano de obra. ¿Cómo puede alguien pensar que es correcto obtener ganancias a corto plazo, a costa de descuidar la insustituible fuente de la vida?"

En el norte del país, los campesinos cultivaban grandes cantidades de trigo, cebada y mijo. En el sur era más común el arroz. El arroz necesitaba suelo fértil y determinadas cantidades de agua, según el crecimiento del cultivo. Los campesinos regulaban el nivel de agua en los campos mediante esclusas y diques, que abrían o cerraban de acuerdo con la estación. Algunos construyeron ruedas hidráulicas para extraer agua de los ríos y desviarla hacia los canales de irrigación. En algunas zonas era posible obtener dos cosechas anuales de arroz; en consecuencia, los campesinos locales se enfrentaban a una doble jornada de trabajo anual, excepcionalmente laboriosa al plantar y cosechar el cereal.

Por muchos años, los campesinos de China estuvieron en la línea divisoria entre la sobrevivencia y la hambruna. Los drenajes de las aldeas eran canales a cielo abierto que fluían hacia los cultivos. Gallinas y cerdos transitaban en las callejuelas, y sus desechos se esparcían como abono para enriquecer la tierra.

Buena pesca *Un pescador barbado, exquisitamente tallado en jade, examina un pescado. Sostiene entre los pies un cesto de mimbre.*

Vecinos *El imperio de la China Ming se extendió por llanuras, desiertos y montañas. Japón quedó confinado a cuatro islas.*

Contra los malos espíritus

Las aldeas se asentaban sobre las tierras más pobres; y las chozas de adobe y argamasa se disponían lo más cerca posible para no desperdiciar zonas cultivables. Pocas casas tenían ventanas, pues la creencia común era que por ellas podían entrar los espíritus malignos, además de los vientos fríos.

Para la mayoría la aldea era el límite del mundo. Trabajaban en los campos cercanos y ahí encontraban distracciones y rendían culto. No era raro que alguien falleciera en la misma casa donde había nacido y crecido, y donde había llevado a su esposa.

La única ocasión para dejar la aldea era una salida al mercado, lo cual implicaba una hora, o más, de marcha. Los mercados tenían jerarquía diferente, según su grado de importancia; se hacían arreglos para que la fecha de los menores no coincidiera con la de los más concurridos, en la misma región. Los buhoneros deambulaban de un mercado a otro, comprando constantemente nuevas mercancías y vendiéndolas en otras partes.

Mientras que casi todos los chinos habitaban en aldeas y trabajaban la tierra, la vida de otros era muy diferente. China tenía mucha "gente de los botes", que vivía en sampanes (embarcaciones típicas) y juncos. Algunos vivían en ríos, lagos y canales, pescando o proporcionando transporte; otros se aglomeraban en la costa y comerciaban.

Para el gobierno, asentado en tierra firme, la sola idea de vivir en el agua era sospechosa; por ello discriminó a la "gente de los botes" quienes ni siquiera tenían derecho a presentar los exámenes necesarios para ingresar a la burocracia.

Ciudades amuralladas

Ya desde el siglo XII, China contaba con varias ciudades grandes. La población de Kai Feng ascendía a un millón de habitantes. Hangzhou rebasaba el millón, y posiblemente fue la urbe más grande del mundo en su época, y también la más próspera.

Las ciudades estaban rodeadas por murallas cuyas puertas se cerraban de noche. Dentro de las murallas, imperaba una vida de hacinamiento, con gente que habitaba chozas insalubres y apartamentos cuyos accesos eran estrechas callejuelas. Casi todos los edificios tenían un solo piso, construido alrededor de un patio, aunque a veces había conjuntos de varios pisos. Algunas posadas de Kai Feng tenían capacidad para alojar hasta 1,000 huéspedes.

Intramuros *El tamaño de las puertas principales de Kai Feng, como la que aparece en esta ilustración sobre pergamino del siglo XII, guardaba proporción con las dimensiones de la ciudad. Una caravana de camellos sale por la puerta; una pesada carreta, tirada por asnos, entra en la ciudad y se detiene junto a una tienda de arcos y flechas. A la derecha de la tienda está el local de un escribano de cartas.*

Ante el altar *Madre e hija miran mientras sus parientes varones rinden culto ante el altar familiar. El más joven consulta a los mayores acerca del ritual.*

PIES ATADOS Y PROBLEMAS FAMILIARES

En la familia china existía un estricto orden jerárquico. La generación joven debía servir y obedecer a la vieja. Aun dentro de los miembros de la misma generación, se guardaba obediencia a quienes eran ligeramente mayores. Todos mantenían su lugar respecto de los demás y, al menos en teoría, lo ocupaban de buen grado; la posición mejoraba con el correr de los años.

La edad no era el único modo de asignar o recibir estatus: también el sexo era determinante. A las mujeres se les negaban algunos derechos propios de los hombres. Los hijos heredaban las propiedades del padre, y las hijas sólo recibían algunos regalos, como dote, al casarse. Un hombre podía tener más de una esposa, pero las mujeres no podían volverse a casar si enviudaban. Sólo los hombres tenían derecho a pedir el divorcio. Las mujeres estaban confinadas al hogar paterno, y luego, a la casa del cónyuge. Pocas mujeres salían de casa para superarse mediante la educación, pues rara vez aprendían a leer y escribir.

Una forma de señalar la posición inferior de las mujeres era atarles los pies. Se vendaban con tela los pies de las niñas a partir de los cinco años, hasta que el empeine se rompía y el pie se plegaba sobre sí mismo. Este doloroso proceso hacía que los pies fueran muy pequeños: en casos extremos, medían 8 cm. Se pensaba que los pies pequeños eran bellos, pero caminar resultaba doloroso para las mujeres con pies vendados, y ello les impedía alejarse demasiado de casa.

No era común casarse por atracción mutua: generalmente los padres concertaban el matrimonio. Se acostumbraba que los jóvenes se casaran con muchachas de otra aldea —con apellido diferente— y que las esposas fueran a vivir al hogar familiar del esposo. Con ayuda de la casamentera, las familias intercambiaban regalos; el día de la boda, una litera recogía a la novia de su hogar. Al llegar a su nueva casa, la novia participaba en una ceremonia en la que se adoraba a los ancestros y dioses domésticos del esposo; después, debía servir el té a sus nuevos familiares con la mayor humildad que pudiera.

La condición de nuera no era envidiable; por razón de su edad y sexo, ocupaba el sitio más bajo en el hogar. Quedaba sujeta a la autoridad directa de la suegra quien, si la nueva novia era desafortunada, abusaba de su poder y la golpeaba, insultaba y torturaba o sometía a privaciones. La recién casada debía inmediatamente asumir su papel en los trabajos domésticos que incluían cocinar las dos comidas diarias de la familia, guisadas en un *wok*. Si los recursos eran suficientes, se tomaba té: los chinos creían que poseía cualidades higiénicas, al hacerlo con agua hervida. Los más humildes hervían el agua para beberla y entonces la llamaban "té".

Comer saludablemente

Se pensaba que la comida tenía poderes curativos. La medicina china consideraba que las enfermedades se debían a un desequilibrio de las fuerzas yin y yang en el cuerpo. La comida podía ser yin, como la fruta, o yang, como los cereales; el balance del cuerpo se mantenía mediante la dieta apropiada. Ya desde el siglo II la medicina china era muy sofisticada; los tratamientos incluían acupuntura, hierbas y moxibustión. La moxibustión consistía en aplicar hojas pulverizadas en ciertas partes del cuerpo, encenderlas y apretarlas contra la ampolla que se había formado. Las damas pudorosas usaban una muñeca para

VÍNCULOS RITUALES ENTRE VIVOS Y MUERTOS

El culto a los ancestros, considerados dioses, implicó que cada familia china tuviera su propio sistema de creencias. Los muertos necesitaban del culto de los vivos para nutrir su alma en el más allá, mientras que los vivos necesitaban de ayuda espiritual para prosperar en este mundo.

Los hijos eran fundamentales para tal culto, pues sólo quienes tuvieran descendencia podían, al morir, convertirse en dioses. Quienes no tenían hijos no eran adorados como ancestros, y por lo tanto no recibirían sustento en el más allá. El nacimiento de un varón era recibido con gran alivio, por los beneficios que traería a este mundo y al siguiente.

Debido al culto a los ancestros, la muerte significaba el inicio, y no el fin, de una relación entre los individuos. Funerales y demás rituales mortuorios eran sumamente elaborados y costosos; la ropa luctuosa, de color blanco, estaba graduada según la cercanía del parentesco con el difunto. Hijos e hijas del difunto guardaban severo luto. Durante los 27 meses posteriores a la muerte de un padre, vestían ropas hechas de la tela de costal más pesada e incómoda, y tenían prohibidas las relaciones sexuales, comer carne, usar porcelana y afeitarse.

Los dolientes más devotos y estrictos debían construir un refugio encima de la tumba, y vivir ahí durante el periodo luctuoso, regando la tierra con sus lágrimas.

La ley estatal incluso estipulaba castigos para quienes no guardaran el luto de manera correcta. Sin embargo, casi no se sabe de nadie que haya comparecido ante la corte.

En primavera y otoño se celebraban festivales para limpiar las tumbas; las familias chinas acudían a los cementerios para remover la vegetación, pintar las lápidas y adorar las ánimas de los difuntos. Luego, comían junto a la tumba, consumiendo las ofrendas comestibles que los muertos ya habían disfrutado; de este modo, la familia, tanto la del presente como la del pasado, compartía los alimentos.

Extensos lazos *El parentesco congregaba a las familias en grandes reuniones. Esta pintura de la dinastía Ming muestra a los anfitriones que, con su perro, despiden a los invitados, incluso al anciano que se apoya en un bastón. Otras dos visitas salen montadas en burros.*

indicar el lugar de la dolencia al médico, quien entonces diagnosticaba.

En cada hogar se celebraban festividades durante todo el año. En casa era especialmente bien recibido el nacimiento de un bebé varón: motivo de fiestas. Las bodas daban ocasión para los banquetes: aun los más pobres podían entonces paladear platillos de cerdo, pescado y pollo, que rara vez comían en otras circunstancias.

Muñeca para el diagnóstico

El Año Nuevo era la festividad más importante. Antes de finalizar el año viejo, el dios del fogón del hogar jugaba una parte en el ritual: espiaba a toda la familia durante el año y por esa época subía al cielo a informar lo que había visto. Como todos creían guardar alguna mala acción en la conciencia, ofrecían al dios pasteles muy dulces y pegajosos, antes de que partiera. Tenían la esperanza de que se le pegaran los labios cuando rindiera su informe, o que sólo pudiera decir cosas dulces.

El primer día del año, los más jóvenes se formaban, según su jerarquía, para rendir respeto formalmente al jefe de la familia. A quienes no estaban casados se les regalaban pequeñas sumas de dinero en sobres rojos, pues el rojo era el color de la suerte. Todos adoraban a las deidades del hogar: los antepasados, el dios del fogón, los dioses de las puertas, el dios de la tierra sobre la que estaba construida la casa, el dios del pozo, y una multitud de divinidades. Se elevaban ofrendas a los fantasmas, para que no tramaran maldades ni arruinaran la fortuna durante el año que comenzaba. Luego, con el inicio del Año Nuevo, se ocultaban tijeras y cuchillos, y quedaban prohibidas las escobas y maldiciones, para no empañar la buena suerte. Tampoco se podía matar, ni siquiera animales, por lo que sólo se comía una dieta vegetariana. Cada Año Nuevo, aumentaba en un año la edad de todo el mundo. Así, puesto que se consideraba que los recién nacidos tenían ya un año de edad, si un bebé nacía poco antes del Año Nuevo, cumplía dos años poco después de llegar al mundo.

También se celebraba el cumpleaños de los dioses del templo. En los templos de las aldeas había lugar para deidades taoístas, budistas y paganas, pues los chinos tenían varias religiones y adoraban a varios dioses simultáneamente. En el cumpleaños del dios, se le ofrendaban frutas, incienso y dinero de imitación. Durante la primavera, algunas regiones realizaban rituales de fertilidad: se arrojaba arroz sobre los dioses de la tierra y las mujeres.

También se celebraba el quinto día del quinto mes lunar con competencias de botes-dragón. A fines del verano, fantasmas hambrientos deambulaban por el mundo, y se recurría a monjas y médiums para proteger a los vivos.

Baño del bebé *En esta escena doméstica, pintada en seda, unas mujeres en el palacio real bañan a sus hijos, que tienen la cabeza rasurada a la usanza tradicional.*

Almohada de porcelana

Plato y taza de té

ÚTIL Y BELLA

Desde el siglo IX, los artesanos chinos producían porcelana quemando una mezcla de arcilla china y feldespato: transcurrieron 800 años antes de que Europa conociera el secreto. Hacia el siglo XII, se fabricaba una enorme variedad de objetos, funcionales y decorativos. Cabezales o almohadas se moldeaban cuidadosamente, pero no se rellenaban ni decoraban. Los tazones de té para el uso diario tampoco se decoraban, aunque se glaseaban con gusto exquisito. Los platos tenían figuras en relieve de dragones, nubes y flores.

ARTISTAS DE LA PALABRA ESCRITA

Con la expansión del Imperio Chino, sobrevino el grave problema de la comunicación entre los pueblos de las diferentes partes del país. Las variantes regionales del idioma diferían tanto de una zona a otra, que llegaron a convertirse en lenguas distintas. Pero la escritura de los chinos sí permitía la comunicación entre los pueblos.

En contraste con el alfabeto latino, en el cual los signos representan sonidos, los caracteres chinos representan ideas. Ello significaba que éstas podían escribirse del mismo modo en todas partes, sin que las palabras o la pronunciación de uso local alterara su expresión. El siguiente ejemplo ilustra lo anterior: la palabra "dieciocho" solamente puede ser entendida por alguien que sepa español, pero el símbolo "18" es comprendido por cualquiera que conozca los números, sin importar la palabra con que los designe. Los primeros ejemplos de caracteres escritos datan de 1700 a.C. Al principio, eran imágenes de objetos y actos simples, pero con el tiempo, se convirtieron en símbolos abstractos; además, se inventaron nuevos signos para representar ideas cada vez más sutiles. A fines de la dinastía Han, en el año 220 d.C., existían más de 9,000 caracteres. Actualmente, el número asciende a unos 50,000.

Los calígrafos escribían los caracteres con pinceles de pelo de animales, como caballos, lobos y liebres, que con tratamiento especial alcanzaba a conformar puntos finos. La tinta era de carbón mezclado con mucílago o goma animal; su presentación, en forma de un bloque o vara, que se diluía con agua, sobre una piedra, hasta obtener la tinta espesa. Con el tiempo, los chinos comenzaron a considerar los caracteres como obras de arte.

Los primeros calígrafos escribían en tablillas de madera —o de bambú— que unían hasta formar "libros", o en tramos de seda con los que for-

Flujo de palabras *Este carácter demuestra que el pincel chino podía hacer trazos de grosor distinto. La parte izquierda significa "arroz" o "grano de arroz", y la derecha, "verde" o "inmaduro". Juntas significan "esencia" o "refinado".*

Historia de un pescado *El símbolo del pez evolucionó de una imagen con cabeza, cola y aletas, hacia un carácter abstracto.*

Pluma y tinta *Los instrumentos de caligrafía eran en sí obras de arte. Los mangos de los pinceles eran de jade o, como éste, de porcelana. Un caballo celestial decora el bloque de tinta.*

Ave acuática *Calígrafos y artistas recurrían a un gotero para agregar agua a la piedra donde preparaban la tinta. Este gotero de barro, con forma de pato, tiene un orificio sobre el ala izquierda.*

Pinceladas *Una calígrafa pinta un rollo que decoró con flores. Sostiene el pincel recto para que solamente la punta toque el papel, y mueve el brazo para crear dibujos fluidos. A su derecha tiene tinta y un tintero.*

maban rollos de fácil almacenaje. Luego, a principios del siglo II, los chinos comenzaron a fabricar papel de bambú, cáñamo o corteza.

Para fabricar papel, primero se mojaban las cañas de bambú y luego se sometían a varias etapas para hervirlas, machacarlas y lavarlas, hasta que las fibras se convertían en pulpa. Los fabricantes usaban una prensa para exprimir el agua de la pulpa, y colocaban las hojas de papel sobre muros calientes, para secarlas.

Durante muchos siglos sólo se escribieron los documentos más útiles, matemáticos, agrícolas e históricos. La poesía fue la excepción a tal regla.

Mundo natural *Los paisajistas chinos creaban armoniosos retratos de la naturaleza al estilizar el agua, las montañas, las piedras y los árboles. En esta pintura de la dinastía Ming, las pequeñas figuras humanas no interrumpen la serenidad de la escena.*

> *"La luz de la luna brilla en mi lecho; es como escarcha en el suelo. Alzo la cabeza para admirarla; me recuesto de nuevo y pienso en mi antiguo hogar."*
>
> LI PO, 701-762 D.C.

La poesía era sumamente respetable; se dice que el filósofo Confucio participó en la compilación y edición de una antología de poemas y canciones. Se desarrollaron muchos estilos poéticos. Algunos poemas se componían de cientos de versos; otros, como el poema anterior de cuatro líneas, eran engañosamente simples y cortos. A diferencia de la poesía, la novela se consideró impropia durante mucho tiempo, pero se desarrolló de manera encubierta. Durante la dinastía Tang, aparecieron cuentos acerca de temas fantásticos, románticos o de héroes reales e imaginarios.

Pero el verdadero germen de la ficción popular china fue la narrativa oral en los mercados locales. Los editores vendieron los prontuarios que usaban estos narradores, y posteriormente se escribieron novelas a partir de ellos. Se producían enormes tirajes, pues los chinos inventaron la imprenta hacia los siglos VIII y IX, y desarrollaron el tipo movible desde el siglo XI.

Si la narrativa era un entretenimiento, el teatro era otro, y siempre mantuvo su forma de ópera con una orquesta completa. El escenario era poco menos que un telón de fondo y en contadas ocasiones se usaban decorados. Los actores, por ejemplo, indicaban la existencia de una montaña con señas. Sin embargo, el vestuario era suntuoso, y en determinadas formas de ópera, los actores se maquillaban de modo específico para mostrar la clase de personaje que interpretaban.

Especialistas en arte natural

Florecieron también la pintura y la alfarería. Por supuesto, la caligrafía influyó sobre la pintura: los pintores ponían especial atención en el equilibrio de la composición y casi nunca usaban la perspectiva. El balance general era más importante que las correctas relaciones de tamaño. Muchos pintaban en blanco y negro.

Algunas obras representaban escenas cotidianas con gran realismo; otras eran de un estilizado expresionismo. Algunos artistas se especializaban en aves, flores, bambúes o escenas de montañas.

La porcelana china llegó a su esplendor durante la dinastía Song. Por todo el país, las fábricas producían tazones, jarras y jarrones torneados con suma elegancia, aunque de gran austeridad. En uno que otro, se realzaban o incrustaban adornos. El esmalte de la porcelana Song es de una pureza y calidad jamás igualada.

Obra maestra china *Las graciosas mascadas de esta figura de porcelana budista, asociada a la compasión, muestran la habilidad de la alfarería china. La mano y la canasta están detalladas meticulosamente en una figura de tan sólo 14 cm de altura.*

En espera de la musa *En su cómoda casa, un académico yace reclinado sobre un instrumento musical. En la mesa, tras él, hay un manojo de rollos. Sostiene uno en la mano izquierda, y el matamoscas en la derecha.*

Juego de té *La tetera y taza, de porcelana del siglo XVIII, están pintadas delicadamente con hojas y lotos. La tetera es de 10 cm de alto. El plato, del siglo XIV, muestra un dragón y una perla.*

La Gran Muralla *Los invasores mongoles arrasaron con la próspera dinastía Song y gobernaron China casi un siglo. La dinastía Ming reunificó a China, y levantó una nueva muralla de piedra contra los futuros invasores. Siguió la línea de la muralla erigida por el emperador Kin del siglo* III *a.C. La Muralla Ming medía 3,200 km, y tenía atalayas y plataformas.*

TÍTERES Y CASTIGOS EN LA CIUDAD

Cuando Marco Polo visitó Hangzhou, a fines del siglo XIII, se encontró con una "noble y magnífica" ciudad. Sus habitantes —dijo— eran apuestos, cordiales con los visitantes y afectos a los baños fríos. Los dueños de los miles de talleres artesanales de la ciudad vivían desahogadamente: las casas lucían ricos tallados, y las esposas vestían de seda y se adornaban con costosas alhajas.

Sin embargo, la vida citadina contrastaba marcadamente con la del campo y las aldeas, donde vivía la mayoría. Aunque las ciudades eran un mundillo de mendigos y criminales, atraían a los adinerados porque ofrecían seguridad ante posibles asaltos, y oportunidades comerciales y financieras. También daban lugar a la vida airada, que era muy diversa.

Los magnates de Hangzhou acostumbraban visitar los jardines públicos y las casas de té; paseaban por lugares de diversiones donde escuchaban música y bailaban, o asistían a espectáculos de títeres, magos, equilibristas y encantadores de serpientes. También había vinaterías y burdeles. Los pobres participaban en las diversiones aunque, generalmente, se limitaban a proporcionar el servicio, más que a disfrutarlo.

Los citadinos, además de entretenimientos versátiles, contaban con una extensa gama de platillos y otros bienes. Hangzhou tenía mercados especializados, que, según Marco Polo, eran frecuentados "por unas 40,000 o 50,000 personas, que mercaban todo artículo imaginable". Había mercados de verduras, medicinas, telas y pescado fresco; de flores, libros y joyas, así como centenares de tiendas con artículos variados: desde especias, aceites, salsa de soya y fideos, hasta perlas, por las cuales "la gente de los botes" arriesgaba la vida para pescar.

A Marco Polo lo impresionó la diversidad en la comida: "En los mercados de Hangzhou siempre hay amplio surtido de toda clase de carne y aves, como corzo, venado rojo, ciervo, liebre, conejo, perdiz, faisán, francolín, codorniz, gallinas, capones e infinitas cantidades de patos y gansos". En las bien irrigadas tierras del sur de China, era especialmente popular el pescado, fresco o en conserva; y en cualquier parte se podían comprar cereales, cerdo y verduras.

Cada oficio disponía de un gremio que vigilaba los intereses de sus miembros y ayudaba a regular las prácticas comerciales. Aun en ciudades pequeñas, coexistían gremios de barqueros, curtidores, barberos y cocineros. Los comerciantes de incienso, plata, velas y matamoscas para sacerdotes, también tenían gremios propios; igualmente, los vendedores de billetes de imitación, que se usaban en los ritos de adoración a dioses y ancestros.

Las ciudades constituían centros gubernamentales y comerciales. El emperador de China era monarca absoluto, aunque la administración cotidiana del país estuviera en manos de los funcionarios. Algunos trabajaban en la capital, que cambió de lugar con el paso de los siglos. Hangzhou fue capital de 1128 a 1276. Otros funcionarios tenían puestos en sedes regionales. El país se dividía en provincias; cada una con su gobernador. Las provincias se subdividían en prefecturas, a cargo de prefectos; y las prefecturas, en condados.

Los magistrados eran los funcionarios condales, a quienes en ocasiones asistían unos submagistrados, que ocupaban el rango más bajo en la jerarquía. Solía llamárseles "funcionarios padre y madre", pues asumían responsabilidad total por las vidas de unas veinte mil almas a su cargo. Combinaban las funciones de jefe de policía, juez, recaudador de impuestos, médico, detective, ingeniero hidráulico, agrimensor, agrónomo, examinador y líder religioso.

Espectáculo itinerante *En las calles chinas, había toda clase de espectáculos. En esta ilustración del siglo* XIV*, un teatro de marionetas atrae público de todas las edades. Un tamborilero fascina a la multitud al acompañar con su instrumento las acciones de las marionetas, cuyos titiriteros están tras las cortinas. A la izquierda, un hombre se acerca a otros dos, que quieren ver mejor y se suben a los cubos de madera que iban cargando con un yugo. A su derecha, las mujeres tratan de interesar a un bebé cuyos pantalones abiertos muestran que aún no sabe pedir que lo lleven al baño. Este niño y el otro, que apunta a los títeres, tienen la cabeza rapada. Tras las mujeres, un anciano se aleja apoyado en su bastón; lo sigue un muchacho con un instrumento musical.*

Todos los funcionarios debían ser seleccionados mediante examen. Los candidatos debían saber de memoria la literatura confuciana. Cada tres años, se realizaban los exámenes en las prefecturas. Quienes aprobaban, eran enviados a la capital de la provincia para la siguiente etapa; aquellos que tuvieran éxito a este nivel, debían someterse a examen final en la capital del país.

Crimen y castigo

Muy pocos candidatos al servicio público alcanzaban el último nivel de evaluación, y ni siquiera por eso tenían trabajo garantizado: como en otras partes, los empleos se otorgaban a capricho de los funcionarios superiores, o del emperador. La intriga y la política volvían la vida en la burocracia perpetuamente insegura.

A veces, aquel cuyo conocimiento de Confucio había satisfecho a los examinadores, administraba el código penal de China. Castigos para toda clase de crímenes estaban especificados en detalle: el objetivo era que el castigo se asemejara al crimen todo lo posible; cada categoría de castigos tenía, a su vez, varios grados.

Los condenados a castigos corporales soportaban distintos números de azotes con varas de pesos diferentes, según el delito. Había varias clases de pena capital; la menos severa era mediante estrangulamiento, pero también existía la "muerte prolongada", por acuchillamiento múltiple.

En la celda del condenado

El emperador firmaba todas las sentencias de muerte. En la práctica, con frecuencia conmutaba la pena y la reducía a castigos menores. Los criminales salían beneficiados por el hecho de que la pena capital sólo podía ejecutarse en contados días del año.

Se creía de mal augurio ejecutar sentencias de muerte en primavera y verano. Tampoco podían ejecutarse en ninguna de las festividades budistas, que incluían los meses lunares primero, quinto y noveno. A esto se añadían los 10 días de ayuno budistas de los demás meses. La pena capital también era tabú en los días de lluvia y por la noche. Incluso en día propicio y sin lluvia, había otras razones por las cuales los criminales quedaban a salvo de la ejecución. Usualmente, se les conmutaba la sentencia si estaban enfermos; cuando eran el sostén de padres ancianos o si tenían más de 70 o menos de 15 años.

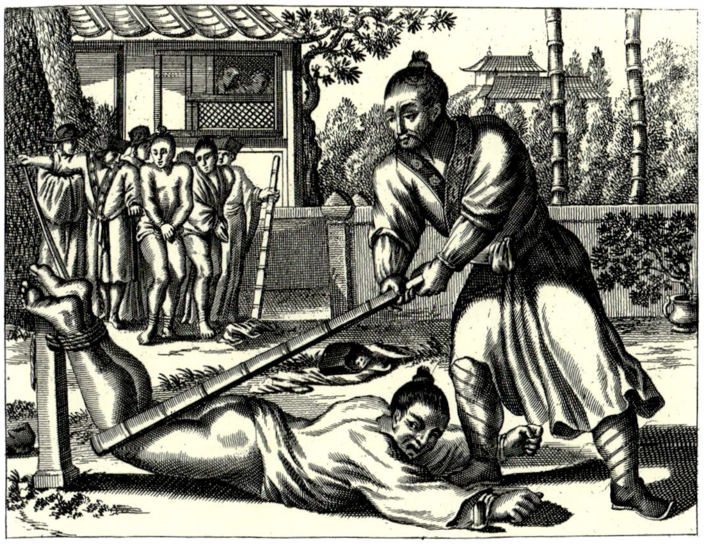

Condena *Este grabado holandés, del siglo XVII, muestra a un delincuente que es azotado. Otros criminales esperan su castigo. Los jueces podían recurrir a la tortura para obtener confesiones: tenían un método para presionar los dedos del infractor con prensas de madera, hechas conforme a estipulaciones de la ley.*

GUERREROS DE ESPADA Y TAZÓN DE TÉ

En el Japón medieval, el peligro constante de la decapitación acechaba a la gente común. El guerrero samurai se acercaba y consumaba tal hecho con un solo golpe de la espada más filosa: con esa sencillez, "practicaba para matar". Estaba exento de juicio; en el siglo XVI, la licencia para matar del samurai fuc sancionada por la ley, con ligeras modificaciones: el guerrero debía haber sido provocado en una cuestión de honor y tenía que notificarlo a las autoridades con posterioridad.

Los samurais eran soldados al servicio de los señores feudales locales. A partir del siglo XII, familias militares dominaron Japón, luego de que el emperador fuera reemplazado por un jefe militar, el shogun. Siguieron siglos turbulentos, con incesantes estallidos de hostilidades entre señores rivales, y luchas de emperadores que deseaban reimplantar su autoridad. Luego, en los siglos XVII y XVIII, más pacíficos, el samurai sirvió a su señor más como administrador que como guerrero. También pasaba un mayor tiempo en la meditación Zen y en la etiqueta formal del té, que en combatir a los enemigos de su señor. Pero durante los años de caos y turbulencia, la vida del samurai giró alrededor de la guerra: se guiaba según el principio del *bushido*, que significa "norma del guerrero".

Tazón ceremonial de té

La base de tal código era la devoción hacia el señor feudal. El samurai no debía ni siquiera titubear al cumplir una orden, y era común que se sacrificara en batalla para proteger a su señor. Tan fuerte era el nexo de lealtad debida que, cuando el señor moría, sus guerreros preferían suicidarse en masa a seguir viviendo sin un líder auténtico.

El samurai debía sentir desprecio hacia la muerte; y muchos guerreros recurrían al suicidio en el campo de batalla, con el fin de evitar la humillación de rendirse. Un método tradicional para matarse era el *hara-kiri*, que literalmente significa "cortar el abdomen". Este macabro procedimiento seguía una estricta etiqueta: el suicida se hacía un corte en el abdomen, de izquierda a derecha, para luego jalar el cuchillo hacia arriba, con todas las fuerzas posibles. Esta forma de morir implicaba una larga agonía; a veces, un asistente le ponía fin decapitando al samurai con una espada.

No todos los guerreros seguían el bushido al pie de la letra. El código guerrero se debilitó por ciertas traiciones, las rebeliones campesinas y las guerras civiles. En tiempos de paz, los toscos guerreros abusaban en el entrenamiento e iniciaban bravatas contra la población local. Sin embargo, persistió la norma del guerrero, la que promovía la indiferencia a las penurias, el desinterés en uno mismo y el espíritu de generosidad hacia los indefensos.

Combatir era el oficio principal del samurai, y el guerrero, ataviado para ello, constituía un espectáculo imponente. La armadura constaba de seis piezas principales: yelmo, careta, armadura para el cuerpo, musleras, guanteletes y grebas. La armadura

Vestido para matar *Armadura samurai del siglo XVIII con excelentes artesanías y materiales, desde el yelmo hasta las grebas de hierro laqueado. Cuando fue elaborada, ya no se usaban armaduras en combate, pero los armeros siguieron produciéndolas para que perdurara la artesanía.*

Formidable contrincante *Los samurais usaban máscaras de expresión feroz para intimidar a sus oponentes. Si este recurso fallaba, desplegaban su arsenal de espadas y la lanza.*

MAESTRO EN EL ARTE DE MATAR

Los artesanos japoneses más respetados eran los forjadores de espadas. Nunca escribieron los secretos del oficio, más bien los transmitieron de maestro a aprendiz. Los herreros trabajaban en una atmósfera casi religiosa, vestidos sacerdotalmente y purificándose con abluciones diarias. El acero de las hojas era martillado, plegado y fraguado varias veces; las capas de acero producidas con los pliegues, al soldarse, daban a la hoja su enorme fuerza. El herrero de esta ilustración da a la hoja el acabado final.

Belleza fatal *La meticulosidad con la que se forjaban las espadas samurais era comparable a la habilidad empleada para decorar tanto la empuñadura como la funda. Esta espada se prendía a la cintura; su funda es de laca decorada con símbolos de la familia y está envuelta en seda para protegerla, al igual que la empuñadura: en la base tiene un protector. Las primeras fundas eran simples placas circulares de hierro con una rendija para la hoja, pero se hicieron cada vez más refinadas, con diseños incrustados.*

para el cuerpo, hecha de fuertes tiras de cuero o escamas de hierro laqueado, era muy vistosa y flexible. El yelmo, o *kabuto*, era especialmente impresionante: sus cuernos o antenas hacían que el guerrero samurai pareciera un gigantesco escarabajo, lo que intimidaba al enemigo.

Era optativo para el samurai cargar con una bolsa para guardar la cabeza cercenada del enemigo. Una guía para guerreros aconsejaba: "Al caminar, la bolsa debe colgar del cinto; al cabalgar, debe amarrarse a la silla de montar."

Espadas y una recitación

Arcos y flechas, que se disparaban desde caballos a todo galope, eran parte del arsenal del guerrero, pero sus posesiones más preciadas eran las espadas. Con empuñaduras y fundas exquisitamente decoradas, y las hojas de un solo filo y levemente curvas, eran muy resistentes y filosas en extremo.

Los samurais peleaban cuerpo a cuerpo; empuñaban las espadas con habilidad suprema, resultado de años de entrenamiento. Practicaban con espadas de madera: las artes marciales, como el kendo, se originaron en la esgrima. Antes de un duelo, cada guerrero decía su nombre y recitaba las hazañas de sus ancestros, con el fin de infundir temor en los adversarios.

Hasta el siglo XVI, los samurais provenían de diversas extracciones sociales y los plebeyos combatían al lado de ilustres caballeros. Pero, desde entonces, el sistema social de Japón se volvió más rígido, y se prohibió a los plebeyos portar espadas. El país se pacificó, y los samurais ocuparon menos tiempo en la batalla, y se dedicaron a cultivar su propia tierra o, en otros casos, a administrar las tierras de sus señores feudales.

Las familias de los samurais representaban un 6% de la población y se casaban entre sí para mantener la valorada estirpe. Las esposas de los guerreros debían infundir en sus hijos los ideales del bushido, pero el rigor del código y su disciplina eran tan severos que los deberes maternos no pudieron ser sencillos. Unos lamentos demuestran lo arduo de la vida de una mujer:

"Paso los días en llanto:
arduas, tan arduas
son las penas de esta vida.
Mientras más se prolonga,
más pesan las penas."

Desde el siglo XVI, los guerreros vivían lejos de las esposas, en los castillos y mansiones de sus jefes. Se les pagaba con arroz; las raciones de guerra eran de, más o menos, 1 kg diario de arroz crudo. El hábito de los guerreros de comer arroz, y tres veces al día en lugar de dos, se extendió a los campesinos que antes comían trigo o mijo.

Pacífico retiro

Al envejecer, algunos guerreros dejaban las armas e ingresaban a monasterios budistas. A partir del siglo XIV, el Zen ganó muchos seguidores samurais. La austeridad e indiferencia hacia la muerte atrajeron a los guerreros, que encontraron en tal forma budista el rigor de la vida samurai, pero sin la violencia. El Zen enseñaba que la iluminación provenía de la intuición y la contemplación; los guerreros samurai que antes combatieron en feroces batallas, ahora pasaban largas horas en meditación.

Los jardines japoneses, con sus meticulosos arreglos de piedras, matorrales y puentes, se deben a la tradición Zen. La ceremonia del té, iniciada como un ritual Zen, se difundió en Japón en el siglo XV. Se realizaba en rústicos pabellones con pocos muebles, diseñados para inducir tranquilidad, y una elaborada etiqueta gobernaba la forma en que se usaban los utensilios, el té y el agua caliente. El samurai dejaba sus espadas a la entrada y se sentaba para conversar quedamente con los presentes. Cuando se le servía el tazón de té, lo tomaba con ambas manos, admiraba su textura y forma sencilla, y bebía tres sorbos.

Gabletes y decorados *Los castillos de los samurais, construidos en colinas y rodeados por un foso, como el Castillo Himeji, los mandaban erigir sus empleadores, los señores locales. Tras los muros había jardines, habitaciones para guerreros y huéspedes, caballerizas y, a veces, un templo budista. Muchos estaban decorados, y sus salones, recubiertos de oro y pintura.*

Viento divino *Los mongoles, bajo el mando de Kublai Kan trataron de invadir Japón en 1281, pero su flota de guerra fue destruida por fuertes vientos. Los japoneses llamaron* kamikaze, *"viento divino", a las tempestades. Este biombo del siglo XVII muestra una escena del acontecimiento.*

CASAS LIGERAS Y TRÁNSITO INTENSO

Durante el verano, húmedo y sofocante, era una delicia vivir en las casas japonesas. Bajo el piso elevado de las mansiones de la nobleza, en medio de jardines y a veces frente a un lago ornamental, corría un arroyo que hacía circular aire fresco. Los enormes techos, cubiertos con tejas de corteza de ciprés o pino, daban sombra. Quienes disponían de recursos, disfrutaban de bebidas frías y nieves de hielo picado aromatizado con hierbas: en invierno se recolectaba el hielo, se envolvía y almacenaba en cabañas sumidas en la tierra, para venderlo en verano.

Pero durante la estación invernal, todas las casas, aun las de los más pudientes, eran incomodísimas. Los vientos cortantes penetraban fácilmente por las frágiles paredes, generalmente hechas de persianas o cortinas de bambú. En el interior, cortinas y biombos, que se usaban como paredes divisorias, eran poco eficientes para abrigar contra las corrientes.

Ni siquiera los ricos contaban con más sistema de calefacción que braseros de carbón: la gente temblaba de frío pese a las muchas ropas que usaban dentro de casa. Al menos, los más humildes podían acurrucarse alrededor del fogón, en sus chozas cuadradas, que parecían más un refugio temporal que un hogar permanente.

Peligro de incendios y tormentas

La naturaleza efímera de los edificios reflejaba el acechante riesgo de una súbita catástrofe. Los desastres naturales podían ocurrir en cualquier momento, pues Japón está sujeto a terremotos, tormentas y tsunamis, violentas olas de mar provocadas por terremotos o volcanes submarinos. También eran comunes los incendios, causados por accidentes con braseros o linternas. Por eso los nobles tenían una bodega, hecha de piedra o arcilla, lejos de la mansión, donde guardaban documentos y obras de arte.

También los aldeanos se prevenían contra los incendios. El comodoro Matthew C. Perry, que en 1850 dirigió una delegación estadounidense en Japón, describió casetas de vigilancia en casi todas las calles, además, bodegas no inflamables, tinas de agua y bombas de incendios.

La visita de Perry marcó el fin de los 200 años durante los cuales Japón se aisló deliberadamente del resto del mundo. En 1603, la familia militar Tokugawa tomó el poder, y sus miembros gobernaron Japón durante 250 años. Mudaron la capital a Edo —hoy Tokio— e impusieron estrictas restricciones al contacto con extranjeros. El llamado periodo Edo fue de relativa paz y gobiernos estables, y la vida de Japón transcurrió sin perturbaciones del mundo exterior.

Prohibido tomar té

Durante el periodo Edo, cada vez más gente vivió en aldeas, y granjeros y campesinos eran aún mayoría en el país. Su vida era de penurias, pagaban onerosos impuestos y padecían hambre e inundaciones. Sólo festividades como la del Año Nuevo les daban algún alivio y ocasión para beber y bailar.

La vida de los campesinos estaba regida por numerosas prohibiciones. No podían salir de la aldea ni vender su tierra; se les prohibió vestir la seda que usaban los nobles y samurais. Tampoco podían beber té ni *sake* (vino de arroz), de no ser durante las festividades. Vestidos con ropas de algodón o cáñamo, cultivaban arroz para venderlo a samurais, sacerdotes y artesanos; o cebada, mijo y trigo para hacer los fideos que comían.

Cereales y artesanías eran transportados de un lugar a otro por una red de caminos, en la que figuraba la carretera costera del este, de 480 km de largo, que comunicaba a Kyoto y Edo; tal vez fue el camino más transitado de su época: por él viajaban comerciantes, funcionarios, peregrinos, sacerdotes y médicos.

La mayoría transitaba a pie o a caballo: a los peatones les tomaba de 20 a 30 días hacer el viaje. Los pocos vehículos de ruedas eran utilizados para cargas muy pesadas. En la carretera había muchos puestos de revisión, donde los agentes del shogun vigilaban a los viajantes. Su principal ocu-

La diaria molienda *Máquinas hechas de bambú y madera aliviaron algunas de las penurias de los campesinos japoneses. En este dibujo a tinta, unos campesinos con una carga de grano se acercan a los trilladores. En el edificio a la derecha, los hombres operan un molino para descascarar el arroz; el molino de agua, sobre el arroyo, separa el salvado.*

Monedas chinas perforadas para ser ensartadas

Peso de oro *Los impuestos se pagaban con arroz, pero los comerciantes necesitaban dinero para negociar. El dinero y las primeras monedas surgieron en China. En esta pintura del siglo XVIII, se pesan monedas de oro ante un notario.*

pación era dar pronto aviso al shogun, acerca de los desplazamientos de señores feudales más poderosos y sus tropas armadas.

En el periodo Edo, florecieron las artesanías: en las ciudades, los gremios artesanales entrenaban aprendices y regulaban el comercio, casi igual que en Europa. Los alfareros, tintoreros, ebanistas y papeleros tenían gran actividad, al igual que los orfebres y artesanos de la laca. Los hilanderos abrieron enormes tapicerías.

Los especialistas en bambú fabricaban desde canastas hasta tuberías, sombrillas y abanicos. Se cree que el abanico plegable fue inventado en Japón, en el año 670 d.C. Existían abanicos especiales para bailarines y cortesanas, para ceremonias de té y para hacer señas durante las batallas.

Los artesanos, como el resto de los japoneses, ocupaban una posición en la jerarquía ciudadana. Los guerreros samurais estaban en la cúspide. Les seguían los granjeros y campesinos, incluso los más humildes, pues producían alimentos, aunque ese rango no implicara un mejor ingreso. Abajo de los campesinos estaban los artesanos; pero los talabarteros eran considerados unos parias, pues trabajaban con animales muertos. Hasta abajo estaban los comerciantes, pues su ocupación era vista como inútil: no producían nada, pero se beneficiaban con los esfuerzos de otros.

La posición en que se catalogó a los comerciantes reflejaba las enseñanzas de Confucio, cuya filosofía llegó a Japón desde China: subrayaba la virtud personal, la devoción a la familia, las obligaciones sociales y la aceptación de uno mismo; ofreció una tercera creencia a los japoneses, que ya vivían cómodamente con dos religiones. El sintoísmo, religión autóctona, se basó en el culto a los antepasados y los espíritus de la naturaleza. El emperador era descendiente de la diosa del Sol y sólo por ello se le reverenciaba. La otra religión era el budismo, también llegada de China.

Escena de una cocina *Mujeres japonesas del siglo XVIII, con elaborados peinados, se ocupan de las labores domésticas. Una pela verduras con el cuchillo; para la otra, las labores son las mismas, con la responsabilidad adicional de un bebé.*

TRAS LA CORTINA DE BAMBÚ

La casa de todo japonés, pobre o rico, estaba amueblada austeramente. Las pertenencias se guardaban en arcones, algunos de ellos con acabados de laca —la savia del árbol de la laca— que da un aspecto suave, pero resistente. Dormían sobre esteras rectangulares de paja llamadas *tatami*; se sentaban en cojines circulares de paja, y a veces descansaban los brazos en apoyos cóncavos. Las mesas eran bajas y ligeras. Aun en las casas de los más acaudalados, la iluminación era muy simple: consistía en lámparas de resina, cuya llama era muy tenue, o linternas, que eran poco más que tazones con aceite de ajonjolí, y una mecha de algodón flotante. Los más pobres no se alumbraban y sus muebles eran muy escasos.

La comida japonesa era igualmente simple, hasta la de los ciudadanos más ricos. Se comía poca carne porque el budismo prohibía matar: muchos platillos se componían de arroz, verduras y fruta. Los mariscos eran la fuente de proteínas más popular. Los japoneses tenían en gran estima el sabor de la comida, por ello, los ingredientes se cocinaban poco, para que conservaran su sabor. El aspecto de la comida era igualmente importante, por lo que se ponía especial cuidado en disponer los vegetales en formas elegantes. Las algas se usaban —y se usan— como condimento.

Uso y ornato *La decoración de este balde de arroz demuestra la insuperable habilidad japonesa para aplicar laca sobre madera o metal.*

Hecho en Japón *En Occidente había gran demanda de artículos orientales, como esta jarra. La porcelana pintada está embellecida con bronce holandés.*

Juego de té *Beber el té, lo que en sí era un arte, requería sobrios utensilios como éstos.*

EUROPA COBRA FORMA

Mientras las ideas surgidas en las ciudades-Estado de la Italia del siglo XV se propagaron en el Norte, otros países iniciaron aventuras propias. El comercio entre las naciones comportó prosperidad y con ello llegó la Edad de Oro a España, Inglaterra y Holanda, con un surgimiento de grandes artistas que enriquecieron la cultura mundial. Pero, en la vida cotidiana, no todo era de oro. Hubo hambrunas, pestes y guerras religiosas, que culminaron en la Guerra de los Treinta Años, la más sangrienta que se había librado hasta entonces en Europa. En el Siglo de las Luces (XVIII), las ciencias y la medicina progresaron de modo espectacular, en tanto que los jóvenes ingleses privilegiados, una vez que terminaron sus estudios, pudieron visitar el Continente, con lo que tuvieron una introducción a las raíces mediterráneas de su propia cultura.

EUROPA OCCIDENTAL 1550 –1775 D.C.

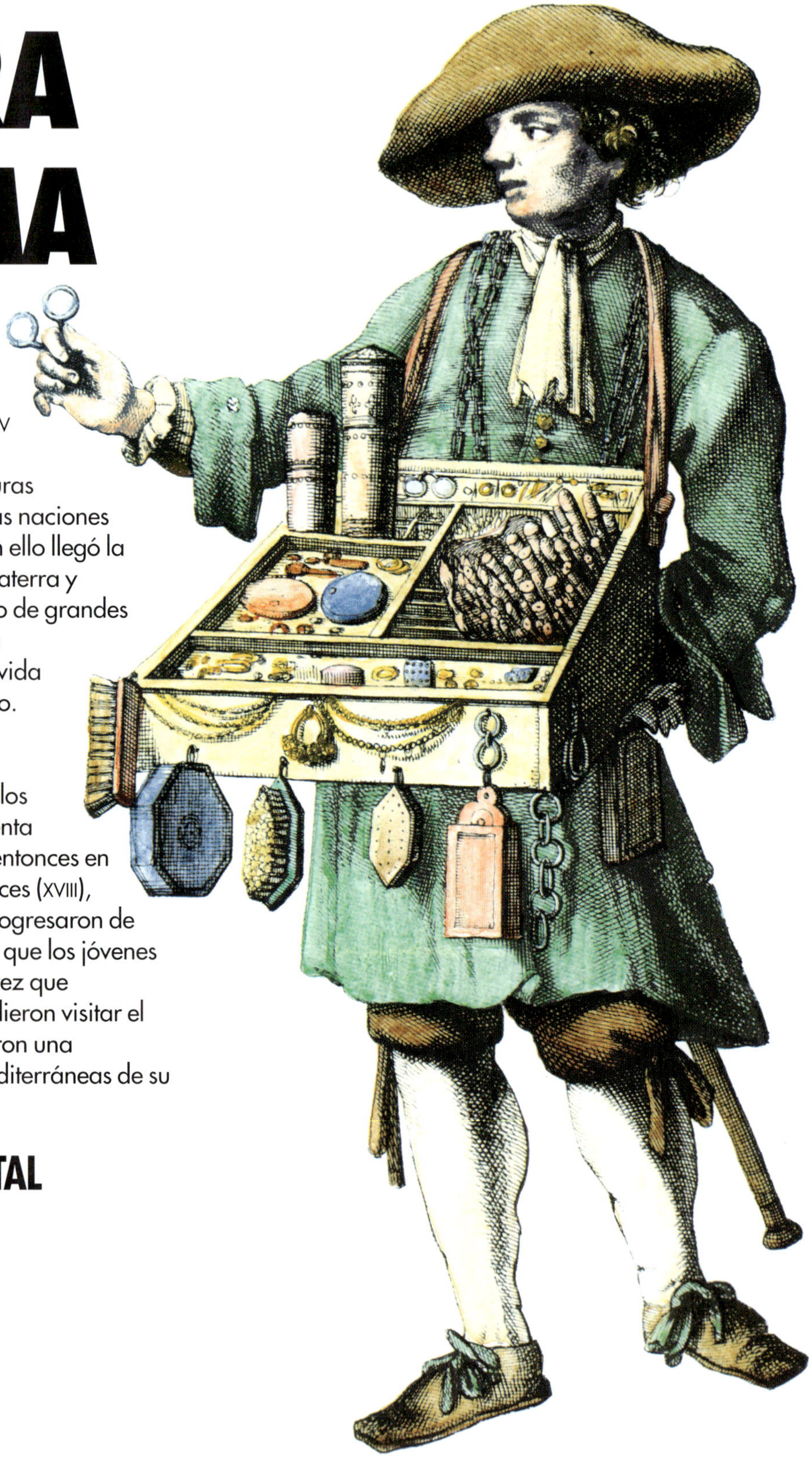

Empresa de un solo hombre *El espíritu de libre empresa dio pie a la proliferación de los buhoneros, como este vendedor ambulante que ofrece unos lentes. Lleva otras mercancías, como cepillos, peines, anillos, cuchillos y tinteros.*

RIQUEZA Y RUINAS DE LA EDAD DE ORO

La vida del norte de Europa se caracterizó por el lujo y derroche en casas de campo, palacios, ciudades, y por el crecimiento de las naciones. Los incipientes Estados, orgullosos de ser naciones, hicieron alarde de su riqueza y hostilizaron a sus vecinos para conseguir poder y preeminencia.

Tanto Inglaterra como Holanda tuvieron "Siglos de Oro". Con Isabel I, que subió al trono de Inglaterra en 1558, hubo grandes contrastes entre las costumbres cotidianas de las ciudades y del campo, pero en ambos sitios se tenía en común el sentimiento de ser ingleses, lo cual quedó demostrado en 1588, época de la Armada Española, cuando se encendieron faros en las cimas de las colinas. Tal sentimiento también se expresó en las obras de Shakespeare y en el público que las presenciaba: fue ésta una época de teatro y actores, de música y atuendos.

Comparada con otros Estados europeos, Inglaterra era pequeña. Cuando murió Isabel I, la isla contaba con 5 millones de habitantes, frente a los 16 de Francia, los 13 de Italia y 11 de España y Portugal.

Holanda, con 3 millones de habitantes, vivió su época dorada en el siglo XVII, luego de independizarse de España, en 1609. Su vida cotidiana no quedó retratada en el escenario, sino en pinturas de ciudades y aldeas, de los interiores de las casas y de sus ocupantes y pertenencias. Los holandeses disfrutaron de un alto nivel de vida; a pesar de su rígida religión protestante, aprendieron a deleitarse con la comida y la bebida, con licores, vino y aun con cerveza.

La influencia puritana tuvo mayor efecto sobre las actitudes matrimoniales en toda Europa. En el medievo, muchas novias fueron víctima de los matrimonios concertados; sin embargo, los puritanos creían en la importancia de las relaciones espirituales entre marido y mujer. Un escritor puritano advirtió: "Es de temerse que quienes se unen sin amor, quieran amar donde no están unidos."

Europa estaba dividida tanto por las religiones como por los gobiernos. Luego de la rebelión de Lutero contra el papado, y la división del cristianismo, los pueblos ya no tuvieron creencias religiosas comunes. Las feroces guerras religiosas de los siglos XVI y XVII desembocaron en la Guerra de los Treinta Años, que estalló por las hostilidades entre católicos y protestantes, y que involucró a gran parte de Europa. Los ejércitos devastaron campos y ciudades y murió un tercio de los germanos.

La guerra terminó en 1648 con la firma del Tratado de Westfalia, que reconoció el surgimiento de las nuevas naciones-Estado y rediseñó el mapa de Europa. Francia, bajo el "Rey Sol", Luis XIV, reemplazó a España como potencia europea, y el poder económico se desplazó del Mediterráneo hacia el Norte. El rey, en sus últimos años, se recluyó en sus palacios favoritos. Hasta su muerte, en 1715, sólo se reunió con cortesanos, amantes y aduladores y, hasta donde se lo permitieron dinero y poder, fue una figura remota para la ciudadanía.

Federico, un sirviente con ejército

Los germanos no se quedaron atrás, y en 1701, nació el poderoso Estado de Prusia-Brandenburgo. Mientras Luis aún mejoraba Versalles, los prusianos construían una capital digna de un rey. En 1740, Berlín se convirtió en la sede de Federico el Grande, quien se autodescribió como "Primer Sirviente del Estado". Mantuvo un enorme y disciplinado ejército para proteger reino y súbditos. Orgulloso de sus ideas ilustradas, abolió la tortura de los criminales, erradicó el soborno a los jueces y estimuló las labores en el campo y los bosques.

Las naciones-Estado combatieron para ampliar sus fronteras y no titubearon en absorber regiones enteras donde vivían diferentes pueblos. La lucha para centralizar y extender el control directo sobre territorios distantes provocó rebeliones: en 1648 y 1649 estallaron seis revoluciones en varias partes de Europa.

En todos los países europeos, la ciudadanía sintió las mismas presiones cuando se formaron los Estados: de impuestos en los bolsillos, de hambre en los estómagos y de guerra en vida. Los campesinos eran mayoría y vivían precariamente de sus parcelas. La esperanza de vida para ellos era corta y sufrida. Sólo uno de cada cuatro bebés alcanzaba el año de edad, y apenas la mitad conseguía cumplir 20 años. Conforme aumentó la riqueza y se valoró la educación, se desarrollaron nuevos contrastes en la vida cotidiana. Los comerciantes urbanos formaron una influyente minoría que prestaba dinero y lo ganaba mediante actividades mercantiles y de manufactura.

Crimen en mar y tierra

Por otra parte, los aristócratas eran social y legalmente privilegiados. Las familias de comerciantes escalaron posiciones sociales mediante matrimonios y compra de propiedades a la nobleza. En España había muchos nobles, aunque algunos de ellos vivían en la pobreza. Los códigos de honor eran rígidos, y los insultos, vengados en duelos. A pesar de los severos castigos, cundía el crimen: desde los piratas y corsarios que asolaban las costas europeas en busca de esclavos y botín, hasta forajidos y contrabandistas, ladrones y salteadores.

En todos los países, los más instruidos se sintieron atraídos por las artes y las ciencias. Ambas pasaron por grandes transformaciones en los siglos XVII y XVIII; este último fue llamado el "Siglo de las Luces". Sin embargo, la minoría instruida despreciaba a los supersticiosos campesinos y temía a la "plebe" citadina: su objetivo era alcanzar una feliz "civilización". Su vida no se enmarcaba en un punto fijo, pues viajaban con frecuencia e intercambiaban cartas desde sitios distantes. El siglo XVIII fue la era de la Gran Excursión. A pesar de las divisiones, Europa estaba consciente de su unidad.

Las mejoras que se introdujeron en el nivel de vida afectaron a las clases medias. Hubo una creciente demanda de azúcar, café y té, de telas de lino y algodón, de muebles... y de libros. Junto con la creación de un Estado más fuerte, se inició una sociedad de consumo cada vez más diversificada.

El poder del mosquete *Los disciplinados ejércitos, como el de Federico el Grande, usaron los mosquetes que, a veces, decidían el resultado de una batalla.*

Una Europa de Estados soberanos *A mediados del siglo XVI, Europa estaba dividida en Estados de diferentes tamaños, cada uno regido por un soberano. Cada Estado tuvo su propia dinastía e historia, aunque reinas, príncipes y princesas de diferentes dinastías se casaron entre sí. La gente común de Europa era tratada por sus reyes como súbditos y no como ciudadanos.*

Dos clases sociales *Esta escena de una feria en Holanda muestra la división social entre el campesinado tradicional y los nuevos terratenientes con sus esposas. Los bulliciosos campesinos con ropas del diario se divierten bailando, comiendo y bebiendo. Mientras tanto, los terratenientes, vestidos elegantemente, miran de reojo, apartados del gentío.*

TERROR A LA INQUISICIÓN ESPAÑOLA

Repicaban las campanas y se decían misas por las almas de los infortunados que estaban a punto de morir en un auto de fe. El término, de origen portugués, se refería a un acto público y solemne en el que eran leídas las penas impuestas por el tribunal del Santo Oficio, creado para la represión de la herejía y demás delitos contra la fe cristiana (superstición, brujería, iluminismo, apostasía, etcétera). Hombres y mujeres condenados salían de sus celdas y eran llevados en una extraña procesión que encabezaba el portaestandarte de la Inquisición, seguido por tambores, trompetas, portadores de cruces, banderas y hachones encendidos, así como frailes de distintas órdenes.

A continuación desfilaba la lúgubre procesión de los condenados. Los acusados vestían una túnica penitencial. Algunos llevaban la cabeza rapada, en tanto que otros, con un toque de comedia negra, tenían puesta una coroza, un capirote puntiagudo que simbolizaba a los penitentes. Al final de la procesión marchaban los jueces y funcionarios, seguidos por el inquisidor local y el obispo de la diócesis.

Decisiones de vida o muerte *En un elaborado ritual, que combinaba la ceremonia religiosa con un espectáculo para entretener o intimidar a las masas, los acusados que la Inquisición declaraba culpables de delitos contra la fe cristiana eran sentenciados públicamente en la plaza Mayor de Madrid, ante el rey, que asistía a la ceremonia desde el palco real. Los acusados descienden de dos en dos por las escaleras de la derecha hacia el banquillo.*

Frente al acto final

Alineada en la calle, asomada por las ventanas o espiando por entre las rendijas, la multitud presenciaba el espectáculo con reverente temor. Algunos se arrodillaban, otros proferían insultos a los condenados y muchos acudían al lugar donde se desarrollaría el acto final del drama: una enorme plataforma con bancos para los condenados, un altar y estrados para los funcionarios.

Tras la oración pública, seguida de un sermón, se procedía a la lectura de los nombres de los condenados y de los cargos que se les imputaban. Finalmente se dictaba sentencia. Algunos sólo sufrían la humillación de llevar el sambenito —capotillo o escapulario que se ponía a los penitentes reconciliados— durante algún tiempo; otros recibían azotes y, algunos más, eran condenados a prisión. Muchos eran remitidos a la justicia civil, pues la Iglesia no podía quitar la vida a nadie. Eran los jueces estatales quienes conducían a las víctimas a la hoguera, en las afueras de la ciudad. Los que se arrepentían de sus pecados en el último instante eran muertos a garrote. Los demás eran quemados vivos.

La Inquisición se estableció a mediados del siglo XIII por la autoridad pontificia en los diversos países de Europa occidental. A fines del siglo XV, los Reyes Católicos instaron la creación de un nuevo tribunal del Santo Oficio como instrumento eficaz para consolidar la unidad religiosa y nacional de la península Ibérica, en peligro por la amenaza que representaban los judíos conversos, mantenedores en secreto de sus viejas prácticas y frecuentes autores de conspiraciones y desórdenes.

Durante el periodo de máxima grandeza de la Monarquía española, mientras los barcos regresaban del Nuevo Mundo cargados de plata, los inquisidores, en su mayoría frailes dominicos, censuraban libros e investigaban cualquier acusación de desviación de la ortodoxia católica. Tales acusaciones podían formularse en secreto, a veces por vecinos que se cobraban viejas rencillas. La presentación voluntaria de todo hereje o sospechoso que confesaba su culpa acarreaba tan sólo la imposición de leves penitencias. Pero la denuncia o actuación de oficio contra algún acusado originaba un proceso lento y minucioso, durante el cual quedaba incomunicado en prisión preventiva sin conocimiento de quiénes eran sus testigos o acusadores. Sólo cuando el resultado de las pruebas parecía dudoso, se recurría al tormento para obtener la confesión del acusado. No sólo la Inquisición usaba la tortura. En la época estaba autorizada en casi toda Europa: morir en la hoguera era un castigo de uso común en las cortes seculares.

Cámara de torturas *Para mantener su autoridad sobre el populacho y asegurar la ortodoxia cristiana, los inquisidores permitían la tortura. Un artista de la época reúne aquí los métodos empleados, que incluían el colgamiento, de cabeza o desde el techo, las quemaduras, el potro y llenar el cuerpo de agua.*

El precio del pecado *Los reos de la Inquisición vestían túnicas diferentes; por ellas, la plebe distinguía a los arrepentidos de los reincidentes. El hereje (izq.), cuya túnica muestra el infierno, es conducido a la hoguera. El penitente (aba.) porta un rosario y un báculo.*

El siglo XVI fue para España el periodo de máximo poder y prestigio. Por derecho de herencia, los monarcas de la casa de Habsburgo regían no solamente los reinos unificados de España, sino también los de los Países Bajos, Nápoles, Austria y algunas regiones del Sacro Imperio Romano. Un tratado familiar firmado a la muerte del emperador Carlos V legó España, los Países Bajos y Nápoles a su hijo Felipe II, junto con el imperio de Ultramar que, gracias a su prudencia y habilidad, se expandió desde las Indias hasta las Filipinas.

La inmensa riqueza que afluía a España provocó una inflación en la Europa del siglo XVI y, al mismo tiempo, encubrió el declive de la economía interna del país. Felipe II hubo de gastar el quinto real, su beneficio de las minas de plata ultramarinas, para combatir en dos frentes: en uno se esforzaba por conservar los Países Bajos; en el otro en rechazar a los turcos otomanos. Las campañas militares de Felipe II produjeron victorias, como la de Lepanto, y fracasos, por ejemplo el de la Armada Invencible enviada contra Inglaterra. Ejércitos y flotas eran mandados por miembros de la nobleza del máximo rango. Para los aristócratas, la pureza de la sangre era una obsesión, y tenían la reputación de ser los más orgullosos del mundo, desde los nobles que brillaban en la corte hasta los hidalgos de linaje menos ilustre, cuyo sentido del honor, sin importar la pobreza en que vivían, era reforzado por su habilidad como espadachines. La etiqueta de la corte era de las más rígidas de Europa, y llevaba las jerarquías a extremos absurdos. En parte, este sentimiento era herencia de las regiones liberadas del Imperio Turco, e influyó sobre el resto de Europa.

Aunque Felipe II hizo de Madrid la capital en 1561, la ciudad mayor de España era Sevilla, con 150,000 habitantes. Por su puerto fluvial pasaba gran parte del comercio con el Nuevo Mundo, y se enriquecía con los cargamentos transportados por las flotas que navegaban río abajo: fabulosas mercaderías que incluían nuevos productos de las Indias y nuevas adicciones, como el tabaco traído de la isla Española.

Chismes y jugo de naranja

Los habitantes de Sevilla vivían en casas dispuestas alrededor de un patio interior. Los hombres se sentaban en bancos y mesas, en tanto que las mujeres, separadas a menudo de los hombres por celosías, descansaban entre almohadones, al estilo morisco, mientras intercambiaban chismes y bebían jugo de naranja granizado, o el popular chocolate, recientemente importado de América.

Gran parte de la fortuna de la nobleza procedía de la Mesta, la antigua asociación de ganaderos que monopolizó el comercio de la lana. Sus rebaños trashumantes eran llevados constantemente del norte al sur, siguiendo cañadas y rutas con derecho de apacentado en perjuicio de los labradores. Los rebaños desplazaban los cultivos de los campesinos; dejaban los campos despoblados, a excepción de los ganaderos, cuyas costumbres se transmitieron a los vaqueros y los gauchos del Nuevo Mundo.

Con la decadencia económica, la vida de los caminos se volvió cada vez más difícil y peligrosa. Las mercancías se transportaban en caravanas de mulas y las posadas carecían de comodidades. Los visitantes comían en largas mesas de madera y bebían en una misma jarra de barro o en botas de cuero. Dormían sobre esteras o sobre paja en estancias comunes. Entre pobres y ricos había grandes diferencias, pero los igualaban aficiones comunes, como las corridas de toros.

Riquezas despilfarradas *Gran parte de la riqueza del Nuevo Mundo financió las guerras en Europa. Un recaudador anota las sumas obtenidas, supervisado por un notario. En 1599, la moneda europea se devaluó por el uso de las primeras monedas de cobre (der.).*

Símbolo de dos religiones *Los cristianos construyeron uno de los mayores templos del mundo sobre una mezquita sevillana del siglo XII. El minarete fue su campanario.*

LA MARCA DE LOS MOROS

Los moros que conquistaron España en el año 720 d.C., y que permanecieron más de siete siglos, dejaron una marca duradera en la arquitectura del país. En sus alcázares y mezquitas, la intrincada decoración de las estancias semeja ramas de palmera, con arcos entrelazados, apoyados en hileras de columnas que evocan los troncos. Pisos y muros se decoraron con mosaicos multicolores, y los techos se revistieron con madera de cedro. Los edificios se rodearon de jardines y estanques, cascadas artificiales y huertos de naranjos y granados.

Tras la reconquista de la Península Ibérica, las catedrales sustituyeron a las mezquitas, o se construyeron junto a ellas —o incluso, en su interior, como en el caso de Córdoba—. Sin embargo, los nuevos palacios cristianos los erigieron artesanos y alarifes formados en la tradición islámica, que sintetizaron las influencias occidentales y moriscas en el estilo mudéjar, caracterizado por la rica decoración de muros, arcos y marcos de puertas, en una madeja de diseños abstractos y geométricos. En el sur, el estilo árabe influyó también en las viviendas comunes, que se construyeron en torno a un patio interior.

DE CHUSMA A EJÉRCITO PERMANENTE

La guerra ingresó a la era moderna cuando el rey Gustavo Adolfo de Suecia fundó un ejército nacional regular en 1615. Ello no implicó ninguna mejoría visible para los soldados ordinarios, que combatieron en sangrientas campañas bajo las mismas condiciones de desgaste que sus predecesores.

Gustavo movilizó su ejército en la Guerra de los Treinta Años (1618-1648), que estalló como un conflicto entre católicos y protestantes y se convirtió en la lucha por la supremacía de Europa. La escasez de reclutas obligó a Gustavo a alistar mercenarios —en su mayor parte escoceses, irlandeses y alemanes— a quienes organizó, entrenó y equipó con las normas suecas, en lugar de la desorganización metódica, común en los demás mercenarios. Los disciplinó y les dio uniformes e insignias, tanto para elevar la moral, como para poder reconocerlos en el campo de batalla. La introducción de un mosquete más ligero y corto hizo obsoleta la necesidad de detenerse para disparar. Se instruyó a la caballería a atacar a todo galope, en lugar de detenerse para cargar y disparar las pistolas. Sobre todo, Federico integró la artillería con la infantería y la caballería.

Armas y soldado *Incluso en la época del mosquete, se usó la lanza en el campo de batalla. Los mosquetes abrían fuego y esto era seguido por una carga de lanceros;*

Fuego rápido *Hacia 1610, el mosquete de pedernal reemplazó al mecanismo de mecha: había que prender una mecha para que encendiera la pólvora. Cuando se jalaba el gatillo del nuevo mosquete, un pedernal pegaba contra una placa de acero. Esto producía chispas que encendían la pólvora, que a su vez, prendía la carga dentro del barril, impulsando así la bala. El mosquete de pedernal fue el arma reglamentaria de la infantería hasta que lo reemplazó el rifle accionado por percusión, introducido 200 años después.*

Reclutados *Los voluntarios para el ejército eran muy escasos en la Europa del siglo XVII, por lo que los oficiales a veces los reclutaban por la fuerza. No eran muy selectivos con los "reclutas", y a veces se incluía a ladronzuelos, así como a desempleados y vagabundos.*

La Guerra de los Treinta Años fue un periodo de intolerancia religiosa y gran crueldad. Las incesantes batallas convirtieron el centro de Europa en un núcleo de desolación. La marcha de los ejércitos propagó epidemias, a veces más devastadoras que la guerra misma; los fríos inviernos de la "Pequeña Edad de Hielo" obligaron a los civiles a comer gatos, perros y ratas.

Espadachines a todo galope

En la última etapa de la Guerra de los Treinta Años, se inició la Guerra Civil de Inglaterra. En esta lucha, entre 1642 y 1648, la sociedad, la economía y las familias se dividieron por su lealtad hacia Carlos I o hacia el Parlamento.

En un principio, el rey Carlos tuvo ventaja militar, pues apoyaron su causa los aristócratas que sirvieron como mercenarios en el extranjero. Pero el Parlamento tenía más recursos monetarios. Inglaterra no contaba con un ejército profesional considerable, pues hasta entonces se creaban y se disolvían las fuerzas armadas según las necesidades.

La disciplina en ambos bandos era laxa, pues los rangos inferiores se habían alistado por la paga y el botín. Como la paga se atrasaba, era común el pillaje tras la victoria. Las tropas vencedoras se alojaban en las casas locales, y los vecinos les temían por su conducta licenciosa. Oliverio Cromwell, comandante parlamentario, resolvió estos problemas convirtiendo sus tropas en el Nuevo Ejército Modelo, que consistió en 12 regimientos de infantería, de 1,000 hombres cada uno; 11 regimientos de caballería, de 600 hombres cada uno; y 1,000 dragones (infantería montada), equipados con mosquetes y espadas, que generalmente combatían a pie.

Cromwell equipó a sus tropas con mosquetes de pedernal, más seguros que los de mecha, y las vistió con uniformes reglamentarios de color rojo, para distinguirlos del enemigo en el campo de batalla. Además, el color ocultaba la sangre que brotaba de las heridas, y así se trataba de evitar que decayera la moral. El rojo fue el color del ejército británico hasta que lo sustituyó el caqui, en 1902, que proporcionaba un mejor camuflaje. El Nuevo Ejército Modelo constituyó una eficiente fuerza de combate, unida por una fe religiosa común. Cromwell describió sus tropas como "sobrios y honrados cristianos": ninguno de ellos era mercenario. Tras el triunfo de Cromwell y la subsiguiente fundación del Reino Unido, el ejército se convirtió en una fuerza importante. El temor al ejército permanente fue una constante en la política británica. Francia no compartía esta desconfianza.

El ejército de Luis XIV, formado por sorteos de conscripción y comandado por aristócratas especialmente entrenados, sirvió a los objetivos expansionistas y obligó a Inglaterra a aumentar y mantener una poderosa fuerza armada. Bajo el mando de John Churchill, primer duque de Marlborough, los ejércitos aliados de Inglaterra, Holanda y los Estados Germanos triunfaron sobre Francia, desde el asedio de Lieja en 1702, hasta la Batalla de Malplaquet, en 1709.

> *"Si un soldado en acción da muestras de querer huir, o incluso trata de abandonar el frente, el suboficial más cercano a él deberá atravesarlo con su bayoneta y matarlo inmediatamente."*
>
> FEDERICO EL GRANDE (1712-1786)

Marlborough no fue sólo uno de los mejores comandantes de la Historia: también se preocupaba sinceramente por el bienestar de sus reclutas, algo insólito en aquella época, indiferente a

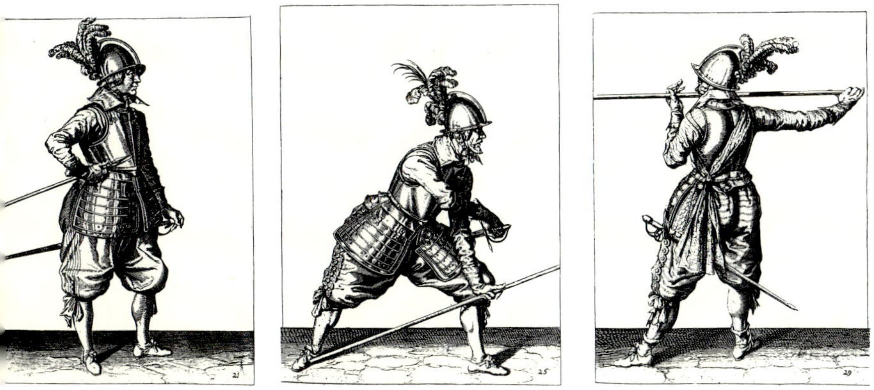

los estandartes ondeaban y sonaban las trompetas. La disciplina para los lanceros era rígida y necesaria, pues debían portar armas de hasta 5.5 m de largo, y aparecieron manuales.

las penurias de los humildes. Ideó horarios de marcha para evitarles el calor del mediodía y les permitió marchar a su propio paso, siempre y cuando se mantuvieran en formación. Se aseguró de que tuvieran paga, y los proveyó con comida y uniformes. A la vez, era un firme disciplinario: estipuló que si alguno de sus soldados robaba un solo huevo de los campesinos que llevaban provisiones al campamento, sería colgado. El pillaje también era castigado con la pena capital.

Aunque severos, los castigos en el ejército de Marlborough eran más benignos y justos que los de Federico el Grande. Al subir al trono de Prusia en 1740, Federico perfeccionó el ejército de 83,000 soldados que heredó, compuesto por una mitad de ciudadanos prusianos y otra mitad de mercenarios. Su actitud militar se resume en esta frase: "Si mis hombres pensaran, ninguno permanecería en las filas."

Las tropas de Federico se entrenaban en maniobras en las que marchaban al ritmo de 120 pasos por minuto. Sus mosquetes de pedernal tenían bayonetas, y cada soldado disponía de 60 balas. La prioridad en batalla era de fuego más bien rápido que preciso. Junto con este riguroso entrenamiento, recibían severos castigos por cualquier falta a las órdenes. Los soldados podían ser azotados hasta 1,500 veces; o se les ataban manos y pies hasta provocarles calambres. También se les hacía pasar entre dos filas de soldados que los golpeaban con palos; un suboficial evitaba que pasaran demasiado rápido, marchando lentamente por delante, y con la bayoneta apuntando hacia el pecho del soldado castigado. Era frecuente que esta sanción culminara en la muerte. La deserción fue un problema, y Federico hizo que las barracas se volvieran prácticamente prisiones. Con este ejército, Federico inició la unificación de Alemania, que en el siglo XIX emergió como la mayor potencia militar de Europa.

A la carga *La severa disciplina, las nuevas armas y las maniobras metódicas aseguraron que no hubiera tregua a la brutalidad de la guerra en el siglo XVII. Un pintor de la época retrató la matanza que ocurría cuando se enfrentaban cuerpo a cuerpo la caballería con la infantería.*

Regreso de la guerra *Los soldados liberados, generalmente mutilados de guerra, quedaban reducidos a la indigencia en sus aldeas. A los veteranos enfermos los evitaban incluso sus propias familias.*

EN LA CORTE DEL REY SOL DE FRANCIA

El amanecer de Versalles se iniciaba respetuosamente. Tocaba el Gran Canal y la Fuente de Apolo, y alumbraba los inmensos jardines. Calentaba la pálida piedra y los rojos ladrillos de la fachada de 414 m del castillo, y encendía la hoja de oro que revestía el techo. Posteriormente, con más confianza en sí mismo, se reflejaba a lo largo de los 73 m del Salón de los Espejos.

A las siete de la mañana, en el dormitorio real, el Primer Mayordomo se levantaba tan puntual como el alba, arreglaba su lecho, y se dirigía al encortinado, bordado en oro, del lecho real: "Majestad, ya es hora."

Luego, admitía al Primer Médico y al Primer Cirujano, quienes desaparecían tras las cortinas para revisar y, tal vez, recetar. Cuando terminaban, se abrían las puertas para admitir al Primer Caballero del Dormitorio, quien corría las cortinas y presentaba el amanecer a Su Cristianísima Majestad, el rey Luis XIV de Francia.

Éste era el momento del *petit levée* —el despertar menor o informal— al que se admitía sólo a los más allegados al rey y a los oficiales de la corte. Luego, los príncipes de la casa real y uno o dos de los amigos, acompañaban a Su Majestad hacia la cómoda, en la que se sentaba y conversaba afablemente o escuchaba con atención las peticiones que le planteaban los allegados y sus oficiales.

Además de una o dos horas que pasaba con alguna amante, éste era el único momento de privacía en la rutina del rey, pues luego seguía el *grand levée*, despertar mayor, para el cual la nobleza de menor rango se aglomeraba en la puerta de las cámaras reales, mientras que el rey se afeitaba, desayunaba y se ponía la camisa, asistido por dos duques. Los mayordomos lo ayudaban con pantalones, medias, zapatos y saco. Recibía la espada de un sirviente arrodillado, y el Relojero Real daba cuerda al majestuoso reloj, para entregárselo.

"El Estado soy yo."

LUIS XIV

Estaba todo listo para la gran procesión a la capilla. A lo largo de interminables pasillos y salones de techos pintados, se anunciaba el paso del rey con golpes de bastón y al grito de "¡Caballeros, el Rey!" El silencio que seguía solamente era roto por el sonido de la seda, al hacerse las reverencias.

Así se creó la leyenda de Versalles —la corte más deslumbrante en el palacio más hermoso del mundo— y de Luis como el Rey Sol, de quien dependía todo lo que tuviera importancia. Desde este círculo mágico, Luis administró un reino de 20 millones de habitantes, se reunió con sus ministros y consejeros, recibió informes, agasajó a embajadores y tomó decisiones que afectaron vidas en toda Europa. Mucho del poder del rey dependía de la concesión de favores y de desviar la atención de la nobleza de las peligrosas rebeliones campesinas, a las no menos perversas, pero no tan amenazantes intrigas palaciegas.

El acceso al mundo de Luis se obtenía principalmente mediante el origen aristocrático, pero también la belleza, la audacia y el talento abrían puertas. Comparecer ante Su Majestad implicaba invitaciones a bailes y banquetes, pertenencia a una de las numerosas camarillas y, si había suerte, el nombramiento a un puesto en palacio.

Unos 7,000 funcionarios de la corte luchaban por vivir en palacio, junto con un número similar de sirvientes reales, para no mencionar los batallones de mayordomos, clérigos, jardineros, dramaturgos, músicos, eruditos, doctores en medicina y oportunistas que buscaban favores y un sitio en ese mundo que veían con reverencia. Por esto, Versalles estaba sobrepoblado. Incluso se subastaban los nichos de cocinas y bodegas; aunque el palacio estaba repleto de tesoros artísticos, sus instalaciones sanitarias eran insuficientes. Era común que el perfume sustituyera al baño, y aunque había letrinas en los patios y cómodas en los

Paseo del rey *En las tardes de verano, el rey Luis XIV se solazaba en ser paseado en un carruaje por los jardines de Versalles en compañía de cortesanos y amigos, y a veces, las esposas e hijos de éstos. Todos vestían suntuosamente. El rey usa un sombrero estilizado: sus acompañantes van con la cabeza descubierta.*

Un palacio de ensueño *Tomó 30 años realizar el sueño de Luis XIV: edificar un grandioso palacio para alojarse en compañía de su corte. Antes una modesta cabaña, Versalles, a 32 km de París, fue transformada por miles de obreros y artesanos, que pasaban sobre los materiales y escombros de la construcción, para levantar salones de audiencias públicas y apartamentos privados, patios, establos, invernaderos, estatuas y estanques.*

salones, no bastaban para tal número de ocupantes. A veces, hasta los aristócratas más orgullosos debían desaparecer tras las cortinas de las escaleras.

Luis vestía con un estilo extravagante que impuso a la corte. Joyas, listones y pelucas costaban una fortuna, y también las diversiones. La comida de la corte era elaborada y muy condimentada —un ejemplo era el venado relleno con perdices y trufas— y el huerto de la cocina debía producir alimentos de lujo durante todo el año, incluso espárragos en diciembre y melones en marzo. Pero el abono no escaseaba, lo que era propicio para un rey que pedía chícharos casi a diario y a quien gustaban las papas, entonces una novedad en el consumo humano. Odiaba los tenedores, y comía con los dedos y el cuchillo, algo que, por supuesto, imitaban los cortesanos. Ellos comían después del rey, y lo hacían a toda prisa, pues debían regresar de inmediato a su lado. Era obligatorio mantener una mesa para beneficio de los transeúntes, lo que contribuyó a la ruina. Mantener las carrozas, los sirvientes y la indumentaria cortesana era extremadamente oneroso, y se pagaba con todos los medios disponibles. Los cortesanos asediaban al rey para conseguir regalos y pensiones que, de lograrse, los unía más estrechamente a él. Otros vendían su influencia para conseguir posiciones en la corte, o puestos navales y militares, invitaciones para asistir a eventos importantes, en tanto las mujeres buscaban matrimonios convenientes. Pero la base de todos los ingresos provenía de propiedades descuidadas: los administradores sólo enviaban una parte de las rentas, debido a la ausencia de los terratenientes, y se embolsaban el resto.

La mayor carga de los pagos recaía sobre el campesino, incrementada por los onerosos diezmos a la Iglesia, los impuestos y la multitud de tributos decretados a capricho de su señor. Variaban de una región de Francia a la otra, pero por lo común incluían pagos por usar el molino o el lagar y quizá también se debía pagar impuesto por las bodas y las herencias. La esposa del campesino generalmente estaba embarazada, pero pocos hijos sobrevivían la infancia, pues morían de enfermedades cuyo remedio era desconocido en la época. El campesino no poseía caballos, vacas ni cerdos: sus recursos apenas eran suficientes para unas cuantas ovejas y gallinas. La casa era una choza con piso de tierra y techo de paja. Platos y cubiertos eran de madera, y los muebles, unos cuantos palos. Para los campesinos, el mayor de los optimismos era la esperanza de alcanzar a sobrevivir para la próxima cosecha, soportando lo mejor que podían el contraste entre su pobreza y la extravagancia de Versalles.

Aparece el Sol *La constante de la corte de Luis XIV fue la exuberancia y la ostentación. Desde 1653, cuando tenía 15 años de edad, y 10 de reinar, Luis impuso su estilo a la época y adoptó el título con el que se le conoció, al aparecer como Rey Sol en el ballet llamado* La Nuit, *"La Noche".*

La esposa del panadero *En las calles parisinas, se aglomeraban los buhoneros. Este panadero tenía muchas bocas que alimentar con lo que ganaba de sus hogazas recién horneadas.*

Costo de la guerra *Fue el pueblo el que financió las guerras de Francia. En 1709, se impuso un muy odiado impuesto para pagar la manutención del ejército. Hombres y mujeres tenían que pagarlo en persona, y en las oficinas se apiñaban los ciudadanos y los sacos de monedas tintineantes.*

PAGAR POR EL PLACER

Para crear el esplendor de Versalles, los campesinos de toda Francia debieron pagar impuestos que financiaran a los arquitectos, artesanos y albañiles que trabajaron en el palacio. Junto con diezmos, rentas e impuestos de guerra, los tributos a veces sumaban la mitad del ingreso de un campesino. Algunos de ellos eran prósperos, y su posición social era de hacendado, por lo que podían pagar los impuestos en efectivo. Pero no era así con la mayoría, que debía pagar con mano de obra o en especie. Quienes pagaban en especie no podían levantar sus magras cosechas antes que los cobradores reales se llevaran la parte correspondiente.

Era una vida precaria. Bastaban una o dos malas cosechas para que el campesino entrara al círculo vicioso de las deudas y la pobreza, del cual era imposible salir. Incapaz de leer, las noticias que recibía del exterior —casi siempre de nuevos impuestos— eran anunciadas por el cura.

LA NATURALEZA PUESTA A PRUEBA

En el siglo XVIII, la ciencia gozó de creciente prestigio. Los académicos de la época, inconformes con las supersticiones, midieron, probaron y clasificaron, con fundamento en principios racionales. Esta corriente fue parte del Siglo de las Luces, el amplio movimiento de grupos de instruidos que rechazaban las creencias autoritarias y buscaban liberar el pensamiento.

Francia fue uno de los centros del debate; ahí se publicó una gran enciclopedia del conocimiento humano, que causó gran sensación. Editada por Diderot y publicada en 35 volúmenes, entre 1751 y 1772, la *Encyclopédie* contó con 200 colaboradores, entre ellos figuras intelectuales de la talla de Voltaire y Juan Jacobo Rousseau. Este grupo fue conocido como los enciclopedistas, que consideraban el conocimiento una fuerza liberadora con la que se podía lograr la virtud y la felicidad humanas. Su pensamiento radical les ganó muchos enemigos en la Iglesia y el Estado, y estimuló el estallido de la Revolución Francesa.

Sin aliento *Los químicos del siglo XVIII se obsesionaron con la experimentación. Ninguna teoría era aceptada si no estaba respaldada con hechos. Un grupo mira absorto al químico francés Lavoisier, quien demuestra que los organismos vivos mueren sin oxígeno: la alondra dentro de la campana de vidrio se desmaya cuando se extrae el aire.*

CIENTÍFICOS AUDACES Y DRENAJES HEDIONDOS

Los gustos e intereses de los caballeros instruidos del siglo XVIII se resumen en la historia de una casa erigida en las colinas del sur de Inglaterra: la Casa Bowood en Wiltshire. En sus jardines, hay un lago y una cascada artificiales, y una cueva para la meditación. Tras los huertos, donde los sirvientes cuidan de los naranjales y limoneros en macetas, hay un pequeño cuarto llamado laboratorio.

Fue ahí, en agosto de 1774, donde el doctor Priestley descubrió el oxígeno. Priestley era bibliotecario y tutor de los dos hijos del lord Lansdowne —dedicado patrono de las ciencias— e hizo su descubrimiento al calentar óxido de mercurio. Con sus hallazgos, desarrollados por el químico francés Antonio Lavoisier, demostró que el aire que nos rodea no es un vacío sin sustancia, sino una mezcla de dos gases complementarios —oxígeno y nitrógeno— que pueden ser medidos y pesados. Lavoisier construyó un sintetizador de agua para demostrar que está compuesta de hidrógeno y oxígeno.

Fue esta una gran época de descubrimientos e invenciones —tanto serios como frívolos— que dieron frutos en el siglo siguiente. Sir Isaac Newton usó su telescopio de reflexión para los estudios astronómicos con los cuales formuló sus leyes de gravedad y mecánica. Los motores de vapor ideados por Thomas Savery, Thomas Newcomen y James Watt fueron nuevas fuentes de energía que impulsaron la Revolución Industrial. Las innovaciones domésticas incluyeron un carro especial para bebés, inventado en 1733, la mayonesa (hecha en 1756, por el chef del duque de Richelieu), y los patines en 1760. Los londinenses se cepillaron los dientes con los primeros cepillos manufacturados en fábricas, desde 1780.

Ocho años después, el ebanista inglés Joseph Bramah patentó el primer sanitario tipo WC; a fines de siglo ya había vendido 6,000. Pero el drenaje era aún ineficiente, por lo que muchos sanitarios, instalados bajo las escaleras en cubos mal ventilados, desembocaban en fosas privadas, cuyo hedor invadía las casas.

A pesar de los elegantes muebles que adornaban las casas, las normas de higiene personal en todas las clases sociales eran tan deficientes como siempre. Aun así, algunos "caballeros científicos" se negaban a mancharse las manos, y dejaban el trabajo sucio de los experimentos a asistentes más humildes, tales como mecánicos.

Telescopio de reflexión de Isaac Newton

Sintetizador de agua

De moda *El interés por la ciencia fue una moda para los adinerados. Un pintor satiriza a los aristócratas, que usan los telescopios al revés y observan globos sin poder comprenderlos.*

En Inglaterra, el debate no fue tan apasionado, pero la nueva curiosidad hacia el mundo natural se reflejó en la publicación de enciclopedias y en la fundación de sociedades de eruditos. La Real Sociedad de Londres, fundada por Carlos II en 1660, abarcó todos los campos del conocimiento, y estimuló la investigación práctica y teórica durante el siglo XVIII. El Museo Británico y los Jardines Botánicos Reales se establecieron en Kew, en 1759, en tanto que en París se fundó el primer zoológico del mundo en el Jardín de Plantes, en 1793.

El mismo impulso científico se sintió en toda Europa. Gabriel Farenheit, quien ideó una de las escalas de temperatura, era alemán; Anders Celsius, que inventó la escala de centígrados, era sueco al igual que Linneo, que creó la primera clasificación sistemática de plantas y animales.

"¡Atrévanse a saber! ¡Tengan el valor de usar la inteligencia!"

EMMANUEL KANT (1724-1804)

Los científicos discutían los hallazgos de los antiguos y se fascinaban con los pequeños descubrimientos en la vida cotidiana, tanto como con las investigaciones más abstrusas. Cuando el químico inglés, Joseph Priestley, publicó su *Introducción a la teoría y práctica de la perspectiva*, no pudo resistirse a añadir una nota de última hora; en ella menciona, por primera vez en Inglaterra, el borrador de lápiz, o goma de la India. Escribió que esta novedad sería de gran utilidad para los dibujantes: "El señor Nairne vende piezas de forma cúbica, de media pulgada, por tres chelines, y afirma que duran varios años." En Inglaterra, las cafeterías ya eran centros de intercambio de ideas, donde científicos, filósofos y aventureros se codeaban con la nobleza en igualdad de condiciones. Uno de los clientes era el formidable doctor Samuel Johnson, cuyo *Diccionario de la lengua inglesa*, publicado en 1755, tuvo una influencia para normar la ortografía de esa lengua. En Francia, el centro de actividades eran los salones, recepciones ofrecidas por aristócratas, generalmente mujeres, que tenían lugar en lujosas salas, y en las que participaban escritores, artistas e intelectuales.

Los hombres del Siglo de las Luces usaban pelucas polveadas, más pequeñas y compactas que los montañosos ejemplares de tiempos anteriores. Aunque las pelucas pasaron de moda hacia fines del periodo, sus equivalentes modernos todavía los usan los jueces y fiscales británicos. Los caballeros vestían mallas, pues los pantalones eran indumentaria de las clases más bajas: en París, durante la Revolución Francesa, los insurgentes de las clases humildes fueron bautizados como *sans-culottes*, "sin mallas".

El sombrero más común era el tricornio, o de tres picos. En 1715, un fabricante parisino introdujo una nueva prenda: el paraguas plegable. En Londres, las muchedumbres hacían burla de los hombres que lo portaban en la calle, y el celebérrimo doctor Johnson se opuso a este nuevo invento.

La mujer del Siglo de las Luces, a pesar de estar familiarizada con los microscopios y las nuevas teorías químicas, se sometió a ceñidos corsés y faldas amplias, conocidas como tontillos. Eran planas al frente y atrás, pero tan anchas a los lados que las escaleras tuvieron que ser remodeladas para que las damas pudieran pasar por ellas con elegancia.

Los peinados femeninos de moda eran colosales, de 1 m o más de altura, hechos con relleno de pelo de caballo y sobre un soporte de alambre, adornados con plumas de avestruz y, a veces, con miniaturas de granjas, batallas o barcos en el mar. Se aumentó la altura de las puertas para que pudiesen pasar.

Haydn y la felicidad

Uno de los objetivos de los pensadores de la Ilustración era la consecución de la felicidad. Ahora, el público gozaba de las obras para orquestas. El sonido era producido por secciones alargadas de cuerdas y por nuevos instrumentos, como oboes, clarinetes y pianos, cuyo efecto general fue el de unir los sonidos en una sola voz sinfónica. La música orquestal fue perfeccionada por compositores como Mozart y Haydn, y en esta época se presentaron los primeros ballets.

Otras diversiones, de naturaleza más peligrosa, derivaron de la electricidad. Mientras que los físicos la estudiaron haciendo experimentos, y observando relámpagos, los menos serios usaban aparatos eléctricos en sus fiestas. Un académico alemán cargaba con electricidad estática a una bella mujer e invitaba a los hombres a besarla. Se dice que la descarga casi les rompió los dientes. En medicina, el avance fue conseguido por el estudio de la anatomía, las disecciones y el uso de fórceps en el parto. Hacia fines de siglo, se descubrió el procedimiento para controlar la viruela. La inoculación contra la enfermedad se practicaba desde medio siglo antes con la vacuna, pero, en 1796, un doctor inglés llamado Edward Jenner introdujo el uso de una inoculación del ganado vacuno. Jenner una vez oyó a una trabajadora de un establo decir: "No puedo contraer esa enfermedad, pues tengo el mal de las vacas." Usó como sujeto de experimentación a un campesino de ocho años: Jenner raspó su piel para inocularla con fluido de una vaca enferma. El niño contrajo el mal, pero cuando tiempo después se infectó con viruela, resultó ser inmune. El logro de Jenner erradicaría, con el tiempo, la viruela de la faz del mundo entero.

Forma ideal *Este violín italiano, hecho en 1716 por Antonio tradivarius, impuso la forma y el tamaño que aún perduran.*

Espectáculo *Los devotos del nuevo arte italiano de la ópera no sólo esperaban hermosos cantos, sino también vestuarios con sedas, listones, plumas, borlas y arcos.*

Tras bambalinas *La popularidad del teatro hizo que actrices de origen humilde se codearan con la alta sociedad, donde hallaron patrocinadores cuyo amor llegaba allende el escenario.*

LOS SIERVOS DEL ZAR

Los comerciantes vikingos que se adentraron en Europa establecieron el primer Estado ruso, en el año 850 d.C., con capital en Kíev. A fines del siglo X, los habitantes adoptaron con fervor el cristianismo, recién introducido desde Bizancio. Siguieron siglos de invasiones mongolas tras los cuales resurgió Rusia, bajo el mando de poderosos reyes que, desde Moscú, fundaron un enorme Estado. En 1547, Iván IV fue el primer rey que se hizo llamar zar.

El zar Iván, apodado el Terrible, impuso un reinado absoluto que significó grandes penurias para el pueblo ruso, y convirtió a los campesinos en siervos. Sufrieron el mismo control despiadado bajo el progresista Pedro el Grande, que luchó por remodelar su reino según los patrones de Occidente. Además de las penurias impuestas por el Estado, los rusos siempre sufrieron de clima extremo y escasez de tierra fértil. Pero enfrentando el desafío, el pueblo erigió espléndidas iglesias y cómodas casas con la madera de sus bosques; encontraron alivio a las penurias de sus vidas en ferias, fiestas extravagantes, música y alegría.

RUSIA 1550–1750 D.C.

ALDEAS DE MADERA EN TIERRA HOSTIL

En las vastas y variadas tierras de Rusia, las cabañas se apiñaban en caseríos. Las aldeas, de entre una docena y un ciento de casas, se alzaban en los claros de los bosques y en las riberas de los ríos: de aquí los campesinos rusos obtenían el sustento.

Los árboles les proporcionaban leña, madera de construcción, y corteza para hacer zapatos; los animales del lugar, carne y pieles; los ríos, pescado de agua dulce; y los bosques, moras y setas. Los campesinos llevaban a las ciudades carretas llenas de todo tipo de hongos; con algunos se hacían conservas para el invierno. Cultivaban hortalizas, incluyendo coles para la sopa, parte de su comida típica, espárragos y pepinos.

Sin embargo, la vida del campesino era ardua. A pesar de que en Rusia había enormes regiones de tierra cultivable, la lluvia era irregular, y aproximadamente un tercio de las cosechas terminaban desastrosamente. La tierra era pobre, exceptuando la "tierra negra" de la estepa: las planicies y pastizales en el sur de Rusia. La estación de cultivo era breve, de apenas cuatro o cinco meses, comparados con los ocho o nueve de Europa occidental.

Las duras condiciones dificultaban la buena producción de cosechas; los campesinos tenían poco dinero y no podían comprar la producción de otros. A su vez, la falta de compradores inhibió las mejoras en los cultivos.

De libres a siervos

A excepción de la estepa, los cultivos individuales eran casi imposibles. Los campesinos cultivaban colectivamente, como familias extendidas —padre, madre, niños, hijos casados, y, a su vez, los respectivos hijos y esposas— o varias familias juntas. Al jefe de la fa-

De piel y corteza *La túnica del campesino ruso se ceñía por la cintura, sobre los pantalones amplios. Las polainas son de tela atada con cordel, y los zapatos, de corteza. Un cronista occidental escribió: "Se cortan el pelo al ras y se cubren la cabeza, en verano e invierno, con gorros de piel. Pero no se tocan la barba."*

milia extendida, generalmente el padre, se le llamaba *bol'shak*, "El Grande". Tenía la última palabra en asuntos familiares y organizaba el trabajo. Al morir él, la familia elegía al sucesor, generalmente al primogénito.

Hasta el siglo XVI, los campesinos tuvieron libertad de movimiento. A menudo, labraban la tierra hasta que las cosechas empobrecían; entonces, se desplazaban para empezar de nuevo. El destino de los campesinos cambió bajo Iván el Terrible, que gobernó mediante una élite de nobles que recibían tierras... y los servicios de los campesinos que vivían en ellas, a cambio de lealtad.

Más y más campesinos quedaron sujetos a una sola parcela. En 1649, los siervos fueron sancionados por la ley, en una época en la cual, prácticamente, habían desaparecido de Europa occidental. En ese tiempo, más del 90% de la población —unos 12 millones de seres— eran siervos.

La dificultad de ganarse la vida con las cosechas significó que muchos campesinos tuvieran una segunda fuente de ingresos: empresas o artesanías llamadas *promysly*. Esto era común a todas las clases sociales; un negociante occidental escribió en 1650: "Todos, del más pobre al más rico, comercian."

Frutos del bosque y de los ríos

No escaseaban las mercancías para vender. En los bosques abundaban los ciervos, alces, osos y roedores lanudos cuyas pieles se vendían. También sobraba la miel, depositada por las abejas en las grietas de los troncos. En las aguas pululaban los peces, especialmente el esturión, proveniente del mar Caspio. Otras fuentes de ingresos de los campesinos eran el curtido de pieles, la destilación de sal y el hilado de la lana.

Las ferias comerciales formaban una parte fundamental de la vida en Rusia, y los comerciantes instalaban puestos para vender sus mercancías al lado de los saltimbanquis, siempre presentes en las ferias. Se transportaban en trineos, caravanas o barcazas.

En Rusia, los viajes eran lentos y difíciles. Las enormes distancias, y los largos y duros inviernos, seguidos de las inundaciones en primavera, impidieron la construcción de una red de caminos adecuada. La gente prefirió desplazarse con sus mercancías a bordo de barcazas, por los ríos.

En ciudades y pueblos, los rusos viajaban en carros de caballos de estilos distintos. La mayoría estaban ornados con elaboradas tallas y vivos colores. Los trineos eran igualmente decorados, y tenían forma de cisnes o ciervos: eran vitales para los helados meses invernales. Uno de los vehículos más comunes era el *drozhki*, una carreta ligera y descubierta, de cuatro ruedas, para viajes rápidos. En el invierno, se cambiaban sus ruedas por esquíes. La *troika*, más grande, tirada por tres caballos, exigía gran habilidad del conductor.

Viaje invernal *Los pudientes viajaban en carruajes cerrados y tapizados de satín. Algunos podían adaptarse como trineos para los viajes sobre nieve.*

Vasto imperio *En 1700, el pueblo ruso vivía disperso en las planicies y bosques de su enorme país. Pedro el Grande extendió el imperio hasta el mar Báltico, en el oeste.*

Comida congelada *En todas las ciudades rusas había mercados al aire libre, como éste de San Petersburgo; nobles, comerciantes y campesinos acudían a ellos. A temperaturas bajo cero, los comerciantes vendían carne cruda congelada. Un visitante inglés escribió: "Mi atónita mirada se sorprendió por la gran plaza en la que se apilaban, en pirámides, miles de animales muertos. Vacas, ovejas, cerdos, aves, pescado, mantequilla, huevos: el frío los endurece cual granito." Los visitantes notaron que la carne descongelada y guisada casi no perdía su sabor. La comida llegaba al mercado desde todo el país. Los clientes se transportaban en trineos.*

Áspera residencia *Los campesinos construían sus casas con troncos, y los sellaban con musgo para conservar el calor. Los habitantes de esta aldea del norte de Rusia son lo suficientemente prósperos, y en sus casas hay chimeneas. Pero en muchas otras, el humo del fogón de leña salía por las grietas de los maderos sin sellar, o por las ventanas. Una mujer usa una pértiga con contrapeso para sacar agua de un pozo hecho de troncos. En medio de la severidad de la vida rural, los campesinos hallaron alivio en la religión, y cada casa tenía un "hermoso rincón" reservado para los iconos, o imágenes cristianas. Daban mucha importancia a la limpieza, y toda aldea contaba con un baño público. En tanto que en Europa occidental la gente pasaba semanas e incluso meses sin darse un baño, los campesinos rusos se bañaban al menos una vez por semana.*

CIUDADES A GOLPE DEL HACHA

Los rusos del siglo XVII no construían nuevas ciudades: literalmente, las cortaban. La madera era el material de construcción más importante, y el hacha, prácticamente la única herramienta con que construían iglesias, tiendas, casas, palacios y baños públicos, y a veces, carreteras.

La mayoría compraba casas ya hechas, o en unidades prefabricadas, que podían ensamblarse rápidamente. Para abastecer la demanda de casas "hágalas-usted-mismo", los carpinteros vendían las piezas en los mercados locales. Los troncos, de variados largos y anchos, estaban marcados y numerados para el ensamblado, y los compradores sólo tenían que especificar las dimensiones de su casa y el número de habitaciones.

En las ciudades de madera, como Kíev, Novgorod y Moscú, siempre hubo riesgo de incendios. Había torres de vigilantes, que de día izaban banderas de cuero negro para dar aviso de fuego. De noche, lo anunciaban con antorchas. A pesar de las precauciones, los incendios eran frecuentes: Moscú sufrió 30 incendios mayores en los siglos XVI y XVII. Para ayudar a las víctimas en la reconstrucción de sus casas, los carpinteros rusos situaron depósitos en los extremos de las calles principales; ahí donde almacenaban piezas sueltas para la construcción. Los que sufrían daños en sus propiedades iban al depósito y compraban repuestos como travesaños, tramos para los techos, puertas o marcos de ventanas.

La facilidad con que se reparaban las casas impresionó al diplomático alemán Adam Olearius, quien visitó Moscú a mediados del siglo XVII. "Aquellos cuyas casas se incendian pueden comprar otras, ya construidas, en el mercado, y erigirlas en poco tiempo, donde estaba la anterior", escribió.

Talla de cucharas con hacha

La roca es escasa en la Rusia al oeste de los Urales, pero la madera abunda. Desde los primeros asentamientos, los rusos desarrollaron habilidades que

Ciudad de las canastas *Moscú, en el siglo XVII, estaba hecha de madera. Se usaban pino y otros árboles para erigir edificios de toda clase. Las avenidas eran de tablas de roble sobre armazones de madera, bajo las que pasaba una tubería de madera sellada con corteza de abedul, que drenaba el agua de los deshielos y la lluvia. Esta pintura (der.) muestra las calles de madera en pleno barrio comercial de Moscú, el* Kitai Gorod *o Ciudad de las canastas, llamada así porque estuvo alguna vez fortificado con cestas de barro. Un comerciante del barrio, ricamente vestido, es seguido por su esposa, que carga una caja. Una enorme posada domina la escena, y arriba de su pórtico hay una simbólica jarra de vino. A la derecha, unos presos mendigan comida, sentados en la banqueta. A la izquierda, cuerpos yacen en sus ataúdes. Se hacen sonar las campanas para que las familias acudan a identificarlos y los entierren.*

Ebanistas *En la Rusia del siglo XVII, el ebanista era el artesano más común. Casi todos los campesinos eran carpinteros por necesidad: construían y reparaban sus casas, y fabricaban objetos de uso cotidiano que eran obras de arte popular. El diseño de este tazón se remonta a 2000 a.C.; el tarro decorado, para cerveza o miel, está dotado de tapa.*

Tazón y tarro decorado

Comodidades *Dentro de la* isba, *o casa campesina de troncos, la calefacción provenía de un fogón de leña hecho de barro o ladrillos. En el fogón, también se cocinaba, y las familias dormían en su plataforma o alrededor de él. En esta casa, dos niños se recuestan sobre el horno, mientras su madre acuesta al bebé en una frazada suspendida cerca del fuego. Las casas estaban divididas en dos o tres estancias, aunque algunas eran más grandes; la distribución la determinaba la posición del fogón. Durante el largo invierno ruso, la estufa ardía noche y día, y las casas más grandes tenían estufas secundarias para calentar las demás habitaciones. Para mantener el calor de los interiores, casi todas las casas tenían techos bajos y ventanas dobles. Las primeras ventanas, que datan del siglo X, eran de hojas de mica, pero posteriormente se hicieron de vidrio.*

Hágala usted mismo *El esfuerzo colectivo y los troncos que los carpinteros cortaban a medidas estándar, determinaban que la construcción de la típica* isba *rusa, o cabaña campesina, fuera rápida y sencilla.*

les permitieron construir casi cualquier cosa. Con la misma facilidad erigían una *isba*, casa típica de dos o tres habitaciones, que complejas estructuras como el Palacio Kolomenskoe, cerca de Moscú, serie de más de 250 estancias entrelazadas con 3,000 ventanas de mica que brillaban al sol. También construyeron iglesias; muchas aún perduran.

Estos edificios de madera eran invariablemente erigidos sin usar un solo clavo, tornillo o clavija. El hacha era la principal herramienta, aunque la decoración más intrincada se hacía con cincel. Era tal la habilidad de los carpinteros que Tolstoi observó que podían tallar cucharas con las hachas.

Dada la brevedad de la temporada de construcción —y la natural impaciencia de los rusos—, se trabajaba a una velocidad asombrosa. En un día podía quedar lista una *isba*.

> *"Las casas típicas del país son construidas con travesaños de abeto... en las uniones de los maderos, detienen el agrietamiento con musgo."*
>
> RICHARD CHANCELLOR, HACIA 1550

La madera más utilizada era el abeto, aunque también se usaban otras coníferas, y castaños, hayas y robles. Los troncos de las *isbas* eran de 9 m de largo y 30 cm de diámetro: se colocaban horizontalmente, reforzando las esquinas con alguno de los varios tipos de uniones. Los techos eran inclinados para que resbalara la nieve. A veces, el piso quedaba elevado del suelo mediante tarimas de madera, ladrillo o piedra: se entraba por unas escaleras techadas.

Además de la habilidad para construir en madera, los rusos eran afectos a redecorar sus casas. No lo pensaban dos veces para quitar puertas, ventanas o incluso paredes, si con ello mejoraba la decoración, y a veces simplemente para dar cabida a los invitados de fiestas y banquetes.

Toda cabaña estaba decorada con tallas de madera. Los extremos de los travesaños, alfardas de los techos e hileras se tallaban hábilmente, uno por uno. Las decoraciones de porches, aleros y marcos de ventanas generalmente reflejaban el estilo de construcción de las ciudades, e imitaban los ornatos de piedra de los edificios principales: se colocaban balaustradas y frontones, y paneles tallados en las paredes. Las casas más grandes tenían pisos de parqué, hechos a base de una gran variedad de maderas.

CIUDAD ERIGIDA SOBRE HUESOS HUMANOS

Para construir San Petersburgo, la nueva capital de Pedro el Grande en la ribera del río Neva, se exigió un sacrificio a una escala colosal. Se sometió a campesinos, soldados y prisioneros como parte del millón de personas, de todos los rincones de Rusia, que trabajaron forzadamente en la construcción. En ella murieron entre 100,000 y 200,000 personas; por ello se dijo que la nueva ciudad fue erigida sobre un gran osario.

Miles de albañiles, ingenieros, herreros y carpinteros, y otros millares de obreros no especializados, trabajaron de sol a sol, alimentados con una magra dieta, durante seis meses. En teoría, se les permitía ir a casa, aunque miles de ellos permanecieron en el lugar durante meses, e incluso años. La deserción era castigada con la amputación de la nariz. Los trabajadores habitaban húmedas y sucias barracas, o dormían al sereno, cubiertos con frazadas o abrigos. Bebían agua sucia y padecían de mala alimentación: abundó el escorbuto, la disentería y la malaria. Estaban equipados con pocas herramientas y ninguna carretilla, y debían acarrear el lodo, que excavaban con las manos, en los faldones de su ropa o en sacos hechos de trapos viejos.

Ciudad de piedra *En el siglo XIX, la Catedral de San Isaac, en San Petersburgo, reemplazó al edificio original de Pedro el Grande: al construirla, se usaron similares andamios de madera.*

Una nueva capital en los pantanos

Pero los materiales tradicionales no significaron nada para Pedro el Grande, el zar de Rusia a partir de 1689. Odiaba a Moscú, con sus edificios de madera y su aspecto asiático. Pedro el Grande quiso una nueva capital que mirara hacia Occidente, y se propuso aplicar la influencia europea en la Rusia que consideró un país atrasado.

El sitio elegido por el zar para su nueva capital, a la que llamó San Petersburgo, no era prometedor: tierras inundadas del pantanoso delta por el que desemboca el río Neva en el Golfo de Finlandia. El río se helaba seis meses al año, estaba cubierto con bruma, y se desbordaba con los deshielos. Durante su construcción, la ciudad casi siempre estuvo bajo varios metros de agua. Para las cimentaciones, se arrojaron a los pantanos miles de troncos. En invierno, los lobos deambulaban por las calles, y en 1715 devoraron viva a una mujer.

Pese a las condiciones difíciles y a lo titánico del proyecto, se erigió una espléndida ciudad de edificios de piedra. Las obras se iniciaron en 1703, y para 1710, se terminó la primera etapa de construcción y se comenzaron las obras del Palacio de Verano del zar. La ciudad ya tenía 34,000 habitantes cuando el zar la declaró capital de Rusia. Las obras aún no concluían cuando Pedro el Grande murió en 1725, pero ya eran suficientes para impresionar a Europa.

Culto en madera *Las catedrales e iglesias se erguían en puntos visibles como las colinas o, como el caso de la iglesia de Kizhi, en una isla del lago Onega, en el norte de Rusia. Construida en 1764, en madera, sus nueve domos representan los nueve coros u órdenes angelicales.*

Símbolo de fe *La escena de la Crucifixión repujada en este crucifijo del siglo XVIII muestra los pies de Cristo clavados a una barra, motivo que se repite en el propio crucifijo. Abajo, una figura con ropajes obispales.*

IMÁGENES ATESORADAS

Los iconos, retratos e imágenes religiosas pintadas en madera, constituían las pertenencias más importantes de los cristianos rusos. La Virgen era la figura más familiar entre los iconos. Más que una simple pintura, un icono era un objeto sagrado, cuya presencia ayudaba al devoto a ganar acceso al mundo espiritual. Los iconos se adquirían en mercados, tiendas y puestos; se les colgaba de las paredes en la casa de todo campesino, en los establos y oficinas y junto a los manantiales. Ningún acto estaba completo sin la bendición del icono. Un visitante inglés escribió: "Todo el que visite la casa de su vecino debe, primero, saludar a los santos de la casa."

La Virgen con el Niño *Se pensaba que los iconos de la Virgen tenían poderes milagrosos.*

Héroe reverenciado *San Jorge, vencedor de dragones y patrón de Inglaterra, figura en los iconos rusos.*

CÚPULAS E ICONOS PARA UNA FE SÓLIDA

La tolerancia hacia la bebida y la belleza de las catedrales del cristianismo bizantino persuadieron a Vladimiro, príncipe de Kiev, a bautizarse en el año 988 d.C. Vladimiro, un gobernante afecto a la bebida, la buena mesa y las mujeres, examinó varias creencias antes de decidir cuál de ellas adoptaría finalmente.

El príncipe seguía el ejemplo de sus poderosos vecinos, quienes para el siglo x abandonaron el paganismo y se convirtieron a religiones monoteístas, como el judaísmo, el islamismo o alguna de las formas del cristianismo. Se cuenta que Vladimiro dijo: "Los rusos no podemos vivir sin bebida", y adoptó el cristianismo ortodoxo oriental como religión oficial de Rusia.

El pueblo ruso adoptó la nueva creencia con entusiasmo. La gente la combinó con su arte y música folclórica, y con su habilidad constructiva: en medio siglo erigieron casi 400 iglesias de madera, ladrillo y piedra, en Kiev. Las catedrales e iglesias fueron los edificios principales de las ciudades; eran inmediatamente reconocibles cuando el sol se reflejaba en sus resplandecientes cúpulas, de gran valor simbólico. Una cúpula simbolizaba a Dios, como jefe de la Iglesia. Tres cúpulas representaban a la Trinidad, y cinco, a Jesucristo y los Cuatro Evangelistas; nueve simbolizaban al novenario de coros de ángeles, y doce cúpulas alrededor de una mayor representaban a Cristo y los Doce Apóstoles.

En forma de cebolla

Toda cúpula estaba coronada por una cruz. Al principio fueron hemisféricas, al estilo bizantino, pero luego aparecieron las cúpulas en forma de cebolla, típicas de Rusia. Se decía que este diseño atrapaba las plegarias y las dirigía al cielo. Pero otra razón más prosaica argumenta que esta forma evitaba la acumulación de nieve.

En Rusia, los principales acontecimientos ocurrían dentro o cerca de las iglesias. Los fieles se reunían afuera para ceremonias al aire libre y miraban hacia los altares por las puertas abiertas. Las iglesias eran cuadradas o rectangulares, con un gran espacio central bajo el domo principal. No había asientos, pues los rusos rezaban de pie, aunque se permitía conversar durante los servicios. "Hablan y parlotean como gansos", escribió un azorado observador inglés hacia fines del siglo XVIII.

Difusión informativa

Las campanas "sacudían la tierra con su repicar", según lo afirmó en el siglo XVII un visitante de Moscú. Los campanarios de las iglesias sonaban antes y durante las misas, y repicaban diariamente al alba, o antes. Advertían a los viajeros de las ventiscas, citaban a funerales, bodas o fiestas, y anunciaban festividades, desastres y victorias en las guerras.

> *"Nada me impresionó tanto como el repicar de todas las campana, la víspera del domingo y de otras fiestas."*
>
> VISITANTE EN MOSCÚ, HACIA 1660

Las campanas rusas estaban hechas de hierro, cobre, bronce y plata. Algunas eran enormes: se cuenta que la campana de la iglesia de Rostov podía oírse a 30 km a la redonda. La torre de Iván el Grande, en Moscú, tenía casi 100 m de altura, y contenía una colección de campanas superpuestas; la mayor pesaba 64 ton. Una sobrina de Pedro el Grande hizo construir una campana de 200 ton.

La iglesia influyó en todos los aspectos de la vida rusa de los siglos XVII y XVIII. La ley eclesiástica gobernaba a todo devoto; cada una de las profesiones, artesanías y comercios tenía su santo patrono. A mediados del siglo XVII, un diplomático alemán escribió que había más de 2,000 monasterios, iglesias y capillas privadas solamente en Moscú, y que los pudientes erigían capillas y pagaban la manutención de un sacerdote para tal fin.

Semana de juerga invernal

Navidad y Pascua eran celebradas durante semanas de fiestas intercaladas con largos periodos de ayuno. La celebración de Pascua era especialmente prolongada, y los preparativos iniciaban en febrero o a fines de enero, en pleno invierno ruso, con sus intensas nevadas. Ocho semanas antes del Domingo de Pascua se celebraba un carnaval llamado Semana de la Mantequilla, durante la cual todos comían hasta hartarse.

Los platillos típicos de esta semana eran los *blini*, pequeñas crepas remojadas en mantequilla. Los blini simbolizaban el sol, los días benignos y los matrimonios felices, y se acompañaban con vodka de Letonia y limón. También se hacían pequeños pasteles, algunos en forma de aves, con grosellas como ojos.

Durante la semana de Carnaval se paseaban por las calles figuras con máscaras y se presentaban actores y osos danzantes. En las ciudades más grandes se instalaban rampas de hielo para trineos y se construían columpios, a veces parecidos a norias. Se abrían puestos que vendían té de samovares o de pequeñas teteras, y restaurantes temporales servían platillos de todas clases.

En las ciudades, se llevaban a cabo procesiones de trineos en las calles principales: un cronista afirmó que 7,000 trineos recorrían Moscú durante la Semana de la Mantequilla. Los teatros daban funciones todo el día, y se presentaban espectáculos en ruso, francés, alemán e italiano.

El fin de semana se cerraban las oficinas públicas y las escuelas. El último día se iniciaba la Gran Vigilia, una penitencia de siete semanas en la que sólo se comía pescado, verduras, hongos y café. Se prohibían carne, leche, mantequilla, azúcar y huevos. La vigilia terminaba con la Semana de Pascua, que se celebraba con más fiestas, en las que se decoraban, regalaban y comían huevos.

Consuelo de la Madre Tierra

Aunque el cristianismo jugó un papel vital en su existencia, los rusos se aferraron a muchas antiguas creencias y supersticiones paganas, e incluso inventaron otras nuevas. La vida de los campesinos estaba dominada por las viejas tradiciones. Los dioses del Viento, el Sol, el Hielo y, sobre todo, la Madre Tierra, los ayudaban a vivir en un mundo para el cual el cristianismo no tenía respuestas. Muchos rusos creían en varios espíritus, como los *rusalki*, los espíritus femeninos del agua: se contaba que atraían a los hombres para hacerles cosquillas hasta que morían.

Impuestos por las barbas *Pedro el Grande trató de acabar con el poder de los boyardos, aristócratas que usaban barbas puntiagudas como distintivo. Les ordenó afeitarse, pero luego se desdijo, siempre y cuando los barbados pagaran impuesto y usaran un medallón que lo demostrara (ab.).*

SECRETOS DE ESTADO Y POLICÍA SECRETA

Aunque la religión gobernaba ciertos aspectos de la vida diaria, el zar gobernaba otros. Los zares fueron monarcas déspotas que practicaron la censura, la vigilancia policiaca y despiadados castigos para los delincuentes. Se pagaba a los rusos que denunciaran a los infractores, por ejemplo, a los tenderos que no declaraban sus ganancias. Las imprentas, excepto las de la Iglesia, eran del Estado, y toda noticia era secreto de gobierno. El cuerpo policiaco de Iván IV vestía de negro y cabalgaba sobre caballos negros. Sus alforjas tenían como emblema una escoba, simbolizando que limpiaban del país la traición. Cualquiera podía ser objeto de tortura; un castigo común era el *knout*, látigo de cuero con mango de madera.

Azotes con ramas *El castigo corporal era común, y los campesinos debían elegir entre multas o azotes. Casi todos preferían el azote al pago de la multa.*

Montaña artificial *Los rusos construían rampas de hasta 10 m de alto para deslizarse en trineo. El pasajero se sentaba adelante del conductor.*

REGOCIJO Y GUSTO POR EL VODKA

La plaza es un calidoscopio: armenios, bálticos, búlgaros, cosacos, tártaros y visitantes extranjeros, todos con atuendos típicos, se arremolinan en busca de diversión. Gigantescas norias giran y los columpios se balancean; payasos y magos, malabaristas y acróbatas, saltimbanquis y mercaderes se anuncian desde sus respectivas casetas. A su alrededor, los siervos, con camisa larga, cinturón y pantalones holgados, se codean con nobles vestidos de brocado. Junto a las posadas, los músicos tocan en la calle, donde también yacen, desnudos, los que vendieron su última prenda por un trago.

Las enormes ferias, que duraban meses, se extinguieron en Occidente antes del siglo XVI, pero siguieron siendo un deslumbrante rasgo de la vida rusa hasta el presente siglo. Las ferias se contaban por miles: desde la más pequeña fiesta callejera hasta los gigantescos carnavales que abarcaban ciudades enteras. Desde el siglo XVI, Rusia se expandió hasta incluir diversos pueblos, y cada uno conservó su indumentaria típica, música y costumbres.

La Feria de Verano, realizada en Nizhni-Novgorod, durante decenios fue la más grande del mundo. Al realizarse, la población de la ciudad aumentaba de 50,000 a más de 250,000 habitantes. Cientos de miles de mercaderes de toda Europa y Asia se reunían ahí, y algunos viajaban la mayor parte del año, para llegar a tiempo y volver a su país de origen. Siempre eran recibidos con la hospitalidad que los rusos prodigaban por igual a familiares, amigos y extraños.

Diversión cosaca *Las danzas de los jinetes cosacos del sur de Rusia requieren ágiles flexiones, saltos espectaculares y pataleos en el aire.*

Al son de las cuerdas *Decorada con cabezas de caballos, las tres cuerdas de esta balalaika se rasguean con una púa.*

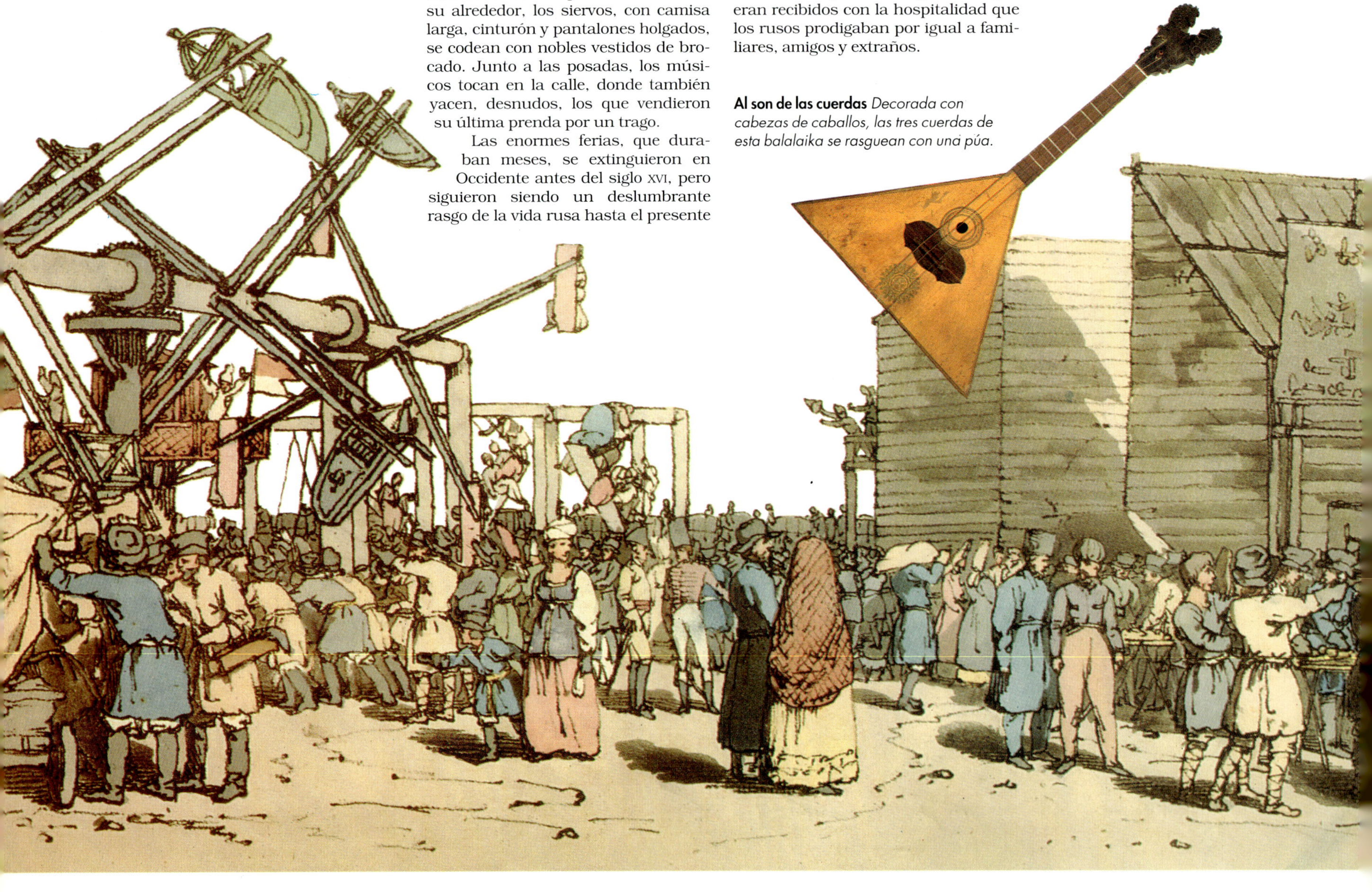

Feria de primavera *Los habitantes de toda ciudad rusa amaban las ferias, especialmente en fiestas como la Pascua. John Atkinson, pintor inglés del siglo XVIII, retrató la bulliciosa escena de esta feria. Las góndolas se alzan en el aire y, al fondo, niños y adultos gozan de los subibajas y oscilan en columpios. A la derecha, payasos subidos en una tarima reciben el aplauso del público. Uno de los espectadores demuestra su entusiasmo lanzando el sombrero al aire.*

Durante siglos, los rusos tuvieron un entusiasmo irrefrenable por la diversión: hospitalidad, festejos y bebida; todo en proporciones pantagruélicas. Los zares más extravagantes y los campesinos más humildes disfrutaban por igual de la música, la danza, el teatro, las ferias, las fiestas, los deportes y los bazares.

"Casa abierta" a los siervos

El amor de los rusos por la comida y la bebida lo demostraron en sus variados y largos banquetes. Algunos terratenientes organizaban regularmente festines para 100 o 150 comensales de todas las clases. Los nobles abrían las puertas de sus casas citadinas y de campo al público, y ofrecían bebidas, comida, bailes, pesca en lagos naturales y artificiales, música y otras diversiones. El conde Grigori Orlov, uno de los amantes de Catalina la Grande, abría a diario su casa de campo para todos, incluidos sus siervos; otras casas se abrían al menos una vez por semana.

En largas mesas se servían pasteles, confituras, nueces, almendras, pistaches, pasas de uva, higos, melocotones secos, hongos y caviar. La comida era acompañada de ríos de bebida, especialmente vodkas de varias clases y colores.

El reverendo William Coxe, clérigo inglés del siglo XVIII que visitó Rusia en varias ocasiones, describió "una diversión muy singular": la fiesta al aire libre ofrecida por un comerciante ruso. "En un extremo del terreno había una gran plaza de hielo, bien barrida, para los patinadores, junto a la que había dos máquinas como los columpios de la feria Bartholomew."

Las "máquinas" descritas por Coxe eran, sin duda, emocionantes. Una de ellas tenía "cuatro trineos en los que la gente se sentaba, y en los que giraba a gran velocidad; la otra tenía cuatro caballos de madera, y sus jinetes giraban en la misma manera".

Los anfitriones desafiaron a los comensales más audaces. Se erigieron dos postes de más de 6 m de altura. Coxe describió: "Arriba de cada uno de ellos se puso dinero, como premio para los que pudieran trepar y tomarlo. Los postes, untados con aceite, se helaron al poco tiempo."

El gélido clima y las generosas cantidades de bebida que se ingerían, cobraban su precio. La fiesta presenciada por Coxe tuvo 40,000 invitados; de ellos, unos 400 no vieron el amanecer. Murieron congelados al caer ebrios, y quedar expuestos a las temperaturas bajo cero.

Los rusos sólo bebían esporádicamente, pero con generosidad. Beber alcohol tomaba, de rutina, tres días: uno para beber, otro para permanecer ebrios, y uno más para recuperarse.

Un secretario de la embajada británica en San Petersburgo describió que, en 1714, luego de "una docena de copas de vino húngaro" y un cuarto de brandy que "lo forzaron" a beber de dos tragos, "quedé inconsciente...", pero nadie lo notó, pues "el resto de los comensales yacía dormido en el suelo, y ninguno estaba en condiciones de reflexionar acerca de mi pobre capacidad para beber".

En el siglo XVII, se impuso el monopolio estatal de licores. Se servían en tabernas estatales, que no proporcionaban alimentos, y en las que se bebía vodka hasta alcanzar el *zapoi* (estupor alcohólico).

"No hay lugar en el mundo donde la ebriedad sea más común que en Moscovia."
ADAM OLEARIUS, HACIA 1630

Entonces, la ebriedad se convirtió en un problema nacional, pero los intentos de la Iglesia por controlarla amenazaron una de las principales fuentes de ingreso del Estado, y por ello, fracasaron. Cuando Pedro el Grande ofrecía fiestas, sus huéspedes tenían prohibido decir que estaban satisfechos, argumento acorde con el viejo proverbio ruso que rezaba: "Una fiesta sólo puede ser feliz cuando todos están borrachos."

También abundaban la música y la danza. A principios del reinado del zar Alejandro, quien subió al trono en 1645, se promulgó un decreto que prohibió al pueblo ver o participar en juegos; también proscribió bailar, cantar y tocar instrumentos musicales.

Pero cuando el zar Alejandro se casó por segunda vez, en 1670, tocó una orquesta y cantó un coro. Inmediatamente después, surgió un patronato real del teatro, y luego por toda Rusia volvió a sonar la música.

Las crónicas de viajes por la Rusia del siglo XVI y posteriores describen el amor de la gente por la música y su entusiasmo por el canto: cantaban a sus caballos, al remar en botes e incluso al vender mercancías en la calle. Los cocheros cantaban en sus carretas, y los soldados, al marchar. El zar Iván el Terrible era devoto de la música y, en 1550, ordenó su enseñanza en todas las escuelas del país.

La zarina Isabel, del siglo XVIII, participó en la difusión de la ópera y el ballet entre las clases populares. Recopiló y publicó canciones folclóricas tradicionales, y también estimuló a los cantantes de Ucrania y otros países.

Los pudientes disfrutaban de una serie interminable de bailes, especialmente en invierno. Una dama irlandesa, que recorrió Rusia en el siglo XVIII, dijo que en los bailes nocturnos "se bailaba hasta desplomarse". Un viajero alemán notó "la ligereza y gracia física del campesinado de la Gran Rusia que lo hacía gozar de los bailes; los hombres que bailaban solos, especialmente los cosacos, se dejaban llevar por la pasión de la danza".

Los rusos también gustaban de los baños de vapor. Toda aldea contaba con baño público, al que se asistía por lo menos una vez a la semana. Las casas privadas más grandes tenían su propio baño, y los ricos aromatizaban el vapor con hierbas.

En Moscú, los ministros de gobierno se reunían en los baños para discutir asuntos de Estado, mientras tomaban el vapor y se daban golpes con ramas de abedul. Luego, se sometían a inmersiones en agua fría.

Los que asistían a los baños públicos terminaban la sesión sumergidos en algún arroyo cercano. El visitante inglés del siglo XVI, Anthony Jenkinson, describió la abrupta transición del calor al frío: "Los verás salir de sus baños, cubiertos de espuma y humeando, y luego saltar al río, desnudos y en el invierno más crudo."

Empinar el codo *Los campesinos bebían kvas, brebaje a base de pan negro, de centeno fermentado. En el siglo XVI, los rusos destilaban licores y bebían vodka polaco.*

El mundo moderno

A partir de los grandes viajes de los siglos XV y XVI, fue posible hablar de un solo mundo, pero tuvo que transcurrir mucho tiempo para conocerlo bien. Las potencias europeas, en nombre de la religión y del comercio, establecieron colonias en lejanos confines del mundo; allá llevaron sus costumbres y se enfrentaron a los pobladores locales, que tenían sus propios hábitos y modos de vida. China y Japón permanecieron aislados. Australia y Nueva Zelandia, a las que se llegó en el siglo XVIII, fueron poco colonizadas.

En el norte de América, comenzaron los tiempos modernos cuando 13 colonias británicas —después, las colonias españolas seguirían el ejemplo— combatieron por su independencia, en busca de la libertad y la consecución de la felicidad, valores que atrajeron a inmigrantes de muchos países durante el siglo XIX.

La Revolución Francesa, proclamada en nombre "del pueblo", fue también de naturaleza violenta y culminó en la marcha del ejército napoleónico por toda Europa. Los aristócratas perdieron sus privilegios, y muchas de las penurias de los campesinos se combatieron al proclamarse los ideales de libertad, igualdad y fraternidad.

Un tercer movimiento —iniciado en Inglaterra y conocido como Revolución Industrial— tuvo profundas consecuencias económicas, sociales y políticas. Las máquinas que complementaron o sustituyeron a los hombres, y las nuevas formas de poder que se desarrollaron para aumentar la fuerza humana y animal modificaron el trabajo. A esta transformación siguió un aumento en la población: la de Europa se duplicó en el siglo XIX con la industrialización: pasó de 200 millones de habitantes a 430. Con todo, tal cifra seguía siendo minoritaria en términos de la población mundial total, que también se duplicó al paso del siglo.

Estas tres revoluciones significaron cambios permanentes en la prosperidad humana y la vida cotidiana, pero tuvieron un costo. En sus primeras etapas, la Revolución Industrial dependía del trabajo de mujeres y niños; y en muchos centros industriales hubo conflictos de clase entre los patrones, que vivían de sus ganancias, y los empleados, que vivían del salario; la diferencia estimuló los movimientos revolucionarios. Debido al gran contraste entre ricos y pobres, éstos formaron sindicatos y, luego, partidos políticos. La industrialización también contaminó el ambiente, oscureciendo el cielo y envenenando ríos. Se desafiaron los viejos valores, especialmente los religiosos.

A la larga, se elevaron las condiciones materiales de vida junto con las expectativas humanas. En amplias regiones del mundo también hubo un gran movimiento hacia la democracia, que otorgaría el derecho al voto a todos los hombres; en algunos países, las mujeres iniciaron su propia lucha en pos de sus derechos.

Incluso en la autocrática Rusia, que en 1900 estaba regida por un zar, los siervos fueron librados y se inició la industria. Fue Rusia, que había escapado a la revolución del siglo XIX, el primer país que experimentó en el siglo XX una revolución que repercutió en el mundo entero, en el transcurso del nuevo siglo. También se sintieron repercusiones por el crecimiento de la riqueza y del poder de Estados Unidos.

REBELDES CON CAUSA

La lucha de Estados Unidos unió a 13 colonias distintas del norte de América, por medio de una declaración de Independencia que, en 1776, detonó la guerra contra los británicos. Sólo mediante el movimiento armado pudo surgir una nueva nación bajo una nueva bandera. Soldados franceses combatieron junto con los rebeldes, a pesar de que Francia estaba regida por un monarca autocrático. Pero también a Francia le llegó su turno, con una revolución aún más violenta, que estalló el 14 de julio de 1789, cuando enfurecidos parisinos tomaron la Bastilla. Esta serie de luchas culminó en 1799, con un golpe militar que llevó al poder a uno de los más brillantes generales de la Francia revolucionaria. Los ejércitos napoleónicos, al marchar por Europa, difundieron las ideas de la revolución, pero también, como la revolución, difundieron la muerte. Cuando los ejércitos de Napoleón se retiraron de Rusia y España, habían muerto unos 750,000 soldados franceses.

ESTADOS UNIDOS Y EUROPA OCCIDENTAL 1776–1815 D.C.

REVOLUCIÓN: DE SÚBDITOS A CIUDADANOS

Los tiempos modernos se iniciaron con las revoluciones, movimientos surgidos desde abajo e inspirados por las ideas y por el sufrimiento. Una vez comenzadas, adquirieron vida propia, y afectaron inevitablemente la vida cotidiana del individuo común, modificando relaciones y esperanzas humanas, aunque no siempre de modo tan perdurable como lo hubieran querido los revolucionarios.

Las dos primeras revoluciones, en Estados Unidos y Francia, proclamaron los derechos del hombre: de todo hombre, aunque no de toda mujer. Una revolución fue el preludio de la siguiente, pues el régimen de Francia apoyó a los estadounidenses contra los ingleses. Sin embargo, las historias y las costumbres de ambos países, hasta el momento de la revolución, eran tan distintas, que tanto la experiencia como el resultado de cada revolución fueron claramente diferentes.

En Estados Unidos, la revuelta unificó a colonos tan diversos como los comerciantes de Boston y los hacendados de Virginia, contra los Casacas Rojas. En este proceso, establecieron una nueva identidad nacional, aunque recurrieron a ciertas ideas originadas en Inglaterra, en las que creía una minoría de ingleses.

Rangos antiguos y nuevos

En el caso de Francia, no existía un imperio del que hubiera necesidad de separarse; sin embargo, tras la revolución surgió el Imperio Napoleónico, cuyo centro fue París. Al principio, se derrumbaron las viejas diferencias sociales, cuando los grupos revolucionarios instaron al pueblo francés a romper sus cadenas. Posteriormente, se introdujeron nuevos rangos, cuando Napoleón integró su corte personal.

Estadounidenses y franceses tuvieron sus propias canciones de marcha, nuevas banderas y símbolos re-

Mujer de acción *Esta mujer francesa, con ropas modestas y armada con un sable, simboliza la forma en que las mujeres se adhirieron al movimiento revolucionario: combatieron en la calle junto a los hombres.*

volucionarios. Los estadounidenses no tuvieron que matar a ningún rey, pues Jorge III permaneció en el trono británico. Pero los franceses guillotinaron al rey y a la reina, y comenzó un Reino de Terror, cuando la revolución devoró a sus mismos hijos.

Aun antes de la ejecución de los monarcas y de la proclamación de la República —forma de gobierno también elegida por Estados Unidos—, un observador británico notó que los sirvientes ya no usaban la librea, símbolo de esclavitud; que los escudos de armas tallados en piedra desaparecieron de las casas de campo de la aristocracia; y que ya se podía comprar en las calles ejemplares de *Vida privada de la reina*, que bien podía intitularse "La mujer de los placeres". Pero el mismo observador anotó que "el pueblo, en general, está mejor vestido que antes de la revolución, lo cual podría deberse a que ya no pagan los onerosos impuestos de antes".

Pan barato y control de precios

Si bien la revolución fue una nueva experiencia para hombres y mujeres, que ahora eran ciudadanos y no vasallos, aún distaba de estar completa. En 1792, los campesinos, que representaban la mitad de la población de Francia, vengaron las afrentas de los nobles, a pesar de que éstos jugaron un importante papel en las vísperas de la revolución. Sin embargo, había descontento en París y otras ciudades, donde los revolucionarios hacían preguntas acerca de derechos y justicia, algunas de las cuales ya habían sido planteadas antes por los propagandistas. Una petición de 1793 exigió saber qué era la libertad "cuando una clase puede hambrear a otras".

Algunos revolucionarios trataron de responder a estas demandas, y en el segundo año del movimiento, lograron proporcionar a todo ciudadano una ración diaria de pan a precios reducidos. Otro logro fue fijar precios máximos: hasta entonces, se habían elevado continuamente por el uso de papel moneda y la inflación galopante.

Una de las consecuencias más notables de la revolución fue la fundación, antes del ascenso de Napoleón, de un ejército formado por conscriptos. "Hasta que los enemigos de Francia no hayan sido expulsados del territorio de la República —proclamó un manifiesto de 1793— todo francés debe estar listo para servir y apoyar a nuestras fuerzas armadas. Los jóvenes combatirán, los adultos forjarán armas y administrarán el transporte; las mujeres coserán tiendas y uniformes, y atenderán los hospitales."

Pero a pesar del entusiasmo que sentían los franceses, cuando Napoleón condujo su ejército por Europa y difundió la idea de la revolución, los resultados fueron ambivalentes. Algunos pueblos respondieron de inmediato al ideal revolucionario que trascendió fronteras; pero otros opusieron resistencia. En España, por ejemplo, donde Napoleón tuvo muchos admiradores, incluso después de ser destronado, las guerrillas hicieron difícil la vida a los soldados franceses; una de ellas fue comandada por un doctor.

Tras la caída de Napoleón y su exilio en Santa Elena, se restauró el viejo orden, pero no se eliminaron las ideas revolucionarias. En Francia, hubo levantamientos en 1830, 1848 y 1870, que inspiraron revoluciones en otros lugares. En el siglo XIX, las ideas revolucionarias se ampliaron para atraer a estudiantes y obreros. Aunque todos estos movimientos tuvieron algo en común, ninguno fue igual a los demás.

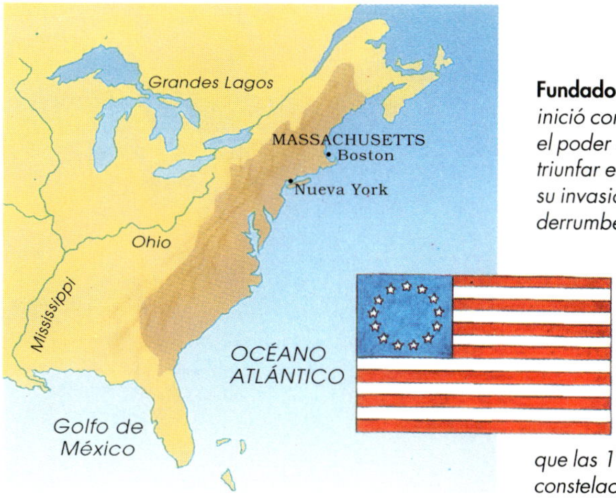

Bandera de libertad *La bandera original estadounidense, izada en 1777, tenía una barra y una estrella por cada uno de los 13 Estados que se independizaron. El Congreso Continental afirmó que las 13 estrellas representaban la "nueva constelación" de Estados Unidos.*

Fundador de un imperio *Napoleón, que se inició como oficial revolucionario, extendió el poder de Francia sobre Europa, luego de triunfar en Austerlitz, en 1805. El fracaso de su invasión de Rusia, en 1812, inició el derrumbe de su imperio.*

De las palabras a los hechos *En la Francia prerrevolucionaria, la doctrina subversiva que pregonaba la libertad para todos era tema de conversación en los cafés de moda, donde personas distintas debatían acerca de los escritos políticos de librepensadores.*

Ejército instantáneo *Al iniciarse la Independencia de Estados Unidos, algunos voluntarios, llamados* minutemen, *se organizaron "para alistarse en un minuto" contra los Casacas Rojas ingleses.*

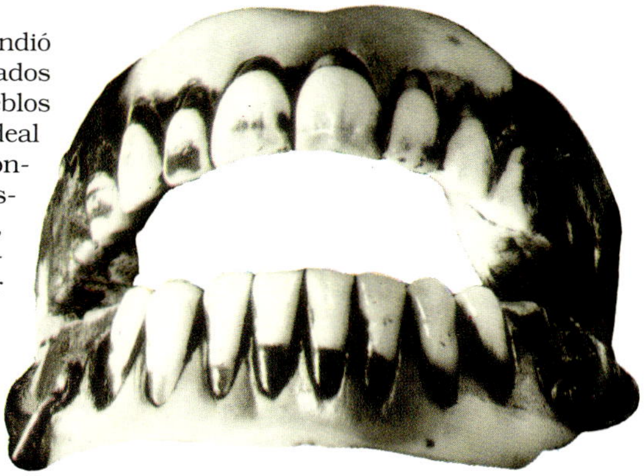

DENTADURAS DE LOS DIFUNTOS

Los "sacadientes" se avalanzaban como buitres sobre los campos de batalla del siglo XIX, para extraer los dientes de los soldados muertos. Los vendían a dentistas, quienes los aprovechaban para dentaduras postizas. En la Guerra Civil de Estados Unidos, se exportaron dientes a Europa. Estos "dientes Waterloo", eran muy apreciados en Inglaterra.

Descarga inicial *El primer enfrentamiento independentista ocurrió en Lexington, Massachusetts, el 19 de abril de 1775. La milicia de Estados Unidos —llamada minutemen porque se alistaba para la batalla "un minuto" después de haber sido alertada— disparó desde rocas. No tuvo dificultad para acertar en las densas filas de los batallones ingleses.*

Símbolos de guerra *Casco de cuero endurecido, con el escudo de San Jorge, que perteneció a un inglés que combatió en Lexington. El cuerno de pólvora, ilustrado con un mapa de emplazamiento militar, perteneció a un soldado rebelde.*

LA REVOLUCIÓN EN CASA

La Independencia de Estados Unidos comenzó en la mesa. Los impuestos ingleses sobre el azúcar, el jerez y el té irritaron tanto a los habitantes de las 13 colonias que, a partir de 1760, iniciaron boicoteos que transformaron al país: los colonos, antaño bebedores de té, se convirtieron en adictos al café. Los leales Hijos de la Libertad tomaron café de achicoria, infusiones, y chocolate holandés, endulzados con melaza o miel, en vez de azúcar. Una quinceañera de Nueva Jersey, invitada a tomar té en la mansión del gobernador real, arrojó su taza por la ventana, en un alarde de desprecio por la bebida enemiga.

Los patriotas de Boston, que se disfrazaron de indios y arrojaron por la borda del buque un cargamento de té oriental, pasaron a la historia como los líderes de la más famosa rebelión contra los impuestos. Las mujeres, que en esa época no podían desempeñar puestos públicos importantes, apoyaron el boicoteo de otras formas: las Hijas de la Libertad saquearon las bodegas de comerciantes sospechosos de almacenar mercancías inglesas tasables, y las quemaron en hogueras que atraían a más simpatizantes a la causa. Las damas refinadas se olvidaron de sus sedas y vistieron telas hechas en casa, en tanto que las ciudades patrocinaron concursos de hilado para abastecer la confección casera. Concursaron hasta 70 mujeres locales con sus ruecas, reunidas en un edificio público. Por su parte, los hombres patriotas se colocaban ramas de plantas perennes o escarapelas en el tricornio, pues de otra forma, los aprendices antimonarquistas los apedreaban.

Crisis de autoridad

Se suponía que los maestros debían mantener a raya a los aprendices, pero en aquellos tiempos revolucionarios se derrumbaron muchas formas de autoridad. Los padres se quejaron de la desobediencia de los hijos; y luego, trataron de infundir en ellos el ejercicio de las libertades ganadas a duras penas. Los hijos adultos exigieron tener opinión para contraer matrimonio, y se elevó el número de embarazos premaritales. Durante la Independencia y poco después, se aprobaron leyes que facilitaron el divorcio.

Las escuelas también reaccionaron a los cambios en la autoridad familiar. Se difundió la educación y se puso menos énfasis en los clásicos griegos y romanos, con excepción de sus ideas libertarias. Nuevos maestros, en su mayoría mujeres, escribieron nuevos textos de gramática de los cuales eliminaron los tributos al rey. Las escuelas conmemoraron las batallas y el heroísmo de los líderes revolucionarios.

También la religión del país cuestionó la autoridad clerical; en su lugar, favoreció la ley de la conciencia individual. Muchos clérigos patriotas denunciaron desde sus púlpitos los actos impíos de Jorge III y justificaron la rebelión. Sábado tras sábado, los pastores tronaban contra la opresión británica. Los músicos eclesiásticos itinerantes, que formaban coros en las iglesias, compusieron himnos originales, plagados de referencias localistas y cantos patrióticos. La publicación de el *Billings New England Psalm Singer*, se retrasó más de un año, para que pudiera imprimirse en papel hecho en Estados Unidos. La portada anunciaba que podía ser adquirido "bajo el árbol de la libertad".

En Boston, una muchedumbre derribó la casa del administrador del Correo Real; la madera se utilizó para quemar, simbólicamente, una efigie suya. En el puerto de Nueva York, una multitud enloquecida irrumpió en el cobertizo de carruajes del vicegobernador para robar una carreta; en ella, trasladaron la efigie del representante británico hasta el lugar donde se unieron a otra multitud, armada con una

IMPRESORES COLONIALES VAN A LA GUERRA

Las columnas de los periódicos coloniales sólo contenían noticias de los barcos e informes de Inglaterra que llegaban con tres meses de atraso. Pero desde 1760, fueron sustituidas por enérgicos artículos revolucionarios y acaloradas cartas a la redacción. Los colonos atacaban a quienes "conspiran contra la libertad de las colonias", llamando a los funcionarios reales "cuadrillas de ladrones y mendigos sucios, borrachos y depravados".

En la primera plana del diario de Pennsylvania (der.), del 8 de julio de 1776, aparece la Declaración de Independencia proclamada cuatro días antes. Los impresores trabajaban día y noche para difundir las noticias a los colonos. Los diarios circulaban y, a veces, el mismo ejemplar lo leían hasta 20 personas. Los carteros llevaban a caballo publicaciones rebeldes hacia todas las colonias. En las mesas de las tabernas y en los muros se pegaban panfletos y propaganda. Los volantes eran leídos en voz alta a los aprendices, a los desocupados y a los obreros mientras bebían sidra. Un panfleto, *El sentido común, de* Tom Paine, fue el primer *best-seller* de Estados Unidos: se vendieron 500,000 ejemplares, en 1776.

horca, para apedrear, colgar y quemar la figura, frente a la casa del propio gobernador, en Fort George.

Hordas de aprendices, mecánicos y marineros se unieron a las festividades de la rebelión. En esos años, los marineros estaban inconformes con la Madre Patria pues la Marina Real los había obligado a prestar servicio. Peor aún: los marinos británicos en tierra competían por trabajo en los puertos coloniales; a veces, recibían la mitad del salario exigido por los locales. La práctica de los rebeldes de emplumar a monarquistas y oficiales reales surgió de un castigo ritual que entre los marineros se aplicaba a los insubordinados. En las aldeas, los patriotas también acostumbraban expulsar a los británicos indeseables.

Algunos de estos castigos rituales contra los monarquistas fueron adoptados por la milicia en el transcurso de la lucha armada. Los ejércitos locales patrullaban y protegían las zonas de las colonias que no poseían una guarnición. Estos soldados, al igual que las tropas coloniales, debían procurarse sus propias armas y alimentos; se gastaban hasta dos semanas de sueldo para comprar pedernal, pólvora, municiones y provisiones.

Mientras tanto, los metales se agotaron en Estados Unidos. Las amas de casa contribuyeron a la causa fundiendo jarras, vasos y contrapesos de ventanas para fabricar balas. También se usaron las estatuas del rey Jorge y otros símbolos de la autoridad real. Las Hijas de la Libertad guardaban retazos de tela para vendajes y requisaron cobijas para las tropas y milicias. Los soldados provenientes de los puertos contaban con el lienzo de las velas para sus tiendas, pero otros rebeldes pasaron las frías noches ateridos, apenas cubiertos con sus camisas de ante, sin más resguardo del viento y la lluvia que una cueva o una saliente rocosa.

Como los hombres desaparecían durante meses en la guerra, mujeres y niños se ocuparon de las labores. Las mujeres preparaban comestibles para aprovisionar al ejército rebelde. Estos cambios contribuyeron a una nueva concepción: pronto, construirían una nación independiente.

Durante los siete años que transcurrieron entre la Declaración de Independencia, en 1776, y la firma de la paz, en 1783, el mundo de los colonos en el norte de América pasó por grandes cambios. La lucha modificó los hábitos en la comida, la bebida, la forma de vestir, las canciones, las plegarias, la lectura y la política.

VOL. V.

DUNLAP's

Pennsylvania Packet

OR THE

GENERAL ADVERT

MONDAY, JULY 8th, 1776.

IN CONGRESS, *July* 4, 1776.

A DECLARATION by the REPRESENTATIVES *of the* UNITED STATES *of* AMERICA, *in* GENERAL CONGRESS *assembled.*

WHEN in the courſe of human events, it becomes neceſſary for one People to diſſolve the political bands which have connected them with another, and to aſſume among the powers of the earth, the ſeparate and equal ſtation to which the laws of Nature and of Nature's God entitle them, a decent reſpect to the opinions of mankind requires that they ſhould declare the cauſes which impel them to the ſeparation.

We hold theſe truths to be ſelf-evident, that all men are created equal, that they are endowed by their Creator with certain unalienable rights, that among theſe are life, liberty, and the purſuit of happineſs—That to ſecure theſe rights, Governments are inſtituted among men, deriving their juſt powers from the conſent of the governed, that whenever any form of Government becomes deſtructive of theſe ends, it is the right of the People to alter or to aboliſh it, and to inſtitute new Government, laying its foundation on ſuch principles, and organizing its powers in ſuch form, as

He has combined with others to ſubject us to a juriſdiction foreign to our conſtitution, and unacknowledged by our laws; giving his aſſent to their acts of pretended legiſlation:

For quartering large bodies of armed troops among us:

For protecting them, by a mock trial, from puniſhment for any murders which they ſhould commit on the inhabitants of theſe States:

For cutting off our trade with all parts of the world:

For impoſing taxes on us without our conſent:

For depriving us, in many caſes, of the benefits of trial by jury:

For tranſporting us beyond ſeas to be tried for pretended offences:

For aboliſhing the free ſyſtem of Engliſh laws in a neighbouring province, eſtabliſhing therein an arbitrary Government, and enlarging its boundaries, ſo as to render it at once an example and fit inſtrument for introducing the ſame abſolute rule into theſe Colonies:

For taking away our charters, aboliſhing our moſt valuable laws, and altering fundamentally the forms of our Governments:

For ſuſpending our own Legiſlatures, and declaring themſelves inveſted with power to legiſlate for us in all caſes whatſoever.

He has abdicated Government here, by declaring us out of his protection and waging war againſt us.

He has plundered our ſeas, ravaged our coaſts, burnt our towns, and deſtroyed the lives of our people.

He is, at this time, tranſporting large armies of foreign mercenaries to compleat the works of death, deſolation and tyranny, already begun with circumſtances of cruelty and perfidy, ſcarcely paralleled in the moſt barbarous ages, and totally unworthy the Head of a civilized nation.

He has conſtrained our fellow citizens taken captive on the high ſeas to bear arms againſt their country to become the executioners of their friends and brethren, or to fall themſelves by their hands.

He has excited domeſtic inſurrections amongſt us, and has endeavoured to bring on the inhabitants of our frontiers, the merciless Indian ſavages, whoſe known rule of warfare, is an undiſtinguiſhed deſtruction of all ages, ſexes and conditions.

In every ſtage of theſe oppreſſions we have petitioned for redreſs in the moſt humble terms: Our repeated petitions have been anſwered only by repeated injury. A Prince whoſe character is thus marked by every act which may define a tyrant, is unfit to be the ruler of a

Philad

THE uncommon
publication of a N
obliges the Printer to i
indebted for this paper
Months, that, without p
nued to them more than
date.——Subſcribers at a
money by letter (Poſt pai
way that may ſuit them b
and near Baltimore will p
compts with Mr. JAMES
who is fully authoriſed to
JOH

Juſt publiſhed and to be ſold
in Market-ſtreet,

OBSERV
ON
Nature of CIVIL LIB
of GOVERNMEN
Policy of the W R wit
. To which
An APPEND X, contai
al Debt, an eſtimate of th
Public by the taxes, and a
Income and Expenditure
Heu miſeri cives; non Hoſt
——Veſtras Spes uritis.
BY RICHARD PR
*** This learned, judicio
the thanks of the Common C
of the City of London preſen
for this his much admired
Civil Liberty—And for wh
united thanks of America.

NOW to be diſpoſe
reaſonable terms for re
(giving ſecurity if required)
at the Trap, Philadelphia Co
he has now on hand, amou
pounds, or thereabouts.——
leaſe of the Houſe and Stores
N. B. As ſaid MURRAY i
that part of the country, he
him to ſend in their accompts

To be SOLD by PU
at Capt. Kendal Cole's, n
Jerſey, on Monday, the
Ten o'clock in the morning
BETWEEN ſixty and ſev
part of which will conſiſt
yed heifers; the remainde
ung cattle, and cows and c
ce the conditions of ſale w

Ph
To be SOLD by P
on Monday the 22d inſtant,
the evening, at the London
A CERTAIN lot or p
the north ſide of Mulber
hird and Fourth-ſtreets, i

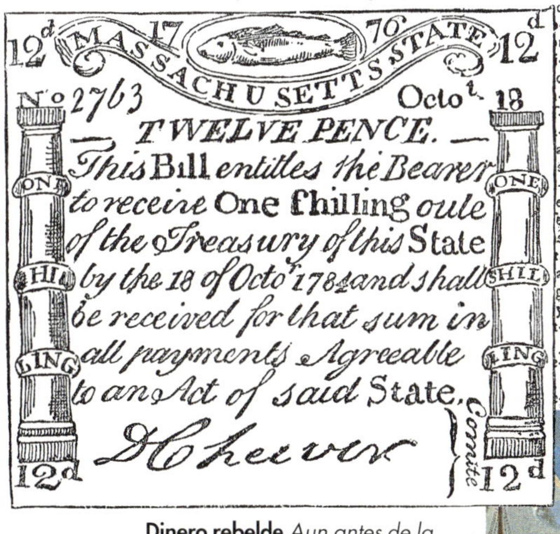
12d 1776 MASSACHUSETTS STATE 12d

No 2763 Octo 18

TWELVE PENCE.

This Bill entitles the Bearer to receive One shilling oute of the Treasury of this State by the 18 of Octo 1784 and shall be received for that sum in all payments Agreeable to an Act of said State.

ONE SHIL LING | ONE SHIL LING

D Cheever | Comte

12d 12d

Dinero rebelde *Aun antes de la Guerra de Independencia, las colonias habían imprimido sus propios billetes, desafiando la prohibición inglesa. Este billete de un chelín fue expedido en 1776. Batallas y falsificaciones devaluaron las monedas.*

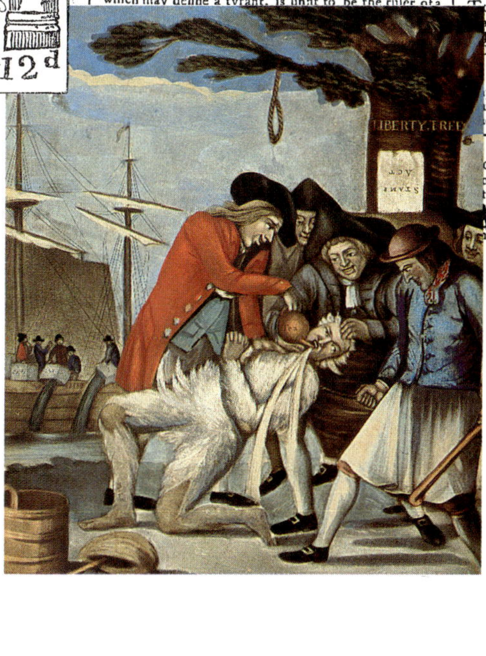

Árbol rebelde *Olmos, robles, y hasta postes, se convirtieron en "Árboles de la libertad": lugares de reunión de los revolucionarios. Las muchedumbres castigaban a los monarquistas y a los recaudadores de impuestos británicos.*

Muerte en vida *Los rebeldes que los ingleses lograban capturar eran confinados a la prisión en barcos viejos, como el* Jersey *(aba.), anclado en Brooklyn. Aquí 10,000 presos murieron de inanición.*

FILO DEL TERROR SOBRE FRANCIA

Encima de las ruinas de la vieja prisión de la Bastilla, miles de guardias y ciudadanos bailaron en la noche del 14 de julio de 1790. Se encendieron luces y fuegos artificiales, y el nuevo símbolo tricolor ondeó en los pabellones. París dio rienda suelta a la felicidad: el año en que la Bastilla fue derribada, la ciudad y el pueblo francés consiguieron todo lo que siempre habían deseado.

Los antiguos privilegios señoriales fueron abolidos y se nacionalizaron las tierras de la Iglesia. Se fundó un ejército ciudadano y la Asamblea Constituyente proclamó la Declaración de los Derechos del Hombre. Luis XVI no pudo mantenerse altivo en Versalles; ahora estaba en las Tullerías, en el centro de la ciudad donde, con poco entusiasmo, vistió la escarapela azul y roja de París, y sólo pudo pedir que se añadiera el blanco de la monarquía a los nuevos colores de Francia.

Ciertamente, poco se hacía para aliviar la escasez de comida, pero nada parecía detener la electrizante sensación que cundía por los distritos. París seguía siendo, en varios aspectos, una ciudad medieval en cuyos barrios se practicaban los mismos oficios. Los albañiles seguían trabajando en Saint-Paul y los fabricantes de muebles aún estaban en Croix-Rouge, mientras los suburbios de Montmartre y Saint-Marcel eran famosos por sus telas, destilerías y confección de tapices.

Los distritos tendían a ser autosuficientes, y dado que el rumor era el medio de comunicación, podía suceder que se diera un gran acontecimiento en una zona, en tanto que el resto de la ciudad seguía con sus asuntos cotidianos. Podían desatarse disturbios en un área de la ciudad sin que se supiera de ellos sino hasta días después. Los que querían mantenerse informados acudían a los tradicionales lugares de reunión, como el Jardín de las Tullerías, que desde los primeros días de la revolución se convirtió en una extensión de la Asamblea o Parlamento. Las multitudes se paseaban entre las librerías y los propagandistas, deteniéndose ocasionalmente para escuchar la exhortación de algún político, divertirse con los saltimbanquis o escuchar a los murmuradores.

Recuerdo *Plato que conmemora la Toma de la Bastilla, donde sólo se encontraban siete prisioneros.*

Muchos preferían visitar el Palacio Real, con sus numerosos cafés, donde se ofrecían infinitos matices de opinión política, y en donde las discusiones y los actos políticos atraían tanto a hombres como a mujeres. Había cafés para revolucionarios, abogados, miembros de la Guardia Nacional y extremistas; así como también otros famosos por la cerveza, los decorados o ciertas novedades, como el Café Mécanique, donde la bebida fluía, para ser servida, de las patas centrales de las mesas. En este mundo feliz fueron abandonadas todas las reliquias del pasado; entre las que se desecharon con más entusiasmo estuvieron las mallas o *culottes* y las pelucas y atuendos del antiguo régimen. El revolucionario elegante vestía pantalones tricolores, sacos cortos de lana, igualitarios zuecos y libertarios bonetes rojos. Por lo menos, éste era el atuendo adecuado para las barracas. Los elegantes de la época, llamados *incroyables*, o "increíbles", vestían pantalones, largos y ceñidos abrigos coloridos y corbatas de seis pliegues que se erguían hasta tocar los bucles que cubrían las orejas. Las damas que los acompañaban —las *merveilleuses* o "maravillosas"— vestían túnicas griegas que moldeaban y sugerían cuerpos escultóricos.

La moda era apenas un rasgo superficial en materia de cambios. Las modificaciones en el lenguaje y en el calendario, así como en títulos y el trato cotidiano, fueron aún más complicados. *Monsieur* y *madame* expresaban demasiada deferencia, por lo que la ley dictó reemplazarlos por "ciudadano" y "ciudadana". El *vous*, o "usted", también fue descartado por ser la forma en que los sirvientes se dirigían a sus amos. Todos debían ser tuteados, y cualquiera que fuese sorprendido usando la forma antigua despertaba sospechas. Se eliminaron los nombres geográficos de personajes de la nobleza o de santos; los patriotas recalcitrantes bautizaban a sus hijos con nombres clásicos o revolucionarios. Se abolió oficialmente la palabra "Dios" y la divinidad fue rebautizada como "Ser Supremo". La Catedral de Notre Dame cambió su nombre tradicional por el de "Templo de la Razón". Se descartó el calendario de la era cristiana: 1793 se convirtió en el año 1 de la nueva era. Siguió la división en 12 meses, cada uno con 30 días, pero con nombres como brumario, mes de la bruma, florial, mes de las flores, etc. Cada mes se subdividía en tres unidades de diez días. Más perdurable fue la introducción de un nuevo sistema de pesos y medidas, basado en el metro. Aunque adoptado primeramente por Francia, habría de ganar aceptación en el mundo entero.

La tricolor, símbolo de la nueva república

Mientras los parisinos se reían de los extravagantes festivales de la ciudad, la demencia revolucionaria del Terror ganaba impulso. Inspiradas por Maximiliano Robespierre y otros extremistas, las primeras purgas de elementos contrarrevolucionarios se convirtieron en una pesadilla con voluntad casi propia que aplastaba toda forma de oposición.

Crisis del pan *La revolución no logró alimentar al pueblo. El duro invierno de 1794 ocasionó hambrunas. En París, los ciudadanos esperaban, en fila toda una noche, para recibir 225 g de pan.*

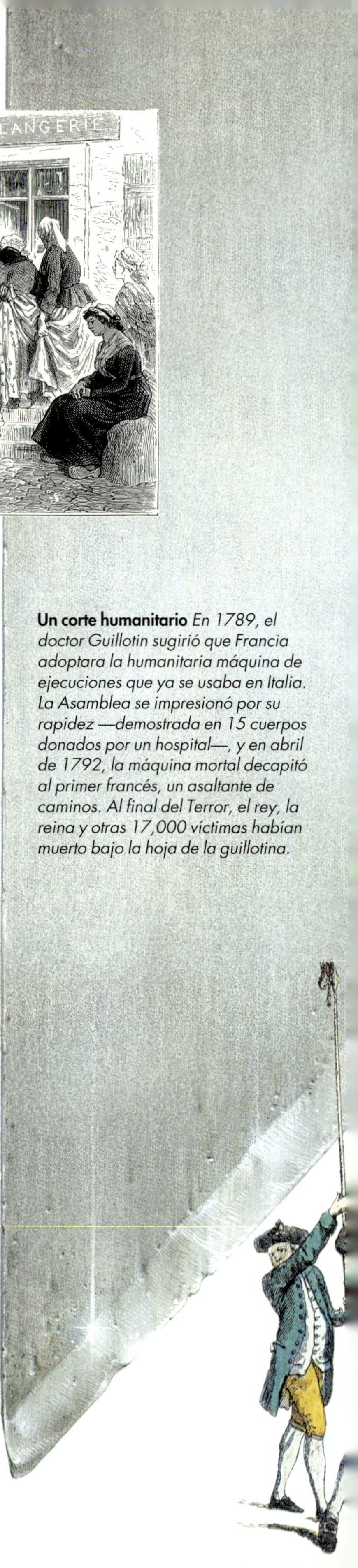

Un corte humanitario *En 1789, el doctor Guillotin sugirió que Francia adoptara la humanitaria máquina de ejecuciones que ya se usaba en Italia. La Asamblea se impresionó por su rapidez —demostrada en 15 cuerpos donados por un hospital—, y en abril de 1792, la máquina mortal decapitó al primer francés, un asaltante de caminos. Al final del Terror, el rey, la reina y otras 17,000 víctimas habían muerto bajo la hoja de la guillotina.*

ESPECTADORES EN EL CADALSO

Para acelerar la eliminación de sus enemigos, Robespierre anuló, el 10 de junio de 1794, el derecho a la defensa legal y limitó las sentencias: absolución o muerte. Como consecuencia, el número de condenados a la guillotina aumentó de manera torrencial. La mayoría de los parisinos, hastiados ante las muertes, evitaban la plaza donde se alzaba la guillotina. Entre los espectadores asiduos figuraban las "tejedoras": mujeres que aparecían diariamente junto a la guillotina, con sus tejidos, y que presenciaban las sentencias. Sus burlas ante los aristócratas, que se mostraban aterrorizados, las convirtieron en símbolos del Terror; se les conoció como las "Furias de la Guillotina".

Desde las lúgubres celdas de la Conciergerie y otras antesalas de la muerte, salían hasta 70 personas diarias por la calle Saint-Honoré, rumbo a la guillotina. Grandes sectores de la población permanecían indiferentes; apenas se tomaban la molestia de mirar a los condenados; sólo se impresionaban con los de más renombre. Por ejemplo, con el juicio de Luis XVI —durante el cual, las damas refinadas bebieron licores y comieron helados—, la consiguiente ejecución del rey y de su reina, María Antonieta, cuyos amoríos con sus sirvientes, disfrazados de lecheras, indignaron al público.

Otras muertes causaron revuelo: la del líder revolucionario Danton, que siguió profiriendo maldiciones hasta el último momento; el grito de agonía de Robespierre, cuando el verdugo le arrancó el vendaje de la mandíbula fracturada, o el terror de madame Du Barry, la anciana amante de Luis XV.

Los parisinos procuraron que sus vidas transcurrieran del modo más normal posible; asistían a los cafés y paseaban por los Campos Elíseos. En realidad, no comprendían el horror de lo que sucedía. La guillotina era eficiente —Sansón, el verdugo, dijo que una vez removió 22 cabezas en 36 minutos— e indolora, o por lo menos así la consideraban. Las víctimas generalmente mostraban valentía. Si todas hubieran demostrado el miedo de la Du Barry, tal vez el pueblo hubiese sentido repugnancia antes que terror.

La preocupación inmediata era la escasez de comida. Las malas cosechas redujeron a los más pobres a la inanición.

"Asegúrense de mostrar mi cabeza al pueblo: ¡Bien lo vale!"

GEORGES DANTON, 1794

Condecoración *Certificado de patriotismo expedido a un vinatero, que vendía sus productos en jarras revolucionarias.*

Caída del tirano *Finalmente, la revolución devoró a sus hijos, cuando la muchedumbre parisina se rebeló contra los líderes del Terror y los envió, a su vez, a la guillotina. Maximiliano Robespierre fue el último en morir, en julio de 1794.*

El inicio *El 6 de octubre de 1789, la muchedumbre parisina marchó a Versalles pidiendo pan y obligando al rey a regresar a la ciudad. Esa misma tarde, la familia real fue traída al Palacio de las Tullerías por una muchedumbre triunfante, que enarbolaba las cabezas de los guardias reales .*

Nuevos dioses *Una de las fiestas decretadas por la revolución fue la del "Ser Supremo". En el Campo de Marte, el pintor Jacques-Louis David construyó un montículo coronado por un "Árbol de la libertad" y una estatua de Hércules. Frente a un numeroso público, la Asamblea Nacional marchó precedida por orquestas y coros.*

Despedida del soldado *La infantería napoleónica es vitoreada en Francfort, al salir rumbo a Austria. Muchos estados germánicos dieron la bienvenida a los franceses y alojaron a los oficiales.*

Artículos del duque *El duque de Wellington comía y bebía en platos y vasos de plata pura. Cargaba sus cubiertos en un estuche en forma de botella.*

COMBATIR Y MORIR CON NAPOLEÓN

Enfrentar a las legiones de Napoleón, aun en medio de miles de soldados, era una experiencia aterradora. La artillería, que disparaba a menos de 1 km de distancia, acababa con regimientos enteros en una sola serie de disparos. Las armas de la defensa respondían, pero su infantería, con mosquetes que eran poco efectivos, no podía hacer otra cosa que esperar el avance de las columnas; el lento tambor que marcaba el paso de las tropas ofensivas ponía el énfasis en la amenaza.

En la vanguardia estaban siempre los veteranos de la Guardia Imperial: todos suboficiales que habían aprendido el oficio en una docena de batallas. Cuando las líneas se acercaban, la artillería de ambos bandos resonaba y la caballería irrumpía, en busca de una brecha para formar una cuña. Cuando las filas estaban a unos 60 m, los mosquetes disparaban por primera vez hacia las densas columnas enemigas. Cargar, cebar, apuntar, disparar: un buen soldado podía producir tres descargas por minuto, aproximadamente el tiempo que tenía antes de que las bayonetas de los atacantes se cruzaran con las de la defensa.

A continuación, seguía un enfrentamiento más directo: acuchillar y disparar entre los gritos de los heridos, en medio del penetrante hedor del humo de pólvora. Luego, casi por inercia, las columnas de batallones cruzaban la línea enemiga hasta alcanzar a la retaguardia, que era masacrada. Las tácticas de asestar un solo golpe y realizar maniobras veloces dieron a la armada napoleónica las victorias de Marengo y Austerlitz, Jena y Wagram.

En agosto de 1799, Napoleón, que ya era el General Bonaparte, abandonó al ejército; quedó atrapado en Egipto y luego navegó secretamente a Francia. En noviembre, a los 30 años,

EL CAOS DE LA BATALLA NAPOLEÓNICA

En el campo de batalla de principios del siglo XIX, los cuidadosos planes de los generales solían terminar en una confusión de combates cuerpo a cuerpo, en la que hasta los estrategas tenían dificultades para distinguir a las tropas propias de las del enemigo. La infantería y la caballería luchaban para mantener su estandarte en pie, y avanzaban valerosamente (arr.) en lo peor de la Batalla de Borodino, ocurrida cerca de Moscú el 7 de septiembre de 1812, y que puso fin a los planes de Napoleón para conquistar Rusia. Tras el devastador fuego de artillería, sobrevino la masacre del combate cuerpo a cuerpo, mientras Napoleón dirigía, desde una colina, las oleadas de ataque. Cada asalto se veía entorpecido por los cuerpos y escombros del asalto anterior. Al final del día, Napoleón había perdido más de 30,000 soldados, un tercio de su ejército, entonces conocido como la *Grande Armée*.

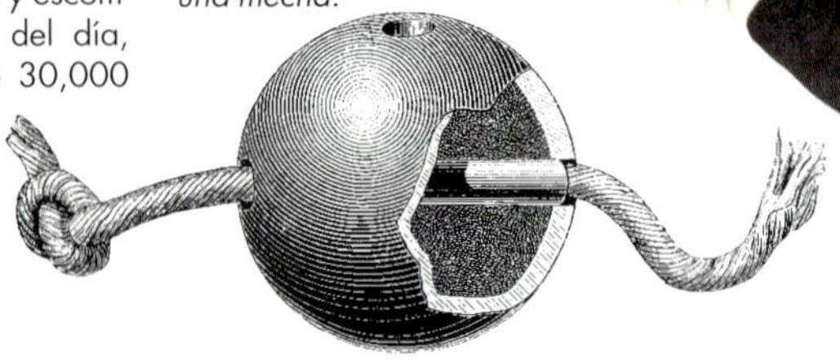

Fruta letal *Las granadas de mano —así llamadas por su semejanza con la fruta— eran cajas de metal rellenas de pólvora, y detonadas por una mecha.*

disolvió el Congreso y se autonombró Primer Cónsul. Dado que toda Europa se había armado en su contra, determinó reorganizar la maquinaria bélica francesa. Como complemento de voluntarios y conscriptos en la Guardia Nacional, reclutó veteranos, emigrados e incluso oficiales del antiguo régimen. Era un nuevo tipo de ejército, que dependía más del carisma del Primer Cónsul, el patriotismo, el ánimo revolucionario y la ganancia, que de una disciplina brutal.

En el Ejército Republicano, llamado Ejército Imperial en cuanto Bonaparte ostentó el título de emperador, en 1804, no había nada particularmente nuevo. Sus armas eran las que se usaban desde hacía un siglo; la caballería disponía de sables; la infantería, de mosquetes de cañón liso, y la artillería tenía cañones de interior también liso. La fuerza de los batallones napoleónicos residía en la capacidad de maniobrar y en la insistencia en destruir el cuerpo principal del enemigo, antes de ocupar el terreno o atacar las líneas de comunicación. Aun antes de sumarse a la batalla, Bonaparte, que había sido artillero, se aseguraba de que la mitad del trabajo de la infantería lo realizaran armas ligeras, llevadas a caballo.

Pero esta misma fuerza también contenía la simiente de la ruina. Estos batallones de ataque relámpago no daban cabida a las lentas columnas de abastecimiento, y por razones tanto estratégicas como económicas, la política de Bonaparte era que las tropas debían vivir de las tierras ocupadas. Esto impedía que la población local simpatizara con los soldados, lo cual culminó en represalias contra las aldeas, pero esto no resultó práctico. Cuando un ejército consumía todo el producto de una región, se sufrían hambrunas.

"Toda aldea debería alimentar a un batallón durante una semana, o a una división un día."

NAPOLEÓN BONAPARTE, HACIA 1800

Bien hubiera podido Napoleón aprender la lección de un soldado raso, en la campaña portuguesa. Lo habría encontrado, con otros reclutas, guarecido en una colina rocosa y azotada por la lluvia, sobre el río Tajo, en invierno. Como otros camaradas del 3er. batallón de la 21a. infantería, vestía un andrajoso uniforme azul; tenía un poco más de suerte que los demás, pues llevaba unas botas, que había robado. Como a otros, lo animaba la esperanza de que en cuanto el mariscal Massena expulsara a Wellington y a los ejércitos británico y portugués, la ciudad y sus riquezas quedarían expuestas al saqueo. Pero aun antes de que alcanzaran el Tajo, las fatigadas tropas francesas notaron que algo andaba mal: 1.5 km antes de llegar al río, habían visto que no existía ni siquiera un olivo que les diera protección. Los enemigos habían convertido toda la ribera opuesta en una bien pertrechada fortaleza. Emplazándose sobre el Tajo y la ciudad vieja de Torres Vedras, Wellington construyó torreones y más de 150 fuertes en las colinas; había utilizado para ello mano de obra campesina, y las obras requirieron de seis meses de trabajo.

Poco después, la enfermedad atacó a los franceses. Casi no tenían comida y sabían que tras las líneas enemigas, los soldados se mantenían en forma comiendo raciones que les llegaban por mar. En torno a las fogatas, algunos soldados franceses ya sólo pensaban en la fecha del repliegue.

Wellington pensaba lo mismo, pero Massena resistió hasta marzo, y cuando al fin inició la retirada, dos terceras partes de sus soldados habían muerto. Los ingleses los persiguieron y descubrieron, horrorizados, casas, capillas y fosos cubiertos de cadáveres mutilados.

MANTENERSE DEL TERRITORIO

Generoso en proveer de banderas y estandartes a sus ejércitos, Napoleón no prestaba mucha atención a las provisiones: exigía que sus soldados se alimentaran de los territorios que ocupaban. Un soldado de infantería (arr.), que combatió en la campaña rusa de 1812, roba de una granja un jamelgo, junto con otros animales que lleva sobre la montura. Un día después de cruzar la frontera rusa, los franceses ya habían agotado sus raciones y tuvieron que avanzar sobre un campo despojado de alimentos.

En Portugal, dos años antes, el ejército francés quedó reducido a sobrevivir con puchero de maíz y carne de perros y gatos. Desesperados, torturaron a los campesinos locales para obligarlos a revelar el lugar donde escondían las reservas de alimentos. Este comportamiento hizo que el ejército napoleónico fuera muy temido en Europa.

Ruda cirugía *La medicina del periodo napoleónico era cuestión de suturar heridas y amputar miembros a la brevedad posible. La atención sanitaria no mejoró sino hasta la Guerra de Crimea (izq.), con las reformas de Florence Nightingale.*

Tras la batalla *Los muertos y agonizantes yacen entre los escombros, en el campo de batalla de Austerlitz, donde Napoleón triunfó, en 1805, sobre los ejércitos de Austria y Rusia.*

Equilibristas *Una de las tareas navales más peligrosas consistía en enrollar las velas durante la tormenta. Resbalar significaba la muerte, pues un barco de vela no podía parar ni girar para rescatar al que caía.*

BASTIONES DE MADERA INGLESES

Excelentes armas, en conjunción con pericia naval, convirtieron a la marina británica en la dueña de los mares. Esas habilidades habían sido adquiridas en una escuela difícil, a veces brutal. Las comunicaciones navales estaban en pañales, por lo que cada barco era prácticamente un mundo en sí. Era, también, una eficiente máquina de guerra, cuyos tripulantes la ponían a funcionar desde sus puestos.

La voluntad que controlaba esta máquina era el capitán, con autoridad casi absoluta. Hubo capitanes locos o sádicos, que gozaban con atar a sus hombres a los mástiles y azotarlos hasta la inconsciencia. Pero también los hubo razonables, que pensaban que limpiar los gratiles y las dos letrinas en la proa del barco era un castigo más efectivo que los azotes. Otros ofrecían deslumbrantes sumas de dinero.

Carne salada y poca paga

Se requería un sólido espíritu aventurero para enrolarse en la marina. La paga era minúscula: los 26 chelines mensuales del mejor marinero no habían aumentado desde la época de Cromwell. La comida consistía en carne salada de res o de cerdo, budín de chícharos y galletas; no era nada apetitosa, aunque un buen cocinero pudiera mezclar estos limitados ingredientes para tratar de guisar un atractivo puchero. La comida se acompañaba de alarmantes cantidades de cerveza y ron —o vino, en mares tropicales— siempre mezclados con jugos de fruta, para prevenir el escorbuto. La marina también era una carrera de grandes riesgos y el enemigo era el menor de ellos. El himno compuesto por el poeta victoriano William Whiting pide al Señor que salve a quienes pasen por las amenazas de "los escollos y la tempestad, el fuego y el enemigo", riesgos que formaban parte de la lista de peligros.

En los 23 años de las guerras contra Francia, durante los cuales la marina británica patrulló constantemente los mares del mundo, 344 buques fueron despedazados por tormentas, incendios o explosiones. Algunos sencillamente desaparecieron, y solamente 10 cayeron en batalla.

Muchas bajas también se debían a accidentes, lo cual no es sorprendente si se toma en cuenta que los marinos debían realizar difíciles labores en los mástiles, a veces de noche o en medio de las tormentas. En ocasiones, los pesados cañones se soltaban de los soportes y rodaban por cubierta, aplastando lo que quedara en el paso. Pocos marineros sabían nadar, pues si uno de ellos caía por la borda, el barco no se detenía a recogerlo: nadar sólo prolongaba el sufrimiento. Abundaban las fracturas y el reumatismo; las hernias eran casi una epidemia. La fiebre amarilla diezmaba a las tripulaciones en el trópico, y quienes llegaban de las prisiones transmitían el tifo.

Así, las bajas británicas en batalla eran relativamente pocas, en comparación con las de la marina

Matanza en el mar *Mástiles astillados, velas desgarradas y marineros al agua simbolizan el horror de la batalla naval. Esta pintura de De Loutherbourg muestra la batalla de junio de 1794, cuando los ingleses derrotaron a Francia, en Bretaña.*

Reticentes *Durante la guerra, la marina recurría a las levas, enrolando a la fuerza campesinos, vagos y ex marineros.*

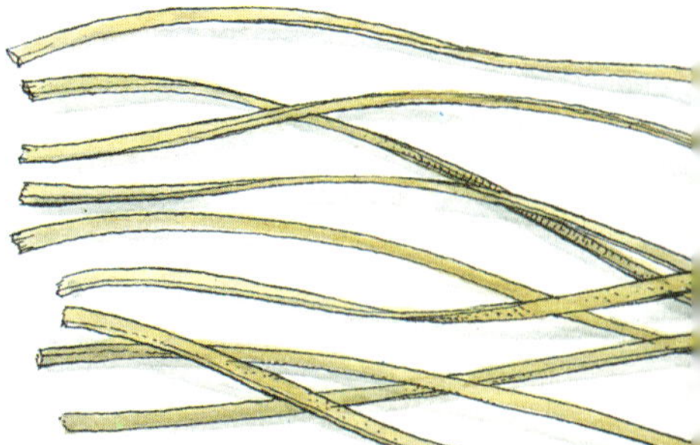

francesa. Esto se debía en parte a la práctica francesa de disparar contra mástiles y velas para inutilizar las naves enemigas, mientras que los ingleses disparaban al casco, y convertían las cubiertas en un infierno de esquirlas de hierro y astillas.

La Marina Real pasaba gran parte del tiempo escoltando otros barcos o bloqueando puertos franceses, en ocasiones hasta por dos años, lo que desmoralizaba a las tripulaciones, ansiosas de acción. Con todo, las batallas eran la razón de ser de la marina; algo que, además, sabía realizar muy bien. En sus últimos años, los barcos de combate desplegaban cierta belleza sobrecogedora en las velas hinchadas de sol, que parecían nubes, y en los portentosos cascos cuando maniobraban para aprovechar vientos favorables.

"Mi vagabunda morada, el Alceste, el hogar más feliz que jamás haya conocido."

MEMORIAS DE UN MARINERO DE FRAGATA

Posiblemente, el primer aviso de combate que la tripulación recibía era la orden "¡Preparar barco para la acción!", a la que seguía una actividad frenética: se removían las divisiones de los camarotes de los oficiales, se almacenaban bancas y mesas del comedor, y todo equipo innecesario se bajaba a la bodega o se tiraba por la borda. Se despejaba la cubierta y se cubría con arena, para que los pies descalzos no resbalaran. Los tiradores iban a sus puestos en los mástiles y los fusileros se apostaban en cubierta.

Los cañoneros se preparaban y se oía el golpetear de los cañones al prepararlos. Luego seguía un disciplinado silencio, mientras las flotas se acercaban lentamente. Los capitanes de cañones miraban hacia el pequeño rectángulo de mar que podían avistar por las troneras.

De pronto, y a una cercanía aterradora, el rectángulo se llenaba con el casco rojo de un barco francés, húmedo y resplandeciente al emerger de una ola; a intervalos de uno o dos metros sobresalía la boca de un cañón. Un oficial silbaba, y la simetría se disolvía en el golpe de hierro de una descarga, el hedor de la pólvora y los gritos de los marinos.

Para construir el casco de un buque de 74 cañones, los astilleros navales empleaban 2,000 robles que tuvieran, por lo menos, un siglo de edad. Las partes superiores de los mástiles debían ser de un solo tronco de abeto. La razón de existir del buque era portar armas, y para ello, necesitaba de 590 tripulantes. Algunos eran especialistas —carpinteros, cañoneros y veleros—; otros, como los que trabajaban en lo alto de los mástiles y en los castillos de proa, eran marineros veteranos. Había un destacamento de infantes de marina. El resto eran bisoños, que jalaban sogas o fregaban la cubierta; y una o dos categorías con peculiares nombres como "dama de los suboficiales" (un anciano marinero encargado de atenderlos) y el "viudero". En realidad, este último era un puesto simulado en la nómina del buque; sus salarios más bien cubrían la pensión de los familiares de oficiales de caídos en acción. Los barcos llevaban a bordo algunas mujeres, que, al menos nominalmente, eran esposas de los tripulantes. En batalla, acarreaban pólvora y atendían a los heridos.

Con excepción de los oficiales, todos se alojaban en los compartimentos de cañones; cada marinero disponía de un espacio de 36 cm de ancho para su hamaca y de un lugar en la mesa, entre los cañones, donde comía galletas, bebía ron y pasaba su tiempo libre. No existía intimidad de ninguna clase, y en las tormentas, cuando el buque se bamboleaba y los bisoños sin experiencia vomitaban, aquello se convertía en un infierno. Con todo, eran asombrosos la nostalgia y el afecto con que muchos marineros, al recordar antiguos camaradas, las horas de vigilancia y la botella de ron, rememoraban los años pasados a bordo de los barcos.

Mar en calma *No todo era penurias para el marinero. En mares tropicales (der.), los oficiales disfrutan un paseo por la cubierta. Ya en puerto (aba.), las prostitutas suben a bordo, mientras un marinero toca el violín.*

El barril de ron

Flagelo *El castigo más temido era el látigo de nueve correas, que dejaba heridas y cicatrices que parecían zarpazos. Los delincuentes a veces debían confeccionar su propio látigo.*

HACIA LA ERA DE LAS MÁQUINAS

Paralelamente a la Revolución Francesa y a la Independencia de las colonias británicas, tuvo lugar otra revolución cuyo efecto sobre la condición humana fue más profundo. Se inició en Inglaterra y fue llamada Revolución Industrial. Hasta ese entonces, el término "industria" solamente designaba una virtud humana: la dedicación al trabajo. Ahora adquiriría un significado más amplio, para describir a todo un sector económico que contribuiría a la riqueza en mayor medida que la agricultura en toda su historia; aunque a la vez, cobrara un elevado precio: gran sufrimiento del individuo.

Las máquinas no fueron novedad en aquella época. La verdadera innovación consistió en domeñar el vapor, que permitió su aprovechamiento para máquinas más poderosas y eficientes en la producción de carbón y minerales, y la manufactura de mercancías, como los textiles. La invención más sorprendente fue la de los trenes y barcos de vapor, que parecían acortar el tiempo. El liderazgo inglés fue real, pero breve. Otros países progresaron, cada uno a su modo, por el camino de la tecnología.

EUROPA OCCIDENTAL 1775–1900 D.C.

EL VAPOR: ESCLAVO... Y AMO

La historia del motor de vapor se inicia con los antiguos griegos. En 60 d.C., Herón de Alejandría describió cómo los "vapores del agua" podían usarse para abrir las puertas de templos y hacer sonar cornos sin intervención humana, y crear otros efectos especiales con los que los sacerdotes podían asombrar a sus congregaciones.

Siguió un lapso de 1650 años antes de que un fundidor y herrero inglés, Tomás Newcomen, de Darmouth-in-Devon, inventó el primer pistón de uso práctico y el motor de cilindros. En 1712, logró que el motor bombeara el agua de una mina inundada, en Staffordshire. Ya en 1775, se usaban unos 100 motores Newcomen en las minas de carbón de la región del Tyne, y otros 60, en las minas de metal de Cornualles. La posibilidad de aplicar los motores de vapor para mover maquinaria era casi una realidad. El mayor de los pioneros fue el constructor de instrumentos James Watt, de Glasgow, Escocia. Watt llegó a Birmingham en 1775, y perfeccionó el motor Newcomen al añadirle un condensador y una cubierta.

Estos dispositivos aumentaron tanto la energía que el industrial Mateo Boulton quedó impresionado y decidió asociarse con Watt. Ambos solicitaron patentes y construyeron varios motores de bombeo para minas y destilerías; sin embargo, los dos sabían que las verdaderas ganancias se obtendrían al inventar motores para la floreciente industria textil, cuya maquinaria funcionaba hasta ese momento con agua o con animales de tiro. Era una oportunidad que muchos otros ingenieros conocían, pero nuevamente Watt fue el primero en inventar el motor rotativo, capaz de mover ruedas. Mediante esto, la industria textil

Vida en la fábrica *A mediados del siglo XIX, la industria textil inglesa empleaba a más de un millón de trabajadores. Muchos de los operarios eran mujeres, que laboraban largas jornadas en condiciones insalubres.*

Triunfo vaporoso *Inaugurada en 1830, la ruta de Liverpool a Manchester fue la primera en utilizar locomotoras y transportar una gran cantidad de pasaje.*

Balance del progreso *Las zonas sombreadas muestran los yacimientos de carbón y las minas de hierro de Suecia, en 1851, cuando se inició la Revolución Industrial.*

y multitud de otros procesos de manufactura podían ser impulsados con vapor. Además, Watt se las ingenió para encontrar la manera de medir la nueva energía. Luego de experimentar con un robusto caballo de tiro, estableció una medida en unidades de caballos de fuerza. Cada unidad fue definida como 33,000 pies-libra de trabajo por minuto. Un pie-libra equivalía a la fuerza del peso de una libra (454 g) desplazada un pie (30.4 cm).

La necesidad de un motor de vapor autoimpulsado era tan antigua como la de un motor que moviera maquinaria. El mérito por el primer automóvil de vapor pertenece al oficial del ejército francés Nicolás Cugnot, quien, en 1769, fue encarcelado por manejar un vehículo en un camino, a baja velocidad. Los franceses, arremolinados a las orillas del Sena, presenciaron en 1803 la primera operación de un bote de vapor; en este caso, el inventor fue el estadounidense Robert Fulton. A partir de tales inicios, ocurridos en el transcurso de una sola generación, surgieron ferrocarriles y líneas navieras que enlazaron todo el planeta.

> *"La naturaleza puede ser conquistada si hallamos su punto débil."*
>
> JAMES WATT, 1765

Se creyó que las mercancías baratas producidas por motores de vapor, y distribuidas fácilmente por transportes de vapor, crearían una nueva utopía en la que desaparecería el trabajo tedioso. Pero había un problema: Alejandro Ure (1778-1857), un escocés autor de *La filosofía de la manufactura*, señaló que "el objetivo y la tendencia constantes de toda mejoría en las máquinas es reemplazar el trabajo humano o disminuir su costo". Esto se conseguiría, según Ure, "al sustituir la industria de los hombres con la de mujeres y niños, o la de los artesanos especializados con la de obreros ordinarios". En las primeras etapas de la industrialización, esta filosofía tuvo gran atractivo para muchos dueños de fábricas, que emplearon mano de obra barata para que trabajara largas y tediosas horas de "industria", frecuentemente en condiciones peligrosas, o insalubres. Para muchos obreros, el vapor no fue un benefactor sino un tirano. Carlos Marx, que estaba exiliado en Inglaterra y que presenció la industrialización en Europa y el descontento que produjo entre los trabajadores, consideró que la revolución política y social era inevitable: el viejo orden se derrumbaría y tomaría su lugar un Estado del proletariado. El cambio llegó gradualmente, casi sin revoluciones; se logró en cuanto las clases obreras ganaron el derecho al voto y las horas y condiciones de trabajo fueron legisladas ante la presión de los sindicatos y la intervención estatal.

Conforme las máquinas se volvieron más complejas, requirieron obreros capacitados con elementos teóricos. A fines del siglo XIX, la educación técnica estaba más desarrollada en Alemania que en Inglaterra y otros países. Los alemanes formaron sus escuelas antes de la industrialización, mientras que los ingleses las crearon sólo como respuesta a los tiempos cambiantes. Alemania fue líder europeo en la ciencia aplicada a la industria.

Mensaje moral *William Bell Scott idealizó la actividad del nuevo proceso industrial en esta pintura de 1850.*

Poder para la industria *Watt usó engranes para convertir el movimiento horizontal en giratorio, para impulsar máquinas.*

El porvenir *En esta imagen de 1830, se ilustran futuros problemas: aviones que vuelan sobre un coche que estalla, y un hombre va con zancos de vapor. Las damas de la carroza tosen por el humo.*

EL PAN DE CADA DÍA, A MÁQUINA

La llamada Feria del Paño era un gran acontecimiento del calendario rural. Se trataba de una feria de empleos, donde se contrataba a campesinos y sirvientes durante un año, a cambio de sueldo fijo, alojamiento y comida. Los candidatos se paraban en las calles usando un botón en la solapa, o una banda en el sombrero, para indicar su oficio. Las mujeres lucían vistosos listones y los hombres llamativas corbatas de seda.

A fines del siglo XVIII, las nuevas máquinas y las técnicas científicas de rotación y selección de cultivos volvieron más productiva la agricultura: fue una revolución agrícola que surgió junto con la industrial. Sin embargo, buena parte de los campesinos mantuvieron sus costumbres. Había quienes consideraban degradante la Feria del Paño, pero en realidad, ésta permitía a los campesinos elegir a sus amos.

Celebrar la victoria *Para sobrevivir, la gente del campo debía triunfar, anualmente, sobre el tiempo y el clima. Una cena de la vendimia, a veces antecedida por procesiones como ésta, que pintó Tomás Rowlands en 1823, celebraba una buena cosecha.*

No todos los tratos funcionaban: en algunas aldeas, la feria de contratación era seguida de una Feria de los Fugados en la que los sirvientes inconformes buscaban nuevos empleos.

En la granja, los hombres vivían junto a los establos, y las mujeres se alojaban en la casa. Los trabajadores migratorios ayudaban cuando la temporada lo requería. Para la cosecha, hombres, mujeres y niños de aldeas enteras salían al campo a laborar jornadas de 16 horas y a veces, también trabajaban de noche. Los hombres segaban maíz con guadañas, avanzando en filas escalonadas. Era un trabajo difícil, pues la paja raspaba al calor del sol. Los pleitos menudeaban, especialmente si un segador entraba a la línea de otro, pues alteraba el ritmo de trabajo. Ricardo Jefferies, hijo de un granjero de Wiltshire, escribió: "Segar un campo era insoportable para todo aquel que no tuviera talento innato. Se ennegrecían los cuellos; los torsos desnudos se volvían planos y rígidos; el esternón también se ennegrecía, y los brazos, fuertes y cenizos, parecían envueltos en cuero."

Tras los hombres, pasaban las mujeres y niños que recogían el cereal y lo amarraban con hojas, una labor con ritmo propio. Los haces se dejaban secar al sol y al viento, antes de ser transportados en carretas a la granja. Ahí se colocaba el grano en hacinas, para que se terminara de secar bajo techos de paja o alquitrán, y encima de tarimas de madera o hierro, para ventilarlo y protegerlo de las ratas. Todo un año de trabajo dependía del buen clima y la eficiencia de la cosecha. Un clima húmedo, por el riesgo de moho y putrefacción, significaba desastre inminente.

A mediados de siglo, se introdujo en el campo el motor de vapor, pero las máquinas nunca sustituyeron al caballo, que proveía enteramente la fuerza motriz que requerían muchas granjas. Entre las razas que alcanzaron su madurez en el siglo XIX, figuran las Clydesdale, Suffolk y Shire en Inglaterra, y las percherón, Ardenas y belga en el resto de Europa. Con peso de 1 ton, estos caballos gigantes tiraban de enormes cargas.

Como el cercado de los pastizales comunales obligó a los campesinos a renunciar a la vaca familiar, los hacendados monopolizaron la producción de queso, mantequilla y leche. La lechería fue siempre una instalación importante, y algunas granjas contaban con queserías parcialmente hundidas en la tierra, con el fin de mantener la temperatura constante en el proceso de maduración. Las cuevas Cheddar habían sido utilizadas durante siglos, pero no fue sino hasta 1856, cuando José Harding ideó un proceso para fabricar queso Cheddar en las granjas.

Se ordeñaba el ganado en la madrugada y en el ocaso. La ordeñadora trabajaba en campo abierto o en el corral, y se sentaba en un banco. Con la

Al fresco *Las lecherías, con piso de piedra, o de mosaico, estaban orientadas hacia el norte, y sombreadas por árboles.*

Lechería de antaño *Banca para ordeñar y mesilla para guardar queso.*

Tipos de vagón *Cada lugar de Inglaterra contaba con un modelo de vagón para transportar carga. Esta versión tenía ruedas anchas para el terreno rugoso y mucha capacidad de carga. Las vigas desprendibles sostenían maíz y heno.*

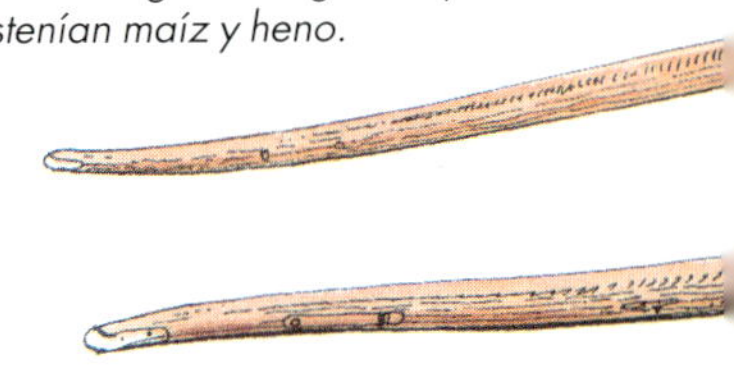

Maravillas modernas *Los caballeros admiran las máquinas más recientes. Arados de vapor, rebanadoras, excavadoras giratorias y otros artefactos contribuyeron a la eficiencia en la agricultura.*

MEJORAR LA RAZA

Ya desde la Edad de Piedra se practicaban las cruzas de ganado, controlando por completo los mejores animales domésticos y favoreciendo su reproducción. Robert Bakewell, hijo de un ganadero de Leicestershire, nacido en 1725, introdujo métodos más científicos. Seleccionó animales que mostraban las cualidades que quería desarrollar, tales como mejor lana o mayor rendimiento lechero. Las cruzas cuidadosas y la erradicación de bestias indeseables lo ayudaron a lograr su objetivo, especialmente con el ganado Longhorn y las ovejas de Leicester.

Amo orgulloso *Un ganadero posa en esta pintura, de una oveja de nueva raza, que produce más lana.*

cabeza clavada en la grupa de la vaca, acariciaba al animal para poder dirigir el chorro de leche tibia a la cubeta de madera. Las cubetas de metal, producidas en las fábricas, contribuyeron a mejorar la higiene, pero aun así, era importante evitar que la vaca arruinara la ordeña al meter la pata en la cubeta, o al dejar caer estiércol en la leche. No existía la leche embotellada. Del establo, la leche en tonel se transportaba a caballo a las ciudades y aldeas; las amas de casa la compraban del tonel y la vertían en sus propias jarras. Desde 1850, la leche se llevó a las ciudades en trenes que tenían sistemas de enfriamiento.

Además de encargarse del ordeño, las mujeres hacían gran parte del trabajo físico: los grupos que recogían las piedras, luego de arar los campos, estaban integrados por mujeres y niñas. Desherbaban los cultivos y cortaban la fruta de los huertos; en invierno, limpiaban nabos y remolachas para el ganado, con los dedos ateridos de frío. "Regresaban a casa mojadas y enlodadas —escribió un cronista—, donde les esperaba el trabajo de lavar, cocinar, coser, y demás labores que hay que hacer cuando se tiene una familia numerosa."

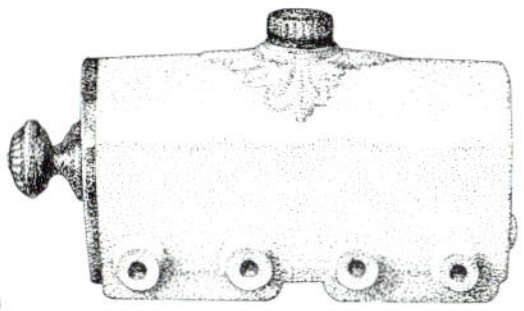

Biberón *Botellas de piedra para alimentar lechones.*

La agricultura inglesa paso por ciclos de prosperidad y depresión. Su "edad dorada" duró de 1850 a 1870, cuando el uso de técnicas modernas y fertilizantes, mejores drenajes y mecanización, contribuyeron a incrementar el rendimiento; luego, siguió una serie de veranos húmedos. Pero la causa de la crisis fue la competencia al otro lado del Atlántico. El trigo de Estados Unidos era exportado y vendido a precios que resultaron catastróficos para los granjeros británicos.

La agricultura europea se vio afectada por el desafío estadounidense. Los gobiernos de Francia y Alemania elevaron los aranceles para evitar la entrada de trigo estadounidense. Desde 1880, llegó a Europa carne congelada de Australia y Nueva Zelandia, y para fin de siglo se comenzaron a importar alimentos enlatados. La industria doméstica fue casi erradicada y los campesinos desempleados tuvieron que acudir a las ciudades, o emigrar.

Holanda y Dinamarca fueron los primeros en usar la maquinaria en la agricultura, pero en el resto del continente el campo se transformó con mayor lentitud que en Inglaterra. El campesino francés, por ejemplo, fue más independiente que el británico, pues abundaban los pastizales comunales y no necesitaba maquinaria: a fines de siglo, la agricultura francesa estaba escasamente mecanizada. En algunas regiones persistieron las prácticas antiguas: había quienes recorrían las aldeas para llenar barriles con excremento humano y venderlo como abono.

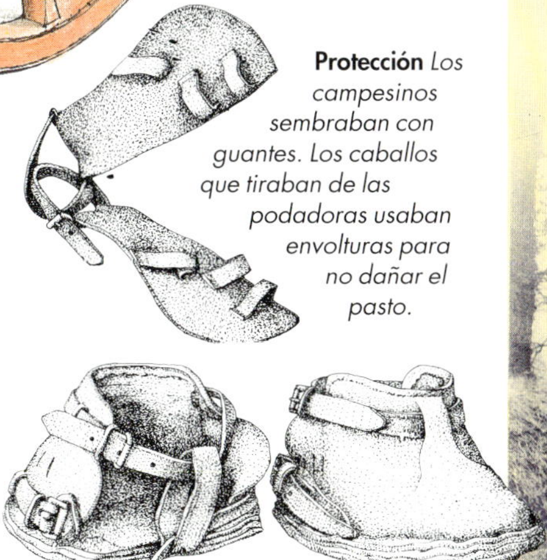

Protección *Los campesinos sembraban con guantes. Los caballos que tiraban de las podadoras usaban envolturas para no dañar el pasto.*

Los pros y los contras *Las trilladoras de vapor, introducidas en 1840, aligeraron la faena de separar el grano de la paja. En cuanto la trilla a mano fue obsoleta, muchos granjeros redujeron costos al despedir mano de obra innecesaria.*

A BORDO DEL CABALLO DE HIERRO

En su vejez, la actriz inglesa Fanny Kemble rememoró su primer viaje en tren, en 1830. "Cuando cerré los ojos —recordó— me invadió la deliciosa sensación de volar." El "caballo de hierro" no la asustó: era "un animalito rugiente al que daban ganas de acariciar".

Pero no todos compartían su opinión. Los hacendados advirtieron que zorros y faisanes se extinguirían por el humo de la locomotora, y que lo mismo pasaría con los pasajeros cuando el tren entrara en un túnel. Sin embargo, el populacho se entusiasmó con la nueva forma de viajar.

El crecimiento de las vías férreas fue formidable: en 1838, había 800 km de vías en Inglaterra, contra 8,000, en 1848; la cifra se incrementó anualmente durante el resto del siglo. En el Continente, el ferrocarril apareció después, pero creció rápidamente, y sin la restricción de los mares. En 1914, Alemania tenía el doble de vías que Inglaterra, y Francia, una cuarta parte más. Bradshaw publicó su primer horario de trenes en 1839, y la primera versión continental apareció en 1847: se publicarían durante más de un siglo.

Al tiempo del tren

Para que los trenes pudieran ser puntuales, el horario debía ser el mismo en toda la nación. Hasta ese momento, variaba media hora entre la costa este y la oeste. En las estaciones, se colocaron relojes con la "hora del tren"; así se impuso la uniformidad en el comercio, la industria y el público. Para muchas personas, los trenes fueron la primera oportunidad de conocer el resto del país. Los aldeanos visitaron las ciudades y los citadinos viajaron al mar o a las montañas. Los económicos boletos para los días de mercado abrieron nuevas oportunidades. En 1841, un predicador llamado Tomás Cook fletó un tren; quería transportar a 570 amigos de la Sociedad de la Templanza de Leicester, a una reunión en Loughborough. Para 1845, el pionero de las agencias de viajes ya los ofrecía a los trabajadores de la provincia; y en 1851, transportó miles de pasajeros a Londres para presenciar la Gran Exposición, cuyo éxito quedó asegurado por los ferrocarriles.

Nuevos empleos *En la era del ferrocarril, se levantaron estaciones en toda Inglaterra, que crearon empleos, como el de este maletero de 1870.*

Silbato de guardia

La vida cotidiana se vio afectada: los periódicos llegaron a lugares más lejanos, el popular porte de correo de un penique, en 1840, no hubiera existido si dos años antes no se hubiese autorizado que los trenes transportaran el correo. Las estaciones ofrecieron nuevas diversiones en sus interiores; una de ellas fue la librería: "El ferrocarril ha hecho que se duplique el número de libros publicados", escribió uno de los primeros pasajeros victorianos. Miles de litros de leche llegaban frescos a las ciudades cada mañana. Los huertos ya no tuvieron que estar en la entrada de las ciudades; se alejaron, dejando sus viejos y costosos terrenos libres para la urbanización. Uno de los mayores cambios se advirtió en la aparición de los suburbios. Fue sorprendente la fundación de nuevas poblaciones, o el cambio de carácter de las antiguas, a raíz del ferrocarril. Ciudades pequeñas, como Crewe, Reading y Swindon se expandieron por ser cruceros en la red nacional. En poco tiempo, se cuadruplicó el comercio de Manchester; Liverpool, el principal puerto sobre el océano Atlántico, pudo comunicarse con el resto del país.

Las fábricas crecieron al mismo ritmo y, cuando se inauguró en 1841 la ruta entre Londres y Brighton, aparecieron los primeros boletos múltiples o abonos de transbordo. "Los suburbios eran como una provincia de la estación del tren —recordaba uno de los primeros pasajeros—, un estado que existía a unos cuantos pasos de allí." La desventaja fue lo primitivo de los túneles, que dejaron su huella en el paisaje. Cientos de ciudades fueron destruidas cuando se tendieron vías

SALIDAS Y LLEGADAS

El entusiasmo que despertaba el viaje en tren fue capturado en esta pintura, de 1862. W.P. Frith retrató la agitación a la hora de salida, en la estación Paddington. La madre despide a su hijo, algunas damas jóvenes intercambian noticias, los detectives arrestan a un sospechoso, y un hombre barbado —autorretrato del artista— discute la tarifa con el conductor del taxi. Frith se pasó un año pintando esta obra; cuando fue exhibida, unas 80,000 personas pagaron por verla.

Ni siquiera las incomodidades del viaje disminuyeron el orgullo por el ferrocarril. En sus primeros años, los pasajeros de tercera clase viajaban en vagones descubiertos, y sin asientos. Los de segunda y primera clase viajaban en vagones con corrientes de aire, y sin iluminación, aunque sobre ruedas muy decoradas. El equipaje iba en el techo.

Los pasajeros aguardaban junto a la cabaña del guardavías, sin la plataforma elevada que los ayudara a subir o bajar del tren. En las ciudades, los arquitectos construyeron estaciones en diversos estilos, como el palacio gótico de la estación de St Pancras, en Londres; así conmemoraban las maravillas de la Edad Industrial. A través de las amplias salas de la estación, pronto fluía una gran marea de trabajadores, viajeros de largas distancias y vacacionistas.

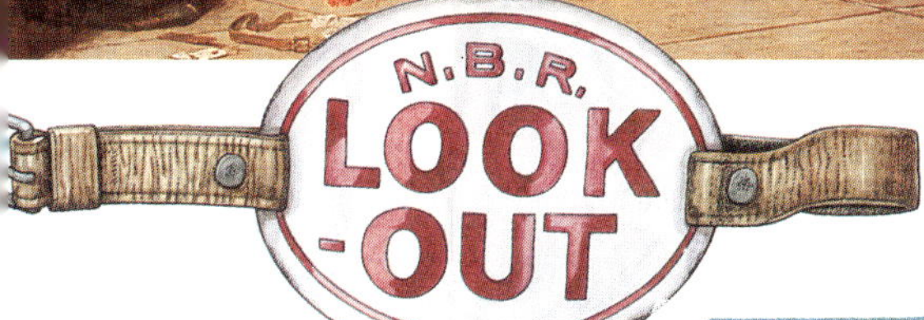

Alerta
Mientras 200,000 peones —los mismos que excavaban los canales— tendían las vías férreas, los vigilantes, que usaban distintivos en los brazos, prevenían accidentes.

¡Boletos, por favor! *Tarjetas de cartón permitían que los trabajadores viajaran de las oficinas a las casas, en los suburbios.*

por las urbes, y miles de inquilinos pobres fueron lanzados a la calle sin compensación. El efecto perturbador del tren fue innegable. Cuando se terminó la ruta entre Berlín y Leipzig, hubo quejas de "movimientos constantes de peatones, carretas, taxis y otros vehículos en la hermosa calle Leipziger", y advertencias de que se convertiría en una "avenida de fábricas".

Pero, en general, los trenes europeos aprendieron de los errores británicos. Cuando Alemania se convirtió en imperio, en 1871, todas las vías eran propiedad del Estado, y aunque en Francia las compañías eran privadas, como en Inglaterra, estaban totalmente bajo control estatal. La centralización condujo a decisiones muy sensatas. Muchas ciudades del continente tuvieron una estación central a la que llegaban todas las líneas: ello era menos molesto que las 15 terminales de Londres. Pero los ingleses sintieron que la intervención estatal era un exceso de autoridad. Alguien se quejó de que "la diferencia entre los oficiales de los trenes ingleses y los europeos estriba en que en los primeros, son sirvientes del público; en los segundos, son los amos".

Labores del hogar
El trabajo doméstico continúa a bordo, en un canal francés de fines de siglo. Los barqueros europeos llevaban la familia como tripulantes, para reducir los costos: era necesario, ante la competencia del ferrocarril. Los habitantes de los canales desarrollaron un estilo de vida propio.

CUANDO LOS RÍOS ENLAZARON LA INDUSTRIA

Antes del advenimiento del tren, era más fácil transportar mercancías por agua que por tierra. Por ríos como el Támesis y el Severn, los barcos comerciales navegaban, o eran jalados por cuadrillas a caballo o con cables. Pero las inundaciones del invierno y las sequías del verano dificultaban la navegación; se prefería los canales, porque los niveles de agua eran constantes: fueron el sostén del comercio durante la Revolución Industrial.

Un caballo cargaba 125 kg en el lomo, pero podía tirar de una carga de 50 ton en una barca por un canal. Así, el duque de Bridgewater decidió construir el mayor canal de Inglaterra para reducir el costo de transporte de carbón, desde las minas en Worsley, Lancashire, hasta Manchester. El Canal Bridgewater fue inaugurado en 1761. Las embarcaciones del canal fueron decoradas con pintura y sogas alusivas. En los descansos del trabajo, las mujeres pasaban el tiempo tejiendo, decorando con encajes bonetes y blusas, e incluso, gorras para los caballos. En 1792, el entusiasmo inglés por los canales fue calificado de "manía". Pero la época del canal fue breve en Inglaterra, en tanto que perduró en el resto del continente, donde un sistema de canales unió a Francia, Alemania y Bélgica, por el Rin, el Ródano y el Sena. También hubo canales que enlazaron el comercio marítimo, en los puertos de Hamburgo y Rotterdam. En Holanda, se usaron para drenaje y navegación.

Bonete de barquera

Unión con el mar *Sofisticada ingeniería creó las esclusas y puentes ferroviarios del Canal de Manchester, inaugurado en 1894. El canal unió la industria de Lancashire con el río Mersey y el mar; así contribuyó a la prosperidad de la región de Manchester.*

PROGRESO EN EL PALACIO DE CRISTAL

Entre 1800 y 1850, el progreso comercial de Inglaterra, basado en el carbón, el hierro y el motor de vapor, fue formidable. Al vislumbrar los decenios venideros, ni siquiera los más escépticos predijeron otra cosa que el avance de la paz y la prosperidad. Se pensó que algo debía hacerse para subrayar el momento: ¿Qué mejor que presentar una gran exhibición en la que el país demostrara al mundo sus logros? El principal portavoz de la idea fue Henry Cole, un funcionario que obtuvo el apoyo del príncipe Alberto, consorte de la reina Victoria. Fue el príncipe quien propuso que la exposición no se limitara únicamente a Inglaterra. Argumentó que esto "presentaría un retrato viviente del grado de desarrollo al que ha llegado la humanidad... y un nuevo punto de partida desde el cual todas las naciones dirigirían sus avances futuros". Se formó rápidamente un comité, se invitó a expositores y se pidió financiamiento y contribuciones; se eligió un lugar en el lado sur del Hyde Park londinense.

El plan también atrajo críticas. Un diputado, alarmado con la posibilidad de que la ciudad se viera invadida por la muchedumbre, advirtió al Parlamento sobre los peligros en que quedaban sus esposas, hijas y propiedades; los riesgos de enfermedades y fracaso económico, e incluso dijo que los extranjeros robarían el honor de la nación y mencionó la ira del Todopoderoso. Pero el comité organizador estaba más preocupado con el hecho de que aún no disponían de un edificio para alojar la exposición. Ya se habían rechazado unos 250 proyectos.

Por suerte, surgió el hombre indicado. Joseph Paxton, jardinero en jefe, amigo y socio del duque de Devonshire, propuso un proyecto basado en el invernadero del duque, en Chatsworth, que concebía la sala de exposición como una etérea creación de hierro y cristal. Sería un edificio prefabricado, fácil de erigir y desarmar, y sumamente atrayente. Mucho antes de concluir la obra, la revista *Punch* la bautizó como "El Palacio de Cristal",

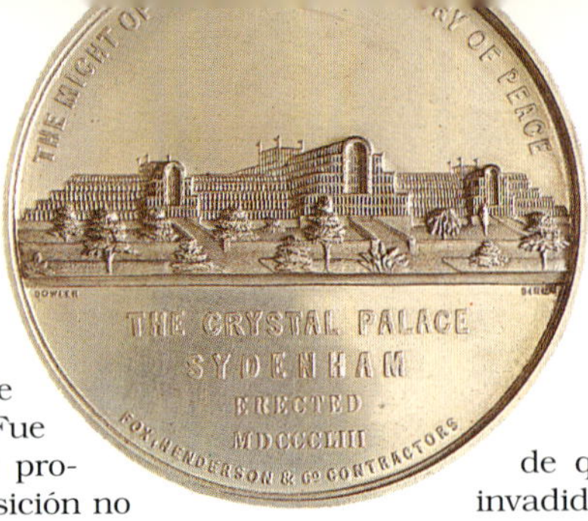

Nuevo hogar *Tras la exposición, el edificio fue reconstruido en Sydenham.*

UN DÍA EN LA GRAN EXPOSICIÓN

Por la nave occidental del Palacio de Cristal (aba.), pasan las familias con sus hijos, mirando con asombro los últimos logros en la industria y en la tecnología en el pabellón inglés, en una exposición donde participa todo el mundo. Sobre un panel de estuco reluciente penden banderas con los escudos de armas de las poblaciones inglesas, y modelos de dragones y aves, según el gusto de la época por las decoraciones intrincadas. Objetos esmaltados en el nuevo estilo japonés, en el estante de la compañía Spier e hijos, atraen el interés de los visitantes no familiarizados con el Oriente, y una impresionante cruz celta reafirma el papel del cristianismo en la sociedad. En la sección de imprentas, se incluyen libros en sistema Braille, una máquina que produce 2,700 sobres por minuto y un rollo de papel de 2.4 km, producido por la empresa Spicers. En la exposición de las artes, hay estatuillas y modelos como los que posee toda casa victoriana, gracias a las técnicas de producción masiva. Más allá de la nave occidental, otros 100,000 pabellones de todo el mundo esperan al público.

Hacia la nueva era *Una módica tarifa permitió admirar la última tecnología y el despliegue de las naciones en armonía.*

Palacio de acero *Los franceses se convirtieron en líderes de las exposiciones. La torre Eiffel, de 300 m de altura, asombró al mundo en 1889, y aún hoy domina el paisaje de París. Esta exposición marcó el centenario de la Revolución Francesa, y fue boicoteada por la aristocracia europea. Los visitantes de la exposición de 1900, volaron en globo, conocieron el cinematógrafo y admiraron al hada del flujo eléctrico, en las alturas del Palacio de la Electricidad. También tuvieron oportunidad de encontrarse con los "leones" de la época: Toulouse-Lautrec, Debussy, André Gide, Sara Bernhardt y el joven Picasso, que personificaron el paso de un siglo al otro.*

nombre que mandó al olvido el título de "La gran exposición de la obra de la industria de todas las naciones". Terminada, la construcción midió 563 m de largo, más del triple que la alargada catedral londinense de San Pablo. Hileras de esbeltas columnas de hierro fueron el soporte de los 83,000 m^2 de cristal que abarcaron 7.7 hectáreas de Hyde Park. El crucero tuvo una altura de 33 m para que cupieran en su interior tres antiguos olmos.

La reina inauguró la exposición el 1º de mayo de 1851, en presencia de muchos visitantes extranjeros y decenas de miles de súbditos. De mayo a octubre, asombradas multitudes contemplaron la exposición de productos de muchos países, organizados bajo los títulos de materias primas, maquinaria, manufactura y bellas artes.

Diariamente asistían miles al Palacio de Cristal. El tren del sureste inglés y el tren del norte francés se unieron para enlazar a París con Londres, en un viaje de 11 horas. Las excursiones en ferrocarril llevaron grupos de campesinos y obreros que nunca antes habían salido de sus lugares natales. Una mujer de 84 años, caminó 500 km desde su pueblo; en vista del esfuerzo, el alcalde de Londres insistió en pagarle el pasaje en tren, de regreso. La reina Victoria observó: "esta vigorosa anciana casi lloró de emoción cuando la miré".

Algunos de los objetos más populares en la exposición fueron el diamante hindú Koh-i-noor, exhibido en una especie de jaula; la fuente de cristal en el centro del edificio; un telescopio astronómico y dos sorprendentes esculturas: *La amazona*, del profesor Kiss, de Alemania, y *El esclavo griego*, del estadounidense Hiram Powers.

Menos glamorosas, pero igualmente impresionantes, fueron las locomotoras, motores naúticos y maquinaria agrícola de vapor que representaron los avances tecnológicos. Entre las maravillas industriales expuestas, estaba el martillo de vapor de Nasmyth, que podía calibrarse para golpear con una potencia de 500 ton, o con la suavidad necesaria para romper una cáscara de huevo; una imprenta vertical que producía 10,000 páginas por hora; una máquina que fabricaba 80 cigarrillos por minuto; un telégrafo copiador que transmitía facsímiles al aparato receptor.

La compañía Goodyear exhibió artículos hechos con caucho vulcanizado de la India, y el señor Mackintosh expuso sus ropas impermeables. El gran cañón de acero de la compañía Krupp, y el revólver Colt de Estados Unidos, despertaron el interés de los militares. Las familias se deslumbraron con los muebles, a veces tan intrincadamente ornamentados que su uso no quedaba muy claro: camas de hierro forjado, chimeneas y estufas, mesas, sillas y relojes. Incluso había una cama-despertador que, a la hora indicada, deslizaba a su ocupante hacia un baño frío.

Cuando la exposición se clausuró, el 15 de octubre, la habían visitado más de 6 millones de personas: una tercera parte de la población de Inglaterra. Para beneplácito de los organizadores, se compraron 1,092,337 refrescos, 934,691 bollos con 6,486 kilos de encurtidos, jaleas y jamón, y 870,027 bollos simples. La exposición fue un éxito internacional, que incluso redituó un 50% de utilidades.

Descanso *Unos trabajadores almuerzan junto al Palacio de Cristal terminado. Los cimientos del edificio fueron puestos en agosto de 1850, y la obra duró nueve meses más. En la construcción, participaron 2,260 obreros, contratados y ocupados todo el tiempo y simultáneamente.*

Instrumento *Este microscopio fue expuesto en la Exposición de París, de 1889.*

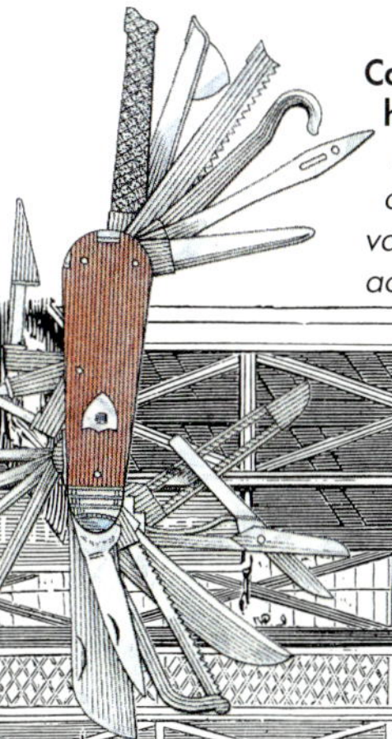

Caja de herramientas *Navaja dotada de varios accesorios.*

SOCIEDAD, SUBURBIO Y BARRIO

El ferrocarril y las máquinas provocaron grandes cambios en la vida cotidiana. Nunca antes vivió tanta gente en las ciudades, cuyo rápido crecimiento produjo problemas de viviendas inadecuadas y apiñadas, enfermedades, y oportunidades para el crimen nunca antes vistas. La miseria de los barrios de las ciudades industriales contrastó marcadamente con la existencia de los ricos, con sus espléndidos carruajes y mansiones.

Surgió un nuevo estilo de vida, pues los autobuses y tranvías significaron que se podía combinar el trabajo en las ciudades con el hogar en los suburbios. Para la clase media, más numerosa e influyente que nunca, el hogar fue muy valioso, un refugio del mundo tormentoso. El advenimiento del tren también significó que se pudiera comprar comida y mercancías producidas lejos de casa, y que se viajara fácil y cómodamente fuera del propio distrito. El ferrocarril y el telégrafo llevaron a un público cada vez más culto, noticias de sucesos en países lejanos. Dentro de las casas, la música de piano llenó salones, iglesias y capillas, teatros y tabernas, donde la gente encontraba alivio al turbulento y cambiante mundo.

EUROPA OCCIDENTAL 1830–1900 D.C.

ENTRE RICOS Y POBRES, UNA NUEVA CLASE

Cuando la reina Victoria subió al trono de Gran Bretaña, en 1837, la mayoría de sus súbditos vivían en el campo. La letra de un himno del siglo XIX —"El rico en su castillo, el pobre en su portal, Dios así los hizo, y distribuyó su propiedad"— hablaba del sentido hereditario del orden, que la gente experimentó durante la primera mitad del siglo. Sin embargo, mucho antes del final del reinado victoriano, quedó claro que nuevas fuerzas tomaban parte en la vida cotidiana.

Entre ellas estaban el motor de vapor y las nuevas máquinas, que a su vez creaban nuevas industrias en pueblos y ciudades. La expectativa de trabajo en las fábricas atrajo a la gente a las ciudades e incrementó la población urbana, en una época en la que la natalidad también aumentó en todos los países avanzados. En 1837, la población inglesa era de 15 millones; a fines de siglo, de 37 millones.

Igualmente profundos fueron los cambios ocurridos en la estructura social durante la segunda mitad del siglo XIX. El habitante del castillo seguía siendo rico, pero existían otros, más ricos aún, que construyeron mansiones desde las que podían mirar las fábricas que habían fundado. Mientras tanto, los pobres apenas lograban subsistir, y habitaban los barrios bajos de la ciudad. Sin embargo, el cambio social más notorio fue el florecimiento de la nueva clase media.

La clase media no fue un grupo social fácil de definir: sus numerosos miembros no eran aristócratas ni trabajadores manuales. En su seno, había dueños de fábricas, con ingresos de 10,000 libras anuales, y párrocos que subsistían con 200. Entre sus miembros estaba Wordsworth, el poeta amante del cielo raso; y también aquel industrial de Birmingham, a quien nada agradaba más que las co-

Hombre sólido *El paterfamilias, pilar de la sociedad victoriana, era monarca supremo de su hogar. La esposa, apoyada por los criados, se aseguraba de que no faltaran cenas sustanciosas, sombreros cepillados y camisas almidonadas.*

lumnas de humo, que significaban cuantiosas ganancias y que flotaban sobre una de las primeras ciudades industriales de Europa.

La creencia general era que la cualidad básica para pertenecer a la clase media era poseer al menos un sirviente en casa. Pero la institutriz, que ganaba 30 libras anuales, se consideraba parte de la clase media tanto como el médico que la empleaba. Los tenderos y el creciente ejército de cajeros contratados en los bancos, contadores y abogados, por igual fueron parte de este grupo tan diverso. Las clases medias victorianas se distinguieron no tanto por sus ingresos, como por cierta actitud y aspiraciones.

Vigorosas y conscientes de sus posesiones, las clases medias pusieron gran énfasis en el individualismo, el trabajo, el ahorro, la puntualidad y el sentido del deber. Sus logros y valores quedaron demostrados en la Gran Exposición de Londres de 1851, donde los descubrimientos científicos y los inventos declararon ganancias presentes y promesas futuras.

La clase media pensaba que el progreso material significaba mejora moral. Ambas cualidades fueron expresadas profusamente en sus casas, demasiado amuebladas, así fueran las mansiones de los altos ejecutivos o las interminables construcciones suburbanas para los empleados.

En mansiones y casas, el paterfamilias —la autoritaria figura del padre— era el cimiento de la vida, mientras que el "mayor orgullo" de la esposa era su "dulce humildad". Los dictados

Cambio de ropas *A principios del siglo XIX, la línea de moda era la de la diosa griega, mostrada aquí en una ilustración de 1814. En 1861, apareció la nueva indumentaria (aba.): crinolinas y miriñaques de alambre, que daban forma de campana a la usuaria.*

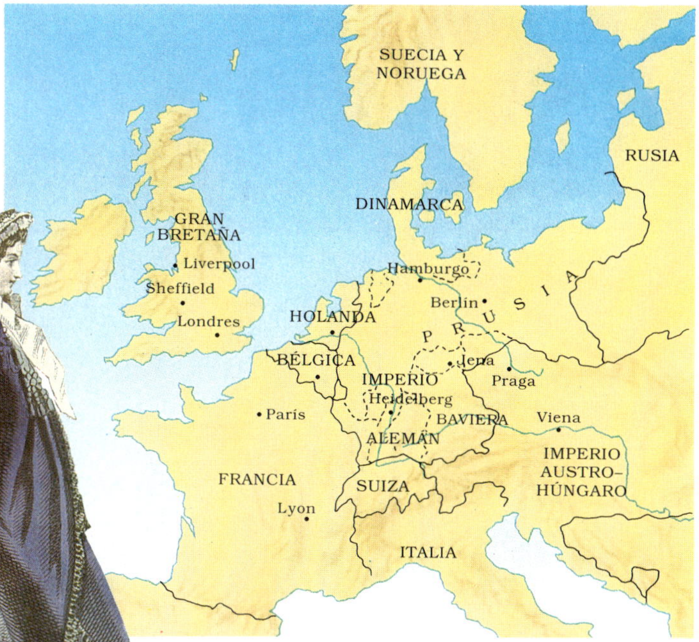

Patrias *En 1870, el mapa político de Europa comenzó a cobrar su forma actual. Prusia, el mayor de los recién unificados Estados Germanos, se extendía hasta la actual Polonia. También Italia nació como Estado.*

parisinos realzaban su posición decorativa, en tanto la crinolina y el polisón le impedían trabajar.

Aunque las clases medias lograron mucho, el paraíso que consideraban inminente aún estaba lejano. En los alrededores de los distritos victorianos prósperos, se acumulaban los barrios, donde vivía casi el 30% de la población. Las barriadas eran un legado de los primeros años de la Revolución Industrial, cuando no se consideraron las necesidades de vivienda de los trabajadores ni el fenómeno de la inmigración hacia las ciudades. Una sola habitación era compartida hasta por cinco familias, cuyo único abastecimiento de agua potable estaba contaminado por el drenaje. Proliferó el cólera, la disentería y el tifo; y en 1881, murieron de hambre más de 100 personas en el centro de Londres. La destrucción de las barriadas, cuando por fin se llevó a cabo, fue de poca ayuda para los más pobres, que sencillamente se fueron a formar otras. Unos cuantos patrones, como los textileros de Mulhouse, en la región alsaciana de Francia, construyeron buenas viviendas para sus obreros, y mejoraron gradualmente las casas para obreros especializados y estables. Sin embargo, las condiciones de vida de los más pobres siguieron siendo lúgubres.

En otras ciudades europeas, las condiciones no eran tan malas como en Inglaterra, donde la industrialización ocurrió antes y con mayor intensidad. Pero también eran severas: en la próspera Hamburgo, 10,000 personas murieron de cólera en 1892. Una familia típica de los suburbios rurales podía ser la del obrero de la construcción, que también trabajaba en el matadero, durante el invierno. Rentaba una casa con un jardín, donde su familia criaba un cerdo y dos cabras, pero pocas veces comía carne o fruta. La madre era empleada doméstica: su sueldo pagaba la mitad de la renta, pero sus cinco hijos tenían que contribuir a los gastos.

Escena victoriana *El pintor G.W. Joy retrató, en 1895, un grupo mixto en un autobús londinense. Describió a "la ansiosa madre pobre; en seguida, una joven a la moda, llena de dulces pensamientos; el hombre absorto en su diario; una enfermera saludable, y junto a ésta, una sombrerera".*

Visita social *Las damas de la época solían dejar tarjetas de presentación con una esquina doblada cuando visitaban la casa de una amiga y no la encontraban.*

EL SANTUARIO: HOGAR, DULCE HOGAR

A pesar de algunas diferencias, las clases medias de los países industrializados europeos estaban unidas por cierta reverencia hacia la santidad del hogar, que era un templo de la paz, un lugar de descanso donde el mundanal ruido podía quedar afuera. Una cronista de la época, Sara Ellis, escribió: "Cuando el padre regresa, el hogar debe ser un modelo de orden, armonía y comodidad." Según el filósofo francés Littré, "la vida privada debe ser vivida en casa; nadie tiene el derecho de asomarse a esta intimidad, ni de revelar lo que ocurre intramuros". En Alemania, un escritor se lamentó de las grandes ventanas de su casa, que "despojan a la estancia de su calma interna, y la relacionan demasiado con el mundo exterior".

La atmósfera interior de una casa de clase media era densa, oscurecida con el papel tapiz, el sombrío mobiliario y las alfombras con dibujos: todo ello servía de fondo a los retratos de familia y a los adornos que cubrían cualquier espacio vacío. Había manteles y carpetas encima de repisas, mesas y pianos, y los encortinados y plantas impedían la entrada de la luz del mundo exterior. Los nuevos ricos llamaban a los decoradores profesionales para que los guiaran en lo que debían comprar y la forma en que debían vivir. Con todo, había variaciones entre las casas y el comportamiento de sus moradores; a fines de la época victoriana, hubo una reacción contra los atiborrados interiores de los primeros años.

Las clases medias disponían de dinero, que gastaban en los novedosos y profusamente decorados productos industrializados. El estilo de la casa suburbana llegó hasta las mansiones ducales; incluso a la Casa Osborne, donde la reina Victoria y el príncipe consorte vivían en acogedora calma doméstica. Los aristócratas todavía llevaban las riendas del gobierno, pero los de éxito fueron la mayor influencia de la época. Estos hombres, a un tiempo moralistas y materialistas, revolucionaron la sociedad europea durante el siglo XIX. Gobernaban en sus casas como monarcas absolutos. Las esposas, que hacían caso de los dictados de las revistas de la época, subordinaban sus problemas al privilegio y al deber de apoyar al jefe de familia con su amor y ternura. Estas actitudes tenían un fuerte sabor religioso, particularmente en Inglaterra, donde la desconformidad ganaba terreno desde principios de siglo. Cada vez se hizo más deseable, cuando no moralmente correcto, que la casa estuviera separada del lugar de trabajo.

Juegos de familia *En los hogares de clase media, los cumpleaños eran ocasión para celebrar la santidad de la familia, donde los niños pasaban una infancia mimada y prolongada. Las habitaciones estaban repletas de muebles y cuadros con marcos tallados.*

Uno de los pioneros en este campo fue el evangélico lord Calthorpe. En las afueras de Birmingham, fundó el exclusivo suburbio Edgbaston, donde los comerciantes de la ciudad podían disfrutar de "las dulces caricias y la ternura de la esposa y los hijos", lejos de "las preocupaciones y ansiedades del mundo de los negocios".

En lugar de desempeñar un papel activo en la tienda o fábrica familiar, las mujeres de Edgbaston, y de suburbios similares, quedaron relegadas a la cocina y al cuarto de los niños, para ejercer ahí una "influencia pura y religiosa". Casi como un reconocimiento oficial de su posición, el gobierno incluyó por primera vez, en su censo de 1851, la ocupación "ama de casa".

Pero la misión más sagrada de la mujer era ser madre. Las familias grandes eran lo deseable, pues así lo dictaba la Biblia; los métodos anticonceptivos estaban en pañales, y muchas novias llegaban al lecho matrimonial con una difusa noción de lo que ahí ocurría. El resultado fue que, en 1861, la familia inglesa típica tenía seis hijos; algunas otras, diez o más.

Chez nous *Este diseño de 1864, de una casa francesa, demuestra que la moda era imitar la arquitectura gótica. El exterior, desde la torreta a la fachada, estaba tan adornado como las estancias, tras los ventanales.*

Obediencia al padre

Aunque la madre supervisaba la crianza de los hijos, al menos mientras fueran menores, el padre era el símbolo de la autoridad. Se inculcaba a los niños que su deber era complacer a los padres; los cuales, al igual que Dios, debían ser amados y temidos, emociones que la vara podía reforzar cuando era necesario.

Sin duda, había muchos padres cuya mayor felicidad era participar en los juegos de sus hijos, con muñecas, casas, tiendas, soldaditos y motores de vapor de juguete. Muchos de estos juegos eran didácticos y constituían una preparación para el futuro: rom-

Ejemplo de la moda *Las lujosas telas y refinado estilo de esta muñeca francesa reflejan la moda de la época. Hecha en 1875, la muñeca camina sobre ruedas y dice "Mamá". La cara y las manos son de porcelana.*

pecabezas de mapas y soberanos de Inglaterra, y para las niñas, patrones de papel para confeccionar ropa para las muñecas.

Por otro lado, en Francia, los padres primerizos de la clase media acostumbraban mostrar a sus recién nacidos ante los amigos tan pronto como fuese posible; también invitaban a sus hijos a juguetear en su cama por la mañana. Tíos y abuelos buscaban la compañía de los niños, en las cenas familiares del domingo. Los cumpleaños y confirmaciones eran importantes celebraciones, a las que se les daba mayor significado por el hecho de que los abuelos también eran padrinos.

Sin embargo, para la clase media británica, el Canal de la Mancha que los separaba de los franceses era menos ancho que el abismo que los separaba de la clase obrera. Esta brecha prevaleció cuando la clase obrera desarrolló su propia cultura. Los padres humildes veían a sus hijos como trabajadores potenciales, y como apoyo en la vejez.

Desde mediados de siglo, la educación fue accesible a todas las capas sociales, pero muchas familias no tenían medios para aprovechar esto, pues el sueldo de los hijos era parte esencial del ingreso familiar. No obstante, en algunas partes del país, especialmente en Escocia, las familias obreras hicieron considerables sacrificios para asegurar que los hijos más dotados recibieran una buena educación.

Los adultos complementaban su educación en escuelas dominicales, sociedades de perfeccionamiento y en institutos de mecánica. Los hombres y mujeres de clase media que enseñaban ahí inculcaban sus propios valores domésticos en la clase "obrera". El lugar de la esposa del trabajador, aclaraban, debía ser el hogar, como administradora e inspiración moral, dedicada a la crianza de los niños, la costura, la cocina y la limpieza. Las cabañas de los artesanos casi siempre eran lugares pulcros y acogedores, con niños de aspecto saludable y vajillas para celebrar las ocasiones especiales. El negociante bien intencionado y el obrero pudiente anhelaban progresar, y les resultaba conveniente ignorar a los desposeídos. Pero desde 1850, incrementaron la compasión y las demandas sociales.

Charles Booth calculó que una tercera parte de la población de Londres vivía en la miseria. Incapaz de creer en tal pobreza, el sociólogo cuáquero Seebohm Rowntree realizó su propio censo, en 1897, entre los habitantes de su ciudad natal. Sus resultados tuvieron un considerable efecto político. "Cuando una familia vive en una sola habitación, la vida hogareña es imposible: la familia se levanta y todos, padres, hermanos y hermanas, satisfacen sus necesidades. Por la noche, entre los olores del día, la familia se acuesta a dormir: en una sola cama tantos como sea posible."

Tal condición distaba mucho de los consejos impartidos por los "especialistas" en el manejo del hogar: "Una chimenea cómoda, buenos guisos, sin desorden ni suciedad de ninguna clase. Que no haya en la casa olores domésticos. El bebé deberá estar en cama cuando llegue el padre."

Vida en familia *A la luz de las velas, una familia pobre, pero trabajadora, pasa la tarde en distracciones útiles: la lectura, la costura y los juegos instructivos. En este modesto hogar, la mesa no tiene mantel, y la ropa para salir cuelga junto a la puerta.*

Ejercicios *Los niños escribían en pizarrones antes de pasar al papel.*

De una casa a la otra *Antes de que la educación fuese común, los niños aprendían a leer y escribir con mujeres que tenían escuelas en sus casas. En esta escuela de niñas, también se enseñaba a coser.*

EJÉRCITO CON DELANTALES Y COFIAS

LIMPIAR: DEL SÓTANO AL DESVÁN

En el hogar victoriano de un profesionista de éxito, por ejemplo de un comerciante o un banquero, la luz del alba alumbraba a unos 20 o más sirvientes, ya despiertos. Generalmente, la primera en levantarse era la fregona: a las 5 o 6 de la mañana ya estaba limpiando, o encendía la estufa para poner a hervir las primeras ollas. Las criadas también madrugaban, para desempolvar y ordenar las salas y, en invierno, para encender el fuego.

Una criada despertaba a la señora de la casa con una taza de té; un mayordomo hacía lo propio con el señor, a quien llevaba agua caliente, para afeitarse, y el diario matutino: algunos señores exigían que se plancharan los periódicos. Las nanas despertaban a los niños y les servían el desayuno, tras el cual, toda la casa se reunía para las plegarias. Luego, la familia se servía la primera de las muy abundantes comidas. A media mañana, los sirvientes ya habían realizado duros trabajos. Batallaban, hora tras hora, con la suciedad, especialmente la del carbón, que alguna de las criadas subía del sótano a la cocina.

En una escena típica de la época, la cocinera prepara pasteles, asistida por su compañera. Otras criadas lavan platos, un mayordomo limpia la plata y un muchacho pule los zapatos. Otro muchacho, un jardinero, lleva verduras a la puerta. Los sirvientes pasaban gran parte del día trabajando de pie. Una recadera, que ayudaba al cocinero y a las criadas, sube las escaleras desde la cocina, mientras una recamarera responde a una llamada desde el estudio, donde una de las hijas de la casa toca el piano. Los señores de la casa salen hacia su carroza, precedidos por la doncella de la señora. En una oficina junto al porche, el mayordomo principal y la institutriz entrevistan a una nueva criada; en la lavandería, se exprime la ropa con rodillos.

En el segundo piso, la institutriz dicta la lección en un cómodo salón de clases; ella ocupa una posición difícil: no es parte de la familia, pero tampoco es sirviente. La lección se interrumpe a media mañana, cuando una nana lleva leche para los niños. Por el corredor de alfombras azules, camina con paso digno un mayordomo, en tanto que otra criada lleva el desayuno a una joven que aún no se ha levantado. Los sirvientes se alojan en los desvanes. El personal que cuida del exterior, y que en su mayoría duerme en los establos, incluye al cochero, a los jardineros y al mozo de la carroza.

En servicio *La planta de sirvientes estaba rígidamente dividida en rangos. Cada uno, desde el mayordomo a la más humilde criada, tenía uniforme propio, planchado y almidonado para el retrato formal que adornaba toda repisa victoriana.*

Como los de arriba *El policía local, con el casco y el garrote en el suelo, durante un descanso, toma el té con los sirvientes. Todos ríen cuando una criada imita los afectados modales de la señora de la casa. Aun el gato parece divertirse.*

El quehacer de la casa, para las familias pudientes de la Inglaterra victoriana, era cuestión sencilla: nunca antes hubo un número tan grande de sirvientes que hicieran las labores cotidianas, lo que permitía a sus patrones cumplir otros objetivos. El señor de la casa podía dedicarse por entero a sus negocios, en tanto que la señora a la vida social, con visitas y cenas de gala, o a cualquier otra buena acción que quisiera desempeñar.

En cualquier hogar que se preciara de llevar una vida holgada, era obligatorio contar con una cocinera, una doncella y una camarera. El número de sirvientes era muestra de la posición social: mientras más ganaba una familia, más sirvientes contrataba. Las casas con más dinero empleaban hasta 40 o 50: además de doncellas y criadas, cocineras e institutrices, contaban con mayordomo, *chef*, ama de llaves, lacayos, caballerangos, camareros, y otros más.

"Tras el desayuno, la señora de la casa inspeccionará la cocina y otros recintos, para cerciorarse de que todo esté organizado... Entonces, impartirá la orden del día."

ISABEL BEATON: MANUAL DE ADMINISTRACIÓN DOMÉSTICA, 1861

Entre la servidumbre femenina, el ama de llaves estaba investida con la mayor autoridad: contrataba sirvientas, atesoraba las llaves de las alacenas, y tenía su propia habitación, donde comía y disfrutaba alguna bebida en compañía de los mayordomos, antes de dormir. Se contrataba a los mayordomos en pares, y generalmente debían medir más de 1.80 m. Vestían elegantes trajes, guantes blancos y sombreros con escarapela. A veces, usaban unos calcetines blancos, rellenos con perniles falsos para que sus piernas tuvieran mejor forma. Incluso los sirvientes que no iban de librea daban prestigio a los hogares.

Molino de lavandería *A pesar de lo difícil que era girar la manivela de esta exprimidora, era preferible a exprimir la ropa a mano. Una charola bajo los rodillos despejaba el agua.*

Casi toda la servidumbre estaba compuesta por mujeres, maduras y jóvenes; estas últimas aumentaron tanto que, en 1891, cerca de una tercera parte de las mujeres entre los 15 y 20 años eran empleadas domésticas. Comandadas por la señora de la casa y el ama de llaves, el servicio funcionaba como un disciplinado ejército: incluso el desayuno requería un inmaculado mantel de lino, y guisos como chuletas de carnero y macarela a la parrilla. Las cenas de gala constituían la prueba más difícil para los criados: copas, vajillas y candelabros debían relucir, y los uniformes y peinados de las doncellas debían ser perfectos. Se preparaban cenas de hasta cinco platillos, y los guisados debían conservarse calientes hasta que llegara el momento preciso de servirlos a los comensales.

Las labores de los sirvientes estaban claramente delimitadas. La mucama se encargaba del trabajo más pesado; las casas más ricas contaban con mucamas superiores e inferiores; a las últimas les tocaban las tareas más penosas. Las doncellas, elegidas por sus buenos modales y aspecto, recibían a los invitados en el vestíbulo, y servían las bebidas y sándwiches a la hora del té vespertino. Aun entre los sirvientes se establecían rangos claramente definidos. Al asistir a misa, los criados se sentaban por orden de importancia; en casa, los sirvientes de menor rango despertaban a sus superiores con una taza de té.

Toda joven que tuviera que ganarse el sustento terminaba como sirvienta. Se iniciaba a los 12 o 13 años en el hogar de algún tendero local, y uno o dos años después, podía llegar a la casa de algún noble: generalmente, era ella quien se procuraba uniformes, cofias y delantales. La joven criada recibía abundantes consejos de cómo comportarse y realizar sus tareas. Revistas y panfletos, algunos de ellos publicados por grupos religiosos, le inculcaban la necesidad de conformarse con su situación y le prohibían chismear con los vendedores o pensar demasiado en su precaria situación económica.

Aunque los salarios de los sirvientes eran bajos en comparación con los de las fábricas, incluían alojamiento y comida, a veces mejores que los que habían tenido en sus lugares de origen. En 1880, una criada novicia ganaba 7 libras anuales, y un ama de llaves, 30; una buena cocinera podía pedir 50; cuando había visitas, existía la posibilidad de que el salario se incrementara con las propinas. Algunas jóvenes se iniciaban como fregonas y pasaban de una casa a otra; avanzaban de posición hasta que se convertían en cocineras o, incluso, en amas de llaves. En cuanto a los criados, un muchacho podía iniciarse en la jardinería y llegar a jardinero en jefe.

Las vacaciones sumaban, en total, dos semanas al año; en algunas casas se les daba, además, un día libre al mes, las tardes del domingo, y alguna tarde libre entre semana. Hasta los más modestos hogares tenían por lo menos una criada; pero en estas casas, el quehacer era más duro: las jóvenes desempeñaban todas las labores y estaban a merced de la severa disciplina de sus patrones.

Problemas candentes *Las planchas se calentaban sobre los hornos o en la chimenea. Las criadas trabajaban con dos planchas: usaban una mientras la otra se calentaba.*

Muda de ropa *Dos jóvenes sirvientas hacen una pausa en sus labores para charlar. Una viste ropa de trabajo: las mangas cortas revelan brazos que el trabajo ha vuelto musculosos. Su colega se ha puesto la ropa que usa para salir a hacer ciertos deberes, como llevar la leche.*

LA GRAN VIDA EN LA CIUDAD DEL SENA

Los senderos recorren grutas, lagos y cascadas, junto a céspedes exquisitamente podados. Aunque, hacia 1869, el Bosque de Boloña tenía menos de un decenio de inaugurado, este popular parque, en pleno centro de París, ya estaba bien establecido. Fue un regalo que Napoleón III concedió a la Ciudad Luz, luego de que en su exilio, según dicen, había admirado el Hyde Park londinense. Juró que, si llegaba al trono de Francia, daría a los habitantes de París un lugar de esparcimiento similar al de la capital inglesa.

Éste no fue el único cambio que Napoleón III llevó a París durante sus 18 años de reinado, el Segundo Imperio. En combinación con el Prefecto del río Sena, el barón Haussmann, demolió unas 20,000 casas de la ciudad —la mayoría en los barrios pobres, donde se habían iniciado las revoluciones del siglo anterior— y las reemplazó con amplias avenidas y bulevares que partían desde el Arco del Triunfo y otras plazas aledañas.

En las nuevas vías, se erigieron edificios públicos exquisitamente decorados: estaciones de ferrocarril, un anexo al Museo de Louvre y la Ópera, con sus columnas de mármol de tres pisos de altura. Éstos se levantaban sobre las numerosas casas de campo, y los edificios de departamentos de hasta ocho pisos, con tiendas en las plantas bajas. Entre 1860 y 1870, las tiendas de París fueron la maravilla de Europa; auténticos tesoros que por las noches derramaban sus luces a las calles y envolvían a los transeúntes en una red dorada.

Deslumbrantes cafés y palacios

Los muchos cafés y restaurantes no eran menos coloridos que las tiendas; ostentaban decorados espejos, pinturas de querubines o de ninfas, que eran alumbrados con lámparas de

Vida en la ciudad *Los parisinos, al asomarse a sus balcones, dominaban las bulliciosas calles de la ciudad que Napoleón III mandó reconstruir. La vitalidad y colorido de París inspiró a pintores de todo el mundo.*

En el parque *Los elaborados vestidos de la época no impedían jugar, y aun correr, a las niñas parisinas de 1856. Sus hermanos demuestran habilidad con el aro, en tanto que la generación adulta disfruta, a un ritmo más tranquilo, saludando a los conocidos durante el paseo, o intercambiando noticias a la sombra de un árbol. Un caballero se detiene a leer el diario, impávido ante el bullicio infantil.*

gas. Las risas en los recintos privados de los cafés anunciaban que las *cocottes* entretenían a sus clientes con entusiasmo.

Los parisinos adinerados de la década de 1860 se dedicaban al placer con autoindulgencia ilimitada, y en una orgía de ostentación, expresada en deslumbrantes banquetes y bailes. Si se requería inspiración, ésta provenía del mismo emperador, cuya afición a los bailes de disfraces convirtieron el Palacio de las Tullerías en un cabaret.

La exageración y la extravagancia también reinaron fuera de la corte. Los magnates competían entre sí por el esplendor de sus casas: Menier, amo del chocolate, poseía una mansión de estilo barroco. Boni de Castellane, de familia noble y casado con una heredera estadounidense, tenía en su nuevo Palacio Rosado una escalera inspirada en la del Palacio de Versalles. Pero ni siquiera las más fastuosas mansiones en la ciudad retenían a la alta sociedad parisina todo el tiempo. En julio, quienes poseían un *chateaux* (castillo) empacaban vajillas, telas, juguetes de sus hijos y otros artículos esenciales para veranear en el campo, donde cazaban hasta la Navidad. En enero y febrero, se permitían otras vacaciones en la Riviera.

Al parecer, los ingleses inspiraron tales movimientos migratorios, pues "descubrieron" la Riviera y los ferrocarriles antes que los franceses. Con una gran diferencia: mientras la crema y nata de la sociedad francesa amaba París sobre todo, la clase alta inglesa prefería permanecer en el campo. La "temporada londinense", en la que se abrían las mansiones urbanas, corría únicamente de abril a julio; periodo en el que las hijas de los aristócratas se presentaban ante la corte. Sin embargo, las *garden parties* y los bailes para presentar a las jóvenes en sociedad palidecían en comparación con las de Napoleón III. Las esposas empleaban la "temporada londinense" en ir de compras o recibir visitas. Sus maridos pasaban gran parte del tiempo en los clubes, cuyas desgastadas pinturas, cómodos sillones, y aroma de cuero y cigarros, recordaban a los caballeros sus añoradas casas en los condados y en las campiñas.

Capital de la moda *Toda Europa acudía a París cuando de moda se trataba. En 1875, la moda femenina dictó el uso de polisones hechos de colas de zorro, cajas de alambre o cojines.*

De cerca *Los amantes de la ópera usaban binoculares de marfil para ver a los cantantes... y para espiar al público.*

El toque final *En la ópera, las damas portaban abanicos: hermosos objetos que aliviaban el calor de las lámparas de los teatros.*

Reunión en las carreras *Una de las atracciones del Bosque de Boloña era el hipódromo, donde los caballeros presenciaban las carreras con sus damas. El hombre de sombrero alto y barba puntiaguda parece más interesado en socializar que en la carrera.*

HORAS DE ESPARCIMIENTO

En el París del Segundo Imperio, el hombre joven y rico se despierta a una hora razonable: las 10 de la mañana. Se viste, lo cual es un asunto serio, pues la corbata debe estar impecable, al igual que las botas y la cinta negra del sombrero de seda. Luego de un desayuno ligero en su café favorito, pasea por los senderos sombreados del Bosque de Boloña hacia el hipódromo Longchamp, que está ubicado cerca del río Sena, un lugar popular entre los pudientes. No va al parque para ejercitarse, sino a seguir el ritual: en su grupo de amistades es importante ver y ser visto, y saludar a los conocidos con el grado justo de reconocimiento a su posición social. Posteriormente almuerza en el club, pasa una o dos horas con una amiga actriz, y en cuanto las sombras se alargan por el césped, regresa al bosque. Esta vez pasa por la Avenida de la Emperatriz, pues es la hora del famoso desfile, en el que se pasea en grupo por la ancha calle, a bordo de deslumbrantes carrozas. De vez en cuando, se detiene para deleitar la vista, mirando a las elegantes damas de sociedad que bajan de sus carrozas y barren el piso con sus largos frufrús. Entre ellas destacan legendarias cortesanas, como la hermosa Cora Pearl, de la que se rumora que pide un millón de francos por una sola noche. En cuanto oscurece y las luces se encienden en los bulevares, el caballero considera asistir al teatro, tal vez a ver la última opereta de Offenbach. Recuerda con una sonrisa la obra *Orfeo en el Infierno*, con su exuberante danza de cancán, que electrizó a la ciudad un año antes. Al rememorar esto, gradualmente acelera el paso, pues sabe que lo espera otra función excitante.

SANGRE Y FUEGO UNEN ALEMANIA

Descanso de los vencedores *Prusianos con botas enlodadas descansan en una casa francesa: ocuparon París en 1870. Francia tuvo que negociar con la poderosa Alemania unificada, en su territorio.*

Corre el año de 1860. Unos estudiantes ríen en un café de Heidelberg: uno de ellos ha contado un chiste acerca de alguno de los profesores. Luego, cantan una melodía que rememora tiempos antiguos y más sencillos. De pronto, cambia el estado de ánimo. Un joven inicia un cántico nacionalista, al son del golpeteo de tarros de cerveza sobre las mesas: la nostalgia abre camino a una nueva forma de vida.

En esa época, Alemania era un cúmulo de pequeños Estados que se asomaban a un futuro incierto. En 1848, el clamor de la nación pedía la unificación. Los funcionarios revolucionarios, junto con profesores, negociantes y abogados de toda Alemania, se reunieron en Francfort y ofrecieron al rey de Prusia la corona de la Alemania unificada. La oferta fue simbólica, pues no contaban con autoridad ni con el respaldo de un ejército. El rey rechazó "recoger del desagüe una corona", y envió sus tropas a aplastar la revolución.

La fuerza tuvo éxito, ahí donde los intelectuales fracasaron. En 1866, la Prusia de Bismarck derrotó en una guerra relámpago a Austria, su rival en la lucha por el poder sobre Alemania, y asumió el liderazgo de un país que procedió a unificar mediante una política de "hierro y sangre". Alemania marchó tras Bismarck en la guerra de 1870. Mientras la artillería prusiana bombardeó París, el rey de Prusia fue declarado káiser (emperador), Guillermo I de Alemania, en el Salón de los Espejos, de Versalles. El ejército logró el triunfo que los alemanes habían soñado durante años.

"Más vale una bala certera, que un discurso certero."
OTTO VON BISMARCK

Con la unificación de 1871, Prusia obtuvo la supremacía militar y económica de Alemania. Sagaces funcionarios prestaron dinero a las compañías más emprendedoras, en tanto que el ejército prusiano, admiración de todos, difundió su tradición militar por la nación entera. Luego de 1871, la admiración se transformó en adulación. El orden fue el primer deber del ciudadano. En la escuela se hizo vital la disciplina; en casa, la palabra del padre era ley. El militarismo influyó en la vida civil: un hombre valía poco si no tenía el rango de oficial de reservas. Era más apreciado un sargento, que el ministro que no había hecho servicio militar. En 1871, menos del 1% de los berlineses eran aristócratas, pero dominaban la Guardia Imperial: uno de sus regimientos contó con 13 príncipes y 10 condes. Las clases medias aspiraban a puestos menos privilegiados.

Un industrial se sentía complacido si asistían pomposos oficiales a sus bailes. Los policías, si tenían rango militar, exigían obediencia. Los funcionarios públicos vestían al estilo militar. Los obreros ambicionaban educar a sus hijos para que obtuvieran puestos en los servicios postales, de aduana, o cualquier otro que exigiera usar uniforme militar.

La vida cambiaba con rapidez. Las primeras casas estilo Bidermeier, cómodas y sencillas, se llenaron de muebles muy adornados, a imitación de la arquitectura triunfal berlinesa. Las óperas de Richard Wagner acerca de las leyendas germánicas fueron el canto de las sirenas para un pueblo que quería confirmar su identidad racial. El káiser Guillermo II, se convirtió en protagonista de un espectáculo sin público. El poeta Ludwig Thoma, encarcelado por ofender la dignidad real, describió como "pomposos" los discursos del káiser. Un cortesano observó que, en 16 años de reinado, hubo 37 cambios de uniforme.

Color local *Los pueblos de Alemania unificada siguieron luciendo sus coloridos atuendos nacionales.*

Un Estado industrial y un pueblo famosos por sus conocimientos e ingenio, fueron representados ante el mundo por oficiales cuyo origen era más importante que la capacidad personal. La veneración a los uniformes llegó al absurdo en 1906, cuando el criminal Wilhelm Voigt vistió un uniforme de capitán y ordenó ocupar el auditorio Köpenick en las afueras de Berlín: arrestó al alcalde y robó 4,000 marcos. Nadie pensó en discutir las órdenes del "capitán de Köpenick". Fue encarcelado, pero convirtió al país y al amor por lo militar en un hazmerreír.

Goces serenos *La clase media acostumbraba viajar al mar. Las mujeres preferían no broncearse con el sol, pues era mal visto. La clase obrera berlinesa pasaba el día en el parque, o en algún lago. También bebía: en promedio, en Berlín se consumía un tonel de cerveza por cada 148 habitantes.*

CUESTIÓN DE HONOR

Los duelos eran populares entre los estudiantes universitarios. Su propósito era superar lo que llamaban "der innere Schweinehund", o cobardía, al enfrentarse al vuelo de un sable, sin parpadear. Se protegían ojos y cuerpo: sólo el rostro estaba descubierto.

Los respectivos "padrinos" colocaban a los duelistas. Se enarbolaban los sables y se iniciaba el enfrentamiento. Si alguno era herido, intervenían los padrinos; un doctor, o un estudiante de medicina, atendía la herida. A menos que fuese grave, el duelo proseguía. En el mejor de los casos, un corte de sable hacia abajo provocaba que la mejilla colgara sobre la quijada. Las heridas eran suturadas con poca elegancia, para que la cicatriz pudiera ser admirada por los compañeros y las mujeres. La pertenencia a los clubes de duelos era vitalicia; los miembros veteranos, con todo y cicatrices, se reunían para cantar sus canciones favoritas, contar anécdotas de los buenos tiempos y beber cerveza.

Misión cumplida *"Creo que casi terminé mis estudios. Ya no me volveré a emborrachar." Revista* Simplicissimus, *1901.*

Símbolo de hombría *En los duelos entre estudiantes se prefirieron los sables a los floretes.*

Con todo, en Prusia las leyes en materia social eran avanzadas; ya desde 1853, se había prohibido que los menores de 12 años trabajaran en las fábricas. Otto von Bismarck introdujo, en 1880, un seguro de salud para obreros, jubilados y accidentados, con el fin de contrarrestar el atractivo de las ideas socialistas.

Junto al idealismo, coexistió una serie de rígidas normas morales. Cada grupo tenía sus valores éticos: había honor familiar, profesional y militar. En la novela *Effi Briest*, escrita por Theodor Fontane en 1895, un hombre mata en un duelo al amante de su esposa y luego la repudia: destruyó la felicidad, en nombre de un "honor" absurdo. Pero el *Mensurfechten*, o duelo de estudiantes, era aceptado entre cierta clase de personas, que se ufanaban de sus cicatrices.

Juguetes bélicos *Los niños preferían los* Hampelmänner, *o marionetas de madera. Con frecuencia estaban vestidos con uniformes prusianos.*

Culto a la naturaleza *El progreso fue acompañado de nostalgia por el pasado preindustrial, idealizado en esta ilustración de viajeros medievales. Pero el progreso, en forma de trenes, permitió que la gente llegara a los amados bosques y montañas. En 1897, surgió el movimiento juvenil entre escolares y maestros. Pasearon y escalaron; rechazaron el alcohol y el tabaco, en favor de las canciones folklóricas, en su busca de una inocencia perdida.*

"PAJARERAS", RATAS Y GINEBRA

En 1841, un doctor de Liverpool acudió al llamado de una paciente; al llegar, la halló a ella y a su hijo acostados sobre una cama de paja, en un sótano. El sótano, dijo el médico, "no tenía luz ni ventilación, y el aire era horrendo. Tuve que caminar hacia ella sobre ladrillos, pues el piso estaba anegado de agua sucia".

Los habitantes más humildes de las ciudades, en el siglo XIX, vivían en las peores condiciones. El flujo de obreros hacia las nuevas fábricas hizo tan apremiante la necesidad de vivienda que algunos colonizaron sótanos insalubres, en los que se filtraba el contenido de letrinas. Tan sólo en Liverpool, vivían en los sótanos 20,000 personas: los pisos estaban tan mojados que se veían obligados a sacar las puertas de los quicios y ponerlas sobre ladrillos, para usarlas como camas.

Moneda de la época

En Londres, el conde de Shaftesbury, que realizó obras de beneficencia para los pobres, encontró a una mujer que vigilaba su casa de una sola habitación. "Vea ese agujero —le dijo ella—, el casero no lo arregla. Tengo que velar todas las noches porque el agujero da a una letrina común, y las ratas salen por ahí, a veces hasta 20, y si no las ahuyento, podrían devorar a mi bebé."

Para satisfacer la demanda de vivienda, los departamentos fueron subdivididos en unidades aún más pequeñas, conocidas en Inglaterra como "pajareras", pues los altos y estrechos edificios estaban tan apiñados que parecían nidos de cuervos. Los edificios tenían goteras, andamiajes podridos y ventanas rotas cubiertas con jirones de sacos o trozos de papel. Dos o tres familias, y a veces más, compartían una sola de estas estancias.

Otras ciudades europeas tenían el mismo problema de sobrepoblación. En 1882, un médico parisino informó: "De una habitación han hecho dos. Colocaron 20 camas en estancias donde cabían sólo 10. Construyeron cobertizos en patios de por sí estrechos, lo que ocasiona una peligrosa condición de congestionamiento."

Los sucios sótanos e infestadas "pajareras" emitían sofocantes hedores que hacían que más de un visitante de clase media saliera corriendo a la calle, asqueado. En las calles, se amontonaban los desechos de los animales y la basura vegetal, que se descomponían, escurrían y cuajaban en el empedrado. Por esto, el harapiento barrendero era una figura familiar de la época victoriana.

Las heridas del *chummy*

Otro personaje familiar de las calles era el deshollinador, que ofrecía sus servicios de puerta en puerta. Los niños deshollinadores, llamados *chummies*, se iniciaban en esta labor desde los cuatro o cinco años, y la desempeñaban hasta que eran demasiado grandes para trepar por una chimenea. Los arrabales eran reservas inagotables de niños desamparados, que de otra manera quedaban destinados a los hospicios. Eran reclutados por un deshollinador adulto, quien los hacía trepar por estrechos tiros, de donde bajaban con los codos y rodillas ensangrentados. Se les embadurnaba salmuera en las heridas, para endurecerles la carne y prepararlos para la siguiente chimenea.

Si un *chummy* llegaba a adulto, podía ganarse la vida en uno de los muchos oficios practicados en los barrios bajos de la ciudad. Según el periodista Mayhew, que estudió detenidamente a los indigentes, existían oficios de limpiadores de huesos, buhoneros, cazadores de ratas, traperos, mendigos, pasteleros ambulantes e insólitos especialistas, como los buscadores de "puro", que rastreaban las calles en busca de deyecciones de perro, que luego vendían a las curtidurías: usaban esa materia por sus propiedades alcalinas y limpiadoras. Pero ésta era una vida precaria, en la que la enfermedad o un accidente implicaban la destitución y el hospicio. Una rastreadora de "puro", de 60 años de edad, le dijo a Mayhew: "Hoy no he ganado nada; pero, por favor, no se lo diga a nadie, señor. No puedo tolerar ni siquiera la idea de ir al asilo."

Vida en las calles *Tras la idealizada pintura de una sonrosada vendedora de flores, en una calle londinense, se ocultaba la dura realidad de una niñez que terminó antes de empezar. En contraste, a la hija de familia, con su madre, le esperan años de cuidados.*

Si bien existían los pobres con casa y trabajo, también había vagabundos y desposeídos que dormían bajo los puentes del ferrocarril, o en los parques; el número de los desamparados aumentaba en época de depresión económica. Sólo cuando la temperatura llegaba al punto de congelación, los desposeídos recibían 500 g de pan seco y un lugar en los refugios.

Las horrendas condiciones sanitarias de los arrabales los convertían en hervideros de enfermedades, como tifoidea y cólera. Sin embargo, aflicciones comunes como la desnutrición, la pulmonía y la tuberculosis cobraron muchas víctimas más.

> *"Atendí a una familia de 13; 12 sufrían fiebre tifoidea. Yacían en el suelo en tal hacinamiento que apenas podía pasar entre ellos."*
>
> MÉDICO DE LIVERPOOL, HACIA 1830

A mediados del siglo XIX, más de la mitad de los niños ingleses morían antes de cumplir 5 años, y la esperanza de vida promedio de los obreros era

Día de lavado *Numerosas familias vivían en un solo cuartucho. Debían sufrir la humedad en paredes y pisos, y problemas como lavar la ropa de seis personas, según se ilustra. Había que acarrear y calentar el agua, y sacarla después de usarla; la ropa luego goteaba desde el tendedero, frecuentemente sobre la cama.*

de apenas 17. Para las clases medias, la norma era de 25. Comúnmente, los hospitales eran insuficientes para los enfermos.

Los pobres de las ciudades encontraban algún alivio en las cervecerías y cantinas de sus lóbregos arrabales. En el Londres victoriano no existía una edad mínima para beber, y sólo hasta 1893 se impusieron restricciones en los horarios, por lo que la embriaguez abundaba. Un refrán popular rezaba: "Borracho por un penique, sin sentido por dos."

También abundaba la prostitución. Las mujeres más deseables desfilaban con sus faldas de crinolina en el sector oeste de la ciudad. Trabajaban individualmente o de dos en dos; cobraban de media a una guinea. Pero callejones y zaguanes oscuros eran ocupados por las prostitutas viejas, a las que las jóvenes acusaban de ahuyentar a los clientes. Una "desvergonzada bruja" descrita por Mayhew tenía "labios gruesos, piel oscurecida, actitud recelosa, lengua obscena y repulsiva"; parecía "un depravado espíritu de otro mundo".

Mayhew y otros escritores críticos de la época, como Charles Dickens, dieron a conocer las necesidades de los pobres de la Gran Bretaña. En la época en que imperaba el "ayúdese usted mismo", algunos individuos se encargaban de impulsar las mejoras: el doctor Barnardo estableció hogares para niñas y niños desamparados, el Ejército de Salvación de William Booth combatió la embriaguez, y Octavia Hill se ocupó de la vivienda en los arrabales. Pero se necesitaba acción gubernamental: se logró avanzar cuando se nombraron funcionarios de sanidad y se mejoró el sistema de agua y drenaje.

La miseria *Los arrabales de París y otras ciudades estaban surcados por callejones estrechos y oscuros. Los apiñados edificios impedían la intimidad; la basura atraía a las ratas y las enfermedades.*

Demonio del alcohol *El alcohol causó la ruina de muchas familias, y la degradación fue subrayada por las ilustraciones populares. Esta secuencia de George Cruikshank muestra un hogar modesto, pero decoroso, en el que el padre goza de una copa y pide a la madre que lo acompañe. Luego, el hábito de beber cuesta al padre su empleo y el hijo debe ir a la casa de empeño: la chimenea y la mesa están vacíos, y el gato está flaco. A continuación, sigue la violencia.*

LA EMPINADA CUESTA HACIA LA FÁBRICA

Como último recurso, las familias reducidas a la miseria estaban obligadas a emplearse en las fábricas, aunque hacían lo posible por evitarlo. Ahí, los marginados obtenían empleo y techo en condiciones que —con toda intención— eran inferiores a las del trabajador más pobre; un funcionario legal las describió: "tan repulsivas como para evitar que fueran permitidas". Hombres y mujeres trabajaban separados, y las familias se dividían; dormían en incómodos dormitorios, a veces en el suelo, o en catres semejantes a ataúdes; las plegarias eran obligatorias. El tedioso trabajo incluía girar palancas para moler maíz, picar piedra y hacer estopa con sogas desenredadas. El sueldo se cobraba en fichas que sólo tenían valor en la fábrica. La comida consistía en un atole, que debía ser comido en estricto silencio.

A las fábricas llegaban desposeídos de toda clase: familias caídas en desgracia por enfermedades, desempleo o alcoholismo; madres solteras; viudas sin medios para mantener a los hijos; enfermos físicos y mentales, y esposas abandonadas. Los más expuestos eran los niños: huérfanos, infantes abandonados, e hijos de padres enfermos sin recursos para mantenerlos. A veces, las familias numerosas debían pasar por la agonía de abandonar a uno de los hijos, para aliviar la carga que pesaba sobre los padres.

CABLES DE NOTICIAS POR TIERRA Y MAR

Un mes después de que la reina Victoria ascendiera al trono de Inglaterra, los directores del ferrocarril de Londres y Birmingham presenciaron la prueba de un nuevo telégrafo eléctrico. Aquel instrumento de cuatro agujas, les dijeron, podía transmitir cinco palabras por minuto, siempre que fueran cortas. Aunque la distancia que recorrerían las palabras telegrafiadas era modesta (más o menos kilómetro y medio), los inventores, Charles Wheatstone y W.F. Cooke necesitaron tender 30 km de cable para lograrlo. Stephenson, un ingeniero ferroviario, envió el primer telegrama, que decía: "¡Bravo!"

Casi simultáneamente, inventores de Europa y Estados Unidos idearon el telégrafo eléctrico, una de las muchas formas que revolucionaron las comunicaciones durante el siglo XIX. Su desarrollo fue paralelo al del ferrocarril, especialmente en los primeros años, cuando los postes que sostenían los cables telegráficos se colocaron casi siempre al lado de las vías del tren.

Las compañías ferroviarias fueron las primeras en comprender el significado del telégrafo y hacer uso de él en la práctica. Les permitió establecer un horario uniforme, o "ferroviario", en toda la red de vías, y crear un sistema de señales que mantuviera a los trenes a una distancia segura entre sí; también podía emplearse para pedir ayuda.

En los primeros años de la telegrafía, los cables se tendían sobre el suelo. Pero en 1847, el químico y físico Miguel Faraday sugirió aislar los cables con gutapercha (material impermeable), para poder tenderlos bajo la tierra o en el fondo del mar. El primer cable de Londres a París fue inaugurado en 1851 y, el primer cable trasatlántico, en 1865. Para entonces el telégrafo ya estaba firmemente establecido: hacia 1870, el continente europeo estaba surcado por 180,000 km de cables telegráficos.

Una de las mayores ventajas del telégrafo era la velocidad con que las noticias podían recabarse y difundirse. El diario londinense *The Times*, equiparó el cable trasatlántico con la llegada de Colón al Nuevo Mundo, aunque al mismo tiempo, el editor advirtió a sus reporteros: "Los telegramas son para los hechos; los comentarios deberán enviarse por correo." El telégrafo revolucionó el periodismo. Hacia 1860, más de 120 diarios en Inglaterra recibían telegráficamente, y día a día, las noticias del Parlamento. La agencia noticiosa con sede en Londres, cuya matriz Julius Reuter fundó primero en Alemania, envió noticias del exterior a los diarios de todo el país. Otra innovación del telégrafo fue crear profesiones como corresponsal extranjero y de guerra, periodistas que, desde el lugar de los hechos, enviaban las noticias tan pronto como sucedían, en vez de que el proceso tomara semanas o meses.

El primer corresponsal inglés —y según algunos, el mejor— fue W. H. Russell del *Times*, periodista especial en varias guerras, incluso en la de Crimea, en 1850, de donde envió vívidas crónicas de las cargas de las brigadas ligera y pesada. Igualmente efectivas fueron las agudas críticas de Russell contra las torpezas e ineficiencias del cuartel general británico en Crimea, y los horrores de las condiciones en los hospitales. La influencia de los diarios ya era lo suficientemente grande como para que sus reportajes contribuyeran a la caída del gobierno.

Una derivación del telégrafo que finalmente tuvo un efecto igual de grande fue el teléfono. Patentado en Estados Unidos en 1876 por Alexander Graham Bell, y perfeccionado por el inventor Tomás Alva Edison, el teléfono pronto se asentó. En 1884, la compañía de Bell puso en funcionamiento la primera línea de larga dis-

El penique negro

Prisa postal *En esta escena —pintada 20 años después de la introducción de las estampillas y el porte pagado—, ansiosos ingleses se apuran a dejar sus cartas antes de las 6 p.m. A la izquierda, un policía controla a la multitud, que incluye a niños vendedores que tratan de poner sus diarios en el tren correo, para que lleguen por la mañana a todo el país.*

tancia entre Boston y Nueva York. Las redes de cables, parte vital para las comunicaciones, fueron desarrolladas en varias naciones. Marcar los números sin recurrir a la operadora aceleró el proceso telefónico, y poco después, la mayoría de las grandes ciudades contaron con sus propias redes.

En esta gran era de la letra impresa, en 1850, tan sólo en Inglaterra había 12 diarios de distribución nacional, junto con 8 semanarios y cientos de diarios locales. Algunos tenían cierta inclinación a lo monstruoso. En 1840, una revista dominical, *Sentencia de Muerte*, ofrecía "Un recuento de los hechos, compilados de fuentes auténticas, de las más terribles batallas en mar y tierra; horribles asesinatos y suicidios, plagas, tormentas, hambrunas, terremotos, fallecimientos, naufragios y cualquier otra clase de calamidades propias de la vida humana. ¡Supera en agónico interés e intensidad a toda otra obra publicada!"

Los lectores que no se interesaban en historias de "agónico interés" podían adquirir revistas acerca de religión y templanza, de modas y mascotas. Había también publicaciones especializadas, como *La Lanceta*, para médicos, y *El instructor de sirvientas*, dirigida al servicio doméstico. Muchos leían revistas familiares que ofrecían una combinación de historias de aventuras reales y ficticias, artículos sobre la crianza de los niños, y versos edificantes. La revista familiar alemana *Gartenlaube* fue tan popular que, en 1875, tenía una circulación de 400,000 ejemplares. Algunas revistas estaban ilustradas: la *Illustrated London News*, por ejemplo, mostraba modas, descubrimientos arqueológicos y vistas de ciudades.

Pero el medio de comunicación más simple fue el sello postal. El "penique negro" inglés apareció por primera vez en 1840; su diseñador, Rowland Hill, predijo que un día "en toda casa habría una caja, en la que un cartero pondría la correspondencia". Otros países siguieron el ejemplo: Francia introdujo, en 1849, el sello con la imagen de Ceres, la diosa romana de la agricultura. El incremento en la correspondencia fue tal que, a fines del siglo XIX, en promedio, los londinenses recibían 12 envíos postales diarios.

En las grandes cantidades de cartas, diarios y revistas se reflejaba el aumento en el nivel de la cultura. En 1870, más de un 60% de las poblaciones de Inglaterra y Francia sabían leer y escribir. Desde entonces aumentó la educación en ambos países, y a fines de siglo más del 95% de la población leía y escribía.

Vidas ordinarias *La invención de la cámara fotográfica, hacia 1840, logró que la vida de la gente común fuera retratada. Las primeras cámaras eran complicadas (der.) y requerían mucha pericia; el fotógrafo de un parque londinense, en 1877 (arr.), necesitaba un carrito para cargar su equipo. La cámara Kodak, inventada por George Eastman, en 1888, hizo que la fotografía fuese accesible a todos. Hacia 1890, en París, los hermanos Lumière mostraron escenas animadas, con lo que inauguraron la era del cinematógrafo.*

EL ARTE DE LA PERSUASIÓN

En cuanto las noticias se difundieron con mayor rapidez y aparecieron nuevas formas, como el periodismo de masas, el público fue blanco de la publicidad. Los ingresos de algunos diarios dependían del espacio vendido en la primera plana para anuncios, que promovían la venta de mercancías, servicio doméstico y remedios medicinales.

En los muros se pegaban carteles que anunciaban desde medicinas hasta revistas musicales. La fábrica de jabones Pears desafiaba a los transeúntes británicos a responder la pregunta: "Buenos días. ¿Usó el jabón Pears?" A fines de siglo, la introducción de la litografía comercial permitió a los artistas dibujar sobre bloques de piedra, con los que se imprimían anuncios de sitios de diversión, como el Moulin Rouge, de París.

Los "hombres sandwich", hombres y niños, portaban publicidad en la espalda, o en postes, para anunciar ventas de productos, difundir noticias de exposiciones y hasta el resultado de las elecciones. La discusión política ocupó un lugar prominente en las primeras planas de algunos diarios.

MEDICINA PARA CURAR... O MATAR

Someterse a una operación quirúrgica en los primeros decenios del siglo XIX requería una gran fuerza de carácter. Con los ojos vendados, atado a una camilla y sin anestesia, al paciente sólo le quedaba confiar en que el cirujano fuese hábil. "Seis golpes y la extremidad cae al piso", escribió en 1846 el observador de una amputación de pierna. De principio a fin, la remoción de un miembro tomaba 28 segundos; había cirujanos a quienes sólo 19.

A pesar de su brevedad, el efecto y el dolor de esta operación con frecuencia eran mortales. Peor aún, había riesgo enorme de septicemia y gangrena.

Hasta 1840, el hecho de que 6 de cada 10 personas sobrevivieran a intervenciones quirúrgicas serias era considerado satisfactorio en los hospitales. Quienes no lo consideraban así sabían que era poco lo que podía hacerse para mejorar tal situación. Pocos cirujanos tenían noción de la higiene, y antes de operar sólo tomaban la precaución de ponerse un delantal, salpicado de sangre, y limpiar sus instrumentos con cualquier paño.

Muchos de los hospitales urbanos de Europa —como el Hotel-Dieu de París, el Santo Spirito de Roma y el St. Bartholomew de Londres— habían sido fundados en la Edad Media. A principios del siglo XIX, seguían siendo tristemente primitivos, pese a los intentos de reforma del siglo anterior. En los pabellones se apiñaban pacientes sin lavar que vestían las mismas ropas con las que ingresaban; la comida era escasa, y el alcohol, muy abundante. Según Florence Nightingale, quien recorrió los hospitales desde 1840, la calefacción de los pabellones era una diminuta chimenea.

"Se acostumbraba poner a los pacientes sobre las sábanas que el paciente anterior había usado; los colchones eran de borra, estaban húmedos, y casi siempre sucios."

FLORENCE NIGHTINGALE, HACIA 1860

No obstante, la cuestión de la higiene no era nueva en la medicina, ni los anestésicos, en la cirugía. Médicos de la antigua India y de Egipto habían subrayado la importancia de lavarse meticulosamente las manos antes de tocar a un paciente. Durante siglos, en varias partes del mundo, se utilizaron opio y láudano como anestésicos; hacia 1830, James Esdaile, un cirujano de la Compañía de las Indias Orientales, hipnotizaba a sus pacientes y los operaba sin dolor.

Durante la década de 1840, los cirujanos usaron éter, y luego cloroformo, para aliviar el dolor de los pacientes durante la cirugía. El cirujano podía entonces trabajar más lenta y cuidadosamente, y realizar operaciones más complicadas. Pero los pacientes seguían expuestos al riesgo de infección, y muchos morían. En 1846, ocurrió la primera victoria contra el contagio de enfermedades en los hospitales: en Viena se demostró que la fiebre puerperal, de la que morían las madres parturientas, la contagiaban los doctores, que pasaban de una cama a la otra sin lavarse las manos. Antes de esa época, no se comprendía que las bacterias en manos y ropas de los médicos eran la causa del contagio.

Hacia 1860, comenzó auténticamente la batalla contra la infección. En Francia, Louis Pasteur demostró que las bacterias, visibles al microscopio, eran la causa de la infecciones

Refugio nocturno *Los desposeídos, y sobre todo sus hijos, estaban sumamente expuestos a las enfermedades. En esta escena de 1871, se muestra la fila del albergue de una fábrica: ahí se podía pasar la noche, pero en condiciones insalubres que propagaban enfermedades.*

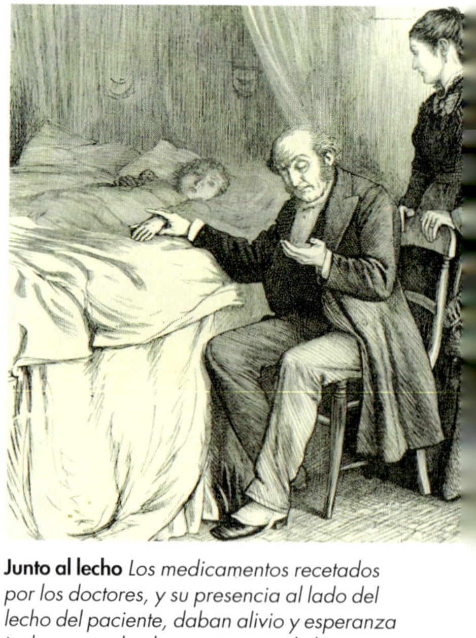

Junto al lecho *Los medicamentos recetados por los doctores, y su presencia al lado del lecho del paciente, daban alivio y esperanza incluso cuando el conocimiento de las enfermedades y su cura eran limitados.*

Visita letal *"El Rey Cólera", retratado en esta caricatura de la época, apareció con frecuencia en el siglo XIX; mató a 72,000 ingleses entre 1848 y 1849. Las epidemias disminuyeron cuando se demostró que la enfermedad se transmitía por el agua.*

Las enfermedades graves eran una amenaza constante. La viruela era común, a pesar de la vacuna desarrollada por Edward Jenner a fines del siglo XVIII; la tuberculosis cobraba anualmente 60,000 vidas en Inglaterra. Proliferaba la sífilis, que causaba demencia en los adultos, y ceguera y defectos mentales en los bebés de las madres infectadas. También se contraían enfermedades al trabajar con sustancias tóxicas. El mercurio utilizado para los sombreros de fieltro causaba daños cerebrales: los "sombrereros locos" no eran personajes ficticios.

La curación de la mayoría de los enfermos se hacía en casa, a base de cataplasmas y frotaciones. De la celidonia se hacía una loción para los ojos, las telarañas se usaban para detener hemorragias, y en algunas partes, se curaba la tosferina con un ratón frito. En general, se procuraba la prevención de las enfermedades: regularmente se daba aceite de ricino a los niños, y se creía que portar una nuez moscada evitaba el reumatismo.

Además de los remedios caseros, también se vendían las pociones. Un ingrediente popular era la zarzaparrilla, raíz seca de una planta americana que, se creía, purificaba la sangre; algunas medicinas contenían opio, incluso el tónico de Godfrey, para tranquilizar a los bebés. Los anuncios realizaban amplia propaganda en bien de los remedios: el humo del ácido fénico curaba "absolutamente" unas 15 enfermedades distintas, incluidas la afonía y la jaqueca; el testimonio del propio obispo de Londres lo confirmaba.

Cuando todo esto fallaba, o en caso de enfermedades graves, se llamaba al médico. A mediados del siglo XIX, los doctores ya casi no practicaban sangrías ni usaban sanguijuelas: su objetivo era provocar el menor daño posible y mantener cómodo al paciente.

El parto, también se atendía en casa, supervisado por una partera sin preparación formal. Era un asunto peligroso: con frecuencia, los bebés nacían muertos, y uno de cada seis recién nacidos moría junto con su madre. Existían algunos anticonceptivos para quienes pudieran pagarlos: anillos de quinina para la matriz, condones de caucho y dispositivos intrauterinos de oro, plata, madera o marfil.

A la vista *El microscopio volvió visibles a las bacterias.*

Batalla en las calles *Una procesión del Ejército de Salvación es hostilizada por la muchedumbre, repudio común en sus primeros años. Luego, se hizo respetar con su actitud práctica frente a la pobreza, mezclada con el evangelismo.*

postoperatorias, y recomendó una escrupulosa limpieza en los hospitales; esta idea fue adoptada por el inglés Joseph Lister. Otro avance provino de mejoras en la enfermería.

Hasta mediados del siglo XIX, la enfermería no fue considerada ocupación rcspctablc para una mujer, las enfermeras tenían la reputación de ebrias e inmorales. Los grandes cambios ocurrieron cuando mujeres de altas normas morales recibieron capacitación como enfermeras, en la escuela fundada por Florence Nightingale, por ejemplo, cuyos métodos fueron adoptados por otros hospitales.

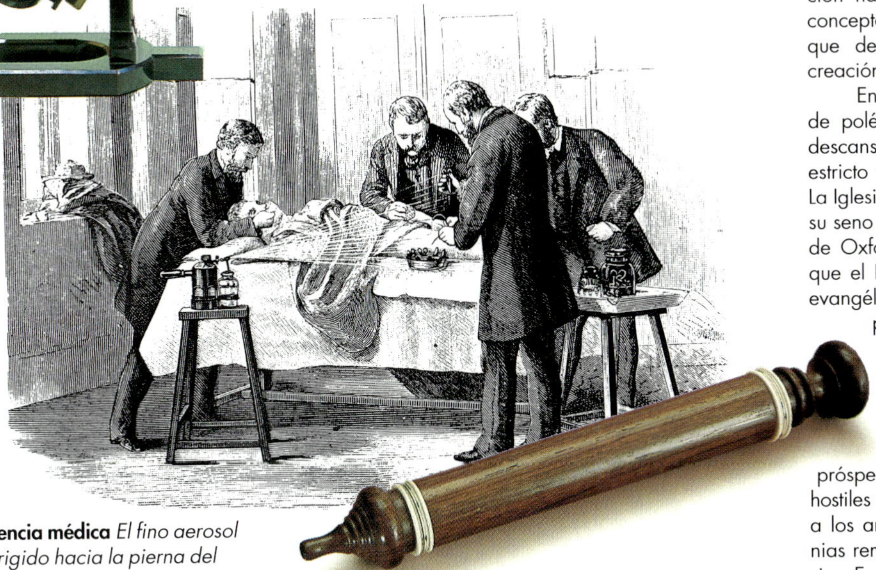

Ciencia médica *El fino aerosol dirigido hacia la pierna del paciente contiene ácido carbólico, que Lister utilizó como antiséptico para limpiar la atmósfera de bacterias y desinfectar vendajes. Los cirujanos también usaban estetoscopio; en este modelo de madera, que data de 1830, la punta redonda captaba los sonidos de los pulmones.*

CUESTIÓN DE FE

Las nuevas ideas científicas sacudieron las creencias religiosas del siglo XIX. En 1830, la obra *Principios de geología* de Charles Lyell afirmó que el mundo no había sido creado en seis días, sino durante millones de años. En 1859, Charles Darwin, en su *Origen de las especies,* sugirió que los seres vivos habían evolucionado, por medio de la selección natural, hasta su forma presente, un concepto de la sobrevivencia del más apto que desafió frontalmente la idea de la creación divina.

En Inglaterra, la época victoriana fue de polémica y resurgimiento religiosos; el descanso dominical se guardó de modo más estricto y se reconstruyeron varias iglesias. La Iglesia Anglicana estaba en ebullición; en su seno actuaban tres grupos: el movimiento de Oxford, cercano a Roma, se oponía a que el Parlamento reformara la Iglesia; los evangélicos, que detestaban los rituales y proponían llevar el Evangelio a los pobres; los socialistas cristianos, que querían introducir el cristianismo en las relaciones industriales. En las nuevas fábricas, los metodistas eran populares entre los obreros prósperos, pero los pobres de las urbes eran hostiles a la religión. Se enviaba misioneros a los arrabales como si se tratase de colonias remotas, y se construyeron nuevas iglesias. En 1878, William Booth fundó el Ejército de Salvación, que daba comida y techo a los necesitados y trataba problemas como la prostitución y el alcoholismo.

EL OCASO DEL IMPERIO

El Imperio Ruso creció constantemente durante el siglo XIX, hasta extenderse desde el mar Báltico, al Oeste, hasta el océano Pacífico, en el Este; del Ártico en el Norte, al Hindu Kush en el Sur. Muchos rusos inteligentes se dieron cuenta de que su país, a pesar de su inmensa extensión, estaba atrasado y requería cambios fundamentales, pero no coincidían en la manera de lograrlo. La reforma parecía aún más difícil por la diversidad de los pueblos rusos: en el siglo XVIII absorbió, mediante anexiones, a la mayor parte de los judíos polacos. Los devotos y empobrecidos judíos del Distrito Autónomo se resistieron obstinadamente al cambio y se aferraron a una cultura y forma de vida que se aisló de las influencias modernizadoras externas. En el Imperio Austriaco, la Dinastía Habsburgo enfrentó problemas similares a los de la Romanov en Rusia. Al tratar de mantener el control, se vieron cada vez más atrapados en un mandato sobre una población descontenta y de carácter multinacional.

EUROPA ORIENTAL 1800–1900 D.C.

INQUIETUD EN LA ALDEA RUSA

Hacia 1880, un grupo de jóvenes idealistas rusos se sentaron a la mesa para planear el futuro de su gigantesca nación. Los hombres usaban barbas y vestían los típicos pantalones holgados y botas de los campesinos rusos, mientras que las jóvenes vestían faldas de algodón y ásperos y arrugados sacos. Hombres y mujeres forjaban y fumaban cigarrillos de tabaco fuerte. Conforme el humo se hacía más denso y la botella de vodka pasaba de mano en mano, sus argumentos eran cada vez más desaforados y sus teorías, más alejadas de la realidad.

Aunque llevaban la indumentaria del campesino y trataban de emular su forma de vida, todos provenían de familias de clase media urbana y desconocían la dura realidad del campesinado ruso. De cualquier modo, era imposible que una sola persona conociera al pueblo ruso, pues dentro de Rusia convivían más de 200 nacionalidades distintas.

Entre ellas se contaban los pueblos finlandeses y germánicos del Báltico, una comunidad griega que habitaba en Crimea, tribus nómadas que deambulaban por los parajes de Siberia y gitanos de Besarabia. Sus religiones era casi tan diversas como sus orígenes nacionales. Armenios y georgianos tenían sus propias formas de cristianismo antiguo, los pueblos mongoles de Asia central eran budistas, y los kazajstanos de las estepas, musulmanes.

El principal problema que enfrentaron los sucesivos zares fue tratar de gobernar este vasto imperio, atrasado y multinacional. También se propusieron que Rusia alcanzara por lo menos el nivel económico del rápido desarrollo del industrializado Occidente. El clima extremoso y las distancias difi-

Crisol de pueblos *Las planicies de Europa oriental se extienden desde las montañas del Cáucaso al mar Báltico, y su historia y carácter difieren tanto de Europa occidental como de la Rusia asiática. Este gitano, con un chango, forma parte de los pueblos nómadas que florecieron y decayeron en estas vastas tierras.*

cultaron siempre las comunicaciones rusas; el sistema de siervos, de siglos de antigüedad, y que mantenía al pueblo atado a las regiones rurales, implicó que la mano de obra potencial para la nueva industria estuviera muy dispersa. No fue sino hasta el desarrollo de una red ferroviaria, durante 1860 y 1870, cuando los recursos naturales de Rusia pudieron ser explotados. Esto incluía los minerales de los Montes Urales, el carbón de la cuenca del Donets, el petróleo del Cáucaso y los vastos bosques madereros y praderas de tierra fértil del centro de Rusia.

Un siglo antes, durante el reinado de Catalina la Grande, muchos rusos instruidos y pudientes adoptaron la ropa, la cultura y el idioma franceses; con ello pensaban cambiar la imagen de Rusia como un paraje feudal y semiasiático. Pero los extranjeros consideraron superficiales estos cambios. Un viajero inglés del siglo XVIII escribió: “No son agradables ni bien educados, sino obvios imitadores que exageran los rasgos externos, sin tener el más remoto parecido con la suavidad de modales de los franceses, que es tan apreciada universalmente.”

En el episodio del ejército napoleónico de 1812, los rusos revelaron su entusiasmo patriótico y orgullo nacional. Muchos jóvenes insistieron en que la salvación de Rusia yacía en el estímulo de las cualidades eslavas que creían suyas. El campesino ruso, con su devoción ortodoxa y su sencillez, les pareció la encarnación de muchas de las antiguas tradiciones fundamentales. Consideraban que la comunidad aldeana, o *mir*, era una institución típicamente rusa que podría ser la base de un nuevo sistema económico, para evitar, así, los egoístas principios capitalistas de Occidente. La comuna era la congregación de los jefes de familia de una aldea. Bajo el liderazgo de un anciano electo, o *starosta*, generalmente se reunían en el campo, en las fiestas o los domingos y discutían los asuntos de la aldea, tales como la temporada de secar el heno o arar tierras sin cultivar. La comuna también era responsable de la recaudación de impuestos y de la selección de las cuotas para el ejército, y un campesino no podía salir de su región sin el permiso de la comuna respectiva.

Misiones a las aldeas

Muchas comunas resistieron vigorosamente los intentos de la burocracia central para regularlas, y por esta razón los jóvenes revolucionarios las vieron como un modelo para su ideal de gobierno constitucional. Al paso del siglo XIX, los jóvenes radicales continuaron con intentos de crear conciencia en las masas campesinas, iniciando misiones de tipo evangelizador en las aldeas, con la esperanza de convertir a los campesinos a la idea del nuevo orden social. Pero casi todos en el campo eran analfabetos y, por consiguiente, no tenían forma de comprender el lenguaje de la revolución.

En 1881, después del asesinato del reformista Alejandro II —irónicamente, el zar que 20 años antes había liberado a los siervos—, hubo una reacción violenta contra cualquier movimiento de cambio. Los radicales preconizaron nuevas teorías políticas, abandonaron la intención de convertir a los campesinos y dirigieron sus actividades hacia el creciente proletariado industrial, tanto en los pueblos como en las ciudades.

A pesar de la represión, la censura y descontento que caracterizaron a la Rusia del siglo XIX, hubo un gran florecimiento de las artes. Inevitablemente, gran parte de los artistas y sus patrocinadores provenían de las clases terratenientes, protegidos por la educación y la comodidad. Entre ellos se contaron los compositores Glinka, Mussorgsky y Chaikovski. Pero fue en la literatura donde Rusia obtuvo sus más grandes logros. El poeta Pushkin, hijo de una familia aristócrata, estableció la voz literaria de Rusia durante la década de 1820, y en la siguiente fue seguido por escritores como Lermontov y Gogol quienes, a su vez, abrieron el camino a los tres gigantes literarios rusos, Tolstoi, Dostoyevsky y Turguenev, que dieron a la novela rusa su lugar preponderante en la literatura mundial. Estos escritores reflejaron las inquietudes de su época, y el descontento y los desórdenes que acompañaron a Rusia en su lucha por la madurez política. Tolstoi, nacido en 1828, intentó conciliarse con las concepciones y aspiraciones de los campesinos; era un propietario idealista fuertemente arraigado a la tierra rusa, que se interesó en los problemas rurales. Se preocupó por las condiciones de vida de los siervos que trabajaban en sus propiedades: fundó una escuela para sus hijos y él mismo escribió los libros de texto. En sus últimos años, vivió a la usanza de los campesinos. Su rechazo de los valores materiales hizo que Tolstoi se olvidara de su casa, su familia y su riqueza. Su muerte, en 1910, en una estación de trenes con la prensa mundial congregada en el lugar, marcó el fin de una época.

Larga marcha *En la Rusia zarista, la vida de los campesinos era de trabajo y penuria. Esta pintura de Ilya Repin,* Los barqueros del Volga, *muestra a seres humanos realizando el trabajo que, en otros países, hacían los caballos. Esta escena de la vida de los barqueros, expuesta en 1873, causó sensación.*

Dominio imperial *A mediados del siglo XIX, Europa oriental fue repartida entre los imperios rivales de Rusia y Austria.*

Islámica *La Rusia asiática abarcó a tártaros musulmanes, como esta mujer.*

Cazador *Un yakut, del noreste de Siberia, se dispone a cazar con lanza y arco.*

Otro mundo *A fines del siglo XIX, los estudiantes que empezaban a conocer un mundo mejor instaron a sus compatriotas rusos a exigir reformas. Sobre la inmensidad de la tarea pesó la enorme diversidad racial del imperio, que abarcó a más de 200 pueblos distintos.*

HACENDADOS Y SIERVOS BAJO EL ZAR

En una hacienda de la Rusia central, un terrateniente se sienta en su veranda para tomar el sol matinal, bebe de su samovar un vaso de té tras otro, en tanto que envía a sus siervos al trabajo. En cuanto el último de ellos camina hacia su jornada en los campos, el terrateniente descansa y espera la hora del almuerzo, que tal vez inicie con un plato de sabrosos encurtidos *zakuski*, acompañados de uno o dos vasos de vodka. Luego, vendrá la universal sopa de col, seguida de esturión, lechón o cordero, acompañados de tartas y pasteles, galletas y tortas de papa.

Después del almuerzo, duerme la siesta, rodeado de sus perros, y los sirvientes roncan en sus habitaciones. Hacia el atardecer, luego de otros vasos de té, el terrateniente recorre los campos en su *droshky* (carreta), tirada por caballos, y consultará con su capataz el progreso de las faenas, o escuchará las quejas y peticiones de sus siervos. La larga noche estará amenizada con un juego de barajas, una pipa de tabaco y más vodka, en compañía de hacendados vecinos.

A diferencia de la aristocracia de Europa occidental, pocos terratenientes rusos habían heredado sangre azul o enorme fortuna. La nobleza adquiría tierras y siervos mediante el servicio al zar. La promoción a rangos nobiliarios era otorgada automáticamente a quienes llegaban a un cierto nivel en el ejército y oficinas de gobierno, sin importar el linaje. Además, todo miembro de una familia con título tenía derecho a usarlo, lo que significaba que había miles de príncipes y condes que en realidad no tenían propiedades, ni siquiera un centavo. Sólo habría unas 1,400 familias adineradas con más de 1,000 siervos, mientras que un tercio de los terratenientes rusos tenían menos de 10. El terrateniente típico no poseía una mansión fastuosa con grandes avenidas y jardines adornados. Su propiedad era, generalmente, poco más que un grupo de edificios de madera, rodeado de chozas campesinas. El terrateniente y su familia vivían en una casa de un solo piso, modestamente amueblada, con una veranda, un pajar, varios establos y un granero. El huerto proveía alimentos como coles, cebollas y betabeles; también frutos como cerezas, manzanas y peras. A veces existía una pequeña casa solariega, donde el terrateniente se retiraba para disfrutar del silencio mientras fumaba en su pipa.

Horas monótonas *Durante los últimos decenios del zarismo, la vida de las clases altas del campo estaba en lucha incesante contra la monotonía. Este grupo familiar, en la pintura* Junto al río, *de Ilya Repin, bien pudo ser escenario de un cuento de Chéjov.*

Descanso en el campo *En verano, las familias pudientes de San Petersburgo y Moscú huían de la ciudad hacia su* dacha, *o casa de campo, construida en madera.*

Alejado de sus vecinos por varios kilómetros de malos caminos, que en temporada de lluvia eran grandes lodazales, a veces el terrateniente bebía para aliviar la mortal monotonía de su rutina diaria. En ocasiones, tomaba la desesperada medida de abordar a los viajeros en el camino y llevarlos a su casa, casi a la fuerza, para disfrutar unas hora de compañía.

Verano en el campo

La vida era muy distinta para el reducido número de familias adineradas. Pasaban poco tiempo en sus haciendas, a las que llegaban en verano para escapar del calor opresivo de Moscú o de San Petersburgo, con una numerosa comitiva de amigos, parientes, sirvientes, tutores franceses e institutrices inglesas. En el campo, disfrutaban de distracciones al aire libre; las favoritas eran cazar osos y lobos con perros borzoi; pescar, nadar y recolectar hongos y moras.

Pero en cuanto se acercaba el invierno, regresaban a las ciudades, donde gozaban de la deslumbrante vida social que giraba alrededor de la familia imperial. También pasaban cierto tiempo en el extranjero, en los hoteles y casinos europeos de moda, donde muchos de ellos apostaban hasta perder sus propiedades y los siervos que vivían en ellas.

Vidas en los naipes *El poder de los terratenientes rusos sobre sus siervos es satirizado en esta caricatura de Gustav Doré: los siervos aparecen como fichas.*

Los siervos de las haciendas, que sumaban 20 millones de los 36 millones de habitantes en Rusia, estaban totalmente a merced del terrateniente. Podían ser subastados en los mercados, y sus familias, divididas. Muchos de ellos vivían en condiciones paupérrimas; sus chozas tenían pisos cubiertos de mugre, y paredes y techos tiznados. En las ventanas, colocaban vejigas de cerdo, que los protegían de las corrientes de aire, pero que casi no dejaban pasar la luz, ni siquiera a mediodía. Tomaban sopa aguada de col en tazones de madera y comían los alimentos sólidos en platones, también de madera, sobre toscas mesas que limpiaban únicamente los días de fiesta. Siervos, cerdos y reses dormían bajo el mismo techo, en una atmósfera tan llena de humo que una vela encendida parecía estar rodeada de una espesa niebla.

Los siervos más capaces, como los cocheros y artesanos, eran una valiosa propiedad, y eran tratados como tales. Pero si un siervo causaba problemas, podía ser azotado, enviado al ejército por 25 años o incluso exiliado a Siberia. Un terrateniente podía negar al siervo el derecho a casarse con la mujer que hubiera elegido, o podía obligarlo a casarse muy joven, para que proporcionara más hijos que trabajaran en la hacienda. El siervo debía pagar por la pequeña parcela que se le permitía arar para su uso, ya fuera trabajando sin pago tres días a la semana —un sistema llamado *barshchina*— o por medio del *obrok*, renta pagada en efectivo o en especie. El pago del *obrok* permitía al siervo pedir autorización para salir a trabajar a la ciudad o a una fábrica, donde el emprendedor a veces podía ahorrar lo suficiente para comprar sus propios siervos. Quienes estaban bajo la *barshchina*, debían trabajar más de tres días a la semana durante la cosecha, y sus esposas e hijos, hacerlo con ellos.

Los zares notaron, desde mucho tiempo atrás, que la libertad de los siervos era esencial para que Rusia ocupara un lugar en el mundo moderno. Pero no fue sino hasta 1861 cuando finalmente fueron liberados por el zar Alejandro II. Su nueva condición de hombres libres les permitió comprar parcelas de tierra a sus antiguos terratenientes. Pero el flagrante encarecimiento de tierras ocasionó que los antiguos siervos, que nominalmente ya eran campesinos libres, tuvieran que pagar cuantiosos préstamos. Además, el tamaño de la parcela de cada campesino fue reducido a la mitad de su extensión anterior, y entonces fue demasiado pequeña como para ser rentable. Esto desembocó en sufrimientos y penurias, pues los campesinos, mal alimentados y en condiciones insalubres, sucumbieron en números mayores a las epidemias y a las catastróficas hambrunas de 1891 y 1892. Varios terratenientes fueron incapaces de obtener ganancias. Treinta años después de liberar a los siervos, vendieron 20,000 haciendas: se rindieron ante las dificultades y partieron a la ciudad.

"Se vende: tres cocheros, bien entrenados y apuestos; y dos muchachas, de 18 y 15 años de edad... En la misma casa se venden dos peinadoras: una de ellas, de 21 años, sabe leer, escribir, tocar un instrumento musical, y actuar como montero mayor de caza."

GACETA DE MOSCÚ, 1801

Botas de corteza *Campesinos de la Rusia de 1880 salen al campo cargando rastrillos en los hombros; llevan botas y polainas de corteza de abedul. Provienen de una aldea en el Volga, donde Lenin nació en 1870.*

Cuadrilla *Además de los campesinos a quienes ni siquiera el látigo de sus amos pudo doblegar, miles de revolucionarios fueron exiliados a Siberia. Estos convictos del siglo XIX van encadenados a sus carretillas.*

Patriarcado *Las familias de comerciantes más añejas, como ésta (aba.), eran muy religiosas, estrechas de miras e implacablemente opuestas a cualquier cambio. En esta familia, de la región Nizhni-Novgorod, los hombres usan sombreros de copa y largos abrigos negros que heredaron de épocas pasadas; las mujeres, coloridos brocados y sedas.*

Madera versátil *En las regiones boscosas del noroeste ruso, la madera fue material para confeccionar artículos domésticos. Cuchara para recoger moras (der.), junto a vasijas reparadas con corteza de abedul.*

CUENTOS DE LOS BOSQUES DE VIENA

Los ancianos se dejaban llevar por la ensoñación al recordar el gran salón del Palacio Imperial de Viena, aun cuando las guerras de intervención lo habían hecho parecer una remota idea. Las paredes relucían en dorados y color crema, adornadas con flores hasta los altos techos, de los cuales pendían largas hileras de candiles alumbrados por 1,000 velas. El salón se iluminaba todavía más con el tesoro de diamantes, esmeraldas y rubíes del rey, y con la opulencia de los níveos pechos femeninos, que resplandecían con las sedas. A pesar de lo fastuoso de los vestidos de noche, las mujeres eran apenas pálidas sombras junto a los hombres. Los húsares portaban morriones escarlatas, capas bordeadas con pieles, y sables con fundas de oro. Ahí estaban los oficiales con el plateado y verde de los fusileros, el azul y azafrán de los lanceros, el negro y oro de los alabarderos. Los húngaros vestían ceñidos pantalones bordados en oro, los polacos portaban gorros de astracán embellecidos con briznas de diamantes. Todos giraban y parecían flotar al compás de los valses de Strauss, que dotaban al recinto de un esplendor que igualaba las luces de los candiles.

Tentaciones *El anuncio de un repostero atrae a los transeúntes vieneses.*

El lujo de los salones de baile, que dieron a Viena su renombre en el siglo XIX, solamente era la superficie de la que fuera capital intelectual de Europa. Su carácter había sido aderezado con ingredientes que se cocinaron durante siglos, como el hecho de ser cruce de caminos entre el Este y el Oeste. Rubios germanos nórdicos se codeaban con morenos judíos de Galicia; temperamentales gitanos húngaros pasaban al lado de polacos, rusos e italianos. Los elegantes edificios barrocos, sobre los que se elevaba la aguja de la Catedral de San Esteban, del siglo XV, eran el escenario para una extravagante multitud de buhoneros de Eslovaquia, soldados de Bosnia, reposteros checos y bailarines magiares. Como resultado, los vieneses hablaban una docena de lenguas, incluido su dialecto, el *Wienerisch* que, como el francés, era el idioma de la corte.

Desde mediados del siglo XVI, y hasta 1806, la ciudad fue capital del Sacro Imperio Romano, que abarcaba desde Suiza hasta el Montenegro musulmán y gran parte de Italia. Luego, hasta 1918, fue la sede de la dinastía Habsburgo y capital del Imperio Austrohúngaro. Al final de las guerras napoleónicas, los monarcas de Europa, o sus primeros ministros, se reunieron en el Congreso de Viena para establecer las fronteras de Europa y devolver al continente la situación que disfrutaba antes de las revoluciones.

Ser acogedor: virtud vienesa

Nadie era más asiduo en esta labor que el apuesto y cortés canciller de Austria, el príncipe Clemente von Metternich. Con el visto bueno del emperador Francisco José, estableció un sistema de censura y policía secreta para erradicar toda simpatía liberal. Los vieneses solían afirmar que el sistema se componía de "soldados en pie, oficiales sentados, un ejército de curas arrodillados y otro ejército de informantes que se arrastraban".

En contrapunto con el serio trabajo del congreso, la música sonaba incesantemente en los salones vieneses, en las recepciones de palacio y en la Escuela Hípica de Invierno. "El congreso no marcha... ¡baila!", respondió un diplomático al ser interrogado acerca de la marcha del congreso.

A pesar de las intenciones del congreso, el régimen distó de ser severo. Frecuentemente, se sumergía bajo una gran montaña de documentos. Aunque no haya logrado otra cosa, promovió la estabilidad y la virtud vienesa de la *gemütlichkeit*. Por lo general, se traduce como "lo acogedor", pero también implica otras cosas: encanto, amor por las cosas buenas y sencillas de la vida y un fatalismo fácil que desdeña hasta la peor de las noticias. Para descansar, los ciudadanos paseaban por los bosques de Viena, celebrados en los valses de Strauss. En verano, salían a las antiguas posadas, entre los viñedos de las colinas, donde cenaban y bailaban con la música gitana de la cítara y el arpa.

Dentro de Viena, los ciudadanos paseaban por el *Volksgarten*, o Jardín del Pueblo, donde escuchaban orquestas y acudían a la feria del Prater —con su gigantesca rueda de la fortuna, construida en 1873— donde reyes, nobles y poderosos paseaban en sus carrozas de rayos dorados. Mientras más alto fuera el rango del dueño de la carroza, mayor cantidad de dorado ostentaba su vehículo. Los visitantes decían que los vieneses parecían estar siempre vestidos para una fiesta, lo cual, con frecuencia, era cierto.

Además, había teatro en la calle: se trataba de diversiones gratuitas como el desfile de modas de las bodas de plata del Emperador, para el cual los principales ciudadanos se vistieron como príncipes del Renacimiento. Contaban con los mejores hospitales y personal médico de Europa, de tal calidad que popularmente se decía: "Si te enfermas, mejor que sea en Viena."

Igualmente apreciadas eran las cafeterías de la ciudad. Todos tenían su lugar favorito, como el Kaiserbrundl,

Música en el bosque *Incluso los días de campo en los bosques de Viena tenían acompañamiento musical.*

Reflejos de invierno *La calle vienesa Ringstrasse, que sustituyó a las murallas medievales, aun en las noches lluviosas se llenaba con quienes acudían a citas en cafés, salones y teatros. Los paseantes se detienen a mirar los escaparates.*

con sus altos espejos y lujosos compartimentos, o el Central, preferido por los escritores. Los clientes varones miraban a las voluptuosas meseras y escuchaban la sabiduría mundana de los meseros. Tomaban moka, *melange* (café con leche), o *einspanner* (café con crema batida), antes de acometer seriamente el dilema de elegir un pastel. La repostería vienesa, desde entonces, adquirió su reputación. Algunos ejemplos son la *sacher torte*, que consistía en un pastel de chocolate y jalea de melocotones, coronado con helado de chocolate; la *dobstorte* húngara, con su cubierta de caramelo, y toda clase de *strudel*.

Pero los más humildes de la Viena de los Habsburgo rara vez oían a Strauss o comían *strudel*, y en 1848, estalló una breve y sangrienta revolución. El único efecto perdurable fue la destrucción de los muros de la ciudad vieja, lo que permitió construir la nueva Calle Ringstrasse. Ahí, financieros e industriales construyeron fastuosas mansiones a las que acudían invitados, intelectuales, escritores, actores, pintores y músicos. Los más notables eran compositores, como Mahler y Bruckner, que mantuvieron la grandeza musical de Viena que Mozart y Beethoven habían establecido; el dramaturgo Arturo Schnitzler; el controvertido pintor de art nouveau Gustavo Klimt; y Sigmund Freud, más tarde reconocido como "el padre del psicoanálisis".

Mientras tanto, el destino giraba alrededor del emperador Francisco José. En 1898, la emperatriz Elisabeth, fue asesinada y, en 1914, su heredero, el archiduque Francisco Fernando, murió igualmente en Sarajevo, lo que detonó la guerra que puso fin a muchas monarquías.

Frágil elegancia *Vasijas que muestran el colorido y el elaborado grabado del estilo* Biedermeier.

Músicos *El compositor vienés Franz Schubert era el héroe de un animado grupo de jóvenes, que se reunían en su casa para oírlo tocar.*

Reina trágica *Sophie Schröder introdujo el melodrama al teatro vienés.*

Locura del café *La adicción vienesa al café data de 1680, cuando los turcos, al huir de la ciudad asediada, abandonaron sacos con este producto que fue horneado y molido para hacer café. Poco después, la cafetería fue el centro de la vida social vienesa, donde se discutía sobre política y la sociedad, se leían los diarios... o se tomaba la siesta.*

COMODIDAD Y CONFORMISMO

El hogar vienés de principios del siglo XIX estuvo dominado por el estilo *Biedermeier*, que se expresó en sólidas mansiones, muebles tallados e incrustados y floreros que contenían plumas de pavo real y hojas de palma. El centro del hogar *Biedermeier* era la sala, con un gran sofá donde el ama de casa se sentaba, como reina, en su trono. El estilo fue bautizado en honor a un legendario maestro de escuela, en cuya personalidad se mezclaba el deseo por la comodidad y la tranquilidad, el rechazo a los intelectuales y el amor por el *statu quo*.

Elegante asiento *Este curvilíneo sillón es típico del estilo* Biedermeier *tardío.*

POBREZA Y ALEGRÍA EN LA *SHTETL* JUDÍA

En las vastas llanuras de la frontera occidental de Rusia, con sus extensos bosques y campos de trigo, el horizonte se rompe en menudas y casi siempre deterioradas aldeas. Son las *shtetl*, comunidades de los judíos de Europa oriental —cuyas costumbres habían sufrido pocos cambios desde la Edad Media—, en las cuales mantuvieron una vida aislada durante el siglo XIX.

Pocos judíos vivían dentro del Imperio Ruso antes de mediados del siglo anterior, puesto que la ley imperial les prohibía la residencia permanente. Pero las tres sucesivas divisiones de Polonia, durante el reinado de Catalina la Grande, ocasionaron que, para 1800, un millón de judíos de las provincias orientales de Polonia quedaran dentro del Imperio Ruso. Los rusos se aprovecharon de este grupo étnico y utilizaron sus servicios como intermediarios comerciales, artesanos y negociantes, pero le restringieron la existencia. Los judíos fueron confinados al llamado Distrito Autónomo; rara vez se les permitió residir, menos aún viajar, fuera de tal territorio.

A lo largo del Distrito, que se extendía desde el Báltico hasta el Mar Negro, las casas de madera de la *shtetl* estaban rodeadas por sinuosos callejones y lodosas calles sin pavimentar, donde el drenaje corría por canales descubiertos. Quienes vivían ahí libraban una batalla cotidiana contra la pobreza, el hambre y la opresión. Pero la vibrante y tenaz vida en la aldea se reflejaba en cualquier día de mercado, con sus ruidos, aromas y colores.

Los buhoneros judíos visten tradicionales sacos largos de gabardina, y gorros; las mujeres llevan canastas de huevos y bultos de ropa vieja; campesinos descalzos ofrecen cabras, vacas, gansos y gallinas. Se venden vagones de cereal, frijol, peras, melones, semillas de girasol, ajo, perejil y rábanos. Aquí, a cambio de los artículos diarios, los judíos venden y truecan sus productos artesanales: camisas, botas, zapatos, azadones, picos y lámparas.

Para cuando el mercado está lleno, y se aglomeran campesinos y judíos de las regiones vecinas, el ruido es ensordecedor. El sonido de las voces que parlotean en ruso y en yiddish está acompañado del rebuznar de los asnos, el mugir de las vacas, el cloquear de las gallinas y, especialmente, el balar de las cabras que andan por todas partes, saltando a los techos y jalando la paja, o acostadas al sol y rumiando hierbas. A veces, llega un grupo de músicos y tocan sus alegres melodías tradicionales. En el fondo, siempre se oye a los niños que recitan sus lecciones en la *jeder* (escuela de hebreo), que consta de una sola habitación.

Todo aquello que mantiene y enriquece la vida judía está cerca del lugar: los baños, donde los hombres se lavan en la víspera del *sabat*, la sinagoga y el cementerio, en el que se veneran las tumbas de los ancestros fallecidos. Las aldeas más grandes cuentan con una *yeshivá* (escuela rabínica) y un hospital. El centro de la vida judía es la sinagoga de madera, donde, tres veces al día, los hombres se reúnen para rezar: se ponen mantones y colocan los textos de las escrituras sobre la frente y los brazos. Cuando hay tiempo, discuten el significado del Viejo Testamento con el rabino, o piden su consejo acerca de cuestiones religiosas, o bien en lo que se refiere a la correcta crianza de sus hijos.

Aunque algunos comerciantes alcanzaron el éxito en ciudades más grandes, como Moscú, Vilna y San Petersburgo, la mayoría de los judíos eran artesanos y mercaderes que apenas se ganaban la vida: ebanistas, hilanderos, sastres, carretoneros, herreros y esmaltadores. También había lecheros, como Tevie, el protagonista de la obra musical *Violinista en el tejado*, basada en un cuento de Sholem Aleijem (1859-1916), escritor humorista yiddish, hijo de un tendero ruso originario de una *shtetl*.

La lucha diaria por la vida estaba exacerbada por la constante amenaza de la violencia antisemita. Algunas *shtetl* estaban habitadas casi exclusivamente por judíos, pero en otras, los

Sobrevivientes *Calles empedradas separan las casas de madera de Kaunas, Lituania. Estos asentamientos integraban la* shtetl, *palabra yiddish que proviene del alemán* stadt, *"pequeña ciudad", que designa las comunidades judías de Europa oriental.*

Deber religioso *Un anciano judío ortodoxo lee sus plegarias matutinas, y lleva el chal de oración. La caja de cuero que cuelga en su frente, llamada filacteria, contiene textos bíblicos escritos en pergamino.*

Luz sagrada *El candelabro menorah, de ocho velas, que son encendidas, una cada día, durante los ocho que dura el Januká, fiesta de las luces.*

judíos convivían con campesinos, y se manifestaba el brusco odio clasista, un resentimiento ante el talento judío para la empresa y el trabajo.

Los judíos fueron excluidos de varias profesiones y oficios, y fuera de la *shtetl,* sus oportunidades de instrucción estaban severamente restringidas, pero hubo maneras de evadir la ley. Quienes tenían dinero podían sobornar a los policías y funcionarios para obtener permisos de residencia. Algunas mujeres jóvenes, ansiosas de realizar sus estudios académicos en San Petersburgo y Moscú, obtenían permisos de residencia: las registraban como prostitutas.

Una ley de 1827 estipuló que los niños judíos podrían ser alistados en el ejército desde los 12 años. Los poderosos podían comprar la exención, pero para otros la única solución era cortarse las barbas y los bucles de las patillas: primer paso hacia la asimilación y la conversión al cristianismo.

Los judíos resistieron los intentos zaristas de convertirlos o modificar su forma de vida. La cotidiana preocupación de alimentar y vestir a sus numerosas familias estaba estrechamente unida a la estricta observación de las normas dietéticas y las festividades.

La educación y el matrimonio

La pobreza no eximía al judío de casarse; no tener hijos era considerado una tragedia. Pero la educación de los hijos y el matrimonio de las hijas podía ser una carga enorme. De algún modo, había que procurar el dinero para la escuela de los hijos. Esta sed de conocimiento fue llevada al extremo de que hasta un niño de 3 años debía pasar 10 horas diarias, 6 días a la semana, estudiando hebreo y arameo bíblicos, para luego traducirlos al yiddish, la lengua de uso cotidiano.

La pobreza extrema no evitó que muchos niños judíos ingresaran a las escuelas rabínicas. Los judíos pudientes casaban a sus hijas con los estudiantes más prometedores y subsidiaban los estudios del yerno: esta generosidad era tanto un honor, como un acto de redención personal. Sin embargo, para un judío pobre el matrimonio de una hija podía ser una pesadilla. ¿Dónde hallaría el dinero para el ajuar y la dote? Luego, estaba la *chuppa*, o boda, y la comida y la música para el banquete nupcial. La mayor preocupación de algunos era conseguir un yerno rico, sobre todo cuando se tenían varias hijas.

La *shadjen*, o casamentera, tenía un papel esencial, aunque algo entrometido, en la vida de la *shtetl;* incluso las familias más humildes acudían a ella para que concertara un matrimonio. La *shadjen* recababa requisitos de las parejas en potencia e investigaba las historias familiares para hallar antepasados respetables, como rabinos o estudiosos, generalmente exagerando virtudes y cualidades, en tanto que ocultaba defectos.

Aunque entre 1850 y 1870 se dieron algunos intentos de mejorar las condiciones de los judíos y de suavizar las restricciones, el asesinato del zar Alejandro II, en 1881, y la participación judía en el movimiento revolucionario desataron una enorme oleada antisemita y sobrevinieron los pogromos (levantamientos populares contra los judíos, autorizados por los zaristas) que duraron los siguientes 25 años. Conforme aumentó la persecución y el deseo de progresar educativa e intelectualmente, muchos judíos decidieron emigrar. A fines del siglo XIX, vivían en Rusia más de 5 millones de judíos, pero en 1910, uno de cada tres judíos de Europa Oriental había emigrado. La mayoría inició una nueva vida en Estados Unidos.

Festividad *Las penurias sufridas por los habitantes de la* shtetl *eran aliviadas con alegres celebraciones y la narración de leyendas tradicionales. El pintor Marc Chagall, nacido en Rusia en 1887, añade un toque de misticismo a esta escena de boda.*

Vestido típico *El atuendo polaco constaba del plastron, o jubón, y una diadema.*

Ropa cotidiana *Los niños usaban el sombrero sobre su* yarmulke, *o capelina.*

Con arpa y violín *Los músicos callejeros mantuvieron viva la tradición musical de la* shtetl.

LEGISLACIÓN PARA LA VESTIMENTA

Desde la Edad Media, los judíos en el Imperio Ruso fueron obligados a usar ciertos atuendos característicos, que variaban de una región a otra. Por ejemplo, en Polonia los hombres vestían caftanes, o túnicas hasta los tobillos con mangas largas; en Lituania, túnicas de seda negra con anchos cintos de seda, y las mujeres, batas de seda bajo las capas de pieles. En especial, los judíos de las *shtetl* polacas se apegaron tanto a su atuendo que, en 1850, los rusos promulgaron una ley que prohibía la extravagancia en el vestido y los caireles de los hombres.

GUERREROS, ESCLAVOS Y COLONOS

En África, al sur del Sáhara, la civilización había florecido siglos antes de que los europeos llegaran a ese continente. Desde el siglo VIII, una serie de poderosos reinos surgió en el occidente africano, en el extremo sur de la ruta de las caravanas que cruzaban el Desierto del Sáhara; los comerciantes árabes convirtieron a los africanos al Islam. No fue sino hasta el siglo XV cuando los europeos se establecieron en la costa y comerciaron con oro, marfil y esclavos. Precisamente como consecuencia de las guerras de esclavos, surgieron unos poderosos reinos militares.

Hasta el siglo XIX, el interior de África —cuyas vastas extensiones estaban cubiertas por desiertos y selvas— fue territorio desconocido por los europeos. El clima y las enfermedades locales habían sido letales para los europeos, que solamente pudieron establecerse en el extremo sur del continente. Una colonia holandesa, fundada hacia 1650, se extendió hacia el Norte, primero en busca de caza y ganado, y luego tras la tierra cultivable, la mano de obra y los recursos minerales. Con el tiempo, los incentivos de la curiosidad, el celo evangelista y la ambición impulsaron a los europeos a internarse en el continente: como resultado, las potencias europeas se repartieron enormes regiones africanas.

ÁFRICA 1400–1900 D.C.

REINO DE BRONCE Y VINO DE PALMA

En época de festivales, una gran comitiva de funcionarios, sacerdotes, esclavos y artesanos desfilaba por el palacio de Benin, centro de un imperio de África occidental, que alcanzó su esplendor en el siglo XVI. La ciudad estaba rodeada por 5 km de murallas, dentro de la cual estaban las intersecciones de 30 avenidas en ángulos rectos, cada una con más de 30 m de ancho. Las casas, de madera y arcilla, eran amplias, y el palacio, un laberinto de habitaciones, patios, templos y galerías. Lo habitaba el oba, un monarca absoluto adorado por el pueblo, que lo consideraba la encarnación terrena de los dioses de Benin.

Vestido con túnicas y enjoyado con enormes collares de coral, el oba de Benin pasaba gran parte del tiempo en ceremonias y sacrificios, o en compañía de su centenar de esposas. Pero en las festividades anuales, desfilaba públicamente con la comitiva de cortesanos, seguidos de músicos con tambores, campanas, cascabeles y trompetas de colmillos de elefante.

A veces, el oba iba precedido por un cortesano que cargaba una caja de nueces de cola, un estimulante que se distribuía entre el pueblo. En estas alegres ocasiones, fluía el vino de palma.

El oba mantenía un ejército numeroso y disciplinado, y regía sobre varios caciques que se encargaban de los cotidianos asuntos de Estado: fue éste un eficiente sistema para prevenir el abuso de poder. Aunque los visitantes europeos desaprobaban la costumbre de las jóvenes que paseaban desnudas por la calles, se impresionaron por la atmósfera de estabilidad. Un visitante del siglo XVII informó: "Los ciudadanos de Benin son pacíficos, con buenas leyes y una bien organizada fuerza de policía; viven en buenos términos con los extranjeros que llegaron para comerciar con ellos."

Música en los dedos *El piano para dedos, en diversas presentaciones, ha sido un popular instrumento africano. Las finas barras metálicas se pulsaban para tocar melodías, y las vasijas, bellamente decoradas, eran la caja de resonancia.*

El mercado con Europa se inició desde el siglo XV, y para entonces, Benin ya era un activo centro comercial que negociaba con mercancías tan variadas como herramientas, armas y algunos manjares como lagartos fritos. Los comerciantes de la ciudad eran famosos por su astucia; como moneda usaban conchas de cauri, oro en forma de pulseras y lingotes de cobre llamados manillas. Los portugueses fueron los primeros europeos en el mercado: buscaban oro —que no abundaba en Benin—, pero a cambio aceptaron esclavos y los usaron para negociar con los reinos africanos que sí lo poseían.

Guerreros y funcionarios civiles

Uno de los reinos que prosperó con el tráfico de esclavos fue Ashanti, fundado en el siglo XVII. Ricos en oro y poderosos en batalla, los ashantis se extendieron desde la región de su capital, Kumasi, hasta controlar una gran extensión de lo que actualmente es Ghana. Todo prisionero que tomaban se convertía en esclavo, que luego era vendido a los comerciantes europeos.

Hacia el siglo XIX, las luchas de los ashantis contra el ejército inglés los consagraron como guerreros; empero sus logros en tiempo de paz también fueron admirables. El reino estaba administrado por una refinada burocracia de funcionarios musulmanes y árabes, y un servicio de mensajeros transmitía los decretos del rey a cualquier parte del país. Las nuevas leyes eran expedidas en la gran cosecha anual del ñame, o camote, cuando todos los caciques se reunían durante varios días, para ceremonias religiosas.

Los visitantes blancos se asombraron ante la cantidad de oro con la que los caciques ashantis se engalanaban. A principios del siglo XVIII, el inglés T.E. Bowdich escribió: "De su brazo izquierdo penden manillas y rocas de oro en bruto, tan pesadas que la extremidad debía apoyarse sobre la cabeza de algún niño. Oro y plata brillan por doquiera. De sus espadas de mangos de oro penden cabezas de lobos y carneros, en tamaño natural, vaciadas en oro."

También era célebre la limpieza de los ashantis. Las amplias avenidas de Kumasi eran barridas regularmente, y las paredes de las casas, hechas de arcilla roja y blanca, pulidas. Los edificios más importantes tenían baños interiores, cuyo drenaje se lavaba diariamente con agua hirviendo, e incluso las aldeas más remotas tenían baños públicos, separados para cada sexo. Había chozas separadas para las mujeres que estaban menstruando, condición rodeada de tabúes.

La presencia de la religión era absoluta, no sólo en los reinos de África occidental, sino también entre los remotos pueblos de las junglas y los pueblos pastores al sur del Sáhara y África oriental. Aunque los ritos variaban, casi todos los africanos creían en un creador benigno, sobre el cual las deidades menores podían influir para mejorar las cosechas o aumentar la fertilidad. En el arte africano, fueron representados los espíritus de los ancestros familiares y los de los animales. Muchas religiones los invocaban mediante danzas, rituales y el uso de máscaras. Los adivinos, que tenían el poder de curar o herir por medio de hierbas y conjuros, eran vistos con respeto.

Los amuletos y talismanes —llamados yuyu en África occidental— eran considerados portadores de poderes mágicos. Cuando las primeras conversiones y bautizos fueron llevados a cabo, algunos caciques portaban cruces como emblemas de poder, a semejanza de sus fetiches.

Bronce de Benin *El pueblo de Benin contaba con hábiles escultores en bronce: sus relieves y estatuillas muestran la vida en la corte del oba. La música tenía un importante papel ceremonial.*

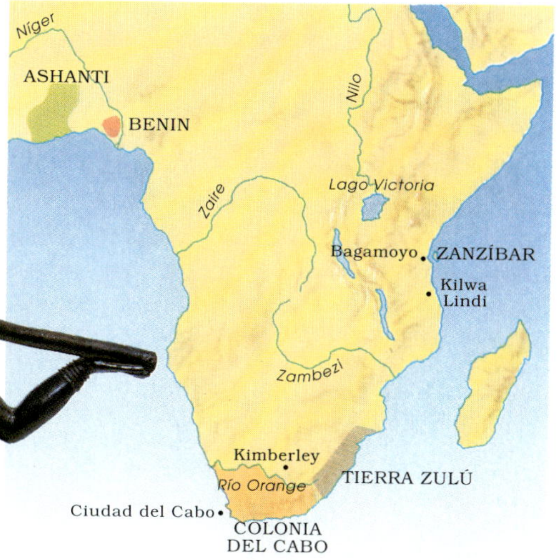

Reinos y colonias *Los europeos pensaban que llevaban la civilización a África por medio de asentamientos como Colonia del Cabo, que se extendió hasta el río Orange. Pero las grandes culturas africanas florecieron en el Benin del siglo XIV y el Ashanti del siglo XVII. Los colonos pronto experimentaron el poder del pueblo zulú.*

Su peso en oro *Los ashantis usaban como moneda el polvo de oro. Las pesas para medir el polvo de oro eran de bronce, a veces con forma de animales, plantas, personas e incluso con proverbios.*

Vida pastoral *Casi todos los africanos vivían en pequeñas comunidades agrícolas dispersas por las sabanas o en las selvas. Habitaron chozas de arcilla, con bardas para protegerse de asaltantes y fieras.*

Merolico *"Si entre los tormentos de Job —relataba un explorador del siglo XIX— se incluyera el horror de la palabrería de un merolico africano, su paciencia se habría agotado totalmente."*

GUERREROS DEL REINO ZULÚ DE SHAKA

En 1820, la disciplina era estricta, y la justicia, terminante en el reino de Shaka. Voluble, inseguro y cruel, el rey zulú gobernaba como todo monarca absoluto, con poder sobre la vida y la muerte de cada una de los cientos de comunidades que formaban la nación zulú. La muerte era el castigo acostumbrado para diversos delitos, entre ellos el adulterio. Los soldados escoltaban a los culpables al campo de ejecuciones, cerca del *craal* (poblado real), donde serían golpeados o empalados en filosas estacas.

Con todo, Shaka fue algo más que un déspota cruel. Líder innato, llegó a ser muy respetado allende el Imperio Zulú, que formó mediante la conquista. Equipó a sus soldados con lanzas de empuñadura corta y hojas anchas, mazas y escudos de piel de buey de 1.2 m de alto. Los zulúes desdeñaban el uso de calzado en batalla, pues los entorpecía; podían ir descalzos por los terrenos más accidentados y espinosos. Sus penachos y brazaletes eran de piel de antílope y otros animales; sólo Shaka y sus caciques tenían derecho a usar pieles de leopardo. La mayor condecoración por méritos en batalla era un collar de madera de olivo.

El método de ataque del ejército zulú era brutalmente efectivo. Llamado "formación toro y cuernos", combinaba el asalto frontal contra la posición enemiga, con distracciones en los flancos realizadas por los corredores más rápidos. Una vez rodeado el enemigo, los zulúes lo cercaban. Tribu tras tribu sucumbió bajo la máquina de guerra zulú, que bajo Shaka unificó miles de aldeas y obligó a huir a miles más.

Cuenta la leyenda que Shaka fue producto de un amor desaprobado por el pueblo. Senzangakona, heredero al trono de la tribu zulú, se enamoró de Nandi, una mujer del clan langeni. El casamiento avergonzó a los zulúes, que expulsaron a Nandi y a Shaka de la tribu; posteriormente, madre e hijo también fueron rechazados por el clan langeni. Shaka nunca olvidó estas primeras humillaciones, y con el tiempo, cobró una terrible venganza.

El centro de la estructura social y las tradiciones del pueblo zulú era la aldea. La producción de alimentos, ropas, herramientas y prácticamente todas las demás necesidades, estaba

Atuendo de danza *Un joven zulú usa plumas de avestruz para una danza ritual.*

Bebida aldeana *Una especie de cerveza,* chwala, *era preparada con sorgo o mijo seco. Se molía el grano y se diluía con agua; se hervía la mixtura y luego era mezclada con malta, más mijo y sal. La cerveza fermentaba al cabo de uno o dos días.*

TIEMPO DE JUEGOS EN LA ALDEA

Transcurre un caluroso día de verano en el abrupto territorio de los zulúes. Los adultos salieron a cazar y a trabajar la tierra, un grupo de niños descansa de sus labores y convierte la casa en un lugar de juegos. Fuera de la choza paterna, hecha de pasto, y de cuyo techo penden los cráneos de los bueyes sacrificados en nombre de los ancestros, dos jóvenes practican el arte de pelear con bastones, un combate ritual que requiere valor y pericia, en el que los participantes se arriesgan a fracturarse el cráneo. Junto al corral del ganado, otros dos jóvenes tocan tambores de piel de vaca, marcando así el inicio de una danza.

Al fondo, con bastones y escudos listos, un grupo de jóvenes danzantes se preparan para practicar lo que han visto bailar a sus padres, coreografías compuestas mayormente de estilizados movimientos de batalla, que crean una suprema demostración de habilidad física. Estimuladas por la música, las niñas también bailan; aplauden al son del tambor y cantan un estribillo simple; así posponen momentáneamente la labor de acarrear agua del río y preparar la comida para la cena, que deberá estar lista antes que los adultos regresen de la jornada de trabajo.

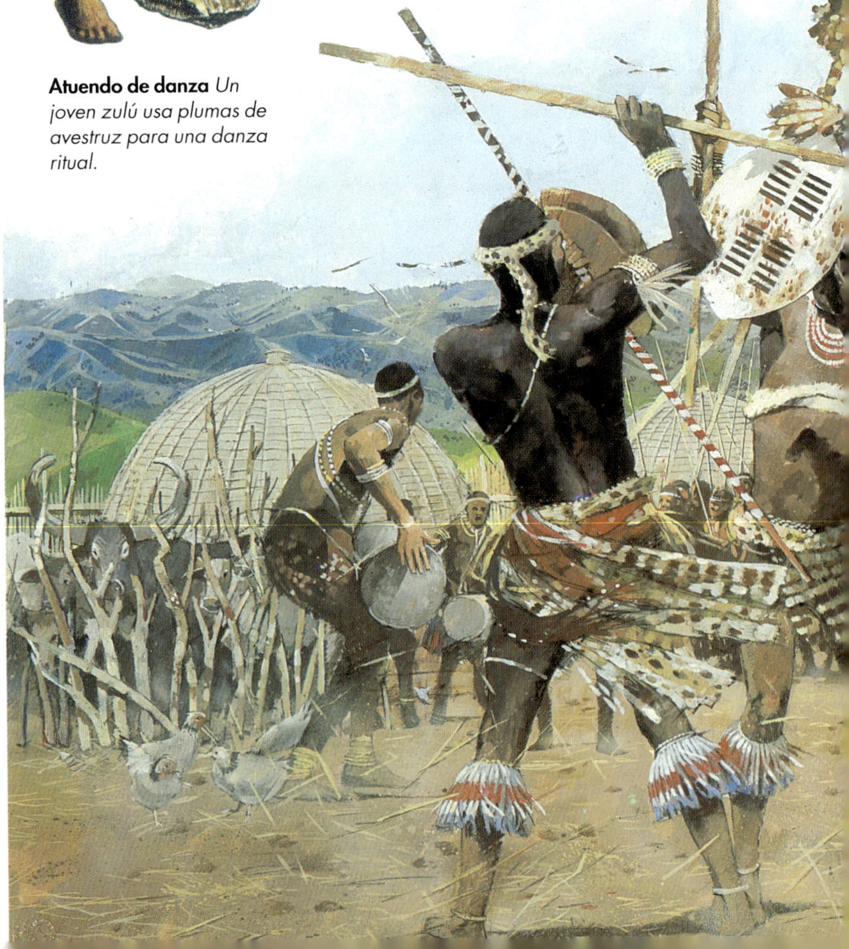

concentrada en los círculos de chozas que formaban la aldea, donde se cuidaba el ganado dentro de un corral, hecho con zarzas y erigido en el centro. La choza del marido siempre se erguía en el lado opuesto a la entrada del cerco, y las chozas de sus esposas estaban dispuestas a los lados, según su importancia.

Las chozas tenían forma de colmena, con una entrada en forma de arco, y una puerta desmontable hecha de ramas. Se ventilaban mediante el aire que entraba por la puerta y se filtraba por el techo de paja; el humo del fogón cóncavo en el piso escapaba del mismo modo. Una capa de hollín en el techo ahuyentaba a los insectos. El piso estaba recubierto con una mezcla de lodo —hecho generalmente con la tierra de un hormiguero— y estiércol de vaca. A veces se añadía grasa animal a la mezcla para darle lustre.

El amueblado era austero. Los zulúes se sentaban sobre alfombras de piel de cabra y dormían en esteras de juncos o bajo frazadas de piel de animales. La comida típica era el mijo —o el maíz, cuando las cosechas anuales eran buenas— guisado de varias formas. Luego de molerlo en una piedra cóncava, hacían un puchero granuloso que comían con las manos. Bebían una leche agria llamada *amasi*. Pero algunas costumbres los obligaban a

Arma recuperable *La assegai zulú era una lanza desarrollada por Shaka para reemplazar a una lanza que se arrojaba y sólo podía ser usada una vez. La assegai podía utilizarse una y otra vez.*

renunciar a este manjar en especial. Algunas circunstancias, como la menstruación o el contacto con la muerte, eran consideradas formas de contaminación que requerían ciertos procedimientos para asegurar la purificación, y uno de ellos era abstenerse del *amasi*. Acostumbraban asearse en sus casas, o al aire libre en el caso de los niños, y se lavaban los dientes con cenizas.

La bien organizada sociedad zulú asignaba a hombres y mujeres cargos muy definidos. Las mujeres zulúes aceptaban su posición de inferioridad desde la primera infancia. Alrededor de los cinco o seis años, las niñas pasaban por un ritual en el que se les perforaban las orejas, y luego de esto eran instruidas en lo que se consideraban "deberes de la mujer": trabajar en los campos y realizar diversas labores domésticas. Por su parte, los niños cuidaban del ganado. Los muchachos que experimentaban rituales de la pubertad, los brujos y todo aquel que se dispusiera a cazar debía evitar cualquier trato con mujeres.

El matrimonio zulú estaba sujeto a la autoridad absoluta del rey, quien casi nunca lo autorizaba a sus soldados antes de que tuvieran 30 años. Para casarse, escogían mujeres 10 o 15 años más jóvenes. Cuando un zulú se casaba, abandonaba la aldea paterna y formaba su propia familia, que aumentaba con más esposas e hijos. El número de consortes que podía tomar un hombre estaba determinado por el número de cabezas de ganado que podía ofrecer en la *lobola*, o precio de la novia, sistema que surgió como compensación de la pérdida de hombres que las cacerías y las guerras ocasionaban. Al controlar los matrimonios en el reino, el rey determinaba el número de hijos y quiénes los podían tener. El marido era el único árbitro y dispensador de favores en los hogares zulúes, y su facultad para determinar el rango de las esposas le permitía discriminarlas en favor de una esposa sumisa.

Momento de gloria *En 1879, los guerreros del cacique Cetschwayo derrotaron a los ingleses en Isandlwana, pero la represalia inglesa ocasionó la caída de los zulúes.*

Sin embargo, las mujeres disfrutaban de algunos derechos. Los padres estaban obligados a mantener a las hijas solteras, los esposos debían cuidar de sus esposas y los hijos eran responsables del bienestar de las madres cuando enviudaban. Las ancianas ejercían gran influencia en los hogares de sus hijos, y en el caso del linaje real, las esposas o las parientas cercanas eran a veces nombradas para ejercer posiciones importantes como jefas de los hogares.

La muerte de un rey

En su lucha por la supremacía, Shaka eliminó a todo aquel que amenazara el trono, pero pasó por alto a su hermanastro Dingane, un hombre astuto y taimado. En septiembre de 1828, Dingane acuchilló a Shaka con ayuda de otro hermanastro, Mhlangane. El asesinato produjo consecuencias cruciales para el pueblo zulú. Dingane era tan despiadado como su hermanastro, y un incompetente estratega militar. Derrotado por los bóers en la Batalla de Río Sangre, en diciembre de 1838, huyó de territorio zulú y murió en el exilio. Tras la derrota de Dingane, los blancos fundaron en el Sur una pequeña colonia, llamada Natalia, que bajo el mandato bóer, y luego, el inglés, creció y amenazó al Imperio Zulú. Apoyado por los bóers, Mpande, otro medio hermano de Shaka, se convirtió en rey zulú, y hubo paz por algún tiempo.

Nueva bandera *Muchos refugiados zulúes huyeron al Sur, donde fueron protegidos por los ingleses. Posteriormente, combatieron al lado de los británicos contra otros africanos.*

Pero durante el ascenso al trono de Cetshwayo, hijo de Mpande, se inició un nuevo conflicto, esta vez con los ingleses. En la guerra de 1879, el propósito del nuevo rey de revivir el poderío zulú acarreó la caída de su nación como potencia militar.

UN DÍA EN LA VIDA DE UN *VOORTREKKER*

Amanece sobre la estepa curtida por el sol. Un hombre robusto, dentro de una de las carretas del campamento *trekker,* toma su abrigo y se asoma por una abertura de la lona. Su esposa ya está despierta y vestida y prepara el desayuno: su *kappie,* o cofia, el vestido de calicó y las enaguas parecen fuera de lugar en la estepa polvorienta. Tras calzar sus *riempieskoene,* o zapatos de correas de cuero, el hombre sale en busca de café, una de las importaciones más apreciadas. Pasó la noche vestido, con camisa de lana y pantalón de pana, por temor a un ataque nocturno.

Toma una taza de café y vigila el campamento. Todavía asciende el humo de las fogatas, encendidas la noche anterior para ahuyentar a los leones. Saca del bolsillo una pipa de saponita y una faltriquera de piel de conejo, y con yesca, produce una chispa para encender la pipa. Dentro de la carreta, su hija deshila un saco usado; el hilo será utilizado por segunda o tercera vez.

El campamento desayuna pan recién horneado, maíz y la carne de venado que quedó de la cacería del día anterior. Los jóvenes salen a cuidar las ovejas y las vacas, los adultos, a cazar: discuten el avance y reparan el equipo. Al final del día, elevan una plegaria para dar gracias, antes de reunirse en la fogata para charlar y contar cuentos a los niños. Alimentan las fogatas, apostan a los guardias y se retiran a dormir.

Cuesta arriba *Un grabador plasmó esta impresionante escena en la que se observa la capacidad de la carreta* trekker *para escalar el abrupto relieve sudafricano.*

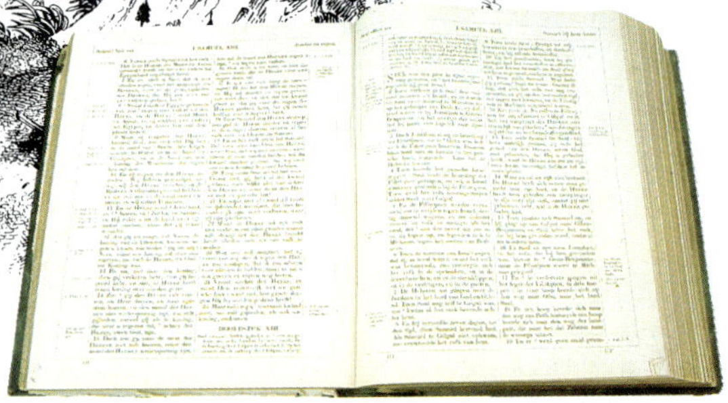

Fuente de inspiración *Los* voortrekkers *eran calvinistas devotos, y con frecuencia, la Biblia era el único libro que tenían las familias.*

LA GRAN TRAVESÍA DE LOS BÓERS

A mediados de la década de 1830, varias familias Afrikánder de la región este del Cabo de Sudáfrica partieron en carretas de bueyes rumbo al poco conocido interior del país. Posteriormente serían llamados los *voortrekkers,* o "viajeros en avance", y la expedición que realizaron, la Gran Travesía. Estos bóers (o "granjeros") se indignaron por lo que consideraban una violación de los derechos perpetrada por los ingleses. La competencia por las tierras para apacentar era feroz y los bóers sintieron que el sistema de justicia inglés amenazaba la forma de vida que atesoraban; se adjudicaron para sí el derecho a defenderse. Además, la creciente importancia del dinero en la economía local arruinó el sistema de trueque con el que los bóers estaban familiarizados. Vino entonces la abolición de la esclavitud y la devolución de la tierra anexada al pueblo Xhosa, un territorio que los bóers habían ayudado a capturar. Aunque muchos bóers se dispusieron a aceptar el nuevo orden, gran número de ellos no pensó así.

Creyeron que, una vez que cruzaran las fronteras de la colonia y dejaran atrás el control británico, podrían fundar su propio país. Pero se equivocaron al pensar que las vastas extensiones de territorio al norte del río Orange y al este de las montañas Drakensberg habían sido despobladas por las guerras, y que los pocos sobrevivientes los recibirían como aliados. En realidad, los conflictos interafricanos no habían despoblado las tierras en modo alguno.

Con todas sus pertenencias, los viajantes, o *trekkers,* y sus sirvientes africanos iniciaron una épica travesía que posteriormente se transformó en un valorado capítulo de la historia Afrikánder. Los bóers se enfrentaron al hecho de que ningún ministro de la

Carreta "quijada" *La* kakebinwa, *o "carreta quijada" de los* voortrekkers, *se parecía a la mandíbula inferior de un caballo. Era capaz de llevar grandes cargas.*

Listos para el ataque *El* trekker *típico no era soldado profesional, sino cazador, pastor o campesino que empuñaba las armas para defenderse. Eran buenos exploradores y excelentes tiradores.*

Iglesia Reformista Holandesa tenía intenciones de acompañarlos. El sínodo eclesiástico se opuso a la expedición, argumentando que llevaría al "ateísmo y la caída de la civilización". Los pioneros se apoyaron en Erasmo Smit, un predicador lego, en Daniel Lindley, misionero de la Congregación Americana, y en James Archbell, un misionero wesleyano.

La carreta de bueyes fue la casa, el transporte y la fortaleza de los *trekkers;* era de unos 5 m de largo por 1 m de ancho y estaba cubierta con lona. Los rayos de las ruedas eran de madera de assegai, y los ejes, de barras de hierro. En su interior, había un *wakis* o baúl, donde se sentaba el conductor, y un camastro con colchón. Bajo la parte trasera, en un compartimento de madera, se guardaban las ollas y las jaulas de gallinas. Los bueyes eran ayuntados por pares con unas riendas de piel trenzada, luego sustituidas por cadenas. Las carretas tenían calzas en las ruedas traseras para frenar en las cuestas empinadas. A veces, desmontaban las ruedas y ponían en su lugar ramas atadas; de este modo, protegían los ejes mientras se "deslizaban" por las cuestas.

Un ejército popular en batalla

La pericia militar era vital para los *trekkers*, pues estaban invadiendo y conquistando tierras reclamadas por las sociedades africanas. Eran un verdadero ejército popular, cuyas familias —e incluso sirvientes— eran movilizados para la defensa y el ataque. Se lanzaban a la batalla en formidables grupos de a caballo, equipados con mosquetes, *kruithorings*, o cuernos de pólvora, y bandoleras o cartucheras de piel de antílope, kudu o buey, generalmente sujetas al cinturón. Cortaban las balas casi por la mitad para que volaran en distintas direcciones; y preparaban perdigones vaciando plomo en unas cañas, para luego triturarlo. Para templar el plomo, los *trekkers* añadían el estaño de ollas y sartenes viejos.

Las caravanas se vieron obligadas a ser médicamente autosuficientes, pues estaban en un territorio sin profesionales de la salud. Cuando partieron, poseían un gran conocimiento de las hierbas y plantas medicinales de los extensos pastizales sudafricanos, y para 1850, ya utilizaban más de 100 especies distintas de vegetales. Cada carro llevaba pequeños botiquines que contenían frascos de medicinas, ungüentos y cataplasmas.

Pero algunas de las prácticas médicas de los *voortrekkers* eran sumamente extrañas. Cuando el sobrino del líder perdió tres dedos por un accidente al disparar, un cuñado le amputó el resto de la mano con martillo y cincel, para luego aplicarle un remedio de telarañas y azúcar. Cuando otro *trekker* se hirió la pierna con un hacha, se le aplicó en la herida aloe quemado y una moneda; luego, se sacrificó una cabra con cuyas vísceras se hizo una infusión que le dieron a beber al hombre.

Trataban el lumbago con grasa de buitre o de iguana, aplicaban grasa de cabra en la piel agrietada y en las caras de los niños. Trataban la viruela dando de beber al paciente una infusión de estiércol de cabra. Pero a pesar de estos tratamientos poco convencionales, los *trekkers* eran un pueblo saludable. Ello se debía en parte a sus medidas sanitarias: se deshacían de la basura y todos los desechos y siempre protegían el abasto de agua de la contaminación de humanos y animales.

El *laager*, o círculo protector en el que estos pioneros de antiguo origen holandés colocaban sus carretas al acampar, siempre estaba ubicado debajo de una fuente de agua.

Las mujeres eran recias, y estaban acostumbradas a las privaciones y al peligro. Las esposas y las hijas mayores debían cocinar para toda la familia en las circunstancias más difíciles, en ocasiones sin leña. Usaban una olla triple de hierro forjado, y ponían encima de la tapa unas brasas de estiércol de res para hornear carne, panes y pasteles. Fabricaban su propio jabón a base de *ganna* —el matorral de la lejía— y grasa del rabo del cordero. También se encargaban de zurcir y lavar la ropa. Las agujas, especialmente apreciadas, a veces se las prestaban unas a otras, y las afilaban hasta que su tamaño no era mayor que el de una uña. Si los maridos caían enfermos o se herían, estas mujeres tomaban las riendas de las carretas de bueyes. Frecuentemente, debían cargar a los niños más pequeños, o incluso, las pesadas ruedas de la carreta y otros accesorios, cuando la caravana subía o bajaba por las cuestas más empinadas, y a falta de maestros, enseñaron a sus hijos a leer. Ciertamente, eran mujeres resistentes.

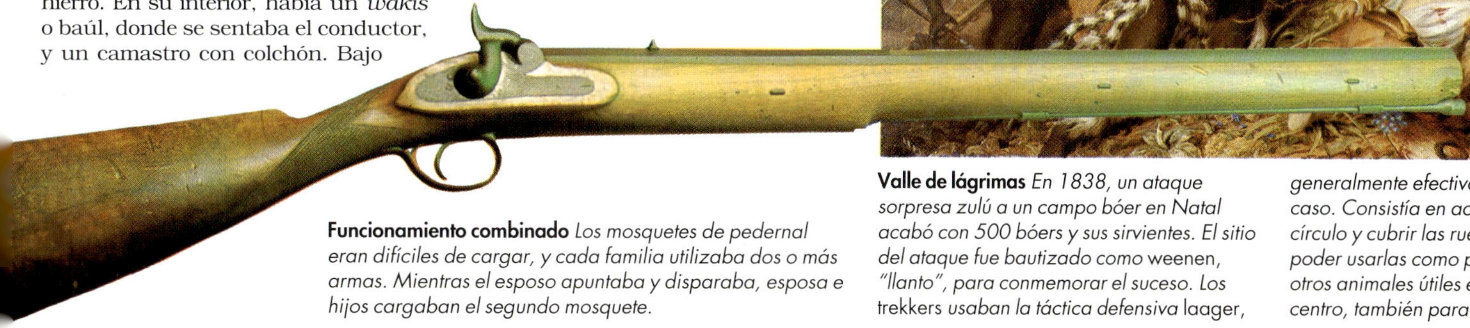

Funcionamiento combinado *Los mosquetes de pedernal eran difíciles de cargar, y cada familia utilizaba dos o más armas. Mientras el esposo apuntaba y disparaba, esposa e hijos cargaban el segundo mosquete.*

Valle de lágrimas *En 1838, un ataque sorpresa zulú a un campo bóer en Natal acabó con 500 bóers y sus sirvientes. El sitio del ataque fue bautizado como* weenen, *"llanto", para conmemorar el suceso. Los* trekkers *usaban la táctica defensiva* laager, *generalmente efectiva, pero que falló en ese caso. Consistía en acampar las carretas en círculo y cubrir las ruedas con ramas, para poder usarlas como parapetos. El ganado y otros animales útiles eran puestos en el centro, también para protegerlos.*

DIAMANTES EN "EL GRAN AGUJERO"

Ladrones y vagabundos merodeaban por las primeras excavaciones en las minas de diamantes de Kimberley. Hombres desesperados peleaban y morían por las pequeñas gemas que luego brillarían en los cuellos de mujeres europeas y americanas. La naturaleza era implacable: el sofocante sol absorbía la humedad y la energía como una esponja, y los remolinos de viento alzaban la tierra roja para dejarla caer sobre las tiendas y la gente.

Sólo los más tenaces sobrevivían a la dura realidad de las colonias mineras, en las que se mezclaban el espíritu pionero, la riqueza más allá de la avaricia y las ilusiones deshechas. En la primera época, reinó la ley del más fuerte. Uno de los *diggers*, o pequeños propietarios, narró que había escalado la colina Colesberg al alba para vigilar su propiedad, pues los ladrones, siempre al acecho, podían arrebatársela.

Las hileras interminables de tiendas y barracas marcaron el nacimiento de Kimberley (nombrada en honor al secretario colonial británico de ese entonces), guarida de los magnates de diamantes, como Cecil Rhodes y Barney Barnato, y pueblo fronterizo de vida turbulenta, nunca antes vista en el sur de África. La historia de Kimberley se inició en 1871, cuando un hombre llamado Fleetwood Rawstorne marcó su propiedad en la colina, misma que estaba destinada a convertirse en la mina de diamantes más rica del mundo: la bautizó Colesberg, en honor a su pueblo natal. Ese simple acto llegó a cambiar las vidas de innumerables personas. En aquella época idílica, los diamantes abundaban. Un *digger* despertaba pobre y se acostaba rico: llevaba su hallazgo a cualquiera de los muchos comerciantes de diamantes de la zona, que tras examinar y pesar la piedra hacía una oferta. Luego, venía el acostumbrado intercambio de insultos, el estira y afloja, y finalmente, un fajo de billetes.

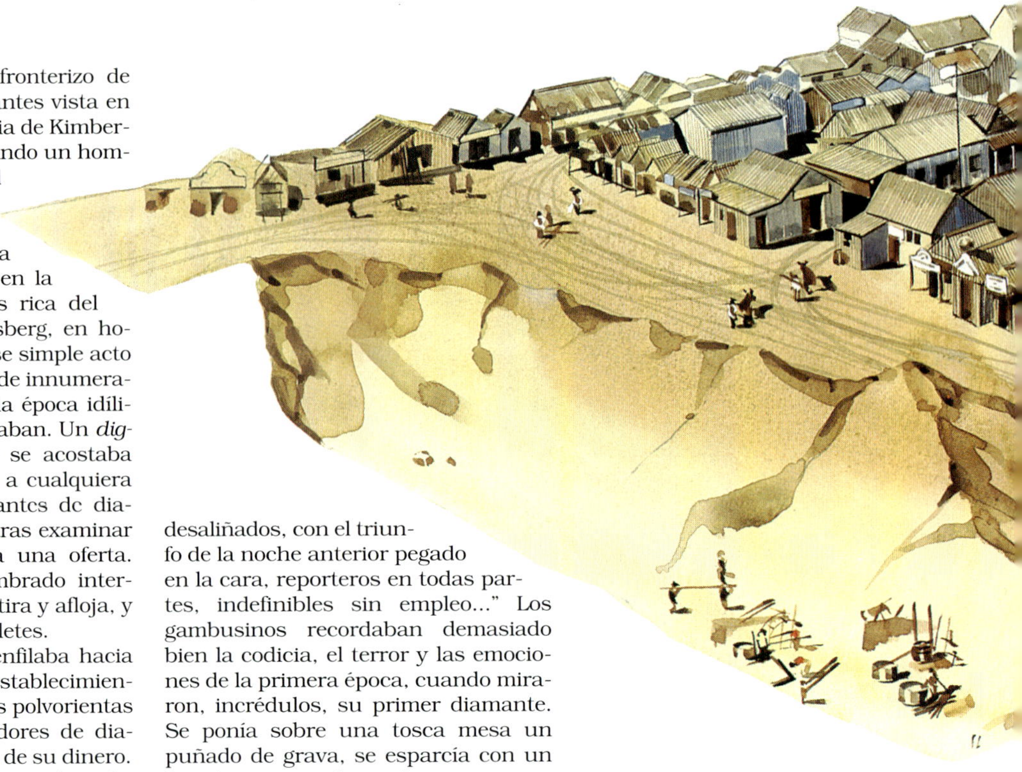

Feliz, el gambusino enfilaba hacia alguno de los muchos establecimientos dedicados a aliviar las polvorientas gargantas de los buscadores de diamantes... y a despojarlos de su dinero.

Una crónica de la época describe una hostería típica: "Alrededor de la barra deambulan los detectives, que alternan y beben con el pez que esperan pescar; hay grandiosos capitanes caídos en desgracia, enjoyados y perfumados tahúres, abogados amantes del alcohol, patriotas irlandeses de feroces y pendencieras inclinaciones, unos cuantos actores, desenfadados y desaliñados, con el triunfo de la noche anterior pegado en la cara, reporteros en todas partes, indefinibles sin empleo..." Los gambusinos recordaban demasiado bien la codicia, el terror y las emociones de la primera época, cuando miraron, incrédulos, su primer diamante. Se ponía sobre una tosca mesa un puñado de grava, se esparcía con un formón para ver los guijarros uno por uno, y de pronto, resplandecía el diamante. Otros trabajaban durante semanas sin hallar nada, hasta verse reducidos a vivir de las limosnas.

La sonrisa de la fortuna

Pero abundaban las historias de quienes se habían vuelto ricos, y cuando los gambusinos tenían un golpe de suerte, se aseguraban de que lo supiera el mundo entero. Un afortunado invitó a una mujer de mala fama a celebrar sus nuevas riquezas, pero insistió en que, primero, ella se bañara en la mejor champaña. La siguiente invitación fue para sus amigos, a una de las ferias del pueblo. Sabía que pronto se quedaría sin dinero, pero eso no le importaba: de momento, era rico...

A pesar de que los gambusinos gustaban de invitar a beber a sus amigos, mantenían una constante vigilancia sobre sus propiedades. Los trabajadores que los dueños de las vetas empleaban para realizar el trabajo pesado con frecuencia se embolsaban algunas gemas y encontraban compradores en el pueblo, donde el comercio ilícito de diamantes era tan sólo otra forma de la libre empresa.

Casas mineras *Tiendas y carretas fueron las primeras casas mineras, pero casas de madera cubiertas con lona las reemplazaron pronto: el viento derribaba con facilidad las anteriores. Incluso el gobernador de la región vivía en estas humildes condiciones.*

Aunque el comité de *diggers* imponía severas penas a este comercio ilegal, incluida la de ser azotado en público, la tentación de ganar dinero fácil favoreció el florecimiento de varios e ingeniosos métodos de contrabando. Se calcula que los taimados ladrones sustrajeron indebidamente hasta un 50% de la producción de las minas.

"Que su alma, por fin libre de esta Babel pecaminosa, sea como una gema en la mesa de selección del Señor."

EPITAFIO DEL GAMBUSINO ALBERTO BRODRICK

Algunos mineros escondían los diamantes en las caries de sus dientes, en heridas que se provocaban en las piernas e incluso se los clavaban en las uñas de los dedos de los pies. Era común que se los tragaran, para recuperarlos después. Se fundó una policía especializada, y los mineros africanos fueron obligados a vivir en alojamientos rodeados de alambradas.

El trabajo en la mina era muy duro. Había que abrirse paso entre tien-

UN PUEBLO DE DIAMANTE

Vista de Kimberley, en julio de 1873. Tan sólo dos años después de iniciada la fiebre de diamantes, las tiendas y cabañas de madera ya han sido reemplazadas por comercios y casas de hierro corrugado. Una carreta que recorre la calle principal pasará por las oficinas de la empresa diamantera Danziger and Company: el nombre aparece en un gran anuncio sobre la puerta, para atraer al gambusino que desee vender sus hallazgos a un precio razonable. El que busca mejores precios puede caminar por la misma calle hasta la compañía Koefoed, donde una bandera roja ondea como señal. Más allá, en la esquina de una calle lateral, hay un tercer comerciante, Tonesca.

Frente a Tonesca se yergue el Hotel Norris, el lugar de reunión favorito de los gambusinos para remojarse las secas gargantas con generosos tragos de brandy barato. Otros más sobrios, se abastecen en la tienda de Wallace and Company, en la que también ondean banderas. Borrachos o sobrios, finalmente todos se dirigen a dormir a casa, antes de internarse por la inmensa boca del Gran Agujero, que continúa creciendo y que dio origen a Kimberley.

De la colina al agujero *La minería convirtió la colina Colesberg en el mayor agujero artificial del mundo. Fue abandonada en 1914, tras una caída del precio del diamante.*

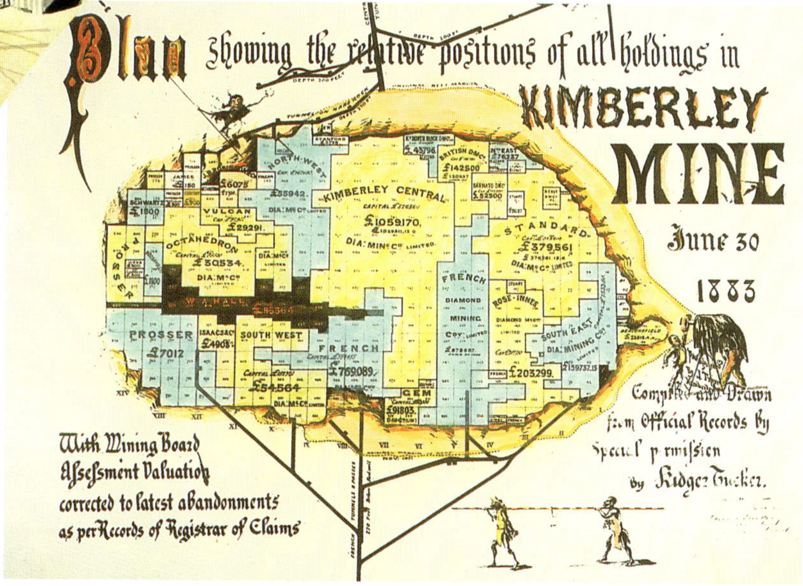

Mina de papel *El costo y los problemas técnicos de trabajar en distintos niveles obligaron a los gambusinos independientes a vender a pequeñas compañías mineras que, a su vez, vendieron a compañías más grandes, hasta que una de ellas obtuvo el monopolio.*

das, carretas y herramientas de selección de gemas; el gambusino debía mirar al suelo, pues un paso en falso podía causar una caída. A su alrededor, se desplegaba una madeja de cables de acero y sogas, semejante a una demencial telaraña. Al descender a la mina, miraba hacia arriba varias veces mientras bajaba por una oscilante escalera de cuerdas.

Los mineros tenían motivos para ser cautelosos, pues era común que las cuerdas se rompieran y los escombros cayeran sobre los demás, que a veces morían o quedaban mutilados. Conforme las excavaciones avanzaban en las profundidades, aumentaba la frecuencia de estos accidentes. En la primera época, los gambusinos construyeron rampas de madera, mediante las cuales subían a la superficie, en vagones, las piedras que contenían diamantes. A veces, perforaban los túneles desde la faz del terreno hasta la profunda excavación que era su propiedad; una vez que las minas quedaban muy abajo, los mineros se veían obligados a izar el mineral con sacos o baldes, ayudados con unas cuerdas que pendían sobre la boca del pozo.

Algunos *diggers* instalaban escaleras o terrazas que unían las minas con la superficie, en tanto que otros construían malacates, operados mediante un poste fijo en la superficie. Posteriormente, instalaron un sistema de transporte por cables: baldes con ruedas pequeñas subían y bajaban por los tensos cables, tendidos entre la mina y la superficie.

Cuando la jornada finalizaba y los mineros contratados regresaban a sus casas, el *digger* realizaba el peligroso ascenso. Si tenía pensado asistir a un baile esa noche, se dirigía a la barbería. Si tenía los ojos enrojecidos tras varios días de trabajar en la mesa de selección, acudía a un "doctor" —seguramente autotitulado— para que le proporcionara un ungüento. "Tal vez debo usar anteojos", pensaba.

Kimberley contó con su propio centro comercial, en cuanto una multitud de tenderos, hoteleros, cantineros y demás, fluyeron hacia allá para satisfacer las necesidades de la creciente población. Los fines de semana distaban de ser aburridos. Un hipódromo atraía a grandes multitudes de apostadores, y los premios a veces sumaban 1,500 libras esterlinas. Se hacían excursiones, se cazaban aves y se jugaba al cricket y al futbol.

Todos los domingos había misa. Aunque no eran de naturaleza devota, los rudos buscadores de diamantes creían que se trataba de una concesión esencial en favor de la civilización: cada domingo se lavaban la tierra acumulada durante la semana, vestían ropas más limpias e iban a una "iglesia" de argamasa, donde se sentaban —aún mareados por la parranda de la noche anterior— y cantaban con voces cascadas.

EL RAJ EN LA INDIA

La India fue siempre un imán que atrajo a los invasores de Asia central y otros lugares. El arco de los montes Himalaya es casi impenetrable, pero por los pasos y desfiladeros afganos transitaron oleadas de invasores que incursionaron en la fértil planicie del norte de la India. Las invasiones musulmanas del siglo XI tuvieron como resultado la conquista de gran parte del norte y centro del territorio hindú, y la fundación de la dinastía mogol en 1526, que a fines del siglo XVII, dominó casi toda la zona. Por entonces, colonizadores de Portugal, Holanda, Inglaterra y Francia fundaron bastiones en la India: a mediados del siglo XVIII, franceses e ingleses se disputaban el poder.

La victoria inglesa otorgó el gobierno a los aventureros de la Compañía de las Indias Orientales. Éstos, a su vez, fueron sucedidos por administradores civiles y oficiales militares que formaron el núcleo del Raj, una sociedad dentro de la sociedad, que se regía por la moral victoriana, pero que prácticamente no tenía ningún contacto social con los millones de vidas que gobernaba.

INDIA 1600–1900 D.C.

Danzarina *El encanto oriental llena esta pintura occidental de una joven mogol. Los hindúes tenían sus danzas, pero la vida de las mujeres era monótona.*

LAS CASTAS Y LA VIDA DE LA ALDEA

Las sucesivas oleadas de conquistas casi no alteraron la estructura de la sociedad hindú. La vida seguía su curso como siempre lo había hecho, gobernada por lo que le era importante: las lluvias del monzón, las predicciones astrológicas, el favor de los dioses a través de la intermediación de los sacerdotes brahmanes y las ofrendas de sacrificios, las muchas festividades anuales, las obligaciones con la casta y la familia, la prevención de la contaminación y, sobre todo, el ciclo constante de nacimiento, matrimonio y muerte. Este patrón se originó hacia el año 1000 a.C., cuando los invasores arios emigraron desde Irán a la India y conquistaron a los drávidas nativos.

Los nombres "hindú" e "India" provienen del vocablo ario que designa la región del río Indo. Los arios impusieron sus leyes como un sistema de castas que dividió a la sociedad hindú en cuatro *varna*, disposición similar a la del cuerpo humano. A la cabeza estaban los brahmanes, sacerdotes y académicos; la casta guerrera, o *kshatriyas*, eran el brazo armado; los *vaishyas*, o granjeros y comerciantes, el estómago; los *shudras*, o siervos, las piernas. Los *panchama*, una quinta categoría que ni siquiera tenía un lugar en este sistema de castas, eran considerados intocables. La casta era hereditaria, se refería a un orden de deberes en el que todos tenían un papel que jugar, y estaba concebida separadamente del poder o la riqueza. Las *varnas* no eran tan rígidas, y la posición de una familia podía cambiar. Pero el sistema unificó la sociedad hindú y le permitió resistir las presiones hacia el cambio que recibía del exterior. La vida se modificó en la India rural, pero muchas costumbres perduraron.

La vida de la India se basó más en la aldea que en la ciudad. Era una sociedad arraigada en la tradición común, aunque cada región tuviera sus propias costumbres. En el sofocante Punjab, las casas eran de adobe y barro con techos planos, en tanto que, en la húmeda Bengala, tenían techos de paja y paredes de mimbre selladas con barro y estiércol de vaca. Ambas regiones estaban vinculadas por el orden social hindú.

Uno de los rasgos comunes de las aldeas eran las diversas castas que vivían en ellas. Cada casta ocupaba su propio sector, donde los pertenecientes a ella ejercían oficios hereditarios. Cada sector estaba amurallado y se componía de viviendas alrededor de un patio abierto; su única entrada se cerraba por las noches.

Las relaciones entre los aldeanos estaban basadas en las leyes de casta, principalmente para evitar la contaminación ritual. Mientras más alto era el rango de un hindú, más amenazado se sentía por la presencia de castas inferiores que lo pudieran manchar espiritualmente. Los intocables, en el nivel más bajo del orden social, eran hilanderos, cesteros, talabarteros, lavanderos, basureros y alfareros, y debían vivir en las afueras de la aldea, en tanto que los *kshatriyas* y brahmanes vivían en las cercanías del templo, bajo la sombra del árbol comunal, o cerca del pozo de la aldea.

Casas simples y vidas complejas

También la vida doméstica seguía reglas estrictas que gobernaban las relaciones entre los sexos y las distintas edades. Dentro de la extensa familia, se compartían los bienes e ingresos, pero todos conocían su lugar en el estricto orden jerárquico, dominado por el más anciano de la familia. Lo primero era la lealtad familiar, y después, la lealtad a la casta. Como resultado, los matrimonios se concertaban cuando las parejas eran niños, en aras del bien familiar.

Las viviendas eran sencillas. La veranda, al frente, era el lugar de los hombres, y la sala, el lugar de trabajo. El cuarto trasero era para las mujeres y la cocina. Se mantenía la estufa alejada de posibles contaminaciones, como puertas abiertas Como la comida era una fuente de pureza espiritual, todo lo concerniente a ella estaba rodeado de muchas precauciones para evitar la contaminación. La dieta vegetariana se basaba en arroz, trigo, o en el caso de los más pobres, en mijo y otros granos de calidad inferior. También ingerían legumbres, verduras fritas sazonadas con picante, encurtidos y cebollas. Los hombres comían por la mañana, antes de salir a trabajar, y por la tarde; lo hacían con la mano derecha, sentados en el piso con las piernas cruzadas. Se usaba estiércol de vaca para recubrir el piso: esto le daba santidad al hogar, pues la vaca simbolizaba la pureza. No se usaban mesas ni sillas y los principales muebles eran el *charpoy*, una especie de catre al que se daban varios usos, y el baúl, asegurado con hierro forjado, para las joyas del hogar y las mejores ropas y los graneros.

En verano, el sol y los vientos significaban sequía y hambre. Luego, venían las lluvias, que regeneraban las tierras. El ciclo de muerte y renacimiento era el núcleo de la filosofía hindú del *karma*. Se debía ganar el favor de los dioses y diosas de la naturaleza, ya que éstos eran venerados como dadores de la vida y la muerte.

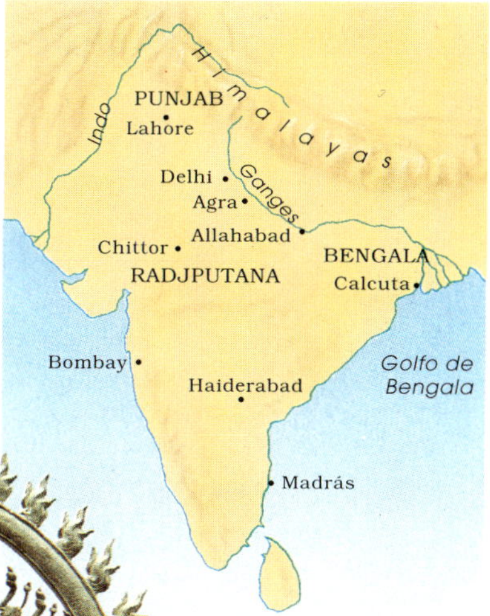

Centros de control *Radjputana, al noroeste, fue sede de los monarcas radjput. Los colonos ingleses llegaron por los puertos de Calcuta, Bombay y Madrás. Pero fuera de esos centros, la vida tradicional no sufrió cambios.*

Deidad danzante *Shiva el Destructor era, junto con Brahma el Creador y Visnú el Preservador, una de las deidades del hinduismo. Shiva fue también "Señor de la Danza".*

Contorsiones santas *El hinduismo tiene un gran respeto por las vidas ascéticas de sus devotos, o fakires —que en árabe significa "pobre"—, quienes adoptan posturas forzadas hasta el entumecimiento del cuerpo por la contorsión.*

Aldea modelo *Esta miniatura de un bazar bengalí muestra el bullicio de una típica aldea de la India. En esa época se comerciaba por dinero o trueque, en redes mercantiles de autosuficiencia local. Cada casta tenía función y oficio propios; podía ser la cestería, la hilandería, la ebanistería o la alfarería.*

VIDA FASTUOSA DE LOS "HIJOS DE REYES"

En 1806, James Tod, un capitán del ejército bengalí de la Compañía de las Indias Orientales, viajó al interior del país en misión política. La compañía había vencido a los marathas, sus principales rivales políticos por el control militar del norte de la India. La misión de Tod era conquistar a los reyes y caciques locales que gobernaban una región llamada Radjputana, o "país de reyes".

Allí, Tod encontró una casta guerrera que se componía de clanes monárquicos, cuyos miembros se hacían llamar radjputs, o hijos de reyes, y se proclamaban descendientes del Sol y la Luna. Sus ancestros habían sido, tal vez, tribus nómadas de Asia Central, que incursionaron en la India entre los siglos IV y VII a.C. Estas tribus guerreras fundaron sus propios reinos y fueron absorbidas por la cultura indostana. Durante el milenio siguiente, los clanes de los radjputs dominaron gran parte del norte y centro de la India, con títulos de maharajá o rajá.

Los radjputs eran un pueblo orgulloso y guerrero, que seguía un estricto código de caballería, similar al de la Europa medieval. Se consideraban defensores del hinduismo contra la invasión musulmana del oeste, pero mucha de su violencia se dirigía contra ellos mismos, pues guerreaban entre sí.

Aunque los radjputs eran muy poderosos en varias regiones, dentro de Radjputana gobernaron territorios que eran más o menos independientes de los imperios Mogol y Británico. Los caciques radjputs construyeron sólidas fortalezas para alojar y proteger a sus súbditos. Cada sucesor agrandaba y redecoraba estos edificios, convirtiéndolos en inmensos palacios fortificados. Al consolidar su dominio, levantaron palacios de descanso y veraneo, templos, casas de campo y cacería y monumentos funerarios; crearon un estilo de vida que, aun en tiempos de paz, reflejó su cultura guerrera.

En el mundo radjput, todo se centraba en la lealtad al jefe del clan. Los nobles asistían al jefe en el *durbar*, o corte, y le pagaban tributo en monedas de oro. Los nobles contaban con durbares propios, donde los caballeros vasallos les rendían pleitesía. Éstos, a su vez, disponían de posesiones en las cuales gobernaban como señores locales.

Realeza y nobleza radjputs tenían una forma de vida que giraba alrededor del código guerrero. Los hombres vivían en el *mardana*, la parte descubierta del palacio, que contaba con un salón público de audiencias, donde se realizaban los durbares, y otro privado. En la parte trasera del edificio estaba el *zanana*, donde vivían las mujeres. A éste, todos los varones —salvo el monarca y familiares más próximos— tenían prohibida la entrada.

"Así eran aquellas épocas. A los radjputs todavía les gusta hablar de entonces, de cuando sólo se ocupaban de tres cosas: su caballo, su lanza y su concubina."

CORONEL JAMES TOD, 1829

En otras partes del palacio, se almacenaba comida, armas y pertrechos, el tesoro del monarca y las joyas del Estado. También había establos para caballos, camellos, elefantes y bueyes. Había capacidad, además, para alojar a un verdadero ejército de dependientes, soldados y sirvientes. Éstos provenían de todas las castas: desde los brahmanes, que presidían los ritos religiosos en palacio, hasta los miembros de tribus nativas de la región, a quienes tocaban la vigilancia y los trabajos pesados.

Aunque los salones públicos abundaban en frescos y miniaturas, la atmósfera general del palacio era muy austera. James Tod notó que no había sillas ni divanes, "aunque el techo, pintado y enchapado, estaba sostenido por columnas de serpentina, y los muros son una masa de espejos, mármoles o porcelana". Tod cuenta que la cacería era el principal pasatiempo de los miembros de la casta guerrera y que sus presas favoritas eran jabalíes, leones y tigres. "Incluso un inglés cazador de zorros se asombraría al ver a los radjputs a todo galope sobre sus corceles, saltando cualquier barrera como si fueran antílopes, con sus lanzas al aire, o inclinándose sobre la montura para herir al jabalí. En estas ocasiones, se moviliza toda la cocina real y se prepara el banquete en un lugar determinado, puesto que el jabalí es la comida favorita de los radjputs."

Espantamoscas *Este artículo de pelo de caballo tiene una manija de plata.*

Vida del guerrero

No sólo en la cacería los radjputs reproducían la forma de vida del guerrero. "Todo lo que le rodea, le habla de armas y batallas —escribía Tod— ...Sus diversiones favoritas son cabalgar en la arena de los torneos con la lanza, defenderse de otra lanza con la espada, demostrar su puntería con el arcabuz de mecha y, en algunas partes de la región, lanzar dardos o jabalinas desde las monturas. La práctica de la arquería es igualmente un pasatiempo predilecto. Los jóvenes se inician desde temprana edad en estos ejercicios marciales. Antes que tengan fuerzas para sostener una espada, se instruye a los niños para que practiquen con cimitarras, en la cabeza de corderos y cabras, con el fin de que se familiaricen con la sangre. De esta forma, se alimenta el espíritu caballeresco."

La vida cotidiana era mucho más restringida para las mujeres radjputs y sus cortejos. El mundo estaba confinado al *zanana*, donde la *maharani*, esposa principal del cacique local, gobernaba su universo privado, compuesto de esposas menores, concubinas, parientas, hijos, sirvientas y eunucos. Aun cuando se mudaban de una residencia a la otra —en verano se trataba de palacios erigidos sobre el agua para refrescar el viento cálido— o salían de día de campo o participaban en la cacería, las damas radjputs mantenían el *purdah*, es decir, se quedaban "tras la cortina", fuera de la vista de los hombres. Las únicas ocasiones que ellas ansiaban y aguardaban eran las bodas concertadas entre los clanes, pues los preparativos se prolongaban durante varios días, y las muchas festividades religiosas: la más alegre era el *Holi* o festival de primavera. Las muje-

Monarca en procesión *Un rajá, rodeado por una escolta militar, monta su caballo. Frente a él, marcha una guardia de lanceros, y detrás se enarbolan los estandartes, incluso una sombrilla ceremonial. Tropas como ésta sucumbieron ante los ejércitos británicos en la India.*

Casta superior *Un príncipe radjput y su esposa ocupaban la cima del sistema de castas.*

res podían vislumbrar desde el *zanana,* la celebración de los hombres, antes que ellas lo celebraran en su propio recinto. Tod narra la forma en que los de la casta guerrera rondaban por las calles: "Se arrojaban entre sí un polvo escarlata que también podían diluir en una solución, para luego lanzarlo con una especie de jeringas, hasta que las ropas y galas terminaban como una masa escarlata... En el octavo día, el rajá se reúne con las reinas y sus sirvientes en palacio, cuando ya no hay pudores y la alegría no tiene límites."

Preferir la muerte a la captura

La crónica de Tod es un testimonio del valor radjput. Su obra, *Anales de Rajastán,* abunda en historias de terribles sacrificios en aras del honor radjput, y ninguna es más terrible que el relato del *johur,* cuando las mujeres prefirieron suicidarse en masa a caer en manos del enemigo. La antigua capital radjput de Chittor fue saqueada tres veces en sus 1,000 años de historia; en cada ocasión, miles de mujeres radjputs murieron quemadas en las cuevas subterráneas, mientras sus hombres morían en batalla. Chittor cayó por última vez en 1568, luego de ser asediada por el emperador mogol Akbar, quien exterminó a 35,000 habitantes.

Tras la caída de Chittor, los reyes de Radjputana se vieron forzados a reconocer la supremacía de los emperadores mogoles, y fueron influidos por ellos, del mismo modo en que luego habrían de cooperar con los ingleses y adoptar costumbres europeas.

SATI: ESPOSAS EN LA PIRA

Cuando moría un radjput importante, su viuda o viudas acostumbraban lanzarse a las llamas de la pira funeraria. Este terrible ritual, llamado *suttee* o *sati,* era la prueba definitiva de la devoción de una mujer hacia el marido. La esposa que se autosacrificaba de este modo era tenida en mucha honra después de la muerte. Aunque esta práctica, también asociada a otras castas superiores, fue prohibida por los ingleses en el siglo XIX, en la actualidad todavía se da ocasionalmente.

Huellas de honor *Estas manos fueron talladas en un palacio de Rajastán, para honrar a las mujeres que cometieron el sati.*

Príncipe deportista *Los monarcas de Rajastán eran entusiastas del deporte. En una pintura de 1740 (izq.), un rajá practica la cetrería. El halcón ataca y derriba una garza, y otras aves huyen aterradas.*

Sólo mujeres *Sólo mujeres y eunucos eran admitidos en el zanana, donde esposas y concubinas del monarca radjput combatían el tedio con juegos y chismes.*

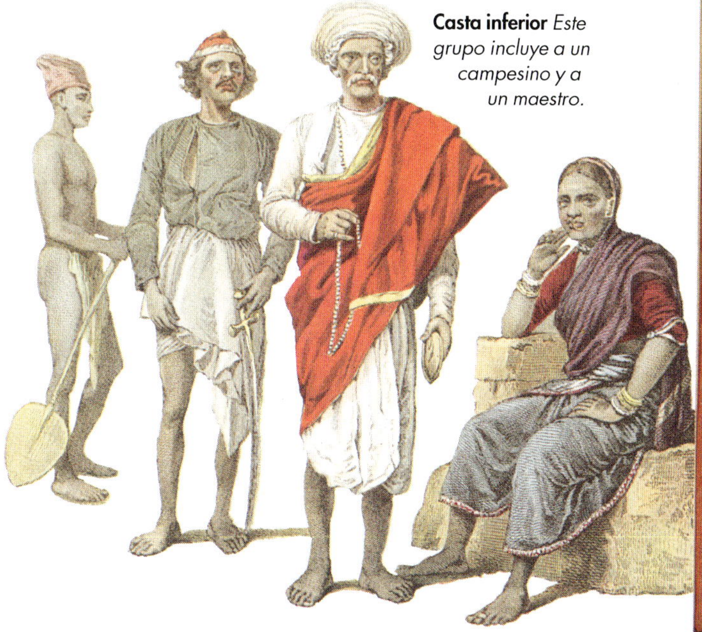

Casta inferior *Este grupo incluye a un campesino y a un maestro.*

Arma montada *Los jinetes hindúes más hábiles tuvieron empleo bien remunerado en regimientos irregulares, que fundó, a fines del siglo XVIII, el coronel mestizo James Skinner. Apodados "muchachos amarillos" por el color de sus abrigos, eran expertos tiradores montados: podían disparar contra una botella mientras iban a todo galope. Al principio, Skinner y sus tropas fueron empleados por los rajás, pero al cobrar renombre, los contrató la Compañía de las Indias Orientales.*

Temible arte *Daga hindú del siglo XVIII adornada con joyas, con vaina decorada y cubierta de terciopelo.*

LA "JOHN COMPANY" EN LA INDIA

A fines del siglo XVIII, la vida de los europeos en la India era breve. Un antiguo refrán de Bombay rezaba: "La edad del hombre dura dos monzones." Los jóvenes ingleses que partían rumbo a la India, al servicio de la Compañía de las Indias Orientales —conocida familiarmente como la "John Company"— se jugaban la vida. Sin embargo, si sobrevivían al largo viaje —además del calor, las condiciones insalubres y las enfermedades— que implicaba una obligada estancia de al menos cinco años en Oriente, tenían buenas posibilidades de retirarse 10 o 15 años después, en calidad de adinerados nababs. Entonces, regresarían a casa relativamente jóvenes a disfrutar de las ganancias de su servicio en la India. De los puestos comerciales establecidos a fines del siglo XVII, lo que más atraía a los jóvenes era la perspectiva de participar en el comercio privado local, cuyas ganancias eran enormes.

Para fines del siglo XIX, los europeos que llegaban a aquellas regiones esperaban hacer carrera como administradores y gobernantes, pues la Compañía de las Indias Orientales dominaba extensiones cada vez mayores, hasta que la Corona Británica tomó posesión de ellas, en 1859. Desde el siglo XVIII, Calcuta dejó de ser una aldea, para convertirse en "una ciudad de palacios", según fue descrita entonces.

Para la comunidad británica, el día comenzaba con una cabalgata matutina, en el caso de los hombres, mientras las damas todavía estaban en "ropas de mañana". La indumentaria femenina cotidiana requería la presencia de una peinadora y varias sirvientas. El escritor, comerciante o empleado, trabajaba en su oficina hasta mediodía, para luego salir a comer a casa. "En Inglaterra se nos decía con frecuencia que el calor de Bengala destruye el apetito —comentó la señora Eliza Fay, que vivía en Bombay hacia 1800—, pero debo reconocer que no es así. Al contrario: no puedo evitar el pensamiento de que nunca antes vi tal consumo de víveres y vituallas. Te describo nuestra comida habitual: sopa, pollo asado, *curry* y arroz, tarta de carnero, pierna de cordero, budín de arroz, pasteles, excelente queso, mantequilla recién hecha, buen pan, excelentes jereces..."

Tras la comida, se dormía la siesta; después, los hombres regresaban a la oficina. Al terminar el trabajo, se reunían con la esposa para disfrutar el fresco de la tarde. Algunos caminaban

Viaje de lujo *El oficial militar, con casaca roja, viajaba en palanquín, que requería cuatro cargadores y una escolta.*

o montaban, en tanto que otros paseaban en sus carruajes. Tras esta excursión, se tomaba té o café, y se invitaba a amigos y conocidos. Aquellos visitantes a quienes les pedían "que se quitaran el sombrero", sabían que era la señal de invitación a permanecer hasta la cena. Ésta daba ocasión para beber en abundancia: los hombres, hasta dos botellas de vino de una vez y las damas no se quedaban atrás. La señora Fay anotó, "toda dama (incluida tu humilde servidora) se acaba por lo menos una botella". El abogado y hombre de mundo William Hickey, cuyas memorias retratan con nitidez la vida de los nababs, despreciaba la "bárbara costumbre de arrojarse migas de pan", que al parecer practicaban tanto las damas como los caballeros. Europeos y nativos tendían a llevar vidas separadas, pero ocasionalmente, un hindú rico invitaba a algunos huéspedes a asistir a un *nauch*, espectáculo de cantantes, músicos y bailarines del lugar que, por lo demás, a los europeos parecía poco o nada musical. El regreso a casa de madrugada no era problema, pues los invitados contaban con palanquines que llevaban entre seis hombres, que se alumbraban con una antorcha.

Tomarlo con calma *Oficiales británicos descansan en la terraza del* bungalow. *Un oficial considera que su criado "es excelente", y lo observa ponderando que sepa hacer tan buen café.*

Regreso del cazador *Un oficial inglés regresa de la caza del tigre, asistido por otros cazadores y cargadores. Los tigres eran obligados a acudir hacia los cazadores, que disparaban desde elefantes.*

Las memorias de William Hickey retratan con tono chismoso una sociedad extravagante, donde pululaba la corrupción. La vida social inglesa en Calcuta se veía perturbada por una escasez crónica de mujeres europeas. En 1800, había en Bengala unas 250 mujeres inglesas y 4,000 ingleses. Una vez por año, llegaban "las cargas de mujeres" a Calcuta, provenientes de Inglaterra, en busca de marido; casi todas se casaban a los pocos días. Pero muchos comerciantes desposaban *bibis*, o esposas nativas, y además adoptaban ciertas costumbres, como usar pijama y fumar en pipas de agua.

Para la Compañía de las Indias Orientales, sus comerciantes eran tan importantes como los oficiales militares, que comandaban *sepoys*, soldados nativos, con gran éxito. Los ejércitos adoptaron varias costumbres locales, y reclutaban a los hindúes de castas altas. Pero también impusieron estrictas normas de disciplina europea. Los jóvenes oficiales que se alistaron como cadetes en los ejércitos de la Compañía de las Indias Orientales alternaban estrechamente con soldados subalternos.

Crimen pasional *Un oficial de la Compañía de las Indias Orientales escucha a los abogados en el juicio de un crimen. El enjuiciado es acusado de decapitar a su esposa, a la que sedujo un sacerdote barbado.*

El honor del regimiento

"No hay soldados más fieles, valerosos y apegados a su estandarte y oficiales", escribió el joven capitán Albert Hervey, del 40° regimiento de Infantería Nativa de Madrás, y añadía, el número 40 "está en mi corazón. Siempre será el mejor, dondequiera que vaya su estandarte, y en todo momento en que sean llamados los gallardos *sipahees (sepoys)* que integran las filas, para salir a conservar el honor."

Hervey llegó al sur de la India en 1833, a los 16 años, en calidad de cadete de la "John Company", y pasó los siguientes 40 como oficial de campo. A cada tanto, el regimiento, junto con las familias, el equipaje, ganado, seguidores y sirvientes, era emplazado a una nueva guarnición, tal vez a 500 o 600 km de distancia. El desplazamiento requería marchas forzadas, prolongadas durante semanas, en las que miles de personas se movían por el campo, como si fueran langostas. A veces, el regimiento entraba en campaña, como parte de una fuerza de combate. Las columnas de los ejércitos se extendían por algunos kilómetros. "En la India, una fila en marcha es una escena repleta de interés y novedad", narra Hervey en sus memorias: "La cantidad de almas vivientes en marcha, la columna de equipajes, la cantidad de ganado, el cuerpo de las tropas, pequeño en comparación con las filas de seguidores —en proporción de tres o cuatro por cada combatiente—, tan vasta reunión de seres humanos en movimiento convierte al conjunto en una escena emocionante."

Bronce doméstico *El té era la bebida nacional de la India; un gong llamaba a la familia a la mesa.*

Fresca elegancia *Este* bungalow *de un coronel inglés en Bengala es elegante y espacioso, con un balcón abierto a la brisa, pero que protege del sol. La palabra* bungalow *proviene de la palabra india* bangla*, que significa "oriundo de Bengala". Alrededor de la casa, están las chozas de paja que habitan docenas de sirvientes, jardineros y mayordomos, con sus familias.*

PAPELEO, DÍAS DE CAMPO Y ADULTERIO

Hacia 1880, el estilo de vida del Raj (o reino) de la India fue expuesto por Rudyard Kipling, un joven que trabajaba para los periódicos de Lahore y Alahabad. Sus versos y cuentos, que revelan un mundo de "deber y papeleo, días de campo y adulterio", escandalizaron a sus compatriotas indoingleses, es decir, a los funcionarios gubernamentales británicos y a sus familias, cuya vida laboral transcurría en la India, pero que invariablemente regresaban a Inglaterra cuando se jubilaban.

Kipling inmortalizó una sociedad rígida y protocolaria, pero vulnerable, que aconsejaba a sus miembros "temer al Sol". Por ello, se ponían cascos, parches para la nuca, cinturones contra el cólera, mosquiteros, y tomaban dosis diarias de quinina. Sus instituciones eran el club, donde "civiles y militares" se reunían por la tarde, y las montañas, donde las familias pasaban el verano.

Rey del canal *Caricatura de Ferdinand de Lesseps, constructor del Canal de Suez, aparecida en 1867 en una revista satírica francesa. Antes de inaugurarse, en 1869, los viajeros de la India debían circunnavegar África, o viajar por el Nilo desde Alejandría a El Cairo, y luego cruzar el desierto hasta Suez, donde abordaban otro barco.*

El Raj británico surgió de las cenizas de la Rebelión de la India. En el verano de 1857, un motín de *sepoys*, del ejército de Bengala de la Compañía de las Indias Orientales, se convirtió en una rebelión contra los ingleses. La insurrección fue salvajemente aplastada y puso fin a un siglo de gobierno de la Compañía de las Indias Orientales. Fue reemplazada por un virrey, que gobernó en nombre de la reina Victoria, quien poco después fue proclamada Emperatriz de la India.

Cuando Kipling escribió sus relatos, el Raj iniciaba una época dorada. El advenimiento del ferrocarril, el telégrafo, el barco de vapor y, en 1869, la apertura del Canal de Suez, hicieron que Inglaterra y la India se acercaran. La India dejó de ser un lugar de exilio, y más mujeres inglesas fueron a vivir allá. La *bibi*, o esposa del *sahib*, o señor, se convirtió en *memsahib*, o reina del *bungalow*. Requería ciertas comodidades y traía consigo las normas victorianas de su Inglaterra natal, que no siempre correspondían a la realidad imperante en la India.

La vida social de los indoingleses estaba gobernada por las estaciones: cuando hacía calor, quienes no podían

escapar a las montañas se quedaban a trabajar lo mejor que pudieran, con ayuda de los *punkahs*, o abanicos movidos por los criados; se refugiaban del sol tras pantallas de pasto húmedo, y esperaban las lluvias, que precedían la llegada del clima fresco. Para los indoingleses, el invierno hindú era época de descanso, de *Burra Janas* o banquetes, teatro, elegantes fiestas, bailes, días de campo, cacería de jabalí, torneos de polo, equitación y paseos. Tal era el mundo de una clase dominante que rara vez trababa amistad con los nativos. Con todo, los idiomas del subcontinente ejercieron una gran influencia en el inglés: palabras como *veranda*, *bungalow*, *pijama* y *caqui* son de origen hindú, mientras que los indoingleses adoptaron términos como el *tiffin* (refrigerio), y el *chota peg* (bebida pequeña), que tomaban mientras escribían una *chitty*, o nota.

El mapa de la India virreinal estaba compuesto de dos Indias distintas, marcadas con colores diferentes. Un tercio del país era un rompecabezas amarillo de 562 principados y Estados nativos, donde los gobernantes locales regían asesorados por agentes políti-

Familia feliz *Disfrutando del alto nivel de vida del funcionario del Indian Civil Service, una familia descansa en la veranda de su* bungalow. *Un criado sirve un whisky con agua y otro ventila la estancia jalando la cuerda de un* punkah: *un gran abanico hecho de palma o tramos de tela, que pende del techo. El* ayah, *o nana, carga en brazos al hijo más pequeño. Las sillas son ligeras, y por ende más frescas.*

cos ingleses. Los dos tercios restantes, de rosa, constituían la India británica. La principal zona administrativa del Raj se llamaba *distrito*, y su primera figura era el funcionario o recaudador de distrito, quien provenía de las altas esferas de la élite del país: el Indian Civil Service, o ICS. "Para el pueblo de la India, el recaudador es el gobierno imperial —escribió en 1880 el oficial Mackay, miembro del ICS—. Vigila su bienestar... establece escuelas, dispensarios, prisiones y cortes de justicia. Recauda las rentas de los campos, fija la tarifa y se encarga de cualquier nombramiento."

El joven civil, no militar, que conseguía ingresar al ICS, era llamado *competition-wallah*, o "agente de competencia". Debía pasar su primera "gira" de cinco años "país adentro", y llevar una aislada vida de soltero en el distrito. Por ejemplo, el joven Alban Way se incorporó al ICS en 1890, y poco después ya era magistrado en un juzgado de distrito. Cuando se inició el frío, en noviembre, siguió la costumbre de recorrer el campo y dormir en tiendas de campaña. Al año siguiente, Way escribió a sus padres: "Saldré solo, en una gira de inspección. Tengo que revisarlo todo: escuelas, caminos, hospitales, dispensarios, barcas, cuarteles de policía y, sobre todo, los registros de campos y cultivos anotados por los contadores de las aldeas... Lo tendré que hacer solo, y por mi cuenta."

En apoyo al funcionario de distrito, estaba todo un ejército de servicios profesionales, desde la policía de la India hasta el Departamento de Obras Públicas. Los funcionarios en jefe de estos servicios eran ingleses. Se llamaban a sí mismos "civiles", y cada uno ocupaba su lugar en la jerarquía gobernante, que estipulaba un manual de gobierno titulado Decreto de Precedencia.

Un solo distrito podía ser más grande que todo un condado inglés, y estar habitado por acaso un millón de personas. Contaba con una sede de distrito y subsedes de zona, cada una con su pequeña comunidad de funcionarios británicos. En las "estaciones", los "civiles" vivían separados de la población local, en avenidas bien trazadas, llamadas "líneas civiles". Los soldados vivían en el "acantonamiento militar" de la estación.

Complejos tabúes y ciertas prohibiciones para las castas, aunadas al alto nivel de vida que se exigía a un civil al servicio del gobierno, traían como consecuencia que hasta un soltero debiera tener una hueste de criados. "Una de las locuras sociales de la vida en la India es tener tres sirvientes para realizar el trabajo de uno solo", declaró una escritora en 1882.

Instrucciones *La esposa de un funcionario inglés da las instrucciones del día a sus numerosos sirvientes.*

A prueba de sol *El manual de jardinería y el clásico sombrero permitieron a los ingleses adaptarse a la vida en la India. Pero el cinturón contra el cólera demostró la ignorancia en torno a una enfermedad infecciosa a la cual fueron extremadamente vulnerables.*

LA *MEMSAHIB* EN CASA

Maud, esposa de un funcionario del Indian Civil Service, se despierta al alba; el *jitmuchar,* o mayordomo, le sirve una taza de té. El *ayah,* o mucama, la asiste en la higiene de la mañana y le ayuda a ponerse el vestido matutino, de muselina. Su esposo Henry se reúne con ella en la veranda, donde toman un desayuno inglés, antes de partir al trabajo, en un caballo enjaezado.

Al transcurrir la mañana, Maud dirige el quehacer doméstico. Recibe al *jansama,* o cocinero, para hacer cuentas y decidir el menú del día. Luego, llega el *mali,* o jardinero en jefe, a recibir instrucciones, y lo sigue el *darzi,* o sastre. Como Maud no espera visitas, pasa la mañana escribiendo cartas hasta que Henry regresa al *tiffin,* almuerzo de mediodía. Maud descansa luego del *tiffin,* y se cambia de vestido para recibir visitas.

Al ocaso, Henry lleva a Maud al club. Juegan al tenis en una cancha de arcilla, y beben después unas copas. Vuelven a su *bungalow,* para engalanarse con la ropa de noche y asistir a la cena ofrecida por la esposa de algún colega de Henry. La cena es larga, pero al regresar al *bungalow* bajo una noche fresca y estrellada, Maud siente que la vida de una *memsahib* tiene sus compensaciones.

Bien atendido *Algunas familias tenían más criados y nanas que hijos.*

EL GRAN PAÍS AUSTRAL

En 1769, inspirado por los relatos de los primeros exploradores de las vastas extensiones del océano Pacífico, el gobierno inglés asignó a la expedición científica del teniente James Cook el objetivo adicional de encontrar el legendario "Gran País Austral", que cautivaba la imaginación popular. Marineros holandeses habían llegado a Australia un siglo antes y cartografiado la costa oeste, pero los ingleses pensaban que existía un continente aún mayor. La expedición de Cook refutó esta teoría y reveló los contornos de Australia y Nueva Zelandia.

Menos de 20 años después de la llegada de Cook, los ingleses colonizaron Australia; para ello, expulsaron a los aborígenes de sus mejores tierras. Hacia 1860, los colonos de Nueva Zelandia también combatieron para ganar territorio. Comerciantes y balleneros llevaron sus costumbres y devastadoras enfermedades a casi todas las islas del Pacífico del Sur, donde los modales tradicionales sufrieron la amenaza de los europeos, recién llegados y con tecnología más avanzada.

AUSTRALIA E ISLAS DEL PACÍFICO DEL SUR 1750–1900 D.C.

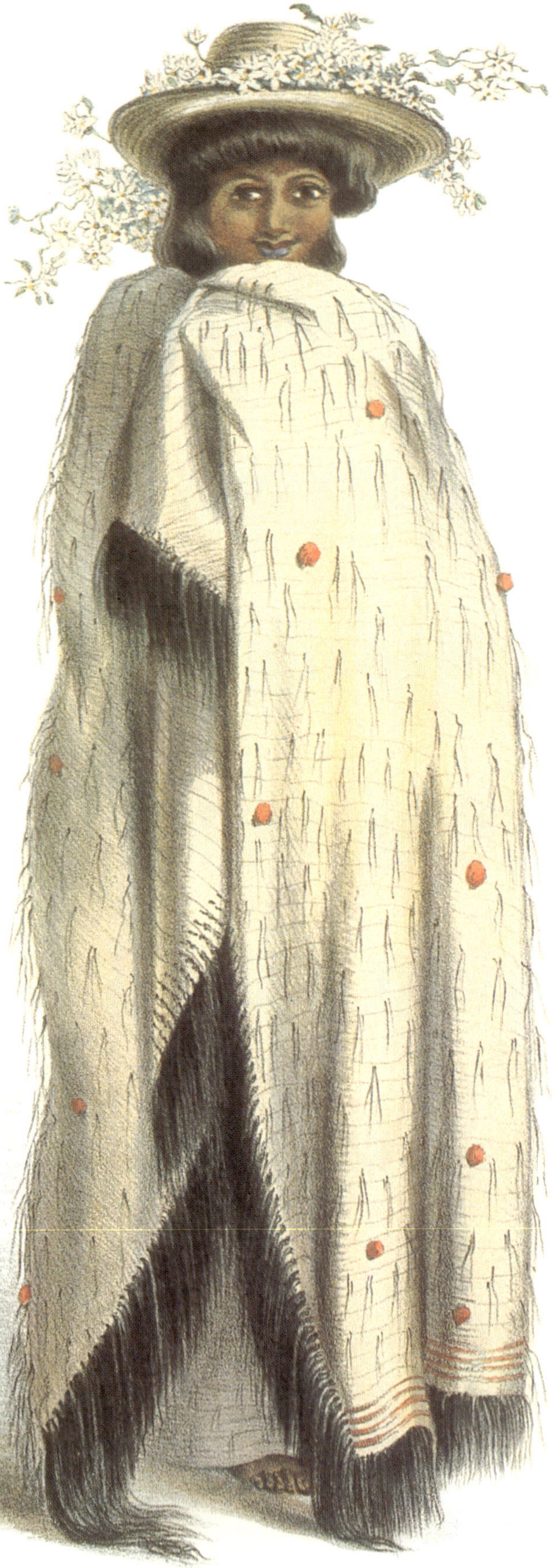

Cambio de modas *El sombrero europeo que porta esta joven maorí sobre la túnica tradicional simboliza los cambios en la vida de los pueblos del Pacífico del Sur, producidos por la llegada de los europeos. Aun en climas cálidos y húmedos, los misioneros obligaban a las mujeres a cubrirse de pies a cabeza, lo que propició el contagio de enfermedades occidentales.*

COLONOS EN EL PACÍFICO DEL SUR

En el ocaso del 18 de junio de 1767, Samuel Wallis, el capitán del buque *Dolphin*, ancló en una bahía de la isla polinesia, Tahití. Cuando él y su tripulación despertaron, a la mañana siguiente, descubrieron que estaban en un paraíso que habitaba un pueblo bello y hospitalario, cuyas costumbres y vida fácil fascinaron a los fatigados y enfermos marineros.

Un año después, el explorador francés Luis Antonio de Bougainville también sucumbió al hechizo polinesio. Al hallar "hospitalidad, gozo inocente y toda la apariencia de felicidad" entre esa gente, bautizó la isla de Nueva Citerea, en honor al sitio donde nació la mítica Venus. A París, se llevó al tahitiano Ahutu, a quien la sociedad trató como una celebridad, considerado la encarnación del "noble salvaje", el ideal descrito por el filósofo Juan Jacobo Rousseau.

En Oceanía, mares tropicales y exuberantes junglas proporcionaban una vida cómoda. Los pueblos ocupaban su tiempo libre en música, danza y ceremonias sociales; o en deportes como la lucha, el *surfing* y simulacros de batallas. Esta vida idílica sólo era perturbada por guerras territoriales, causadas por la sobrepoblación o la ambición de algunos caciques.

Las más de 3,000 islas que constituyen Oceanía se dividen en tres grandes regiones: Polinesia, que significa "muchas islas"; Melanesia, o islas negras, y Micronesia, o islas pequeñas. Los pueblos de los tres grupos de islas varían mucho en apariencia física, y hablan cientos de idiomas distintos.

Sin embargo, sus costumbres eran similares. Cultivaban plantas alimenticias en las islas montañosas y en atolones coralinos de los trópicos; entre

Tierras del sur *Quizá, los primeros pobladores de Australia y de las islas en el Pacífico del Sur provinieron del sureste asiático.*

ellas se incluían camotes o batatas, plátanos, calabazas, árbol del pan, ñames y una planta tropical, cuya raíz es comestible, llamada taro.

Los pueblos de Oceanía eran diestros ebanistas que tallaban hermosos ídolos y figuras ancestrales. La talla en piedra alcanzó altos niveles, especialmente en la Isla de Pascua, donde se erigieron enormes estatuas de cabezas humanas, de roca volcánica montada en plataformas costeras.

Los isleños también fueron consumados constructores de botes, y navegaron enormes distancias empleando únicamente medios naturales de orientación. Sol, nubes, luna y estrellas, vientos, corrientes y el vuelo de las aves los ayudaban a determinar la dirección. Para las rutas transitadas, los micronesios diseñaron mapas: usaron varas con cordeles para ilustrar las rutas y corrientes, y pequeñas conchas y guijarros para indicar islas.

Llegan los europeos

Los europeos llegaron por primera vez a Oceanía en 1520, cuando tres barcos españoles, bajo el mando de Fernando de Magallanes, pasaron por la región, camino a las Filipinas. Durante los siguientes dos siglos, marineros españoles y holandeses descubrieron muchas islas, pero les interesaba más descubrir el ilusorio "Gran País Austral", que supuestamente existía en el Pacífico del Sur.

En 1769, la Real Sociedad británica envió una expedición a Tahití bajo el mando de James Cook, para observar el paso de Venus frente al Sol. Al terminar sus observaciones, Cook navegó hacia el Suroeste, acatando órdenes secretas. Circunnavegó Nueva Zelandia y procedió hacia el Oeste; cartografió la costa este de Australia. En su segundo viaje, iniciado en 1772, visitó los pueblos de Tonga y Nueva Caledonia, que veían por primera vez a hombres blancos. Cook llevó consigo a Inglaterra a un tahitiano llamado Omai, quien regresó a Tahití hasta el tercer viaje de Cook, que sería el último. El explorador murió a manos de unos hawaianos en febrero de 1779.

Tras los exploradores del Pacífico fueron los colonos y misioneros. La colonización se inició en febrero de 1788: 11 buques ingleses, con 736 convictos a bordo, atracaron en la costa este de Australia y fundaron Sydney. Los convictos que huyeron de allí fueron los primeros blancos que se asentaron en las islas del Pacífico; en Tonga, en 1769, y en Nueva Zelandia, en 1806.

Los misioneros llegaron a algunas islas en las que se toparon con blancos que ya vivían con los nativos. Algunos misioneros renunciaron a la religión y se dedicaron a vagabundear por las abundantes playas.

En 1797, escandalizada por historias de canibalismo, promiscuidad, sacrificios humanos y asesinatos de bebés, la Sociedad Misionera de Londres, organización protestante, envió misioneros a Tahití, las islas Marquesas y Tonga. Con el tiempo lograron erradicar algunos de los ritos y tradiciones, como el canibalismo, el asesinato de las viudas de los caciques en Fiji y el infanticidio en Tahití. Destruyeron los sitios sagrados y quemaron los ídolos.

Hacia 1870 ya prevalecía el cristianismo en el Pacífico, y en nombre de la religión, se impusieron crueles regímenes. En Hawai, los misioneros estadounidenses prohibieron cocinar en domingo, pero forzaban a los hawaianos a asistir a cinco misas diarias; en Managareva, un cura francés obligó a los isleños de Gambier a construir una enorme catedral. Por 1790 comenzaron a operar cazadores de ballenas y focas en el Pacífico, y en el siglo XIX iniciaron negocios los comerciantes de madera y lino de Nueva Zelandia. A partir de 1830 se expandió la colonización de Australia, apoyada por inmigraciones. En 1850, ya se habían fundado las principales poblaciones de Australia y Nueva Zelandia. Los pueblos nativos del Pacífico del Sur fueron despojados por Europa y Estados Unidos; al estallar la Primera Guerra Mundial, toda Oceanía quedó bajo control extranjero.

Peligro marino *Un explorador cuya imaginación se vio cautivada por el Pacífico fue el aventurero William Dampier, quien se enfrentó a tormentas en canoa, al norte de Australia en 1699.*

De isla en isla *Los pueblos de Oceanía construían canoas con troncos huecos y les añadían flotadores y velas. Navegaron grandes distancias y mantuvieron comunicadas las islas.*

Deidad náutica *La deidad más importante de los pueblos del centro y el oeste de Polinesia fue Tangaroa, dios de la navegación y del océano. También era el antepasado de los seres humanos de las islas.*

Ofrenda a los dioses *Cuando James Cook visitó Tahití en 1774, aún se practicaba el sacrificio humano en la isla. La víctima, amarrada a un poste, era golpeada hasta morir, en ofrenda a los dioses.*

NÓMADAS QUE HEREDARON EL SUEÑO

Los aborígenes australianos llevaban una vida simple, pero de una gran riqueza espiritual. Creían en un periodo llamado la Edad del Sueño, una era dorada en la que la Tierra fue creada y los seres sobrenaturales deambulaban por ella, donde todos los hombres estaban emparentados con estas criaturas y la tierra que habían creado. Montañas, pozos de agua y otros rasgos del territorio aborigen eran concebidos como creación o encarnación de estos seres.

Los aborígenes eran pueblos nómadas que se trasladaban en cuanto se acababa la comida. Sus movimientos seguían el curso de las estaciones, de acuerdo con la maduración de las plantas y la migración de aves y peces. Cuando el clima era propicio, acampaban a cielo abierto y se resguardaban tras arbustos. En las noches frías o lluviosas, o cuando el campamento iba a durar algún tiempo, construían cabañas con cortezas, pasto y frondas de palma que ataban a un bastidor de ramas tiernas. En la región occidental de Victoria, se construían cabañas de piedra, en tanto que en la costa sur australiana se usaban las costillas de ballena como travesaños. Las casas más grandes alojaban hasta 10 personas que dormían alrededor de una fogata, cobijadas con pieles de canguro o zarigüeya. Con frecuencia, se acomodaban contra sus dingos: los perros que llevaron consigo al emigrar desde Asia.

Los aborígenes no necesitaban ropa, excepto en el invierno en el sur de Australia, donde usaban capas de algas o de piel de zarigüeya, pero hombres y mujeres de casi todas las demás tribus usaban adornos senci-

Boomerang de caza

Versátil *Esta honda aborigen también servía como plato y tiene el borde filoso. En su punta hay cera, donde se podía fijar un cuchillo. Los hombres pescaban con arpón; las mujeres empleaban redes o anzuelos.*

Pescadores *Este nativo australiano, a punto de lanzar su arpón de varias puntas, fue dibujado por uno de los primeros pintores ingleses que conoció a los aborígenes. La fogata ahuyentaba a los mosquitos.*

LA CAZA DEL SUSTENTO

Los aborígenes eran hábiles cazadores. Los hombres llevaban a cabo la cacería con *boomerangs*, mazas y *woomeras* (lanzas arrojadizas), con las que cazaban canguros, emúes y walabíes. Algunos *boomerangs* estaban diseñados para regresar a la mano del cazador: eran ligeros y se usaban para conseguir que las aves volaran hacia las redes. Estos cazadores ahuecaban los troncos de los árboles con hachas de piedra, para llegar a los panales o para trepar por ellos en busca de zarigüeyas, falangeros, aves y huevos. Usaban canoas de corteza para obtener mariscos y tortugas, y pescaban con anzuelos, lanzas y redes. También utilizaban trampas para peces: diques de piedra que construían en los ríos, o junto a las costas, durante la marea alta, donde los peces quedaban atrapados al bajar el nivel del agua.

Choque cultural *Orgullosos e independientes, los aborígenes australianos combatieron a los intrusos europeos que exploraban y colonizaban sus tierras. Con el tiempo, las lanzas de los nativos, ideales para sus costumbres, resultaron menos efectivas ante las armas occidentales.*

Concepción artística *Los pintores nativos no sólo retrataban la forma de animales o humanos; a veces miraban al interior, para mostrar órganos vitales y huesos.*

Cantos y danzas *Pocas veces pudieron los europeos ver y retratar una* corroboree*, festival de cantos y danzas de varones guerreros, vedado a mujeres y niños.*

Igualdad *Como los aborígenes no podían leer, se publicaban dibujos en carteles que advertían que los criminales de cualquier raza serían arrestados y enjuiciados.*

llos. Los hombres, por ejemplo, llevaban en torno a la cintura tiras de piel de zarigüeya, o plumas en el pelo y brazaletes hechos de juncos. Los aborígenes eran cazadores y recolectores que dependían de la naturaleza para sus necesidades, y conocían íntimamente la tierra y sus recursos. Usaban el fuego para controlar su territorio, quemando la maleza para propiciar el crecimiento de plan-

tas alimenticias, para hacer crecer pastizales que atrajeran a los animales que cazaban, y para facilitar sus viajes. La cacería era oficio de hombres; sin embargo, correspondía a las mujeres recolectar animales pequeños y ciertas partes de las plantas, como frutas, tubérculos y semillas, que componían el 80% de la dieta. Las mujeres utilizaban como herramienta unas ramas duras, de unos 2 m de largo, con las que extraían tubérculos, lagartijas y larvas. Transportaban las plantas en canastas de juncos o en cuencos de madera.

Durante el día ingerían algunos bocadillos, pero la comida principal era el festín nocturno alrededor de la fogata: era el tiempo de descansar y de contar cuentos. Casi toda la comida se asaba, aunque las mujeres tenían que raspar, remojar y hornear durante largo tiempo ciertos tubérculos y semillas para quitarles lo tóxico. Las familias compartían la comida y cuidaban bien de los enfermos y los ancianos. En las regiones fértiles, donde la caza era fácil, los aborígenes disponían de tiempo libre. Uno de sus juegos consistía en apoderarse de una pelota de piel de canguro rellena con maleza. Jugaban guerras de lodo, y también se divertían con mímica, imitando a los amigos. En días calurosos, los niños se metían al agua para nadar, bucear en busca de piedras, o perseguir a los bromistas que se hacían pasar por tortugas o cisnes. También saltaban la cuerda con enredaderas o se entretenían con cordeles.

La abundancia de la comida determinaba el tamaño de la tribu. En los desiertos, el grupo sólo consistía en una pareja y sus hijos, aunque los hombres maduros podían tener varias esposas, con las cuales se comprometía de acuerdo con ciertas reglas tribales. En las regiones fértiles, los grupos eran mayores y constaban de varias familias emparentadas. Cuando la comida era abundante, cientos de aborígenes acampaban juntos durante semanas. En días especiales, se realizaban *corroborees*, o fiestas. Acompañaban las danzas con una flauta de madera llamada *didgeridoo*, que producía un zumbido continuo.

En las reuniones de los ancianos, se contaban historias y, a veces, se intercambiaban insultos, lo que provocaba una pelea. Aunque muy feroces, estas peleas eran ordenadas, y terminaban cuando uno de los participantes salía herido de gravedad o de muerte. Estas reuniones también proporcionaban ocasión para los ritos iniciáticos de los jóvenes, en los que se les enseñaban los secretos de la tierra y los rituales de la tribu.

En tales ritos figuraban los adivinos. Estos hombres eran considerados poseedores de grandes poderes espirituales, y de la habilidad de visitar los cielos, sumergirse en la tierra, atraer lluvia y curar males. También decidían la causa de las heridas, las enfermedades o la muerte: creían que eran causadas por espíritus o personas maléficas, y el adivino debía encontrar al culpable para castigarlo. Concebían la vida demasiado rica en significados, como para que las cosas sucedieran por accidente.

COLONIA PENAL, CIUDAD PRÓSPERA

En busca de empleo *La mano de obra fue proporcionada por convictos ingleses. En Sydney, un grupo de presos son seleccionados por un patrón.*

Una clara mañana de septiembre de 1819, los vigías de la Bahía de Sydney anunciaron la llegada de barcos ingleses. Mientras la flota se abría paso, la mayoría de los habitantes de la colonia se reunieron en el muelle.

Los barcos significaban noticias, aun cuando fueran de nueve meses atrás, pues tal era la duración del viaje desde Inglaterra. También significaban cartas de casa y mercancías para la tienda del gobierno y los comercios privados. Muy importantes eran la infusión de sangre nueva de los recién llegados y la posibilidad de conseguir sirvientes y mano de obra. Esta flota en particular traía a un comisionado del gobierno inglés, que determinaría si la colonia de Nueva Gales del Sur cumplía de modo apropiado los propósitos para los que fue establecida.

La multitud compuso una colorida escena a la luz del sol austral: el escarlata y el azul marino de los uniformes militares contrastaba con las amarillas ropas de los convictos, identificados por una flecha en la vestimenta. Los "emancipadores" —convictos que habían purgado sus penas, pero carentes de medios para volver a Inglaterra— vestían de otro modo. Aquí y allá, resaltaban las sobrias galas blancas de la esposa de un colono, a bordo de un carruaje, o el atavío menos elegante y más estridente de alguna sirvienta.

Algunos de los hombres y mujeres más jóvenes destacaban por su estatura y constitución: eran los *cornstalks*, nacidos y criados en la colonia. En los confines de la multitud, deambulaban algunos aborígenes, sobrevivientes de la devastación de las enfermedades europeas, pero en proceso de autodestrucción por el alcoholismo, recientemente adquirido.

A la confusión, se añadían cabras y perros sin dueño. Vendedores de pescado, ostras, pasteles y tartas, pregonaban sus mercaderías, en contraste con las primeras épocas, cuando la llegada de los barcos con comida era recibida por las hordas hambrientas. Iniciada como una colonia penal, Sydney ya era una sociedad capitalista, en la que los primeros métodos de pago en especie, como por ejemplo el ron, fueron sustituidos por moneda y letras de crédito, más o menos confiables. El cereal aún debía importarse, pero los demás alimentos abundaban, pues las ovejas y el ganado se multiplicaban, y las frutas y verduras crecían por todas partes.

Sin embargo, al comisionado que llegó de Inglaterra, John Thomas Bigge, le horrorizaron muchos aspectos de la sociedad de Sydney. Lo espantó el grado de libertad que gozaban los convictos, quienes residían en la ciudad más por miedo a lo que hubiera allende la colonia, que por los muros de las barracas. Deploró la corrupción entre los oficiales, pese a que ya se había acabado con los *Rum Corps* ("regimientos del ron"), que se enriquecieron con tierra y mercancías mediante la venta ilegal de licores. Bigge vio con desprecio los intentos de construcción de caminos mediante el empleo de cuadrillas de convictos.

Sede de poder *Sede de gobierno de Sydney, cuya construcción tomó 10 años. Terminada en 1845, se erguía sobre la bahía.*

TECHOS Y MOLINOS EN LA ANTIGUA SYDNEY

En 1842, vista desde el observatorio en una colina, Sydney ya era una población de buen tamaño, cuyas casas estaban alineadas en hileras, siguiendo el modelo inglés. En una verja junto al camino, una institutriz hace una pausa para ver a los nuevos caballeros de la colonia. Se yerguen edificios nuevos, debido al programa de construcción iniciado por Lachlan Macquarie, gobernador colonial entre 1809 y 1821. Entre las construcciones se cuentan la elegante iglesia de San Jaime y las barracas de los convictos. Ambas fueron diseñadas por el arquitecto Francis Greenway, a su vez ex convicto. Los funcionarios de Nueva Gales del Sur viven en sencillas cabañas: algunas tienen verandas para protegerse del sol. En las colinas, los molinos de viento muelen harina de maíz, ya que la creciente población de la colonia ha creado una demanda de pan que los molinos manuales no pueden satisfacer

Vuelo de mariposas *Una caricatura satiriza la necesidad de mujeres solteras en Australia, para equilibrio de los sexos.*

Viejos hábitos *Para los colonos fue novedoso el almuerzo navideño en el verano austral, al relativo fresco de una colina. Aun a fines de siglo, muchos vestían las ropas formales europeas.*

Filtro solar *En el intento por mantener su palidez, las mujeres usaban sombrillas importadas para cubrirse del sol.*

Pegajoso *El papel engomado contra moscas alivió, en parte, el eterno problema de los mosquitos y otros molestos insectos.*

El informe de Bigge marcó un cambio en la dirección colonial. Como los convictos llegaban a purgar condenas de 20 años o más y la mayoría se quedaba, la población crecía a saltos y tumbos; se estimuló la inmigración de colonos libres, y se abrió el comercio al resto del mundo. El costo de las propiedades y las rentas era astronómico, y abundaban el hacinamiento, la especulación y la mala construcción. El gobierno intentaba mejorar el sistema de agua y pavimentar los caminos.

La sociedad de Sydney era adinerada. Los comerciantes, con frecuencia ex convictos, tenían buen olfato para las ganancias. Se fundaron bancos, destilerías, fábricas textiles y fundiciones. Se llevaron bombas y motores de vapor, molinos modernos y telares. Pero la población dependía de mercancías europeas, y Australia debía exportar para poder pagarlas. Hacia 1820, las primeras exportaciones de productos de ballena y foca y pepinos de mar abrieron paso a la lana. La sociedad de Sydney seguía el modelo que sus miembros conocían por Inglaterra. Si bien muchos se consideraban aristócratas basados únicamente en su éxito comercial, los ricos de todos modos se comportaban como nobles. Los hombres de mundo organizaban juegos de cricket y carreras, en tanto que el ciudadano común trabajaba. Las esposas se visitaban entre sí viajando en carruajes; en ocasiones realizaban varias visitas en una misma tarde.

Las bandas militares entretenían al público con frecuentes conciertos al aire libre y se encargaban de la música en las misas y bailes de los ricos. Los directores componían danzas a la última moda europea: cuadrillas, polkas y valses. Los soldados podían quedarse en Australia al terminar su servicio, y hasta 1835, casi todos los músicos profesionales de Sydney provenían de las bandas militares.

Los miembros más respetables de las clases bajas centraron su vida social alrededor de la iglesia o se enrolaron en nobles causas, como el Movimiento de la Templanza. Los más rudos podían elegir entre *pubs* y cantinas ilegales. Ahí, se leían los diarios en voz alta a los pobres y analfabetos, y se cruzaban apuestas ilegales.

La fiebre de oro de 1850 inauguró otra época en el desarrollo de Nueva Gales del Sur. Conforme crecieron la prosperidad y la confianza, gradualmente ganaron fuerza los primeros movimientos hacia la independencia.

Autóctono *Los varones nacidos en Australia portaban sombreros como éste, hechos con fibra de hojas de col.*

GUERREROS DE NUEVA ZELANDIA

Los maoríes llegaron a Nueva Zelandia hacia el año 800 d.C. desde la Polinesia tropical, llevando consigo pequeñas ratas, llamadas *kiore*, perros conocidos como *kuri* y varias plantas comestibles como la *kumara*, un tubérculo tan importante para los maoríes que tenían un dios patrono a cargo de ella. La *kumara* se secaba, y la guardaban para ofrecerla a los huéspedes de honor. Ésta floreció en la Isla Norte, pues al sur, los cultivos eran irregulares. Los maoríes de la Isla Sur pescaban, cazaban aves y recolectaban plantas silvestres para alimentarse. Pero la comida típica de todos los maoríes era un potaje espeso de rizoma (tallo subterráneo) de helecho, que se secaba, se lavaba en agua, se asaba y se molía. Otros alimentos a base de plantas silvestres incluían algas, frondas de helecho, tallos y raíces de col y polen de enea, que se comía al vapor o en pasteles.

Guerrero maorí

Los maoríes del norte hicieron extensos jardines en los claros que bordeaban los bosques; los protegían con bardas y cercas. Los hombres araban los campos con varas de excavar, y las mujeres desbarataban la tierra endurecida, para poder cultivar varias clases de plantas.

Los maoríes obtenían proteínas de los murciélagos, los *kiores*, los mariscos y, a veces, de los cuerpos de sus enemigos. Hacia 1800, la enorme e indefensa moa y otras aves fueron cazadas hasta la extinción, pero aún había otras especies de presas en abundancia. Cazaban aves de tierra, como los kiwi, con los perros kuri. Otras aves caían en trampas o con lanzas de hasta 9 m de largo.

Flauta *Esta flauta de madera muestra la hábil ebanistería maorí. La música fue vital en su cultura: tenían flautas y silbatos de madera y hueso, trompetas de conchas y gongs de madera, aunque no usaban tambores.*

En las aguas dulces había anguilas y cangrejos, y quienes habitaban en las costas recogían mariscos y huevos de aves marinas. Pescaban con enormes redes, de hasta 800 m de largo y 10 m de profundidad, que llevaban al mar en una plataforma transportada sobre dos grandes canoas. La comida excedente era almacenada en bodegas elevadas, para su mejor protección. En el invierno, los maoríes vestían faldones y largas capas de lino de Nueva Zelandia. Pero con frecuencia, tanto hombres como mujeres iban casi desnudos. Los hombres se tatuaban el rostro y las piernas con figuras impresas mediante cinceles de hueso, que luego eran pintadas con hollín. Las mujeres también se tatuaban la barbilla y los labios. Usaban collares de dientes de tiburón, de perros kuri e incluso de parientes muertos, así como plumas y huesos de ballena en el pelo.

El prestigio era muy importante para los maoríes, y toda ofensa era vengada con violencia. Se desataban las guerras por asuntos de honor, y todo hombre adulto era un guerrero, dado al combate cuerpo a cuerpo con los tradicionales garrotes. Insultar o herir a una persona era considerado una ofensa por toda su tribu, y se procuraba vengarla, generalmente por medio de una acción militar. Esto, a su vez, era vengado por los agredidos. El resultado fue la guerra constante, aunque las batallas a gran escala no eran comunes, pues el máximo honor era acabar con el enemigo a un mínimo costo, tal vez arrasar con él durante una conferencia de paz.

Puesto que la guerra era muy importante para los maoríes, construían una fortaleza llamada *pa*, junto a sus pacíficas al-

Reunión formal *El saludo tradicional maorí era la ceremonia* hongi, *en la que participan dos personas: luego del saludo hablado, se frotaban las narices. La choza-almacén en la* kainga, *o aldea, está elevada para mantenerla alejada de perros, ratas y aves terrestres: estas últimas son antiguas ladronas.*

De uso bélico *Maoríes preparados para la batalla, a bordo de canoas de guerra de hasta 21 m de largo, hechas de un solo tronco. En cada una, viajaban hasta 20 guerreros; proa y popa tenían elaborados ornatos. Los guerreros movían los ojos y sacaban la lengua para lucir más amenazadores. Los penachos de plumas que penden de la popa eran, supuestamente, el lugar donde descansaban los espíritus a los cuales se encomendaban los maoríes. El gallardete superior representaba al espíritu del agua, y el inferior, al del aire.*

deas, a las que llamaban *kainga*. El *pa* estaba rodeado por una empalizada, y a veces por terraplenes, colocada para aprovechar al máximo las peculiaridades estratégicas del terreno. Algunos maoríes se alojaban en el *pa* cuando sentían el peligro de ser atacados, y regresaban a la *kainga* tan pronto cesaba el peligro.

Las casas de la *kainga* estaban orientadas hacia el sol naciente y hacia una plaza llamada *marae*. Cada *kainga* disponía de un auditorio que, al igual que las casas de las familias importantes, tenía aleros de madera, columnas, puertas y paneles pintados con ocre rojizo; a veces, se decoraban con elaboradas tallas que representaban a los guardianes ancestrales.

La casa maorí constaba de una sola habitación y un portal delantero, donde las mujeres trabajaban durante el día. El techo y las paredes, muy bajos, estaban recubiertos con paja; las puertas, tan pequeñas que sólo se podía pasar a rastras, tenían un panel corredizo para conservar calor. El humo del fogón salía por una pequeña abertura en el techo y una ventanilla en el muro frontal. Los maoríes comían en un cobertizo donde el alimento se asaba o hervía envuelto en hojas, en un horno de tierra llamado *hangi*.

La llegada del *pakeha* (nombre que dieron los maoríes a los europeos) cambió abruptamente las costumbres. Se introdujeron comidas extranjeras y los maoríes dependieron cada vez más de ellas. Ya desde 1804, los maoríes vendían papas a los balleneros ingleses, en la Bahía de Islas de la Isla Norte, y pocos años después se podían obtener verduras a cambio de clavos de hierro, anzuelos y otros accesorios en toda Nueva Zelandia. Hacia 1830, los maoríes abastecían de cerdos y frutas a los barcos, e intercambiaban su lino por frazadas, hachas, cuchillos y ropas.

Las herramientas de hierro permitieron a los ebanistas perfeccionar su estilo, y los auditorios aumentaron su decorado. Las jóvenes maoríes atraían a los extranjeros, y muchos cazadores de focas y ballenas se establecieron con esposas maoríes.

Poco después, los caciques exigieron armas de fuego. Ya desde 1815, las tribus maoríes combatían entre ellas con mosquetes. La destrucción masiva que resultó de estas luchas, agravada por el contagio de las enfermedades europeas, facilitaron la entrada de las doctrinas de paz, llevadas por los misioneros cristianos. En 1840, mediante el Tratado de Waitangi, los maoríes cedieron su soberanía a la reina Victoria, y Nueva Zelandia se convirtió en una colonia de Nueva Gales del Sur.

FOCAS Y BALLENAS ATRAEN A LOS COLONOS

Hacia 1790, los marineros avistaron por primera vez miles de ballenas en Nueva Zelandia, y grandes colonias de focas en la costa de la Isla Sur. En 1792, atracó en Nueva Zelandia un grupo de cazadores de focas, los primeros colonos europeos; poco después llegaron australianos, ingleses y estadounidenses que cazaron focas hasta casi su extinción, hacia 1820. Los buques balleneros ingleses y estadounidenses aparecieron en las bahías del norte desde fines del siglo XVIII, y formaron colonias. La isla Whale (ballena) fue un centro de abastecimiento para balleneros de todo el mundo. La caza del gran cetáceo alcanzó su mayor actividad hacia 1830, y aumentó la cacería cerca de las costas. En 1839, unas 30 estaciones balleneras gozaban de la protección de caciques maoríes, que daban comida y mano de obra a cambio de armas. Los guerreros maoríes eran excelentes marinos, y los aceptaban en las expediciones balleneras. A 50 años de la llegada de los cazadores de focas, había 1,400 colonos blancos en la Isla Norte, y 600 en la Sur. La vida de los maoríes cambió para siempre.

Caza de ballena

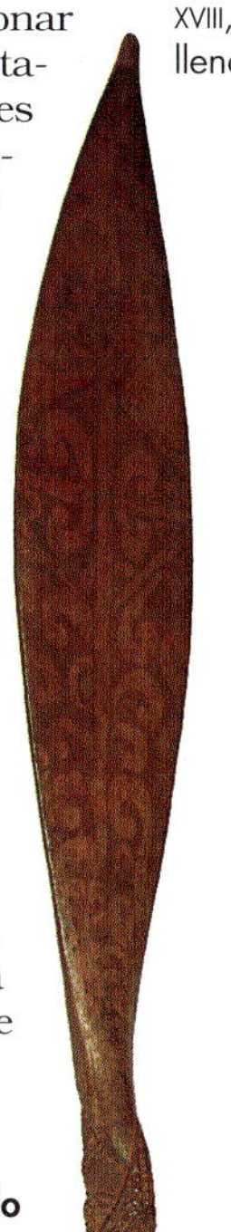

Remo decorado *Los maoríes acostumbraban pintar y tallar sus remos.*

Fuente de poder *Se creía que la talla era un don divino, y se consideraba a los objetos tallados como fuentes de mana, o poder espiritual.*

Peine de hueso de ballena

Símbolo de autoridad *Caciques y sacerdotes portaban formones tallados con hojas de jade, como símbolo de poder.*

OCCIDENTE FRENTE A ORIENTE

A fines del siglo XVIII, China era tal vez el Estado más poderoso del mundo, con sus 300 millones de habitantes, una compleja burocracia y más de 2,000 años de tradición. Los estados vecinos de Vietnam, Corea y Japón adoptaron a China como modelo. Pero hacia 1870, China caía en el caos y Japón introducía una constitución de tipo occidental como símbolo de su modernidad.

Al sur había islas y penínsulas expuestas a invasiones por mar. Hacia 1800, Holanda tomó el control de gran parte de la actual Indonesia. Inglaterra estableció una base comercial en la isla de Singapur y se apoderó de la Península Malaya. Los franceses establecieron su propio imperio en Indochina, pese a la violenta resistencia, pero Tailandia mantuvo su independencia y sirvió de amortiguador para la rivalidad entre los intereses occidentales.

LEJANO ORIENTE 1800–1900 D.C.

Emigrante chino *La cabeza rapada y la coleta de los chinos fueron originalmente señales de obediencia a la dinastía Manchú, pero aún al emigrar al sureste asiático mantuvieron la costumbre. La bata de seda es la forma original del* cheongsam, *"bata larga", que luego se convirtió en prenda femenina.*

GODOWNS, TRÍADAS Y GAMELANES

Cuando el joven Stamford Raffles atracó en la pequeña y cenagosa isla de Singapur, en 1819, la población isleña era de 150 habitantes. Un año después, se había elevado a 5,000, y al siguiente, a 10,000. Los directores de la Compañía de las Indias Orientales aprobaron a Raffles la compra de Singapur, que pertenecía al sultán de Johore, y no fueron defraudados. Singa Pura —"Ciudad de leones" en lengua malaya— llegó a dominar las rutas navieras de la región entera.

La isla fue cosmopolita desde un principio. A ella llegaron malayos, tailandeses, europeos, javaneses y árabes. Pero el grupo más numeroso fue el chino: los más ricos alentaron la inmigración de sus compatriotas, otorgándoles crédito para que se iniciaran en los negocios.

Los recién llegados llevaron consigo la cultura de su país natal. Uno de los primeros edificios de Singapur fue una iglesia armenia. En 1823, se delimitó el terreno para una catedral; los chinos adinerados financiaron un suntuoso templo, con tallas llevadas desde China; los inmigrantes árabes erigieron una mezquita. La población tuvo su primer periódico en 1824, y hacia 1830, los europeos establecieron un club de billar, una compañía teatral y una regata anual.

En su primera época, Singapur fue un lugar turbulento, incluso peligroso. En 1823, cuatro años después de la llegada de Raffles, estallaron los primeros disturbios. El primer incendio ocurrió en 1830, y la primera hampa organizada floreció en 1843. Tigres o cocodrilos mataban diariamente a un hombre, y los ingleses expatriados fundaron un club para cazar tigres.

Pero los ingleses tuvieron menos éxito en erradicar a las tríadas, socie-

Arte delicado *Las damas de la corte javanesa vestían telas teñidas al batik: se aplicaban tintes, uno por uno, en ciertas partes de la tela y el resto se cubría con cera. Otras artes javanesas fueron las marionetas de sombra y las orquestas gamelan de gongs, tambores y percusiones talladas con diapasones metálicos.*

dades secretas chinas asociadas con la prostitución y el crimen organizado de la isla. Las tríadas se originaron en China como una conspiración para derrocar a la dinastía Manchú. En Singapur, hallaron reclutas entre los inmigrantes, a quienes daban protección y empleos a cambio de absoluta sumisión. La violencia fue parte de la vida; hacia 1850, unos 500 cristianos chinos fueron masacrados por sus compatriotas no cristianos, y un conflicto entre tríadas, que duró 10 días, dejó un saldo de 600 muertos.

Se intentó cultivar clavo, algodón, café y azúcar en la isla, pero la mala calidad de la tierra frustró las buenas intenciones. Pero en la isla floreció la libertad; Singapur era un puerto libre, sin pago de derechos y con muy pocos impuestos, donde todo provenía de países lejanos y salía rumbo a otras naciones. Europa enviaba manufacturas; de la India, llegaban pimientos, opio y tela de algodón; té, porcelana y pescado seco, de China; sagú, juncos de ratán y gutapercha, viajaban desde Indonesia.

"Aquí verás juntos buques chinos, siameses, malayos y de Sumatra, que dejan su carga y se llevan mercancías europeas y de Estados Unidos."

ESTADOUNIDENSE, HACIA 1850

Para 1860, la población de la isla ya sumaba 100,000 almas. La apertura del Canal de Suez, en 1869, dio un impulso adicional al comercio, y desde 1870, el advenimiento de los barcos de vapor hizo posible comerciar con mercancías pesadas, en vez de las pequeñas cargas de valiosas especias que hasta entonces habían dominado el comercio de la región. A fines de siglo, la isla que compró Raffles ya era el séptimo puerto del mundo.

Lejos de Singapur y de los otros puertos de la región, la vida era muy distinta. Más allá, se extendían vastas junglas y mesetas en las que la gente vivía sin percatarse del nuevo mundo que los cercaba.

Las costumbres chinas impregnaron a toda la región. En contraste, el impacto provocado por los occidentales —a pesar de los intereses imperialistas— fue local y más notorio en los puertos donde las *godowns*, o bodegas portuarias, se abarrotaban con los cajones de mercancías producidas "tierra adentro".

Se desarrollaron grandes plantaciones de azúcar, café y tabaco, para abastecer los mercados occidentales; las araban peones "importados", como el caso de los tamiles, que laboraban en los cafetales malayos. Pero se trataba de islas de comercio en un océano de agricultura tradicional. Los misioneros que trabajaron en el sureste asiático lograron poco, y la instrucción escolar a gran escala fue escasa fuera de las ciudades.

Boda de una beldad *La joven novia viste un atuendo javanés típico, aunque posa en una silla occidental para la foto.*

Rutas comerciales *Sobre el mar de China estaban los grandes puertos de Cantón, Batavia y Singapur, donde se aglomeraban buques de todo el mundo. Desde 1850, también Japón se abrió al comercio.*

Domando al león *Colonizadores provenientes de todo el mundo admiran al Singapur que, desde 1860, se convirtió en una próspera colonia. Casi todos dirigen la mirada hacia los edificios estilo occidental y los barcos anclados en la bahía, pero la hija de un colono prefiere observar una planta tropical.*

Como en casa *En ciudades de Asia, como Hanoi, Saigón y Rangún, los administradores coloniales construyeron avenidas arboladas, plazas y jardines al estilo de sus ciudades natales, y levantaron tribunales, catedrales, hoteles, correos y villas. Esta calle arbolada podría confundirse con un poblado de la provincia francesa.*

CHINA FRENTE AL "DEMONIO EXTRANJERO"

Del plantío al comprador *Los compradores de té peregrinaron a Cantón, a principios del siglo XIX, para satisfacer la sed occidental: Inglaterra importó más de 11 millones de kg al año. Esta pintura muestra las etapas de la producción del té. Compradores extranjeros, de frac, adquieren el producto terminado.*

El protocolo para iniciar una audiencia con el emperador de China era el *kowtow:* arrodillarse y tocar el suelo con la frente, como muestra de sumisión. *Lord* Macartney, líder de una embajada británica a China en 1793, se negó a hacer el *kowtow*, aunque flexionó una rodilla y besó la mano del emperador, como saludaría a su propio soberano. Tras larga discusión, el emperador permitió a su visitante que sólo hiciera una caravana en su presencia. Pero Macartney se fue con las manos vacías.

La misión del *lord* era ampliar el comercio con China. En Inglaterra, la Revolución Industrial ya estaba en su plenitud, y los comerciantes ansiaban los negocios del inmenso mercado chino. Pero a los chinos no les interesaba tratar con Occidente. El emperador estimaba que su país tenía todo lo necesario; quien no era chino, era considerado un "bárbaro". Por último, todo lo que Macartney ofrecía era visto como inferior a lo que China producía.

Los occidentales no cederían. Al igual que el deseo de que sus productos se vendieran en China, la clientela europea y estadounidense ansiaba las mercancías chinas: té, seda, ruibarbo, porcelanas, artículos de laca y otras artesanías.

A principios del siglo XIX, Cantón fue el único puerto abierto a los occidentales. Los comerciantes estaban confinados a un pequeño terreno donde vivían, trabajaban y almacenaban su mercancía. Su existencia estaba regida por restricciones impuestas por el gobierno chino. No se permitía la presencia de mujeres —las familias debían vivir en Macao— y los comerciantes tenían prohibido aprender el chino, remar en el río o viajar en palanquines. Se les permitía visitar el cercano Jardín Florido, pero sólo en grupos de diez, o menos, y tres veces por mes.

Primero, los occidentales pagaron en plata las mercancías chinas, pero se enteraron de que el opio era más aceptado. Mientras el emperador y *lord* Macartney parlamentaban, barcos ingleses cargados con opio de la India llegaban a China, y los daños de la adicción a la droga se extendían con rapidez. Cuando el gobierno chino intentó erradicar el comercio de opio, estalló una guerra que culminó en 1842: China fue derrotada.

Para financiar la guerra, el gobierno aumentó los impuestos, provocando pobreza y descontento contra la gobernante dinastía Manchú. Los manchúes obligaban a los hombres chinos a raparse en señal de mansedumbre, y a dejarse crecer un mechón

Dictado de cartas *Occidente casi no influyó en la vida cotidiana china. Una mujer, con los pies vendados, dicta una carta a un escribano, en el año occidental de 1873.*

del pelo, que se debía peinar en una larga trenza. Ahora, los rebeldes se cortaban las trenzas. Las rebeliones e incursiones extranjeras continuaron en el siglo XIX y desgastaron la fuerza de lo que había sido un orgulloso imperio.

Puertos como Shanghai, Amoy y Fuzhov fueron abiertos al comercio exterior hacia 1840. En tanto que los lugares más remotos de China casi no fueron afectados por la presencia de extranjeros, las zonas de comercio costero y fluvial se transformaron por el contacto con Occidente.

Si bien los visitantes con atuendo europeo a veces eran perseguidos y llamados "demonios extranjeros", los campesinos de las zonas vecinas emigraban para trabajar en las nuevas industrias. Surgió una nueva clase social de negociantes e ingenieros, y una minoría china se enriqueció con el comercio. Pero las inmensas mayorías, desplazadas por la guerra y la miseria, fueron persuadidas —o secuestradas— para que se volvieran *coolies*, hordas de mano de obra barata para las minas de estaño malayas, las plantaciones azucareras de Cuba y los ferrocarriles canadienses.

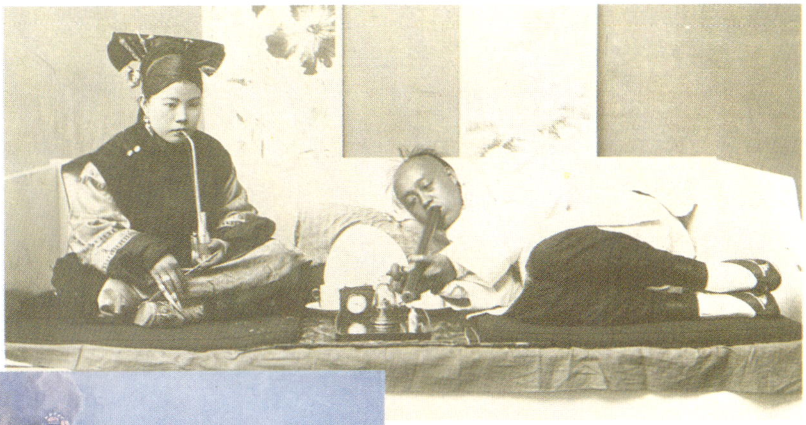

Evasión peligrosa *Los adictos al opio calentaban una mezcla de opio fresco y cenizas; inhalaban el vapor con una larga pipa, como la del vicioso reclinado de la ilustración. Su compañera fuma tabaco a través de una pipa metálica que contiene agua, para enfriar y purificar el humo.*

Guerra comercial *En 1841, el buque de guerra inglés* Némesis *atacó los juncos chinos durante la Guerra del Opio.*

EL ENEMIGO DE CHINA

La pipa de opio fue característica de todas las clases sociales, incluso entre los funcionarios de gobierno. La adicción producía dolor de huesos, mareo y temblores. La droga dañó la economía, pues los adictos trabajaban con menor productividad y gastaban dinero en opio, y no en otros productos. El opio, proveniente de la India, abundó especialmente en las ciudades; hacia 1890, un 80% de los chinos (hombres y mujeres) eran adictos, en mayor o menor grado.

Estandartes *En este abanico del siglo XVIII aparecen las banderas de varios países frente a las "fábricas" de Cantón. Los negocios se efectuaban mediante intermediarios chinos, que hablaban un inglés corrompido.*

Humillación pública *El delincuente menor no podía inclinarse mientras llevara su castigo, el cangue, un pesado cuello de madera. Debía usarlo en público durante el día, pero podía quitárselo de noche.*

Desde 1860, los chinos intentaron introducir tecnología occidental. Manufacturaron armas, construyeron barcos de vapor, abrieron minas de carbón y textilerías e introdujeron líneas telegráficas y ferroviarias. Fundaron escuelas de idiomas extranjeros, tradujeron libros científicos y militares y enviaron estudiantes a Estados Unidos, Alemania, Francia e Inglaterra, para que aprendieran la tecnología y los métodos militares de Occidente. En las tiendas, hicieron su aparición las mercancías occidentales: lámparas de queroseno y cerillos para prenderlas, jabón, comida enlatada y máquinas de coser. Las nuevas industrias tuvieron poco impacto sobre la vida cotidiana, y en caso de trascender, despertaban la fiera oposición de los lugareños. Las vías férreas perturbaban las tumbas de los ancestros, atravesaban los plantíos y ocasionaban que el tránsito disminuyera en los canales y caminos comerciales. Hacia 1870, los chinos destruyeron un ferrocarril inglés construido cerca de Shanghai.

Los misioneros cristianos trataron de ganar conversos y fundar escuelas y hospitales. Isabela Bird, una viajera de fines del siglo XIX, que visitó varios países, estuvo en un hospital misionero en Hangzhou, junto a la desembocadura del río Yangtsé. Encontró una sala de espera decorada con "imágenes de las Escrituras".

> *"La gente gritaba al ver a un misionero: 'Ahí va el extranjero que come niños', y los padres escondían a sus hijos inmediatamente."*
>
> VIAJERO AUSTRALIANO, HACIA 1890

Los misioneros despertaron una creciente hostilidad, debido a que se relacionaba a los blancos con el asesinato de infantes. Las congregaciones mixtas iban en contra de la tradición china de separar a hombres y mujeres en las reuniones públicas. Cundió el sentimiento de que los misioneros alteraban el orden social, pues los conversos ya no rendían culto a los ancestros.

Revolución industrial *Perry describió Yokohama en 1854: "Era una aldea populosa"; para 1870, ya era el primer puerto de Japón. Fue ahí donde se construyó el primer puente de hierro para que peatones, carretas y carrozas transitaran de una a otra orilla de la bahía.*

JAPÓN EMPRENDE EL CAMINO

Al abordar los primeros trenes construidos en Japón, los pasajeros se quitaban los zapatos tal y como acostumbraban hacerlo cuando entraban en alguna estancia. Luego veían, aterrados, cómo su calzado quedaba atrás, cuando el tren partía de la estación. Cosas raras como ésta ocurrieron cuando las costumbres occidentales fueron introducidas en Japón, a mediados del siglo XIX.

Durante más de 200 años, Japón se había aislado del resto del mundo; se permitió sólo una pequeña estación comercial holandesa, en Nagasaki, al sur del país. Durante la primera mitad del siglo XIX, muchos comerciantes de Europa y Estados Unidos llegaron al Lejano Oriente; presionaban a Japón para que se abriera al comercio y concediera facilidades portuarias a los barcos occidentales. Simultáneamente, académicos e intelectuales japoneses ansiaban ampliar el intercambio con los occidentales.

En 1853, se inició una nueva época con la llegada del enviado estadounidense Matthew C. Perry. Poco después, Japón abría sus puertos al comercio exterior, e iniciaba una decidida adopción de las costumbres occidentales. En 1868, el antiguo régimen sufrió más cambios cuando el jefe militarista, o shogun, fue derrocado. Sobrevino un gobierno imperial con el título de "meiji", que significa "gobierno iluminado", bajo el mando de un emperador. Se abolió el feudalismo, se erradicaron las restricciones sobre el comercio exterior y a los cristianos, antaño víctimas de persecución y tortura, se les permitió practicar su religión. Grupos de japoneses visitaron Estados Unidos y Europa. Estudiaron las instituciones estatales, para elegir los métodos que mejor se adaptaran a las necesidades de su país. La constitución estuvo especialmente influida por la de Alemania; y el sistema penal fue una adaptación del francés.

Hacha

"Nos convertiremos en el gran muelle del Pacífico, en un mayorista del comercio internacional; el sol se oscurecerá por el humo que se elevará de miles y miles de chimeneas."

PERIODISTA JAPONÉS, 1880

Los japoneses realizaron un esfuerzo concertado para cubrir el atraso tecnológico entre su país y Occidente. Se llevaron extranjeros a quienes pagaron espléndidos salarios para que impartieran sus conocimientos tecnológicos, en tanto que salían grupos al extranjero, para aprender todo lo que pudieran acerca de una gran variedad de temas. La construcción del primer tren fue un acontecimiento muy significativo, y poco después lle-

Cámara

Sombrilla

Rifle

Manipulador de telégrafo, y cable

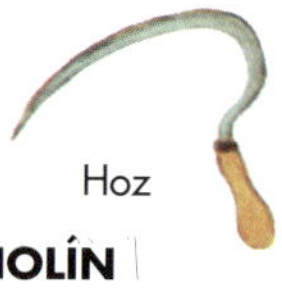

Hoz

Regalos *La primera cámara en Japón, unas herramientas y el telégrafo fueron algunos de los regalos del embajador estadounidense. Los pintores locales dibujaron estas curiosidades.*

CUANDO LAS GEISHAS APRENDIERON A TOCAR EL VIOLÍN

El comodoro Perry llegó a Japón con cuatro barcos de guerra y una carta del presidente estadounidense dirigida al emperador. La misiva prometía relaciones amistosas, pero también encerraba amenazas veladas; señalaba la resolución de Estados Unidos de penetrar en Japón.

Los japoneses demostraron gran curiosidad por los recién llegados. Perry lo narró así: "Seguían a mis hombres y oficiales por todas partes, examinaban el equipo y mostraban el deseo de obtener alguno de sus botones." Los admitidos a bordo "miraban en todas direcciones, medían cada rincón y elaboraban bosquejos".

Perry se asombró de que los niños aprendieran desde la más tierna edad a inclinar reverentes las rapadas cabezas, de que las mujeres tuvieran los dientes negros, e incluso de que los calcetines estuvieran "hechos para separar el pulgar de los otros cuatro dedos". Notó que en las ventanas había papel aceitado en vez de vidrios, que los japoneses rara vez se sentaban en sillas o bancos y que los luchadores de sumo eran "engordados como toros". La comida "no merecía elogio", pues consistía en "sopas espesas o estofados aguados" de pescado, y en rarezas como "un budín cuadrado, con la consistencia del flan". Poco tiempo después, se inició la moda occidental entre los japoneses acomodados. Importaron máquinas de coser para confeccionar ropas a la usanza occidental. Los progresistas lucían trajes, peinados y zapatos occidentales, y quienes preferían los kimonos portaban sombreros extranjeros. Las hijas de las familias ricas asistían a los bailes, las geishas tocaban el violín... y el beisbol se popularizaba.

Zapapico

Llana

Diversión de altura *El primer rascacielos de Tokio, con sus bares, teatros, restaurantes y tiendas, constituyó una atracción. Los visitantes dejaban los zapatos afuera.*

garon los barcos de vapor, los telégrafos y los servicios postales. Las ciudades se transformaron cuando los ladrillos sustituyeron la madera y el bambú; en 1890, Tokio tuvo su primer rascacielos de 12 pisos, con un elevador que transportaba visitantes hasta el octavo.

La industrialización fue la gran meta de los nuevos líderes japoneses, pues percibieron que la producción fabril era el secreto del poder occidental. El gobierno fundó textilerías, minas y fábricas de vidrio, de ladrillos, cemento y mosaicos. Las nuevas fábricas de sedas y algodón, cuyo personal eran mujeres jóvenes, fueron el tema favorito de los pintores japoneses. Los contratistas, llamados *seisho*, desarrollaron las industrias en corporaciones independientes, y dieron origen a poderosos consorcios industriales sujetos a un estricto control familiar. Entre ellos, destacaron los nombres de Mitsubishi y Mitsui, estos últimos dueños del primer banco comercial. Pero durante el periodo meiji, las fábricas fueron la excepción, y los talleres pequeños eran lo usual.

A la escuela al son del tambor

El objetivo más importante de los reformadores meiji fue mejorar la educación. Llevaron maestros del extranjero para enseñar ciencia y tecnología a alto nivel. Isabela Bird, la viajera inglesa que visitó Japón en 1878, describió una escuela de provincia: los maestros, con ropas europeas, enseñaban en edificios estilo europeo, que alojaban laboratorios científicos bien equipados. En otra aldea que visitó, un tambor que sonaba a las siete de la mañana llamaba a los niños a la escuela, provista de pizarrones y de mapas. Los niños, notó Bird, "parecían incómodos al sentarse en los altos pupitres, en lugar de hacerlo en el suelo, al estilo local". Pero los alumnos eran excepcionalmente atentos, obedientes y dóciles al repasar los textos escolares. A mediodía, niños y niñas abandonaban el plantel por separado, para dispersarse en silencio hacia las casas, a comer. Luego se dedicaban a la tarea: "En casi todas las casas —escribió Bird— se escucha el monótono murmullo de los niños que preparan sus lecciones."

Al estilo parisino *Las esposas de los funcionarios y las damas de la familia imperial adoptaron instrumentos musicales y modas extranjeras, incluidos los sombreros decorados con flores. Pero el atuendo occidental fue tan incómodo para algunas damas que lo abandonaron.*

Las mujeres de las clases altas adquirieron cierta desenvoltura social, pues las esposas debían ayudar a los maridos en las recepciones ofrecidas a los extranjeros. Pero muchas costumbres occidentales sólo afectaron a familias de cortesanos, negociantes y funcionarios. No afectaron ciertas tradiciones de la cultura japonesa como el culto shintoísta, el teatro Noh, las casas de té y las luchas sumo.

Los cambios afectaron más a las ciudades que al campo. El transporte de ruedas jugó un papel menor en el desarrollo japonés: fuera de las grandes carreteras, los caminos eran deficientes, e infinidad de aldeas y caseríos quedaban muy lejos de la capital, los puertos y las grandes ciudades.

En aquellos remotos lugares, los pobres vestían pocas ropas, y el nivel de vida era muy bajo. Un visitante occidental que recorrió Japón en 1870, describió a los niños que sufrían enfermedades de la piel, los ojos y el cuero cabelludo y subrayó las malas condiciones de muchos hogares donde, durante el invierno, las familias se envolvían en edredones y, hechos un ovillo, se dormían junto a la fogata.

Realidad rural *En el campo, casa y granero estaban bajo el mismo techo alto de paja. Los arroyos corrían en canales de piedra, y sobre ellos se colocaban unas placas para el cruce. Si el arroyo se desbordaba, la calle se convertía en lodazal.*

Era del vapor *Estados Unidos regaló a Japón un tren en miniatura, y poco después los nipones construyeron ferrocarriles. La primera vía, de 30 km de largo, se inauguró en 1872, y corría entre Tokio y Yokohama. Llegó a transportar a 2 millones de pasajeros al año. Como en Occidente, el telégrafo corría junto a las vías.*

LOS NUEVOS ESTADOS

En los albores del siglo XIX, una nueva nación independiente, Estados Unidos de América, era una sociedad fundamentalmente rural que marchaba al ritmo del sol y las estaciones del año. Con el paso del siglo, fábricas y ciudades transformaron la existencia de los estadounidenses. La vida urbana, estimulada por la tecnología industrial, las comunicaciones y los transportes, puso fin a la tiranía de la naturaleza; también dio cabida a nuevos estilos, ideas y formas de conducta.

Mientras algunos emigraron a las ciudades, otros viajaron hacia el oeste. Ambos grupos querían mejorar sus condiciones, y al hacerlo crearon nuevos patrones de vida. Entretanto, en una ancha franja constituida por los estados del sur, cobró forma otra sociedad basada en la esclavitud y el algodón. Entre 1861 y 1865, los partidarios de la mano de obra libre y los esclavistas resolvieron sus diferencias mediante la guerra. Triunfó el norte, y para fines de siglo el noreste era el dínamo del país: su cultura urbana e industrial fue ejemplar para el resto de Estados Unidos.

ESTADOS UNIDOS 1830-1900 D.C.

LA MARCHA PIONERA SOBRE EL OESTE

En el piso de la apiñada cabaña de troncos, apenas hay espacio para una mesa, algunas sillas y unos cuantos baúles. Contra las paredes desnudas están las camas o catres de la familia. Los únicos utensilios son las ollas, teteras y cubiertos, y los baldes y tazones. Fuera de la casa, las construcciones están desvencijadas, y la tierra es yerma, sin árboles, ni siquiera pasto. La cabaña de troncos, introducida por los colonos suecos en Delaware en 1638, se volvió la vivienda común en las regiones vírgenes de los rurales e incipientes Estados Unidos. Hacia 1830, dos de cada tres estadounidenses se ganaban la vida arando la tierra. Utilizaban la luz diurna tanto como les era posible; se levantaban al alba y se acostaban al ocaso. El Sol también determinaba el periodo anual de los campesinos: los meses entre la labranza primaveral y la cosecha otoñal eran de abrumadora actividad en la granja. Hombres y niños araban y plantaban, cultivaban y desherbaban, recogían y trillaban.

Dentro del reducido espacio del típico hogar rural, el ama de casa desempeñaba las funciones tradicionales, ayudada por las hijas mayores o, en el caso de familias más prósperas, por la hija de otra familia contratada especialmente para el caso. Esta joven, hasta el advenimiento de la estufa de hierro, en 1830, cocinaba con pesadas ollas y sartenes que suspendía sobre el fogón, o que colocaba directamente encima.

La familia también se lavaba ahí: no era una época propiamente higiénica. Ni siquiera el baño semanal era común. La gente se conformaba con

Cruzar fronteras *El cazador con sombrero de mapache encarnaba el espíritu emprendedor que inspiró la expansión hacia el Oeste. Armado con rifle, cuchillo y hacha, mochila al hombro, observa los animales que obtendrá, las pieles que venderá y las fronteras que conquistará.*

Cosecha de maíz *La introducción de la segadora McCormick, tirada por caballos, en 1840, permitió laborar vastas parcelas de la pradera más rápido, y abarató la producción de cereales. Las aspas giratorias impulsaban dos hileras de hojas: la superior se movía hacia atrás, y la inferior era fija.*

Cortador de arcilla *El arado John Deere, con su hoja de hierro pulido, se hundía con facilidad en la dura arcilla. Los primeros arados, de hierro fundido, se atascaban.*

Poblar y poblar *Durante el siglo XIX, colonos y gambusinos enfilaron rumbo al Oeste y California. Ciudades como Chicago y San Francisco surgieron como rivales de Nueva York. Hacia el norte, asentamientos como el de Winnipeg se transformaron en las ciudades de la moderna Canadá.*

salpicarse con agua las manos y la cara. Pocas veces usaban jabón. Pero la ropa, tiesa por el sudor y el tizne, debía ser lavada, y eso implicaba un largo día, generalmente el lunes, de pesado trabajo con una olla de agua hirviente, a la que seguían el frenesí de tender, almidonar y planchar.

En este periodo, las mujeres hilaban lino, algodón y lana para manufacturar hilos y telas. También cosían y zurcían la ropa de la familia, hecha con tela casera o comprada en la tienda. La mayor parte del trabajo de la mujer consistía en llevar la comida a la mesa familiar. Pero a pesar de sus esfuerzos, la dieta era monótona. En los sectores rurales, las comidas típicas eran el maíz y la carne de cerdo. Sin embargo, los habitantes del norte, incluso los campesinos, comían más pan, carne de vaca y lácteos que sus coterráneos en el sur y en el oeste. A mediados de siglo, la dieta se enriqueció con más frutas y verduras, y las papas blancas aumentaron su popularidad, especialmente en el norte, donde el clima era más frío.

Gran movimiento hacia el Oeste

Los cambios estaban en gestación. Entre 1830 y 1860, se duplicaron las zonas arables, y la mayor parte de la expansión ocurrió en los estados adyacentes al río Mississippi. Los colonos de esa región provenían, en su mayoría, de los estados al este del río. Pero algunos llegaron de regiones más lejanas, imposibilitadas para la competencia con la superior fertilidad de Illinois, Iowa, Arkansas y el este de Texas. En las migraciones hacia el Oeste, también hubo europeos, especialmente alemanes, que ansiaban cambiar las agotadas parcelas de Europa Central por las baratas tierras vírgenes de Estados Unidos.

El gran torrente humano hacia el Oeste alcanzó su destino de varias formas. La mayoría llegó a pie o a caballo, y sus posesiones, a bordo de carretas o carretillas, las precedían sus rebaños. Para entonces, los pioneros en movimiento pudieron utilizar el camino que luego se llamaría Carretera Nacional, pues en 1833 estaba empedrada hasta el centro de Ohio. Miles de migrantes más viajaron hacia el Oeste en barco de vapor, por los ríos Ohio y Mississippi o por los Grandes Lagos. Otros siguieron la red de canales artificiales construida tras el éxito espectacular del canal Erie, en el estado de Nueva York. Hacia 1850, el torrente llegó a las fértiles praderas y a los ríos del "Nuevo Oeste", a bordo de veloces trenes.

En sus inicios, la vida en las granjas pioneras fue primitiva. Los colonos vivían en tiendas, cobertizos y cabañas de troncos. Usaron las simples herramientas que llevaron consigo; habían dejado atrás la maquinaria pesada. Pero la nueva tecnología agrícola, a pesar de originarse en el Este, halló en el Oeste su mayor mercado. Los obreros de las fábricas y los granjeros del campo iniciaron una duradera relación, que literalmente cambió la faz de Estados Unidos, rural y urbano, y que benefició a ambas clases sociales.

Cocina de hierro forjado *La industria creó la estufa de hierro forjado, que se reemplazó al fogón. Estas estufas que calentaban con leña facilitaron la cocina y constituyeron mejor fuente de calefacción en las cabañas.*

Casa sombría *A falta de ladrillos y madera, muchos pioneros —como esta familia de Nebraska, en 1890— erigieron sus casas con placas de lodo formadas en el terruño. La suya fue una vida dura y solitaria: acarreaban agua desde el pozo, y el vecino más cercano distaba un largo y azaroso viaje en carreta.*

AMOS Y ESCLAVOS EN EL SUR

En una plantación de Carolina del Sur, un rico y erudito hacendado conversa con su huésped acerca de arte y literatura. En la misma estancia, su hija canta. Los muebles de caoba reposan encima de gruesas alfombras, las paredes están adornadas con cuadros, y los libros, finamente encuadernados; en los techos, los candiles brillan, y valiosas piezas de plata y porcelana resplandecen desde las vitrinas.

En 1850, esta escena se repetía en muchos estados sureños, donde los hacendados practicaban la suntuosa hospitalidad que exigía su posición social. Muchas de las casonas simulaban ser plantaciones, pero en realidad se mantenían gracias a las verdaderas plantaciones lejanas, en la zona algodonera, en la costa del arroz o en los campos de azúcar de Louisiana. Empero, dependían en su totalidad de la fuerza de trabajo de los esclavos.

Pero no todos los hacendados vivían tan fastuosamente. Muchos habitaban casas simples o, incluso, una "cabaña doble": dos estructuras adyacentes de troncos con un corredor de ventilación entre ellas, unidas por un techo común. Algunos se dedicaban más a criar cerdos y vacas, que a cultivar la tierra. Había terratenientes que, en vez de trabajar, se dedicaban a la diversión. Pero era más común el hacendado escrupuloso y trabajador, que se entregaba por completo a las cosechas, la mano de obra y la contabilidad. Con frecuencia, los pequeños propietarios supervisaban personalmente las labores de plantación, cultivo y cosecha; inspeccionaban a diario las labores en el campo y supervisaban a caporales y capataces, que generalmente eran esclavos de confianza. Los dueños de extensiones mayores contrataban supervisores, a quienes daban detalladas instrucciones por escrito sobre el manejo de los esclavos y la administración de las plantaciones.

Si trabajaban para amos codiciosos, los esclavos generalmente eran obligados a trabajar en cuadrillas, siguiendo una rigurosa rutina. Los despertaban con campanas o trompetas; luego, los peones iban al campo donde, de acuerdo con el cultivo y la estación, llevaban a cabo una diversa gama de labores requeridas para el éxito de la empresa.

Tras una corta pausa a mediodía, los peones retomaban el trabajo hasta el anochecer: sólo entonces volvían a sus chozas. Ahí dedicaban un rato a sus huertos, donde cultivaban verduras para complementar su ración semanal de un saco de maíz y dos kilogramos de tocino por peón. Las esclavas trabajaban en los campos al igual que los hombres, además de encargarse de cocinar para la familia, de la limpieza doméstica y la crianza de los hijos, que comenzaban a trabajar desde los 10 años. Ancianos y ancianas tenían las obligaciones de hilar, reparar cercas y vigilar a los niños más pequeños.

No todos los esclavos de las haciendas eran peones. Muchos trabajaban en la mansión del amo como mayordomos y cocheros, o camareras, cocineras y lavanderas. Los sirvientes iban mejor vestidos y alimentados que

Trata de esclavos *Al cesar la venta de esclavos desde África, los elegantes propietarios del Sur vendieron sus esclavos en subastas para obtener el máximo precio, e incluso los utilizaron como si fueran monedas, para pagar cuentas y deudas de juego. Pero la cuestión esclavista ya estaba dividiendo a la nación en dos bandos políticos, violentamente opuestos.*

VALUABLE GANG OF YOUNG
NEGROES
By JOS. A. BEARD.
Will be sold at Auction,
ON WEDNESDAY, 25TH INST.
At 12 o'clock, at Banks' Arcade,
17 Valuable Young Negroes, Men and Women, Field Hands. Sold for no fault; with the best city guarantees.
Sale Positive and without reserve!
TERMS CASH.
New Orleans, March 24, 1840.

Cuadrilla de esclavos *Aferrados a sus pertenencias, las cuadrillas viajaban como ganado por el campo, rumbo a las plantaciones de sus amos.*

Castigo corporal *Ante su amo, que fuma un puro, azotan a una esclava atada a un poste; también está presente su familia, que mira con azorada resignación. Delitos como la indiferencia o la desobediencia eran castigados hasta con 20 azotes.*

La Casa Grande *Algunos propietarios habitaban mansiones, erigidas según un estilo clásico que posteriormente se conocería como "griego renovado". Esta elegante casona del Mississippi data de 1850.*

los peones; algunos se consideraban a sí mismos como esclavos-aristócratas. Las haciendas más grandes también disponían de albañiles, carpinteros, toneleros y herreros.

La esclavitud era un sistema de coerción inhumano. Los amos controlaban a las cuadrillas con azotes en público, o bien los encadenaban o los encarcelaban. Los humillaban, obligándolos a vestir ropas femeninas o a realizar tareas indignas.

Pocos amos ejercían el control mediante recompensas. Algunos proporcionaban vacaciones, nombramientos de conductor o trabajos especializados, o bien, ropa, comida y tabaco adicionales, mayores parcelas para los huertos y la venta de los excedentes. Incluso unos cuantos concedían permisos para salir de la plantación o estimulaban la educación formal, que estaba prohibida en muchos estados.

En cierto modo, lo más cruel de la esclavitud era la total alteración de la vida familiar. Los amos acababan las familias, al vender a esposos e hijos por separado. Tales ventas eran, a veces, un castigo, pero con frecuencia, eran el dictado de las circunstancias financieras de los propietarios.

"¡Ése es!" *Para cazar a los esclavos prófugos de las plantaciones, se usaban jinetes y sabuesos. Un dueño podía reclamar a su esclavo con el simple, pero contundente grito de "¡Ése es!"*

Para muchos esclavos, la vida en las plantaciones sureñas era intolerable; huyeron hacia la libertad de los estados más al norte y en Canadá. La mayoría se liberó gracias al viaje que realizaban por el llamado "tren subterráneo": una organización secreta que los escondía; les daba comida, ropa y cobijo, y la oportunidad de emprender una nueva vida en mejores condiciones.

Los fugitivos aprovechaban la oscuridad para escapar; con frecuencia se disfrazaban con bigotes, pelucas, velos, e incluso polvos faciales, para hacerse pasar por blancos. En la jerga ferroviaria, se les llamaba "pasajeros" o "carga". Las casas, bodegas, granjas, cuevas y graneros donde se ocultaban eran las "estaciones", y "conductores", todos aquellos que los ayudaran. El "tren" tuvo su máxima actividad entre 1840 y 1860, cuando anualmente un millar de esclavos viajaron por la red clandestina tendida entre 14 estados del Norte, incluyendo Illinois, Indiana y Ohio, cuyas fronteras con el sur constituían la división geográfica y cultural entre Norte y Sur. A veces, los fugitivos efectivamente viajaban en tren, aunque la mayoría se desplazaba a caballo o en carreta, acompañados de guías.

El "tren" contaba con muchos simpatizantes. Entre ellos, la novelista Harriet Beecher Stowe, cuyas experiencias con prófugos le inspiraron la vigorosa novela antiesclavista, *La cabaña del tío Tom*, publicada por entregas en un periódico, entre 1851 y 1852. El poderoso mensaje propagandístico de la novela creó conciencia en toda la nación: hizo de la esclavitud uno de los principales motivos para que se iniciara la Guerra Civil.

La indignación de la escritora Stowe fue desatada por la infame ley de esclavos prófugos, promulgada en 1850: dictaba que todo aquel que ayudara a un fugitivo podía ser multado sobremanera y encarcelado por seis meses. Si no arrestaban a un fugitivo, los policías podían ser multados hasta por 1,000 dólares. De ser atrapado, el esclavo no tenía derecho a recibir la ayuda de un abogado defensor ni a juicio ante un jurado.

"Cuando oigo a un defensor de la esclavitud, siento el deseo de que él la experimente en carne propia."

ABRAHAM LINCOLN, 1865

La ley fue condenada por los liberales, y aprovechada por mercenarios cazadores de hombres, generosamente recompensados por cada esclavo recapturado. Aun después de abolir oficialmente la esclavitud en 1865, los negros sufrieron la marginación a la que los sometían reglamentos como las llamadas leyes "Jim Crow", que buscaban perpetuar la segregación racial, o a través de organizaciones como el Ku Klux Klan.

Fundado en Tennessee, en 1866, como un club social de veteranos confederados, el Klan se modificó política y racialmente al año siguiente, al fijar como objetivo la supremacía blanca. Sus miembros, vestidos con túnicas blancas, perseguían a los negros libres: los azotaban y asesinaban en una serie de salvajes incursiones nocturnas.

Sin embargo, el régimen de crímenes y secuestros del Klan desembocó en su disolución en 1869; fue prohibido por una ley que decretó la ilegalidad de privar a todo ciudadano —blanco o negro— de sus derechos civiles.

Sol y sombra *Usando gorros para protegerse del sofocante sol de Louisiana, esclavos cañeros hacen una pausa para descansar de la ardua jornada diaria de 12 horas. Al ocaso, regresaban a sus chozas, hechas de troncos, y a veces de ladrillo. Abajo se ven las pulcras, aunque austeras cabañas, en una plantación algodonera de Savannah, Georgia. Diseñadas para alojar una sola familia —el padre, la madre y los hijos—, a veces las habitaban varias, hacinadas y en condiciones de insalubridad.*

CONFEDERACIÓN CONTRA UNIÓN

Johnny Reb y Billy Yank se fueron a la guerra, a principios de 1861, con casi idéntica emoción y entusiasmo. Tanto los soldados Confederados (del Sur), como los centralistas o de la Unión (del Norte) eran jóvenes, entre los 18 y 30 años, inflamados de patriotismo y de sed de aventura. Al cundir la fiebre de la guerra, los jóvenes voluntarios fueron animados a la batalla por sus seres queridos. Esposas, hermanas, madres y novias proclamaron ardorosamente los sentimientos patrióticos.

Unionistas y Confederados provenían de posiciones sociales similares. Seis de cada diez reclutas de la causa sudista eran jóvenes granjeros, y más del 47% de los de la norteña Unión eran de extracción campesina. Pero muchos más yanquis (del Norte) que rebeldes (del Sur) eran de origen extranjero: una cuarta parte, predominantemente alemana e irlandesa. A fines de la guerra, casi 180,000 soldados negros pelearon por la Unión.

Azul y gris *El azul era el color que vestían los soldados de la Unión, en tanto que los confederados preferían el gris. Ambos bandos empleaban mosquetes y bayonetas, pero las tropas de la Unión estaban mejor equipadas.*

La vida del soldado en la Guerra Civil fue dura. Pasaban el invierno en cabañas de troncos, en tiendas o en trincheras, al calor de las fogatas. Se iluminaban con velas y se alimentaban de café, carne salada y "galletas de munición", duros cuadros de harina de trigo, popularmente conocidos como "rompedientes" o "galleta de hierro". Los sureños ya no tenían café, y bebían infusiones de bellotas, chícharos o manzanas secas. En ambos bandos, las raciones eran de papas, azúcar, vinagre, frijol, arroz, sal y otros condimentos. Las interrupciones en el suministro ocasionaban que pocos soldados recibieran las raciones completas. Pero los envíos de casa y las compras en el frente agregaron pasteles y dulces a la dieta. Especialmente los rebeldes, que pelearon casi siempre en territorio confederado, decomisaban animales, aves, frutas y verduras a los granjeros locales. El tedio fue el obstáculo más difícil para ambos bandos, que empleaban la mayor parte del tiempo en los preparativos. En el frente, los soldados se sometían a continuas prácticas, y a agobiantes desfiles, inspecciones y ejercicios.

Ambos bandos buscaban diversiones. En el lado confederado, eran especialmente populares los servicios y reuniones religiosos. Los hombres leían mucho, especialmente diarios y novelas. También cantaban y montaban obras de teatro y sátiras. El juego, especialmente el póquer, era el pasatiempo de la mayoría. Escaseaba el alcohol, aunque en 1862, el general rebelde George McClellan observó que "ningún agente maligno entorpece más a este ejército...".

La principal arma de ambos bandos era el rifle de un solo tiro, que se cargaba por el cañón, manufacturado por la fábrica Springfield, de Massachusetts, o por la compañía inglesa Enfield. Era un rifle preciso, aunque estorboso, con un alcance de 550 m. Para cargarlo, el fusilero ponía pólvora en el cañón; insertaba la bala de plomo y la empujaba hacia el fondo del cañón con un retacador. Usaba un fulminante de percusión, para que en cuanto se activara el martillo por medio del gatillo, la pólvora explotara y la bala saliera. Este complicado proceso requería, hasta

Intermedio en la guerra *Las tropas de la Guerra Civil pasaron más tiempo marchando y en maniobras, que en batalla. Los oficiales del servicio secreto de la Unión (arr.) tenían tiempo de sobra para descansar junto a su tienda. Casi todas las campañas ocurrieron en verano, y ambos bandos se resguardaban del calor en las tiendas. Los soldados confederados (der.) también tenían tiempo para charlar, fumar, jugar a la baraja y guisar estofados.*

para el fusilero más experto, 20 largos segundos para ser completado.

El soldado común de la Guerra Civil detestaba las batallas que, de haberlas, eran un caos. El humo de rifles y cañones nublaba la vista y hacía que los ojos lloraran. El aire se llenaba de gritos, explosiones, toques de corneta y redobles de tambor. Los oficiales instaban a sus hombres a conservar la calma, pero muchos tenían miedo, y multitud de holgazanes y rezagados huían de la masacre. (Seguramente, en ninguna época ha sido un placer la guerra.)

> *"Muchos jóvenes de hoy creen que la guerra es la gloria. ¡Pero es el infierno!"*
>
> GENERAL SHERMAN (1820-1891)

El miedo era más intenso al inicio de la batalla, cuando los soldados tomaban posiciones. Tenían las bocas secas, los cuerpos húmedos por el sudor frío y respiraban pesadamente. Al iniciarse la batalla, los soldados actuaban impulsados por la adrenalina en sus jóvenes venas, y el tiempo transcurría vertiginosamente.

Muchas veces, la lucha era feroz, cuerpo a cuerpo. Los soldados de ambos bandos tenían bayonetas, pero rara vez se usaban pues era más común pelear de cerca usando el rifle como garrote. El horror más grande de la batalla era la enconada carnicería.

La guerra también cambió la vida de los civiles. Mientras los soldados sobrevivían a base de galletas de munición, y peleaban y morían en Gettysburg, los periódicos de Nueva York informaban de las muchedumbres bien vestidas que acudían a las tiendas y almacenes de Broadway, para comprar vinos, comida, sombreros, sedas y telas de importación. Pero la guerra también incitó a que otros habitantes del Norte se reunieran en grupos de caridad y organizaciones religiosas para proveer servicios médicos, libros, alivio espiritual y ropas abrigadoras para los jóvenes soldados. En las granjas, los altos precios del grano y la carne ayudaron a pagar deudas y estimularon la compra de maquinaria agrícola para sustituir la mano de obra ausente.

Galleta de munición

Para el Sur, principal campo de batalla, el efecto de la guerra fue mucho más doloroso. La invasión de ejércitos acechantes perturbó la vida civil. Miles huyeron ante el avance de las tropas; otros sucumbieron al gobierno de los yanquis. Casi todos los sureños sufrieron escasez de comida, ropa, medicinas y materia prima, debido al bloqueo naval de la Unión y al derrumbe del transporte interno. En Atlanta, Mobile y Richmond estallaron disturbios por las privaciones. Los rebeldes irrumpieron en tiendas y bodegas, y saquearon su contenido. La Confederación padeció una inflación muy superior a la de la Unión. Usaron papel moneda para financiar los enormes gastos, y el gobierno confederado de Richmond elevó los precios a un nivel absurdo. En octubre de 1863, el jefe del gabinete de guerra confederado notó que su sueldo anual de 300 dólares, antes de iniciarse las hostilidades, había aumentado a 3,000. Al principio, la guerra casi no cambió las vidas de los 4 millones de esclavos, quienes hasta el final se quedaron en las haciendas. Pero antes de que se declarara oficialmente la emancipación el 1º de enero de 1863, comenzaron a desertar hacia las fuerzas de la Unión.

En cuanto el ejército de la Unión penetró en territorio enemigo, los esclavos tiraron sus azadones y corrieron con entusiasmo hacia las líneas yanquis. Un cronista afirmó que por cada milla que avanzaba el general Ulises Grant, "10,000 esclavos tiraban sus cadenas".

En el último periodo de guerra, la esclavitud terminó en el Sur, aunque oficialmente no era ilegal en ningún estado. Durante esos meses finales y por mucho tiempo más, miles de antiguos esclavos salieron a los caminos, a paladear su nueva libertad y a buscar a parientes y amigos perdidos. Fue una época de experimentos necesarios, pero que perturbó aún más la vida cotidiana y el trabajo en el Sur. La labor más difícil fue determinar el papel que desempeñarían los esclavos liberados en el mundo de la posguerra. Nadie tenía la capacidad de predecir el tiempo necesario para que tal liberación cobrara forma plenamente.

ENTRE BALAS Y ENFERMEDADES

A pesar de los esfuerzos de los médicos militares, murieron más soldados de enfermedades que del fuego enemigo. De un total de 620,000 muertos, más de la mitad cayeron por disentería, tifo, fiebre tifoidea, malaria y viruela. La sanidad en los campamentos era repugnante, incluso para las normas de la época. Las condiciones no eran mejores en los hospitales: las lesiones se infectaban y la septicemia era común. Las heridas abdominales significaban muerte segura, y la cirugía era rudimentaria y primitiva.

Un soldado del Norte, hospitalizado, escribió: "Retorné al frente... pensaba que era mejor morir por las balas del Sur que por los curanderos de la Unión." Cuando no estaban en el frente, los oficiales acudían con sus amantes, y los soldados, con las prostitutas. Richmond, cuartel general de los confederados, era notorio por sus burdeles, y en la capital de la Unión, Washington, abundaban las "mujeres escarlata". Los males venéreos eran el azote de los cuarteles.

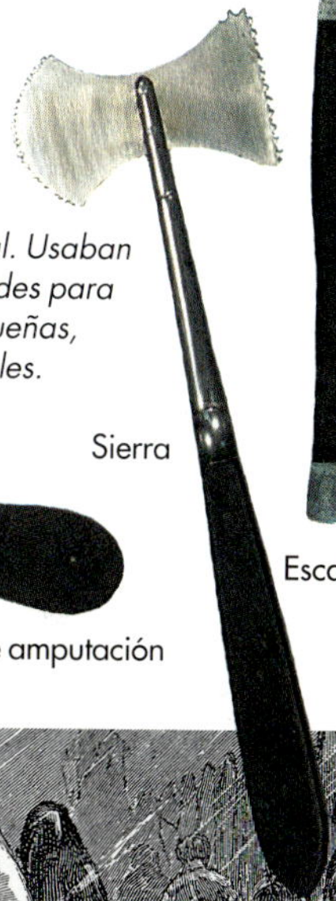

Útiles quirúrgicos *Los cirujanos militares practicaban operaciones de emergencia con este primitivo instrumental. Usaban escalpelos y sierras grandes para las amputaciones, y pequeñas, para las cirugías cerebrales.*

Sierra

Escalpelo

Sierra de amputación

Infierno en prisión *Ser prisionero de guerra significaba morir lentamente en un campamento penal del ejército enemigo. Los prisioneros norteños fueron llevados a la prisión militar de los confederados en Andersonville, Georgia. Entre febrero de 1864 y mayo de 1865, ahí murieron unos 13,000 soldados del Norte.*

Música marcial *En el frente, los soldados de ambos bandos entonaban baladas y canciones patrióticas, al igual que sus familias en casa. Se exhortaba a las tropas a "marchar por la bandera", y su mente estaba con sus familias. En el Norte, se publicaron carteles que retrataban las despedidas.*

Bono legal *Para financiar la guerra, los norteños expidieron billetes de un dólar en 1862. El llamado "lomo verde" fue el primer papel moneda estadounidense.*

EL VAQUERO: LA VIDA A CABALLO

¡Tú puedes, *cowboy*! *Los broncos, o caballos indómitos, eran los favoritos de los vaqueros que pasaban gran parte de su vida sobre una montura. Los buenos jinetes tenían sus propios arreos, que costaban más que los caballos en que cabalgaban.*

El ranchero y el vaquero son figuras centrales en las leyendas de Estados Unidos. Las Grandes Planicies fueron el escenario: ahí donde la industria ganadera floreció brevemente y dejó tras de sí un acervo de historias dramáticas. Algunos vaqueros llegaron de México, otros eran negros. Algunos texanos, de aquellos que arreaban los hatos de ganado a los andenes ferroviarios, entre 1860 y 1870, habían sido veteranos de la Guerra Civil. Los ganaderos eran, en su mayoría, texanos, pero al cundir las noticias del éxito ganadero en tierras gubernamentales, gente del Este —escoceses, ingleses y aun franceses y alemanes— llegó a las llanuras. De México llegaron los lazos, las chamarras de cuero, los sombreros de ala ancha, las botas de tacón alto, la marca de hierro y el rodeo. La mayor parte del ganado de las llanuras era de raza mexicana, fuerte, esbelta, de cuernos largos, que podía vivir sin forraje ni cobijo en el crudo invierno. La ganadería clásica se inició hacia 1866, cuando ganaderos de Texas, al saber que el Norte había agotado su reserva de carne y piel, lanzaron al mercado un primer excedente —2,000 o 3,000 cabezas de ganado, marcado según el rancho o territorio— a la estación más cercana, por las rutas occidentales de los ferrocarriles. El personal típico en estas caravanas de ganado constaba del dueño, cinco o seis vaqueros, un cocinero y uno o dos peones que vigilaban los caballos adicionales, pues cada hombre disponía de seis o siete monturas.

Doble X, una marca mexicana de ganado

El grupo salía del sur de Texas, generalmente a principios de la primavera, cuando la maleza comenzaba a crecer. A la cabeza de la columna, iba el cocinero en su carreta con las provisiones: tomates enlatados, harina, frijol, café, tocino, fruta seca y cebollas, junto con botellones de vinagre y jarros de melaza. Tras éste, cabalgaban los peones con los caballos, seguidos del ganado. Al grupo lo guiaba una avanzada de dos exploradores; en los

UN DÍA EN LA VIDA DEL VAQUERO

Antes del alba, el vaquero se levanta de su catre en una barraca. Se pone una camisa de algodón, una pañoleta al cuello, chaleco de cuero, pantalones, chaparreras y botas bien lustradas. Luego, revisa su pistola Smith and Wesson, o Colt "Peacemaker" (hacedora de paz) con cacha de madera, por si hay una emergencia al arrear el ganado. Tras un desayuno de frijoles y tocino, el jefe de la caravana da la señal para partir. El vaquero evita que se disperse el ganado, y se mantiene alerta contra los ataques de indios hostiles y forajidos. A mediodía, la columna se detiene para que los vaqueros almuercen y el ganado pueda pastar. La marcha del día termina al ocaso, tras recorrer unos 30 km. Después de cenar, el vaquero cumple una guardia de dos horas. Si los animales están nerviosos, les canta para calmarlos. Masca tabaco para mantenerse despierto. Al terminar su vigilancia, duerme al aire libre, cubriéndose con unos sarapes o frazadas; una lona lo resguarda de la fría y húmeda noche en la pradera.

Plácida aldea del Oeste *A pesar de su reputación, los poblados ganaderos como Dodge City estaban rígidamente controlados por los comerciantes, pues tenían en mente el orden y la ganancia. Este pueblo sólo tenía ocho cantinas y estaba prohibido portar armas.*

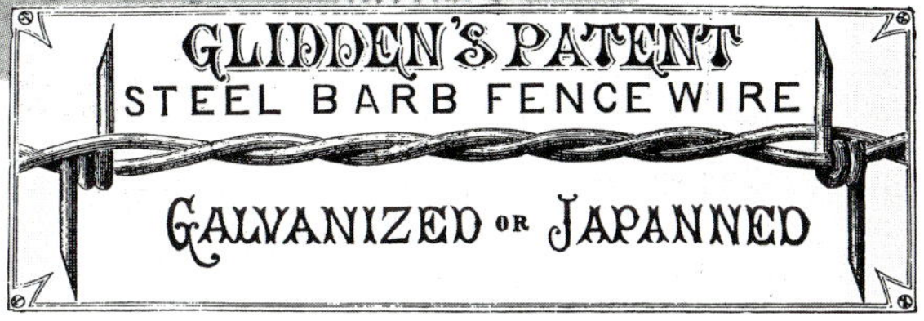

Batalla de púas *El alambre de púas, producido en masa, cercaba las zonas ganaderas. Esto suscitó una guerra entre los granjeros y los barones ganaderos, que apacentaban el ganado a su antojo.*

flancos cabalgaban varios jinetes, como protección, y a la retaguardia iban los vaqueros encargados del ganado que se rezagaba. Había momentos de emoción cuando se iniciaba una tormenta y el ganado huía en estampida, o cuando los indios atacaban. Las caravanas pasaban momentos angustiosos al cruzar un río, cuando el ganado debía nadar hacia la otra orilla, conducido por los vaqueros a caballo.

Al final de la ruta, había prósperos poblados vaqueros. Ahí se vendía el ganado a los intermediarios que enviaban los animales más al centro o a las carnicerías de Chicago y Milwaukee. Quienes habían arreado el ganado hasta su destino, recibían la suma de 100 dólares o más, para gastos.

Sin perder el tiempo, los vaqueros se dirigían a bares, salones de baile, antros de juego y burdeles. El mejor salón de baile fue el "Álamo", en Abilene, con puertas triples y de cristal, barra de cantina con cubierta de bronce, mesas de juego y espejos decorados, aunque la mayoría de los demás salones eran sórdidos y paupérrimos.

Los trenes llegaron a Texas hacia 1875, y con ellos, el recorrido de unos 2,400 km hasta las terminales fue innecesario. Se siguió llevando ganado tejano hacia el Norte, para aprovisionar los llanos de la región. Cuando los búfalos fueron exterminados y se confinó a los indios en reservas, se abrió el Norte a la ganadería, que entonces fue practicada al oeste de Kansas, en Dakota del Norte y del Sur, Nebraska, Colorado, Wyoming y Montana.

El ganadero ocupaba ilegalmente tierras del gobierno, o se establecía en una extensión de un cuarto de milla cuadrada, junto a un arroyo. Antes de erigir una vivienda permanente, vivía en un cobertizo o una tienda. Con suerte, el centenar de cabezas de ganado que poseía podía pacer sin costo y multiplicarse rápidamente.

Hacia 1880, los crecientes mercados de carne en el este estadounidense y en Europa convirtieron al ganado en excelente mercancía. Las ganancias atrajeron a negociantes, que fundaron ranchos con generoso capital. Los vaqueros vivían en cabañas, dormían en literas y colgaban sus ropas en cualquier clavo, junto a las riendas, espuelas y sillas. Había un cocinero que guisaba la misma comida para ganadero y vaqueros. Pero en cuanto las llanuras comenzaron a abundar en ganado, los precios se desplomaron.

También se agotaron los terrenos donde apacentar al ganado; los ganaderos aprovecharon la maleza natural, y ni siquiera en el invierno recurrieron al forraje. Una vez que se rebasaba determinado número de cabezas de ganado por hectárea, la maleza escaseaba. El muy duro invierno de 1886, en el que miles de animales murieron en las heladas, marcó el fin de la ganadería clásica. Sobrevino una transformación: los ganaderos utilizaron el forraje para sus animales y redujeron el número de cabezas por hectárea por apacentar.

El vaquero se convirtió en un asalariado que pasaba más tiempo reparando cercas que lazando reses y arreando ganado. En las orillas de los llanos, surgieron cada vez más cultivos en seco. En vez de vacas, se criaron ovejas, mejor adaptadas a los rigores del clima frío. Murió una época, pero nació una leyenda.

Vaquero negro *Un ex esclavo llamado Nat Love fue uno de los 5,000 vaqueros negros que arrearon ganado. Era famoso como tirador y combatiente de indios.*

"¡A comer!" *En su carreta, un cocinero prepara una tarta para los vaqueros. Cuenta la leyenda que remojaban la comida en un café tan fuerte que una pistola podía flotar en él. Los cocineros recibían mejor sueldo que los vaqueros.*

Llevar carne a casa *Al enfrentar a los forajidos, indios, tormentas y estampidas, los vaqueros ayudaron al abasto de carne de Estados Unidos. Condujeron el ganado a poblados ferroviarios como Cheyenne, Kansas City y Abilene.*

LA LARGA Y PENOSA RUTA AL OESTE

Una distancia de 3,200 km separa al Río Missouri de la costa del Pacífico de Estados Unidos, y antes de que se completara el primer ferrocarril transcontinental, en 1869, se trataba de un duro recorrido. Desde hacía mucho, peleteros, exploradores e indios recorrían los senderos de las regiones colonizadas, pero se trataba de hombres recios que cargaban poco más que ropas, armas y mercaderías indispensables. No fue hasta 1840 cuando los primeros grupos de colonos cruzaron el país en carretas, llevando consigo sus pertenencias y los utensilios básicos para una sociedad agrícola moderna.

Despedida *Las familias que vendían sus granjas y hogares para poder financiar el viaje al Oeste, generalmente partían apesadumbradas. En las despedidas, se derramaban lágrimas cuando los parientes se abrazaban, posiblemente por última vez.*

Casi todos los colonos eran granjeros del Medio Oeste, impulsados por una búsqueda de tierras baratas, aventuras, nuevas oportunidades y, a fines del decenio, la posibilidad de enriquecerse rápidamente encontrando oro en California.

La migración se inició a cuentagotas, y se convirtió en un torrente. En 1843, un millar de estadounidenses llegaron a Oregon por la ruta continental. Entre 1849 y 1860, otros 53 millares llegaron a Oregon en carreta, y 20,000 más tomaron la desviación hacia California. En total, antes de la Guerra Civil más de 250,000 estadounidenses recorrieron el camino continental hacia la costa del Pacífico.

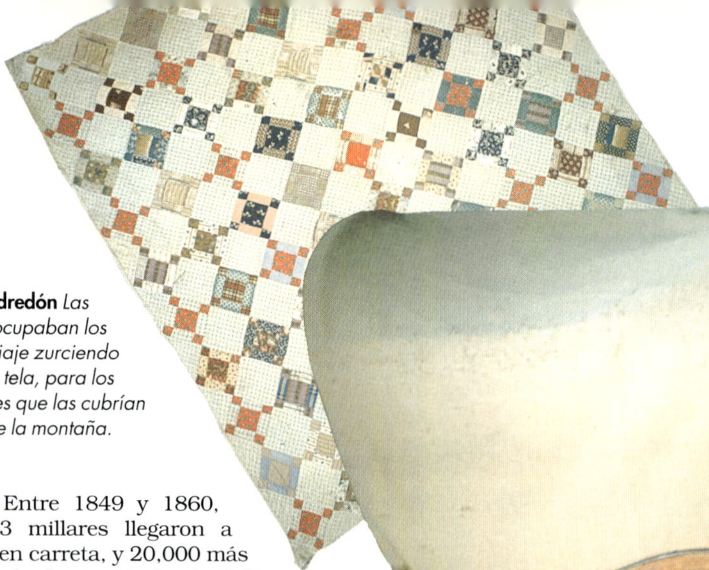

Vistoso edredón *Las mujeres ocupaban los días de viaje zurciendo trozos de tela, para los edredones que las cubrían del frío de la montaña.*

Las rutas a California y Oregon se iniciaban en alguno de los tres transbordadores del Río Missouri: *Independence, St. Joseph* o *Council Bluffs*. Las familias llevaban en pequeñas carretas sus provisiones, ropas, herramientas, armas, juguetes, muñecos y libros, accesorios domésticos, muebles, posesiones valiosas, como vajillas, sábanas y cubiertos de plata, y a todo miembro de la familia que no pudiera o no quisiera caminar.

Por las noches, las carretas servían de refugio para el señor de la casa y su esposa, en tanto que los niños y los parientes dormían en tiendas. Las carretas eran tiradas por bueyes robustos, conducidos por un hombre o un joven que caminaba junto a ellos, o por recuas de caballos o mulas, guiadas desde la carreta.

Un caso de canibalismo

Dado que el viaje tardaba entre cuatro y cinco meses, debía iniciarse a principios de la primavera para escapar de la nieve de las montañas. Las caravanas estaban muy organizadas: elegían a su capitán y se regían por un reglamento. Aun así, en 1846 el grupo Donner de emigrantes a California se retrasó y quedó atrapado por las ventiscas tempranas en la Sierra Nevada. Cuando fueron rescatados, ya habían muerto 40 miembros; entre los 47 restantes, hubo quienes comieron carne humana para sobrevivir.

El primer tramo de la ruta, por el que pasaban todos, atravesaba las planicies del noreste de Kansas y el afluente sur del río Platte. En este tramo, el camino estaba marcado por las profundas huellas de las carretas, era

Casa móvil *La diligencia era el hogar familiar durante meses interminables. Este vehículo estaba cubierto con lona impermeable sobre un armazón de madera de nogal doblada. A sus costados, se amarraban accesorios que los viajeros utilizaban al llegar finalmente a su destino.*

Descanso *Tras recorrer un accidentado tramo en diligencia, todos temblaban y sentían los huesos doloridos. Las mujeres y los niños eran más vulnerables al malestar, y los jefes de la caravana hacían pausas para descansar, en el transcurso del largo día de viaje.*

Reloj viajero *En el camino, muchos pioneros llevaron consigo objetos familiares, como este reloj decorado en bronce. A pesar de su peso, en las diligencias cabían hasta los pianos.*

El camino que espera *Las diligencias inspiraron provechosos negocios, como la publicación de guías como ésta (der.), que revelaban los senderos que seguían los búfalos, indios y comerciantes.*

Camino al Oeste *Miles de pioneros recorren el Paso del Sur, atravesando las Rocosas rumbo a Oregon. Aquí, los carreteros se topaban con un continuo "embotellamiento de tránsito", aunque en zonas menos congestionadas las caravanas viajaban de tres en fondo, y no en hilera, para esquivar el polvo que levantaban las diligencias que iban delante.*

parejo y abundaba el agua. Después de recorrer 800 km en 40 días desde el Río Missouri, las carretas vadeaban el afluente sur del Platte y enfilaban por el noreste hacia el Fuerte Laramie, una importante guarnición peletera. Ahí, los migrantes veían por primera vez a los orgullosos indios guerreros siux. Muchos habían oído cuentos del salvajismo de los indios y se sentían incómodos. En realidad, murieron más por enfermedades como el cólera de las planicies e infecciones transmitidas por insectos en las montañas.

Sin embargo, algunos miembros de las caravanas se toparon con tales ataques, sobre todo en el tramo occidental de la ruta. En años posteriores, cuando los indios resintieron la arrogancia blanca, sus enfermedades y el exterminio del búfalo, los ataques fueron más cruentos, y crecieron en número y ferocidad. Aun así, ocurrieron pocas de las escenas que poblaban la imaginación de los escritores del Oeste, aquellas en que desesperados hombres blancos, con sus carretas en círculo y rodeadas por los indios, se defendían de guerreros emplumados que cabalgaban sobre caballos pequeños, y que los mataban cruelmente. En realidad, de los 10,000 emigrantes que murieron en el camino, sólo unos 300 o 400 cayeron en manos de los indios. Hacia 1860, las rutas fueron mejoradas y dotadas de servicios de rescate y apoyo, públicos y privados. Hacia fines de la época de los colonos, ya eran tantos los comerciantes que proporcionaban servicios de comida, albergue, transbordadores, instalaciones de reparación y abastecimiento, que muchos de los antiguos senderos tomaron el aspecto de las carreteras modernas, con estaciones de servicio bien abastecidas y comercios a intervalos regulares.

Mirada orgullosa hacia el pasado

El guardarropa de la familia típica de colonos era muy limitado, pero también sumamente práctico. Los hombres llevaban tres o cuatro camisas de lino, algodón o lana, calcetines de algodón, varios pantalones de fibra de lino y lana, y un grueso abrigo de algodón crudo o fustán, tela igualmente resistente.

Las mujeres requerían dos o tres vestidos, generalmente de lana o guinga oscura, dos o tres enaguas de lino, varios delantales, un pañuelo, un chal, y a veces, un abrigo. Los hombres usaban sombreros de paja o de fieltro de ala ancha; las mujeres se cubrían la cabeza con bonetes de percal restirado con alambre. Además, usaban sombreros de palma y anteojos verdes para protegerse del sol.

Pocos emigrantes pudieron olvidar el difícil camino que marcó su vida.

EL QUEHACER DE UNA MUJER EN LA FRONTERA

Son las cuatro de la mañana, y aún está oscuro cuando la mujer de la frontera despierta a su familia en la carreta y sale. Aviva el fuego, pone agua a hervir, y coloca platos y cubiertos. Prepara un desayuno de café, tocino frito, frijol y pan horneado. Su marido se despierta una hora después; desayuna y unce los bueyes a la carreta. A las siete de la mañana, la familia inicia la marcha. Mientras el marido y sus dos hijos mayores caminan, la esposa viaja a bordo de la carreta, cuidando de dos hijos menores, remendando la ropa o confeccionando un edredón para la cama.

La caravana se detiene a mediodía, y se desenganchan los bueyes para que beban y pasten. La esposa prepara un almuerzo con las sobras del desayuno. Una hora después, se reanuda la marcha hasta el ocaso, cuando la caravana ha avanzado unos 25 km desde el alba. Acampan en una cuesta boscosa. Luego de acarrear agua del arroyo cercano y reunir leña, la esposa prepara una cena copiosa sobre la fogata, que en ocasiones incluye un guisado de carne. En cuanto la comida está lista, la familia se sienta en el suelo y come, hambrienta, en platos de latón. La cena culmina con panqués y mucho café caliente.

Ya es hora de dormir: los jefes de familia reposan en la carreta; los demás, en tiendas. Al día siguiente, se lavará la ropa: la esposa enjuagará, hervirá y exprimirá la suciedad acumulada durante dos semanas de travesía.

Combustible *A falta de madera, la esposa de un pionero recoge "cascajo", o estiércol de búfalo, para hacer fuego.*

Rumbo a California *Cuando la fiebre de oro alcanzó el clímax, las caricaturas satirizaron a los gambusinos: los mostraban usando todos los medios posibles para viajar, e incluso, medios imposibles como estas máquinas voladoras.*

Rastro dorado *Un buscador de oro llena un plato con grava del lecho de un río y la lava cuidadosamente. Las pesadas pepitas de oro que pudiera contener se hundían en el fondo del platón.*

ANSIA Y FIEBRE DE ORO

Una mañana de enero de 1848, el capataz James Marshall, que trabajaba para el industrial John Sutter, notó que algo brillaba en el lecho del canal; estaba en uno de los aserraderos de Sutter, en el afluente sur del Río Americano, en el centro de California. Sumergió la mano en las heladas aguas y sacó un guijarro amarillo, del tamaño de medio chícharo. Reunió varios fragmentos más, y los examinó detenidamente. Desde hacía mucho sospechaba que había oro en las faldas de la sierra. Pero, ¿eran esos guijarros oro genuino o pirita de hierro, el "oro de los tontos"? Golpeó el guijarro con todas sus fuerzas. Era maleable: tenía que ser oro. La pirita es frágil y se rompería. Colocó los trozos dentro de su sombrero y corrió hacia sus colegas para mostrarles el hallazgo. "¡Muchachos! —gritó—, ¡por Dios, creo que me topé con una mina de oro!"

Los hombres corrieron al canal y sacaron más guijarros dorados durante los siguientes dos días, y en cuanto acumularon unos 100 g, Marshall corrió a notificar a su patrón. Sutter pidió prestadas unas básculas al boticario local y, a puerta cerrada, ambos hombres probaron los trozos dorados. Sin duda alguna, era oro. Aun así, Sutter se preocupó: ¿se quedarían sus trabajadores? ¿O acaso dejarían tras de sí sus herramientas y se convertirían en gambusinos? Sutter consiguió que Marshall y sus hombres prometieran quedarse en sus empleos seis semanas más. También les imploró que conservaran en secreto el descubrimiento.

Pese a las promesas, para mediados de abril se inició un largo éxodo en el rancho de Sutter; unos cuantos meses después, la noticia del hallazgo de oro había cruzado continentes y océanos. A fines de 1848, 6,000 hombres trabajaban en las excavaciones por los principales ríos y arroyos que corrían de la sierra hacia el Pacífico. Al año siguiente, se inició formalmente la Fiebre de Oro, también notoria por la llegada de los *Forty-Niners* (así llamados por haber llegado en 1849 a

Oficina del oro *Los gambusinos llevaban sus minerales a las oficinas de avalúo, donde se calaban para determinar la proporción de oro. A veces, el contenido de valor era escaso, pero unos cuantos dichosos mineros se hicieron fabulosamente ricos. Un grupo de cuatro, que trabajaron durante un día junto al río Feather, reunieron oro de alta calidad: tuvo valor de 50,000 dólares.*

Dólar de oro *Muchos mineros desdeñaron el dólar de oro, acuñado en 1849. Usaron sus pepitas como moneda.*

UN DÍA EN LA VIDA DEL MINERO

El minero se levanta al amanecer y se viste con pantalones de mezclilla húmedos, camisa de franela y botas de trabajo. Desayuna rápidamente café y panqués, y luego sale hacia el arroyo. Pasa la mañana buscando oro: este metal es la razón por la que dejó su trabajo en Chicago y se unió a la estampida rumbo a California. A mediodía aún no ha encontrado nada y hace una pausa para almorzar. La tarde transcurre, y el buscador de oro continúa con el penoso trabajo de recoger tierra y lavarla con la esperanza del valioso metal. Al anochecer, su suerte todavía no ha cambiado. Regresa al campamento para cenar frijoles, papas, pan y manzanas secas. Mientras reanuda la búsqueda, se convence a sí mismo de que mañana será el día de la fortuna y de que regresará a casa como un hombre rico.

buscar oro). A fines de año, casi 90,000 gambusinos habían llegado a California.

La etapa clásica de la Fiebre de Oro californiana duró poco más de dos años. Al terminar 1850, ya se había agotado el mineral más accesible, y la explotación requirió especialistas y mucho capital. En octubre de ese año, unos 57,000 mineros trabajaban en los arroyos dorados que corrían por las cuestas occidentales de la sierra.

Sin embargo, las multitudes disminuyeron. Muchos mineros fueron a probar suerte en las prósperas ciudades californianas de Stockton, San Francisco y Sacramento. Otros regresaron a sus casas, hacia el este. Durante un periodo breve, pero muy intenso, los mineros del oro desarrollaron un modo de vida memorable.

Los gambusinos eran un grupo mezclado. Prácticamente todos eran hombres, y una tercera parte venía del extranjero. Entre los no estadounidenses, el mayor grupo era de ingleses, seguido de franceses, mexicanos, hawaianos, australianos y chilenos. Los mineros provenían de todas las clases de la sociedad euroamericana. Un grupo de 60 aspirantes a gambusinos de Michigan —con el vistoso nombre de Rancheros de Michigan— incluía campesinos, médicos, carpinteros, herreros, mecánicos, abogados, comerciantes, maestros, artistas y burócratas.

Aquellos que vinieron por tierra —la mitad del total— se endurecieron con el viaje; respecto de los que vinieron por mar, el viaje a bordo de hacinados barcos los había vuelto débiles y mofletudos. Los mineros vivieron en campamentos que bautizaron con floridos nombres, por ejemplo, Perro Rojo, Barra Rica y Canalla, que eran grupos de cobertizos, tiendas y chozas de tablones o troncos. El invierno de California era benigno, pero también, lluvioso: los hombres se mojaban e iban todos cubiertos de lodo.

Decididos a hacer fortuna rápidamente y volver a casa, los mineros subordinaron todo al hallazgo y se concentraron en el trabajo sucio: recoger grava con oro. Se interrumpía la labor a mediodía para comer. Al ocaso, cenaban frijoles, papas, carne seca de res o de cerdo salada, galletas y manzanas secas. La ausencia de productos lácteos, frutas y verduras frescas en la dieta de los mineros, además de la falta de sanidad, produjeron escorbuto, disentería y otras enfermedades. Aun así, a los mineros les irritaba el tiempo que debían perder para cocinar, y contrataron cocineros locales, casi siempre chinos.

Bebida y amistades fugaces

Aunque las minas eran trabajadas por grupos numerosos, los lazos comunitarios eran débiles. Un gambusino escribió: "Aquí es sabido y sentido por todos que nuestras amistades son breves." Un compañero de trabajo en la mina era "similar a un compañero de viaje en una diligencia o un barco".

La embriaguez era común. "El presidente de la asociación de mineros —escribió otro gambusino—, fue traído el otro día desde el afluente [del río], tan borracho que se caía cada dos por tres, a pesar de los esfuerzos realizados por otros hombres menos borrachos que él."

Al principio, la criminalidad no era considerable. Los mineros no necesitaban vigilar sus posesiones al salir a trabajar. Pero hacia mediados de 1849, en cuanto la competencia por las magras ganancias se volvió reñida, proliferaron robos y crímenes mayores. Para prevenir esta ola de delincuencia, los mineros improvisaron sus propias cuadrillas de vigilancia.

"Apenas puedes darte una idea de lo sucio que es este negocio del oro y de la clase de vida que tienen los mineros. Vivimos más como animales que como seres humanos."

GAMBUSINO DE CALIFORNIA, 1850

Cuando cundía la noticia de un acto delictuoso, se reunían para escuchar los testimonios y dictaminar el castigo al delincuente. A veces, todo un grupo actuaba como jurado colectivo. En otras ocasiones, elegían entre ellos un juez y un jurado. El castigo podía ser el destierro de las minas, unos azotes, e incluso la horca. Las sentencias se llevaban a cabo con prontitud: no existían cárceles. Luego de cumplir la pena, los mineros tomaban unos tragos y volvían al trabajo.

Casi ningún gambusino se enriqueció. Los primeros fueron los más afortunados. Algunos ganaron hasta 500 dólares diarios, en una época en la que los obreros especializados en los estados del Este percibían 2 dólares diarios. Los gambusinos que llegaron hacia fines de 1849 pocas veces tuvieron la suerte de sus predecesores. Pero aun los que ganaron poco, se enorgullecían de haber participado en uno de los periodos épicos de la historia de su país.

División del trabajo *En equipo, un minero con pala ponía la tierra en una caja destapada; el segundo minero vertía agua en la caja, mientras un tercero la sacudía para que las pepitas quedaran atrapadas en los intersticios, al fondo de la caja.*

"¿Me concede el honor...?" *Con chaqueta de mujer y falda, un recio y barbudo minero adopta el papel femenino, en el baile sabatino del campamento minero. Las mujeres escaseaban muchísimo en los campamentos: en 1850, las mujeres constituían apenas el 7.5% de la población de California.*

DE LA DILIGENCIA AL FERROCARRIL

"Me sentí como una docena de huevos revueltos... Así eran las sacudidas que recibía"; con estas palabras, un pasajero de una diligencia fronteriza describió el viaje. Durante más de medio siglo, la diligencia fue la principal forma de transporte terrestre en el Oeste de Estados Unidos. Todavía después de que el ferrocarril uniera las costas este y oeste, las diligencias siguieron siendo vitales en las regiones fronterizas.

La Wells, Fargo and Company está íntimamente ligada a las diligencias. La empresa fue fundada en 1852, para proporcionar servicios bancarios y postales a las minas de oro de California. Sus rutas siguieron a los mineros dondequiera que se establecían: llanos, montañas y desiertos.

Hacia 1870, la Wells Fargo monopolizó las rutas rápidas en todo el Oeste. El típico vehículo de la compañía fue la diligencia Concord de techo plano, con el asiento del conductor descubierto y en la parte delantera. Además de correo y equipaje, las diligencias transportaban toda clase de personas. La maestra de escuela y el predicador se codeaban durante varios días con toscos gambusinos, muchachas que trabajaban en salones de baile y vaqueros que mascaban tabaco.

"A veces es necesario amarrar a los pasajeros en los asientos, enloquecidos como están por el whisky o la falta de sueño" escribió un viajero. "Las comidas, ingeridas durante las pausas de 10 minutos, son simplemente abominables."

Vigilantes armados y bandidos

Los caminos eran pésimos, y el calor, asfixiante; por las noches, no se podía usar linternas por temor a los indios. Uno de los recorridos más célebres fue la ruta Deadwood, que salía de Cheyenne, en Wyoming, a Deadwood, en Dakota del Sur, atravesando el territorio siux. Ahí, como en todas las rutas, junto al conductor iba un vigilante armado.

Las diligencias eran el blanco favorito de los bandidos, entre los que figuró el famoso Charles E. Bolton, alias Bart el Negro, quien se cubría el rostro con un saco de harina con agujeros a la altura de los ojos. Solía dejar tras de sí coplas firmadas; un típico ejemplo es el siguiente:

"Trabajé duramente por mi pan, mi honor y mi donaire, pero de mi cosecha ustedes abusan, elegantes hijos de la mala madre..."

La historia de la Wells Fargo se compara en emoción con la de la empresa Pony Express, un servicio de mensajería postal de jinetes, cuya red cubría unos 3,200 km, entre St. Joseph, Missouri y Sacramento, California. Aunque funcionó menos de 20 meses, entre 1860 y 1861, se convirtió en una leyenda del Viejo Oeste.

Relevos de hasta 200 mensajeros de la Pony Express corrían a todo galope entre una y otra posta; entre ellas mediaba una distancia de 8 o hasta 30 km, y el cambio de jinetes tomaba menos de 2 minutos. Sin embargo, el romanticismo de la empresa se volvió obsoleto con el advenimiento del telégrafo, que dejó en bancarrota a quienes habían financiado la Pony Express, pero produjo la fortuna de los expertos en comunicaciones. Se atribuye a Samuel Morse la invención del telégrafo eléctrico, para el cual utilizó la ingeniosa "Clave Morse", de puntos y rayas, que representaban el alfabeto.

JINETES DE LA PONY EXPRESS

Hacia 1860, se buscaban "tipos jóvenes, flacos y fuertes, menores de 18 años" para emplearlos como mensajeros en la recién fundada compañía Pony Express. Además de ser jinetes expertos, los jóvenes debían estar dispuestos a "afrontar día a día la muerte". La compañía prefería huérfanos, debido al peligro que representaban indios y forajidos. Entre los dispuestos a arriesgarse estuvo el joven William F. Cody, que la historia conocería como "Búfalo Bill", personaje típico del Viejo Oeste.

Diligencia viajera *En las diligencias Concord, de la Wells, Fargo and Company, se aglomeraban entre 8 y 14 pasajeros; el equipaje iba en el toldo. Las diligencias eran tiradas por cuatro o seis caballos, a una velocidad de 8 km por hora.*

En la estación *El silbato del tren atraía a viajeros y curiosos a la plataforma, en los poblados erigidos junto a las vías. La estación era fuente de interés para los pueblerinos: lugar mágico de llegadas y salidas, punto de contacto entre mundos distintos y lejanos.*

Hacia 1861, operaba una red nacional, y los "cables parlantes", como los llamaban los indios, transmitían mensajes por todo el país a velocidades que ningún jinete podía igualar. Además, los barqueros de los ríos y las cuadrillas de constructores de canales ayudaron a unir a una nación en crecimiento.

Manipulador de telégrafo

Entre 1830 y 1850, se construyeron unos 11,000 km de canales. Estas rutas acuáticas eran surcadas por largos lanchones de poco calado, y paquebotes que ofrecían a los pasajeros un viaje más cómodo que las diligencias. Miles de familias de emigrantes viajaron por los canales, y grandes tonelajes de grano y productos agrícolas transitaron por estas vías, rumbo a la costa este. El buque de vapor *Clermont*, del ingeniero Roberto Fulton, inició el primer servicio regular de pasajeros en 1807, y luego, espléndidas naves, construidas como palacios flotantes, recorrieron el río Mississippi que, con sus 40 afluentes, se convirtió en una gran vía de comunicación para el extenso país que iniciaba su camino al desarrollo. Se desarrolló una nueva clase de barco de vapor para navegar por el Mississippi, donde los bancos de arena eran un problema constante. Era una nave de dos pisos, de quilla plana, con grandes paletas laterales. Adornado con filigrana, como un pastel nupcial, el interior de los barcos del Mississippi estaba lujosamente decorado con gruesas alfombras, espejos dorados y paneles tallados. Aunque las damas se alojaban por separado, los pasajeros se sentaban juntos durante las comidas, que consistían en una decena de platillos. Entre los grandes espectáculos de la época, destacaron las desaforadas carreras de barcos merced a las cuales, además, había incendios, naufragios (casi siempre causados por explosiones de las calderas) y choques.

Paulatinamente, el ferrocarril suplantó al barco de vapor. Para 1860, ya se habían tendido unos 50,000 km de vías, y surgió una locomotora de características netamente estadounidenses. Era más pesada y lenta que su contraparte europea, pero podía tirar de convoyes más largos. Las chimeneas tenían forma de embudo invertido, y estaban equipadas con protectores de chispas, diseñados para impedir que se incendiara la maleza de las praderas con las brasas que saltaban de la máquina, cuyos motores funcionaban con leña. Además, las locomotoras tenían parachoques especialmente diseñados para el ganado perdido que cruzaba las vías.

Casinos flotantes *Los barcos fluviales eran famosos por el whisky que bebían sus pasajeros, quienes apostaban grandes sumas al póquer, hasta la madrugada. Atrajeron a tahúres y estafadores e inspiraron al escritor Mark Twain, quien una vez fuera piloto de barcos en el Mississippi.*

Luego de la Guerra Civil, se inició una época de intensa expansión ferroviaria, impulsada al completarse la primera ruta transcontinental, el 10 de mayo de 1869. Ese día, las vías tendidas por las compañías Central Pacific y Union Pacific, se enlazaron en el poblado Promontory, en Utah; los rieles fueron unidos simbólicamente con un clavo de oro. El enlace redujo, de semanas a días, el viaje entre costa y costa; inventos como el freno de aire —que hacía funcionar al mismo tiempo todos los frenos del tren— mejoraron la seguridad. También aumentó la comodidad desde 1864, cuando George Pullman construyó vagones con asientos, calefacción y literas plegables. Los lujosos dormitorios Pullman también contaban con baños, y luego, se añadieron los carros comedor.

Junto a las vías, conforme surcaban el país, surgieron nuevas poblaciones. Algunas de ellas desaparecieron tan pronto como se erigieron, pero otras perduraron y se transformaron en comunidades permanentes. En ellas, la estación de tren estaba envuelta en un aura de emoción, pues quienes llegaban del Este ahí ingresaban a la dura realidad de la vida en la frontera. Con todo, el muchacho campesino que iniciaba ese viaje, tal vez se dirigía a un destino fantástico.

EL RECHINIDO DE LAS CARRETAS METIS

El camino se extendía bajo un cielo tan claro que parecía un gran tazón azul invertido sobre la pradera. Un grito fantasmal desgarró el aire; pero el hombre delgado, de piel morena, montado a caballo, ni siquiera se volvió a mirar. Conocía de sobra el sonido, provenía de una carreta del río Rojo, tirada por caballos; eran los vehículos de carga del oeste canadiense. El rechinido provenía de los ejes que nunca se engrasaban, pues la grasa retendría el polvo de la pradera, y a la larga, destruiría los ejes.

El jinete, al igual que el cielo claro y la carreta, era típico del oeste canadiense. Más de 70 años antes, en 1812, la pobreza obligó al padre del jinete a abandonar su hogar en Escocia. Con ayuda de la beneficencia, había cruzado el Atlántico hacia la región de San Lorenzo, y seguido por las llanuras del sur, hasta llegar a un punto junto al río Red, que luego sería Winnipeg.

Al igual que los peleteros escoceses y franceses de la región, el padre del jinete desposó a una mujer india. Los hijos de estas uniones formaron un nuevo pueblo de la llanura, los metis, cuyo nombre significa "madera quemada", en referencia a su piel oscura.

En su juventud, el jinete vivió de la agricultura mixta, a la usanza de los metis. También cazó búfalos, en compañía de otros metis que embestían a caballo contra los rebaños de 100,000 o más animales, en estampida. Cada cazador cabalgaba a todo galope hacia un búfalo, desde su montura apuntaba la carabina hacia el lomo de la bestia y disparaba. Luego, volvía a rellenar de pólvora el arma, escupía dentro una de las balas que guardaba en la boca y disparaba contra el siguiente.

El último gran rebaño

Con la piel de los búfalos se confeccionaban abrigos para resistir el frío invernal, que a veces era de 45 grados bajo cero. Los metis también hacían tiendas y frazadas. Cortaban la piel en tiras para hacer cintas para la maquinaria industrial. La carne seca de búfalo, preparada con grasa y moras, y almacenada en sacos hechos con estómago de búfalo, podía conservarse durante meses sin necesidad de refrigeración. Con el pelo del animal hacían sogas, e hilo con los tendones.

Al principio, el búfalo era tan abundante que el paso de un solo rebaño tomaba días. Pero para 1884, los cazadores ya lo habían exterminado. La resistente maleza de la pradera —llamada maleza de búfalo—, que crecía bajo la nieve, fue arrancada por los arados de los granjeros del este de

Rumbo a la cacería *Dos veces por año, los metis se reunían bajo el mando de un "jefe de guerra", para defenderse de los indios y cazar rebaños de búfalos. En dos horas, mataban 1,500 búfalos, para volver con carretas llenas de carne y pieles.*

LA VIDA EN LA CABAÑA

Finaliza la primavera: un metis remienda una red afuera de su cabaña. Otros sacan del lago una canoa de corteza de abedul. Los lagos y ríos son las mejores rutas para surcar el espeso bosque. La cabaña está construida al estilo franco-canadiense: tablones horizontales colocados en estructuras verticales y un techo de tejas, con una chimenea de piedra. De una pared penden zapatos para la nieve, junto a un hacha, barriles para agua de lluvia, postes de cercado y leña. Dentro de la cabaña, la esposa zurce al pie de la cama, sobre la cual se extienden una frazada al estilo indio y una piel de búfalo. De la chimenea, cuelga una olla donde se guisa la cena, y sobre ella, hay un mosquete y un cuerno de pólvora; al lado, un abrigo de pieles y un gorro.

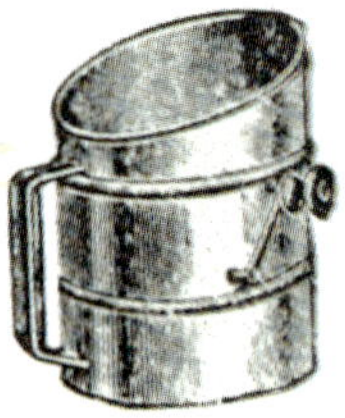

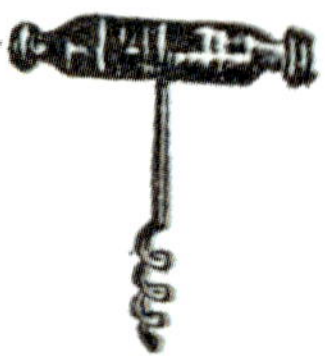

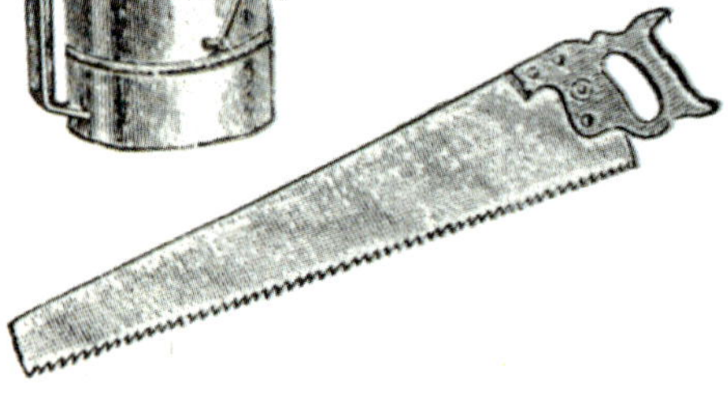

Orden postal *El catálogo postal fue un rasgo de la vida europea que llegó al oeste. Apodado "libro de los deseos" por los indios, por el catálogo se solicitaban utensilios domésticos al modo "cóbrese o devuélvase". Así, los indios aprendieron algunas palabras de los blancos.*

Doble uso *El carro del río Rojo era una simple carreta de dos ruedas, con una plataforma de madera tirada por caballos o bueyes. Era desarmable y podía usarse como balsa para transportar carga en los ríos.*

Hombres de la montaña *Los primeros miembros de la Policía Montada canadiense usaban sombreros informales y sacos de cuero con flecos, en sus patrullas por el oeste.*

Canadá. El ferrocarril Canadian Pacific —cuyos rieles de acero, nuevos y relucientes, se extendieron 5,000 km, desde el Atlántico hasta el Pacífico— llevó granjeros al oeste. Terminado en 1885 —con fuerza de trabajo barata, china—, el ferrocarril puso fin al aislamiento de las llanuras y permitió que se asentara en ellas más de un millón de colonos en el espacio de dos decenios.

El ferrocarril se llevaba el trigo que crecía en las tierras de la pradera. A cambio, dejaba nueva maquinaria agrícola. Como los cultivos eran grandes, y la mano de obra, escasa, el granjero metis requería maquinaria; pero sabía que adquirirla lo endeudaría por años con los bancos. El ferrocarril llevaba más y más colonos; los metis y los indios aún eran la mayoría en las llanuras, pero era obvio que esto no duraría mucho tiempo más: ya se comenzaba a confinar a los indios en reservaciones, para que dejaran sus tierras a los colonos europeos. Debilitados por las enfermedades europeas, desmoralizados por el whisky y hambrientos tras el exterminio del búfalo, no estaban en condiciones de oponer resistencia.

Las primeras viviendas de los colonos fueron cabañas hechas con planchas de tierra; el material era buena protección contra el calor del verano y el frío invernal, pero las cabañas eran estrechas, y demasiado húmedas, durante el deshielo. Tan pronto como fue posible, los colonos las reemplazaron con casas de tablones provenientes de los aserraderos del este de Canadá. La ciudad de Winnipeg, con 5,000 habitantes y en rápido crecimiento, ya contaba con casas de piedra y ladrillo.

A caballo, para mantener la ley

En las llanuras, lejos de las chozas de tierra, estaban los cónicos tipis de los indios cri. Hechas de lona, puesto que la piel de búfalo se había agotado, las altas tiendas tenían buena ventilación, con alerones en la punta que podían moverse según la dirección del viento. Las fogatas en el centro de cada tipi se alimentaban con aire que entraba por un túnel, con el que también se refrescaba el interior de la tienda.

Entre las cabañas y los tipis cabalgaban los jinetes, cada uno con una carabina colocada en la silla de montar, un revólver al cinto y una espada al lado. Eran parte de una pequeña fuerza, en total unos 300 hombres, que patrullaban cientos de miles de kilómetros cuadrados, en un clima que variaba del calor sofocante y las tolvaneras de verano a las furiosas ventiscas de invierno. Era la Policía Montada del Noroeste un híbrido de fuerza policiaca y militar, emplazada en destacamentos dispersos en el oeste. Muchos jóvenes ingleses y canadienses se aislaron en sus tropas, en busca de una vida de aventuras y emociones. Las hallaron al enfrentarse a la rapiña de los comerciantes armados, que aprovechaban la debilidad de los indios, al mantener el orden en los poblados y las reservaciones indias o al patrullar grandes distancias entre asentamientos.

Venta de whisky *Los comerciantes blancos vendieron whisky falso a los indios. Un trago de "whisky" valía una piel de búfalo, y cinco litros, un caballo. El licor era una mezcla de alcohol, tabaco, jugo y agua, condimentado con jengibre.*

Los metis regresaban a sus casas en el ocaso, donde sus nietos practicaban con los amigos un juego con un bate y una pelota. Los colonos ingleses llamaban *rounders* a este juego, pero los demás lo conocían como *baseball* (beisbol). Una carreta, cuyo caballo estaba amarrado a la veranda, anunciaba la llegada de un visitante, tal vez un ministro presbiteriano.

Al distinguir la figura del clérigo, el metis tocaba nerviosamente la pequeña bolsa que pendía de su hombro bajo el abrigo. Los metis eran cristianos en su mayoría, pero se aferraban a algunas creencias de herencia indígena. Muchos portaban una bolsa medicinal —una faltriquera de cuero, con un trozo de hueso de animal, una oreja de zorro y una pluma— que sus madres les habían dado como protección.

Fecha para la boda

Sin embargo, el ministro no venía a hablar de creencias indias, sino de matrimonio. A la mayoría de los metis les tenía sin cuidado el formalismo de una ceremonia matrimonial. Pero la vida del oeste estaba cambiando. Recordando la libertad de la época del Viejo Oeste, los metis no tenían ningún aprecio por las severas costumbres de la iglesia, pero muchos aceptaron, con reticencia, que ya era tiempo de adaptarse. Ayudando al ministro a subir a su carreta, el granjero prometía fijar la fecha de su boda.

Por fin podía entrar a casa, y poner su chamarra de flecos en una silla. Los flecos eran otro legado de sus ancestros indígenas, y más que una decoración, desaguaban las gotas de lluvia, que de otro modo se filtrarían por la piel de la prenda y mojaría a su dueño. Mirando por la puerta, notaba que anochecía. Los cielos de la pradera se extendían en todas direcciones; millones de estrellas los salpicaban; parecía que fueran tantas estrellas casi como los búfalos que antaño deambulaban por las praderas.

ÉXODO HACIA EL CRISOL DE RAZAS

Los hombres barbados se doblaban bajo el peso de gigantescos baúles; mujeres con pañoletas en la cabeza cargaban a bebés y niños; flacos adolescentes con malhechos trajes caseros bajaban por las rampas. Desde Irlanda, Escandinavia, Alemania, Hungría, Italia y Polonia, miles de inmigrantes desbordaban los barcos y salían a los muelles de Nueva York, Filadelfia y Boston. Los dueños de los barcos engordaban gracias al dinero de los pasajes cobrados a la carga humana, que se hacinaba en cualquier rincón. Durante fines del siglo XIX y principios del XX, unos 13 millones de inmigrantes del Viejo Mundo, que en su mayoría no hablaban inglés, fluyeron hacia el vasto crisol de razas que sería Estados Unidos. En las bulliciosas ciudades del Este, los recién llegados se acomodaron en edificios de ladrillos, que se elevaban sobre estrechos callejones. Los irlandeses hallaron empleo como conductores de carretas, o como albañiles en los edificios que albergaban a la creciente población de esa nación.

"¡Bienvenidos!" *Fatigados y perplejos por los rigores del viaje en el Atlántico, los inmigrantes bajan con sus pertenencias y conocen a las autoridades del Nuevo Mundo: policías que les ordenan formarse.*

Cuadrillas de trabajadores vivían durante meses en campamentos erigidos junto a los pantanos, mientras cavaban los canales que unirían los ríos con el mar, por los cuales las recuas de mulas tirarían de las barcazas. Aliviaban la fatiga de construir el nuevo mundo industrial, cantando canciones de sus países de origen y componiendo otras: "Tengo una mula llamada Sal. Corre quince millas por el canal. Buena obrera, buen animal."

También emigraron las irlandesas, que se emplearon como cocineras, enfermeras y mucamas. Mujeres y hombres trabajaron en las industrias textiles y de calzado en las ciudades del noreste. Sus jornadas de 12 o 14 horas se iniciaban antes del alba. Los inmigrantes podían leer en los muros de la fábrica reglamentos y advertencias, como "No asearse en horas de trabajo", o el típico *Time is money*, "El tiempo es dinero". A mediodía, el silbato de la fábrica permitía la entrada a los niños que llevaban cajas con los almuerzos para sus padres, hermanos y hermanas.

A veces, los pánicos financieros hacían cerrar las fábricas durante meses, y poblaciones enteras pasaban hambre en espera de que las gigantescas máquinas rugieran nuevamente. Los patrones intentaban lograr que sus empleados trabajaran más, y conforme crecieron las industrias, los obreros formaron sindicatos. Dado que la persecución antisemita y la discriminación oficial hicieron la vida imposible a los judíos en Polonia, Rusia y el Imperio Austrohúngaro, ellos también salieron hacia el Nuevo Mundo. En las calles del sur de Manhattan se oyó el pregón de los buhoneros que vendían ollas y sartenes, fruta, ropa y agujetas. Los niños de las calles del gueto hurgaban los basureros. Buscaban carbón en las vías del tren y leña en las calles, para calentarse. Vendían diarios en los semáforos, ganando así una cuarta parte del ingreso familiar. Pero algo se guardaban para sí y compraban chocolates y, a fines de siglo, entradas para asistir al atractivo espectáculo del cine, en hacinados locales, por un *nickel*, moneda de cinco centavos de dólar.

Vivían en departamentos cuyo alquiler incluía camas, sofás y sillas, pero había poco espacio de juego para los niños. En las noches calurosas, era imposible dormir en aquella acumulación de edificios de departamentos, y las familias subían a dormir a las azoteas. A la hora de los alimentos, familias, parientes e inquilinos, se turnaban para comer en la mesa de la cocina. En otros momentos, la mesa se convertía en una fábrica casera, cubierta de rosas de papel, mancuernas y mangas hechas por las mujeres de la casa, listas para enviarse al día siguiente a los contratistas. Aunque estas labores a destajo permitían a las mujeres ganar sólo unos cuantos dólares por semana, algunos patrones deshonestos las estafaban con la paga, alegando que el trabajo estaba mal hecho.

En las minas de carbón y las textilerías de Pennsylvania, los eslavos admitían tantos inquilinos como pudieran en sus atiborradas casas. Gigantescas ollas de *borsht*, una sustan-

Saludo a la bandera *Ante la mirada del maestro, niños inmigrantes en una escuela industrial de Nueva York saludan a la bandera de Estados Unidos en posición de firmes, iniciándose como ciudadanos.*

Ciudad de esperanzas *Plena de poder, riqueza y energía —y con los primeros rascacielos—, la Nueva York de 1880 pareció personificar el sueño de los recién llegados. Pero poco después se enterarían de que la vida del pobre era dura, y que no siempre eran bienvenidos. Para muchos, el sueño terminó en pesadilla.*

De harapos a trajes *Atraídos por la esperanza de empleo, dinero y buen nivel de vida, muchos irlandeses llegaron en harapos. Su sueño fue ganar fortuna, para regresar al terruño a comprar tierras o una casa.*

A duras penas *Los inmigrantes trabajaron largas horas a destajo, como en esta sastrería, para pagar la renta y alimentar a la familia. Aun así, la paga a veces era insuficiente.*

Calle y mercado *Cuando los inmigrantes llegaron a Nueva York, formaron sus propias comunidades, con costumbres llevadas de Europa. Muchos judíos habitaron el barrio sudeste de Nueva York, y lo convirtieron en un bullicioso mercado.*

ciosa sopa rusa de betabel o col, hervía en las estufas para que pudiera servirse a toda hora del día y de la noche a los mineros y metalúrgicos que regresaban a casa, fatigados y hambrientos. Los inmigrantes vivían modestamente y enviaban a su país natal tanto dinero como les fuera posible. Para ayudarse en los tiempos difíciles, depositaban el sobrante en sociedades de ayuda mutua, que cuidaban de enfermos, viudas y huérfanos, y pagaban funerales. Otros inmigrantes gastaron sus primeros ahorros en traer al Nuevo Mundo a sus familiares.

Los ahorros también permitían a los obreros iniciar sus propios negocios, como tabaquerías, casas de empeño y verdulerías. El hábito de cooperar ayudó a los inmigrantes a protegerse de las brutales condiciones de la industrialización. Si una fábrica cerraba o se recortaban los salarios, las multitudes salían a las plazas, organizando huelgas y manifestaciones. Los diarios sindicales de los cigarreros, textileros y mineros se publicaban en italiano, alemán, polaco o yiddish.

En las praderas y llanuras, donde los escandinavos cultivaban trigo y criaban cerdos, los granjeros inmigrantes se rebelaron contra el poder de los comerciantes de granos, y contra los trenes que transportaban sus cosechas. Junto a las vías, se erguían los rascacielos de la llanura: los ascensores de grano. Al principio, los campesinos de Suecia y Noruega soñaban con obtener suficiente comida para sus familias. Pero la fertilidad de las llanuras, y la generosa extensión de las parcelas que se otorgaban para estimular la inmigración, les permitió cultivar excedentes para venderlos. En los años buenos, almacenaban quesos y latas de remolacha y zanahoria. En los años malos, las langostas acababan con los cultivos, y las familias dependían de las compras a crédito, hasta la cosecha del año siguiente. Muchos granjeros del Oeste fundaron cooperativas de granos, lácteos y alimentos, para vender en conjunto las cosechas y obtener precios justos en los trenes, o para ayudarse entre sí.

Salvo por Nueva York, en Chicago se concentró la mayor cantidad de inmigrantes. Hacia 1890, se decía que en esa ciudad había más alemanes que en cualquier ciudad de Alemania, excepto en Hamburgo y Berlín; más suecos que en cualquier ciudad de Suecia, excepto en Estocolmo y Gotemburgo, y más noruegos que en cualquier lugar de Noruega, excepto en Kristiansand y Bergen.

En el campo y la ciudad se hacía mofa de los acentos y costumbres de los inmigrantes, y se estafaba a los recién llegados, que se asombraban ante el vertiginoso ritmo de vida.

De costa a costa *Los inmigrantes viajaron por Estados Unidos a bordo de trenes, rumbo a una nueva vida en el Oeste. No podían aliviar el tedio conversando, pues los pasajeros provenían de países distintos y hablaban idiomas diferentes.*

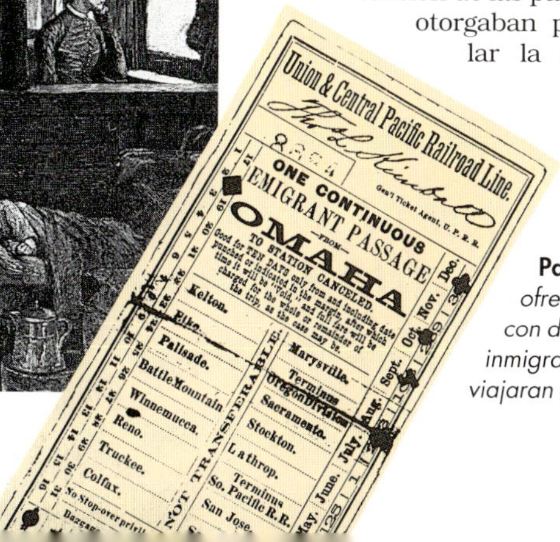

Pasaje *Los trenes ofrecían boletos con descuento a los inmigrantes que viajaran a California.*

COMODIDAD Y BASURA EN LA GRAN CIUDAD

Cuando Estados Unidos se independizó e ingresó al siglo XIX, la población total ascendía a 3.5 millones. A fines del mismo siglo, ese mismo número de habitantes vivía tan sólo en la ciudad de Nueva York. Esta metrópoli fue la entrada al país, cuya gloria se hizo posible por las maravillas tecnológicas: el vapor, "genio" del siglo XIX, y la electricidad, que dominaría el XX.

Hacia 1900, uno de los símbolos del éxito de la ciudad fue la construcción de edificios departamentales de cinco y seis pisos, pues los precios del terreno forzaron a los edificios a elevarse, en vez de extenderse. Un profesionista o negociante de éxito exigía que su edificio contara con comodidades como luz eléctrica y gas para cocinar. Gozaba de calefacción de aire caliente o vapor, producido por una caldera de carbón en el sótano, y agua caliente y fría.

En contraste, en los barrios pobres vivían amontonadas en edificios de 5 pisos, hasta 40 familias obreras y de bajos recursos, que compartían un solo baño instalado en un patio central. El negociante que habitaba en la zona acomodada de la ciudad se levantaba temprano y se vestía con ropa interior de mangas largas, camisa de algodón con cuello desprendible y mancuernillas, pantalones de lana planchados, botines de tela y cuero, corbata, chaleco y saco de color sobrio. En 1900, se afeitaba la barbilla, pero se dejaba crecer el bigote y las patillas. Su esposa vestía blusa, medias de algodón oscuras, ropa interior hasta las rodillas, corsé y enaguas sobre las que se ponía una falda hasta los tobillos y un "vestido camisero", o con un corpiño confeccionado a manera de una blusa.

Los obreros vestían ásperas camisas de algodón y pantalones u overol y gorra, en vez de los sombreros de copa usados por sus patrones. A excepción de los muy ricos, todos vestían ropas fabricadas en serie, muy publicitadas. Pero las esposas usaban máquinas de coser para hacer remiendos y a veces confeccionaban sus ropas o las de sus hijos, mediante patrones de papel.

Todo estadounidense con empleo desayunaba copiosamente: jamón, huevos o cereal, donas, galletas, carne, papas, pan con mantequilla y jamón, acompañados de café. La mantequilla y los huevos de granja se conservaban frescos en "hieleras", una caja de madera aislante, con un compartimento superior con bordes de estaño, que contenía bloques de hielo llevados por robustos cargadores. La cena consistía en más carne y papas, además de frutas y verduras compradas en huertos de las afueras. También se comenzaron a difundir los alimentos procesados, como cereales y flanes, y se popularizaron las frutas, verduras y carnes enlatadas.

Aunque casi toda la comida se compraba en las tiendas de abarrotes, carnicerías, panaderías y mercados de verduras, pronto aparecieron en escena las grandes cadenas de tiendas, como la Great Atlantic y la Pacific Tea Company. Cada mañana, los negociantes y obreros tomaban los nuevos tranvías eléctricos, para recorrer 10 km hasta su lugar de trabajo. Sin embargo, aún existían miles de caballos que tiraban de carretas con carbón, que era puesto en los sótanos con ayuda de palas a través de unas aberturas. Había ruidosos ferrocarriles elevados que pasaban a una altura de dos pisos. El primer metro, o tren eléctrico subterráneo, fue terminado en 1904.

Otra novedad fueron los grandes almacenes, tales como Wanamaker's en Nueva York, Marshall Field's en Chicago y Filene's en Boston. En estos palacios de la mercancía, de cuatro o cinco pisos, solamente se necesitaban unos cuantos pilares, ligeros y fuertes, para sustentar las plantas superiores, lo que dejaba sitio para grandes pasajes con mostradores y exhibidores. Enormes ventanales dejaban pasar la luz diurna. En la planta baja, los escaparates exhibían la última moda. En el interior, batallones de administradores contabilizaban y hacían inventarios; el dinero viajaba de una

"¿Qué piso, madame?" *Cuando E. G. Otis inventó el ascensor, en 1857, se erigieron rascacielos donde antes los edificios eran bajos, pues la gente no deseaba subir escaleras. Este primitivo "ascensor de agua", operado con sistema hidráulico, más tarde fue reemplazado por el ascensor eléctrico.*

Limpieza *Los citadinos pusieron mayor atención en la higiene: había publicidad para los jabones.*

Trabajo de la mujer *Hacia 1870, la máquina de escribir revolucionó el papel de la mujer en la sociedad. Obtuvieron más empleos en oficinas, tiendas, almacenes y escuelas.*

Cueva de Aladino *Las mujeres ricas acudieron a los grandes almacenes, cuyos anaqueles y escaparates estaban llenos de artículos a precios fijos y vendidos con cortesía. Los mensajeros llevaban las mercancías pesadas a domicilio.*

Niño de arrabal *Un niño rapado se para desamparado junto a una llave de agua, en el portón de un edificio oscuro y sórdido. Con frecuencia, una llave de agua surtía a todas las familias del edificio.*

oficina central a las cajas en tubos neumáticos; elevadores eléctricos transportaban a los clientes. En los barrios pobres, las tiendas Woolworth ofrecían artículos baratos. En el hogar, las amas de casa de clase media eran asistidas por una o dos mucamas, que trabajaban de 80 a 90 horas semanales a cambio de poco más que comida y alojamiento. Las mujeres que no trabajaban, hacían el quehacer doméstico, además de cuidar a sus hijos. En los domingos soleados, muchas familias neoyorkinas acudían a los parques Central y Prospect. Ahí paseaban por sombreados senderos, admiraban estatuas y gozaban del paisaje. Cuando hacía calor, la gente iba a las playas, como la de Coney Island, a nadar, comer *hot dogs* y subirse a los juegos mecánicos, como la montaña rusa o la rueda de la fortuna. Los que preferían el ejercicio al aire libre aprovecharon otra nueva maravilla de la ingeniería: la bicicleta, antecesora del automóvil. La moda de las bicicletas de 1890, desembocó en un mayor interés por la salud personal, los caminos en buen estado y la ropa ligera.

Casi cualquiera podía registrar estos momentos de descanso, ganados con tanto trabajo, con otro invento revolucionario: la cámara Kodak de bolsillo. Fabricada en serie, era ligera, barata y fácil de usar, lo cual permitió a hombres y mujeres comunes convertirse en artistas y cronistas con sus propios medios.

Marcas domésticas *Conforme creció la publicidad, los productos industriales conocidos formaron parte de la vida estadounidense.*

Por las calles *Apiñadas unas sobre otras, como en los palomares, las familias de los arrabales vivían, en su mayoría, bajo los tendederos de sus casas.*

LOS ROSTROS DE NUEVA YORK

La Nueva York de fines del siglo XIX mostraba dos rostros contrastantes del mundo. Los barrios financieros y comerciales eran alardes de urbanismo, con rascacielos de armazón metálica, en los que los oficinistas aporreaban máquinas de escribir y los teléfonos repicaban. Las calles, parecidas a cañadas, estaban atestadas y eran ruidosas, especialmente en los cruceros, donde las carretas y tranvías se obstaculizaban el paso y los conductores hacían sonar campanas y gritaban, irritados. A la hora del almuerzo, los oficinistas comían apresurados: sándwiches, tarta y café. En contraste, los barrios fabriles y arrabales eran lugares sucios y sórdidos, en los que pululaban las cantinas, fábricas de maquila y edificios con riesgo de incendio, y en los que habitaban el hampa y las temibles pandillas callejeras. Las prostitutas ofrecían sus servicios, y abundaba el vicio y el crimen.

Red de cables *La rápida expansión del teléfono y el telégrafo formó una compleja red de cables eléctricos sobre las calles de Nueva York. Éstos se desplomaron durante una ventisca en 1888, tras la que se instalaron en líneas subterráneas.*

Nuestra historia, nuestro tiempo

Este libro ha narrado la vida cotidiana de hombres y mujeres comunes, a lo largo de 30,000 años de historia. Desde los primeros humanos, que vivían en cuevas y sobrevivían de los animales y las plantas, se ha reseñado el transcurso de la historia humana hasta el tiempo en el cual los estadounidenses comenzaron a habitar los rascacielos y a hacer compras en grandes almacenes, a fines del siglo XIX. De manera simultánea, los inmigrantes de varias naciones se unían en la búsqueda de una nueva prosperidad que la Revolución Industrial, cuyo origen fue Inglaterra, convirtió en realidad.

Con el fallecimiento de la reina Victoria, el 22 de enero de 1901, desaparecía una época; pero pronto aparecieron las señales de la nueva era. El 16 de octubre de 1901, por primera vez el presidente de Estados Unidos invitó a cenar a la Casa Blanca a un hombre negro. Dos meses después, el joven inventor italiano Guillermo Marconi transmitía, a través del Atlántico, la primera señal inalámbrica, precursora del intenso desarrollo en las comunicaciones. Los primeros automóviles fueron objetos de lujo, pero en 1908 Henry Ford produjo el primer modelo T, "un automóvil para las multitudes"; en 1927, ya había más de 15 millones de estos vehículos.

Los grandes avances en las comunicaciones y los transportes con que arrancó el nuevo siglo acercaron a todos los pueblos del mundo y disminuyeron las diferencias entre ellos. El término "aldea global" sería acuñado posteriormente, para describir el fin de las barreras entre las distintas culturas y la interacción entre ellas. Por esta razón, el libro concluye a principios del siglo su recuento de la vida cotidiana: desde ese momento, aunque persistan las diferencias de las costumbres entre los pueblos, surgieron aspiraciones comunes en todas partes. Desde su inicio, el siglo XX fue considerado como "el siglo del hombre común", y el concepto de "hombre común" fue global.

Con el paso de los años, se elevaron las aspiraciones del hombre común. Persistían las diferencias sociales, que fueron especialmente visibles durante los primeros años del nuevo siglo, pero también quedaba claro que paulatinamente, cada vez para más individuos, en regiones del mundo cada vez mayores, los lujos de ayer se constituían en las necesidades de hoy. Hacia 1901, había ya muchas mujeres que ansiaban que este siglo también les perteneciera. Obtuvieron el empleo antes que el voto, pero ambos fueron exigidos. Las mujeres se emancipaban cada vez más conforme el siglo transcurría, al menos en la mayoría de los países.

Llegaron más cambios, no sólo en la fábrica y la casilla electoral, sino también en el hogar y la tienda, en el tiempo libre y en el trabajo. Los primeros artículos eléctricos para el hogar se anunciaron en 1900, junto con los alimentos empacados y la ropa manufacturada. También surgió una nueva forma de emplear el tiempo libre. En 1903, el público se aglomeraba para ver una de las películas más largas de entonces: El gran robo del tren. *Duraba ocho minutos, y en el momento culminante, el bigotón líder de los asaltantes disparaba directamente contra el público.*

En el siglo XX, *no sólo se dispararon pistolas: se inició la Guerra de los Bóers, en Sudáfrica, y la violenta Rebelión Bóxer, en China. Posteriormente, estallarían las dos Guerras Mundiales, enormes parteaguas de la experiencia humana, cuyas consecuencias, imprevistas en su mayoría, afectaron a cada hombre y mujer. El enorme saldo de la Primera Guerra Mundial, originada por rencillas europeas, fue de 10 millones de muertos. La Segunda, más prolongada, cobró 64 millones de vidas y provocó cambios más profundos aún, pues afectó no sólo la vida en las ciudades europeas, sino también en las islas tropicales, y culminó con la explosión en Japón de la bomba atómica, que inauguró la era nuclear.*

El origen de la era nuclear se remonta al inicio del siglo XX, *cuando las ciencias físicas experimentaron una revolución radical. Pocos ciudadanos comunes la entendieron. Pero el siglo* XX *no fue sólo el siglo del hombre y la mujer común, sino también del científico y del especialista. Los primeros premios Nobel, financiados por la fortuna adquirida con la producción de explosivos, fueron otorgados en 1901.*

Pero así como se ganaron los premios Nobel en física, también los hubo en medicina. Mediante el desarrollo de la medicina científica, incluido el descubrimiento de nuevos medicamentos, se prolongó considerablemente la vida humana en condiciones de paz. La píldora anticonceptiva fue una innovación de consecuencias potencialmente profundas, en un mundo cuya población aumentó a ritmos sin precedentes: de 2,000 millones en 1930, a 3,000 millones en 1960, es decir, en el transcurso de una sola generación.

Hubo también revoluciones políticas, que afectaron profundamente los modelos de la vida cotidiana, en particular en Rusia, cuya primera revolución estalló en 1905, y en China, donde el estado de cosas se había mantenido imperturbable durante mucho tiempo. Estas revoluciones dividieron al mundo en bandos distintos, durante la segunda mitad del siglo. Pero, a la vez, aumentaba el sentimiento compartido de que se trataba de un solo mundo. Cundió el reconocimiento de que en todas las regiones se tenían problemas comunes, incluidos los ambientales, los de un medio que casi en todas partes cambió significativamente desde 1901, y que al modificarse afectó de manera directa los hábitos y las costumbres de todos. Sin embargo, la humanidad entera compartió la sensación de triunfo cuando, en 1961, un astronauta soviético estuvo en órbita alrededor de la Tierra, y cuando un estadounidense pisó la Luna, ocho años después. El tiempo transcurrió a un ritmo que a muchos pareció alarmantemente rápido: el primer aterrizaje tripulado sobre la Luna ocurrió apenas 60 años después de que Louis Blériot cruzó el Canal de la Mancha en un aeroplano.

Nada más alejado de la vida cotidiana que los aterrizajes en la Luna, pero millones de seres comunes los observaron por televisión. En 1900, pocos pudieron predecir estos aterrizajes, o las posibilidades de la radio y la televisión para revelar al público mundial los acontecimientos de la Tierra y del universo. La Historia nunca se detiene, ni lo que piensan y sienten todos acerca de lo que ocurre hoy. Los periódicos de ayer son obsoletos aun antes de iniciarse el nuevo día.

EL ABECÉ DE LOS OBJETOS COTIDIANOS

El ingenio humano se ha distinguido en todas las épocas por hacer la vida más cómoda, eliminando la fatiga de la existencia diaria. Esta selección muestra el origen de 102 comodidades que hoy son imprescindibles. Algunas son producto de un feliz accidente; otras, de un largo proceso de experimentación.

Acertijos
Los acertijos verbales incluyen acrósticos, conocidos desde la antigua Grecia. En el acróstico, la primera letra de cada uno de los versos de un poema forman, con las demás, una palabra al ser leídas hacia abajo. Los actuales crucigramas provienen del acróstico. Los palíndromos, cuyas letras pueden ser leídas al derecho y al revés, tienen una larga historia. El juego de la cunita es un acertijo manual, en el que un hilo forma figuras entre las manos. Los chinos inventaron el *tangram*, en el que un papel negro se corta en siete formas geométricas, que luego pueden unirse para formar siluetas de personas, casas, botes y aves.

Adhesivos
Desde la Antigüedad se han usado adhesivos para unir artículos cotidianos tales como ropa y papel. Los antiguos egipcios hacían pegamento hirviendo piel, huesos y cartílagos animales. Al parecer, los egipcios también usaron los primeros vendajes adhesivos, pues en los documentos se hace mención de cataplasmas suaves y vendas más duras, hechas de mirra y miel, que se untaban en tramos de lino.

Alcohol
El alcohol se destiló desde el año 1100, cuando en la escuela de medicina de Salerno, Sicilia, calentaron vino o cerveza para obtener vapores; el vapor despedido se condensó en un líquido con mayor contenido alcohólico. Considerado una medicina, se le llamó *aqua vitae*, "agua de la vida", y se pensaba que curaba la hidropesía, la gota y otras dolencias físicas, y que preservaba la juventud. El líquido destilado fue llamado *al-kohl* por los árabes, de donde se deriva la palabra *alcohol*. Los holandeses lo llamaron *brandewijn*, "vino quemado", de donde proviene la palabra *brandy*.

Desde el siglo VI, los europeos del norte destilaban sus propias bebidas: whisky, ginebra y vodka, y ron, de la melaza de las plantaciones de azúcar de las Indias Americanas.

En 1493, un doctor de Nuremberg advirtió a los bebedores de brandy: "Todos tienen ya el hábito de beber aqua vitae; es necesario beberla según la capacidad de cada uno, si se desea comportarse con propiedad."

Destilería de whisky del siglo XVI

Amuletos
La vida de los antiguos egipcios era gobernada, en su mayor parte, por amuletos y talismanes. Entre ellos está el escarabajo, considerado símbolo de la resurrección. La inmortalidad se representaba con el *ankh*, una cruz en T con un círculo en el extremo superior, y la salamandra que, se creía, tenía el poder de vivir en el fuego.

A muchos objetos se les atribuye poder para atraer la salud o la buena suerte. La "piedra de sierpe" era un mineral vidrioso y colorido, que supuestamente protegía del paludismo, la tos ferina y las pesadillas. Se creía que se formaba con la saliva petrificada de las serpientes.

Se pensaba que el "hueso de la suerte", un hueso en T de los cráneos de las ovejas, tenía poder para atraer la fortuna y proteger de la brujería.

Analgésicos
Los antiguos egipcios inhalaban el humo de cáñamo indio, o *Cannabis*, como analgésico, y los griegos usaron el opio. Casi al mismo tiempo, ciertos indios en Sudamérica empleaban la cocaína con el mismo propósito.

El sauce contiene salicina, o aspirina natural; sus propiedades analgésicas se conocían desde la Edad Media. Se masticaba corteza de sauce para aliviar el dolor de muelas, y se hervían las hojas y raíces para elaborar remedios. En 1844 se usó en Estados Unidos el óxido nitroso, o "gas hilarante", para una extracción dental. Tres años después, James Simpson aplicó cloroformo para reducir los dolores de parto.

La primera aspirina sintética fue producida en Alemania, hacia 1890, por la compañía Bayer.

Antisépticos
Desde la Antigüedad se conocían ampliamente las propiedades germicidas de ciertas sustancias. Los egipcios usaban miel, mirra y varias especias; los hindúes empleaban miel y aceite de ajonjolí, y los griegos aplicaban orina, vino o vinagre en las heridas abiertas. Los árabes cauterizaban para evitar infecciones. En 1867, Joseph Lister empleó ácido fénico en la primera cirugía antiséptica.

Anuncios
El anuncio impreso más antiguo que se conoce lo hizo el impresor inglés William Caxton, en 1479, para promover sus libros. Dos siglos después, se imprimieron carteles para atraer a los londinenses al teatro. La publicidad se difundió en el siglo XVIII, cuando los periódicos empezaron a anunciar artículos de lujo, objetos extraviados y ofertas de trabajo. En Estados Unidos, la publicidad fue iniciada por Benjamín Franklin, que compró la *Gaceta de Pennsylvania* en 1729. Su contemporáneo, el patriota del siglo XVIII, Paul Revere, usó la publicidad para persuadir a los habitantes de Boston a comprar los dientes postizos que el propio Revere confeccionaba a mano. Hacia 1820, más de 500 diarios estadounidenses anunciaban rapé, zapatos y esclavos. En 1886, la pintura de John Millais, en que aparece un niño jugando con pompas de jabón, se convirtió en el anuncio clásico del jabón *Pears*.

Azúcar
La India parece ser el origen de la caña de azúcar. Desde un milenio antes de Cristo, los pueblos del valle del Indo descubrieron la forma de exprimir el jugo de la caña y hervirlo para obtener azúcar. En el año 327 a.C., un oficial que acompañó a Alejandro Magno a la India habló de "un junco que produce miel sin necesidad de abejas"; la miel era entonces la sustancia usual para endulzar alimentos y bebidas.

Los árabes extendieron hacia Occidente el cultivo de la caña de azúcar; lo introdujeron al sur de Europa en el siglo VIII d.C. Los descendientes de los cruzados la cultivaron en Chipre, en tanto que los españoles la plantaron en las Islas Canarias.

Pero durante la Edad Media, la miel siguió siendo el principal edulcorante. El azúcar se popularizó cuando Colón la llevó al Caribe, en su segundo viaje, en 1493. Ahí, las condiciones resultaron ser ideales para la caña, y se enviaron esclavos de África, en condiciones infamantes, para cultivarla. Al norte, el azúcar era una costosa importación hasta que el químico alemán Andreas Marggraf descubrió la forma de extraerla de la remolacha.

Banderas
Ya desde el siglo V a.C., los soldados chinos portaban banderas de seda con figuras de dragones; izadas al viento, conducían a las tropas en batalla. Los romanos inventaron un tipo de bandera llamado *vexilla*, que era un cuadrado púrpura o una tela con flecos, que pendía de una lanza. A principios de la Edad Media, los reyes y generales usaban sus propias banderas en batalla, y gradualmente las convirtieron en banderas nacionales: una de las primeras fue la de la ciudad-Estado de Génova, que en el siglo XII tomó como símbolo la Cruz de San Jorge.

Desde 1400 hasta el desarrollo de las señales eléctricas, las banderas se usaron para las comunicaciones diurnas en el mar. Hacia 1770, el almirante Howe editó el primer libro o manual de señales; casi al mismo tiempo, otro almirante, Home Popham, perfeccionó un alfabeto con banderas. La última señal de Nelson, en la Batalla de Trafalgar de 1805, fue la número 16 del código Popham: "Acercarse al enemigo." En 1817, el capitán Marryat, oficial naval, ideó el primer código de banderas aceptado internacionalmente.

Baños
Veinte mil años antes de Cristo, ya se echaba agua sobre piedras calientes, en los baños de vapor. Los baños comunales se construyeron desde 4000 a.C., pero fueron los egipcios quienes inventaron el primer cuarto de baño: pequeñas habitaciones cerradas, hechas de piedra.

En la antigua Grecia, los hombres tomaban baños de vapor luego de ejercitarse, y las mujeres se bañaban con aguas perfumadas, que consideraban benéficas para la piel. Los romanos siguieron la costumbre griega y construyeron baños públicos, con capacidad hasta para 1,600 personas.

Tras la caída de Roma, en el siglo V, disminuyó la costumbre del baño frecuente. La carencia continuó en Europa durante la Edad Media y aun después. Hasta 1860, pocas casas tenían baño: cuando la reina Victoria subió al trono, en 1837, no había baño en el Palacio de Buckingham.

Barajas de Oriente y Occidente

En 1685, el comandante militar francés de Quebec se quedó sin monedas para el pago de sus tropas; sin tardanza, cortó unas barajas en cuatro, firmó los trozos y los expidió como si fueran billetes.

Barajas
Mencionadas por primera vez en la China del año 969 d.C., las barajas llegaron a Occidente en 1300. Las primeras barajas europeas fueron hechas en Francia en 1440. Constaban de cuatro palos, y las figuras —as, rey, reina y jota— eran las mismas de hoy.

Las espadas (del italiano *spada*) se asemejaban a las espadas de los nobles; los corazones eran los escudos de los Caballeros de la Iglesia, y los diamantes, los mosaicos del piso de las casas de cambio de los comerciantes. El trébol simbolizaba la vida campesina.

En 1486, Inglaterra prohibió importar barajas, para proteger a los fabricantes locales. El juego de los cientos data del siglo XV, mientras que el whist y el cribbage son mencionados en crónicas del siglo XVII. Los marineros de Colón jugaron a la baraja durante el viaje de 1492. Luego de una tormenta, que consideraron un castigo divino por jugar, tiraron los naipes por la borda, pero tan pronto como tocaron tierra, diseñaron unas barajas con hojas secas.

Bibliotecas
Las primeras bibliotecas, establecidas hace 4,000 años en Egipto y Mesopotamia, contaban con tablillas de arcilla y papiros que eruditos y funcionarios consultaban. Se calcula que la biblioteca de Alejandría, en Egipto, fundada en el siglo IV a.C., contenía más de 700,000 papiros. La gran rival de Alejandría era la biblioteca de Pérgamo, en la actual Turquía. Cuando los celosos alejandrinos cortaron el abastecimiento de papiro a Pérgamo, los bibliotecarios de esta ciudad usaron piel de animal seca. El pergamino tenía la ventaja de que, a diferencia del papiro, en sus dos caras se podía escribir.

Durante la Edad Media, los manuscritos de papel reemplazaron al pergamino; eran tan escasos que los encadenaban a las repisas, para evitar el robo; tal era el caso de la biblioteca medieval de la Catedral de Hereford. En 1608, se estableció la primera biblioteca pública de Inglaterra en Norwich; en 1852, se abrió en Manchester la primera biblioteca con préstamo domiciliario.

Calentador del siglo XVIII

Bolsa de agua caliente
El ancestro de la bolsa, o botella, de agua para proteger del frío ciertas partes del cuerpo fue un calentador de cama, usado en Europa desde el siglo XV. Era un sartén de mango largo, cuya tapa tenía bisagra; dentro de él iban las brasas encendidas, y se introducía entre las sábanas para entibiarlas.

Hacia fines del siglo XVIII, se llenaban de agua y se cerraban herméticamente con un tapón de tornillo. Desde 1820, el mango se le retiró, y en vez de sartenes metálicos se usaron botellas de barro; debido a su forma, en inglés se les dio el sobrenombre de "cerdos". Desde 1890, las botellas se hicieron de hule y se les llamó *bolsas*.

En las heladas regiones de Europa, antes de que se popularizara el calentador de cama, un sirviente se metía en el lecho para calentarlo, antes de que el señor o la señora se retiraran a dormir.

Bomberos
Augusto, el emperador romano, organizó hace 2,000 años el primer cuerpo de bomberos del mundo. Roma contaba con unas 20 brigadas de "tragahúmos", que combatían los incendios con bombas de agua y frazadas mojadas en vinagre. La Europa medieval disponía de grupos de bomberos pagados por la comunidad, que usaban máquinas contra el fuego, sencillas bombas de agua que contaban con largos rastrillos para desprender de los techos la paja incendiada. El Gran Incendio de Londres, de 1666, reveló la falta de equipo eficiente contra incendios. Nicholas Barbon, de la compañía de incendios El Fénix, en 1684 formó la primera brigada oficial inglesa de bomberos, tal vez integrada por barqueros del Támesis. Apagaban los incendios a cambio de un chelín por la primera hora, y seis peniques y cerveza ilimitada por las horas siguientes. Usaban túnicas y pantalones, y se les liberó de la obligación de enrolarse en la Marina Real.

Bomba de agua londinense de 1660

En 1813, el capitán George Manby, de Yarmouth, diseñó un extintor portátil: consistía en una lata de cobre que contenía 18 litros de agua, impulsada con aire comprimido.

Broches
Hacia 1200 a.C., se usaban en Europa occidental broches o seguros de bronce muy similares a los actuales. Los romanos usaban fíbulas, muy elaboradas y decoradas, para abrochar las túnicas y otras prendas.

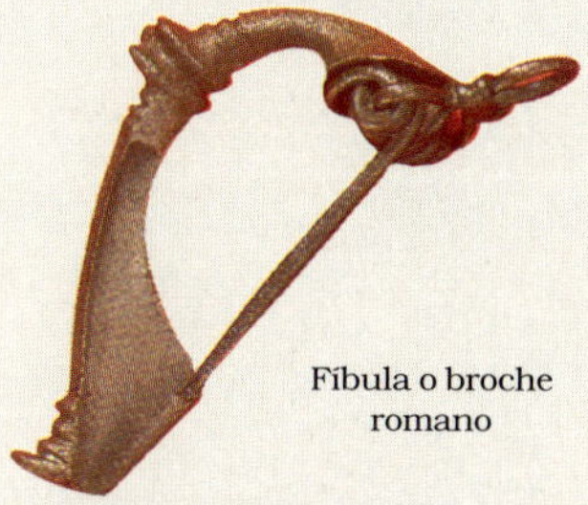

Fíbula o broche romano

El seguro (imperdible) moderno, con resorte y punta oculta, fue ideado en 1849 por el neoyorquino Walter Hunt. Sin embargo, no pudo capitalizar el invento: entregó la patente a un colega para pagarle una deuda de 15 dólares.

Brújulas
Los chinos descubrieron que una aguja de hierro, magnetizada al frotarla con calamita —un mineral magnético del hierro—, apuntaba al Norte cuando era puesta en el agua, sobre una pajilla. La primera mención del descubrimiento aparece en la obra de Shen Kua, escrita hacia 1060 d.C. Estas brújulas se usaron desde el siglo XII para la navegación china.

Originalmente la aguja flotaba en agua, pero hacia 1300 fue montada en un pivote, sobre la rosa de los vientos. Las grandes exploraciones de la Europa medieval se basaron en estas sencillas brújulas.

Caballos
Hacia el año 2000 a.C., los nómadas de las estepas de Asia central domesticaron a los descendientes del *Eohippus*, el caballo primitivo. Este animal, que vivió hace 50 millones de años, comía raíces en vez de pasto; tenía el tamaño de un perro grande, y la nariz larga, parecida a la de los tapires. En vez de pezuñas, poseía cuatro dedos en las patas delanteras y tres en las traseras. Los griegos y los romanos corrían en cuadrigas y a caballo. Hacia el año 200 a.C., las tribus nómadas del Oriente introdujeron en Europa las herraduras fijadas con clavos, que afianzaban mejor a la bestia sobre el camino, para montar y tirar de la carga.

Mientras Europa utilizaba un caballo primitivo muy arisco, el caballo árabe, más dócil y afable, surgía en el norte de África, donde fue criado desde la época del Antiguo Testamento. Los cruzados lo introdujeron en Europa cuando regresaron a casa, y lo aparearon con los caballos nativos para producir las razas mejoradas.

En el siglo IV a.C., Alejandro Magno bautizó un poblado con el nombre de Bucéfalo, su caballo de batalla. En el siglo I d.C., el emperador romano Calígula construyó para su caballo, Incitatus, un establo de mármol y un comedero de marfil.

Calefacción central
Los antiguos griegos construían sus habitaciones sobre caños calentados por hornos exteriores. Los romanos desarrollaron el hipocausto, que conducía calor a un espacio debajo del suelo, que estaba conectado con unos caños en las paredes.

En 1716, el ingeniero sueco Martin Triewald inició el principio moderno de calefacción con agua caliente, y lo usó para calentar un invernadero en Newcastle upon Tyne, al norte de Inglaterra. La idea fue adaptada para calentar un gallinero en París.

En 1793, el ingeniero inglés Joseph Green patentó un método a base de aire caliente que pasaba por unos tubos calentados con fuego. Hacia 1840, se instaló en el

Parlamento londinense un sistema de calefacción central. El sistema moderno se inició en 1880, con la producción de los radiadores de hierro.

Calendario
Los hombres primitivos se basaban en el ciclo lunar de 20 días para medir el tiempo, pero en 3000 a.C., los escribas sumerios dividieron el año en 12 meses de 30 días.

Los egipcios formularon un calendario basado en un año de 365 días y lo ajustaron para que coincidiera con la inundación anual del Nilo. En el año 46 a.C., Julio César modificó el calendario egipcio, le añadió un día extra cada cuatro años y dio origen al año bisiesto.

En el año 8 a.C., *sextilis*, el sexto mes, cambió de nombre a *agosto*, en honor del emperador Augusto. Pero el mes de *sextilis* sólo tenía 30 días —uno menos que julio, nombrado en honor de Julio César— y Augusto no toleraba que alguien lo superara: decretó que se añadiera un día a agosto, y que febrero durara 28 días.

Con el paso del tiempo, se notó que el calendario juliano era algo inexacto, y que las fiestas de la Iglesia, en el equinoccio de primavera, se adelantaban cada vez más. En 1582, el papa Gregorio XIII corrigió las discrepancias eliminando 10 días del calendario, y decretó que un año centenario no podía ser bisiesto a menos que fuera divisible entre 400; por ejemplo, 1600 y 2000 son años bisiestos, pero 1900 no.

Camas
El lecho del hombre primitivo era un hoyo en la tierra, cubierto de vegetación. Los cazadores de las tribus se cubrían con pieles; los esquimales dormían en camas comunales, también cubiertos con pieles.

Las primeras camas elevadas eran cuatro ramas clavadas en el suelo, que sostenían un bastidor de madera con correas entrecruzadas, sobre el que se ponía un colchón de pieles. Los egipcios usaron almohadas de madera, y camas de correas cubiertas con sábanas de lino, que doblaban una y otra vez hasta formar un colchón.

Los griegos usaban decoradas camas de bronce, con correas de cuero y cubrecamas de elaborados bordados. Tenían cojines rellenos de lana, plumas y fibra vegetal. Los romanos preferían cojines de madera tapizados con tela, e inventaron los primeros colchones rellenos de paja, lana y plumas.

A fines de la Edad Media, se construían enormes camas de madera con pabellones, pero hasta el siglo XVI sólo los ricos poseían camas. En la Inglaterra isabelina se popularizaron las camas con cortinajes. Isabel I recibía embajadores y discutía asuntos de Estado desde el lecho.

El resorte se inventó en 1850, y en 1871 se combinó el colchón de resortes con una base tapizada, para producir el primer colchón con resortes interiores.

Un maharajá del siglo XIX ordenó traer de París una cama de plata, cuyos cuatro postes ostentaban la forma de una mujer desnuda, de tamaño natural. Al acostarse, activaba una caja de música con el himno inglés God save the Queen *("Dios salve a la Reina").*

Carreteras
Los romanos fueron los mejores constructores de caminos de la Antigüedad, y usaron para ello excelentes técnicas de ingeniería. Era posible cruzar el Imperio Romano desde la Muralla de Adriano, en el norte de Inglaterra, hasta los distantes confines de Etiopía, usando una red de 85,000 km de carreteras y 160,000 km de caminos secundarios.

Mucho antes de los romanos, los comerciantes de ámbar de la Edad de Bronce viajaban por vías bien definidas entre el Báltico y el Mediterráneo. En el Oriente, había un buen sistema de caminos entre China y Persia, así como entre Siria y Asia Menor.

Las carreteras no lograron alcanzar la calidad romana hasta el inicio del siglo XIX, cuando el ingeniero escocés John McAdam ideó un método de construcción: una capa de piedras grandes yacía bajo una capa de guijarros, unidas con grava.

Cepillo de dientes
Antes de que se inventaran los cepillos de dientes, estaban los palillos; hacia 3000 a.C., los de los sumerios eran de oro. El primer cepillo propiamente dicho, con fibras perpendiculares a un mango, apareció en China en 1500. En 1780, William Addis, un prisionero de la cárcel de Newgate, en Londres, perforó los huesos sobrantes de la comida y les puso fibras. Al salir, fundó la primera empresa fabricante de cepillos de dientes en Inglaterra.

En la Edad Media eran comunes los palillos. En España, las jóvenes no se los quitaban de la boca, pues los consideraban útiles para impedir los besos no deseados.

Cerillos
Los primeros intentos de fabricar cerillos (o cerillas) se remontan a 1680. Se sumergían las astillas en azufre y se frotaban contra el fósforo, hasta que se encendían. Pero antes del siglo XIX, el método usual era producir chispas utilizando pedernal y acero.

En 1826, el químico inglés John Walker inventó el cerillo, por accidente. Una vara con la que agitaba una mezcla de potasa y antimonio se encendió al frotarla contra el piso de piedra para tratar de desprender el material químico acumulado en la punta.

El cerillo de seguridad fue inventado en Suecia, 30 años después, por John Lündstrom. Los demás cerillos se encienden al frotarlos contra cualquier superficie rugosa; los de seguridad, sólo contra papel de lija.

Cerraduras
En un antiguo palacio en ruinas de Nínive, Irak, que data de 2000 a.C., hay una cerradura de madera en una puerta. Los egipcios usaban ingeniosas llaves y chapas de madera, y los romanos empleaban cerraduras de hierro y llaves de bronce. Las cerraduras medievales y renacentistas a veces tenían mecanismos contra robos, tales como filosas hojas que cortaban los dedos si se intentaba forzarlas.

En 1778, Robert Barron inventó un seguro para que fuera más difícil forzar las chapas; y en 1788, Joseph Bramah patentó una cerradura con llave cilíndrica, aún en uso. En 1861, el inventor Lino Yale, de Estados Unidos, patentó la cerradura que lleva su nombre.

Cerveza
Hace 10,000 años se destiló en Mesopotamia una primitiva cerveza de cebada. Los egipcios bebían cerveza en abundancia: las madres daban a sus hijos una ración diaria para la escuela. Un papiro escrito en 1400 a.C. advierte: "No te embriagues en tabernas donde beban cerveza, por temor a que las palabras escapen de tu boca sin que te des cuenta de haberlas dicho."

Hacia el año 900 d.C., los monjes ingleses descubrieron que al añadir lúpulo a la cocción, la cerveza tomaba un sabor amargo más agradable, y para 1086, el libro Domesday registró más de 40 destilerías en Inglaterra.

Cigarrillos
Los primeros cigarrillos envueltos en papel se inventaron a raíz de una bala de cañón turca: destruyó una pipa comunal de arcilla que pertenecía a unos artilleros egipcios, quienes envolvieron el tabaco en los cerillos, huecos y de papel, que usaban para encender las armas.

Los cigarrillos fueron producidos en gran escala en Cuba, desde 1853. Fumar cigarrillos, en vez de pipas de arcilla, fue un placer de ricos hasta la Guerra de Crimea, entre 1854 y 1856, cuando los soldados británicos adquirieron el hábito de sus aliados turcos.

Cigarros
"Cigarro" proviene de la palabra maya *sik'ar*, que significa fumar. Los mayas ya fumaban desde 1,500 años antes de que los europeos los vieran, por primera vez, forjar cigarros con hojas de tabaco.

En el siglo XVI, los tabacaleros comenzaron a exportar tabaco a Francia, España, Portugal e Inglaterra. Pero no fue sino hasta el siglo XIX, cuando el hábito se difundió en Estados Unidos, donde se recetaba fumar para aliviar la garganta irritada, el mal aliento y el tétanos.

Clavos
Los primeros clavos, que datan de 3500 a.C., aparecen en la estatua de un toro en Mesopotamia. En la Edad Media, el fabricante de clavos era un especialista que jalaba cilindros de hierro por una serie graduada de agujeros, hasta que alcanzaran el diámetro deseado, y luego aplanaba uno de los extremos. La primera máquina eficiente para producir clavos fue patentada en 1786 por Ezequiel Reed, de Estados Unidos.

Carriola
Aunque ya desde la Antigüedad los niños eran llevados en carretillas, el desarrollo de la carriola actual necesitó caminos lisos y pavimentos sólidos, ambos inexistentes hasta el siglo XVIII.

El primer cochecito para bebés fue construido en 1733 en Chatsworth, sede del duque de Devonshire. Diseñado por el arquitecto William Kent, tenía la forma de una concha, con un toldo plegable y montado sobre un armazón de varillas de bronce. Al igual que los primeros cochecitos, estaba diseñado para que los bebés viajaran sentados, y debía tirarse de él, en vez de empujarlo. Las primeras carriolas modernas, en las que los bebés iban acostados, surgieron en 1876.

Cometas
Las cometas, llamadas papalotes en México y las Antillas, remontaron el aire chino desde 1080 a.C. Los holandeses las llevaron a Europa desde 1600. A principios del siglo XIX, George Pocock, maestro de una escuela de Bristol, Inglaterra, usó las cometas para impulsar una carroza ligera que alcanzó una velocidad de 30 km/h.

En la misma época, las usaron en experimentos de vuelos tripulados. Lawrence Hargrove, de Australia, inventó en 1893 el cometa en caja, que inspiró el diseño aeronáutico de los hermanos Wright y otros aviadores.

Comida enlatada
El principio del enlatado, u hoja de lata, fue inventado en 1795, por el francés Nicolás Appert. Colocó la comida en frascos cerrados, la calentó hasta que hirvió y luego selló los frascos para evitar la descomposición del contenido.

Los frascos fueron reemplazados con latas de estaño en 1811, cuando se inauguró la primera planta enlatadora en Bermondsey, Londres. Durante la guerra de 1812 contra Estados Unidos, la Marina

Real fue abastecida con latas de carne, sopa y verduras, que resultaron ser muy efectivas.

Las latas se popularizaron en Estados Unidos después de la Guerra Civil de 1860, durante la cual ambos bandos fueron abastecidos con millones de latas. En 1880, se abrieron en Chicago enormes plantas empacadoras, que usaron las técnicas de enlatado más modernas. En 1888, H.J. Heinz inició sus "57 variedades" de comidas en lata.

Concreto
Los antiguos egipcios usaron una forma de concreto al unir piedras y adobes con yeso, elaborando así un material de construcción impermeable.

En el año 150 a.C., los romanos descubrieron que el polvo volcánico de Pozzuoli, cerca del Vesubio, se endurecía al mezclarse con cal y agua, y formaron un material que llamaron *caementum*, precursor del cemento. Los romanos dieron con un material similar al mezclar arcilla, cal y yeso; si añadían grava, piedra molida, arena y agua, la mezcla, al secarse, era tan dura como la piedra natural. El concreto permitió a los romanos construir su red de caminos, drenajes y acueductos.

En 1824, el inglés Joseph Aspdin patentó el cemento sintético, una mezcla de piedra caliza y arcilla, calentada a altas temperaturas y luego molida hasta volverla polvo.

Control natal
Los métodos anticonceptivos datan de 2000 a.C., cuando se idearon barreras de tela cubierta con raíces de acacia, que son ácidas, y que por lo tanto, mataban al esperma. Los egipcios usaban espermicidas a base de semillas de mostaza, cera de abeja, higos secos y estiércol de cocodrilo. Algunas tribus comían abejas muertas.

El Talmud menciona anticonceptivos para los varones, hechos de vejiga de cabra. Los condones fueron populares en la Francia del siglo XVII: Madame de Sévigné los describió como "una armadura contra el placer y una telaraña contra el peligro".

Durante el siglo XVIII, en Inglaterra, se acostumbraba usar condones hechos con los intestinos de oveja; era necesario mojarlos previamente y tenían en la base un listón de color rosa. Como eran porosos, se aconsejaba usar dos. Los preservativos de hule datan de 1870.

Correo
Los servicios postales reciben su nombre de los caminos romanos que recorrían los mensajeros, marcados con postas de madera. Los ciudadanos tenían que buscarse sus propios mensajeros, o sobornar a los gubernamentales para que llevaran sus cartas. Familias ricas, como los Médici de Italia, tenían su servicio privado.

Esto cambió en el siglo XVIII con la diligencia postal. John Palmer organizó, en 1784, un servicio en el que viajaban pasajeros y correo de Bristol a Londres, en tan sólo 17 horas.

Las cartas eran pagadas por el destinatario y no por el remitente, hasta la introducción del sello postal en Inglaterra, en 1840. En la época dorada del sello o estampilla de un penique, y del ferrocarril, algunas cartas llegaban el mismo día en que se enviaban.

Cucharas
El hombre primitivo comía los alimentos líquidos con cucharas hechas de caracoles, hueso o arcilla. En la época griega, ya conocían las cucharas de madera. Durante la Edad Media, usaban cucharas en la cocina para revolver y servir, y en la mesa, para tomar trozos de carne del plato común. A mediados del siglo XVII, la cuchara se unió al cuchillo y el tenedor, como parte de los cubiertos en la mesa.

Cuchillos
En la Edad de Piedra, se usaron cuchillos de pedernal para cazar animales y destazarlos, y hacia 3000 a.C., de bronce. Los romanos hicieron los primeros cuchillos de acero y les dieron usos especializados, por ejemplo, para los zapateros. En el primer siglo de la era cristiana, se fabricaron las navajas.

En el siglo XIV, se comenzaron a usar en la mesa cuchillos especiales de punta filosa. Antes, los reyes medievales comían con sus cuchillos de caza, que servían también para desmenuzar los platillos.

Hacia el siglo XVII, se comenzó a usar el cuchillo de punta redonda; fue debido a que al cardenal Richelieu le disgustaba que sus comensales se mondaran los dientes con las puntas de los cuchillos y ordenó redondearlos. En 1669, fueron prohibidos en Francia los cuchillos de mesa puntiagudos.

Dentistas
En el Egipto del año 3700 a.C. ya había especialistas dentales; unas tablillas sumerias halladas en el Éufrates dan consejos para evitar la caries. En el año 2 d.C., el médico griego Galeno reconoció la diferencia entre las caries y las enfermedades de las encías y opinó que la primera provenía de algún desorden sanguíneo.

Tras la caída de Roma, los árabes dominaron la odontología, y usaron oro para tapar las caries. En la Europa medieval eran los monjes quienes llevaban a cabo el trabajo dental.

Con el dentista, 1773

No fue hasta el siglo XIX cuando los estadounidenses identificaron a las bacterias como causa de la caries. Sólo después de 1840 se usaron anestésicos.

Diarios
Los primeros diarios o periódicos eran boletines manuscritos que pasaban de mano en mano; el primer ejemplo inglés es una crónica de la Batalla de Flodden, en 1513, en la que Enrique VIII derrotó a los escoceses.

Los diarios impresos aparecieron en el siglo XVII. Los primeros fueron el *Nieuwe Tijdinghen* (1605) de Amberes, el *Aviso Relation oder Zeitung*, publicado en 1609, en Wolfensbuttel, Baja Sajonia, y el *Relation* del impresor de Estrasburgo Johann Carolus, publicado también en 1609.

Dientes postizos
La dentadura postiza más antigua que se conoce perteneció a un fenicio del año 1000 a.C. Los cuatro incisivos inferiores que había perdido fueron reemplazados con dientes de otra persona; éstos fueron unidos con hilo de oro y quedaron insertos entre los cuatro caninos.

Hacia el año 700 a.C., se usaron dientes postizos de hueso o marfil, aunque las dentaduras más antiguas datan de 1450 d.C. Halladas en Suiza, los dientes eran de hueso, unidos con tripa a una base que tenía bisagras. Los dentistas de 1600 aseguraban los dientes de marfil de morsa o de hipopótamo con hilo de oro. Las primeras dentaduras de porcelana se fabricaron en París en 1700.

En el siglo XVI, Isabel I de Inglaterra se ponía la dentadura postiza para recibir dignatarios, pero se la quitaba para comer.

Drenaje
La ciudad de Mohenjo Daro, en el valle del Indo del actual Pakistán, contó con el primer sistema de drenaje del mundo, hacia 2500 a.C. Tubos de arcilla evacuaban el agua de las casas hacia canales cubiertos en las calles, que desaguaban en los campos de las afueras de la ciudad.

Los romanos tuvieron un buen sistema de drenaje: Roma disponía de una red que desembocaba en el enorme canal de desagüe llamado Cloaca Maxima, que iba desde el Foro hacia el río Tíber; todavía está en uso, luego de 2,500 años. Tras el fin del imperio, el drenaje cayó en desuso, lo cual produjo epidemias. No fue sino hasta la segunda mitad del siglo XIX cuando las ciudades europeas contaron con drenajes apropiados, que en su mayoría se usan hoy día.

Espejos
Los egipcios usaban espejos de bronce pulido. Hacia el año 300 a.C., el matemático griego Euclides formuló las leyes ópticas que gobiernan a los espejos. Éstas fueron aplicadas por Arquímedes contra una flota romana que atacó Siracusa, su ciudad natal, a fines del siglo III a.C. Usó espejos cóncavos de metal pulido para concentrar la luz del sol y así incendiar los barcos romanos. A principios del siglo XIV, los venecianos perfeccionaron las propiedades reflejantes del vidrio mediante el proceso de plateado, al aplicar estaño y mercurio al reverso del espejo.

En el siglo XV, los sopladores de vidrio alemanes desarrollaron espejos convexos que reflejaban habitaciones completas.

Los antiguos chinos fijaban espejos de bronce pulido en el exterior de sus puertas, para que los espíritus que los merodeaban se asustaran al verse reflejados.

Estribo
El estribo fue usado por los descalzos guerreros hindúes, a fines del siglo II a.C. Tenía la forma de una argolla en la que el jinete ponía el pie. Hacia el año 300 d.C., los chinos la adaptaron para que cupiera el ancho del pie que iba dentro de una bota. Su introducción a Europa en el siglo VIII revolucionó la técnica de la guerra. Junto con la silla, el estribo dio más estabilidad a los jinetes, permitiéndoles usar largas y pesadas lanzas y sostener armas bajo el brazo.

Fábricas
A principios del siglo XVI, durante la guerra entre Venecia y los turcos, 100 galeones de guerra fueron construidos en el Arsenal en 100 días. Las piezas estándar, como codastes y timones, posibilitaron la

producción en línea, a escalas masivas. La fábrica de hoy (originalmente "manufactoría") se desarrolló a fines del siglo XVIII, cuando se aplicaron el motor de vapor y la turbina para que los telares giraran. Hacia 1850, se usaron las cintas de transmisión eléctrica en las empacadoras de carne de Chicago. Pero fue en 1913 cuando Henry Ford utilizó la línea de ensamblado con la que el tiempo de fabricación del modelo T se redujo de trece horas a una.

Faros
El faro más antiguo que se conoce es el de Alejandría, considerado una de las Siete Maravillas del Mundo Antiguo. Erigido en el siglo III a.C., tenía 107 m de alto, y se cuenta que su luz era visible a 50 km de distancia. Los romanos construyeron faros en todo el imperio, desde el Mar Negro hasta el Atlántico.

Los primeros faros fueron construidos sobre los acantilados, pero el desarrollo de la ingeniería permitió levantarlos sobre rocas en el mar, como los faros Eddystone en la costa de Plymouth, en Inglaterra, que datan de 1698.

La luz de los primeros faros provenía de la leña o el carbón, y fue sustituida gradualmente por velas y lámparas de aceite. En 1782, el científico suizo Aimé Argand inventó una lámpara de aceite con mecha en forma de anillo, cuya luz era 10 veces más potente que las anteriores.

A fines del siglo XVIII, se aumentó la intensidad de la luz mediante reflectores curvos de metal.

Faro Eddystone, 1699

Fuegos artificiales
Los chinos usaron, desde el siglo IX, fuegos artificiales como señales militares y para las celebraciones; usaban pólvora negra, una mezcla de salitre (nitrato de potasio), azufre y carbón.

Los italianos fueron los primeros europeos que produjeron fuegos artificiales; los utilizaban en los teatros desde el siglo XVI. A principios del XVII, estas luces eran el clímax acostumbrado en coronaciones, bodas reales y victorias militares.

En 1749, para conmemorar la paz de Aix-la-Chapelle (Aquisgrán), tras la Guerra de la Sucesión de Austria, se realizó una magna celebración en el parque Green de Londres, para la cual Haendel compuso su *Música para fuegos de artificio del rey*. Hacia 1785, un químico francés descubrió que los fuegos adquirían color si se les añadían sales metálicas. A mediados del siglo XIX, se utilizaron aluminio y magnesio para aumentar la brillantez. El Palacio de Cristal, en Londres, adquirió fama y celebridad por sus exhibiciones de paisajes y emblemas, "pintados" con fuegos de artificio.

Funerales
La tumba más antigua que se conoce, situada en China, al norte de Pekín, tiene 400,000 años. El culto a los muertos alcanzó la cúspide en Egipto, donde se construyeron refinadas y muy decorativas tumbas, como las pirámides, para los faraones y sus esposas, y para ciudadanos importantes.

Algunas tribus africanas ahumaban el cuerpo y lo exhibían en el lugar donde había muerto. Algunos aborígenes australianos se comían a sus parientes muertos, con la esperanza de absorber sus virtudes.

Gatos
En Egipto, el luto caía sobre toda la familia —que en señal de lo mismo se afeitaba las cejas— cuando su gato se moría. Además, embalsamaban a los gatos muertos y los enterraban en catacumbas. Matar un gato, aun accidentalmente, estaba penado con la muerte. Chinos y romanos, y algunos indios de Mesoamérica, reverenciaban a los gatos. La Europa medieval no los tenía en tanta estima: se les consideraba familiares de las brujas y se creía que el diablo tomaba la forma de un gato.

A fines del siglo XV, el papa ordenó a la Inquisición que persiguiera a los adoradores de los gatos; miles de mascotas fueron exterminadas. Posteriormente, entre quienes tenían afecto a los gatos se contaban los escritores Honoré de Balzac, las hermanas Brontë y Mark Twain. El gato de Dickens se sentaba junto a su amo mientras éste escribía, y apagaba la vela cuando llegaba la hora de terminar.

Artificios para conmemorar el fin de una guerra

El profeta Mahoma quería tanto a su gato que un día en que la mascota dormía apoyada en el brazo, prefirió cortarse la manga para no molestarlo, al levantarse.

Grúas
La primera descripción clara de una grúa proviene del año 10 a.C.; pertenece al arquitecto romano Vitrubio. Se cuenta que Aristóteles inventó una grúa con tres poleas, en el siglo III a.C. Para impulsar las grúas, los romanos recurrieron a enormes ruedas dentro de las que caminaban unos esclavos, que con sus pasos y peso las ponían a girar.

La grúa, tal y como la conocemos hoy, con una polea al final de un brazo inclinado, fue desarrollada en Italia, hacia el siglo XV.

Guías de viajeros
La primera guía de viaje, con noticias de los templos, campos de batalla y otros sitios históricos, era muy similar a las actuales. Data del año 220 d.C. y es del autor romano Pausanias, quien la dedicó a sus compatriotas que paseaban por la antigua Grecia.

La primera guía impresa, la *Mirabilia Romae* ("Las maravillas de Roma"), de Benedicto, es romana, precisamente, y de 1473. En 1577, William Harrison escribió su *Descripción de Inglaterra*, con consejos para los turistas. La primera guía de restaurantes, el *Almanach des Gourmands* ("Almanaque para los glotones"), de 1804, listaba más de 500 sitios parisinos.

En la primera guía de Europa, de Karl Baedecker, publicada en 1830, la Basílica de San Pedro y la Mona Lisa recibieron la clasificación máxima de dos estrellas; el Arco del Triunfo y Rembrandt, sólo una.

Helados
Posiblemente China fue el lugar de origen del helado, pues en 1295 Marco Polo introdujo en Venecia las recetas para prepararlos a partir de la leche.

Hacia 1550, el helado ya era popular en Francia, luego de que Catalina de Médicis llevara *gelatieri* (heladeros italianos) a la corte francesa, cuando se casó, en 1533, con Enrique II. En la Inglaterra del siglo XVII, el chef de Carlos I, Gerald Tissain, preparaba platillos con hielo, leche y crema. Tan apreciados eran que se le otorgó una pensión vitalicia de 20 libras anuales, a condición de que mantuviera sus recetas en secreto.

El hielo provenía de las hieleras: enormes bodegas subterráneas donde se almacenaba el hielo en invierno, y lo suficientemente aisladas como para conservarlo sólido durante el verano.

La producción masiva de helado tuvo que esperar el invento de la refrigeración. Un lechero de Baltimore, Jacob Fussell, inició en 1851 la producción de helado: no quería que la crema se desperdiciara. Lo vendió al módico precio de 25 centavos por 150 ml.

En 1790, George Washington, primer presidente de Estados Unidos, gastó 200 dólares en helados, solamente en dos meses. La historia no nos dice cuál era su sabor favorito.

Hospitales
Tanto los egipcios como los griegos contaban con centros de salud. En el año 362 d.C. se levantó en Roma un hospital público. En la Europa medieval sólo se daba atención médica en los hospitales monásticos. Los árabes eran más avanzados: en el siglo XIII, el hospital Al Mansur, en El Cairo, ofrecía amplios patios refrescados con fuentes, donde los pacientes escuchaban a músicos y narradores. Pero en la misma época, en el hospital Hotel Dieu de París, había hasta seis pacientes en cada cama.

En Inglaterra, las ínfimas condiciones de casi todos los hospitales mejoraron en el siglo XIX con las reformas ideadas por Florence Nightingale. Se construyeron nuevos hospitales, se capacitó a las enfermeras y se utilizaron antisépticos y anestésicos eficientes.

Hacia el año 920 d.C., el médico árabe Rhazes buscó un lugar saludable en Bagdad para erigir un hospital. Eligió el lugar donde la carne tardaba mucho en pudrirse.

Huellas digitales
El Indian Civil Service usó por primera vez las huellas digitales en 1877, para asegurarse de que las pensiones de los burócratas británicos se otorgaran una sola vez. A fines del siglo XIX, la técnica fue perfeccionada por el científico inglés Francis Galton y el policía Edward Henry. Scotland Yard inauguró en 1901 una sección de huellas digitales.

Hule
Mayas y aztecas de Mesoamérica jugaban con pelotas hechas de una sustancia que segregaba la corteza de un árbol local, e impermeabilizaban sus ropas con capas de ese material. En 1736, un naturalista francés llevó la sustancia a Europa. El químico británico Joseph Priestley experimentó con ella en 1770, y descubrió que podía borrar las marcas del lápiz.

En 1823, Charles Mackintosh confeccionó abrigos impermeables con el hule disuelto que había colocado entre dos capas de tela. En 1841, Charles Goodyear vulcanizó el hule impregnándolo con azufre, lo que aumentó su fuerza y elasticidad.

Jabón
Una receta de Mesopotamia del año 3000 a.C. describe una solución limpiadora compuesta de una parte de aceite y 5.5 partes de potasa. Los egipcios se lavaban con soda y aceites perfumados, en tanto que griegos y romanos usaban una pasta de aceite de oliva y piedra pómez, que retiraban con un *strigli*, o raedora de bronce, junto con la suciedad y el sudor del cuerpo.

Los galos usaban pastas limpiadoras de grasa animal y potasa, para abrillantar el pelo; las introdujeron en Roma, donde se descubrió que curaban las heridas de la escrófula. No se volvió a saber del jabón sino hasta el siglo X, cuando había 1,250 jaboneros en Londres; en las tiendas, cortaban el producto en trozos o bloques.

Las primeras pastillas de jabón envueltas se fabricaron en Newburgh, Estados Unidos, en 1830, y la primera caja de jabón en polvo apareció 15 años después.

Jardines
Hacia 2000 a.C., los Jardines Colgantes de Babilonia contenían por lo menos 70 clases de hierbas aromáticas. Un fresco romano del siglo I a.C. muestra granadas, amapolas, violetas, rosas y un roble. Los jardines bizantinos se distinguían por sus árboles de oro y plata y sus aves mecánicas.

En la Edad Media, casi todos los jardines pertenecían a los monasterios, que se concentraban en las hierbas y legumbres. En el periodo Tudor se plantaron jardines con plantas decorativas, como la lavanda o tomillo y el boj. Hacia el siglo XVII, los italianos desarrollaron un estilo propio con grutas, terrazas y fuentes. El arte de la jardinería alcanzó su esplendor en Versalles, a fines del siglo XVII, cuyos jardines contaban con esculturas, prados, altos setos y avenidas arboladas. Casi al mismo tiempo, los holandeses se concentraron en el arte, más doméstico y decorativo, de cultivar flores, particularmente tulipanes.

En el siglo XVIII, el concepto de la jardinería formal era todo un reto, especialmente en Inglaterra. Los diseñadores de jardines, como Lancelot "Aptitudes" Brown, investigaron la forma de romper el límite entre los jardines y el paisaje.

Juegos de mesa
Hacia 3000 a.C. ya había en Mesopotamia varios juegos de mesa; en su mayoría, con dados. En las tumbas reales de Ur, en la antigua Sumeria, se encontró un juego que data de 2600 a.C. Incluía siete figuras negras y siete blancas, tres dados blancos y tres de lapislázuli. Los dados tenían forma de pirámides de base cuadrada.

El backgammon es, posiblemente, el juego más antiguo que todavía se practica en la actualidad. Los egipcios utilizaban un tablero de 30 cuadros; los romanos redujeron el número a 20, y lo introdujeron en Escandinavia, Alemania e Inglaterra. El ajedrez proviene del chaturanga, juego de guerra hindú anterior al año 6 d.C. Los persas rebautizaron algunas jugadas: "jaque mate" proviene del persa shaj mat, que significa "el rey ha muerto".

Juegos de pelota
Hacia 2000 a.C. los antiguos egipcios jugaban con piedras un deporte similar a los bolos, y los persas inventaron un juego parecido al hockey. Para el año 500 a.C., los chinos jugaban una versión del futbol y los griegos usaban vejigas de cerdo infladas para un deporte parecido.

El futbol se popularizó en Inglaterra en cuanto los romanos lo introdujeron, en el año 200 d.C. En América, los mayas y otros pueblos mesoamericanos del siglo IX practicaban un juego llamado *pok-a-tok*: los jugadores sólo tocaban la pelota con caderas, codos y rodillas. Para los mayas, lo que ahora consideraríamos un deporte nacional era un ritual, asunto serio: a veces a los perdedores les aguardaba el sacrificio.

Los cruzados trajeron de Tierra Santa un juego parecido al tenis, que habían adoptado de los sarracenos. Refinado en el siglo XII por unos monjes franceses, lo jugaron los reyes de Francia. Llegó a Italia en el siglo XIV.

En el siglo XV, se popularizó el golf en las dunas de Holanda y Escocia.

Juegos infantiles
Las primeras descripciones de juegos infantiles provienen de los antiguos griegos, cuyos hijos jugaban a las escondidas, a la gallinita ciega, a hacer "patitos" en el agua, a tirar de la cuerda y a saltar el burro. Prácticamente sin cambios, tales juegos han entretenido a muchas generaciones, incluso actualmente. Shakespeare menciona las escondidas, la gallinita ciega y el burro castigado. En el siglo XVIII, se iniciaron las canicas y el cricket para los niños, y la rayuela y la cuerda para las niñas.

Los juegos gimnásticos datan de la Edad de Piedra, cuando los niños se columpiaban en las enredaderas. El columpio es tal vez antiquísimo, aunque se le menciona apenas en 1678.

Juguetes
Los artesanos egipcios elaboraron juguetes de madera, por ejemplo tigres con quijadas móviles. Los niños griegos y romanos jugaban con caballitos, aros y trompos (peonzas). Entre la Era Romana y el siglo XVII, la juguetería progresó poco. En su obra *La feria Bartholomew*, escrita en 1614, Ben Jonson habla de miniaturas, muñecas, caballitos y pan de jengibre que se vendía en la feria.

En el siglo XVIII, se confeccionaron juguetes de metal y papel, así como los tradicionales de madera y barro. Las casas de muñecas y granjas en miniatura, así como los juguetes educativos con letras alcanzaron gran popularidad.

El siglo XIX presenció la enorme expansión de la producción de juguetes: cajas musicales, soldados de madera, trenes a escala y artefactos ópticos, además de los usuales.

Columpio de 1450

Lámparas
En la Edad de Piedra, las primeras lámparas consistían en mechas de musgo, juncos o pasto, sumergidas en platos con grasa animal. Las lámparas de sebo sobrevivieron hasta la Revolución Industrial. A veces se doblaban las mechas de junco, para que dieran más luz; de ahí proviene la expresión "quemar la vela por los dos lados".

Con sebo también se hicieron velas; las de cera de abeja eran más luminosas y ahumaban menos, pero eran más caras. A fines del siglo XVIII se usó aceite de esperma de ballena para las velas. Este aceite también se usó para lámparas, junto con el aceite vegetal.

La iluminación con gas, desarrollada en Europa en el siglo XIX, mejoró mucho al inventarse, en 1887, la funda de gas. Hechas de algodón impregnado con óxido metálico, las fundas brillaban al calentarse con el fuego, lo que producía una mejor iluminación.

En 1879, tanto Thomas A. Edison en Estados Unidos, como Joseph Swan en Inglaterra, inventaron la luz eléctrica incandescente: globos de vidrio al vacío que contenían un filamento que brillaba cuando pasaba la electricidad.

Lentes
En el siglo I a.C., el emperador romano Nerón se colocó en un ojo una joya pulida para distinguir los detalles de una lucha de gladiadores. El primer registro gráfico de un objeto para mejorar la visión data de 1,200 años después. Se trata de una estatua de piedra en Constanza, Alemania, que muestra al médico griego Hipócrates mirando a través de una lente.

A fines del siglo XIII, en lugares tan alejados como Venecia y China se usaban anteojos con lentes convexas; a mediados del siglo XV aparecieron en Italia las cóncavas, para corregir la miopía. Los pares de lentes unidos con puentes tenían graduaciones aproximadas; el cliente probaba muchos hasta encontrar los que mejor le servían.

Los primeros bifocales los diseñó el estadounidense Benjamín Franklin, en 1775. Los lentes de contacto fueron ideados en 1827 por el astrónomo inglés John Herschel, pero sólo desde 1887, el doctor Eugen Frick, de Zurich, pudo producir lentes de contacto con la precisión necesaria para usarlos.

Mapas
El primer mapa que se conoce es una tablilla de Mesopotamia que data de 1000 a.C. Muestra el mundo como un disco rodeado de agua, cuyo centro es Babilonia. Los griegos concibieron el mundo como una esfera: colocaban líneas de orientación y una cuadrícula sobre sus mapas. Los romanos perfeccionaron el método griego, produciendo mapas de caminos o "itinerarios", en los que se marcaban claramente los poblados. En la Edad Media hubo más interés por la devoción que por la exactitud científica, por lo que sus mapas —como el Mappa Mundi de la catedral de Hereford— tienen a Jerusalén en el centro. El Este estaba siempre arriba, donde se pensaba que debía de estar el paraíso.

Hacia 1480, se conocían 27 mapas del mundo. En 1569, el geógrafo flamenco Gerardus Mercator dibujó un mapa del mundo que resolvió el problema planteado por la forma en que debía trazarse una línea recta sobre una superficie curva. Hacia fines del siglo XVII, la invención de los cronómetros de precisión y los sextantes mejoraron enormemente la cartografía.

La agrimensura científica se inició en el siglo XVIII. En Inglaterra, se publicó el primer mapa a una escala de 1 cm por 0.64 km, realizado por ingenieros militares en 1801.

El mapamundi del geógrafo griego Tolomeo, hecho hacia el año 150 d.C., fue usado por Cristóbal Colón en 1492; le hizo creer erróneamente que había llegado a las Indias, luego de cruzar el océano Atlántico.

Medidas

Los egipcios construyeron sus templos y pirámides con una medida de longitud proporcionada por el faraón. El codo real, que media 52.3 cm, era el largo del antebrazo faraónico, desde el codo hasta la punta del dedo medio. Idearon un codo estándar, hecho de un bloque de granito negro, que fue la base de otras reglas fabricadas en piedra o madera.

En 1305, el rey Eduardo I de Inglaterra definió la yarda como la distancia entre la punta de su nariz y su pulgar: medía 3 pies (o 91 cm). Un pie fue originalmente la longitud de un pie, desde el talón hasta el pulgar. Los romanos dividieron el pie en 12 pulgadas, o *unciae*.

La milla romana era de 1,000 pasos dobles, o 1,552 m. El acre (o 0.4 Ha) era la zona que una yunta de bueyes araba en un día.

Tras la revolución, los franceses inventaron un nuevo sistema de medidas basado en el metro, palabra que en griego significa "medida"; lo definieron como una diezmillonésima parte de la distancia entre el Polo Norte y el Ecuador.

Molinos

Los griegos emplearon molinos de agua y los romanos los mejoraron con la rueda vertical, que tenía un eje para transmitir la fuerza a las piedras que molían. En 1086, el libro Domesday registró 5,000 molinos de agua activos en Inglaterra.

Molino de viento del siglo XVIII, en Antigua, para triturar caña de azúcar

El molino de viento apareció en Persia, en el siglo VII d.C., y llegó a Europa en 1180. Los primeros molinos eran de poste: construidos alrededor de un enorme poste, podían orientarse al viento. Luego, se desarrolló el molino de torre, donde sólo gira la torreta con las aspas.

En 1840, había 10,000 molinos en Inglaterra y 8,000 en Holanda, donde se usaban en los aserraderos y para fabricar papel, aceite y harina de maíz.

Moneda

La palabra "moneda" es de origen romano, y se acuñó en el año 296 a.C., cuando el primer taller de monedas se estableció junto al Templo de Juno Moneta (Juno avisadora). Pero el dinero como tipo de cambio se remonta a la Edad de Piedra: así lo demuestran unas conchas de ciprea que datan de 20,000 a.C., halladas en Irak. La moneda de valor unificado se inició en Lidia, Turquía, en el año 700 a.C.: era un fragmento de electrum (aleación de oro y plata) en forma de frijol, con la figura de un león y con el peso del metal.

Los griegos acuñaron muchas monedas. En un principio tenían efigies de dioses, pero desde el año 320 a.C., cuando Alejandro Magno figuró en las monedas, fueron comunes los retratos del rey de la época. Los romanos siguieron tal práctica, que prevalece hasta nuestros días e incluye a otros gobernantes.

Las devaluaciones se conocen desde la Antigüedad, cuando se recortaban los bordes de las monedas o se agitaban en una bolsa para limarlas y perdían metal. El papel moneda se originó en China, en el siglo VI d.C.; el emperador mongol Kublai Kan lo emitió en grandes cantidades. Los primeros billetes europeos se emitieron en Estocolmo, en 1661.

En la Edad Media, se guardaba el dinero en bolsas que pendían del cinturón. Los bolsillos aparecieron cuando Carlos IX de Francia prohibió a los sastres hacer bolsas, en previsión de que allí se ocultaran las dagas asesinas.

Muñecas

Los niños de Grecia jugaban con muñecas de arcilla. Las niñas conservaban sus muñecas hasta la boda, cuando las ofrendaban a la diosa Artemisa. Los niños romanos jugaban con muñecas de trapo.

Durante la Edad Media, los hijos de los señores feudales y la nobleza poseían muñecas de madera con articulaciones. Los niños pobres elaboraban las suyas con paja, trapos o arcilla. En el siglo XIV, surgieron las primeras muñecas con rostros tallados y vestidas.

Hasta el siglo XIX, los cuerpos de las muñecas se hacían generalmente con cuero o tela, pero desde 1850, fueron sustituidos con gutapercha rellena de aserrín. Brazos, manos y pies se hicieron más realistas, y las cabezas, con porcelana a la que se le implantaba cabello humano legítimo.

En 1827, el alemán Johann Nepomuk Maelzel, quien inventó el metrónomo y fue amigo de Beethoven, patentó una caja sonora para muñecas que al apretarse decía "papá" o "mamá".

Navajas de afeitar

Los egipcios usaban navajas de pedernal para afeitarse el vello facial; las de los europeos, en el año 1000 a.C., eran de plata o bronce. Los antiguos mesoamericanos, en la misma época, ya usaban afiladas hojas de obsidiana. La primera rasuradora fue invento de Juan Jacobo Perret, barbero parisino: en 1762, añadió una manija de madera a una navaja. La hoja de afeitar desechable fue idea de King Camp Gillette, inventor y escritor estadounidense, en 1895.

Pantalones

Mucho antes de la era cristiana, las tribus de Asia central adaptaron sus túnicas para poder cabalgar. La costumbre se extendió por el norte de Europa, y Julio César lo notó al atracar en Bretaña, en el año 55 a.C. Pero los romanos consideraron los pantalones como propios de esclavos y bárbaros, y conservaron las togas, aunque permitieron a sus soldados usarlos en las provincias más frías del imperio.

Hacia el siglo XVIII, las mallas usadas por los hombres en la Edad Media y el periodo Tudor se convirtieron en pantalones cortos. A fines de siglo, los pantalones holgados se pusieron de moda. Los modernos se impusieron a principios del siglo XIX. Al comenzar el XX, las mujeres vistieron unas faldas divididas y pantalones bombachos para practicar ciclismo y otros deportes.

Papel

Los primeros escritos se hicieron en pieles o en papiros elaborados con fibra de junco, que los egipcios produjeron desde 3000 a.C.

Se atribuye la invención del papel a Tsai Lun, un funcionario de la corte china, que en el año 105 d.C., puso en agua trapos, cáñamo, corteza de mora y redes de pesca, y extendió la mezcla sobre un cedazo para drenarla. Al secar la pulpa extraída de la mezcla, produjo una superficie totalmente lisa.

El papel llegó a Occidente siglos después. En el año 751 d.C., durante una batalla en Asia central entre árabes y chinos, los árabes capturaron a dos papeleros chinos que les revelaron el secreto; en el siglo XII, los árabes inauguraron en España la primera fábrica de papel.

La pulpa de madera sustituyó los trapos de algodón como materia prima del papel durante el siglo XIX.

Pasaporte

Ya desde el reinado del emperador romano Augusto, en el siglo I a.C., se expedían salvoconductos con la siguiente inscripción: "Si alguien, en mar o tierra, es tan necio como para molestar a este viajero, que considere si es tan fuerte como para guerrear contra el César." Los primeros pasaportes ingleses de que se tiene noticia datan de 1414; se trataba de pases o autorizaciones mercantiles que permitían al portador "pasar un puerto" para salir del país.

Enrique V de Inglaterra, en el drama del mismo nombre que Shakespeare escribió, arenga a su ejército antes de la Batalla de Agincourt de 1415: "Quien no tenga valor para guerrear/ que parta y que se haga para él un pasaporte/ Que en su bolsa se pongan coronas para su escolta."

Patines de ruedas

En 1760, Joseph Merlin, un músico belga, elaboró un par de patines a los que puso ruedas, para usarlos en un baile de disfraces en Londres. Se deslizó por el salón tocando el violín, pero al no poder parar ni cambiar dirección, se estrelló contra un espejo y se hirió gravemente.

En 1863, el estadounidense James Plimpton patentó unos patines de cuatro ruedas con suspensión, que permitían al patinador recargar el peso y virar. A fines del siglo XIX, el patinaje se puso muy de moda en Estados Unidos.

Peinados

Las mujeres griegas se rizaban el pelo con tubos de barro. Las romanas se hacían bucles con rollos huecos y calientes; sus peinados eran altos y fijaban el pelo con peinetas o redes doradas. Las mujeres ricas se espolvoreaban la cabeza con polvo de oro.

Los peinados más exagerados han sido los de las europeas ricas del siglo XVIII. En la corte de la Francia de Luis XV, las mujeres se arreglaban el cabello en estructuras que alcanzaban hasta un metro de altura, lo que las obligaba a dormir sentadas. Mantenían el cabello en esta posición durante meses, lo que ocasionaba que el peinado se convirtiera en un nido de insectos, e incluso de ratones.

La torre de cupido, en 1828

Pelucas
Los babilonios acostumbraban ponerse pelucas para ahorrar el tiempo del peinado. Pero la peluca alcanzó la cúspide de la moda unos 3,000 años después, en la Europa de los siglos XVII y XVIII. Hacia 1680 eran enormes y muy elaboradas, con una masa de intrincados bucles que caían hasta la cintura.

Durante el siglo XVIII, las pelucas se redujeron y entonces el cabello se ataba en la nuca. Cualquier caballero inglés que fuera elegante estaba dispuesto a pagar 300 libras (unas 3,000 de ahora) por una peluca de pelo de mujer, en vez de las de pelo de caballo o lana. Orgulloso, la peinaba en público, sentado en un balcón, incluso en algún salón.

Para conservarlas, las pelucas se empolvaban con almidón o harina en unos gabinetes especiales, que estaban generalmente en los dormitorios. En Inglaterra, en 1789, un impuesto sobre el polvo indignó a los usuarios de pelucas, pero la moda ya había pasado.

Durante el siglo XVIII, los soldados ingleses recibían 450 g de harina a la semana para que empolvaran sus pelucas; los oficiales, 900 g, pues las pelucas eran más grandes.

Perfume
Antes de una reunión social, las egipcias acaudaladas se colocaban sobre la cabeza unos conos con flores envueltas en cera. Al calor de la fiesta, la cera se derretía y se deslizaba sobre rostro y cuello, perfumando así la piel.

Los griegos usaron el perfume con propósitos medicinales, y creían que ponerse pétalos de rosa en la cabeza prevenía los efectos de la cruda o resaca alcohólica.

Para los romanos, los perfumes fueron una obsesión. En el siglo I d.C., el hedonista emperador Nerón dormía en un lecho de pétalos de rosa, y su palacio tenía tubos ocultos que inadvertidamente rociaban a sus huéspedes con esencias exóticas.

Los romanos se perfumaban antes de salir a batalla, una costumbre que los cruzados revivirían siglos más tarde, pues creían que las ropas perfumadas les darían suerte. La industria francesa del perfume se originó con Catalina de Médicis, quien en el siglo XVI ordenó al químico real que le preparara esencias con cada una de las variedades de flores que se daban en el sur de Francia.

Perros
El perro es el animal doméstico más antiguo, y desciende de una variedad del lobo que vivió hace 15 millones de años. El hombre de la Edad de Piedra entrenó, hace aproximadamente 20,000 años, cachorros de lobo para que rastrearan las presas y sirvieran de guardianes.

Se atribuye a los egipcios la primera especie canina auténtica, el saluki. Los romanos conocieron seis especies distintas, que subdividieron en razas. Los galos de la era cristiana usaron perros con armadura para la guerra, en tanto que los cruzados medievales disponían de perros de combate que, con el olfato, distinguían entre cristianos e infieles.

La fidelidad del perro es legendaria y antiquísima. Cuando Ulises, el héroe homérico, regresó a casa tras 20 años de ausencia, su perro Argos fue el primero en reconocerlo: movió la cola... y murió; había esperado a su amo.

Pintura
Las primeras pinturas representan una cacería; las hicieron unos "pintores" de la Edad de Piedra, en los muros de las Cuevas de Lascaux, Francia, hacia el año 25 000 a.C.

Los primeros colores fueron pigmentos naturales, como el rojo extraído del óxido de hierro; el amarillo y el castaño, del ocre de arcilla, y el negro del tizne. No fue sino hasta 3000 a.C. cuando el azul y el verde se obtuvieron al moler lapislázuli y malaquita.

Los primeros pigmentos sintéticos se desarrollaron luego de que el químico inglés William Perkin descubriera un tinte llamado malveína. El primer color sintético, hecho con alquitrán de carbón, fue inventado en Alemania, a fines del siglo XIX.

Platos
En la Edad Media, se cortaban unas rebanadas de grandes hogazas duras y se usaban como platos. Cada rebanada tenía una depresión en el centro, donde el comensal ponía la carne que tomaba de un plato común, puesto en el centro de la mesa. Tras la comida, el pan remojado en la salsa era regalado a los pobres. Hacia 1500, las rebanadas de pan fueron sustituidas por tablas de madera, a su vez reemplazadas por platos de peltre o plata. En el siglo XVIII, se usó la porcelana, como la blanquiazul, de los ceramistas de Staffordshire.

Plumas
La palabra "pluma" proviene del latín y se refiere al plumaje de las aves. Desde el año 500 a.C. hasta el siglo XIX, el principal accesorio para la escritura fue una pluma de ave, con punta afilada que luego fue reemplazada por la punta de acero, que se mojaba en el tintero.

A mediados del siglo XVII, se ideó una punta unida a un tanque de tinta. Pero la pluma fuente no fue posible sino hasta el siglo XIX, cuando la punta metálica sustituyó a la de ave. En 1884, Lewis Edson Waterman fabricó la primera pluma fuente práctica, con una barra de alimentación que mantenía el flujo de tinta.

Puentes
Los puentes más sencillos, como las pasarelas de tronco sobre los arroyos, posiblemente se conocieron desde 10000 a.C. Los sumerios ya construían puentes más grandes y complejos en 3200 a.C.; y los egipcios levantaron un puente múltiple sobre el Nilo, en 2650 a.C. Este tipo de pasos de piedra fueron un elemento esencial para la red de caminos de Roma, pero tras la caída del imperio, la construcción de puentes dejó de practicarse casi por completo, excepto por las estructuras de madera.

Durante el Renacimiento, se reanudó el tendido de angostos puentes de piedra, pero no fue sino hasta fines del siglo XVIII, con el descubrimiento del acero, cuando los puentes se ensancharon y alargaron, favoreciendo grandes y contundentes cambios en las comunicaciones.

Puertas
Los pueblos prehistóricos cubrían la entrada de las cabañas con pieles o ramas; éstas fueron las primeras puertas. Conforme las casas dejaron de ser ambulantes, se hicieron puertas más sólidas. En Roma, las puertas de bronce del Panteón siguen intactas tras 1800 años. Muchas casas de Pompeya, destruidas por el Vesubio en el año 79 d.C., tenían puertas plegables. Los portones de madera, de tamaño suficiente para que pudieran pasar las carretas y su carga, tenían puertas más pequeñas para los peatones.

Ratoneras
En un libro de parábolas hebreas del siglo XIII, hay varias ilustraciones de diseños de ratoneras. La versión alemana del libro muestra un artefacto metálico con un resorte y unas quijadas serradas, y también una trampa de madera con la quijada superior clavada en un ratón.

En la misma época, los italianos usaban jaulas de mimbre y madera. El señuelo estaba unido a una palanca que hacía bajar una portezuela, en la entrada, que encerraba al ratón. En el siglo XV, los banqueros italianos estaban obligados por contrato a mantener los valores depositados fuera del alcance de los ratones.

Ratonera del siglo XVIII

Refrigeración
Desde la Antigüedad se conoce el uso del hielo para conservar la comida. Tal vez el hombre de Neandertal, que vivió en la Edad de Hielo, notó que la carne que se quedaba en la nieve se mantenía fresca.

Durante siglos hubo comercio de hielo; se compraba en bodegas subterráneas y se usaba para conservar la comida en hieleras. La comida refrigerada se popularizó cuando se inventó la refrigeración mecánica, en Estados Unidos y Australia, hacia 1850.

James Harrison, un escocés que emigró a Australia para editar la *Gaceta de Melbourne*, sirvió en 1873 un banquete de carne, pollo y pescado que habían estado congelados seis meses. El refrigerador doméstico es un invento del siglo XX.

Reloj
Los griegos inventaron, hacia 330 a.C., la clepsidra, una máquina a base de cilindros unidos, llenos de agua, que movían una flecha que señalaba la hora en una escala graduada. Pero transcurrieron 600 años antes de que surgiera la relojería de precisión.

A fines del siglo XIII, se instalaron los primeros relojes en las torres de los monasterios; el nombre proviene del latín *horologium*. Los primeros relojes marcaban las horas mediante el descenso regulado de una piedra colocada al final de una cuerda que se enrollaba. Cuando la piedra llegaba a cierto punto, tocaba una campana que llamaba a la oración.

En 1335, la ciudad italiana de Milán adquirió un reloj que marcaba las horas automáticamente; para 1350, muchas ciudades de Europa coronaban sus torres con hermosos relojes.

Reloj de agua griego

En 1656, el astrónomo holandés Cristián Huygens adaptó el péndulo al mecanismo relojero. Desde 1700, el reloj de pared ya era un artículo esencial en el mobiliario de los hogares de clase media.

Reloj de pulsera

Primero sae inventó el reloj de bolsillo; el más antiguo data de 1504. Lo fabricó Pedro Henlein, de Nuremberg: era pequeño y funcionaba con resortes. Carecía de exactitud, pues su única manecilla tendía a adelantarse o a atrasarse.

Hacia el siglo XVIII, Suiza se convirtió en el centro de la relojería. Pero el reloj de bolsillo siguió siendo un artículo de lujo hasta 1865, cuando el suizo Georges Rosskopf diseñó el primero a precios accesibles; era realmente barato pues sus engranes eran muy simples, en comparación con los anteriores.

Hacia 1880, la miniaturización hizo posible la producción de relojes de pulsera, para la muñeca. Al principio los usaron las mujeres; a los hombres les parecían afeminados. Pero el estigma desapareció cuando la marina alemana ordenó a sus oficiales usarlos, para que no anduvieran buscándolos en los bolsillos, al pasear por cubierta.

Decorativo reloj de bolsillo francés, 1660

Retrete

Egipcios, cretenses y romanos desarrollaron métodos que se conectaban al drenaje, para deshacerse de las evacuaciones, en tanto que en los monasterios medievales se usaban "biombos" colocados sobre los arroyos. En las ciudades del medievo se instalaban asientos sobre las fosas sépticas: se llenaban unos barriles con las heces, pues luego las aprovechaban como abono. Generalmente, los receptáculos se vaciaban en plena calle.

El primer excusado o *water closet*, alimentado por agua y conectado a una red de drenaje, fue diseñado en 1589 por John Harington, ahijado de Isabel I. Hacia 1770, Alexander Cummings diseñó un excusado con el tanque de agua elevado. Joseph Bramah perfeccionó el sistema añadiendo el céspol, un tubo en U que, lleno de agua, actuaba como eficiente barrera de los olores que emanaban de la fosa séptica o red de drenaje.

Las primeras tazas eran metálicas, pero desde 1870 fueron reemplazadas por las de cerámica, que eran más baratas.

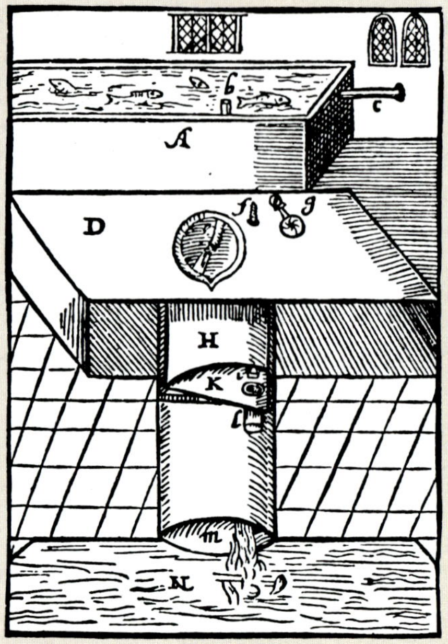

Retrete (WC) de 1589

Ropa interior

La ropa interior más antigua fueron los calzoncillos para hombres y para mujeres; se trataba de un derivado del taparrabo, cuyos extremos inferiores se enrollaban hacia arriba y quedaban en la entrepierna. Los griegos ceñían la figura femenina con una banda o faja de lino alrededor de la cintura y hasta el torso. Un mosaico romano muestra unas mujeres atletas con dos prendas similares a las dos piezas del bikini actual.

Durante la Edad Media, en todas las clases sociales ambos sexos llevaban unas prendas derivadas de la túnica: camisetas para los hombres y camisones para las mujeres. Las ricas usaban una especie de corpiño que endurecían con una pasta, para lograr una silueta más atractiva.

En el periodo Tudor, hombres y mujeres afinaron la cintura con corsés de hierro o fajas de cuero sostenidas con "varillas" de hueso de ballena. A fines del siglo XIX, volvió la costumbre de que las mujeres se ciñeran la cintura con corsés que parecían aparatos de tortura; la "cintura de avispa" era tan reducida y rígida que era usual que algunas damas sufrieran de costillas rotas y pulmones perforados.

También se usaban cojinetes para resaltar otras partes del cuerpo. Desde 1800, las mujeres se "embellecían" los senos con postizos de cera o rellenos de algodón. Los hombres que tenían delgadas las piernas o las espinillas se ponían postizos en los calcetines.

Las mujeres isabelinas llevaban tres capas de enaguas. La exterior se llamaba "la modesta"; la intermedia era "la traviesa", y la más interior era conocida —o desconocida— como "la secreta".

Rueca

Las cortas fibras de la lana de las ovejas deben ser hiladas a fin de unirlas en un hilo continuo. Esto ya se hacía desde la Antigüedad, pero la primera máquina que facilitó tal trabajo fue la rueca, que llegó a Europa durante el siglo XIV, tal vez desde la India.

A las mujeres les tocaba hilar y por eso se les identificaba como las "hilanderas". La rueca siguió siendo una herramienta vital hasta la invención de una hiladora de husos, en 1760. Esta máquina hiladora activaba ocho o más husos (los instrumentos que hilaban) al mismo tiempo, y aceleró notablemente el arduo proceso de antaño.

Seda

La seda fue durante 3,000 años el secreto mejor guardado del mundo. Descubierto por los chinos en 2640 a.C., el método de hilar los capullos del gusano de seda fue desconocido en el resto del mundo hasta que los japoneses lo revelaron hacia el año 300 d.C.

Una crónica relata que este invento chino se descubrió en el jardín del emperador Huang Ti. Cuentan que el emperador pidió a su esposa Xi Lingshi que averiguara quién se comía las hojas de sus moreras. La emperatriz tomó algunos de los gusanos blancos que hacían brillantes capullos y por error tiró uno de ellos al agua caliente; entonces descubrió que podía extraerle un fino filamento y enrollarlo en carretes.

Señales

La llegada de la Armada Española a la costa de Inglaterra en 1588 fue anunciada por una serie de fogatas en los acantilados. El francés Claude Chappe diseñó en 1790 un sistema más avanzado: un semáforo que consistía en una cadena de atalayas, equipadas con brazos de madera con un pivote. Los brazos podían colocarse en 196 posiciones distintas, y cada una enviaba una señal.

El primer telégrafo eléctrico que enviaba señales considerables fue inventado en Inglaterra en 1837. Tendido a lo largo del Ferrocarril del Oeste, en 1845 fue vital para capturar a un sospechoso de asesinato.

Por la misma época, el estadounidense Samuel Morse inventó una clave de puntos y rayas, ideal para el telégrafo.

Sillas

Las sillas ceremoniales de respaldo alto fueron usadas por los gobernantes egipcios de 3000 a.C. Los demás se sentaban en bancos o en el suelo.

Las bancas fueron el asiento más común hasta la Edad Media; las sillas con respaldo eran objetos raros. Las sillas tapizadas surgieron en la Francia del siglo XVIII, y las mecedoras aparecieron hacia 1840, en Estados Unidos e Inglaterra.

Sobres

Los babilonios envolvían sus tablillas inscritas con una fina capa de arcilla, que era doblada y horneada. Otros pueblos primitivos guardaban documentos escritos en tela, pieles de animales o juncos, dentro de envoltorios del mismo material.

El primer uso conocido de un sobre en Europa data de 1696; fue improvisado por el secretario de Estado de Escocia, para guardar una carta dirigida al dignatario británico correspondiente. Un fabricante de Brighton elaboró unos sobres en 1830, pero las ventas no prosperaron pues los usuarios debían pagar un importe postal extra por el sobre. El primer sobre de porte pagado llegó en 1840, con el timbre inglés de un penique; cuatro años después, la Oficina de Correos ya expedía sobres engomados.

Sombrillas
Las primeras sombrillas servían para protegerse del sol, más que de la lluvia. Los faraones de Egipto aparecen sentados bajo sombrillas ceremoniales. En China, conferían tal prestigio que solamente la realeza y los funcionarios podían usarlas; estaban hechas de tela de oro engarzada con gemas. Las mujeres romanas posiblemente fueron las primeras en usar sombrillas contra la lluvia, mejor dicho, paraguas; las preferían en color púrpura. Tras la época de los romanos, la sombrilla cayó casi en desuso y se ignoraron sus posibilidades hasta el siglo XVI, cuando el clero la rehabilitó como símbolo de honor.

En 1637, se fabricó para Luis XIII de Francia la primera sombrilla impermeable. Pasó casi un siglo hasta que otro parisino diseñara la primera sombrilla plegable. A principios del siglo XVIII, los sirvientes sostenían las sombrillas para que la gente pudiera ir de las puertas de la casa a las del carrruaje. No fue sino a partir de 1750 cuando John Hanway, un filántropo de Londres, impuso la moda de que cada individuo llevara su propia sombrilla, pese al resentimiento de los cocheros, quienes lo consideraron un insulto al oficio.

En 1820, las pesadas varillas de madera o caña fueron reemplazadas por las costillas de acero o de hueso de ballena; 30 años después, aquellas pegajosas cubiertas de seda engrasada cedieron el paso al algodón. Samuel Fox, en 1852, inventó el bastón central de acero hueco y aligeró el artículo.

Tarjetas postales
La primera tarjeta postal fue el grabado, hecho en 1872, por Franz Rorich, de Nuremberg: se trataba de seis pequeños paisajes de Zurich. En Inglaterra, las leyes postales prohibieron las tarjetas, pero en 1894 finalmente fueron autorizadas. En un principio, el mensaje aparecía junto con la imagen, pero en 1902 apareció la tarjeta postal moderna: el frente mostraba una imagen y el dorso estaba dividido en dos partes: un espacio para escribir el mensaje, y otro, para el destinatario.

Té
Cuenta la leyenda china que en 2737 a.C., cuando el emperador Shen Lung estaba en un campamento, por accidente unas hojas de la planta del té cayeron en un caldero de agua caliente, al lado del emperador. Shen Lung bebió el agua aromática, que le pareció deliciosa: desde entonces se toma el té.

El primer té que llegó a Europa fue importado por los holandeses, en 1610, y se popularizó rápidamente. En 1657 llegó a Inglaterra, donde el cronista Samuel Pepys bebió su primera taza tres años después.

En el siglo XVIII, la familia apenas estaba bebiendo la primera taza, cuando los criados ya vertían más agua caliente sobre las hojas de té, para preparar la segunda. Finalmente, una vez usadas, regalaban las hojas a los pobres, quienes también las aprovechaban. Esa costumbre persiste hoy día.

Telar
El principio de tejer en un telar, o sea, entrelazar la urdimbre (los hilos verticales) con la trama (los horizontales) para producir tela, ya era conocido en Palestina y Turquía desde 5000 a.C.

En 1400 a.C., los telares verticales eran comunes: la urdimbre se sostenía con barras en los extremos inferior y superior. Casi no hubo mejoras en el proceso hasta la Edad Media, cuando la introducción de un pedal permitió a las tejedoras elaborar patrones y diseños más intrincados.

En 1733, cuando el hilandero inglés John Kay inventó la lanzadera libre, un solo trabajador podía hilar telas de diversos anchos a un ritmo más rápido. En 1801, un hilandero de la seda francés, Joseph Marie Jacquard, inventó el telar Jacquard, en el cual unas tarjetas perforadas guiaban a los ganchos que alzaban los hilos de la urdimbre.

Tenedores
Aunque los bizantinos del siglo X usaban pequeños tenedores dorados para comer, fue a partir del siguiente cuando, en Italia, se usaron los tenedores de dos dientes. Algunos hogares ingleses del siglo XV poseían tenedores, pero pasaron muchos años antes de que los pobres se acostumbraran a usarlos. Estos cubiertos cargaron con una mancha infamante, curioso estigma, por siglos. Un predicador había dicho que era "un insulto a la Providencia no tocar la comida con los dedos". Todavía en 1897, los marinos ingleses no los usaban, pues los consideraban "poco viriles".

Tijeras
Las tijeras más antiguas, que consistían en dos hojas de bronce unidas por un resorte, eran muy usuales desde 5000 a.C. Los romanos conocían tijeras de bronce y también de hierro. Las de uso doméstico se popularizaron hacia fines del siglo XVI. Desde 1760, se produjeron tijeras más resistentes con acero.

Tintes
En telas egipcias que datan de hace 5,000 años, se han encontrado restos de índigo, un tinte azul obtenido de la planta del mismo nombre. Los egipcios utilizaban azafrán, alheña (jenna) y cúrcuma, para teñir las telas de amarillo y anaranjado.

Entre los romanos, el teñido ya era una enorme y lucrativa industria. Se adoptó como color imperial el tinte púrpura que los fenicios obtenían de una glándula de un crustáceo del Mediterráneo, y su producción estuvo estrictamente controlada.

De la cochinilla, un insecto de México y Centroamérica, se obtuvo el tinte escarlata. Del glasto, una planta europea, se extrajo el tinte azul, pero su producción emitía olores repulsivos: Isabel I prohibió los talleres de glasto a 8 km a la redonda de sus casas de campo. Durante los siglo XVI y XVII, prosperó mucho el comercio holandés del índigo.

Torno
Los muebles egipcios anteriores a 3000 a.C. ya eran fabricados con un torno. Hacia el año 500 a.C. los carpinteros griegos usaban tornos de eje: un extremo de una cuerda era unido a un pedal y el otro daba a un eje elástico. Los tornos de rueda, en los que un pedal hace girar la rueda y la mantiene en rotación continuamente, se generalizaron desde el siglo XIV.

Ventanas
Aunque el vidrio fue descubierto en 3000 a.C., y los romanos ricos lo usaban para algunas de sus ventanas, durante mucho tiempo fue un lujo.

El origen de la palabra ventana proviene de "viento", pues las ventanas medievales eran agujeros donde pasaban las corrientes de aire. Ahí donde había agujeros, se ponían persianas para conservar el calor; también se ponían por seguridad, en las noches.

Antes de que se difundiera el vidrio, se usaba pergamino encerado, lino e incluso placenta de vaca, materiales que se estiraban sobre la ventana, para dejar pasar la luz pero evitar la entrada del aire. En la Inglaterra Tudor, las ventanas de vidrio eran removibles, para que los ocupantes de las casas las llevaran consigo al mudarse.

Apenas en el siglo XVII, al mejorar las técnicas para fabricar vidrios más grandes, las ventanas de vidrio se volvieron muy comunes. En 1696, el Parlamento inglés introdujo el impuesto sobre las ventanas, en detrimento de los ricos; muchos ahorraron dinero cubriendo las ventanas. El impuesto fue duplicado en 1784, y por fin se abolió en 1851.

Vino
El vino proviene originalmente de Asia Menor (la actual Turquía). Los hititas, que florecieron ahí desde 2000 a.C., eran sus entusiastas productores; y los egipcios lo importaban de Siria y Palestina. Los griegos amaban el vino, al que a veces añadían una bola de masa (tal vez de harina de trigo) mojada en miel. Los romanos bebían vino en sus comidas formales, y lo diluían al igual que los griegos. El vino fue llevado por el Imperio Romano a las Galias, donde los viñedos de Borgoña y Burdeos produjeron vino desde el siglo I d.C. Hacia el siglo XVI, en Europa se bebía vino en grandes cantidades, pero como los toneles que lo contenían no eran herméticos, se bebía vino joven. Sólo desde 1750, al inventarse la botella cilíndrica con corcho, fue posible añejar vinos durante periodos largos. Desde 1780, cada parisino bebía, en promedio, unos 120 litros de vino al año.

Yugo
Desde el año 300 a.C., pares de bueyes ayuntados con un yugo tiraban de los arados en Mesopotamia. Los primeros yugos eran ajustados en los cuellos de las bestias y amarrados a los cuernos con correas. También se ponía cuerdas en los extremos del yugo y se pasaban éstas por los flancos del animal para que tirara de los arados o trineos. Luego, vino el yugo de madera, curvado en el medio para ajustarlo sobre el lomo de las bestias. Esto permitió tirar de las cargas usando toda la fuerza del lomo, en vez de hacerlo sólo con el cuello. Los yugos no eran empleados exclusivamente para las bestias de carga: a algunos hombres y mujeres también les eran impuestos. Hasta fines del siglo XIX, las lecheras usaban yugos de madera para cargar, en los extremos, cubos de leche desde la ordeña hasta la lechería. Esto todavía se acostumbra en algunos países.

El yugo de la lechera, 1805

ÍNDICE

Los números de página que aparecen en **negritas** remiten a capítulos o secciones dedicados al tema; los escritos en *itálicas,* a ilustraciones. Los recuadros permiten consultar rápidamente algunos de los principales tópicos de la vida cotidiana abordados a lo largo del libro.

A

ALFARERÍA Y VIDRIO

B

BAILE Y DANZA

D

DEFENSAS Y ARMAMENTO

DEPORTES

E

EDIFICIOS

ENSERES DOMÉSTICOS

JUEGOS Y JUGUETES

J

K

L

LA MUJER EN LA SOCIEDAD

M

MEDICINA Y ENFERMEDAD

MONEDA Y DINERO

N

NIÑOS

O

P

Q

R

RELIGIÓN

S

SOLDADOS

T

U

UN DÍA EN LA VIDA DE...

V

W

X

Y

Z

CRÉDITOS

A continuación aparece la lista de las ilustraciones. Los trabajos hechos a solicitud de Reader's Digest se consignan en cursivas. Los nombres de las fuentes se abrevian así: BA, Bridgman Art Library; BL, Board of the British Library; BM, Trustees of the British Museum; BN, Servicio Fotográfico de la Biblioteca Nacional, París; EA, Ekdotike Athenon, Atenas; ET, ET Archive, Londres; HP, Hulton Picture Company, Londres; MH, Michael Holford, Londres; ME, Mary Evans Picture Library, Londres; PN, Peter Newark's American Pictures, Bath, EUA; RMN, fotos © Réunion des Musées Nationaux, París; V & A, Board of Trustees of The Victoria and Albert Museum. La localización de las ilustraciones en las páginas del libro, se abrevia así (entre paréntesis): A, arriba; C, al centro; B, abajo; D, a la derecha; I, a la izquierda. Los números de página aparecen en negrilla.

MUNDOS ANTIGUOS **12** J.D. Lajoux. **13** (AD) *Malcolm Porter.* (CI) Musée de l'Homme, París/J. Oster. (CD) *Vana Haggerty.* (talladores de pedernal) *Ivan Lapper.* (BD) *Vana Haggerty.* **14** (AD) Jean Vertut. (BI) *Richard Bonson.* (BC) *Richard Bonson* basado en una ilustración de *The First Civilisations,* Giovanni Casselli (Macdonald 1983). (BD) *Richard Bonson* basado en una ilustración de *The First Civilisations,* Giovanni Casselli (Macdonald 1983). **14-15** *Ivan Lapper.* **15** (AD) *Gino D'Achille.* (I) Hans Hinz. (D) *Richard Bonson* basado en una ilustración de *Early People* (Eyewitness Guides, Dorling Kindersley 1989). **16** (AD) Musée des Antiquities Nationale, París/ © RMN. (BI) *Ivan Lapper.* (BC) *Richard Bonson* basado en una ilustración de *The First Civilisations,* Giovanni Casselli (Macdonald 1983). **17** (A) Begovan Collection/Foto Jean Vertut. (I) Archiv für Kunst und Gesischte, Berlín. (D) Jean Vertut. **18** (AI) *Malcolm MacGregor* basado en una ilustración de *Excavations at Hacilar,* James Mellaart (Edinburgh University Press 1970). (B) *Richard Bonson.* **19** (D) *Richard Bonson.* (C) *Richard Bonson.* (BD) *Richard Bonson.* **20** Erich Lessing/Magnum. **21** (AI) *Richard Bonson.* (AD) *Malcolm Porter.* (C) Emmett Bright. (D) Museum of London. (B) MH. **22** (AI) De *The Emergence of Man; The First Cities* © 1973 Time-Life Books Inc/Aldo Durrazzi. (C) *Malcolm McGregor.* **23** (cedazo) *Edward Williams*/Ashmolean Museum, Oxford. (I) *Edward Williams.* (AD) BM. (C) *Richard Bonson.* (BD) *Gino D'Achille.* **24** (I) Claus Hansman, Munich. (D) *Steve Smith.* **25** (AD) Gilgamesh, Museo del Louvre, París/© RMN. (BC) Hirmer Verlag, Munich. (CD) *Richard Bonson.* (BD) BM. **26** (A) *Ivan Lapper.* (B) *Edward Williams* basado en una ilustración de *Further Excavations at Mohenjo-Daro;* E. MacKay (Archaeological Survey of India). **27** (AD) *Edward Williams* basado en una ilustración de *Further Excavations at Mohenjo-Daro;* E. MacKay (Archaeological Survey of India). (BI) National Museum Delhi. (BC) *Edward Williams* basado en una ilustración de *Further Excavations at Mohenjo-Daro;* E. MacKay (Archaeological Survey of India). **28** Roger Wood. **29** (AD) *Malcolm Porter.* (I) BM. (BD) BN/Librairie Hachette. (bote) MH. **30** (AI) BM. (cosecha) BM, copia hecha por N. De Garis Davies. (bueyes) MH. (B) BM. **31** (A) Musée Guimet, París/Librairie Hachette. (CI) Erich Lessing/Magnum. (B) BM. (C) BM. **32** (AD) Museo del Louvre, París/ © RMN. (BI) Librairie Hachette. (arracadas) BM. (CD) *Richard Bonson*/BM. **33** (C) MH. (BI) MH. (BD) *Richard Bonson*/BM. (sandalias) BM. **34** (AI) *Brian Delf* basado en una ilustración de *Rapport sur le Fouilles de Deir el Medinah,* B. Bruyere (El Cairo 1939). (C) *Richard Bonson* basado en una ilustración de *Ancient Egypt* (Eyewitness Guides, Dorling Kindersley 1990). (B) MH. **35** (AI) Egypt Exploration Society. (minerales) BM. (CI) BM. (B) BM. **36** (AI) BM. (B) BM. (C) *Richard Bonson* basado en una ilustración de *Ancient Egypt* (Eyewitness Guides, Dorling Kindersley 1990). **37** (AI) *Richard Bonson.* (CD) MH. (B) BM. **38** (A) BM. (B) BM. **38-39** (A) BM. (B) MH. **39** (BD) BM. **40** (A) F.L. Kennet/Robert Harding, colección George Rainbird. (I) Erich Lessing/Magnum. (B) *Gino D'Achille.* **40-41** BM. **41** (C) *Richard Bonson.* (CI) *Richard Bonson.* (D) BM. **42** EA. **43** (AD) *Malcolm Porter.* (CI) EA. (CD) *Richard Bonson*/EA. (jarrón) *Richard Bonson*/Heraklion Museum. (BI) EA. (BD) EA. **44** (I) *Richard Bonson* basado en una ilustración de *The First Civilisations,* Giovanni Casselli (Macdonald 1983). (D) *Richard Bonson.* **44-45** *Ivan Lapper.* **45** (I) EA. (C) *Richard Bonson.* (aguamanil) EA. (CD) C.M. Dixon. (BC) *Richard Bonson* basado en una ilustración de *Gournia* (Boyd-Hawes 1908). (BD) *Richard Bonson.* **46** *Richard Bonson*/EA. **46-47** EA. **47** (AD) EA. (CI) EA. (C) EA. (CD) EA. (B) EA. **48** (A) Alton S. Toby. (C) EA. (BC) EA. (BD) *Richard Bonson.* **49** (AI) *Richard Bonson.* (BI) Alison Frantz, Dept of Classics, University of Cincinnati. (BC) *Luise Roberts.* (al margen) *Luise Roberts.* (BD) *Gino D'Achille.* **50** Oriental Institute, University of Chicago. **51** (AI) *Richard Bonson*/Erich Lessing/Magnum. (AD) *Malcolm Porter.* (BC) Mansell Collection, Londres. (BD) Museo del Louvre, París. **52** (C) *Steve Smith.* (BD) ET. **52-53** BL. **53** (CI) Erich Lessing/Magnum. (BI) Sonia Halliday. **54** (AI) Woodfin Camp Assoc./Nathan Benn. (BI) "La Filleuse", Museo del Louvre, París/© RMN - Larrieu. **55** (A) Grose Thurston Partnership. (C) *Edward Williams*/Israel Museum, Jerusalén/D. Harris. (CD) Israel Museum, Jerusalén/D. Harris. (BD) Erich Lessing/Magnum. **56** (A) ET. (I) Museo del Louvre, París/© RMN. **56-57** Museo del Louvre, París/© RMN. **57** (AD) MH. (BD) BM. (BC) *Richard Bonson.* **58** BM. **58-59** BM. **59** (AD) *Edward Williams*/MH. (CD) *Gino D'Achille.* (BD) Reader's Digest. **60-61** *Ivan Lapper.* **61** (AI) Erich Lessing/Magnum. (BD) MH. **62** (I) Erich Lessing/Magnum. (D) *Terence Dalley.* **63** (AI) Museo del Louvre, París/© RMN. (C) *Gino D'Achille.* (BD) William MacQuitty. **64** Cortesía del Cultural Relics Bureau, de Pekín, y del Museo Metropolitano de Arte, Nueva York. **65** (AI) Institute of History and Philology, Academia Sinica, Taipei. (AD) *Malcolm Porter.* (C) William MacQuitty. (BD) Andromeda. **66** (AI) Royal Ontario Museum. (AD) BM. (C) Wan-Go H.C. Weng/colección Ezekiel Schloss. **67** (AD) Royal Ontario Museum. (BI) Wan-Go H.C. Weng/Nelson-Atkins Museum of Art. (C) Museum of Fine Arts, Boston, colección Denman Waldo Ross. (BD) (ambas) *Richard Bonson*/BM. **68** (A) Ministerio de Cultura, de Pekín, y la Shaanxi Archaeological Corporation, de Shaanxi. (C) *Richard Bonson* basado en una ilustración de *Science and Civilisation in China,* Joseph Needham (Cambridge University Press 1965). **68-69** St Louis Art Museum. **69** (A) Andromeda. (CI) Society for Anglo-Chinese Understanding. (CD) Pitt Rivers Museum, Oxford. **70** (I) Institute of History and Philology, Academia Sinica, Taipei. (BC) Private Collection. **70-71** Robert Harding Picture Library. **71** (AC) *Luise Roberts.* (C) Museum of Fine Arts, Boston, Archibald Gary Coolidge Fund. (BI) De *A History of Far Eastern Art,* Sherman Lee (Abrams). (BC) Andromeda. (D) M.H. Hackforth-Jones/Robert Harding Picture Library. **72** Museum of Fine Arts, Boston, Francis Bartlett Fund. **73** (AD) *Malcolm Porter.* (DC) *Richard Bonson.* (BI) colección Mansell. (cartas griegas) *Luise Roberts.* (BD) Robert Harding Picture Library. **74** (I) Bildarchiv für Preussischer Kulturbesitz. (AD) colección Ancient Art & Architecture. (BI) *Gino D'Achille.* **74-75** *Ivan Lapper.* **75** (AD) colección J. Pierpont Morgan © Wadsworth Atheneum. **76** (AI) *Grose Thurston Partnership.* (C) MH. (BC) *Richard Bonson*/BM. (BC) BM. (BD) *Richard Bonson*/BM. (ollita en uso) BM. **77** (I) *Edward Williams.* (CI) Stadtische Museum, Francfort. (BC) Museo Archeologico Nazionale, Taranto/Frederico Garolla. (D) Museum of Fine Arts, Boston, H.L. Pierce Fund. **78** (AI) L.A. East. (BD) Museo del Louvre, París/© RMN. **78-79** BN. 79 (BC) Museo Mandralisca/Scala. (BD) Ashmolean Museum, Oxford. **80** (A) *Richard Bonson* basado en una ilustración de *The Horizon Book of Ancient Greece* (American Heritage 1965). (BI) Bibliothèque Nationale (París). **80-81** BM. **81** (AD) EA. (BD) *Edward Williams*/EA. (Hippocrates) Museo Ostiense/Sergio Rossi. **82** (C) colección Mansell. (BI) Fitzwilliam Museum, Cambridge. (BD) *Richard Bonson.* **83** (BI) The Metropolitan Museum of Art, donación de John D. Rockefeller Jr. 1932. (BC) BM. (AD) EA. (BD) Staatliche Museum, Berlín. (CD) *Ivan Lapper.* **84** (AC) BM. (BI) *Richard Bonson.* (BC) Martin von Wagner Museum, foto de la University of Wuerzburg/K. Oerhlein. (BI) *Richard Bonson.* **85** (AI) Ashmolean Museum, Oxford. (instrumentos de cuerdas) *Edward Williams.* (AD) BM. (ejecutante de lira) Museo del Louvre, París/© RMN. (BD) BM. **86** Giraudon. **87** (AD) *Malcolm Porter.* (C) Leonard von Matt. (DC) Brian Brake/John Hillelson Agency. (BI) Erich Lessing/Magnum. (BC) Vatican Museo Greg. Profano, Roma/P. Zigrossi. **88** (AI) Mauro Pucciarelli. (AD) *Edward Williams*/Museum of London. (C) *Steve Smith.* (lámpara) Peter Clayton. (deidad) MH. (altar) Scala. **89** (AI) colección Ancient Art & Architecture. (AD) G. Dagli Orti. (C) *Edward Williams*/(adultos) Josephine Powell/(niño) basado en una ilustración de *Ancient Rome* (Eyewitness Guides. Dorling Kindersley 1990). (BI) Museum of London. (BC) G. Dagli Orti. (BD) Erich Lessing/Magnum. **90** (AI) BM. (AC) BM. (BD) Giraudon. **90-91** *Edward Williams*/Museo del Louvre, París. **91** (AI) Giraudon. (AD) Scala. (CD) V. & A. (BD) colección Mansell. **92** (A) Musei Vaticani, Roma/Icona. (B) C.M. Dixon. **93** (AI) *Richard Bonson* basado en una ilustración de *Roman Family Life.* P. Hodge (Longman). (AC) *Gino D'Achille.* (AD) C.M. Dixon. (estrigilas y dados) *Edward Williams.* (C) G. Dagli Orti. (CD) Neil Holmes. (BD) BM. **94** (AD) Scala. (CI) L.A. East. (C) Musée du Petit Palais, París. (CD) BM. **95** (A) *Ivan Lapper.* (CI) St Germain-en-laye/© RMN. (BI) Musées Departementaux de la Seine-Maritime/Francois Dugue. (BC) Archivi Alinari. **96** (C) Museum of London. (BI) Erich Lessing/Magnum. (BC) Josse/Librairie Hachette. **96-97** Brian Brake/John Hillelson. **97** (arado) colección Ancient Art & Architecture. (hoz) BM. (C) C.M. Dixon. (BI) Erich Lessing/Magnum. (BD) *Edward Williams.* **98** (AI) Scala. (C) MH. (lanza, sandalia y bolso de mano) *Edward Williams* basado en una ilustración de *Ancient Rome* (Eyewitness Guides, Dorling Kindersley 1990). (BD) G.M. Kam/Rijksmuseum, Nijmegen. **98-99** Scala. **99** (AD) Museum of London/Woodmansterne. **100** (AI) Bad Kreuznach Museum. (C) Roger Wood. (B) BM. **100-101** Roger Wood. **101** (TC) BM. (AD) Erich Lessing/Magnum. (C) Musei Capitolini, Roma/Scala. (BD) (ambas) BM. **102** (bailarina) Musée Archeologique, Orleans/Bulloz. **103** (I) *Richard Bonson* basado en una ilustración de *The Celtic World,* Barry Cunliffe. (AD) *Malcolm Porter.* (C) Silkeborg Museum/Lars Bay. (BD) Landesmuseum Joanneum. **104** (I) BM. (C) BM. (D) BM. **104-105** *Richard Bonson.* **105** (AD) Georg Gerster/John Hillelson Agency. (C) *Richard Bonson*/BM. (BD) Erich Lessing/Magnum. (CD) Bern History Museum/S. Rebsamen. **106** (A) *Malcolm McGregor.* (BI) (todas) Museum of London. **106-107** *Richard Bonson*/National Museum of Wales. **107** (AD) BM. (AI) *Richard Bonson.* (CD) *Richard Bonson.* (BD) BM. **108** BM. **109** (AI) Werner Forman Archive. (AD) Lee Boltin. (BC) *Gino D'Achille.* (BD) Lee Boltin.

VIEJOS MUNDOS, NUEVOS MUNDOS **112** Hans Hinz. **113** (AD) *Malcolm Porter.* (monedas) *Richard Bonson*/BM. (BD) Werner Forman Archive. (BC) BM. **114** (AI) Werner Forman Archive. (B) *Terence Dalley* basado en ilustraciones originales de Rowland Mainstone en su *Hagia Sophia* (Thames and Hudson 1988). **115** (AC) Scala. (C) (todas) Werner Forman Archive. (BC) Werner Forman Archive. (BD) Werner Forman Archive. **116** foto, Studio Rapuzzi. **116-117** Geoffrey House. **117** BN. **118** Biblioteca Nacional, Madrid (Vit 26-2 54v). **119** (AI) *Gino D'Achille.* (AD) Biblioteca Nacional, Madrid (Vit 26-2 157va). (BC) Rapho. **120** BM. **121** (AI) Ashmolean Museum, Oxford. (AD) *Malcolm Porter.* (CD) Keith Morris. (BI) BL (Add ms 39942 f2). (BC) MH. **122** (AC) (moneda) L.A. East. (AC) (dado) *Richard Bonson*/York Archaeological Trust. (AD) Jim Hancock. (B) Colour Centre Slides. **123** (TC) *Richard Bonson* basado en una ilustración de *Early Christian Times,* Charles Thomas (Thames and Hudson). (AD) Patrick Thurston. (marcador) Robert Micklewright. (C) (ambas) Robert Micklewright. **124** (A) Anthony Weir/Janet y Colin Bord. (BI) Scala. **124-125** Eric Meacher. **125** (AI) *Richard Bonson.* (AD) Scala. (BI) Librairie Hachette/BN. (BD) Trinity College, Dublin (Ms. 58 f.5r). **126** (A) BN. (C) Benediktinerstift, St Paul. (cuerno) Artephot/Brumaire-C.D.R.I. (BD) Österreich Nationalbibliothek, Viena (Ms Salz. 9 Jh.Cod.387 f90v). **127** (AI) Archiv des Domstifts, Merseberg (Ms 136 fol.16). (AC) Shiftsbibliothek St Gallen (Cod. 22 S141). (C) Bildarchiv Preussischer Kulturbesitz. (D) Kunsthistorisches Museum, Viena. **128** (AC) Universitetets Oldsaksamling, Oslo/Ove Holst. (C) *Gino D'Achille.* (BI) Universitetets Oldsaksamling, Olso/Eivik I. Johnson. (armas) *Edward Williams.* **128-129** (A) Universitetets Oldsaksamling, Olso. (B) *Edward Williams* basado en una ilustración de *The Ship,* Bjorn Landstrom (Allen and Unwin). **129** (AI) © The Pierpont Morgan Library 1991 (Ms.M.736 f.9v). (BC) National Museum, Reikiavic. (BD) ATA Estocolmo/S. Hallgren, SHM. **130** (C) Patrick Thurston. (BD) Arhus University Museum, Moesgard. (BC) Patrick Thurston. **130-131** *Ivan Lapper.* **131** (AD) National Museum of Ireland. (tazón y jarrón) *Edward Williams*/Kulturan, Lund. (lámpara) Universitetets Oldsaksamling, Olso/Ove Holst. (BD) Lund Historiska Museum/Kulturen/Lars Westrup. **132** (monedas) BM. (BI) *Gino D'Achille.* (BD) ATA Estocolmo. **132-133** (balanzas) Historisk Museum, Bergen/Ann-Mari Olsen. (bolso) Historisk Museum, Bergen/Ann-Mari Olsen. **133** (AD) Christian Krohg "Leif Eiriksson discovers America" 1893, óleo sobre tela, 313 x 470 cm NG 558/foto Jacques Lathion, © Nasjonalgalleriet, Oslo. (CD) Frances Lincoln/Lennart Nilsen. (BD) Tromso Museum. **134-135** El Escorial, Madrid/MAS. **135** (TC) L.A. East. (AC) (dibujos de monedas) *Richard Bonson*/BM. (prestamistas) E.T. Archive/BL. (AD) *Malcolm Porter.* (BD) G. Dagli Orti. **136** V. & A. **136-137** MH. **137** (CD) Society of Antiquaries, Londres. (C) Public Record Office, Londres. (B) *Richard Bonson.* **138** (AD) Dominique Martínez, Estrasburgo. (BI) ET. **139** (AI) Giraudon. (C) Stadtmuseum, Munich/Claus Hansmann. (BD) *Ivan Lapper.* **140** (TC) Public Record Office, Londres. (AD) BN. (B) BN (Ms Arsenal 5062/0149). **141** (AI) Museo Civico Medievale, Bolonia (Ms 93f.I). (CD) BN/Librairie Hachette. (BD) Bibliotheque St Genevieve, París/BA. **142** (AI) BN (Ms 5.7 f.220v). (AD) Bodleian Library, Oxford (Ms. Douce 208). (BI) *Steve Smith.* (CD) The Museum of London. **142-143** Richard Bonson. **143** (AI) c The Pierpont Morgan Library 1991 (M.399 f 2v). (BD) BN. **144** (AI) BL. (BD) Österreische Nationalbibliothek, Viena. **145** (AD) BN. (CD) BN. (BI) MH. (BD) Science Museum, Londres. **146** (AD) Museo del Louvre, París/© RMN. (BI) Universitat Bibliotek, Heidelberg (Ms Manesse Cod. 848 f 149). **146-147** Universitat Bibliotek, Heidelberg (Ms Manesse Cod. 848 f 52r). **147** (AC) & (AD) Universitat Bibliotek, Heidelberg (Ms Manesse Cod. f 395 & f 256 v). (BD) *Gino D'Achille.* **148** (AI) © The Pierpont Morgan Library 1991 (Ms. 638 f28). (B) © The Pierpont Morgan Library 1991 (Ms. 638 f23). **149** (AD) HP. (BC) *Richard Bonson.* (BC) The Metropolitan Museum of Art, Rogers Fund, 1925. (BC) (alabarda) *Richard Bonson.* (BD) Musée de L'Armée, París. **150** (C) *Sarah Fox-Davies.* (CD) *Peter Ward.* (BI) Bibliotheque Royale, Bruselas. **150-151** (A) Private Collection. (B) ME. **151** (A) BN. (BD) Weidenfeld Archives/Bibliotheque Royale, Bruselas. (BC) BL. **152** (AI) MH. (AD) Bodleian Library, Oxford. (CD) Bibliotheque Saint-Genevieve (Ms 143/Studio Ethel. (BD) Bibliotheque de Dijon (Ms 170 f 59r). **153** (AI) BL (Ms Roy. 10 E.IV f 187r). (AD) BL (Ms Add 39843 f 6v). (BI) Royal Commission for Historic Monuments. (BD) *Gino D'Achille.* **154** (A) Southampton City Museums. (BI) BL (Ms Add.42130 f 186v). (BD) The Mansell Collection. **155** (AD) Scala. (CD) David Lees. (BD) Giovanni Vellini "The Assassination of St Peter" (detalle) The National Gallery, London. 156 HP. **157** (AI) Roger Wood. (AD) *Malcolm Porter.* (CD) BN (Ms. 5847 f 94v). (BC) BN (Ms. Arabe 385 f 123v). **158** (AI) BN (Ms. 495 Arabe 5847 f 120v). (BI) BN (Ms. Arabe 5867 f llv). (C) Freer Gallery of Art, Smithsonian Institution, Washington D.C. **158-159** *Ivan Lapper.* 159 (AD) BN (Ms. 5847 f 105). (BD) The Metropolitan Museum of Art, donado por Horace Havemeyer, 1956. The H.O. Havemeyer Collection (56.185.22). **160** (AI) BN (Ms. Arabe 5847 f 5v). (BI) MH. (BD) MH. **161** (AD)

BN (Ms. Arabe 2964 f 22). (C) Horniman Museum/Godfrey New. (CD) BN (Ms. Arabe 2953 f 79v). (BD) *Luise Roberts.* **162** (A) BN (Ms. FR 5594 f 213). (C) *Richard Bonson*/Public Record Office, Londres. (BI) BN (Ms. Fr. 5594f.213). **162-163** BN. **163** (AD) Caisse Nationale de Monuments Historiques, París. (C) (both) L.A. East. (BD) Topkapi Museum, Estambul. **164** BN. 164-165 Julia Temple/Susan Griggs. **165** (AI) BN (Ms. Fr. 2630 f 22v). (I) colección Mansell. (C) Museo del Ejército. **166** (A) Victor Englebert/Susan Griggs. (BI) (conchas y sal) Pitt Rivers Museum, Oxford. (BI) (dibujos) *Richard Bonson*/Royal Museum of Central Africa, Bruselas. **166-167** BN (Ms. Arabe 5847 f 143). **167** (TC) *Richard Bonson*/Professor Thurston Shaw. (AD) BL (Ms. Or. 718 127v). (BC) BM, Department of Ethnography. (BD) *Gino D'Achille.* **168** Red Fort Museum, Delhi/Laurie Platt Winfrey, Inc. **169** (TC) Cortesía de la Cultural Relic Publishing Company, Pekín. (AD) *Malcolm Porter.* (BC) Erich Lessing/Magnum. (BD) Sonia Halliday. **170** (AI) *Richard Bonson.* (C) Roland and Sabrina Michaud/John Hillelson. **170-171** (A) Topkapi Museum, Estambul. (B) V & A. **171** BM. **172** (C) *Richard Bonson.* (BD) Chester Beatty Library, Dublín/BA. **172-173** (BI) (Ms. Add 25900 231v). **173** (AD) Topkapi Museum, Estambul. (CD) Gabriele Mandel University Selcukide Konya/Mandel Khan Foundation. **174** Reproducido por cortesía de los Trustees of the Chester Beatty Library, Dublín (Ms. No439 f 9). **175** (AD) BL/Laurie Platt Winfrey, Inc. (CD) Historisches Museen, Viena. (BI) BA. (jarra) *Richard Bonson*/John Carswell (BD) Sonia Halliday. **176** (AD) Victoria & Albert Museum/BA. (hilanderos y tejedores) New York Public Library. (BI) Cortesía del Museum of Fine Arts, Boston. (BD) Aldus Archive, Syndication International. **177** (I) BM. (AD) William Macquitty. (CD) Con la autorización del Board of Trustees of the Royal Armouries/Godfrey New. (BC) New York Public Library, Spencer Collection. **178** (AI) Prince of Wales Museum, Bombay/Laurie Platt Winfrey, Inc. (BI) BL (Johnson Album XIII f 6 extra 299). **178-179** Reproducido por cortesía de los Trustees of the Chester Beatty Library, Dublín. **179** (AI) V & A. (AD) Erik Pelham/The National Trust. (BD) Bodleian Library, Oxford. **180** Adam Woolfitt/Susan Griggs. **181** (A) Scala. (BD) Scala. **182** (AI) De *The Age of the Renaissance* (Thames and Hudson, Londres). (monedas) L.A. East. (B) Scala. **183** (AD) BL (Add 24189 f16). (CD) V & A. (I) Scala. (BC) *Richard Bonson.* **184** (A) *Gino D'Achille.* **184-185** Roma, Galleria Doria Pamphili/foto A. De Luca. **185** (AI) Gabinetto Nazionale delle Stampe, Roma. (BI) Scala. (BD) *Edward Williams* basado en un original del Metropolitan Museum of Art, Nueva York. **186** (A) V & A. (BI) V & A. (BD) Scala. **187** (AI) BL. (C) Scala (BD) Scala. **188** (A) HP. (C) Bodleian Library, Oxford. (BD) BL. **188-189** Ambrosius Holbein "Aushangeschild eines Schulmeisters", Oeffentliche Kunstsammlung, Kunstmuseum, Basilea. **189** (A) Jon Stephan van Calcar "Voon des menschen cörpers Anatomey", grabado en boj, portada, Oeffentliche Kunstsammlung, Kupferstich Kabinett, Basilea. (C) Scala. (BD) Herzog Anton Ulrich-Museum/Keiser 1986. **190** (AI) The *Grose Thurston Partnership.* (AD) *Richard Bonson.* (C) BM. (B) Museum Boymans-Van Beuningen, Rotterdam/BA. **191** (C) Giraudon París/BN. (BD) Kunsthistorisches Museum, Viena. **192** (D) Bibliotheque Publique et Universitaire, Ginebra/Jean Arlaud. (I) Kunsthistorisches Museum. Viena/BA. **193** (A) Musée Historique de la Reformation, Ginebra. (B) Kunsthistorisches Museum, Viena/BA. **194** (AD) MH. (BI) (dibujos) *Edward Williams.* (BI) (fotografía) *Adam Woolfit.* **194-195** *Richard Bonson.* **195** (A) colección Mansell. (I) MH. (BD) Syndication International/Aldus Archive. **196** MH. **197** (AD) *Malcolm Porter.* (figura humana) MH. (pectoral) MH. (BI) BM. (BC) BM. (BD) © Pierpont Morgan Library, Nueva York 1991 (MA 3900, f 100). **198** (A) Museum für Volkerkunde, Basilea/Werner Forman Archive. (B) Códice Florentino, libro IV, lámina XXXIII; figura 97 (Agricultor), Cap. I, H.4, Instituto Nacional de Antropología e Historia, México. **198-199** BM Department of Ethnography **199** (AD) Escudo con coyote emplumado, obsequiado a Cortés por el Obispo de Palencia, no por el Rey de España/Museum für Volkerkunde, Viena. (vasijas) *Edward Williams*/Werner Forman Archive. (BI) *Luise Roberts* basado en una ilustración de *The Aztecs of Mexico,* G.C. Valliant (Pelican). (BD) Lee Boltin. **200** (AI) MH. (D) Lee Boltin. (BC) Christopher Donnan. **201** (AI) Aldus Archive, Syndication International. (AD) Royal Library Copenhague. (quipu) *Edward Williams*/American Museum of Natural History. (CI) Royal Library Copenhague. (CD) Museum für Volkerkunde, Berlín. (BD) South American Pictures. **202** (A) *Steve Smith* basado en una ilustración de *America's Fascinating Indian Heritage* (Reader's Digest 1978). (BI) *Gino D'Achille*/National Anthropological Archives, Smithsonian Institute, Washington. (BC) Bradford Collection, obsequio de W.R. Coe Foundation/Werner Forman Archive. (BD) Buffalo Bill Historical Center/Werner Forman Archive. **202-203** (A) Museum für Volkerkunde, Berlín/Werner Forman Archive. (B) (arco) Werner Forman Archive. **203** (AD) MH. (BI) New York Public Library, Rare Book Division. (BC) Museum für Volkerkunde, Berlín/Werner Forman Archive. (BD) *Edward Williams*/Peabody Museum, Harvard University. **204** (AI) The Granger Collection. (AD) BL (De Bry "America" XIII). (B) (ambas) ME. **205** (AD) *Ivan Lapper.* (BD) (todas) Reproducidas con la autorización del American Museum in Britain, Bath. **206** Collección del National Palace Museum, Taiwán. **207** (AC) Metropolitan Museum of Art, Nueva York. Obsequio de Heber R. Bishop 1902 (02.18.385). (AD) *Malcolm Porter* (B) Cortesía del Museo de Pekín. **208** (AI) BL. **208-209** Metropolitan Museum of Art, Nueva York. Fletcher Fund obsequio de A.W. Baha 1947 (47.18.50). **209** (AI) Cortesía del Department of Library Services, American Museum of Natural History, Photo Julius (314313). (AD) Cortesía del Freer Gallery of Art, Smithsonian Institute, Washington. (C) Percival David Foundation. (CD) Percival David Foundation. (taza) *Richard Bonson*/Percival David Foundation. **210** (AI) *W.M. Cai.* (AD) *W.M. Cai.* (CI) BM. (C) Percival David Foundation. (BI) Werner Forman Archive. (BD) Ch'en Chih-Mai, *Chinese Calligraphers and their Art* (Melbourne University Press). **211** (AD) Wan-Go H.C. Weng. (CD) Percival David Foundation (BI) Collección del Nelson-Atkins Museum of Art. (BD) (plato) *Richard Bonson*/Percival David Foundation. (BD) Percival David Foundation. **212** (AI) Michael Nichols/Magnum. **212-213** Zhu Junbi, Chinese (atribuido a) "Street Scenes in Times of Peace" (Taiping fenghui tu), calado a mano, tinta y color sobre papel, Ming, siglos XV-XVI, 26 x 790 cm, Kate S. Buckingham Fund, 1952.8 detalle: vista # 14; The puppet show © 1991 The Art Institute of Chicago, todos los derechos reservados. **213** (BD) Private Collection. **214** (C) *Richard Bonson.* (AD) V & A/Ian Thomas. (BI) colección James A. Michener, Honolulu Academy of Arts, Hawai. (BD) Okura Shukokan Museum/Laurie Platt Winfrey. **214-215** Christie's Colour Library. **215** (AD) Werner Forman Archive. (BD) Kennin-Ji Temple, Kioto, Japón. **216** (C) *Richard Bonson.* **216-217** (A) Narai-ji, Kioto National Museum/Andromeda. (B) Local History Museum, Tokio/International Society for Educational Information. **217** (TC) National Museum, Tokio. (CD) colección Werner J. Koppitz/Ernest Coppolino. (plato y garrafa) colección Munsterberg, Nueva York. (BD) *Richard Bonson*/colección Munsterberg, Nueva York. **218** Private Collection. **219** (A) ME. (AD) *Malcolm Porter.* (B) Prado, Madrid/BA. **220** (A) Prado, Madrid. (B) Mansell Collection. **221** (AI) & (C) BL. Prado, Madrid/MAS. (moneda) *L.A. East.* (AD) MH/Gerry Clyde. **222** (BI) Mansell Collection. **222-223** (mosquetero) Board of Trustees of the Royal Armouries/Godfrey New. (mosquete) Board of Trustees of the Royal Armouries/Godfrey New. **223** (AD) National Gallery, Londres/BA. (B) BM. **224** (B) Van der Meulen "Versailles under Construction" (detalle) Royal Collection, St James's Palace © Su Majestad La Reina. **224-225** Versalles/RMN. **225** (I) BN/Bulloz. (CD) Bulloz. (BC) BN. **226** (AI) Tate Gallery, Londres/BA. (CD) ET. (B) Jean-Loup Charmet, París. **226-227** Museum of the History of Science, Oxford. **227** (A) Ashmolean Museum, Oxford. (C) Archiv für Kunst und Geschichte, Berlín. (BD) V & A. **228** (BI) (J. Atkinson "Manners and Customs of the Russians" 1804). **229** (todas) BL. (AD) *Malcolm Porter.* **230** (C) *Richard Bonson*/(tazón) Erich Lessing, Magnum/(tarro) State Historical Museum, Moscú. (BD) BL. **230-231** A. Vasnetsov/Nóvosti. **231** (D) Loukomski "La Vie et les Moeurs en Russie". (BI) Weidenfeld Archives. **232** (AI) *Brian Delf.* (BI) MH. (BC) MH. **232-233** MH. **233** (AD) *Richard Bonson*/Nóvosti. (BD) BL. **234** (AI) & (AD) BL. (C) Horniman Museum/Godfrey New. **234-235** BL. **235** BL.

EL MUNDO MODERNO **238** BN/Bulloz. **239** (mapas) *Malcolm Porter.* (bandera) *Edward Williams.* (CD) Bulloz. (BI) Fred Sieb. (B) Wellcome Institute. **240** (A) National Army Museum, Londres. (CD) *Richard Bonson*/Wallis and Wallis Military Heritage Museum, Lewes. **241** (AD) Library Company of Philadelphia. (C) Culver. (BI) Library of Congress. Washington. (BD) Cortesía de la John Carter Brown Library de la Brown University. **242** (AD) ME. (C) *Edward Williams.* (BI) Jean-Loup Charmet, París. **242-243** (A) *Richard Bonson.* (B) BM. **243** (AI) HP. (C) BN. (CD) *Richard Bonson*/Musée de Mognenan, Portets. (BD) Jean-Loup Charmet, París. **244** (AI) Historisches Museum, Francfort. (C) V & A. (batalla) Musée de l'Armée, París. (B) ME. **245** (AD) Anne S.K. Brown Military Collection, Brown University Library. (C) ME. **244-245** Chateau de Versailles, París/BA. **246** (AI) National Maritime Museum, Greenwich. (BI) ET. (I) National Maritime Museum, Greenwich. **246-247** *Richard Bonson*/Pitkin Pictorials. **247** (AD) National Maritime Museum, Greenwich, (C) National Maritime Museum, Greenwich. (barril) *Richard Bonson*/Pitkin Pictorials. **248** Ann Ronan Picture Library. **249** (A) Ann Ronan Picture Library. (C) National Trust. (CD) Science Museum, Londres. (BD) BM. **250** (A) BM. (BI) Fine Art Photographic Library. (bancos) *Edward Williams*/Wenderton Antiques. **250-251** (A) *Richard Bonson.* (B) ET. **251** (TC) Lincoln Museum/ET. (todos los dibujos a tinta) *Robert Micklewright.* (BD) Museum of Rural Life, Reading. **252** (BI) ME. (C) *Patrick Thurston.* **252-253** Royal Holloway & New Bedford College, Surrey/BA. **253** (AD) Roger Viollet. (CI) *Edward Williams.* (C) *Patrick Thurston*/Railway Museum, York. (CD) *Edward Williams.* (BD) Ann Ronan Picture Library. **254** (A) ET. (C) Jean-Loup Charmet, París. **254-255** (A) Roger Viollet. (B) Mansell Collection. **255** (I) Jean-Loup Charmet, París. (C) *Edward Williams.* (D) Mansell Collection. **256** ME. **257** (AC) (ambas) ME. (AD) *Malcolm Porter.* (BI) The Museum of London. (BD) Harlingue-Viollet, **258** Bibliotheque Historique, París/Chavanne, Studio des Grands Augustins. **258-259** Harrogate Museums & Art Gallery. **259** (AD) colección Mansell. (CI) V & A. (BC) Marshall Cavendish. (BD) Illustrated London News. **260** (I) *Grose Thurston Partnership.* (BD) HP. **261** (AI) HP. (C) Marshall Cavendish/Ray Duns. (plancha) *Edward Williams.* (BD) BA. **262** (I) Von Menzel "Pariser Wochentag", Kunstmuseum, Dusseldorf. **263** (AI) BA/Musée Carnavalet. París/Lauros Giraudon. (binoculares) Christie's Colour Library. (abanico) *Richard Bonson*/Marshall Cavendish/Dennis Barnard. (BI) ME. (BD) Bulloz/Musée Carnavalet. **264** (A) Staatliche Muséen Preussischer Kulturbesitz, Nationalgalerie, Berlín/Jörg P. Andeus. (B) Private Collection. **265** (AI) Archiv für Kunst und Geschichte, Berlín. (AD) Private Collection. (BI) Stadtmuseum, Munich/Claus Hansmann. (CD) Archiv für Kunst und Geschichte, Berlín. (BD) Claus Hansmann. **266** *David Sheppard.* (BD) ME. **266-267** Tate Gallery, Londres. **267** (BI) Collection Sirot Angel, París. (AD) (all) HP. **268** (C) National Postal Museum, Londres. (B) Museum of London. (BD) Barnaby's Picture Library. **268-269** *David Sheppard*/John Frost. **269** (AD) HP. (CD) MH. (BD) Jean-Loup Charmet, París. (BI) Barnaby's Picture Library. **270** (A) Royal Holloway & Bedford New College, Surrey/BA. (B) ME. **271** (AI) BN. (AD) colección Mansell. (C) Jean-Loup Charmet, París. (proselitista) Wellcome Institute, Londres. (estetoscopio) Science Museum, Londres. **272** De *Russia in Original Photographs,* Marylin Lyons, (Routledge & Kegan Paul 1977). **273** (AD) *Malcolm Porter.* (CI) I. Repin/Nóvosti. (CD) (ambas) BL. (BD) Nóvosti. **274** (AD) Society for Cultural Relations with the USSR. (BI) Popperfoto. **274-275** BL. **275** (AD) HP. (C) Collection Raoult, Musée de l'Homme, París. (BI) Colección Raoult, Musée de l'Homme, París. (BD) *Richard Bonson*/H.V. Opolovnikiv. *Wooden Architecture of Russia* (Thames and Hudson 1989). **276** (C) Werner Forman Archive. (BI) Graphische Sammlung Albertina, Viena/Lichtbildwerkstätte Alpenland. (BD) Graphische Sammlung Albertina, Viena/Lichtbildwerkstätte Alpenland. **276-277** Stadtische Museum, Viena/BA. **277** (AI) BA. (AD) ET. (C) Marshall Cavendish. (BD) Museen der Stadt, Viena. **278** (A) Bildarchiv Preussischer Kulturbesitz. (B) *Edward Williams*/Jewish Museum, Nueva York. (CD) Colección Raoult, Musée de l'Homme, París. **279** (BD) Chloe Obolensky, "The Russian Empire". (A) Marc Chagall, "The Wedding". © 1992 ADAGP, París y DACS, Londres/Private Collection/BA. (C) V & A. (BD) De A. Rubens *A History of Jewish Costume* (Weidenfeld 1973). **280** Royal Geographical Society, Londres. **281** (A) *Malcolm Porter.* (AC) BM Department of Ethnography. (BI) Octopus Picture Library. (C) Frans Lanting/Bruce Coleman. (pesas) BM Department of Ethnography. **282** (C) BL. (BI) BL. **282-283** *Ivan Lapper*/Aubrey Elliot, *Zulu, Heritage of a Nation* (Struik 1991). **283** (I) BM Department of Ethnography/Godfrey New. (AD) National Army Museum, Londres. (CD) William Fehr Collection, Ciudad del Cabo. **284** (AI) colección Mansell. (C) Voortrekker Museum, Pietermaritzburg. (BD) Voortrekker Museum, Pietermaritzburg. **285** (AI) Peter Newark's Historical Pictures. (B) Voortrekker Museum, Pietermaritzburg. (BD) Africana Museum, Johannesburgo. **286** Africana Museum, Johannesburgo. **286-287** *David Thorpe.* **287** (AD) Cape Archives, Ciudad del Cabo. (C) De Beers. **288** Paul Mellon Collection, Yale Center for British Art. **289** (AD) *Malcolm Porter.* (CI) ME. (C) MH. (BD) Peabody Museum of Salem/Mark Sexton. **290** (BI) Marshall Cavendish/Lyndon Parker. (BD) Mansell Collection. **291** (CD) Douglas Dickins. (BI) National Museum, Nueva Delhi. (BC) colección Mansell. (BD) V & A. **292** (I) BL India Office Library. (CD) ET. (BD) colección Wallace. **292-293** Fine Art Photo Library. **293** (AD) ET. (CI) The National Army Museum, Chelsea. (BC) Marshall Cavendish/Ray Duns. (BD) *Richard Bonson*/Marshall Cavendish/Ray Duns. **294** (AI) BL India Office Library/Marshall Cavendish. (C) colección Mansell. **294-295** ME. **295** (C) ET. (BI) *Richard Bonson.* (BC) Private Collection. (BD) Private Collection. **296** Mitchell Library, State Library of NSW. **297** (A) colección Rex Nan Kivell, National Library of Australia, Canberra. (C) MH. (AD) *Malcolm Porter.* (BC) BM. (BD) BM/Werner Forman Archive. **298** Mitchell Library, State Library of NSW. **298-299** (A) *Richard Bonson*/Axel Poignant. (B) Axel Poignant. **299** (AD) Private Collection, Praga/Werner Forman Archive. (C) ET. (CD) Mitchell Library, State Library of NSW, Sydney. **300** (A) Mitchell Library, State Library of NSW, Sydney. (BI) Mitchell Library, State Library of NSW, Sydney. **300-301** (A) Dixson Galleries, State Library of NSW, Sydney. (C) *Richard Bonson.* (B) Mitchell Library, State Library of NSW. **301** (AC) La Trobe Collection, State Library of Victoria, Melbourne. (C) Private Collection. (BC) Private Collection. **302** (AD) Mitchell Library, State Library of NSW, Sydney. (AI) ET. (BI) Pitt Rivers Museum, Oxford. **302-303** (BI) (Ms ADD 23920 f50). **303** (CD) ME. (C) BM Department of Ethnography/Godfrey New. (tazón) Axel Poignant Archive. (comb) *Richard Bonson.* (CD) Axel Poignant Archive. **304** Cortesía de la Martyn Gregory Gallery. **305** (AI) BA. (AD) *Malcolm Porter.* (C) Private Collection. (BD) Popperfoto. (BI) APA Photo Agency, Singapur. **306** (AD) Berry-Hill Galleries, Nueva York. (BI) Popperfoto. **306-307** Laurie Platt Winfrey/Mr & Mrs Rafi Y. Mottahedeh/Otto Nelson. **307** (AD) Topham. (C) National Maritime Museum, Greenwich. (BC) Popperfoto. **308** (A) *Kanagawa Prefectural Museum.* (dibujos de objetos) Laurie Platt Winfrey. **309** (AI) Laurie Platt Winfrey. (AD) Popperfoto. (C) Laurie Platt Winfrey. (BD) BM/Andromeda. **310** ME. **311** (AI) Ann Ronan Picture Library. (AD) *Richard Bonson*/Deere and Company. (mapa) *Malcolm Porter.* (CD) colección Old Sturbridge Village /Henry E. Peach. (BC) HP/Bettman Archive. **312** (A) PN. (C) PN. (BD) Private Collection. **312-313** Taylor, "The American Slave Market" 1852, Cortesía de la Chicago Historical Society. **313** (A) PN. (C) PN. (B) PN. **314** (A) PN. (CD) HP/Bettman Archive. (BD) HP/Bettman Archive. **314-315** New York Public Library. **315** (A) *Richard Bonson*/PN. (instrumentos) Armed Forces Institute of Pathology. ("Off for the War") Library of Congress. (dólar) *L.A. East.* **316** (I) HP/Bettman Archive. (AD) *Vanessa Marsh.* **316-317** W.H.D. Koerner. **317** (AC) PN. (AD) HP/Bettman Archive. (C) PN. (BD) PN. **318** (AD) Harald Sund © 1974 Time-Life Books Inc, cortesía de la Oregon Historical Society. **318-319** Harald Sund © 1974 Time-Life Books Inc, cortesía de la Oregon Historical Society. (CI) James Wilkins "Leaving the Homestead", Art Collection Missouri Historical Society. (B) PN. **319** (AI) (reloj) Harald Sund © 1974 Time-Life Books Inc, cortesía de la Oregon Historical Society. (C) Denver Public Library. (CD) HP. (BI) H.W. Jackson, "South Pass", Utah State Historical Society. **320** (AI) colección Granger. (CD) PN. (C) Library of Congress. (BD) L.A. East. **321** (CI)

California State Library. (BD) Granger Collection. **322** (AC) HP/Bettman Archive. (CD) HP/Bettman Archive. (B) PN. **323** (A) Metropolitan Museum of Art, Nueva York, obsequio de Moses Tanenbaum, 1937 (39.47.1). (BI) *Richard Bonson.* (BD) **323** (A) Metropolitan Museum of Art, Nueva York, obsequio de Moses Tanenbaum, 1937 (39.47.1). (BI) *Richard Bonson.* (BD) ME. **324** (CD) Archives of Ontario (F229-10-1). (BI) *Steve Smith*/Manitoba Museum of Man and History, Winnepeg. (BD) Archives of Ontario (F229-1-017). **324-325** (A) Paul Kane, "Half Breeds Travelling", Royal Ontario Museum (912-1.24). **325** (AC) Lorne Coulson. (BI) RCMP Archives. (BC) New York Historical Society, del Frank Leslie's Illustrated Newspaper, 23 de sept. de 1871. **326** (C) ME. (BD) colección Jacob A. Riis, Museum of the City of New York. **326-327** colección Eno, New York Public Library. **327** (AD) PN. (C) (ambas) Laurie Platt Winfrey/New York Historical Society. (sastre) HP. (BI) PN. (BC) PN. **328** (AD) ME. (C) Smithsonian Institution, Washington. (BI) Bettman Archive. (BD) PN. **328-329** PN. **329** (AI) Bettman Archive. (C) George Wesley Bellows, "The Cliff Dwellers" (detalle), Los Angeles County Museum of Art. **329** (Heinz) colección Robert Opie. (BI) Hershey Foods Corporation/James McInnis. (BD) New York Historical Society. **330** ME. **331** (A) Bodleian Library, Oxford (Ms Bod 264 pt 1 f90). (C) Tin Research Institute. (BD) *Richard Bonson* basado en una ilustración de *The Greeks,* A. Millard y S. Peach (Usborne 1990). **332** ET. **333** (AI) Bridgeman/M. Holford. (A) Reader's Digest art-work. (C) Reader's Digest. (B) Reader's Digest. **335** Mary Evans Picture Library. **336** (A) ET. (B) Hulton Deutsch. **337** Bodleian Library. **338** (I) ET. (D) Mary Evans Picture Library. **339** (C) Reader's Digest art-work. (BD) Reader's Digest art-work. **340** (B) Bridgeman Art Library. (A) Hulton Deutsch. **341** ET.

También deseamos hacer patente nuestro agradecimiento a los editores de los siguientes libros y revistas que se emplearon como fuentes de consulta o de citas bibliográficas:

EN GENERAL *America's Historylands* (Reader's Digest); *Discovering Costume,* A., Barfoot (University of London); *Discovery and Exploration* (Reader's Digest); *Encyclopaedia Britannica; The Emergence of Man* (Time-Life); *The Faber Book of Reportage,* ed. J. Carey (Faber); *Food* (English Heritage); *Great Ages of Man* (Time-Life); *Great Civilisations* (Thames and Hudson); *Hamlyn History of the World in Colour; A History of Everyday Things in Britain,* M. y C.H.B. Quennell (Batsford); *History of Food,* R. Tannahill (Penguin); *A History of Private Life,* ed. Aries and Duby (Belknap and Harvard); *History Today; History of the World,* J.M. Roberts (Pelican); *Houses,* M. y A. Potter (Murray); *An Illustrated History of Medicine* (Hamlyn); *The Last Two Million Years* (Reader's Digest); *Library of Modern Knowledge* (Reader's Digest); *The Life History of the United States; Life Through the Ages,* G. Casselli (Dorling Kindersley); *Men at Arms* (Osprey); *Milestones of History* (Reader's Digest); *Money,* J. Cribb (British Museum); *National Geographic; Penguin Dictionary of English and European History; The Roots of Evil,* C. Hibbert (Penguin); *The Story of America* (Reader's Digest); *Structures of Everyday Life,* F. Braudel (Collins); *Wonders of Man* (Reader's Digest); *World History Factfinder.* C. McEvedy (Cresset Press); *The World's Last Mysteries* (Reader's Digest).

MUNDOS ANTIGUOS *The Ancient Olympic Games,* J. Swaddling (British Museum); *Athenian Red Figure Vases,* J. Boardman (Thames and Hudson); *Atlas of Ancient Civilisations,* K. Branigan (Heinemann); *Atlas of Ancient Egipt,* J. Baines y J. Malek (Phaidon); *Atlas of the Bible,* J. Rogerson (Phaidon); *Atlas of Early Man,* Jacquetta Hawkes (Macmillan); *Atlas of the Greek World,* P. Levi (Phaidon); *Atlas of the Roman Workd,* T. Cornell y J. Matthews (Phaidon); BC: *The Archaeology of the Bible Lands,* M. Magnusson (Bodley Head): *The Cambridge Encyclopaedia of China,* ed. B. Hook (Cambridge University Press); *The Canaanites,* J. Gray (Thames and Hudson); *China, a Concise Cultural History,* A. Cotterell (John Murray); *China, an Integrated Study,* A. Cotterell y D. Morgan (Harrap); *Cultural Atlas of Mesopotamia,* M. Roaf (Facts on File); *The Dawn of Civilisation* (Thames and Hudson); *Egyptian Life,* M. Stead (British Museum); *Egyptian Painting,* T.G.H. James (British Museum); *Everyday Life in Babylonia and Assyria,* H.W.F. Saggas (Batsford); *Everyday Life in Bible Times* (National Geographic); *Everyday Life in Prehistoric Times,* M. y C.H.B. Quennell (Batsford); *Everyday Life in Roman and Anglo-Saxon Times,* M. y C.H.B. Quennell (Batsford); *The First Settlements,* J. Robottom (Watts); *The First Merchant Venturers,* W. Culican (Thames and Hudson); *The Greek Armies,* P. Connolly (Macdonald); *Greek and Roman Life,* I. Jenkins (British Museum); *The Greeks,* S. Peach y A. Millard (Usborne); *The Heart of the Dragon,* A. Clayre (Collins); *Half the World,* A. Toynbee (Thames and Hudson); *The Hittites,* O.R. Gurney (Pelican); *How People Lived,* A. Millard (Dorling Kindersley); *Illustrations of Old Testament History,* R.D. Barnett (British Museum); *Images of the Ice Age,* P.G. Bahn y J. Vertut (Windward); *Iron-Age Farm,* P.J. Reynolds (Colonnade); *Linear B and Related Scripts,* J. Chadwick (British Museum); *The Mycenaeans,* Lord William Taylour (Thames and Hudson); *Ancient Empires,* ed. S.G.F. Brandon (Weidenfeld and Nicolson); *The Minoans,* S. Hood (Thames and Hudson); *The Roman Army,* P. Connolly (Macdonald); *Roman Britain,* K. Branigan (Reader's Digest); *The Roman World,* M. Vickers (Phaidon); *The Search for Early Man* (Cassell); *Sport and Recreation in Ancient Greece,* W.E. Sweet (Oxford); *Vanished Civilisations* (Thames and Hudson).

VIEJOS MUNDOS, NUEVOS MUNDOS *The Age of Chivalry,* C.T. Wood (Weidenfeld and Nicolson); *The Age of Expansion* (Thames and Hudson); *The Age of Sultan Süleyman the Magnificent* (National Callery of Art, Washington); *Amsterdam in the Age of Rembrandt,* J. Murray (David and Charles); *Art of the Renaissance,* P. y L. Murray (Thames and Hudson); *Art of the Dark Ages,* M. Backes (Abrams); *Art of Warfare in Biblical Lands,* Y. Yadin (International Publishing); *Atlas of the Islamic World,* F. Robinson (Phaidon); *Atlas of Medieval Europe* (Phaidon); *Atlas of Russia,* R. Milner-Gulland (Phaidon); *The Barbarian West,* J. M. Wallace-Hadrill (Hutchinson); *The Beginnings of English Society,* D. Whitelock (Pelican); *The Birth of Western Civilisation* (Thames and Hudson); *The British and the Grand Tour,* J. Black (Croom Helm); *Byzantium.* R. Loverance (British Museum); *Byzantium, City of Gold, City of Faith,* P. Hetherington (Orbis); *Charlemagne and His World,* F. Heer (Weidenfeld and Nicolson); *China-A History in Art* (Gemini Smith); *The Christians,* B. Gascoigne (Cape); *Cities of Destiny* (Thames and Hudson); *The Conquest of the Incas,* J. Hemming (Macmillan); *Cortes and the Aztec Conquest,* I. Blacker (Cassell); *Cultural Atlas of China,* C. Blunden (Phaidon); *Cultural Atlas of Japan,* M. Cullcutt (Phaidon); *The Crusades,* M. Holden (Wayland); *Daily Life of the Aztecs,* J. Soustelle (Weidenfeld and Nicolson); *Daily Life in England in the Reign of George III,* A. Parreux (Allen and Unwin); *The Dark Ages* (Thames and Hudson); *English Life in Chaucer's Day,* R. Hart (Wayland); *Early Christian Ireland,* M. y L. de Paor (Thames and Hudson); *Early Medieval Art,* J. Beckwith (Thames and Hudson); *The Eighteenth Century* (Thames and Hudson); *Elizabethan England,* A. Plowright (Reader's Digest); *English Social History,* G.M. Trevelyan (Penguin); *The English Village,* R. Muir (Thames and Hudson); *Everyday Life in Medieval Times,* M. Rowling (Batsford); *Everyday Life in Ottoman Turkey,* R. Lewis (Batsford); *Everyday Life of the Incas,* A. Kendall (Batsford); *The Evolution of Russia,* O. Hoetzsch (Thames and Hudson); *The Flowering of the Middle Ages* (Thames and Hudson); *The Georgian Gentleman,* M. Brander (Saxon House); *The Georgian Triumph,* M. Reed (Routledge and Kegan Paul); *The Grand Tour,* C. Hibbert (Spring Books); *The Great Moghuls,* B. Gascoigne (Cape); *Heritage of Canada* (Reader's Digest); *A History of Japan,* Sir G. Sansom (Dawson); *Holland,* A. Hopkins (Faber and Faber); *Horizon Book of the Arts of China; Horizon Book of the Elizabethan World; Horizon Book of the Middle Ages; Horizon Book of the Renaissance; Horizon History of China; In Search of Canada* (Reader's Digest); *Ireland: A Cultural Encyclopaedia,* ed. B. de Breffiny (Facts on File); *Japan: A History in Art,* B. Smith (Weidenfeld and Nicolson); *Life in Anglo-Saxon England,* R.I. Page (Batsford); *Life in Georgian England,* E.N. Williams (Batsford); *Life of the Aztecs,* P. and J. Soisson (Minerva); *Lost City of the Incas,* H. Bigham (Greenward); *Montezuma and the Aztecs,* N. Harris (Wayland); *The Making of Medieval Spain,* G. Jackson (Thames and Hudson); *The Medieval Establishment,* G. Hindley (Wayland); *The Medieval Machine,* J. Gimpel (Gollancz); *Medieval Warfare,* G. Hindley (Wayland); *Mexico,* M.D. Coe (Thames and Hudson); *Mysteries of the Ancient Americas* (Reader's Digest); *Moorish Culture in Spain,* T. Burckhardt (Allen and Unwin); *Oxford Illustrated History of Ireland,* ed. R.F. Foster; *Princes of Jade,* E. Capon and W. Macquitty (Cardinal); *Rome: Biography of a City,* C. Hibbert (Viking); *Spain: The Root and the Flower,* J.A. Crow (Harper and Row); *Atlas of Medieval Civilisations* (Times); *Taming of the Canadian West,* F. Rasky (MacClelland and Stewart Ltd); *The Vikings* (Cassell); *The Vikings* (Nordbok); *The Vikings and Their Origins,* D.M. Wilson (Thames and Hudson); *A walk through the Dark Ages,* F. Delaney (Collins); *The Way of the Samurai,* R. Story (Orbis); *Wooden Architecture of Russia,* A.V. y Y.A. Opoluvnikov (Thames and Hudson).

EL MUNDO MODERNO *African Art,* Frank Willett (Thames and Hudson); *The African Past,* ed. B. Davidson (Penguin); *The Age of Paradox,* J. Dodds (Gollancz); *The American Civil War,* E. Meyers (Golden Press); *The American Cowboy in Life and Legend,* B. McDowell (National Geographic); American Heritage *Histories of the Civil War, the Great West, and the Indians; The Asante,* M. McLeod (British Museum); *An Australian in China,* G.E. Morrison (Angus and Robertson); *Chronicle of the French Revolution* (Chronicle); *Citizens,* S. Schama (Penguin); *Concise History of India,* F. Watson (Thames and Hudson); *Cook's Tours,* E. Swinglehurst (Blandford); *Cook's Voyages and Peoples of the Pacific* (British Museum Publications Ltd); *Chronicles of America,* Currier and Ives (Promontory); *The Dragon Wakes,* C. Hibbert (Longmans); *Exploration of Africa,* T. Sterlin (Cassell); *The Fall of Paris,* A. Horne (Macmillan); *Great Exhibition of 1851,* C.H. Gibbs-Smith (Victoria and Albert Museum); *A History of African Exploration,* D. Mountfield (Hamlyn); *Human Documents of the Victorian Golden Age,* E. Royston-Pike (Allen and Unwin); *Illustrated History of South Africa* (Reader's Digest); *Illustrated London News Social History of Victorian Britain,* C. Hibbert (Book Club Associates); *Life Below Stairs,* F.E. Huggett (Murray); *London 2000 years of a City and Its People,* F. Barker and P. Jackson (Book Club Associates); *Napoleon,* C. Barnett (Allen and Unwin); *The Naval Heritage,* D. Mathew (Collins); *The Personal Journal of Commodore Perry, Plain Tales from the Raj,* C. Allen (A. Deutsch); *A Portrait of Britain 1851-1951,* D. Lindsey (Oxford); *Raj - A Scrapbook of British India 1877-1947,* C. Allen (A. Deutsch); *The Rise of Modern China,* I.C.Y. Hsü (Oxford); *The Seaside Holiday,* A. Hern (Cresset); *Shops and Shopping,* A. Adburgham (Allen and Unwin); *The Siege of Paris,* R. Baldick (Batsford); *Social History of England,* A. Briggs (Penguin); *A Social History of Housing,* J. Burnett (Methuen); *Social History of the Navy,* M. Lewis (Allen and Unwin); *The Story of Africa,* B. Davidson (Mitchell Beazley); *Unbeaten Tracks in Japan,* I. Bird (Virago); *Victorian Pubs,* M. Girouard (Yale); *The Victorian Country Child,* P. Horn (Roundwood Press); *Victorian England as seen by Punch,* F. Huggett (Book Club Associates); *Victorian Entertainment,* A. Delgado (David and Charles); *The Victorians,* H. and M. Evans (David and Charles); *The Victorians at Home and Away,* J. and P. Phillips (Croom Helm); *The Victorian Home,* J. Calder (Batsford); *The Victorian House,* J. Marshall y I. Willox (Sidgwick and Jackson); *The Victorian Railway,* J. Simmons (Thames and Hudson); *The Victorian Scene,* N. Bentley (Weidenfeld and Nicolson); *The Yangtze Valley and Beyond,* I. Bird (Virago); *The Wooden World,* N. Badger (Collins).

En la edición en inglés participaron: Sally Bamber; Dr. M.L. Bierbrier; D.F. Cheshire; James Cox, FRCGP; Ellen Gillis; Nichola Johnson, MA; Kevin McRae; Katherine Polanski; Geoffrey Ross; Joseph Sarkis; Keith Spence; C.B.F. Walker; Rosemary I. Weinstein, BA, FSA; Dr Francis Wood.